普通高等教育"十一五"国家级规划教材
21世纪交通版高等学校教材

STEEL　　　BRIDGE
钢　桥

（第二版）

徐君兰　孙淑红　**主编**
肖汝诚　徐恭义　**主审**

人民交通出版社

内 容 提 要

本书为普通高等教育"十一五"国家级规划教材,为土木工程专业桥梁工程方向学生的专业课教材。全书分为六章,第一章内容为钢梁桥,第二章内容为钢拱桥,第三章内容为悬索桥,第四章内容为钢斜拉桥,第五章内容为钢—混凝土结合梁桥,第六章内容为钢桥的制造与施工。全书系统介绍了钢桥的设计、构造原理、计算理论和方法以及施工要点。

本书除作为高等院校土木工程专业教学用书外,亦可供从事桥梁工程的技术人员学习参考。

图书在版编目(CIP)数据

钢桥 / 徐君兰,孙淑红主编. —2 版. —北京:
人民交通出版社,2011.4
ISBN 978-7-114-08884-1

I.①钢… II.①徐…②孙 III.①钢桥 – 高等学
校 – 教材 IV.①U448.36

中国版本图书馆 CIP 数据核字(2011)第 018912 号

普通高等教育"十一五"国家级规划教材
21 世纪交通版高等学校教材

书　　名:	钢桥(第二版)
著 作 者:	徐君兰　孙淑红
责任编辑:	曲　乐　王文华
出版发行:	人民交通出版社
地　　址:	(100011)北京市朝阳区安定门外外馆斜街 3 号
网　　址:	http://www.ccpress.com.cn
销售电话:	(010)59757969,59757973
总 经 销:	人民交通出版社发行部
经　　销:	各地新华书店
印　　刷:	北京鑫正大印刷有限公司
开　　本:	787×1092　1/16
印　　张:	24
字　　数:	590 千
版　　次:	1991 年 6 月　第 1 版　2011 年 4 月　第 2 版
印　　次:	2019 年 1 月　第 5 次印刷　总第 8 次印刷
书　　号:	ISBN 978-7-114-08884-1
定　　价:	45.00 元

(如有印刷、装订质量问题的图书由本社负责调换)

21 世纪交通版
高等学校教材(公路与交通工程)编审委员会

顾　　　问：王秉纲　（长安大学）
主 任 委 员：沙爱民　（长安大学）
副主任委员：(按姓氏笔画排序)
　　　　　　王　炜　（东南大学）
　　　　　　陈艾荣　（同济大学）
　　　　　　徐　岳　（长安大学）
　　　　　　梁乃兴　（重庆交通大学）
　　　　　　韩　敏　（人民交通出版社）
委　　　员：(按姓氏笔画排序)
　　　　　　马松林　（哈尔滨工业大学）
　　　　　　王殿海　（吉林大学）
　　　　　　叶见曙　（东南大学）
　　　　　　石　京　（清华大学）
　　　　　　向中富　（重庆交通大学）
　　　　　　关宏志　（北京工业大学）
　　　　　　何东坡　（东北林业大学）
　　　　　　陈　红　（长安大学）
　　　　　　邵旭东　（湖南大学）
　　　　　　陈宝春　（福州大学）
　　　　　　杨晓光　（同济大学）
　　　　　　吴瑞麟　（华中科技大学）
　　　　　　陈静云　（大连理工大学）
　　　　　　赵明华　（湖南大学）
　　　　　　项贻强　（浙江大学）
　　　　　　郭忠印　（同济大学）
　　　　　　袁剑波　（长沙理工大学）
　　　　　　黄晓明　（东南大学）
　　　　　　符锌砂　（华南理工大学）
　　　　　　裴玉龙　（哈尔滨工业大学）
　　　　　　颜东煌　（长沙理工大学）
秘 书 　长：沈鸿雁　（人民交通出版社）

总 序

当今世界,科学技术突飞猛进,全球经济一体化趋势进一步加强,科技对于经济增长的作用日益显著,教育在国家经济与社会发展中所处的地位日益重要。进入新世纪,面对国际国内经济与社会发展所出现的新特点,我国的高等教育迎来了良好的发展机遇,同时也面临着巨大的挑战,高等教育的发展处在一个前所未有的重要时期。其一,加入WTO,中国经济已融入到世界经济发展的进程之中,国家间的竞争更趋激烈,竞争的焦点已更多地体现在高素质人才的竞争上,因此,高等教育所面临的是全球化条件下的综合竞争。其二,我国正处在由计划经济向社会主义市场经济过渡的重要历史时期,这一时期,我国经济结构调整将进一步深化,对外开放将进一步扩大,改革与实践必将提出许多过去不曾遇到的新问题,高等教育面临加速改革以适应国民经济进一步发展的需要。面对这样的形势与要求,党中央国务院提出扩大高等教育规模,着力提高高等教育的水平与质量。这是为中华民族自立于世界民族之林而采取的极其重大的战略步骤,同时,也是为国家未来的发展提供基础性的保证。

为适应高等教育改革与发展的需要,早在1998年7月,教育部就对高等学校本科专业目录进行了第四次全面修订。在新的专业目录中,土木工程专业扩大了涵盖面,原先的公路与城市道路工程,桥梁工程,隧道与地下工程等专业均纳入土木工程专业。本科专业目录的调整是为满足培养"宽口径"复合型人才的要求,对原有相关专业本科教学产生了积极的影响。这一调整是着眼于培养21世纪社会主义现代化建设人才的需要而进行的,面对新的变化,要求我们对人才的培养规格、培养模式、课程体系和内容都应作出适时调整,以适应要求。

根据形势的变化与高等教育所提出的新的要求,同时,也考虑到近些年来公路交通大发展所引发的需求,人民交通出版社通过对"八五"、"九五"期间的路桥及交通工程专业高校教材体系的分析,提出了组织编写一套21世纪的具有鲜明交通特色的高等学校教材的设想。这一设想,得到了原路桥教学指导委员会几乎所有成员学校的广泛响应与支持。2000年6月,由人民交通出版社发起组织全国面向交通办学的12所高校的专家学者组成21世纪交通版高等学校教材(公路类)编审委员会,并召开第一次会议,会议决定着手组织编写土木工程专业具有交通特色的**道路专业方向、桥梁专业方向以及交通工程专业**教材。会议经过充分研讨,确定了包括**基本知识技能培养层次、知识技能拓宽与提高层次**以及**教学辅助层次**在内的约130种教材,范围涵盖**本科与研究生用**教材。会后,人民交通出版社开始了细致的教材编写组织工作,经过自由申报及专家推荐的方式,近20所高校的百余名教授承担约130种教材的主编工作。2001年6月,教材编委会召开第二次会议,全面审定了各门教材主编院校提交的教学大纲,之后,编写工作全面展开。

21世纪交通版高等学校教材编写工作是在本科专业目录调整及交通大发展的背景下展开的。教材编写的基本思路是:(1)顺应高等教育改革的形势,专业基础课教学内容实现与土木工程专业打通,同时保留原专业的主干课程,既顺应向土木工程专业过渡的需要,又保持服务公路交通的特色,适应宽口径复合型人才培养的需要。(2)注重学生基本素质、基本能力的培养,为学生知识、能力、素质的综合协调发展创造条件。基于这样的考虑,将教材区分为二个主层次与一个辅助层次,即基本知识技能培养层次与知识技能拓宽与提高层次,辅助层次为教学参考用书。工作的着力点放在基本知识技能培养层次教材的编写上。(3)目前,中国的经济发展存在地区间的不平衡,各高校之间的发展也不平衡,因此,教材的编写要充分考虑各校人才培养规格及教学需求多样性的要求,尽可能为各校教学的开展提供一个多层次、系统而全面的教材供给平台。(4)教材的编写在总结"八五"、"九五"工作经验的基础上,注意体现原创性内容,把握好技术发展与教学需要的关系,努力体现教育面向现代化、面向世界、面向未来的要求,着力提高学生的创新思维能力,使所编教材达到先进性与实用性兼备。(5)配合现代化教学手段的发展,积极配套相应的教学辅件,便利教学。

教材建设是教学改革的重要环节之一,全面做好教材建设工作,是提高教学质量的重要保证。本套教材是由人民交通出版社组织,由原全国高等学校路桥与交通工程教学指导委员会成员学校相互协作编写的一套具有交通出版社品牌的教材,教材力求反映交通科技发展的先进水平,力求符合高等教育的基本规律。各门教材的主编均通过自由申报与专家推荐相结合的方式确定,他们都是各校相关学科的骨干,在长期的教学与科研实践中积累了丰富的经验。由他们担纲主编,能够充分体现教材的先进性与实用性。本套教材预计在二年内完全出齐,随后,将根据情况的变化而适时更新。相信这批教材的出版,对于土木工程框架下道路工程、桥梁工程专业方向与交通工程专业教材的建设将起到有力的促进作用,同时,也使各校在教材选用方面具有更大的空间。需要指出的是,该批教材中研究生教材占有较大比例,研究生教材多具有较高的理论水平,因此,该套教材不仅对在校学生,同时对于在职学习人员及工程技术人员也具有很好的参考价值。

21世纪初叶,是我国社会经济发展的重要时期,同时也是我国公路交通从紧张和制约状况实现全面改善的关键时期,公路基础设施的建设仍是今后一项重要而艰巨的任务,希望通过各相关院校及所有参编人员的共同努力,尽快使全套21世纪交通版高等学校教材(公路类)尽早面世,为我国交通事业的发展做出贡献。

21世纪交通版
高等学校教材(公路类)编审委员会
人民交通出版社
2001年12月

第二版前言

《钢桥》是土木工程专业桥梁工程方向的一门必修专业课。本教材为"普通高等教育'十一五'国家级规划教材",在周远棣、徐君兰教授主编的《钢桥》(1991年)的基础上,进行了部分内容的改编和调整。

本教材要求学生须有《结构力学》、《结构设计原理》、《钢结构》等必修课程的学习基础,然后再通过本课程的学习,掌握国内外常见钢桥的设计构造原理、计算理论和方法,并熟悉有关钢桥施工方面的知识,初步具有钢桥设计和施工的能力。

本教材分六章及绪论。在绪论中,主要介绍了国内外钢桥的发展概况、钢桥的组成与分类,以及钢桥的主要特点,使学生在深入学习各章内容前对钢桥有个概括了解。

第一章为钢梁桥,分为钢板梁桥、钢桁梁桥和钢箱梁桥三个部分。较为详细地介绍了不同截面形式钢梁桥的上部结构构造特点。计算部分重点介绍了钢桁梁桥的空间计算方法、正交异性钢桥面板的计算方法,以及薄壁钢箱梁的计算要点。

第二章为钢拱桥,分为钢箱拱、钢桁拱和钢管混凝土组合拱三部分。首先较系统地介绍了钢拱桥的结构构造特点,并介绍了上海卢浦大桥、重庆朝天门大桥的部分构造细节。重在通过不同形式主拱的桥例来加深学生对钢拱桥构造的掌握。

第三章为悬索桥,构造部分较系统地介绍了主流的外锚式悬索桥的结构形式,并以世界多座著名大桥为例,详细介绍了悬索桥的各部分构造;此外对自锚式悬索桥、柔性悬索桥等也有所涉及。设计计算理论部分介绍了弹性理论、更为准确的挠度理论以及有限位移理论,在计算理论部分的编写上,更加注重工程适用性和可操作性。对于悬索桥的动力影响,简单介绍了竖直挠曲振动、水平挠曲振动和扭转振动的计算,以及加强稳定的措施。

第四章为钢斜拉桥,内容分为构造和计算。构造部分除了一般要求外,还辅以实例加以说明;计算部分介绍了转换矩阵法。为了便于计算,本章列出了斜拉桥的估算公式。

第五章为钢—混凝土结合梁桥。首先介绍了组合结构桥梁的优缺点、基本组成及构造特点,并重点介绍了目前国内外正在实践和研究的波形钢腹板组合箱梁桥上部结构的构造特点及计算方法等。

第六章为钢桥的制造与施工。本章按照钢梁桥、钢拱桥、悬索桥、钢斜拉桥等不同结构体系桥梁的施工工序不同,分别进行了介绍。为增强教材的可读性,辅以较多的现场照片。此外本章还系统介绍了钢桥的防腐、桥面铺装以及钢桥的支座等相关知识。

本教材绪论由徐君兰、孙淑红编写,第一章由曾勇、杜柏松、陆萍编写,第二章由孙淑红、曾勇编写,第三章、第六章由孙淑红编写,第四章由张雪松编写,第五章由徐君兰编写。全书由孙淑红整理。全书由徐君兰、孙淑红主编,由同济大学肖汝诚教授(博士生导师)及全国工程设计大师徐恭义(教授级高工)主审。

由于水平有限,编写时间较仓促,书中难免有谬误之处,敬请批评指正。

徐君兰　孙淑红
2010年于重庆交通大学

第一版前言

《钢桥》是桥梁工程专业的一门必修专业课。本教材是根据高等学校路桥及交通工程专业教材编审委员会于1987年8月审定的《钢桥》教学大纲编写的。按照教学大纲的要求，学生在学习了《结构力学》、《结构设计原理》等必修课程的基础上，通过本课程的学习，必须掌握国内外常用的钢桥的设计和构造原理、计算理论和方法，并熟悉有关钢桥施工方面的知识，初步具有解决钢桥设计和施工的能力。

本课程是在学生已学习《结构设计原理》中的钢结构之后安排的，所以在安排内容时凡是钢结构中已讲过的就不再论述，例如钢板梁及构件有关构造细节，在本教材中就不再介绍，只对与钢桥设计紧密相连的内容才简略列出，不作详细推论。

本教材分七章及附录。在第一章中，主要介绍国内外钢桥建筑的发展概况、钢桥组成与分类，以及钢桥的主要特点，使学生在深入学习各章内容前对钢桥有一个概括了解。

第二章为结合梁桥，首先介绍了结合梁桥由于钢筋混凝土板与钢梁结合成整体截面的优缺点，在结合梁的构造中重点介绍了如何发挥钢筋混凝土板参与全恒载受力的一些施工方法，以及结合梁在负弯矩区段的构造处理。最后一节中着重介绍结合梁桥内力计算中的徐变、温度以及混凝土收缩引起的附加应力的计算。

第三章为桁架桥，分为构造的计算以及桥面几个部分。构造部分对栓焊桁架也作了介绍。在桥面系构造中，由于钢桥桥面已放在钢箱梁一章中，故本章重点介绍了钢筋混凝土桥面系。计算部分重点介绍了空间桁架对内力影响的计算。

第四章为箱形截面梁，重点介绍了正交异性桥面板的构造和计算（包括开口和闭口纵肋）。对于箱形截面梁的计算，由于在《桥梁工程》上册中已有论述，只把梁肋有效翼缘宽度的计算（包括连续钢箱梁梁肋有效翼缘宽度的计算方法）、扭转应力的计算问题、横隔刚度及截面变形应力等问题重点进行了论述。

第五章为吊桥，构造方面除了国内常用形式，还兼顾到现在世界各大桥的特殊构造。计算部分除了古老的弹性理论外，还介绍了挠度理论以及有限位移理论。对于动力影响，介绍了竖直挠曲振动、水平挠曲振动和扭转振动的计算，以及加强稳定的措施。

第六章为斜拉桥，分为构造和设计计算。构造部分除了一般要求外，并列出实例来加以说明。为了便于设计，本章列出了斜拉桥的估算公式。计算部分介绍了转换矩阵法，并列出了计算示例，便于学习掌握。

第七章为钢桥制造和架设，钢桥的制造是按钢桥制造工序进行介绍的。对钢桥的架设分别按架设机械分类的架设方法和按支撑情况分类的架设方法进行介绍，重点介绍了悬臂架设法、纵向拖拉法和浮运法三种。最后对吊桥和斜拉桥的特殊施工问题作了简单介绍。这部分应与录像配合进行教学。

在附录中，为了使学生对施工中常用万能杆件有所了解并能应用，在最后列出了万能杆件的主要构件及拼装原则,以及常用杆件规格以备采用。

本书第一、四、六章和附录由周远棣编写,第二、三、五、七章由徐君兰编写。全书由徐君兰整理,由同济大学项海帆教授主审。

由于水平有限,编写时间仓促,教材中不可避免有谬误之处,敬请批评指正。

徐君兰

1990 年 3 月

目 录

绪论 1
第一章 钢梁桥 9
  第一节 钢板梁桥 9
  第二节 钢桁梁桥 21
  第三节 钢箱梁桥 54
第二章 钢拱桥 78
  第一节 钢拱桥的发展及分类 79
  第二节 拱梁组合体系桥 87
  第三节 钢拱桥的构造 92
  第四节 钢桁拱桥 100
  第五节 钢箱拱桥 113
  第六节 钢管拱桥 123
第三章 悬索桥 132
  第一节 悬索桥的结构体系 132
  第二节 悬索桥的构造与设计 150
  第三节 悬索桥的计算 187
  第四节 悬索桥构造示例 208
第四章 钢斜拉桥 221
  第一节 概述 221
  第二节 斜拉桥的结构体系与总体布置 222
  第三节 钢斜拉桥静力计算 234
  第四节 大跨径斜拉桥的动力问题 243
  第五节 钢斜拉桥实例 253
第五章 钢—混凝土结合梁桥 263
  第一节 钢—混凝土结合梁桥概述 263
  第二节 结合梁的构造特点及内力计算 264
  第三节 波形钢腹板结合梁桥 275
第六章 钢桥的制造与施工 289
  第一节 钢桥主要构件的制造 290
  第二节 钢梁桥的安装架设 302
  第三节 钢拱桥的施工 311
  第四节 悬索桥的施工 320
  第五节 钢斜拉桥的施工 340
  第六节 钢桥的防腐 347
  第七节 钢桥的桥面铺装 363
主要参考文献 369

绪 论

一、钢桥的主要特点及适用范围

钢桥，即桥梁上部结构的主要承重部分用钢材制成。

钢材是一种抗拉、抗压和抗剪强度较高的均质材料，钢构件一般可设计得较为轻巧，因而钢结构的自重较轻。目前，采用相同的桥梁结构体系时，钢桥的跨越能力均大于采用其他材料所建造的桥梁。已建钢桥中，钢拱桥跨径已达552m（中国朝天门长江大桥）；斜拉桥最大跨径达1 088m（中国苏通长江大桥）；悬索桥最大跨径也已达到1 991m（日本明石海峡大桥）；并且，尚有更大跨径的钢桥在规划修建之中，如意大利墨西拿海峡大桥的悬索桥方案，设计跨径已达3 300m。

钢材因材料均质，在营运中钢构件的实际应力与计算值较接近，所以长期来看，钢桥较混凝土桥梁更为安全可靠；在桥梁施工过程中，钢构件在工厂中制造，不但施工质量可靠，而且上、下部结构可同时施工，建桥速度快；钢桥使用寿命较长，在受到损伤时，也易于修复和更换，即使全桥拆换，钢材也可回收利用。因此从总价值上分析，钢材是一种经济合理的建桥材料。

但是，钢桥对温度以及动载效应都较为敏感，在长期可变作用效应下，可能导致结构部分构件发生疲劳破坏等现象；此外，钢材受大气侵蚀，易生锈，需要定期检查和油漆，钢桥的养护费用较其他材料的桥梁多，但随着优质油漆以及耐候钢的出现，目前钢桥的养护周期已大大加长。

钢桥具有较多优点使其在大、中、小跨径桥梁都可采用。一般而言，公路桥梁设计时，跨径50 m以下的桥梁应尽可能采用钢筋混凝土桥或圬工拱桥，城市中为了快速建桥也可以修建钢桥；对于中等跨径和大跨径的桥梁，应从技术、经济、安全、环境保护等方面，综合比较预应力混凝土梁桥、钢筋混凝土拱桥以及钢桥等，以采用较合理的桥梁结构形式和选择适当的材料类型；对于超大跨径的桥梁，则非钢桥莫属。而在我国铁路桥梁的建设中，大、中跨径的桥梁，则一直是以钢桥为主。

二、钢桥的主要类型

按照力学体系分类，钢桥有梁、拱、索三大基本体系。梁式体系桥以承受弯矩为主，拱式体系桥以承受压力为主，悬索体系桥以承受拉力为主。将梁、拱、索三大基本体系进行结构的组合，又出现有组合特点的其他桥型，如斜拉桥等。

（1）钢梁桥

梁式体系桥主要承重结构是主梁。梁桥在竖向荷载作用下，支承处（支座）不产生水平反力，竖直荷载与承重结构轴线接近垂直，为主要承受弯矩结构，与相同跨径的其他体系桥梁相比，主梁内产生的弯矩是最大的。

梁桥在力学图式上可分为简支梁桥[图1a)]、连续梁桥[图1b)]和悬臂梁桥[图1c)]。

梁式体系桥按照主梁横截面构造形式的不同可分为钢板梁桥、钢桁梁桥（见图1）、钢箱桥以及钢—混凝土结合梁桥。

（2）钢拱桥

拱式体系桥的主要承重结构是拱圈或拱肋。拱式体系在竖向荷载作用下,支点处将产生水平反力(推力),这个水平反力将大大减小跨中由竖向荷载产生的弯矩。由此,拱式体系桥与同跨径梁式体系桥相比,其弯矩和剪力要小得多,主拱在竖向荷载作用下,主要承受压力。

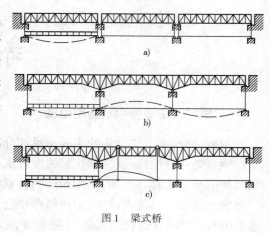

图 1　梁式桥

拱式体系桥梁的分类方法很多,详细的分类见本书第二章,主要的分类介绍如下。

按照桥面相对主拱的位置可分为：上承式、中承式和下承式；

按照主拱内有无设铰可分为：有铰拱和无铰拱；

按照对支承处的作用力分为：有推力拱[图2a)]和无推力拱[图2b)、c)]；

按照结构体系特点分为：简单体系拱和组合体系拱；

按照主拱横截面的构造形式可分为：钢箱拱(箱板拱、箱肋拱)、钢桁拱和钢管混凝土拱等。

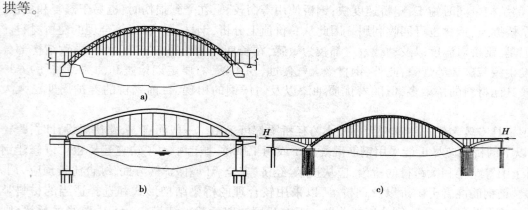

图 2　拱式桥

（3）悬索桥

悬索体系桥的主要承重结构是悬索,所以称悬索桥。在竖向荷载作用下,悬索桥的主索(主缆)承受强大的拉力,此拉力对加劲梁起到巨大的卸载作用,由此,加劲梁比同跨梁桥内力小得多,是悬索桥的传力构造。

悬索桥在力学图式上分为外锚式悬索桥(图3)和自锚式悬索桥(图4)；按照分跨情况又可分为：单跨[图3a)]、两跨和三跨悬索桥[图3b)]；按照加劲梁的构造形式可分为钢板梁、钢桁梁、钢箱梁以及结合梁等。

（4）斜拉桥

斜拉桥由桥塔、主梁和斜拉索组成,可以认为其是三大基本体系中梁和索的组合体系。斜拉桥在竖向荷载作用下,受拉的斜拉索将主梁吊起,通过桥塔基础传给地基,桥塔是以受压为主；斜拉索对主梁作用就像多点支承的连续梁,使主梁内弯矩大大减少,斜拉索水平分力又使主梁成为偏心受压结构。

斜拉桥按结构体系不同可分为：塔、梁、墩固结；塔、墩固结,梁支承于墩上(铰支或飘浮、半飘浮);塔、梁固结支承于墩上。主梁多为连续体系,早期出现的悬臂梁、刚构等结构现已不采用。此外,钢斜拉桥常见的主梁构造形式有:钢箱梁、钢板梁和结合梁。

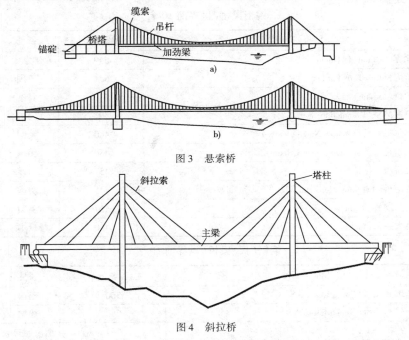

图3 悬索桥

图4 斜拉桥

三、钢桥的发展概况

钢桥的发展大致经历了以下四个阶段。

第一阶段:19世纪40年代开始出现(锻)铁桥。(锻)铁桥在设计和材料(易脆)方面存在隐患,易引发事故,这也给桥梁带来设计和施工的改革。值得一提的是,19世纪中叶转炉和平炉炼钢技术的出现,使钢材的性能得到改善,钢桥得到较大发展。1878年,世界上出现了第一座全钢桥。

第二阶段:第二次世界大战前,钢材的强度进一步提高,同时钢桥的设计和施工方法也都较成熟,同时汽车工业的发展带来对交通的需求增长,因此修建了大量公路钢桥。其中具有代表性的有1931年建成的美国贝永桥(跨径504m,拱桥)、1932年建成的澳大利亚悉尼桥(跨径503m,拱桥),以及1937年建成的美国金门大桥(跨径1 280m,悬索桥),这些桥至今还仍然在运营中。

第三阶段:第二次世界大战后,随着战后基础设施的恢复建设,交通建设也得以促进,桥梁又迎来了发展期。德国在桥梁修建中开始大量采用正交异性钢桥面,由此促使了钢箱梁的应用和截面形式的革新,其中最为突出的有1966年建成的英国塞文桥(跨径987.55m,扁平箱悬索桥)、1981年建成的英国恒比尔桥(跨径1 410m,扁平钢箱悬索桥)。

第四阶段:20世纪末以来,随着亚洲经济的发展,桥梁又进入一个发展高峰期。其中日本修建的本州—四国联络桥由很多座大桥组成,仅悬索桥就有11座,其中于1998年建成的明石海峡大桥主跨达1 991m(悬索桥),于1999年建成的日本多多罗桥是一座跨径为890m的混合梁斜拉桥,它们均是世界上已建同类桥梁的最大跨径。

近二十年来,我国随着钢产量的增加,钢桥建设日新月异,目前,我国已成为世界桥梁大国。

世界上已建和在建大跨径钢桥统计情况(截至2011年3月)见表1~表5。

钢桁梁桥(世界前10名) 表1

序号	桥 名	主桥跨径(m)	桥址	年份
1	魁北克桥(Pont de Quebec)	549	加拿大	1917
2	福斯湾桥(Firth of Forh)	521	英国	1890
3	港大桥(Minato)	510	日本	1974
4	科莫多湾桥(Commodore Barry)	501	美国	1974
5	新奥尔良一桥(Greater New Orleans-1)	480	美国	1958
6	新奥尔良二桥(Greater New Orleans-2)	480	美国	1988
7	豪拉桥(Howrah)	457	印度	1943
8	韦特伦桥(Veterans Memorial)	445	美国	1995
9	奥特兰湾桥(Transbay)	427	美国	1936
10	生月大桥(Ikitsuki)	400	日本	1991

钢箱(板)梁桥(世界前10名) 表2

序号	桥 名	主桥跨径(m)	桥址	年份
1	康斯坦席瓦桥(Ponte Costa e Silva)	300	巴西	1974
2	内卡尔河谷桥(Neckartalbrucke-1)	263	德国	1978
3	萨瓦一桥(Sava-1)	261	前南斯拉夫	1956
4	维多利亚港三桥(Ponte de Vitoria-3)	260	巴西	1989
5	动物园桥(Zoobrucke)	259	德国	1966
6	萨瓦二桥(Sava-2)	250	前南斯拉夫	1970
7	凯塔桥(Kaita)	250	日本	1991
8	郎早桥(Namihaya)	250	日本	1994
9	奥克兰港桥(Auckland Harbour)	244	新西兰	1969
10	东京湾桥(Trans-okyo Bay)	240	日本	1997

钢拱桥(跨径大于300m) 表3

序号	桥 名	主桥跨径(m)	主拱圈形式	桥址	年份
1	朝天门长江大桥	552	钢桁架	中国重庆	2009
2	卢浦大桥	550	钢箱	中国上海	2003
3	新河谷桥(New River Gorge)	518	钢桁架	美国	1977
4	贝永桥(Bayonne)	504	钢桁架	美国	1931
5	悉尼港湾桥(Sydney Harbour)	503	钢桁架	澳大利亚	1932
6	卡特拉桥(Chenab)	480	钢桁架	印度	2007
7	奇纳布河桥(Chenab)	461	钢桁架	印度	建设中
8	宁波明州大桥	450	钢箱拱	中国浙江	建设中
9	广州新光大桥	428	钢箱	中国广东	2006
10	重庆菜园坝桥	420	钢箱	中国重庆	2007
11	弗里蒙特桥(Fremont)	383	钢箱	美国	1973
12	沼津河峡桥(Numata River Gorge)	380	—	日本	建设中
13	曼港桥(Port Mann)	366	钢箱	加拿大	1954

悬索桥(跨度 1 000m 以上前 19 名)　　　　　　　　　　　　　　　　　　　　表 4

序号	桥名	主桥跨径(m)	主梁	桥址	年份
1	明石海峡大桥(Akashi-aikyo)	1 991	钢桁架	日本	1998
2	舟山西堠门大桥	1 650	分离双箱	中国浙江	2009
3	大贝尔特东桥(Great Belt East)	1 624	钢箱梁	丹麦	1998
4	润扬长江大桥南汊桥	1 490	钢箱梁	中国江苏	2005
5	亨伯尔(Humber)桥	1 410	钢箱梁	英国	1981
6	江阴长江公路大桥	1 385	钢箱梁	中国江苏	1999
7	青马大桥(Tsing ma)	1 377	翼形钢桁架	中国香港	1998
8	维拉扎诺桥(Verrazano-arrows)	1 298	钢桁架	美国	1964
9	金门大桥(Gold Gate)	1 280	钢桁架	美国	1937
10	武汉阳逻长江大桥	1 280	钢箱梁	中国湖北	2007
11	霍加大桥(Hoga Kusten)	1 210	钢箱梁	瑞典	1997
12	麦基纳克(Mackinac)桥	1 158	钢桁梁	美国	1957
13	广州珠江黄埔大桥	1 108	钢箱梁	中国广东	2008
14	南备赞桥(Minami Bisan-seto)	1 100	钢桁梁	日本	1988
15	博斯普鲁斯二桥(Fatih Sultan Mehmet)	1 090	钢箱梁	土耳其	1988
16	坝陵河大桥	1 088	钢桁梁	中国贵州	2009
17	泰州长江大桥	1 080	钢箱梁	中国江苏	建设中
18	博斯普鲁斯一桥(Bosporus)	1 074	钢箱梁	土耳其	1973
19	乔治·华盛顿(George Washington)桥	1 067	钢桁梁	美国	1931

斜拉桥(跨度 500m 以上前 19 名)　　　　　　　　　　　　　　　　　　　　表 5

序号	桥名	主桥跨径(m)	主梁	桥址	年份
1	苏通大桥	1 088	钢箱梁	中国江苏	2008
2	昂船洲大桥(Stonecutters)	1 018	混合梁	中国香港	2009
3	鄂东长江大桥	926	混合梁	中国湖北	2010
4	多多罗(Tatara)桥	890	混合梁	日本	1999
5	诺曼底(Normandy)桥	856	混合梁	法国	1995
6	荆岳长江大桥	816	混合梁	中国湖北	2010
7	Incheon－2	800	钢箱梁	韩国	2010
8	上海长江大桥	730	钢箱梁	中国上海	2009
9	南京长江三桥	648	钢箱梁	中国江苏	2005
10	南京长江二桥南汊桥	628	钢箱梁	中国江苏	2001
11	舟山金塘大桥	620	钢箱梁	中国浙江	2009
12	武汉白沙洲大桥	618	混合梁	中国湖北	2001
13	青州闽江大桥	605	组合梁	中国福建	2001
14	杨浦大桥	602	组合梁	中国上海	1993
15	徐浦大桥	590	主跨组合梁、边跨混凝土梁	中国上海	1996
16	名港中央大桥(Meiko-Chuo)	590	钢箱梁	日本	1998
17	舟山桃夭门大桥	580	混合梁	中国浙江	2002
18	里奥－安托里恩(Rion-Antirion)桥	560	钢箱梁	希腊	2004
19	斯卡尔桑德桥	530	预应力混凝土梁	挪威	1991

四、我国几座著名的钢桥

以上的统计资料表明,我国在钢拱桥、钢斜拉桥、悬索桥方面的建设水平已位居世界前列。中国公路钢桥的发展经历了两个阶段:20世纪80年代中期以前,由于钢材供应缺乏和地方经济的制约,公路钢桥在公路桥中所占比例很小,桥梁结构形式不多而且跨度也不大;20世纪80年代中期以后,随着经济的快速发展,对包括桥梁在内的交通建设的需要越来越迫切,同时国家及交通部门对交通设施的投资力度加大,地方政府、外资、企业也对桥梁建设很有积极性,加之通过对外技术交流学习世界各国先进的桥梁设计技术,我国在钢材、制造技术和施工技术等方面具备了建造大跨度钢桥的能力。

现将我国几座典型的钢桥作简单介绍。

1. 重庆朝天门长江大桥——钢桁架系杆拱桥

重庆朝天门长江大桥(图5),主跨跨径552m,是目前世界上同类拱桥中的最大跨径。

图5 朝天门长江大桥景观图

朝天门大桥包括主桥、两侧引桥(含桥台),全长约1.741km,其中北引桥长314m,南引桥495m,均为预应力混凝土等截面连续箱梁桥,最大跨径为54m(图6);主桥采用190m+552m+190m的中承式钢桁架连续系杆拱桥,中跨设上、下两层系杆构成无推力拱,在支点处设支座,整体呈现三跨连续梁受力体系,其中主跨552m中的488m呈现系杆拱的受力特征。上、下部结构受力明确,下部结构不受水平推力,结构温度内力较小,在施工中能通过调整边支座的高度和中支座的预偏量来改善结构杆件内力,使结构受力均匀,同时亦实现了桁拱跨中无应力合龙。桥面为双向六车道,桥面下预留两车道汽车交通和双向轨道交通。

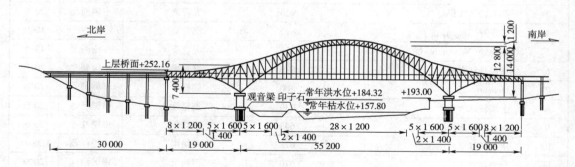

图6 朝天门大桥立面布置图(尺寸单位:cm)

2. 苏通大桥——钢箱梁斜拉桥

苏通大桥项目路线全长32.4km,由北接线、跨江大桥和南接线组成,其中跨江大桥长8 146m,主桥采用主跨为1 088m的七跨双塔双索面钢箱梁斜拉桥,为目前世界上最大跨径斜拉桥。苏通大桥的主桥跨径布置如图7所示。

大桥主梁为流线型扁平钢箱梁,含风嘴全宽41.0m,梁高4m。混凝土索塔塔高约300m,呈倒Y形,索塔与斜拉索锚固采用钢锚箱结构。斜拉索采用1 770MPa的平行钢丝斜拉索,最长拉索长度为580m,最大规格为PES7-313,单根斜拉索最大质量为59t。大桥具有超大规模

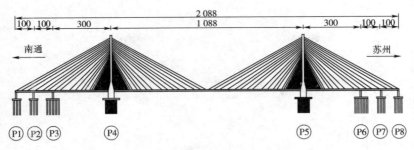

图7 苏通大桥总体布置图(尺寸单位:m)

群桩基础(平面尺寸114m×48m,深125m),变直径钻孔灌注桩,桩身顶部区域一定范围内直径2.8m,余下部分直径2.5m;主塔基础桩数131根,近塔辅助墩基础桩数36根,过渡墩、远塔辅助墩桩数各19根,桩长均在108~116m之间。大桥的成功建设解决了设计、施工等方面的多项世界级技术难题。建成之后的苏通大桥如图8所示。

3. 舟山西堠门大桥——钢箱梁悬索桥

图8 苏通大桥效果图

舟山大陆连岛工程是中国规模最大的岛陆联络工程,工程起于舟山定海市区鸭蛋山环岛,与329国道和定海外环线相连,经里钓岛、富翅岛、册子岛、金塘岛至宁波镇海,与宁波绕城高速公路相连,先后跨越岑港水道、响礁门水道、桃夭门水道、沥港水道和灰鳖洋外海,即"五岛六水道",全长49.96km,其中跨海特大桥5座,总长23.646km;大桥9座,总长2 718m;隧道1座,长700m;互通立交6处;接线总长22.896km,线位走向示于图9。

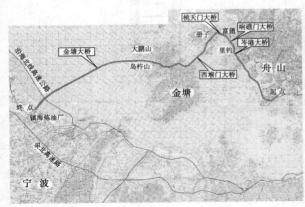

图9 舟山大陆连岛工程线位图及主桥效果图

西堠门大桥是连岛工程中的控制工程,大桥为578m+1 650m的两跨悬索桥,如图10所示,加劲梁为连续全飘浮分体式钢箱,梁高3.5m,中跨梁宽36m,边跨梁宽37.08m,其颤振临界风速达到88m/s以上;混凝土桥塔高约211m,采用爬模施工,北塔基础采用24根直径2.8m的群桩基础,嵌岩桩基深40余米。主缆的先导索采用直升机牵引过海。

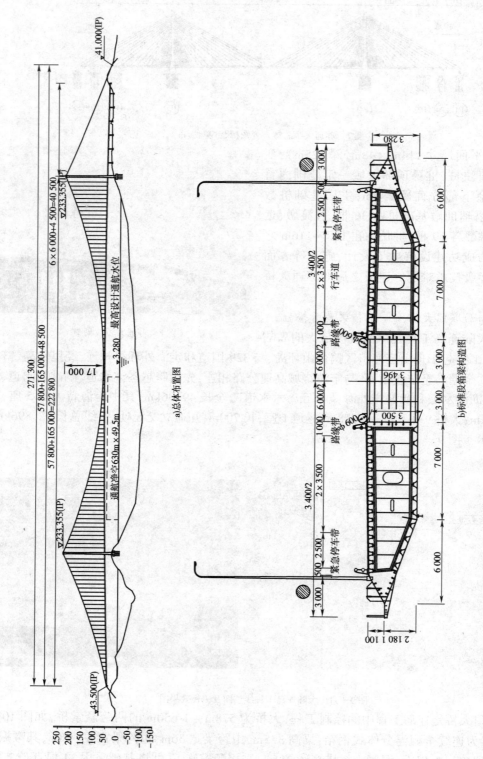

图10 西堠门大桥设计图(尺寸单位:cm)

第一章 钢 梁 桥

钢梁桥的基本力学体系有简支梁桥、悬臂梁桥、连续梁桥；按照行车道系的位置不同，又有上承式梁桥和下承式梁桥。在公路桥梁中，习惯按照主梁的截面形式不同来进行分类，钢梁常用的截面形式有：钢板梁、钢桁梁和钢箱梁。

钢梁桥多由型钢拼接而成。我国早期的钢梁桥多是铁路桥，常用的截面形式有钢桁梁、钢板梁两种。如南京长江大桥就属于钢桁梁桥，宝成线宝鸡渭河大桥是上承式钢板梁桥，陇海线咸阳渭河大桥是下承式钢板梁桥，南同蒲风陵渡黄河大桥是上承式钢桁梁桥，侯西线禹门口黄河大桥是下承式钢桁梁桥。近年来公路钢桥的修建越来越多，钢箱梁桥的应用也日益广泛，多数应用在城市立交、高架桥中。

第一节 钢板梁桥

钢板梁桥是指由钢板焊接、栓接或铆接，形成工字形的实腹式钢梁作为主要承重结构的桥梁。

钢板梁桥是中小跨径桥梁最常用的形式，当跨径较大的桥梁采用钢板梁桥时，主梁高度和用钢量将增加。因此，铁路上当梁桥跨径超过40m时，一般不再采用钢板梁，而采用桁梁桥；对于公路钢梁桥来说，由于可变作用力相对较小，钢板梁桥的适用范围可扩大到50~80m，不过在这个范围内也应与桁梁桥作经济比较后才采用。

钢板梁桥的构造原理和设计方法是钢桥的最基本部分，也是其他形式钢桥设计的基础。本节简要介绍上承式公路钢板梁桥的构造原理和设计要点。

一、上承式焊接板梁的构造

1. 钢板梁桥的结构形式与组成

焊接工字形梁是由上下翼板和腹板焊接而成（图1.1-1），具有结构灵活、构造简单、工地连接方便、单个构件质量轻等优点，适用跨径可以达到60m，是中小跨径钢梁桥最经济和使用最多的结构形式。但是，焊接工形梁的抗扭刚度和横向抗弯刚度较小，在运输和安装过程中，或者桥梁宽跨比较小时，必须充分注意其横向失稳问题。

当翼缘需采用两块钢板或者变截面设计时，在截面变化处，为了使截面变化匀顺，减少应力集中，沿厚度或者宽度方向常做成斜坡，如图1.1-2所示的几种方式。

（1）结构形式

钢板梁桥的基本结构体系可以分为：简支钢板梁桥、连续钢板梁桥和悬臂钢板梁桥。

简支钢板梁桥是最简单的结构形式，经济跨径一般在40m以下。当跨径较大时，多采用连续钢板梁桥。

连续钢板梁桥的经济跨径可以达到约60m。与简支梁桥相

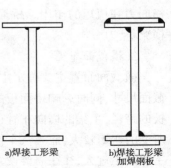

图1.1-1 钢板梁桥截面形式
a) 焊接工形梁　b) 焊接工形梁加焊钢板

比,具有伸缩缝少、噪声小、行车平稳、挠度小、截面经济等优点,目前有逐渐取代简支板梁的趋势。但是,连续梁对地基不均匀沉降较为敏感,软土地基的连续梁桥附加弯矩较大。

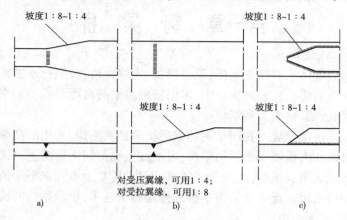

图 1.1-2　变厚度翼缘板的斜坡处理方式

悬臂钢板梁桥是静定结构,弯矩与连续梁桥比较接近,截面比简支梁经济,对地基不均匀沉降不会产生附加弯矩;但是伸缩缝多、悬臂挠度大、线形有折角现象,对行车不利,而且牛腿构造受力均较为复杂,容易引起疲劳破坏等,现已较少采用。

按照桥面板形式,还可以把钢板梁桥分为钢筋混凝土桥面板钢板梁桥和钢桥面板梁桥。钢桥面由顶板和焊接于顶板上的纵向及横向加劲肋组成,它具有自重轻、极限承载力大、桥面建筑高度小等优点,是大跨度钢桥和建筑高度受到限制时最常用的结构形式。将在本章第三节作详细介绍。

根据桥面板参与主梁受力的情况又分为结合梁桥和非结合梁桥。结合梁桥的桥面板参与主梁共同工作,钢板梁与桥面板结合后由组合截面承受外荷载;非结合梁桥的桥面板不参与主梁共同受力,外荷载由钢板梁单独承担。对于钢筋混凝土桥面板结合梁桥,桥面板与钢板梁间用剪力连接件连接。关于结合梁桥将在后续章节详细介绍。

(2) 钢板梁桥的组成

钢板梁桥上部结构主要由主梁、横向联结系、纵向联结系和桥面系(图中未示出)组成,如图 1.1-3 所示。主梁起到整个桥梁的承重作用,把由横向联结系、纵向联结系和桥面系传来的荷载传递到支座。横向联结系有实腹式梁和空腹式桁架形式,前者称为横梁,后者称为横联。横向联结系的作用是为把各个主梁连接成整体,起到荷载横向分布、防止主梁侧向失稳的作用。纵向联结系通常采用桁架式结构,其作用主要是加强桥梁的整体稳定性、与横梁共同承担横向力和扭矩的作用。桥面系主要是为了提供桥梁的行车部分,把桥面荷载传递到主梁和横梁。

2. 横截面布置

横截面布置主要确定主梁的根数与间距。主梁的根数与间距直接影响主梁的受力大小与截面尺寸,同时影响桥面板的跨径和受力状态。当桥面板支承于主梁时,主梁的间距决定桥面板的跨径,主梁的横向布置还会影响到桥面板的受力,当汽车作用多位于主梁之间时,桥面板所受的弯矩较大,而当汽车作用主要集中在主梁中心附近时,桥面板弯矩减小、剪力增加。若主梁间距过大,往往需要设置内纵梁或较密的横隔板来减小桥面板的跨径。

图 1.1-4 是日本钢筋混凝土桥面板钢板梁桥标准设计横断面布置示例。主梁间距一般在

2.0~3.5m,桥面板的悬臂长度在1m以内。采用这样的主梁间距,钢筋混凝土桥面板的跨中板厚可以控制在26cm以内,桥面板悬臂根部板厚控制在36cm以内,并且可以利用桥面板梗肋的高度,与跨中板厚相协调。

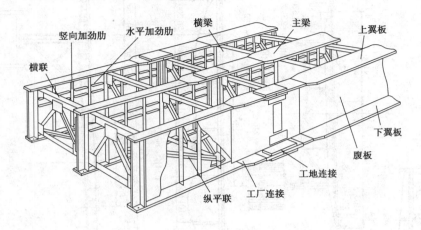

图1.1-3 钢板梁桥的组成

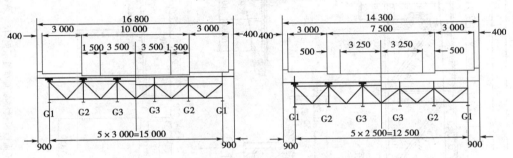

图1.1-4 日本钢筋混凝土桥面板钢板梁桥标准设计横断面布置示例(尺寸单位:mm)

随着预应力混凝土桥面板的应用、厚钢板质量的提高,以及焊接技术的发展,近年来国外出现了新的主梁结构形式,即加大主梁间距、减少主梁根数,例如,对于两车道或三车道的桥梁,仅采用2~3根主梁,图1.1-5为双主梁钢板梁桥,桥宽11.2m。这种结构构造简单,钢结构制造的工作量大大减少,既可以提高桥梁架设速度,又能降低桥梁建设成本。

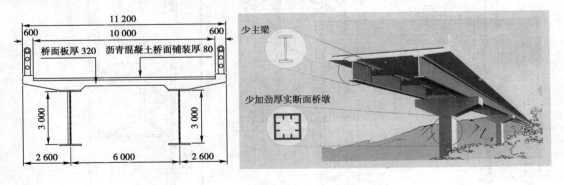

图1.1-5 双主梁钢板梁桥(尺寸单位:mm)

对于钢桥面板的钢板梁桥(图1.1-6),因钢桥面板的自重轻,跨越能力较大,特别是采用闭口加劲肋时,正交异性钢桥面板的跨径可以达到4~6m,如果适当设置纵肋和横肋,则横梁

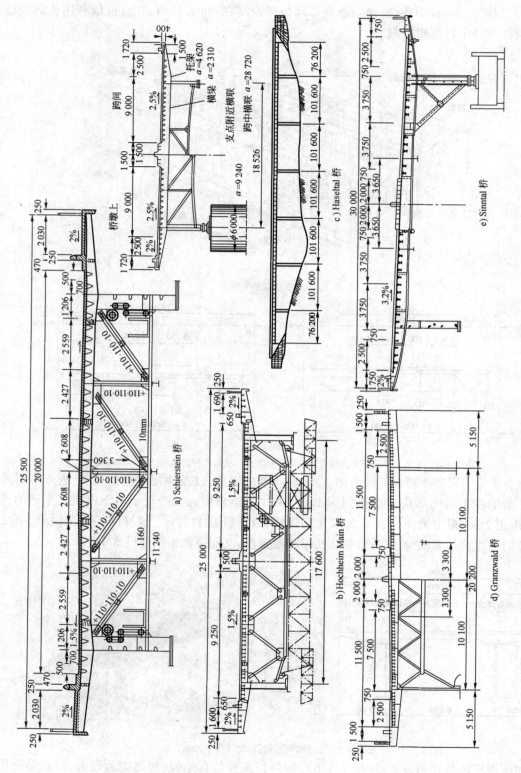

图 1.1-6 钢桥面板板梁横断面布置示例（尺寸单位：mm）

就可能成为钢桥面板的主要支承结构。因此,此时板梁桥的主梁间距设置较为灵活,甚至仅设置2根主梁。

根据我国现行《公路工程技术标准》(JTG B01—2003),当主梁间距大约2~3.5m、不设人行道时的典型桥梁横断面宽度和主梁布置如表1.1-1所示;当设置人行道时,根据人行道宽度不同,可增加1~3根主梁,人行道宽度在1.5m以下时增加1根主梁,为1.5~3.5m时,增加2~3根主梁。

典型桥梁桥宽与主梁布置 表1.1-1

车道数	桥宽(栏杆+车行道)+分隔带(m)	主梁布置(m) 悬臂+等分数×主梁间距+悬臂	车道数	桥宽(栏杆+车行道)+分隔带(m)	主梁布置(m) 悬臂+等分数×主梁间距+悬臂
8	2×(0.5+3.75+4×3.75+0.5)+2.0=41.5	1.5+11×3.5+1.5=41.5 1.25+13×3.0+1.25=41.5 1.25+15×2.6+1.25=41.5 1.25+20×1.95+1.25=41.5	4	2×(0.5+3.75+2×3.75+0.5)+1.0=24.5	1.45+6×3.6+1.45=24.5 1.4+7×3.1+1.4=24.5 1.0+9×2.5+1.0=24.5 1.25+11×2.0+1.25=24.5
6	2×(0.5+3.75+3×3.75+0.5)+2.0=34.0	1.25+9×3.5+1.25=34.0 1.05+11×3.0+1.05=34.0 1.1+12×2.65+1.1=34.0 1.25+15×2.1+1.25=34.0	2	0.5+1.5+9.0+1.5+0.5=13 0.5+7.5+0.5=8.5	1.25+3×3.5+1.25=13.0 1.2+4×2.65+1.2=13.0 1.25+5×2.1+1.25=13.0 1.15+2×3.1+1.15=8.5 1.25+3×2.0+1.25=8.5

3. 平面布置

钢板梁桥的平面布置主要是确定横向联结系的结构形式、数量和间距,以及纵向联结系的形式与布置。

(1)横向联结系的布置

上承式板梁桥在两主梁之间设有上下横撑和斜撑。上下横撑、斜撑与主梁的加劲肋和一部分腹板组成一个横向平面结构,称为横向联结系,简称"横联",位于中间者称为"中间横联",位于主梁两端者称为"端横联"。

横向联结系把各个主梁连接成整体,起到荷载横向分布、防止主梁侧向失稳的作用,它把桥面系传来的荷载传递到主梁。

横向联结系的结构形式和数量主要由桥梁的整体横向刚度和主梁的侧向失稳要求控制设计。从荷载横向分配的角度来看,通常可以设置两道端横梁和在跨中附近设置1~3根中横梁,当桥梁的跨度和宽度特别大时,可设置5根中横梁。横梁设置过多不会明显提高桥梁的横向刚度,但是,为防止主梁的侧向失稳,横向联结系的数量又不宜太少。因此,横梁的间距一般不大于6m。

横梁要求有足够的刚度,通常可以采用实腹式结构形式,如图1.1-7所示。对于为防止主梁侧向失稳而布置的横梁,因其仅对主梁的侧向变形起到支承约束作用,故也可采用刚度相对小一些的桁架式横向联结系,如图1.1-8所示;在同一桥梁中采用多种不同结构形式的横向联结系时,构件种类多,构造较复杂,制造与架设较麻烦。因此在实际应用中,横梁多采用单一的结构形式。

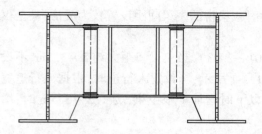

图 1.1-7　横梁式横向联结系　　　　　　图 1.1-8　桁架式横向联结系

横联的位置,应与竖向加劲肋的布置一起考虑。在架设及养护过程中,常需将梁端顶起,故梁端需设置顶梁。如果端横联的下横撑作顶梁用,则端横联的下横撑应适当加强。

(2)纵向联结系的布置

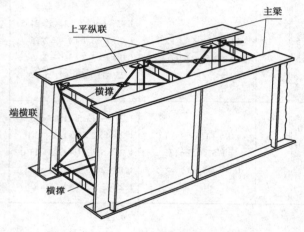

在上下横撑处两主梁之间的平面内还设置交叉杆,在上面的杆件与上梁的上部翼缘组成一个水平桁架(图 1.1-9),称为上面水平纵向联结系,简称"上平纵联",在下面的就简称"下平纵联"。跨度小于 16m 的上承式钢板梁,可不设下平纵联。

纵向联结系对于防止板梁桥施工时的失稳和抵抗横向力及扭矩有很大的作用,必须保证有足够的强度和刚度。对于直线桥,一般扭矩较小,纵向联结系主要由刚度控制设计;对于曲线梁桥,扭矩较大,纵向联结系的间距要求设置得小一些(此时,横向联结系间距也应适当减小)。常用的纵向联结系布置形式如图 1.1-10 所示。

图 1.1-9　上承式板梁部分透视图

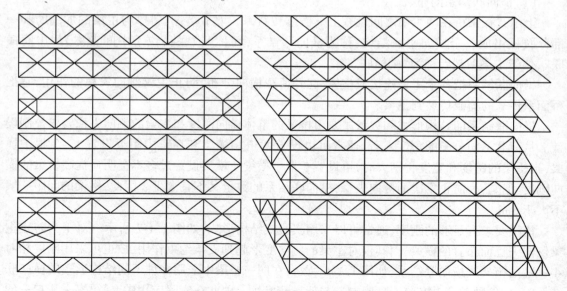

图 1.1-10　纵向联结系结构形式

平纵联杆件端部的节点板,可与上翼缘焊连(图1.1-11),但不应与受拉的下翼缘焊连,因为受拉翼缘的疲劳强度受焊接影响较大。通常,平纵联斜杆端的节点板,常与腹板焊连,而横撑则焊在加劲肋上[图1.1-11b)],以免降低翼缘的疲劳强度。

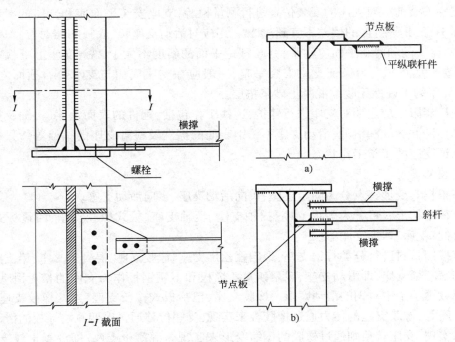

图1.1-11 横向联结系与主梁的连接图

与腹板焊连的节点板,其另一边与加劲肋焊连(图1.1-12)。节点板切去一块,这样使其边缘的焊缝至加劲肋与腹板相连的焊缝,保持一定的距离。斜杆端头的连接焊缝至节点板边缘的焊缝,也应保持一定的距离。为了减小应力集中,节点板还应做成圆弧形,并在施焊完毕后用砂轮或风铲将焊缝表面进行加工,使表面平顺。

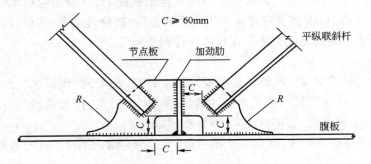

图1.1-12 纵向联结系与主梁的连接

二、支座及临时支点布置

桥梁支座的布置主要和桥梁的结构形式有关。通常在布置支座时,既要便于传递支座反力,又要使支座能充分适应梁体的自由变形。具体注意事项:上部结构是空间结构时,支座应能同时适应桥梁顺桥向和横桥向的变形;支座必须能可靠地传递垂直和水平反力;支座应使由梁体变形所产生的纵向位移,横向位移和纵、横向转角尽可能不受约束;当桥梁位于坡道上,固定支座一般应设在下坡方向的桥台上;当桥梁位于平坡上,固定支座宜设在主要行车方向的前端桥台上;固定支座宜设置在具有较大支座反力的地方;在同一桥墩上的几个支座应具有相近的转动刚度;连续梁可能发生支座沉陷时,应考虑制作高度调整的可能性。

在支座安装前应对支座的安装位置进行测量检验,支座安装平面应和支座的滑动平面或滚动平面平行,其平行度的偏差不宜超过2‰;还应对活动支座顶、底板的相对位置进行检查;支座安装后,滚动和滑动平面应水平,并与理论平面的斜度不大于2‰;支座上下板中心应对中,其偏差不大于2‰;为保证支座安装平整,一般应在支座底面与支承垫石顶面之间,捣筑20~50mm厚的干硬性无收缩混凝土砂浆垫层。

在使用年限中应定期对支座进行养护,这些工作包括:钢件的表面油漆、辊轴及摇轴转动部分定期擦洗并涂抹润滑油、滑动支座不锈钢表面的擦洗及检查支座的锚栓等。只有定期养护才能保证支座的正常工作状态。

1. 支座的类型

支座根据其变形特点分为固定支座、单向活动支座、多向活动支座。

支座按结构形式可分为弧形支座、摇轴支座、辊轴支座、板式橡胶支座、四氟板式橡胶支座、盆式橡胶支座、球形支座等。

支座按照材料进行分类有钢支座、聚四氟乙烯支座、橡胶支座、混凝土支座、铅支座。

聚四氟乙烯支座,即滑动支座,以聚四氟乙烯板和不锈钢板作为支座的相对滑动面,其滑动摩擦系数远小于钢对钢的滑动摩擦。橡胶支座,包括板式橡胶支座、盆式橡胶支座、四氟板式橡胶支座等,橡胶支座的传力通过橡胶板来实现,支座位移通过聚四氟乙烯板的滑动或橡胶的剪切来实现,支座转角则通过橡胶的压缩变形来实现。混凝土支座,即混凝土铰支座;铅支座,即传力部分由硬铅构成的支座。这两种支座是较少采用的支座材料类型。

在本小节中,着重介绍钢支座。

2. 钢支座

钢支座的结构形式有平板支座、弧形支座、摇轴支座和辊轴支座。钢支座靠钢部件的滚动、摇动和滑动来完成支座的位移和转动,其特点是承载能力强,能适应桥梁的位移和转动的需要。20世纪60年代以前钢支座普遍应用于我国公路、铁路桥梁上,现仅铁路桥梁上仍普遍应用该种支座。常用的钢支座有铸钢支座和特种钢支座等。

(1)铸钢支座

铸钢支座使用碳素钢或优质钢经过制模、翻砂、铸造、热处理、机械加工和表面处理制成。铸钢支座承载能力较大,但其构造尺寸大、耗钢量多、刚度过大、传力急剧,容易造成下部结构损坏,而且铸钢支座易锈蚀,养护费用高,维修较困难。

常见的铸钢支座有平板支座、弧形支座、摇轴支座和辊轴支座等几种,各种支座的示意图见图1.1-13。

1)平板支座

平板支座是桥梁支座最早而又最简单的一种支座形式。它由平面钢板组成,为了减少钢板接触面上的摩擦力以免阻碍纵向滑动,可将钢板的接触面在刨床上刨光,并涂以石墨润滑剂。但是积垢与锈蚀常使这种支座"冻死"失效;将薄铅板夹于钢板之间虽有益,但铅板经常被挤出来。若能免除污垢、灰尘,则嵌有石墨化合物自行润滑的青铜平板就能良好地工作。平板支座的位移量是很有限的,且梁的支承端也不能完全自由旋转,所以一般用于小跨度桥梁,例如,在铁路桥上可用到8m跨度,在公路桥中常用到12~15m的跨度。目前平板支座大部分已经被板式橡胶支座所取代。

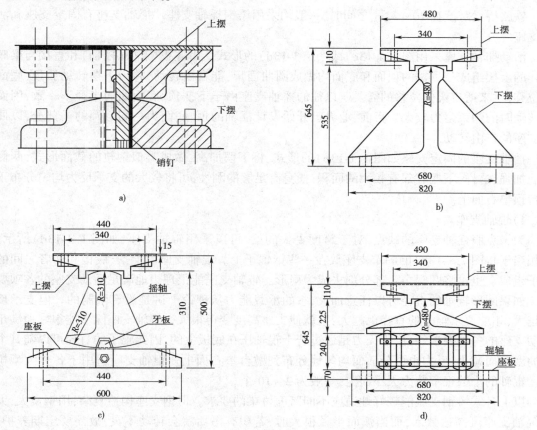

图1.1-13 常用铸钢支座(尺寸单位:mm)

2)弧形支座

弧形钢板支座[图1.1-13a)]由上、下支座板和销钉组成。下支座板的顶面为一曲率很大的弧面,上支座板底面为一平面,上、下支座板之间在销钉孔处设有销钉。固定支座的上、下支座板的销钉孔均为圆孔,由销钉承受纵向水平力。活动支座的销钉孔为长圆孔,以使支座可做少量的滑移。

下支座板顶面的曲率半径应根据赫兹接触线应力公式进行检算:

$$\sigma = 0.423\sqrt{PE/r}$$

式中:P——支座反力;

E——钢的弹性模量;

r——下支座板顶面曲率半径。

弧形钢板支座一般用于跨径16m以下的铁路桥上。在使用过程中,弧形钢板支座经常发生转动不灵活或锚栓剪断的现象,其主要原因是其弧形接触面接触应力过大被压平,使支座转动困难,同时支座锚栓及梁底钢板焊接后,也使锚栓抗剪强度降低。目前不少桥梁的弧形支座已被板式橡胶支座代替。

图1.1-13a)所示弧形支座是将平板支座上下摆的平面接触改为弧面接触,这样,反力能集中传递,梁端也能自由转动,但伸缩时仍要克服较大的摩阻力,所以仍只适用于较小跨度的梁。

3)摇轴支座

铁路桥梁跨度在20~32m之间时,一般均采用铸钢摇轴支座。摇轴支座有固定支座和活动支座之分。

活动摇轴支座采用图1.1-13c)或图1.1-13d)的形式。由底板、下摆(摇轴)和直接与梁底相连的上摆组成。下摆的顶面和底面均做成圆曲线形,能自由转动,并由下摆转动后顶、底面的位移差,来适应梁体位移的需要。以往的摇轴支座由于下摆顶、底面曲面半径不一致,因而在转动时的约束阻力较大。目前,业界已开始设计摇轴的顶、底面为一同心圆的一部分,以便于支座的自由转动。

摇轴支座的固定支座如图1.1-13b)的形式,将下摆加高,做成类似钢轨的截面形式,两侧用肋加强,这样,下摆底部有较大的面积,摆身有足够的刚性,可将较大的支承反力均匀分布于墩台顶垫石面上。

4)辊轴支座

为了克服摇轴支座的缺点,对于跨度更大的梁,可以采用辊轴支座,如图1.1-13d)所示。它相当于将图1.1-13b)的固定支座放在一些钢辊子上。辊轴支座由上摆、底板和两者之间的辊子组成。也可将圆辊多余部分削去成为扇形。辊轴支座能很理想地满足活动支座的各项要求。如果圆形辊轴的直径可以任意加大,它的承载能力从理论上讲是没有限制的。但支承反力越大,相应要求辊子的直径也越大,这就使支座高度变得很大。辊轴支座除了能很好地满足活动支座的各项要求外,由于反力是通过若干辊轴压在底板上的,因此辊子的直径可以随其个数的增多而减小,反力也可分散而均匀地分布到墩台垫石面上。辊轴支座适用于各种大型桥梁。辊轴的个数视承载力大小而定,一般为2~10个。

以上各式铸钢支座能较好地适应不同跨度桥梁的要求。但钢支座构造复杂,用钢量大,大型辊轴支座可高达数米,而当弧面半径很大时,若积有污垢就会转动不灵,故需要定期养护。目前公路桥梁已较少采用铸钢支座,开始使用其他类型支座,如橡胶支座[详见《桥梁工程(上)》(范立础主编,第二版,2001年,人民交通出版社)相关内容]。

(2)特种钢支座

特种钢支座有以下几种形式:

①采用不锈钢或高级合金钢支座,并封闭在油箱内,以防生锈;

②对承受接触应力的部分进行表面硬化处理,以提高其容许承载力;

③将支座的转动部分用钢或黄铜制成球冠形,球冠上下分别设置聚四氟乙烯板,形成球面(形)支座。

3. 临时支点

为便于支座的维修与更换,工形钢板梁桥应该在支承千斤顶的临时支点设置加强结构,图1.1-14是常用的临时支点布置形式。

三、钢板梁桥的设计要点

焊接钢板梁一般由上翼板、腹板和下翼板的三块钢板焊接而成。为了防止腹板失稳,一般需要设置横向加劲肋和纵向加劲肋。

在支承处设置支承垫板和承受支座反力的横向加劲肋。此外,还根据需要设置纵、横向联结系的节点板,固定维修用挂篮的预留节点板等。当主梁跨径较大时,由于运输的需要,通常要将钢梁分成若干段制作,连接处需要预留螺栓孔、拼接板等。如果被连接的钢板厚度相差较大(大于3mm)时,还要预留填板。

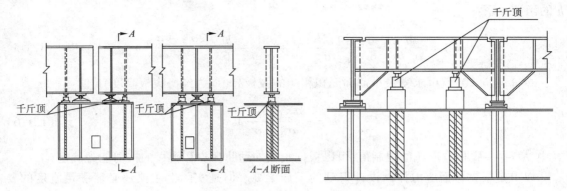

图1.1-14 临时支点布置形式

普通焊接板梁应尽量用三块钢板焊接而成,除非当板厚不能用其他方法解决时才采用外贴翼缘钢板的形式,外贴翼缘板原则上宜用一块钢板。

1. 主梁梁高

主梁要求有足够的强度和刚度,通常主梁以截面应力控制设计时的用钢量比以刚度控制设计的用钢量要省,为了有效地发挥钢材的作用和节省钢材,主梁设计应该尽可能采用以截面应力控制设计。尤其是我国《公路桥涵钢结构及木结构设计规范》(JTJ 025—86)规定的容许挠度要求较高(与钢筋混凝土桥梁相同),刚度比较难以满足要求,设计时必须充分地注意。

如图 1.1-15 所示,假设主梁以截面应力控制设计,设其最大容许拉应力和压应力分别为 σ_{ta} 和 σ_{ca},腹板高为 h,腹板厚为 t,受压翼缘面积为 A_c,受拉翼缘面积为 A_t。在理想设计状态下,截面中性轴位置和惯性矩 I 为:

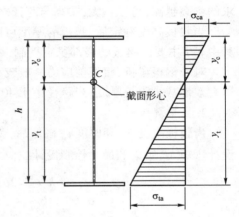

图1.1-15 钢板梁截面应力

$$y_c = \frac{\sigma_{ca}}{\sigma_{ta} + \sigma_{ca}} h$$

$$y_t = \frac{\sigma_{ta}}{\sigma_{ta} + \sigma_{ca}} h$$

$$\delta = \frac{y_t - y_c}{2} = \frac{\sigma_{ta} - \sigma_{ca}}{\sigma_{ta} + \sigma_{ca}} \cdot \frac{h}{2}$$

$$A_t y_t + ht\delta - A_c y_c = 0 \tag{1.1-1}$$

$$I = A_c y_c^2 + \frac{1}{3} y_c^3 t + \frac{1}{3} y_t^3 t + A_t y_t^2 \tag{1.1-2}$$

如果截面设计弯矩为 M,根据截面内力与外力平衡原理可以得到:

$$A_c \sigma_{ca} y_c + \frac{\sigma_{ca}}{2} y_c \frac{2}{3} y_c + \frac{\sigma_{ta}}{2} y_t \frac{2}{3} y_t + A_t \sigma_{ta} y_t = M \tag{1.1-3}$$

将式(1.1-1)代入上式,可以近似求得翼缘板所需要的面积:

$$A_c = \frac{M}{\sigma_{ca} h} - \frac{ht}{6} \cdot \frac{2\sigma_{ca} - \sigma_{ta}}{\sigma_{ca}}, \quad A_t = \frac{M}{\sigma_{ta} h} - \frac{ht}{6} \cdot \frac{2\sigma_{ta} - \sigma_{ca}}{\sigma_{ta}} \tag{1.1-4}$$

将上式代入主梁全截面面积计算公式 $A = A_c + A_t + ht$，可以得到钢梁截面积 A 与腹板高 h 的函数关系：

$$A = \frac{M}{\sigma_{ca}h} - \frac{ht}{6} \cdot \frac{2\sigma_{ca} - \sigma_{ta}}{\sigma_{ca}} + \frac{M}{\sigma_{ta}h} - \frac{ht}{6} \cdot \frac{2\sigma_{ta} - \sigma_{ca}}{\sigma_{ta}} + ht \quad (1.1\text{-}5)$$

令 $dA/dh = 0$，就可求得最小截面面积相应的腹板高(成为经济腹板高度)h值：

$$h = \sqrt[3]{\frac{3(h/t)}{\sigma_{ta} + \sigma_{ca}}M} \quad (1.1\text{-}6)$$

式中：h/t——腹板宽厚比的限制值，可以根据腹板加劲肋多少和腹板的抗剪能力确定。

以上是根据截面应力控制设计得到的最佳梁高。但是实际上主梁还必须满足刚度的要求，即主梁的活载挠度 f 必须满足 $f \leq [f]$（最大容许挠度）的要求。根据我国《公路桥涵钢结构及木结构设计规范》(JTJ 025—86)，钢板梁桥要求活载挠度不得大于 $l/600$。

影响梁高的因素较多，通常钢板梁的梁高 h 约为 $L/25 \sim L/12$（L 为跨径）。活载越大，要求的梁高越高，跨径越大，梁高与跨径之比 h/L 可以小一些。

当腹板高度确定后，腹板的厚度可以根据主梁的剪力大小和腹板高厚比 h/t 的限值确定。其中 h/t 主要由腹板的局部稳定控制，采用不同的加劲肋设计时，腹板高厚比的限值也不同。

对于钢板梁桥，腹板剪应力一般较小，腹板厚度多数由稳定控制设计，采用加劲肋设计可以有效地减小腹板厚度，当跨径小于 40m 时，腹板厚度一般为 9~12mm。

2. 主梁翼缘板

当腹板高度 h_w 和厚度 t_w 确定后，受拉和受压翼缘板的最小截面面积 A_t 和 A_c，可以根据设计弯矩 M、主梁的最大控制设计拉应力 $[\sigma_t]$ 和压应力 $[\sigma_c]$，由下式求得：

$$A_c = \frac{M}{\sigma_c h} - \frac{h_w t_w}{6} \cdot \frac{2\sigma_c - \sigma_t}{\sigma_c}, \quad A_t = \frac{M}{\sigma_t h} - \frac{h_w t_w}{6} \cdot \frac{2\sigma_t - \sigma_c}{\sigma_t} \quad (1.1\text{-}7)$$

一般情况下，主梁的最大控制设计应力控制在容许应力 $[\sigma]$ 的 0.8~0.95 倍。对于受压翼缘，由于要考虑局部稳定的影响，设计控制应力一般比受拉应力小。

翼板宽度 b_f 和厚度 t_f 的确定，必须综合考虑翼板的局部稳定（图 1.1-16、图 1.1-17）和主梁的弯扭屈曲，确保钢梁在制作、运输、安装和运营等各种工作状态下不出现翼板局部失稳和主梁的弯扭失稳。

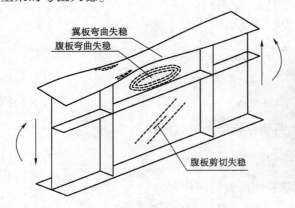

图 1.1-16　钢板梁局部稳定

图 1.1-17　钢板梁翼板与腹板局部失稳

为了防止受拉翼板在制作、运输、安装过程中可能出现的局部失稳,我国现行的《公路桥涵钢结构及木结构设计规范》(JTJ 025—86)规定受拉翼板的自由伸出肢宽一般不得大于 16 倍的板厚。对于受压区翼板的局部失稳一般由运营阶段的最不利荷载工况控制设计,对于 Q345 钢材,《公路桥涵钢结构及木结构设计规范》(JTJ 025—86)规定受压区翼板的自由伸出肢宽一般不得大于 12 倍的板厚。

第二节 钢桁梁桥

钢桁梁桥的主梁是由位于多个平面内的钢桁架连接形成整体空间结构,来承受荷载作用的空腹式受弯结构。同实腹梁相比,当跨径较大时,桁式主梁具有刚度大、通透性好、用钢量省、制造运输及拼装方便等特点。

钢桁架在桥梁工程领域的应用范围十分广泛,既可以形成钢桁梁桥的主要承重结构,又可以作为悬索桥和斜拉桥的主梁、拱桥的拱肋等结构;此外,工业与民用建筑中的屋架、桁架式吊车梁、电视塔、输电线路支架以及其他临时性空腹式结构等也可采用。

一、桁梁桥的组成及受力特点

1. 桁梁桥的组成

桁梁桥由主桁、联结系、桥道系组成,图 1.2-1 所示为下承式桁梁桥的主要组成部分。

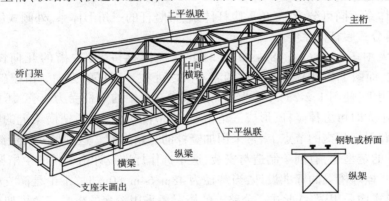

图 1.2-1 下承式桁梁桥的组成

(1)主桁

主桁是桁梁桥的主要承重结构,它由上弦杆、下弦杆和腹杆(两弦杆之间的斜杆、竖杆)组成。各杆件交汇处用节点板连接形成节点,由于节点的刚性,主桁架在受弯时,杆件将引起端部弯矩,由此产生二次应力,这是设计中应注意的问题。

(2)联结系

要使主桁架形成空间稳定的受力结构,必须设置水平桁架把两片或多片桁架连接成空间受力结构,这个上、下水平桁架,统称为纵向联结系。其中,位于主桁上弦杆平面内的纵向联结系简称为上平纵联,位于主桁下弦杆平面内的纵向联结系称为下平纵联。

横向联结系是指为了增加桁梁桥的抗扭刚度并提高横断面的稳定性,以确保各片主桁架共同受力而在主桁的竖杆平面内设置的横向联结系。其中位于主梁端部的横向联结系称为端横联,位于主梁中部的横向联结系称为中横联。

(3)桥道系

桥道系是指桥面、纵梁、横梁以及它们之间的联结系统。为了提供行车桥面,应设置纵、横梁的桥道梁,支撑桥面板;或设置纵、横肋支撑钢板的钢桥面。从桥面传来的荷载经由纵梁传递至横梁然后传至主桁节点,并最终传至基础。

2. 钢桁梁桥的受力特点

虽然组成钢桁梁桥的杆件数目繁多,并且节点构造复杂,但钢桁梁桥的受力却非常简单明确。不管上承式桁梁还是下承式桁梁在竖向荷载作用下的受力顺序均为:桥面→纵梁→横梁或纵肋→横肋→主桁→支座→墩台→基础;在水平风载及水平地震荷载作用下,则为:上、下水平联→主桁弦杆→桥门架(或端横联)→支座→基础。

二、主桁架的分类及尺寸确定

1. 主桁架的分类

(1)按主桁架的形式分类

主桁架是桁梁桥的主要组成部分,它的形式选择是否合适,对桁梁桥的设计质量起非常重要的作用。在选定主桁架形式时,应根据桥位处具体情况(如地形、地质、水文、气象、运输等条件),选择一个较为经济合理的方案。它不仅要能够满足桥上行车及桥下净空的要求,而且还能节约钢材,便于制造、运输、安装和养护。

1)按照腹杆体系的不同分类

按照腹杆体系不同可分为:三角形腹杆体系、带竖杆的三角形体系、外倾式斜杆体系、内倾式斜杆体系、再分式腹杆体系等。

我国铁路大中等跨径($l = 48 \sim 80m$)的下承式桁梁桥,其主桁的几何图式常采用图1.2-2a)图形式,而图1.2-2b)采用少,这两者不同之处在于斜杆的方向。由于斜杆方向不同,在竖向荷载作用下,使图1.2-2a)中的竖杆较图1.2-2b)中的竖杆受力小,受压的斜杆数量也较少。当节间不大时可去掉竖杆,形成三角桁架,当节间过大时,为了把横梁上的竖向荷载传递到主桁上弦杆和斜杆相交的节点上,常采用加竖杆的三角桁架。这种形式构造简单,部件类型较少,适应设计的定型化,有利于制造与安装,适于选作标准设计桁梁桥的主桁架形式。例如,我国铁路下承式栓焊桁梁的标准设计,当跨径为48m、64m、80m时,不论是简支桁梁或连续桁梁,其主桁架形式均采用图a)形式。公路上的桁梁桥采用较多的也是三角桁架。

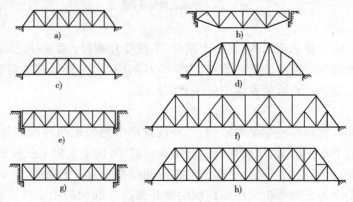

图1.2-2 桁梁桥的结构形式

三角形腹杆体系的桁梁,其杆件数量少,构造较简单,尤其我国桥梁厂备有适应制造节间长为8m的桁梁的一套设备,所以我国中等跨径钢桁梁标准设计的节间长度为8m。因考虑到桥梁厂目前的设备条件,在特大跨径三角形腹杆体系的桁梁中,也采用8m节间长度,同时还保持斜杆适当的倾斜度(斜杆与竖直线之交角不宜小于30°左右),所以使得桁高难于超过14m左右。对于跨径达到160m或更大时,14m的桁高太小,而小的桁高,不但使桁梁设计不经济,而且桁梁桥的竖向刚度也难以满足。当然,随着生产设备的改进和钢材板件长度的加大,大跨径三角形桁梁的节间长度也能够随设计要求而增大。

为了利用现在桥梁厂的设备条件,节间长度仍采用8m,但为保持斜杆具有适当的倾角,可采用图1.2-2g)和图1.2-2h)的再分式桁架形式,这样既可增大桁高,又不增加节间长度。图1.2-2h)图式又称为米字形。新中国成立以来,我国修造的许多大跨径钢桁梁(跨径从128m到160m),大多采用米字形腹杆体系的形式。例如众所周知的武汉长江大桥和南京长江大桥均采用米字形腹杆体系的连续桁梁桥。

2)按照上下弦杆是否平行分类

按照上下弦杆是否平行可分为:折线形桁架、平行弦桁架和分段平行弦桁架。

对于大跨径的下承式铁路桁梁桥(跨径在80m以上),为了节省钢材,国外和我国过去采用过上弦为折线形的主桁架图式[图1.2-2d)]。由于这种形式的主桁架高度变化符合主桁架弯矩图,因此,这种形式的桁架桥较平行弦桁架要省钢料2%~3%。但是,杆件类型多,节点类型也多,因而增加了机器样板的数量,给工厂制造增添一些困难;上弦杆为折线形,如果采用伸臂安装法架设,也会增加钢梁安装的困难。因此,这种形式我国已弃之不用。

目前,我国大跨径的下承式桁梁桥一般采用平行弦桁梁。如北镇黄河公路桥($l=120m$)、白河桥($l=128m$)以及济南黄河铁路桥($l=120m$),都采用了三角形腹杆体系的平行弦连续钢桁梁。

对于图1.2-2e),仅两端变化了桁高,跨中多个节点采用等桁高,它的下弦杆做成鱼腹形,构造简单些。一般仅在主桁间距小,如在风荷载作用下稳定性不够时,为了提高稳定性,可将支点抬高采用如图1.2-2e)所示形式。这给纵向拖拉架设的桥梁带来困难,一般仅作为候选方案,我国在成昆线上曾采用过这种上承式钢桁梁。

(2)按照桥面相对主桁架的位置不同分类

桁梁桥按桥面位置不同,可分为上承式桁梁桥、下承式桁梁桥、双层桁梁桥。

桥梁的桥面高程应根据引桥、路堤等建设费用和桥下通航净空条件确定。一般在桥下净空不受限制时采用上承式桁梁桥可使桥墩高度减少,较为经济,并且对抗震也有利,是常采用的形式之一;当桥下净空受到限制时,下承式桁梁桥也常采用。双层桁梁桥是在桁高范围内布置两个桥面,例如,我国武汉长江大桥、南京长江大桥在桁架顶布置公路桥面,桁架下弦杆布置铁路桥面,也可以在桁高范围内布置双层公路桥面,这样不仅下部结构经济,而且上部结构也能获得较经济的设计。

当建筑高度足够时,中小跨径的桥跨结构一般都希望采用上承式桁梁桥。上承式桁梁桥在构造方面,尤其行车部分的构造比较简单;上承式桁梁主桁间距可比下承式主桁小,从而桥墩和桥台可比下承式桁梁的宽度小;上承式桁梁桥较美观,车辆行驶时视野较好;上承式桁梁桥如需提高荷载等级,加固及改建道路而将桥面加宽,均比下承式桁梁桥容易。

上承式桁梁桥桁架图式多采用三角形腹杆体系,如图1.2-2c)、d)、e),其中c)图形式比较常用,而d)图形式中的端竖杆要传递较大的支承反力,用料较多,故d)图的形式很少采用。

(3)按承受荷载的性质分类

按承受荷载的性质可分为铁路桁梁桥和公路桁梁桥两类,只是桥面系构造有所区别,主要构造基本相似,铁路荷载强度大,桁架中的杆件截面尺寸要比公路桁架的杆件截面尺寸大些。考虑到列车运行要求,对桁架刚度要求也大。

(4)按支承形式分类

主桁架按支承形式分类,即按受力体系分为简支桁梁桥、悬臂桁梁桥和连续桁梁桥。

简支桁梁桥由于构造简单,制造和安装方便,又是静定结构,对地基没有严格的要求,所以在中小跨径桥梁中采用较多。但是,随着跨径的增大,再采用简支桁梁因其自重增加较快而显得不经济。跨径超过100m的多孔桥应与悬臂桁架或连续桁架进行比较。

悬臂桁架和连续桁架由于支点负弯矩的存在对跨中控制弯矩有卸载作用,与同跨径简支桁架相比,都比简支桁梁桥省钢。

连续桁梁桥不仅节省用钢量,还具有以下优点:

①便于采用伸臂法架设,杆件安装内力与运营内力接近,不需因为伸臂法施工而过多地加大截面或采用临时加固措施;

②具有较大的竖向刚度和横向刚度;

③连续桁梁的挠曲线比较均匀,行车较为平稳;

④连续桁梁遭到局部破坏时,其余部分不易坠毁,修复较易。

连续桁梁是超静定结构,若因地质不良基础发生沉陷时,桁梁杆件内力将发生变化,因此对地基要求较高。

悬臂桁梁桥是多跨静定结构,墩台基础的沉陷不影响桁架杆件内力,故在河床地质情况较差的河流上修建大跨度钢桥时可考虑采用悬臂桁梁。但是,悬臂桁梁桥有以下缺点:

①悬臂桁梁桥需要设铰的构造,因此它在构造上较为复杂;

②在竖向荷载作用下,悬臂桁梁桥的挠度较大,为使它的竖向刚度符合设计要求,需多用一些钢材;

③悬臂桁梁桥的竖向挠曲线有转折点,致使桥面不平顺,不利于行车;

④由于铰的存在,较同跨连续桁架桥伸缩缝构造多,不利于行车。

基于以上原因,在桥型方案设计时,应结合当地具体条件进行全面比较,择优采用。

2. 主桁架尺寸的确定

主桁架的具体尺寸主要指桁架的桁高和桁架的节间长度,其合理尺寸取决于荷载大小、主桁架片数,以及主桁架形式等。主桁架在确定具体尺寸前,应先在桥型方案比选中确定其跨径,对于多跨桁梁桥常按一个桥墩基本工程费恰好等于一跨桁梁(上部结构)基本工程费的经济跨径来确定。

(1)桁高的确定

主桁架高度主要由最少用钢量和满足刚度条件等要求来确定。在上承式桁梁中,还要考虑容许建筑高度的限制,下承式应保证净空要求。

主桁架的用钢量主要反映在弦杆和腹杆与桁高的关系上。当增加桁高时,弦杆受力变小,从而弦杆截面积减小;另一方面,腹杆长度增大,腹杆用钢量增加。当降低桁高时,将会出现相反情况。因此,可按主桁用钢量最少的经济条件来确定有利的主桁高度,这个高度称为经济梁高。

1)简支桁梁的高度

根据过去大量统计资料得出,简支桁架的经济梁高约为跨径的1/6.5~1/6。由于公路桥荷载小些,公路桥主桁的经济桁高要比铁路桥小。从刚度条件来讨论桁高,一般来说,桁高越大,刚度越大,但腹杆必然增长,腹杆的变形会降低桁梁刚度。因此,桁高增加到一定数值后,刚度不再增加。根据过去统计资料,并考虑到经济梁高,简支桁梁桥的梁高可参考表1.2-1中所列高跨比的范围选用。

简支桁梁桥高跨比选用范围　　　　　表1.2-1

桥　型	铁　路　桥		公　路　桥	
	平行弦桁架	多边形桁架	平行弦桁架	多边形桁架
下承式	$\frac{1}{7}l$	$\left(\frac{1}{6.5} \sim \frac{1}{5}\right)l$	$\left(\frac{1}{10} \sim \frac{1}{7}\right)l$	$\left(\frac{1}{8} \sim \frac{1}{5.5}\right)l$
上承式		$\left(\frac{1}{8} \sim \frac{1}{7}\right)l$		$\left(\frac{1}{10} \sim \frac{1}{8}\right)l$

从表1.2-1可看出,上承式桁梁较下承式桁梁的桁高要小。这主要是主桁间距较小,不受桥面净空限制,而且考虑桥梁建筑高度的限制;另一方面,下承式桁梁桥有时需要增加梁高,来满足横向风荷载作用下桥梁稳定的条件。

主桁架节间长度直接影响到主桁架斜腹杆的倾角和桥道梁的跨径。桁架的剪力靠斜杆承受,倾角大小影响腹杆受力大小。一般合理的斜杆倾角(与竖杆夹角)在30°~50°范围内。用主桁高度h表示,合理的节间长度为$(0.6 \sim 0.8)h$(对带有竖杆的三角形体系)和$(1.0 \sim 1.2)h$(对纯三角形腹杆体系)。

从构造角度出发,斜杆的倾角也不宜超出30°~50°的范围,因为斜杆与竖杆的夹角过大或过小,会造成节点板过高或过长,节点构造将趋复杂。

对桥道梁来讲,节间越大,纵梁跨径越大,因而纵梁用钢量越多,同时横梁数目将减少,横梁用钢量亦相应减少。但纵梁占桥道梁用钢量的比值较大,因此,要求纵梁跨径(节间长度)不宜过大。

解决主桁的节间长度与桥道纵梁跨径之间矛盾的办法是:适当压缩主桁节间长度和放大纵梁跨径。但是,在大跨径桥梁中,过大地加大纵梁跨径,势必增加桥道梁的重量,因而加大主桁架的自重。在这种情况下,必须从腹杆体系或主桁体系上解决这一问题。例如,可采用再分式腹杆体系或采用劲性梁代替主桁弦杆,允许横梁联结在节间范围以内。我国大跨径的武汉长江大桥、南京长江大桥、枝城长江大桥等均采用再分式米字形腹杆体系解决这一矛盾。

对于中小跨径的桁架,上承式桁架的节间长度一般是3~6m,下承式桁架的节间长度一般是6~10m,在跨径较大的下承式桁架节间可达12~15m。对于公路桥节间长度可适当增大,因为公路桥面较重,纵梁跨径的增大对桥面总重量的增加比值不会很大。

日本小崛为雄、吉田博曾对平行弦桁架公路桥做过反复试算设计,结论是:在有效桁宽、跨径已知的条件下,若采用表1.2-2中列出的桁架节间数与桁高的最佳组合,则用钢量为最少。

我国多座桁梁桥在确定桁高和节间长度时,主要考虑工厂的节点模板设备不更换的情况下,节间长度均取8m或8m的2倍,桁高也常确定为11m,斜杆倾角为38.9°,用料上不是最经济。

2)连续桁梁桥的尺寸确定

连续桁梁桥通常做成两跨或三跨,就用钢量的经济性来说,三跨连续比两跨连续有效,三跨连续桁架可布置成等跨或不等跨,不等跨径的边跨与中跨的长度比值常采用1∶1.15~1∶1.25,这样达到正、负弯矩大致相等,在用料经济性上较等跨径有利。多于三跨的连续桁架,将造成温度位移过大,使伸缩缝构造复杂,所以连续三跨的桁梁桥采用较多。武汉长江大桥、南京长江大桥均采用三跨一联形式。

桁架节间数与桁高的最佳组合   表 1.2-2

桁架节间距(m)	跨径 l(m)	最佳节间数	最佳桁高 h(m)	跨径/桁高 l/h
6	50	7	7.0	7.1
6	60	7	9.5	6.3
6	70	7	10.5	6.6
6	80	8	13.0	6.2
6	90	9	15.0	6.0
6	100	10	16.0	6.2
9	60	6	12.0	5.0
9	80	8	14.5	5.2
9	100	10	17.0	5.9

连续桁梁的形式较多采用平行弦桁架,如图 1.2-3a)所示,这主要是因连续梁中有正、负弯矩高峰,采用平行弦桁架更适合连续梁内力分布,同时平行弦桁架使构造和安装方便。但由于连续桁架的支点往往产生最大的支点负弯矩,从经济角度出发,梁的高度一般宜与弯矩的平方根成比例。所以在许多情况下,在支点处将桁架加高。加高的方法如图 1.2-3b)、c)或 d)所示,它们在跨中均采用平行弦形式。b)图中在支点处竖杆有如吊桥中的桥塔受力,加重了竖杆受力,同时将会使构造复杂。为了改善支点处竖杆受力,可把竖杆去掉,变成 c)图这种较为合理的形式。

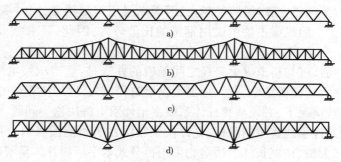

图 1.2-3 连续桁梁的主桁图式

腹杆形式与简支梁一样,一般采用三角桁架,在大跨径连续桁架中腹杆多采用再分式体系。这主要是为了缩短主节点的间距,减少腹杆内力,进而使腹杆对节点的联结方便和减少节点板的尺寸,如我国南京长江大桥就采用这种方式。

连续桁梁的高度一般小于简支桁梁桥,对公路桁梁桥,桁高大致为跨径的 1/10~1/8,有时可更小;对铁路桁梁桥一般为 $(1/7~1/6.5)l$,若支点采用加高形式,支点桁梁高度可以取等于跨中桁高的 1.2~1.5 倍。

3)悬臂桁梁的尺寸确定

悬臂桁梁由锚跨、伸臂或悬挂跨组成,由悬挂跨和伸臂组成的叫组合跨,如图 1.2-4 所示。悬臂桁梁的形式中,布置铰的位置较为重要。例如桥跨数为奇数时,铰的布置较方便,当桥跨数为偶数时,铰的对称布置就比较困难,不然在体系内须采用连续悬臂桁架,这对地质较好的基础是可行的,但是地质条件较好的基础桥位上就不一定修建悬臂桁梁,而采用连续桁梁桥。

所以一般采用奇数跨,如图 1.2-5 所示。

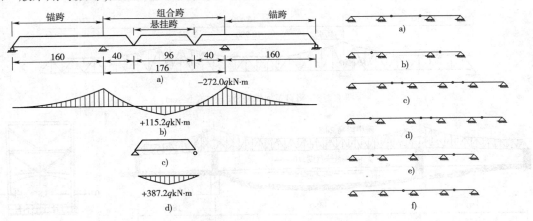

图 1.2-4 悬臂桁梁(尺寸单位:m)

图 1.2-5 悬臂桁梁铰的布置

铰的位置决定悬臂桁梁的伸臂长度,其伸臂长度与用钢量及竖向刚度有关。一般伸臂长与锚跨之比为 1/4～1/3。为了使悬臂桁梁桥的弦杆内力较为均匀,也就是正、负弯矩处的弦杆内力接近,用钢量较节省,组合跨一般比锚跨要大,组合跨与锚跨之比按 1.1～1.4 为宜。当然在具体拟定时,还应考虑桥位处的地形、地质、水文、通航等条件。当伸臂过长时,应在锚跨的端支座处设拉力支座,以承担负的支反力。悬臂桁梁的外形和连续桁梁相类似,有平行弦桁架或阶梯形悬臂桁架(图 1.2-6)。

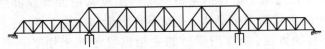

图 1.2-6 阶梯形桁架

阶梯形桁架是平行弦桁架的变形,桁架制造方便,外形与弯矩图相符合,比平行弦桁架要好。不过大跨径的悬臂桁梁往往需要在伸臂支点处加高,以承受大的负弯矩。对于上承式悬臂桁梁桥一般仅把下弦做成凹形的外形。图 1.2-7 是我国 20 世纪 60 年代修建的重庆牛角沱公路桥,跨中部分仍然采用平行弦,制造和悬臂拼装较为方便。

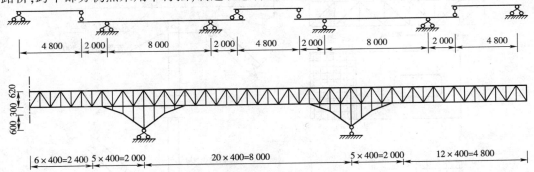

图 1.2-7 重庆牛角沱公路桥(尺寸单位:cm)

当采用下承式悬臂桁梁,只需把上弦做成凹形的外形,图 1.2-8 是洛口黄河铁路桥,为我国最大的悬臂桁梁桥,跨径为 128.1m + 164.7m + 128.1m。该桥位于津浦线济南附近的洛口,在中华人民共和国成立前修建,桥的质量较差,不能满足当前铁路运输的需要。

对于下承式悬臂桁梁桥世界较为有名的是主跨为 480m 的 Greater New Orleans 桥,它位于美国路易斯安那州,跨越密西西比河,公路宽度为 15.85m,桥面上有四条车道供高速公路使用,第五条车道在必要时供交通管理使用,两侧设 0.9m 的人行道(图 1.2-9)。

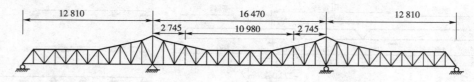

图 1.2-8 洛口黄河铁路桥(尺寸单位:cm)

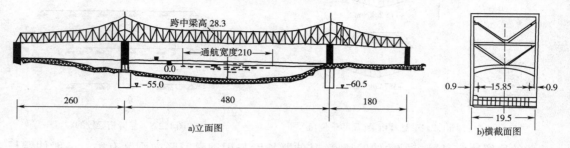

图 1.2-9 Greater New Orleans 桥(尺寸单位:m)

当伸臂过长时只得在上、下弦均采用凹形加高形式,最为典型的是目前世界上跨径最大的 Quebec 桥,悬挂跨径 195.2m,组合跨达 549m,悬臂长达 176.9m,施工吊装悬挂梁时曾两次发生事故,因此对于长悬臂桁梁桥在施工时应特别注意。

悬臂桁梁桥的桁高可以按连续桁梁相同的标准决定,对于锚跨梁和悬挂梁,跨中桁高 h 约为其跨长的 $1/7 \sim 1/6.5$,由于悬臂桁梁桥的竖向刚度常由伸臂端的挠度来控制,因此伸臂梁在中间墩处的桁高常较跨中桁高大,一般不宜小于 $(1.2 \sim 1.5)h$。对于小跨径的悬臂梁桥,为了制造与安装的方便,悬臂桁梁桥的主桁也可考虑采用平行弦,但这样将增大用钢量。

悬臂桁梁桥的腹杆体系以三角形最为方便,尤其铰的存在,采用斜撑式腹杆体系更为方便,因为悬挂梁与伸臂可以采用吊杆联结(图 1.2-10),这种构造可以使构造和安装简便。

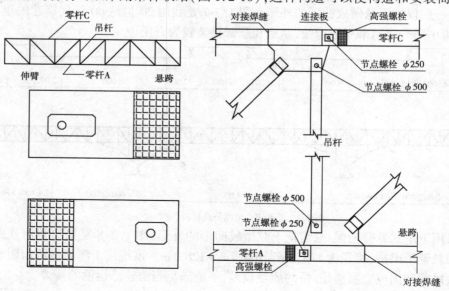

图 1.2-10 悬臂梁吊杆联结构造

但应指出的是,由于铰的存在,悬臂梁桥在构造、制造、安装、养护等方面都不及连续梁桥优越,所以在大跨径桥梁中,悬臂桁梁桥采用较少。

(2)主桁架的横向间距

主桁架的横向间距由横向刚度和稳定性来决定,对于下承式桁架首先满足净空后,应保证横向刚度,一般不宜小于$(1/20 \sim 1/17)l$;对于上承式桁梁桥,主桁间距不宜小于$(1/16 \sim 1/14)l$。

三、桁梁桥的构造设计

1. 桁梁杆件的截面

桁梁桥的杆件截面分为单壁式和双壁式两种。单壁式(只有一个肢翼)截面只用于内力较小或次要杆件上。主桁架杆件一般采用双壁式截面形式。双壁式截面主要分为H形截面和箱形截面(图1.2-11)。焊接杆件截面均由钢板焊接而成,铆接杆件截面由角钢和钢板铆接组成。

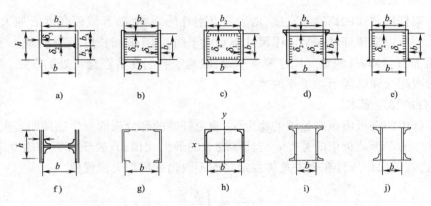

图1.2-11 桁梁杆件截面形式

H形截面是由两块竖板(或称翼板)和一块水平板(或称腹板)组合而成。这种截面的优点是:构造简单,易于用自动电焊机施焊,焊接变形较易控制和修整,采用铆接工厂施铆也较方便。H形截面不仅制造简便,工地安装时也较箱形截面方便。但是,H形截面对x-x轴的回转半径r_x比对y-y轴的r_y小很多,当压杆采用H形截面时,基本容许应力的折减相当大。因此,对内力不很大的杆件和长度不太大的压杆,采用H形截面是比较适宜的。我国现有桥梁中,H形截面用得最多。

箱形截面由两块竖板和两个水平板焊接或加角钢铆接而成。由于箱形截面对两个主轴的回转半径相近,因此,它在承受纵向压力方面较H形为佳。它通常用于内力较大和长度较大的压杆及拉—压杆,为了保证竖板和水平板的局部稳定性,增强组合杆件的整体性,保证截面有抵抗弯扭的不变形性,杆件内必须设置横隔板。横隔板的布置不需计算,沿杆件3~4m设置一道,每一安装元件用量不得少于两块,并靠近两端布置。当工地节点联结不方便时也可不设端隔板。隔板的构造如图1.2-12所示。

箱形截面在力学性能上较H形截面好,但

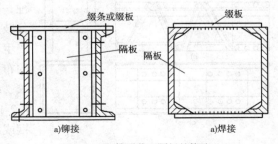

图1.2-12 箱形截面隔板的构造

是,箱形截面在工厂制造时比较费工,一般桁梁桥中在个别杆件 H 形截面不能满足时采用。关于铆接杆件,随着近年来焊接技术的提高,已很少采用,这样可省去较多的组合铆钉,杆件更轻。

在选择构件的截面形式时,不但要考虑满足强度和刚度的要求,还要使构件便于连接。此外,对构件还要考虑到便于施工以及今后的油漆、养护和检修;构件应尽量定型化,减少构件的种类,使构件可以互换。

2. 桁架杆件的截面尺寸

(1)杆件长细比

在决定桁架杆件截面尺寸时,必须注意使杆件的长细比不超过规范的规定,过分柔细的杆件在搬运和拼装时容易弯曲,当桥上通过活载时也将遭受很大的振动,因此规范规定轴心受压杆件的容许最大长细比$[\lambda]$:主桁架的受压弦杆或受压—拉腹杆$[\lambda]=100$;联结系的受压或受压—拉构件$[\lambda]=130$;组合压杆的单斜杆式缀条$[\lambda]=180$。

(2)杆件的截面高度和宽度

对于桁架杆件截面的高度和宽度,由于节点刚性的影响,随着截面高度的加大,杆件中的次应力增大。所以桁架杆件在平面内尺寸不宜大于约 1/10 节间长度(弦杆)或 1/15 长度(腹杆);对钢桥而言,各构件的宽度尺寸要求一致,以易于它们在节点交汇处的联结,并且还应考虑节点铆钉或螺栓联结时所需工作的宽度。

(3)压杆的稳定要求

对于压杆中的钢板应该有足够的稳定性,避免杆件的部分板件发生翘曲而丧失局部稳定,对受压杆件中的单板或板束的宽度 b 与其厚度 δ 的最大比值,只要压杆板件的宽厚比不超过容许的比值,就可保证压杆在丧失总体稳定之前不致出现局部失稳现象。

$$\frac{b}{\delta} \leq \left[\frac{b}{\delta}\right]$$

式中:b,δ——分别为板件的宽度和厚度;

$\left[\dfrac{b}{\delta}\right]$——容许的板件宽厚比,见《公路桥涵钢结构及木结构设计规范》(JTJ 025—86)。

3. 缀条、缀板和隔板

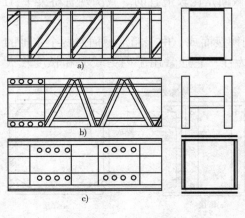

图 1.2-13 缀条形式

为了保证组合杆件各肢翼的共同作用和保证它有足够的刚度,以便在运输、工地安装和使用时不致歪曲,它的各肢翼将用缀件联结。

缀件有缀条(采用角钢)和缀板(采用钢板)两种,一般设置在分肢翼缘两侧平面内,其作用是将各分肢连成整体,使其共同受力,并承受绕虚轴弯曲时产生的剪力。缀条、缀板和隔板联结,它们在压杆中的布置应按计算确定,在拉杆中的布置要符合构造要求。缀条常采用简单的三角式和斜撑式,如图 1.2-13,一般可用不小于∠45mm×45mm×5mm 的角钢或厚度不小于 6mm 的扁钢做成。缀板尺寸一般按构造要求决定。

四、桁梁节点及其他构造

1. 桁梁节点构造及设计要求

钢桁梁的节点既是主桁杆件交汇的地方,也是纵、横联杆件及横梁连接于主桁的地方,它连接位于主桁、纵联、横联三个正交平面内的杆件,通过节点把各杆件组成一个桁架,因此,节点是桁架重要部位,构造一般都比较复杂。

(1) 外贴式节点

图 1.2-14 为铆接桁梁外贴式节点板一般构造图。弦杆连续不断地通过节点。外贴式节点板对弦杆有局部加强作用,拼装方便。目前,采用高强螺栓连接的外贴式节点较为普遍。

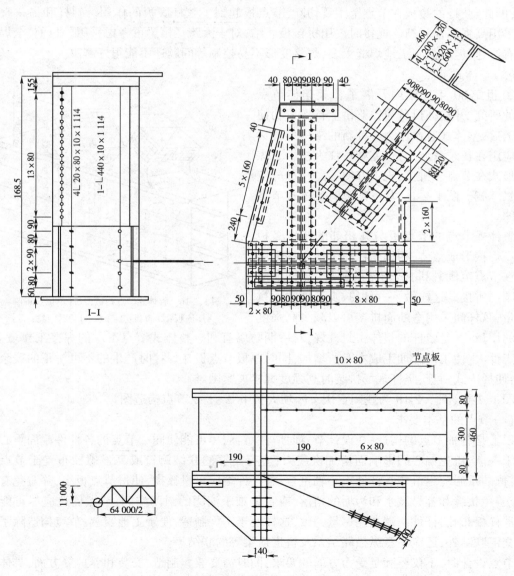

图 1.2-14 外贴式节点板(尺寸单位:mm)

随着焊接技术的提高,栓—焊桁梁和全焊桁梁也逐步在采用。栓—焊桁梁在铁路桥梁中已有各种不同跨径的标准设计,其节点构造基本上与铆接桁梁结构形式相同,所不同的是杆件采用焊接杆件,节点处多采用外贴式节点板,常用高强螺栓把各杆件联结起来。

(2)内插式节点

内插式节点,是把节点板插到弦杆腹板的位置,弦杆的腹板在节点范围要切断,并采用连接盖板同内插节点板联结,如图 1.2-15 所示。对于重型桁梁的大节点采用内插式要比外贴式省钢,制造要比外贴式节点板难。当前,国外多把节点板预先

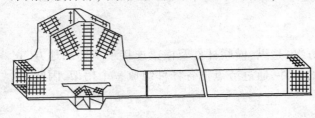

图 1.2-15 内插式节点板

在工厂用坡口焊缝和弦杆的腹板焊成整体,在两块节点板中间插入腹杆,并用螺栓把两者连接起来,因此,弦杆的腹板在节点范围要切断,节点板起到了弦杆腹板的作用。斜杆和另一端弦杆仍采用高强螺栓联结。连接时仅用拼接板联结,对于大跨径桁梁可考虑采用。目前,全焊桥梁已有修建,但是由于工地焊缝太多,焊接变形不易控制等问题还不能很好解决。

(3)整体式节点

20 世纪 80 年代国内开展了桁架整体节点构造的研究,并在孙口黄河铁路桥上首次成功使用。随后,整体式节点作为一种新的结构形式又成功应用在长东黄河二桥、芜湖长江大桥中。该结构形式在节点外拼接,施工方便、受力较好,应用前景广阔。图 1.2-16 为一典型的整体式节点构造图。

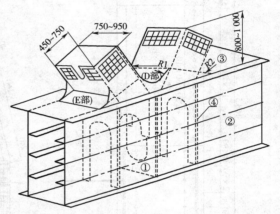

图 1.2-16 整体式节点构造(尺寸单位:mm)
①-底板;②-腹板;③-顶板;④-弦杆竖板

整体式节点的节点板与其相邻的弦杆竖板在工厂焊接形成整体,相邻弦杆在工地用高强度螺栓在节点范围外拼接,桁架的斜杆、竖杆在节点范围内拼接。这样做,一可以减少工地的预拼工作量,弦杆间采用全断面拼接可以减少高强度螺栓的用量;二是弦杆的整体密封性好,对后期防腐有利。整体式节点工厂的焊接工作量大,制孔工件大,使工厂的加工成本有所增加,同时厚板节点板在焊接时产生的不可矫正的残余变形,会使插入式斜杆、竖杆现场拼装时高强度螺栓夹紧困难。

图 1.2-17、图 1.2-18 为我国重庆菜园坝大桥下弦、上弦节点构造图。

(4)节点的基本要求

以上是各种节点的构造,在设计节点时应注意:应尽可能使同一节点的各杆件截面重心轴交汇于一点,避免偏心的影响而增加次应力;应有足够的联结铆钉或高强螺栓布置于节点板上,钉群的重心应尽可能与杆件重心轴重合;各杆件端应尽量靠拢,使得节点板小,并避免有凹角;应避免狭缝和容易藏水和污垢的角落,或者是难于油漆的封闭空间;节点构造应尽可能应用机器样板布孔,杆件两端布孔尽量一致,这样便于工厂制造,便于工地安装;节点构造除了各杆件交汇联结外,还应注意纵横联结系及桥道横梁等的联结。

节点设计时,不仅要满足受力方面的要求,同时需要兼顾制造、安装和养护等方面,具体要求如下。

1)受力方面的要求

①各构件截面重心线应尽量在节点处交于一点,避免节点偏心的附加应力。如有偏心,应

计算偏心影响;杆端连接螺栓群的合力线也应尽量与构件的截面重心线重合。以上要求对于联结系构件较难做到,由于其节点偏心与连接偏心对结构影响不大,一般可不予考虑。

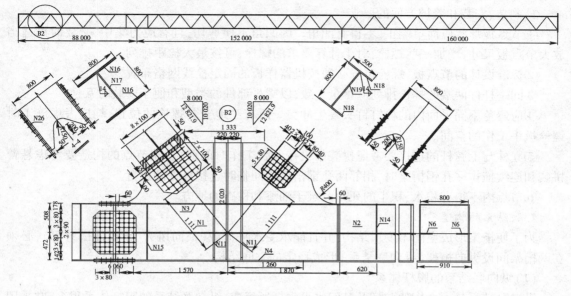

图 1.2-17 重庆菜园坝大桥三角形桁式主梁下弦节点构造图(尺寸单位:mm)

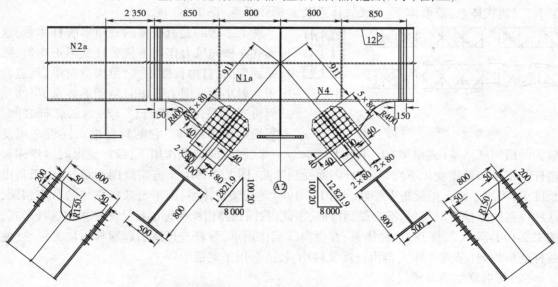

图 1.2-18 重庆菜园坝大桥三角形桁式主梁上弦节点构造图(尺寸单位:mm)

②主桁杆件所需的连接螺栓个数应按杆件的承载力计算。联结系杆件内力受活载影响不大,其所需连接螺栓个数,可按杆件内力计算。

③有条件时,杆件进入节点板的第一排螺栓数,可适当少布置几个,以减少杆件的截面削弱。

④杆件在节点中心中断时,单靠节点板来连接弦杆,多半强度不够,一般均需添设弦杆拼接板。

⑤所以杆件应尽量向节点中心靠拢,连接螺栓应布置紧凑,这样可使节点板平面尺寸小些,也有利于降低节点刚性次应力和增加节点板在面外的刚度。

⑥为了加强节点板在面外的刚度、屈曲稳定和抗撞击能力,必要时须在节点板的自由地段设置加劲角钢或隔板。用缀条连接的组合杆件,端缀板应尽量伸入节点板。

2)制造、安装和养护方面的要求

①节点板形状应简单端正,不得有凹角。因凹角不便剪切,且有应力集中,必要时可适当放大节点板尺寸,增加一些螺栓,对于计算要求的螺栓,可按最大栓距排列。

②标准设计的节点板,螺栓位置必须按机器样板的固定栓线网格布置。

③同一杆件两端的螺栓排列应尽量一致,以减少部件的类型和便于安装时互换。

④应避免不同平面内的栓钉钉头发生冲突。所有工地安装螺栓的位置,均应考虑施工时螺栓扳手工作的空间。

⑤立柱与上弦杆的连接要考虑拼装吊机在上弦工作时的荷载,端节点的构造要考虑悬臂拼装和连续拖拉多孔钢桁梁时,相邻两孔钢桁梁之间临时连接杆件的设置。

⑥节点内不得有积水、积尘的死角及难于油漆和检查的地方。

2.联结系的构造

为了使桁梁形成空间不变形结构,并且能承受水平荷载(横向风力、车辆摇摆力等),必须在两桁架间设纵向桁架(纵向联结系)形成稳定的空间结构。

(1)纵向联结系的腹杆体系

纵向联结系是由主桁架弦杆及其间水平腹杆所组成,纵向联结系的腹杆体系很多,常采用的有:三角式体系、菱形体系、交叉式体系及K形体系等(图1.2-19)。

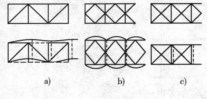

图1.2-19 平纵联形式

图1.2-19a)是有横撑的三角形腹杆体系,这种形式在横向风力作用下使弦杆变形不均匀,弦杆受到弯曲,自由长度很大,但构造简单,只适合用于一般小桥。图1.2-19b)是菱形体系,虽然是几何可变体系,由于腹杆位于强劲的弦杆之间,不需增加附加杆件。它的斜杆中点固着在刚度较大的横向联结系(或横梁)上,自由长度减少一半,在竖向荷载作用下,弦杆变形时因横撑和斜杆及弦杆的长度变化不均匀,弦杆因而受到弯曲[图1.2-19b)下方实线图所示]。由于自由长度少,可用于简支桁梁桥上平联。图1.2-19c)是交叉式体系,由于与弦杆联结的节点相同,这种体系使弦杆变形均匀,不会受到弯曲,因此,我国铁路桁梁桥标准设计图都采用这种形式。图1.2-19d)为K形体系,这种体系,在竖向荷载作用下,弦杆变形所引起腹杆附加力很小,使弦杆变形均匀(节点一样),自由长度又较小,较适合用于宽桥中。

(2)横向联结系及桥门架

为保证桁梁桥的整体作用,增加抗扭刚度,除端横向联结系(或桥门架)外,中间横向联结系至少应每隔两个节间设置一个。横向联结系可做成交叉式、三角式、菱形等体系。

图1.2-20为上承式桁梁桥的横向联结系形式,主要按斜杆交角30°~50°的范围来选用不同的几种形式。

对于下承式桁梁桥。为了保证行车净空要求,横向联结系应设置在行车净空以上(图1.2-21)。

桥门架通常采用与横向联结系同样的形式。为使上平联所受的风力有效地经由桥门架直接传给支座,下承式桁梁桥的桥门架一般设置在端斜杆平面内。联结系杆件多采用单壁式截面。

制动联结系是考虑到列车在桥上行驶时因变速所引起的制动力或牵引力经由钢轨和桥枕

传给纵梁,由纵梁传给横梁,此时横梁将因纵梁的带动而引起过大的水平挠曲。

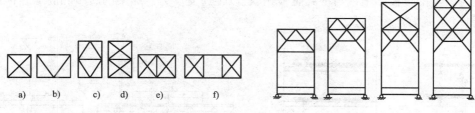

图 1.2-20 横向联结系的形式　　　　　图 1.2-21 桥门架的形式

为使这种纵向力水平力传给主桁节点,然后通过主桁弦杆传往固定支座,以减少横梁所受的水平弯矩,这就需要设置制动联结系(又称制动架)。制动联结系一般宜设在跨中(或在纵梁断开点与桥梁支点间的中部)。因为在该处横梁在弦杆变形时不发生弯曲,其相邻节间的纵梁与纵向联结系斜杆的纵向相对位移也较小,在该处设置制动联结系,可以减少制动联结系参与桥面系和弦杆的共同作用。

制动联结系往往在纵横梁交点及纵向联结系斜杆交点间加设四根短斜杆即可形成制动联结系,可参见有关铁路钢桥教科书。公路钢桥考虑到车辆在桥上制动的纵向力比起列车的制动纵向力要小得多,常可不设。

3. 桥面系的构造

桥面系由桥面板和桥面系梁组成。桥面板直接承受可变作用,而桥面系梁具有把桥面板上的荷载传给主梁的作用。按荷载性质桥面系可分为铁路桥面系和公路桥面系,按材料分为钢筋混凝土桥面系和钢桥面系。现仅介绍公路桥面系构造。

(1)钢筋混凝土桥面系

钢筋混凝土桥面系由混凝土板支承于纵梁和横梁上,当横梁间距较小时(一般为 2 ~ 2.5m),可把桥面板直接支承于横梁上[图 1.2-22a)]。对跨径大、桥面宽的桥梁,采用密布横梁支承桥面板较困难,应再布置纵梁比较经济合理[图 1.2-22b)]。当主梁及横梁间距特别大,纵梁跨径也大时,采用密排的纵梁来支承桥面是不经济的,可在纵梁上支承副横梁来满足桥面板的要求。由纵、横梁及副横梁组成复杂梁格,此种形式的布置横梁间距可达 15 ~ 16m,纵梁间距为 5 ~ 6m,副横梁的间距按桥面板设计决定。

纵、横梁的截面构造按板梁桥尺寸决定,由于公路可变作用小,纵梁常采用工字形钢梁,其高跨比一般采用 1/12 ~ 1/8。跨径较大时,用铆接或焊接的方式制作成板梁,高跨比为 1/10 ~ 1/7。横梁的截面横向刚度在大多数情况下比纵梁大,当主桁架间距和节间长度较大时,采用桁架式横梁较经济。

纵、横梁的联结可采用重叠式(图 1.2-23),将纵梁直接搁放在横梁上连续通过,纵梁借牛腿钢板和角钢在支承处用铆钉或高强螺栓接合[图 1.2-24a)],为了防止纵梁倾倒并能抵抗横向力,可以在横梁支承处设置可以纵向移动而不能发生横向位移的槽形弧面支座[图 1.2-24b)],或用系杆把两片纵梁连成整体,然后和横梁联结。纵横梁联结处,能将纵梁传来的支反力直接传入横梁腹板内,必须在横梁两侧布置承力加劲角钢和填板。以上是铆接构造,焊接构造同样处理。这种重叠式联结构造方式具有简单、拼装方便等优点,在建筑高度允许时经常被采用。

当建筑高度受到限制时,只得把纵梁放下,成为与横梁上翼缘同高形式。要使纵梁与横梁上翼缘同高,此时的纵梁必须在横梁交汇处中断,为了保证纵梁为连续梁的形式,最好使纵、横梁高度相同,纵梁上、下翼缘通过横梁的"鱼形板"连接,以传递支承弯矩避免拉力铆钉[图1.2-24a)]。纵梁腹板用角钢与横梁腹板相联,以传递支反力。纵梁的腹板和翼缘在横梁交汇处切成斜口让横梁翼缘通过。

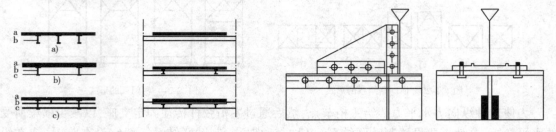

图1.2-22 钢筋混凝土桥面系　　　　　图1.2-23 桥面系纵横梁布置

当纵、横梁高度不相同时,上翼缘仍然用鱼形板联结,下翼缘用刚劲的牛腿加高后用鱼形板连接[图1.2-24b)]。

横梁与主梁的联结,有三种联结方式。上承式桁梁桥在建筑高度容许的情况下,可采用横梁直接搁置在主梁上,横梁在该处腹板两侧用角钢加劲,弦杆则用隔板加强以传递反力(图1.2-25)。

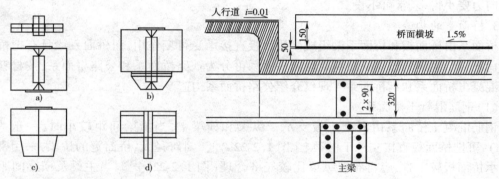

图1.2-24 等高度纵横梁联结　　　　　图1.2-25 不等高度纵横梁联结(尺寸单位:mm)

当建筑高度受到限制时,为了降低高度,常采用横梁与主梁上弦杆同一水平联结方式(图1.2-26)。横梁的腹板通过两侧角钢与节点板联结,横梁也是上平联的横撑。下承式的桁梁桥一般把横梁的下翼缘与主桁下弦杆对齐,同样横梁的腹板通过两侧角钢与节点板相联,当联结铆钉在横梁范围内排列不下时,可用三角板扩大联结范围,当主桁节点没有竖杆时,可以在节点板之间用短隔板加固,以便与横梁相联结(图1.2-27)。

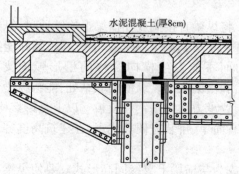 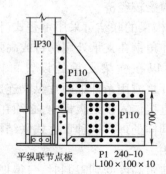

图1.2-26 横梁与上弦杆联结　　　　　图1.2-27 横梁与节点板联结(尺寸单位:mm)

（2）钢桥面系

钢桥面板用平钢板作为盖板,下面焊有纵向和横向的加劲肋,盖板上铺设铺装层如图 1.2-28 所示。

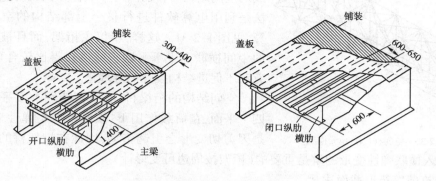

图 1.2-28　钢桥面板(尺寸单位:mm)

由纵、横肋与钢板组成的正交异性板,具有自重轻,容易作为主梁的一部分而参与共同受力,以及极限承载力大等优点,因此是目前国外采用较广泛的桥面之一。我国东营黄河公路斜拉桥桥面就采用了钢桥面,四川渡口 3001 吊桥也采用了钢桥面替换原木桥面等,说明钢桥面的使用已在我国受到重视。钢桥面的种类主要与钢板下的纵向加劲肋形式有关,纵向加劲肋有抗扭惯性矩较小的开口截面肋和抗扭惯性矩较大的闭口截面肋(图 1.2-29)。

闭口肋和盖板的焊接,因只有外侧的贴角焊缝,因此,焊接量和焊接变形比开口肋要小;闭口肋抗扭刚度较开口肋大;闭口肋的横肋间距要比开口肋大,从省钢材上也较开口肋理想。不过闭口肋在构造和施工方面较开口肋复杂些,所以在大跨径桥中采用闭口肋多,对中小跨径桥采用开口肋多。

横肋一般采用倒 T 形截面,常为纵肋高的 2～3 倍。图 1.2-30 为东营黄河大桥钢桥面构造,此桥首次成功地采用闭口纵肋,间距 0.62m;横肋采用 2.75m 间距梁高 0.64m 的倒 T 截面。为了加速建桥时间,纵肋(横缝)采用 $\phi 22$mm 高强螺栓联结。有关正交异性钢桥面板的构造与计算,在本章第三节中将作进一步介绍。

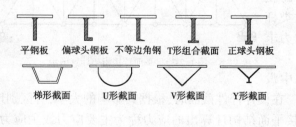

图 1.2-29　加劲肋构造形式

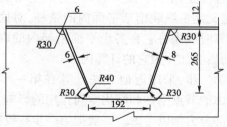

图 1.2-30　东营黄河大桥桥面板纵向加劲肋(尺寸单位:mm)

五、桁梁桥的计算方法

1. 空间桁架计算方法

空间桁架的结构分析,主要可分为两类:第一类是把桁架作为空间杆(梁)系结构,按结构矩阵分析的方法进行;第二类是把空间桁架转换成具有等价板厚的薄壁闭口截面梁,按弯曲扭转理论进行计算。

(1)空间杆(梁)系结构

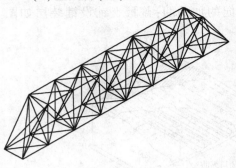

图1.2-31 空间杆(梁)单元模型

桁梁桥是由主桁架、上下平联、横联以及桥面系组成的空间结构。目前国内外工程界比较普遍采用的方法是利用电算软件进行整个上部结构的空间内力计算,见图1.2-31。这样,不仅主桁架,而且被认为次要的中间横联和上下平联也能够获得比较合理的设计,有利于促进结构设计的合理化。

空间结构的桁梁桥,有主桁架和上下平联组成的四个平面,在荷载作用下,横联要产生弹性变形,特别是因剪切变形会引起错动,因此在桁架桥的空间结构分析中,计入横联弹性变形的解是重要的(桁架按周边可变形计)。

(2)换算薄壁箱形截面法

具有闭合截面的桁梁在进行受力分析时可以简化成薄壁箱梁,简化的主要特点为:

①由腹杆系统组成的箱壁只承受剪应力,不承受截面法向应力,而且它的抗剪刚度比实体板小许多。

②在桁梁的水平横向挠曲扭转中,桥门架端为弹性端支承。将箱梁的挠曲扭转理论引申,即可得到桁梁桥的挠曲扭转理论,从而可以分析桁梁桥的强度、刚度以及稳定性情况,还可以对桁梁桥进行动力分析。日本的小西一郎和我国著名的桥梁专家李国豪院士曾对这种方法进行过大量研究,并推导了一系列适用的简化公式。

2. 平面桁架计算方法

桁梁桥的一种简化计算方法,是将钢桁梁的杆件内力分析分为两步进行。

第一步,将空间桁架分成若干个平面,按纵梁、横梁、主桁架、上下平联、横向联结系等结构分别进行计算。将平面桁架内各杆件轴线形成的几何图形作为该桁架的计算图式,并假定各节点为铰接。各平面结构只承受作用于该结构平面内的荷载,见图1.2-32,即按照传统结构力学的平面铰接桁架相关知识进行计算分析;当同一杆件是两个平面共有时,例如主桁架的弦杆,它又是平纵联桁架平面内的弦杆,对这类杆件计算时应先将它在各个平面桁架内的内力求出,而后叠加作为它的计算内力。

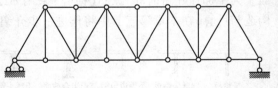

图1.2-32 平面铰接桁架计算图示

第二步,采用近似方法计算在第一步中没有考虑的节点刚性和结构空间作用的影响。在设计杆件截面时,根据其影响的大小,有区别地将这部分力加以考虑。一般把第一步按铰接平面结构计算出的应力称为主要应力或主应力,而把第二步考虑节点刚性和结构空间作用影响算出的应力称为次要应力。

在简化计算中,假设桁架节点为铰接是为了便于计算,实际结构在荷载作用下,桁架的变形受到节点约束不能自由转动时,要产生附加弯矩,该附加弯矩大小与交汇杆件的刚度大小有关。美国和日本规范规定,杆件高度小于其长度的1/10时,可不考虑附加弯矩产生的二次内力,我国规范也同样这样规定。我国《铁路桥梁钢结构设计规范》(TB 10002.2—2005)规定,杆件高度与其长度之比不超过1/15,否则应计算附加弯矩引起杆件的二次内力。对于空间桁架结构,在荷载作用下的相互影响应予以考虑,比如主桁架弦杆变形对平联内力的影响;桥面系的纵、横梁和主桁架弦杆共同作用的影响;桁架在竖向荷载作用下发生转动时,横梁不仅传给主桁架竖杆轴向拉力,而且由于横向框架(横梁、竖杆、横向联结系)作用,竖杆与横梁连接处将产生弯矩等。这些影响应在简化计算中分别加以考虑。以下主要介绍桁梁简化计算的方法。图 1.2-33 所示为平面梁刚接桁架单元模型示意图。

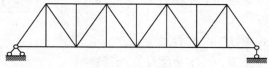

图 1.2-33　平面梁刚接桁架单元模型

六、桁梁桥的简化计算

主桁架的简化计算图式是由主桁各杆件的轴线所形成的几何图式的铰接桁架。主桁架的作用包括永久作用(自重)和可变作用(基本可变荷载和其他可变作用)。对于可变作用较容易计算,永久作用的自重计算对钢桥来讲是较困难的。

1. 主桁架的内力计算

(1) 自重假定

在计算桁架杆件内力前必须确定自重,方能计算出由自重所产生的杆件内力。自重的计算可以采用一些近似方法,当计算出杆件自重和活载内力后进行截面设计,然后计算出桁架实际自重,实际自重与前近似方法计算的自重比较接近才行,否则按实际自重计算杆件内力进行设计。钢桥的自重计算主要有以下两种方法。

1) 根据已有设计资料估算桁梁自重

若设计中采用的活载等级和钢材的容许应力与原设计不同,则主桁和联结系自重可近似地按其与活载强度成正比,而与容许应力成反比去推算:

$$P_1 = P_0 \frac{k_1[\sigma_0]}{k_0[\sigma_1]} \tag{1.2-1}$$

式中:P_1、k_1、$[\sigma_1]$——拟设计的主桁和联结系自重、换算均布荷载及基本容许应力;

P_0、k_0、$[\sigma_0]$——原设计中相同跨度的主桁和联结系自重、换算均布荷载及基本容许应力。

桥面重量 P_2 可根据经验恒载和实际活载初步求出杆件截面积,所求出的截面积乘以钢的重度和建筑系数 $\varphi_{梁}$($\varphi_{梁} \approx 1.1 \sim 1.25$),便可得到纵梁和横梁每延米的重量(加上桥面重量)。

每片桁架总恒载为(当为两片桁架时):

$$P = \frac{1}{2}(P_1 + P_2) \text{ (kN/m)} \tag{1.2-2}$$

2) 用理论公式计算桁架自重

当所设计的桁架没有现成的资料可参考,或为了对按前面方法确定的恒载进行校核,可以采用理论公式来求得。不难理解,任何一杆件的理论截面积 A 为:

$$A = [\Omega_K \cdot k + \Omega_P(g_{主} + g_{撑} + g_{面})]/[\sigma] \tag{1.2-3}$$

式中:k、g——等代荷载及单位长恒重;

Ω_K——该杆件影响线的最大面积;

Ω_P——该杆件影响线面积的代数和。

以各杆件重量之总和作为主桁架单位长度的重量:

$$g_{主} = \sum \frac{l_i \cdot \gamma \cdot \varphi}{[\sigma]l}[\Omega_K \cdot k + \Omega_P(g_{主} + g_{撑} + g_{面})] \tag{1.2-4}$$

恒等变换得主桁重量:

$$g_{主} = \frac{\sum[\Omega_K \cdot k + \Omega_P(g_{撑} + g_{面})l_i \cdot \varphi]}{\frac{[\sigma]l}{\gamma} - \sum\Omega_P \cdot l \cdot \varphi} \quad (1.2\text{-}5)$$

式中：l_i——杆件长度；

l——主桁架计算跨径；

φ——构造系数，即杆件实际重量（包括节点板、缀板、隔板等）与理论重量之比值；

γ——钢材密度。

式中构造系数取值：弦杆 $\varphi=1.7$；受压腹杆 $\varphi=1.8\sim2.0$；受拉腹杆 $\varphi=1.5\sim1.7$；下承式桁架的平均构造系数 $\varphi=1.8$。

式(1.2-5)通常可简化成：

$$g_{主} = \frac{k \cdot a + g_{面} \cdot b}{\frac{[\sigma]}{\gamma} - (1+a)b \cdot l} \cdot l \quad (1.2\text{-}6)$$

$$a = \frac{\sum\varphi \cdot l_i \cdot \Omega_K}{l^2}, \quad b = \frac{\sum\varphi \cdot l_i \cdot \Omega_P}{l^2} \quad (1.2\text{-}7)$$

式中：a、b——无量纲的数值，只与结构体系和构造有关，称桁架的重量指示系数。

利用上式可以计算任何体系钢桥结构的重量。对于简支、悬臂和连续桁梁 a 和 b 的数值，可按表1.2-3选用。

各体系桁梁的重量指示系数 表1.2-3

体系名称	a	b
简支板梁 $l/h=8\sim10$	5	5
简支桁梁 $l/h=7$	3.5	3.5
悬臂桁梁悬跨	2.6	2.6
双悬臂桁梁两支点间的桥跨	4.5	2.7
单悬臂桁梁两支点间的桥跨	4.5	3.2
连续桁梁 $l/h=8$	3.7	2.9

采用上面公式求主桁架重量时，换算均布活载 k 的大小可以取用三角形影响线的顶点在支承处和跨中处数值的平均值进行计算。

(2) 可变荷载作用内力计算

对于铁路钢桥设计，为了保证在较长时期内能适应机车车辆重量增长的需要，设计时必须为现今使用的列车活载预留一个发展系数，预留的方法有二：一是提高现行活载等级，二是降低材料容许应力。在我国的铁路钢桥设计中一般采用第二种方法，而公路钢桥设计目前也参考铁路钢桥设计。

材料的容许应力按实际可使用的应力是 $1.2[\sigma]$，所以按一定等级的荷载和基本容许应力 $[\sigma]$ 设计出来的钢桥实际上能承担更高等级的荷载。这个实际上能承担的更高等级的活载对设计活载的比较就是我们为该桥预留的活载发展系数 n，但桁架中各杆件的恒载内力与活载内力比值 a 是不相同的。a 值大的杆件，活载发展系数 n 大，a 值小 n 必然小。因此，整个桁架的承载能力将由承载力最小的杆件来控制，这就使其他较强杆件的强度不能充分发挥。显然这是不合理的。

为了解决这个矛盾，使各杆件具有相同的活载发展系数 n，必须将活载内力进行调整，即将其乘以活载发展的均衡系数 η。这就是说，对活载发展预留量较小的杆件，在设计时加大其计算内力，即将活载内力乘以大于 1 的系数 η，对于承载能力最强的杆件，则不再加大，让 $\eta=1$，使各杆内力乘以 η 后，能得到相同的预留活载发展系数，均衡系数计算式如下：

$$\eta = 1 + \frac{1}{6}(a_{max} - a) \tag{1.2-8}$$

式中：a——$a = \dfrac{S_g}{S_k}$，S_g、S_k 为杆件恒载和活载内力；

a_{max}——取所有杆件的 a 值最大者，令其 $\eta=1$。

《公路桥涵钢结构及木结构设计规范》(JTJ 025—86) 对此未作规定，随着公路的发展，大跨径钢桥还需对均衡系数加以考虑。关于均衡系数计算式的推导在此不作介绍，可参考有关铁路钢桥书籍。

1) 影响线面积计算

关于桁架各杆件内力影响线已在工程力学中讲过，现将一下承式桁架内力影响线面积公式列举于后。

①上、下弦杆内力影响线[图 1.2-34a)]

影响线面积：

$$\Omega_{弦} = \frac{1}{2} \cdot \frac{l_1 \cdot l_2}{l} \cdot \frac{l}{H} = \frac{1}{2} \frac{l_1 \cdot l_2}{H} \tag{1.2-9}$$

②斜杆内力(包括端斜杆)影响线[图 1.2-34b)]

影响线面积：

$$\Omega_{斜} = \frac{1}{2} \cdot \frac{mnd}{n-1} \cdot \frac{m}{n \cdot \sin\theta} = \frac{1}{2} \frac{m^2 d}{n-1} \cdot \frac{1}{\sin\theta} \tag{1.2-10}$$

$$\Omega'_{斜} = -\frac{1}{2}(nd - \frac{mnd}{n-1}) \cdot \frac{n-m-1}{n\sin\theta}$$

$$= -\frac{1}{2} \frac{(n-m-1)^2}{n-1} \cdot \frac{d}{\sin\theta} \tag{1.2-11}$$

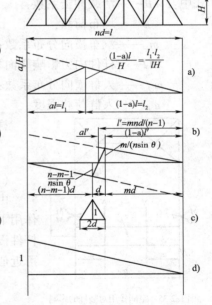

图 1.2-34 桁梁影响线

式中：θ——斜杆与弦杆间夹角；
d——节间长度；
n——全跨节间总数。

③竖杆内力影响线[图 1.2-34c)]

影响线面积：

$$\Omega_{竖} = \frac{1}{2} \cdot 1 \cdot 2d = d \tag{1.2-12}$$

④支点反力影响线[图 1.2-34d)]

影响线面积：

$$\Omega_{支} = \frac{1}{2} \cdot 1 \cdot l = \frac{l}{2} \tag{1.2-13}$$

2) 横向分布系数及冲击系数

对于两片桁架的桁梁桥，在偏载最不利情况下，按杠杆原理法计算汽车及人群荷载的横向分布系数 m_c 和 $m_人$。考虑车辆活载对桥梁的动力作用，计算杆件内力时应乘一个大于 1 的冲

击影响系数 $1+\mu$,其值可按《公路桥涵设计通用规范》(JTG D60—2004)采用。

钢桥、钢筋混凝土及预应力混凝土桥、圬工拱桥等上部结构和钢支座、板式橡胶支座、盆式橡胶支座及钢筋混凝土柱式墩台,应计算汽车的冲击作用。冲击系数 μ 可按下式计算。

当 $f < 1.5\text{Hz}$ 时,$\mu = 0.05$;

当 $1.5\text{Hz} \leqslant f \leqslant 14\text{Hz}$ 时,$\mu = 0.01767\ln f - 0.0157$;

当 $f > 14\text{Hz}$ 时,$\mu = 0.45$。

式中:f——结构基频,Hz。

3)荷载作用下的主桁架杆件内力

恒载所产生的内力:

$$N_g = g \sum \Omega \tag{1.2-14}$$

式中:g——均布荷载强度(每片主桁);

$\sum \Omega$——杆件内力影响线面积的代数和。

活载所产生的内力(例如荷载组合1时):

$$N_P = (1+\mu)m_c k\Omega + m_人 g_人 \Omega \tag{1.2-15}$$

式中:$1+\mu$——活载冲击系数;

k——均布荷载;

m_c——汽车横向分布系数;

Ω——杆件内力影响线面积中最大者;

$m_人$——人群横向分布系数;

$g_人$——人群荷载强度。

杆件内力:

$$N = N_g + N_P \tag{1.2-16}$$

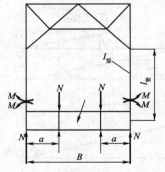

图1.2-35 空间作用对竖杆的影响

(3)空间桁架整体作用对竖杆内力的影响

由横梁、主桁架竖杆和横向联结系组成的框架,在竖向荷载作用下,竖杆的下端将产生力矩,竖杆受拉并受挠曲,应按拉—挠杆件设计(图1.2-35)。横向框架作用所产生的竖杆下端的弯矩可近似地按下式计算:

$$M = \frac{2I_竖}{I_横} \frac{a(B-a)}{l_竖} N \tag{1.2-17}$$

式中:$I_竖$、$I_横$——竖杆及横梁的毛截面惯性矩;

B——主桁中心距;

a——主桁与纵梁的中心距;

$l_竖$——竖杆在主桁平面外的自由长度,可取横联节点至横梁的中心距;

N——每片纵梁作用于横梁的竖向反力。

(4)节点刚性产生的二次内力

当杆件的高度与长度之比 $\frac{k}{l} > \frac{1}{10}$ 时,必须验算杆件因节点刚性所引起的弯矩,《铁路桥梁钢结构设计规范》(TB 10002.2—2005)规定对焊接桁架无论杆件高度和长度比值如何,计算杆件和连接件的疲劳强度时,均应考虑节点刚性影响。

当荷载作用时,由于节点刚性,杆件在节点处不能自由转动,因此便产生弯矩(图1.2-36),对个别杆件由于附加弯矩所产生的二次应力有时大于主应力,因此,节点刚性产生的二次应力是不能忽视的。从桁架承受荷载后的变形看,每个节点有三个位移:水平位移、竖向位移和节点转动。这些位移都是未知数。为了简化超静定次数,我们采用如下假定:具有刚性节点的桁架所产生的水平位移和竖向位移与铰接点桁架(图1.2-36中虚线)一样,可用力学的一些方法求得,而节点转动变形作为桁架未知力进行求解。这样大大简化了超静定次数。

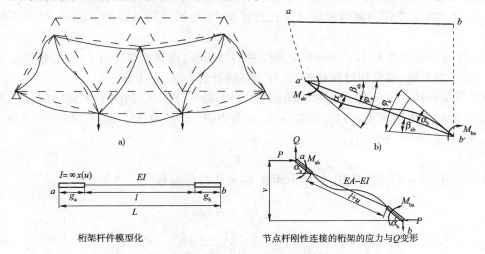

图 1.2-36 刚性节点的二次内力分析图示

从图1.2-36b)看出,对杆件,由于荷载作用从 $a-b$ 移动到新位置 $a'-b'$,节点的刚性使得杆件不能自由转动,而产生角变位 α_a 和 α_b。节点角变位的结果使杆件发生了挠曲,因而在节点处产生了弯矩 M_{ab} 和 M_{ba},同时杆件的长度变为 $l+u$。

根据杆件的变形可以解出:

$$M_{ab} = \frac{2EI_{ab}}{l_{ab}}(2\alpha_a + \alpha_b) \tag{1.2-18}$$

$$M_{ba} = \frac{2EI_{ab}}{l_{ab}}(2\alpha_b + \alpha_a) \tag{1.2-19}$$

节点角变位 α_a 和 α_b 可用下式表示:

$$\alpha_a = \varphi_a - \beta_{ab} \tag{1.2-20}$$
$$\alpha_b = \varphi_b - \beta_{ab} \tag{1.2-21}$$

式中:φ_a、φ_b——节点 a 及 b 在主桁变形后的转角;

β_{ab}——在主桁变形后杆件 $a-b$ 的转角。

将 α_a 和 α_b 代入上式得:

$$M_{ab} = \frac{2EI_{ab}}{l_{ab}}(2\varphi_a - 2\beta_{ab} + \varphi_b - \beta_{ab}) = A_{ab}(2\varphi_a + \varphi_b - 3\beta_{ab}) \tag{1.2-22}$$

同理:

$$M_{ba} = A_{ab}(2\varphi_b + \varphi_a - 3\beta_{ab}) \tag{1.2-23}$$

式中:

$$A_{ab} = \frac{2EI_{ab}}{l_{ab}}$$

由平衡条件,对每一节点,作用于节点上的弯矩为零,即:

$$\sum M = 0 \tag{1.2-24}$$

因此:

$$2\varphi_a \sum A_{an} + \sum A_{an} \cdot \varphi_n - 3A_{an}\beta_{an} = 0 \,(\text{对节点}\, a \,\text{而言}) \tag{1.2-25}$$

n 表示与节点 a 有直接关系的一些节点编号,即会集于节点上各杆件另一端的节点编号。因此,对桁架各节点均可以列出同样的方程,为了求出各节点的 φ_n,必须解出与节点数目相同的联立方程。联立方程的解可采用计算机直接解出,也可采用近似的方法解,这里不再具体介绍。

以上计算方法是忽略水平位移和竖直位移的近似法,若要考虑这两个位移,超静定次数将增加3倍,手算太繁,可借用计算机进行,即为精确计算方法,现简介于后。

当将桁架杆件在节点范围内的弯曲刚度视为无穷大时,可得到图1.2-36c)的计算图。于是,在承受轴向力 P 的桁架杆件 n 两端 a、b,其内力 $P_n = \{P, Q, M_{ab}, M_{ba}\}_n$ 与变形 $Z_n = \{u, v, \alpha_a, \alpha_b\}_n$ 的关系,由下式给出:

$$P_n = K_n Z_n \tag{1.2-26}$$

式中:K_n——杆件 n 的刚度矩阵,包括下面各项(n 为杆件编号):

$$K_n = \begin{bmatrix} \dfrac{EA}{l} & 0 & 0 & 0 \\ 0 & \dfrac{2S(1+C)K}{ml^2} & -\dfrac{S(1+C)K}{l} & -\dfrac{S(1+C)K}{l} \\ 0 & -\dfrac{S(1+C)K}{l} & SK & SCK \\ 0 & -\dfrac{S(1+C)K}{l} & SCK & SK \end{bmatrix} \tag{1.2-27}$$

式中:

$$K = \frac{EI}{l}, S = s + 2ag_a(l + g_a)/l^2$$

$$SC = sc + s(1+c)(g_a + g_b)/l + 2ag_a g_b/l^2$$

$$a = s(1+c) - \frac{Pl^2}{2EI}, m = \frac{2S(1+C)K}{2S(1+C)k + Pl}$$

其中,s、c 的计算如下。

当 $P > 0$(压力)时:

$$s = \frac{\alpha[1 - 2\alpha\cos(2\alpha)]}{\tan\alpha - \alpha}, c = \frac{2\alpha - \sin(2\alpha)}{\sin(2\alpha) - 2\alpha\cos(2\alpha)}, \alpha = \frac{1}{2}\sqrt{\frac{P}{EI}}$$

当 $P < 0$(拉力)时:

$$s = \frac{\beta[1 - 2\beta\operatorname{cth}(2\beta)]}{\tan\beta - \beta}, s = \frac{\beta[1 - 2\beta\cos(2\beta)]}{\tan\beta - \beta}, \beta = \frac{1}{2}\sqrt{\frac{-P}{EI}}$$

在不考虑节点板刚性的情况下,即 g_a 和 g_b 均为零时,可将杆件刚度矩阵 K_n 中的 K、S、C 分别换成 l、s、c。

二次应力随荷载的增加呈非线性变化,因此,在变动荷载作用下,二次应力加快了材料的疲劳,因此常常会引起材料的脆性破坏。所以,为了降低二次应力,除了设计时尽可能减少节点数(避免采用再分式)、减少杆件宽度、节点尽量紧凑设计外,还应在施工设计和架设阶段,在杆件中建立与二次应力相反的预加力,达到抵消或减少二次应力的目的。

2. 联结系计算

(1)纵向联结系内力计算

除作用在公路桥梁上的竖向荷载外,还有风力;曲线桥除了有竖向荷载和风力外,还有离心力、横向力作用。而纵向联结系又是主要承受这些横向力的结构,所以有的文献把它叫做水平风撑。

1)计算图式

计算纵向联结系杆件内力时,可将简支桁架桥的纵向联结系当做水平放置的简支铰接桁架计算。同理,在连续或悬臂桁架中,纵向联结系亦可当做连续或悬臂桁架计算。图1.2-37为一下承式简支桁架桥的纵向联结系计算简图。

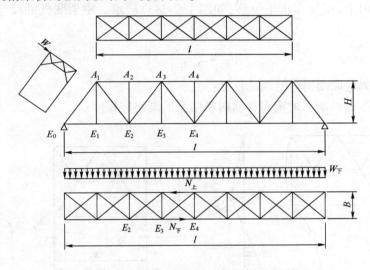

图1.2-37 下承式简支桁架桥的纵向联结系计算简图

2)横向力计算

栏杆上每米风压力:

$$W_1 = K_1 h_1 W \tag{1.2-28}$$

桥面系上每米风压力:

$$W_2 = h_2 W \tag{1.2-29}$$

主桁架上每米风压力:

$$W_3 = K_3 h_3 W \tag{1.2-30}$$

式中:W——风压力计算强度;

h_1——栏杆高度;

h_2——高出桁架弦杆部分的桥面系高度;

h_3——主桁架的高度;

K_1、K_3——栏杆和主桁架的迎风面积系数。

当上、下弦杆处设有纵向联结系时,下纵联上的风力强度为:

$$W_下 = W_1 + W_2 + 0.5 W_3 \tag{1.2-31}$$

上纵联上的风力强度为:

$$W_上 = 0.5 W_3 \tag{1.2-32}$$

有了以上横向风力强度,可按铰接桁架计算出弦杆和斜杆的内力,计算方法见主桁架内力计算。

(2)桥门架及横向联结系内力计算

对于下承式桁梁桥,端横联一般布置在端斜杆平面内(图1.2-1),称为桥门架。上纵联承受的横向力由两端的桥门架传至下弦端节点,使端斜杆和下弦杆产生附加应力。有的资料称附加内力是桥门架效应。

上平联承受的风力强度为 $W_上$,在均布的横向荷载 $W_上$ 作用下,把上平联当做简支桁架时,其支反力为 $H_w = \frac{1}{2} l_1 W_上$,作用在桥门架上(图1.2-38)。

桥门架的计算图式是刚架,其腿杆(主桁架端斜杆)下端可假定为嵌固在下弦端节点上。在水平力 H_w 作用下,刚架作水平位移,如图1.2-38a)所示。刚架腿杆的反弯点位置可按式(1.2-33)求得:

$$l_0 = \frac{c + 2l}{2c + l} \cdot \frac{c}{2} \quad (1.2\text{-}33)$$

式中:l——可近似地取端斜杆的理论长度;

c——图1.2-38a)所示的未布置横向联结系的端斜杆长度。

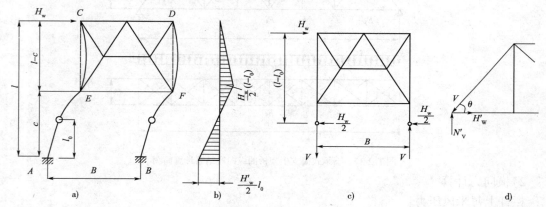

图1.2-38 桥门架的计算图式

端斜杆的反弯点位置确定后,可取桥门架在反弯点以上的部分为分离体,见图1.2-38c)。在水平力 H_w 作用下,两端斜杆的反弯点处将产生水平反力(各等于 $\frac{H_w}{2}$)和数值相等而方向相反的竖直反力 V。对任一反弯点取矩,即可将 V 值求出:

$$V = \frac{H_w(l - l_0)}{B} \quad (1.2\text{-}34)$$

当端斜杆产生这一附加轴向力时,相应地在下弦杆端节点将产生两个附加内力和它相平衡,如图1.2-38d)所示,分别为支座承受的竖直力 N'_v 和由下弦杆承受的纵向水平力 H'_w,其中下弦杆增加的附加内力 H'_w 值为:

$$H'_w = V \cdot \cos\theta \quad (1.2\text{-}35)$$

此外,由于水平力 H_w 的作用,使端斜杆承受附加弯矩,其值见图1.2-38b)。

对于桥门架内斜杆(或称槊杆)一般内力很小,常按刚度 λ 控制进行设计。如需计算其内力,可采用结构力学相关方法求解。

(3)空间桁架整体作用引起的附加内力计算

纵向联结系的杆件,除了主力外,还有杆件本身自重、弦杆变形及杆件偏心联结而引起的附加力。

1)杆件自重的影响

由于自重引起的影响可以设想为一个跨径为 l 的简支梁作用来计算,其计算跨径为杆件水平投影上的长度。由自重引起的弯矩:

$$M_g = \frac{gl^2}{8}(g\text{ 为杆件的自重})\tag{1.2-36}$$

2)杆件为偏心联结的情况

杆件对节点板偏心 e 的附加弯矩:

$$m_e = N \cdot e \tag{1.2-37}$$

由上两项引起的附加应力,与轴向杆力 N 所引起的主应力相加后得:

$$\sigma = \frac{N}{F} + \frac{m_g + m_e}{W} \tag{1.2-38}$$

3)弦杆变形产生的附加力

弦杆在竖向荷载作用下的变形,使纵向联结系腹杆相应地产生较大的内力,在设计时必须考虑。对于交叉式斜杆,因弦杆变形所产生的附加力可近似而偏安全地用下法确定:如图1.2-39所示纵联,当节间长为 S 的弦杆拉伸 ΔS,长度为 d 的纵向联结系斜杆相应地拉伸 Δd,近以地:

$$\Delta d = \Delta S \cdot \cos\alpha \tag{1.2-39}$$

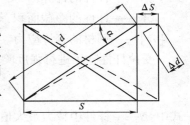

图1.2-39 弦杆变形

根据虎克定律,斜杆截面的平均应力为:

$$\sigma_d = \frac{E\Delta d}{d} = \frac{E\Delta S \cdot \cos\alpha}{d} \tag{1.2-40}$$

将 $d = \frac{S}{\cos\alpha}$ 代入,并考虑到在竖向荷载作用下弦杆截面平均应力 $\sigma_s = \frac{E\Delta S}{S}$,于是得:

$$\sigma_d = \sigma_s \cdot \cos^2\alpha \tag{1.2-41}$$

以 N_d 表示斜杆内力,N_s 表示弦杆内力。注意到 $\sigma_d = N_d/A_d$,$\sigma_s = N_s/A_s$,则上式可改写成:

$$N_d = N_s \frac{A_d}{A_s}\cos^2\alpha \tag{1.2-42}$$

式中:A_d、A_s——纵联斜杆、弦杆的毛截面积。

《铁路桥梁钢结构设计规范》(TB 10002.2—2005)用了比较精确的算式,其公式为:

$$N_d = \frac{N_s}{A_s} \cdot \frac{A_d\cos^2\alpha}{1 + \frac{A_d}{A_p}\sin^3\alpha + \frac{A_d}{A_s}\cos^3\alpha}(\text{三角式腹杆体系}) \tag{1.2-43}$$

式中:A_p——纵向联结系中竖(撑)杆的毛截面面积。

实际式中分母 A_d 较弦杆截面积 A_s 为小,$\cos^3\alpha$ 值也很小,事实上可将第三项略去,变成:

$$N_d = \frac{N_s}{A_s} \cdot \frac{A_d\cos^2\alpha}{1 + \frac{A_d}{A_p}\sin^3\alpha}$$

或近似为:

$$N_\mathrm{d} = N_\mathrm{s} \frac{A_\mathrm{d}}{A_\mathrm{s}} \cos^2\alpha \tag{1.2-44}$$

计算荷载组合时,可先算出恒载及恒载加活载作用下因弦杆变形所产生的斜杆内力,若用脚手架安装钢梁,而在脚手架拆离桥跨后才拧紧纵向联结系节点螺栓或打铆钉,则该恒载所引起的弦杆变形对平联斜杆内力的影响就不应计入。有了杆件内力可进行截面设计。

七、桁梁桥的结构验算

1. 桁架杆件截面验算

(1) 受轴向力的杆件

1) 受拉杆件要考虑强度和刚度的验算

验算强度时:

$$\sigma = \frac{N}{A_\mathrm{j}} \leqslant [\sigma] \tag{1.2-45}$$

式中:N——杆件的计算内力;

A_j——杆件的净截面积,等于扣除钉孔的杆件截面积;

$[\sigma]$——钢材的容许应力。

受拉杆件除了进行强度验算,对于低合金钢杆件还应验算疲劳强度:

$$\sigma = \frac{N}{A_\mathrm{j}} \leqslant [\sigma_\mathrm{n}] \tag{1.2-46}$$

式中:N——杆件中拉力最大值;

A_j——杆件的净截面积;

$[\sigma_\mathrm{n}]$——疲劳容许应力,其值为:

$$[\sigma_\mathrm{n}] = \frac{[\sigma_0]}{1 - 0.6\rho}, \text{或} [\sigma_\mathrm{n}] = \frac{[\sigma_0]}{0.6 - \rho}$$

$$\rho = \frac{\sigma_\mathrm{min}}{\sigma_\mathrm{max}} = \frac{N_\mathrm{min}}{N_\mathrm{max}}$$

式中:N_min——恒载所产生的拉力;

N_max——恒载加活载产生的拉力[见《公路桥涵钢结构及木结构设计规范》(JTJ 025—86)]。

除强度验算外,杆件还应具有一定的刚度,以减小由于自重而产生的挠曲,以免在运输和安装过程中偶然碰撞而弯曲。另外,杆件刚度太小,在活载作用下容易发生较大振动。《公路桥涵钢结构及木结构设计规范》(JTJ 025—86)规定杆件长细比:

$$\lambda = \frac{l}{r} \leqslant [\lambda] \tag{1.2-47}$$

式中:λ——杆件的自由长度,弦杆为节点中心距离,即杆件几何长度,腹杆按《公路桥涵钢结构及木结构设计规范》(JTJ 025—86)规定采用;

r——杆件毛截面的回转半径;

$[\lambda]$——杆件容许的最大长细比。

2) 受压杆件强度应按稳定条件进行验算

强度验算:

$$\sigma = \frac{N}{\varphi_1 A} \leq [\sigma] \tag{1.2-48}$$

式中：φ_1——轴心受压杆件的纵向挠曲系数[按《公路桥涵钢结构及木结构设计规范》（JTJ 025—86）查取]；

A——杆件毛截面面积。

刚度验算：见式(1.2-47)。

疲劳强度按规范可不进行验算。

（2）轴向力和弯矩同时作用的杆件

1）当受拉与挠曲时

$$\sigma = \frac{N}{A} + \frac{M}{W} \leq [\sigma] \tag{1.2-49}$$

2）当受压与挠曲时

纵向压力和弯矩同时作用的杆件，应验算杆件的稳定、强度和刚度。其中稳定的验算至关重要。

稳定验算：

$$\sigma = \frac{N}{A} + \frac{M}{W}k \leq \varphi_1 [\sigma] \tag{1.2-50}$$

式中：N——轴向压力；

M——计算弯矩；

A——毛截面面积；

W——毛截面抵抗矩；

k——系数，$k = \frac{1}{\mu}\frac{\varphi_1}{\varphi_2}$，其中，$\frac{1}{\mu} = 1 - \frac{N}{N_1} = 1 - \frac{N}{\frac{\pi^2 E}{\lambda^2}A} = 1 - \frac{N\lambda^2}{\pi^2 EA}$（弯曲压力的增大系数），$\varphi_2$

为压挠杆件在弯矩单独作用时的容许压力折减系数。

强度验算：

$$\sigma = \frac{-N}{A} - \frac{M}{W} \leq [\sigma] \tag{1.2-51}$$

刚度验算：见式(1.2-47)。

以上计算公式，为便于计算而集中列出，其设计原理以及各项计算方法请参见《钢结构设计原理》（陈绍蕃，第三版，科学出版社，2003）钢结构部分。

2. 杆件的联结和节点板强度验算

（1）杆件的联结计算

杆件与节点板的联结可以采用完全搭接或者将一部分与节点板搭接，而另一部分与构造平接。

如图1.2-40所示搭接构件的联结方式，联结铆钉的计算可以假定杆件上的作用力均匀分布在所有的联结铆钉上。但在联结中各铆钉穿过构件的数量是不同的。如图1.2-40c)中固着钢板与角钢的铆钉k无疑要比只固着钢板的铆钉m要多受一些剪力。

铆钉的验算按下式进行：

$$\frac{A_{板}}{k_{板}} + \frac{A_{角}}{k_{角}} \leq \frac{1}{\mu_1} \tag{1.2-52}$$

式中：$k_板$、$k_角$——联结钢板和角钢的铆钉数；

$A_板$、$A_角$——钢板和角钢的截面积；

μ_1——表示在单剪时，杆件截面单位面积上所需钉数，而 $\dfrac{1}{\mu_1}$ 为一个铆钉所能承担的剪力。

另一种联结方式是被联结构件的钢板延伸至节点板处平接，而角钢搭接到节点板上，如图1.2-41 所示。固结钢板盖板上的铆钉按单剪铆钉计算，排在角钢上的铆钉应考虑为钢板和角钢内力同时作用。

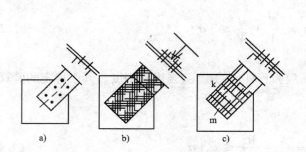

图 1.2-40　杆件的搭接联结方式

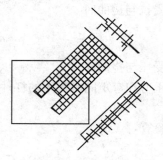

图 1.2-41　杆件的固结联结方式

验算公式为：

$$\frac{A_板}{k_板}+\frac{A_角}{k_角}\leqslant \frac{1}{\mu_2}$$

式中：μ_2——按承压计算的铆钉系数。

(2) 节点板的强度验算

主桁架大节点是位于几根杆件交汇的地方，腹杆弦杆的内力是通过节点板来平衡的，因此节点板的应力状态比较复杂，既有压应力，也有拉应力，还有剪应力，应力分布也极不均匀。现在，节点板的精确计算可以采用空间有限元方法进行，但是工作量较大。

目前设计节点板比较简单的方法是采用以下的近似方法：首先按照经验数据来确定节点板的厚度，然后根据铆钉或者螺栓的布置情况确定节点板的外形和尺寸，最后采用近似的验算公式进行验算。

节点板近似验算包括三个部分：验算在主力作用下节点中心处节点板竖向截面上的法向应力；验算在主力作用下弦杆与腹杆之间的节点板水平截面的剪应力；验算斜杆与节点板联结处节点板的撕裂应力。如图 1.2-42 所示为桁架节点 E_2 的节点板强度验算截面。

1) 验算在主力作用下节点中心处节点板竖向截面上的法向应力

图 1.2-42 节点中心处节点板的法向力 N，可根据平衡条件得：

$$N = S_{E2E4} - S_{E2A3}\cos\theta = S_{A1A3}$$

在节点板中心处弦杆中断，因此承受 N 力的截面只包括节点板和拼接板的截面。$a-a$ 截面的钉孔对截面强度有影响，在计算 $a-a$ 截面面积时应扣除钉孔以净截面计算。

节点板下缘法向应力：

$$\sigma_1 = \frac{N}{A_j}+\frac{N\cdot e\cdot y_1}{I_j}\leqslant [\sigma]$$

节点板上缘法向应力：

$$\sigma_1 = \frac{N}{A_j} - \frac{N \cdot e \cdot y_1}{I_j} \leq [\sigma]$$

式中：A_j——节点板和拼接板的净截面积；

I_j——节点板和拼接板的净截面惯矩。

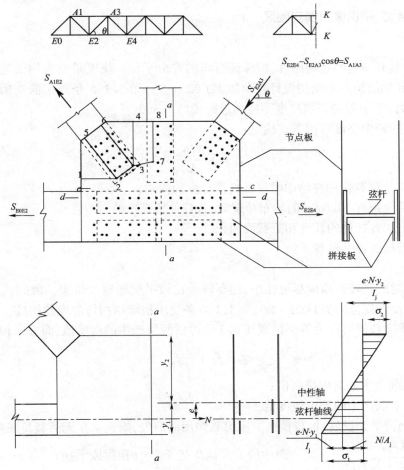

图1.2-42　节点板的截面强度验算

2）验算在主力作用下弦杆与腹杆之间节点板水平截面的剪应力

图1.2-42中$d-d$截面，相邻两腹杆的水平力通过节点板传递到弦杆上，作用于节点板$d-d$截面上的水平剪力$T = (S_{A1E1} + S_{E2A3})\cos\theta$，$d-d$截面剪应力：

$$\tau = \frac{T}{A_j}$$

式中：A_j——两块节点板在$d-d$处的水平净截面。

3）验算斜杆与节点板联结处节点板的撕裂应力

当斜杆受力如图1.2-42时，节点沿1-2-3-4截面撕裂，还可能沿5-2-3-6截面或者1-2-3-7-8截面撕裂。由于节点板的应力状态复杂，要求节点板的抗撕裂强度应较杆件强度至少大10%。

撕裂时的容许应力这样计算：撕裂截面垂直于斜杆内力方向时，撕裂容许应力按$[\sigma]$计算；当撕裂截面与斜杆内力斜交或平行时，撕裂容许应力则按$0.75[\sigma]$计算。

现以 1-2-3-4 截面为例验算：

$$\sigma = \frac{1.1N}{0.75(A_{j1-2} + A_{j3-4}) + A_{j2-3}} \leq [\sigma]$$

其他截面撕裂验算与此类似。

八、桁架挠度、预拱度及横向刚度

1. 挠度

桥梁必须具有一定的竖向刚度,以保证行车的安全平稳。挠度是衡量钢梁竖向刚度的指标。《公路桥涵钢结构及木结构设计规范》(JTJ 025—86)第 1.1.5 条规定简支桁梁桥由静活载(不计冲击力)所引起的竖向挠度不应超过跨径的 1/800。

简支桁梁的跨中挠度可用下式确定：

$$f_1 = \sum \frac{N_1 N_0 l}{EA} \tag{1.2-53}$$

式中：N_1——单位荷载作用在跨中时使各杆件产生的内力；
N_0——沿全跨有 10kN/m 的均布荷载时,各杆件所产生的内力；
l、A——桁架各杆件的长度和毛截面面积；
E——钢材的弹性模量。

2. 预拱度

车辆过桥时线路转折角应尽可能小,使车辆能比较平顺地通过桥梁。因此,《公路桥涵钢结构及木结构设计规范》(JTJ 025—86)第 1.1.6 条要求桥跨结构均应设预拱度。对简支桁梁而言,跨中预拱度数值可设为等于恒载加 0.5 倍静活载所产生的挠度值,而方向相反。

$$f = f_q + \frac{1}{2}f_p \tag{1.2-54}$$

式中：f_q——恒载产生的跨中挠度值；
f_p——静活载产生的跨中挠度值。

显然,在钢桁梁架设后,恒载预拱度因恒载作用而消失,则钢梁在无活载及满跨静活载时,跨中的变位值均等于 $\frac{1}{2}f_p$(预拱或下挠)。

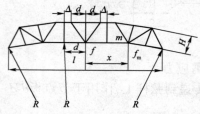

图 1.2-43 钢桁梁桥预拱度

预拱度可做成圆弧形。在铁路的下承式栓焊梁标准设计中,为了简化制造和安装工作,并照顾到不同跨径桁梁桥需设的理论预拱度(按上式计算值),设计时让下弦杆和腹杆长度均保持不变,而只让上弦杆的理论长度每两个节长 $2d = 16m$ 均伸长 $2\Delta = 2 \times 8mm$(图 1.2-43),由几何关系,可知：

$$\frac{R}{d} = \frac{R + H}{d + \Delta} \tag{1.2-55}$$

故：

$$R = \frac{d \cdot H}{\Delta} \tag{1.2-56}$$

由此可求得预拱度圆弧曲线半径：

$$R = \frac{d \cdot H}{\Delta} = \frac{8 \times 11}{0.008}m = 11\ 000m \tag{1.2-57}$$

在确定了半径 R 值后,不同桁架桥跨中的实设预拱度 f 可用下式求得:

$$f = \frac{l^2}{8R} \tag{1.2-58}$$

下弦任一节点 m 的预拱度为:

$$f = f - (R - \sqrt{R^2 - X^2}) \tag{1.2-59}$$

以上计算值由上弦杆节点板第一排螺栓孔的起线至竖杆中线的距离较未设预拱度时增大 Δ 来达到。

3. 横向刚度

桥跨结构应具有必要的横向刚度,借此避免风力作用产生过大摆动,横向刚度与两片主桁的中心距有关,根据以往钢梁营运的经验,《公路桥涵钢结构及木结构设计规范》(JTJ 025—86)要求主桁中心距不小于桥跨长度的 1/20。

九、桁梁桥的稳定与疲劳问题

在荷载作用下,桁梁桥杆件常遇到的破坏方式主要有三种。

①受拉杆件的强度破坏(屈服)。决定杆件受拉破坏的内因,是其钢材在大范围内的屈服;而外因则是荷载使杆件受到过大的内力。如果荷载产生的最大应力不大于钢材的最大应力限值,则杆件可正常工作;否则,杆件屈服进而破坏。桁梁桥的强度问题可根据前面的章节进行分析,本节不做讨论。

②受压杆件的失稳(屈曲)。决定杆件受压失稳的主要内因是:材料(屈服点、弹性模量等)、杆件长细比、支撑条件、杆件初始缺陷(偏心等)、残余应力;而外因则是荷载使得该杆件受到的压力。对桁梁桥而言,某根杆件的失稳属于局部失稳,局部失稳有时并不会引起全桥的破坏,但有时局部失稳会致使全桥的垮塌。这是因为失稳的杆件退出工作后,会出现全桥的应力重分配,从而导致更多的杆件出现强度破坏或失稳,最终引起整个桁梁桥的失稳。

③重复拉、压构件的疲劳开裂。决定疲劳开裂的内因包括两个方面:一是材性;二是杆件沿传力途径的截面变化,形成锐角或钝角的内外"缺口",从而引起应力集中,导致开裂。外因主要是重复加力的情况和次数,还有环境(温度、腐蚀介质等)。

1. 桁梁桥的稳定问题

桁梁桥失稳是指在外力作用下结构的平衡状态开始丧失稳定性,稍有扰动(实际上不可避免)则变形迅速增大,最终导致结构破坏。稳定问题包含两大类:第一类叫做平衡分支问题,即到达临界荷载时,除结构原来平衡状态理论上仍然可能外,出现第二个平衡状态;第二类为结构保持一个平衡状态,随着荷载的增加在应力比较大的区域出现塑性变形,结构的变形很快增大,当荷载达到一定数值时,即使不再增加,结构变形将很快增大从而导致结构破坏。这个荷载实际上就是结构的极限荷载,也称为临界荷载。在实际情况中,结构的稳定都是第二类稳定,但因为第一类稳定问题的力学模型比较明确,在数学上可作为求本征值问题而比较容易处理,而它的临界荷载可近似代表相应的第二类稳定的上限,因此,在实际理论分析中占有相当重要的地位。

对于桁梁桥的杆件而言,主要的屈曲有弯曲屈曲和弯扭屈曲。对于桁梁桥整体结构而言,主要的失稳表现为平面失稳和侧倾失稳。

桁梁桥可以看成是杆系结构,对它们进行整体和局部屈曲的精确分析可以借用空间有限元理论进行,但在工程实际应用中,常常显得过于复杂,因而一般根据近似分析确定它们的有效屈曲长度,用压杆屈曲分析方法来简化它们的屈曲计算。引用有效屈曲长度,不仅能简化结构杆件的临界荷载计算,而且能简化包括弹塑性变形、杆件初始变形及残余应力等影响在内的杆系整体屈曲设计。对于普通桁梁桥,这种计算方法完全能满足工程需求。另外,桁梁桥临界荷载的求解有解析法、有限元法、能量法、差分法以及渐进法等。值得说明的是,随着计算机技术的发展,虽手工计算已逐渐被电算所取代,但简化计算仍然不可缺少。

采用空间有限元理论进行屈曲分析可参见相关书籍,将整个结构分解为压杆屈曲在材料力学和结构力学相关书籍中均有介绍,这里不再赘述。

2. 桁梁桥的疲劳问题

疲劳问题一直都是钢桥设计相当重视的问题,特别是节点容易出现疲劳破坏,轻则引起杆件的开裂,重则致使全桥垮塌。相对于强度和稳定性而言,疲劳分析存在以下特点。

①就试验及表达其抗力的应力指标讲,强度破坏和失稳都只需要一次将力加到最大值就能实现,取破坏时最大应力为表达抗力的应力指标是合适的;但疲劳开裂则需多次重复受力,表达其抗力的指标至少涉及其到达开裂时的三个参数:最大应力、最小应力和循环次数 N。在疲劳分析中,需要凭借大量试验资料以进行统计分析去确定应力指标。

②就荷载讲,对于强度破坏和失稳,都应该按使构件产生一次最大内力为准则来确定其所考虑的荷载,在进行荷载的调查研究时将注意力放在荷载最大值及其组合方面,而疲劳开裂是多次受力的结果。

③在从荷载推算结构应力方面,需要分两步:一是内力分析(求荷载作用下产生的力、弯矩和剪力),二是应力计算(按截面内力算出其应力)。在形式上,这两步都假设结构按弹性工作。对于构件强度和稳定的破坏极限状态所进行的应力计算,实质上是考虑构件在破坏前的塑化现象的;疲劳开裂则是在荷载比较小,但次数比较多的条件下发生,其内力分析和应力计算在形式和实质上也是应按弹性状态进行的。尤其重要的,对于疲劳分析,必须要考虑其应力作用次数。

④就验算所要解决的问题和所取的截面来说,强度验算是为防止大范围屈服而进行的,它应该通过最大应力所在的点来选择截面;稳定验算是为防止构件失稳而进行的,它针对整个杆件,不是针对某一个截面,只是在形式上可以写出截面验算的式子罢了;疲劳验算乃是为防止疲劳开裂而进行的,故应将所有潜在裂源点所在之处都选为验算截面。

⑤就验算方式讲,强度和稳定都已习惯于用截面某一应力同其对应的限值(容许值)相比,多年以来,疲劳验算也是这样。在将疲劳验算所取的荷载改为活载频谱的新情况下,疲劳验算现在可以取三种形式:损伤度法、应力脉极限法和疲劳寿命法。

综上所述,桁梁桥的疲劳分析比强度分析和稳定分析复杂得多,往往需要以大量的试验为基础。对于钢桁梁而言,设计者们最关心的是在外荷载作用下的疲劳寿命。因其理论的复杂,本书不多阐述,有兴趣的读者可以查阅相关文献。

第三节　钢箱梁桥

一、箱形梁的特点

1. 钢箱梁主要形式

箱形截面梁桥指其主梁为薄壁闭合截面形式的梁桥。当跨径较大(通常超过60m),采用箱形梁梁桥的形式较为合理。图 1.3-1 表示箱梁的一些构造形式,其中,图 1.3-1a)为钢箱梁结构的内部详图;图 1.3-1b)为单箱单室箱梁桥;图 1.3-1c)、g)、h)是双箱单室箱梁桥,是钢箱梁中采用最多的结构形式;图 1.3-1d)是三箱单室箱梁桥;图 1.3-1f)为倾斜腹板的倒梯形箱梁桥,此类桥型的桥墩宽度较小;图 1.3-1e)是具有 3 个以上腹板的单箱多室箱梁(由于制作安装不便,一般很少采用);图 1.3-1i)为多箱单室结构形式,主要用于桥宽较大的桥梁;图 1.3-1j)、图 1.3-1k)为扁平钢箱梁,梁高与桥宽之比很小,主要用作悬索桥、斜拉桥、拱桥等的加劲梁,梁式桥中极少采用。

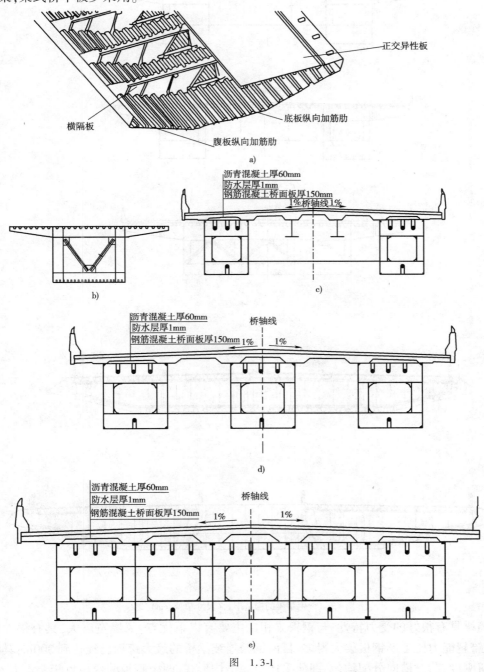

图 1.3-1

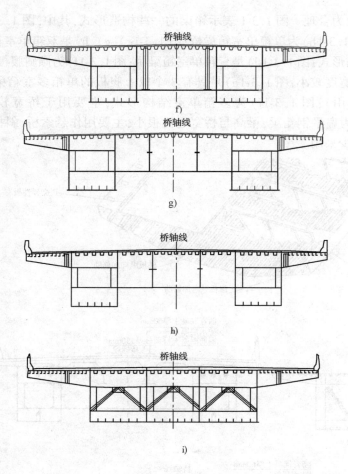

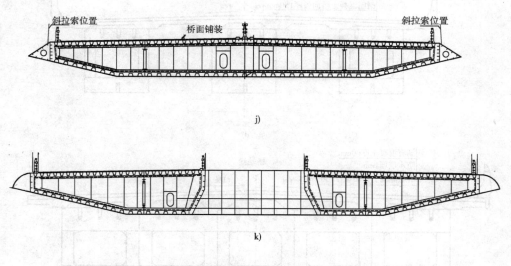

图 1.3-1 钢箱梁的构造形式(尺寸单位:cm)

钢箱梁具有很好的受力特性,与钢板梁相比主要有以下优点:翼缘宽度大,具有很大的抗弯能力,跨越能力比工形钢板梁大得多,目前钢箱连续梁桥的最大跨径已经达到300m;具有很大的抗扭刚度,荷载横向分配均匀,即使采用单箱结构形式,两个腹板的弯矩也相差不大,而且适合于扭矩较大的弯桥等复杂桥梁;具有很大的横向抗弯刚度,横向稳定性好,可以抵抗很大的水平力作用,省去纵向联结系,对于单箱结构不需要横向联结系;单根箱梁的整体稳定性好,便于吊装和无支架施工;并且构件数远比工形梁少,施工速度快;梁高小,适合于立交桥和建筑高度受到限制的桥梁等。采用较小的梁高可以有效地缩短引桥或引道的长度,降低整体工程造价;横隔板及加劲结构等都在箱内,外形美观;箱内为中空结构,便于布置电缆、水管、煤气管等附属设施,箱内还可以作为检修和维护的通道。

箱形梁与桁梁相比,箱形梁能够更有效地发挥钢材的承载能力,因此采用钢正交异性板桥面和用薄钢板作梁肋与底板,比桁梁桥节省钢材 20% 左右,跨径越大越节约;同时,桥梁下部结构的造价一般可降低 5%~15%;闭合空心截面,较面积相同的其他截面形式可提供更大的抗弯和抗扭刚度;箱形梁可以在工厂制成大型安装单元,从而减少了工地连接螺栓数量。施工时安装迅速,便于纵向拖拉或顶推法架设。箱形梁结构简单,油漆方便,内部为闭合空间,更容易抗锈蚀;截面形式能提供几乎相等的承受正、负弯矩的能力,更适宜于做成连续梁,用于大跨径桥梁的建设;外形简洁、美观。

2. 钢箱梁发展概况

世界上第一座箱形梁桥是 1850 年英国建造的 Britania 铁路桥,跨径达到 142m。但以后 100 年间由于材料和施工水平的限制,很少采用,直到 20 世纪 50 年代初期,随着材料和工艺的不断进步,同时由于当时需要大量修复战争中遭到破坏的桥梁,在 1950 年建造了第一座现代化的正交异性桥面板箱梁桥。由于箱梁桥的优点,在短短数十年内就修建了 100 多座,以后不断修建,取得很大进展。表 1.3-1 列出了部分跨径超过 200m 的箱梁桥。

我国在 20 世纪 80 年代发展了钢箱梁结构。1982 年年底,位于陕西省安康水电站铁路专用线上的安康汉江桥落成,它是一座主跨达 176m 的箱形截面栓焊结构铁路斜腿刚构桥,是当时世界上跨径最大的钢斜腿刚构铁路桥;1984 年,在广东省肇庆建成了一座简支正交异性板上承式的栓焊钢箱梁桥。进入 21 世纪以来,钢箱梁得到了更大的发展,如西安后围寨立交 B、C 匝道桥各有四跨一联等截面单箱多室全焊接钢箱梁;哈尔滨尚志大桥和海城街的高架桥,主桥为 50.45m + 55m + 50m + 50.45m 的四跨连续钢箱梁;于 2006 年底通车的重庆石板坡长江大桥复线桥在跨中有 108m 采用的是钢箱梁。

部分跨径超过 200m 的箱梁桥　　　　　表 1.3-1

国　别	桥　名	类　型	跨径(m)
德国	杜塞多夫—诺伊斯	栓焊箱梁	103 + 206 + 103
德国	莫塞尔河谷高架桥	栓焊箱梁	120~218.8(6 跨)
德国	科布伦茨莱茵河桥	箱　梁	103 + 236 + 103
奥地利	维也纳多瑙河桥	栓焊箱梁	120 + 210 + 82
英国	米尔弗德港桥	箱形梁	6 × 77 + 149.5 + 213.5 + 149.5 + 77
南斯拉夫	萨瓦二号桥	栓焊箱梁	42 + 250 + 40
法国	培拿台桥	全焊箱梁	60 + 65 + 110 + 200 + 110 + 65
德国	科林市莱茵河桥	变截面双箱	73.5 + 259 + 144.6 + 119.7

近年来,随着高等级公路的修建和城市高架桥、立交桥建设的需要,弯钢箱梁桥结构在我国已被广泛采用,弯钢箱梁桥能很好地适应地形、地物的限制,线条平顺、流畅。如位于西安的后围寨互通式立交工程,其 B 匝道的桥跨布置为 5 × 20m + 30m + 50m + 40m + 26m + 5 × 20m

的5号~9号墩桥跨上部结构是一座四跨连续钢箱梁桥。

3. 钢箱梁材料选用标准

近几年建造的大跨度公路桥梁,大都采用符合国家标准《低合金高强度结构钢》(GB/T 1591—2008)的国产低合金高强度结构钢。钢箱梁钢材设计选用标准集中于三个方面。

(1)强度的要求

钢结构设计目前仍采用容许应力法,强度设计以控制截面应力不超过材料容许应力为原则。考虑到在钢箱梁加工制作及拼装过程中,会产生很多由于误差造成的附加应力及焊接残余应力,这些应力是无法计算的,在施工安装中也会产生误差附加应力,这些应力虽能计算,却是不确定的。故在设计中,一般会采用较高的应力储备,以提高安全度。

(2)使用气候条件的要求

钢材性能受温度影响较大,箱梁钢材牌号的选择应考虑到桥梁所在地气候条件对结构的影响。设计常用的低合金高强度结构钢,按冲击韧性进行质量分级,分为A、B、C、D、E等级别,各级别对应不同的冲击试验温度。国内公路桥梁钢箱梁采用的级别大部分集中在C、D和E,对应的试验温度分别是0℃、-20℃和-40℃。对于南方地区,常年温度较高的情况下,选用Q345C已经满足使用要求。在北方寒冷地区,考虑到钢材在低温下的使用条件,宜使用Q345D,甚至是Q345E。

(3)加工制造的要求

高强钢的焊接工艺复杂,参数控制严格。不同牌号的钢材其焊接性能有较大差别,即使同一牌号,不同等级的钢材,其可焊性也不尽相同。钢箱梁制造过程是大量的钢材焊接过程的集合体,焊缝检查要求极为严格。过于追求强度、硬度等指标而忽视可焊性,会造成不必要的浪费。

二、钢箱梁的构造

钢箱梁的组成部分主要是:顶、底板,腹板和加劲构件,如图1.3-1a)所示。其中,顶板又兼作桥面之用,分为钢筋混凝土桥面板和钢桥面板两种。为了减轻重量,增加箱梁整体性,往往采用正交异性钢桥面板。钢筋混凝土桥面板的构造前面已经介绍过,本章对顶板构造仅介绍正交异性钢桥面板。

1. 正交异性钢桥面板

箱形截面梁的顶板用作钢桥面板。如仅按强度计算,则桥面板只需5~6mm厚的钢板即可,但薄钢板刚度过小,在轮重作用下易产生过大的变形,因此一般用厚度不小于10mm的钢板,同时钢板下面还要用密布的纵肋及垂直于纵肋的、分布较疏的横肋来加劲。钢板上面用厚度为50mm及以上的沥青铺装、环氧树脂铺装或橡胶铺装等。

由于加劲钢板的纵、横肋刚度不同,两个方向的弹性性能也不同,这种具有"正交异性"的板通常就称为正交异性板,可近似按正交异性板理论对正交异性桥面板进行力学分析。试验和理论研究表明,正交异性板具有很高的承载能力,采用这种桥面板可以显著地减轻钢梁的自重。

钢桥面板除了有桥面和桥面系的作用外,还作为主梁的一部分发挥作用。

钢桥面板加劲纵肋的截面形式可分为开口截面和闭口截面两种,如图1.2-29所示。开口纵肋易于工厂制造和养护,肋与肋之间的连接也较方便;闭口纵肋具有较大的抗扭刚度,屈曲稳定性也较好。

纵肋间距与钢盖板厚度有关,一般在300mm左右。德国规范规定行车道部分的间距 $b \leqslant 25t$,人行道部分为 $b < 10t$;日本则规定在 $t \geqslant 12mm$ 时,行车道部分 $b < 28.5t$。纵肋跨径则与截面形式有关,见表1.3-2,表中的肋型即编号。在我国,暂时尚无相关规范。

纵肋设计跨径 表1.3-2

肋　　型	1a	1b	1c,1d	1e	1f
设计跨径(m)	1.5~2.0	1.8~2.0	1.5~2.7	1.8	1.9~2.0
肋　　型	2a	2b	2c	2d	3a	3b
设计跨径(m)	2.3~2.4	2.0~3.1	2.0~3.1	2.3~3.0	2.3~4.0	2.2~3.0

横肋一般皆为倒T形截面,其间距即是纵肋的跨径。计算截面考虑钢盖板形成的上翼缘,从而形成工字形截面。纵、横肋交叉部位一般皆在横肋中设切口,其构造见图1.3-2。

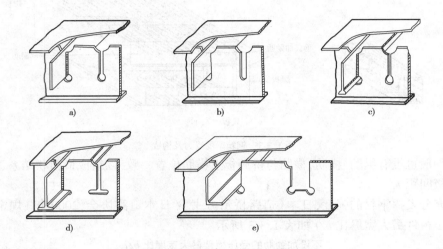

图1.3-2　纵、横肋交叉联结

2. 箱梁的腹板、底板和加劲肋

箱梁的顶板、底板和腹板,其板厚与高度和宽度之比非常小,是较混凝土箱梁更为典型的闭口薄壁结构,因此必须有一定数量的加劲构件如加劲肋和横隔板来保证其受力性能。

图1.3-3表示箱梁在无加劲的情况下可能出现的问题。图1.3-3b)为在垂直荷载作用下截面发生的变形,在集中荷载作用点附近受压翼缘的局部屈曲和腹板的压皱;图1.3-3c)则是在弯矩作用下横截面趋于扁平的变形,导致截面惯性矩下降,弯矩达到临界弯矩 M_{cr} 时会发生弯折破坏,称为屈服现象;图1.3-3d)则是在扭矩T作用下的变形,当T达临界扭矩 T_{cr} 时,由于箱梁畸变,也会使箱梁出现屈服现象;为提高箱梁承载能力就要设置足够的横隔板,见图1.3-3e),或设置横隔板和加劲肋,见图1.3-3f)。

腹板的构造与板梁腹板相同,但加劲仅设在内侧,腹板沿长度方向需要设置焊接或栓接的竖向接头。沿高度方向则随尺寸而定,如有可能就用整块钢板,不然则设水平接头。腹板按强度要求的厚度是不大的,一般根据桥型、跨径和梁高在10~30mm间变化。

为保证腹板局部屈曲的安全性,需要设置一定的水平加劲肋和竖向加劲肋。箱梁加劲肋仅设在箱的内侧,如图1.3-3g)所示,在支点处及横肋与腹板连接处应设置竖向加劲肋。水平加劲肋的数量与腹板高度和厚度有关,可以设置到3层以上。

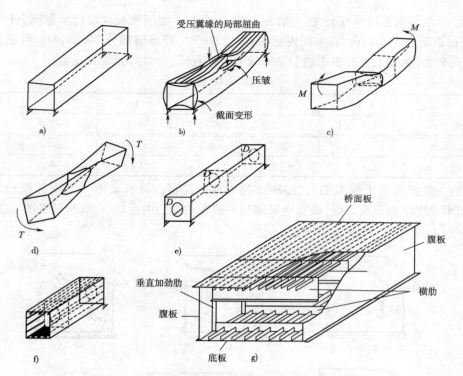

图1.3-3 钢箱梁的受力及构成

底板一般也设有纵肋、横肋,横肋与桥面板上横肋位置一致,以组成横向联结系,纵肋布置间距较顶板间距大。

为了充分发挥钢材的强度,日本《道路桥示方书》(日本道路协会,2000年)规定,不设加劲肋的受压板件最大宽厚比 b/t 如表1.3-3所示。

不设加劲肋的受压板件最大宽厚比 b/t　　　　表1.3-3

钢材种类		SS400、SM400	SM490	SM490Y、SM520	SM570
相当于中国标准GB		Q235	Q345	Q370	Q420
钢材板厚 (mm)	$40 \geq t$	$56f$	$48f$	$46f$	$40f$
	$40 < t \leq 75$	$58f$	$50f$	$46f$	$40f$
	$75 < t \leq 100$	$58f$	$50f$	$48f$	$42f$

注:$f = 0.65\varphi^2 + 0.13\varphi + 1.0$;$\varphi = (\sigma_1 - \sigma_2)/\sigma_1$;$\sigma_1$、$\sigma_2$ 为板件边缘应力(压应力为正),$\sigma_1 \geq \sigma_2$,如图1.3-4所示。

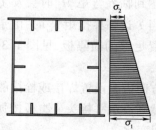

图1.3-4 四边简支板的受压应力

3. 钢箱梁主要设计参数的选择

(1) 桥面顶板的厚度

钢箱梁顶板、底板是箱形结构体主要抵抗弯矩的构件。尤其是顶板,还直接承受车轮荷载。设计中主要考虑两个条件:首先是强度条件,即顶板、底板厚度要使运营过程中的应力在钢材容许应力限度之内;其次是局部稳定条件,由于顶板、底板厚度与腹板间距相比很小,因此,钢板的局部稳定性要充分考虑。前一个条件关系到结构自身安全运营,后一个条件影响桥面铺装的使用寿命。

欧洲最初的钢箱梁顶板设计采用12mm。由于我国国情所致,桥梁运营期间,交通组成中超重车比例较大,实际的桥面荷载与标准的设计荷载差别较大,造成局部变形过大。所以,有必要增加钢桥面板的厚度,提高钢箱梁刚度,以减小重载下的桥面局部变形。目前,标准截面桥面板厚度采用16mm,以期能取得较好的效果。

(2)纵向加劲肋

设置加劲肋是为了满足构件局部稳定性。钢桥面板加劲肋的截面形式一般分为开口截面和闭口截面,相应地加劲肋亦称为开口加劲肋和闭口加劲肋,开口加劲肋主要形式有平钢板形、L形和倒T形,而闭口加劲肋的主要形式有梯形(槽形)、矩形、三角形(V形)、U形和Y形等。由于闭口加劲肋能提供较大的抗扭刚度和抗弯刚度,能改善整个桥面钢板的受力状态,减小钢板的应力,因此成为现代钢箱梁钢桥面板首选的加劲肋截面形式。现在设计中最普遍采用的是梯形闭口加劲肋。

加劲肋的壁厚和槽口形状对桥面板局部刚度影响较大,过去曾采用6mm板厚(如江阴长江大桥),随着对桥面板局部刚度的重视,开始应用8mm,另外对槽口形状也在不断优化,在提高局部刚度的情况下,尽可能减少用钢量。

(3)横隔板设计

在桥梁纵向,钢箱梁桥面板上的荷载由桥面板传给纵向加劲肋,再由纵向加劲肋传给横隔板,因此横隔板相当于纵肋的弹性支撑,减小了纵向加劲肋的跨度和受压失稳时的自由长度;在桥梁横向,横隔板和有效宽度内钢箱梁的上下翼缘共同作用相当于一个上缘受压的工字梁。钢箱梁在承受非对称荷载时,不但发生弯曲,并且伴随着扭转和畸变。为了有效抵抗以上的变形效应,横隔板需要足够的刚度和适当的间距。

箱梁隔板一般有两种形式:一种是桁架式,另一种是实体式。在承受较大轴向压力的斜拉桥钢箱梁设计中,一般采用桁架式纵向隔板。如出于对整体刚度的考虑,横隔板较多采用实体式。实体式横隔板的做法按照隔板与上下顶板连接方式的不同,总体上可以分为两种:一种是横隔板与上下顶、底板直接相连,另一种是通过搭接板与上下顶、底板相连。第一种制造方法适用于截面较小的箱梁,如西陵大桥采用了这种做法,钢箱梁制造用反胎架建造法,即先将顶板翻身置于胎架上,与横隔板相焊后将梁段整体翻身,焊接横隔板和底板。该法由于需要梁段翻身,对于梁宽较大的桥梁并不合适。因此,搭接式横隔板由于制造简单,组装容易,工艺要求不高,在当前的设计中,采用较多。

横隔板的厚度一般采用8mm,在吊点处会有加强,增加到10mm,同样是出于提高整体刚度的考虑,已有将其普通处增厚至10mm,吊点处增厚至12mm的设计,如珠江黄埔大桥。但如前所述,更能体现横隔板作用的是抵抗箱梁扭转和畸变,增加横隔板板厚对于钢箱梁整体刚度的提升效果还有待实践的检验。

横隔板的间距也关系到桥面的局部刚度,一般取节段长度的整分数,以便于钢箱梁节段的工厂标准化制作。如虎门大桥节段长度16m,横隔板间距取的是节段长度的四等分即4m,江阴长江大桥、珠江黄埔大桥的节段长度也是16m,但取的是五等分,间距3.2m。国内钢箱梁桥横隔板间距最小的要属西陵长江大桥,其节段长度为12.7m,为了抵抗三峡建设期间的特种载重车辆荷载,箱梁横隔板间距设计为2.54m,为节段长度的1/5。

(4)其他

钢箱梁除了可以当做梁式桥的主要承重结构之外,还可以用作其他桥梁的主要结构。例如悬索桥和斜拉桥的主梁,当用于大跨径桥梁时,设计时就应考虑箱梁的抗风性能。

钢箱梁主梁横截面形状及尺寸的局部改变,都会对桥面的流场及桥梁的风致响应产生明显影响。出于结构物风致响应计算的复杂性和不确定性,对箱梁抗风性能主要是通过风洞试验检验,再根据检验结果,对箱梁设计进行优化,称之为选型。一般情况下,对于扁平钢箱梁截面,提高梁高可提高箱梁的颤振临界风速。但当箱梁高度达到一定值时,再增加高度对颤振临界风速的影响较为缓慢,且造成设计的不经济。近年来提出的分离式双箱梁钢梁方案值得引起重视,类似方案也出现在上海长江大桥和舟山西堠门大桥中。

4. 扁平钢箱梁的构造

扁平钢箱梁结构是由众多纵横加劲和盖板组成的封闭式扁平薄壁箱形结构,梁高与跨径和梁宽相比很小。自从1966年英国的塞文悬索桥第一次采用扁平钢箱梁以来,其抗风性能好、整体性强、线条美观等优点得到了认可,扁平钢箱梁适合于大跨度斜拉桥、悬索桥和拱桥等,在大跨度桥梁建设中受到越来越多的关注。目前,国内外斜拉桥、悬索桥的建设资料中,现代大跨度斜拉桥、悬索桥加劲梁的截面形式大部分为扁平钢箱梁。

图 1.3-5 所示是扁平钢箱梁的典型截面,由顶板、底板、腹板、横隔板和风嘴组成。顶底板上都焊有U形或其他形式的加劲肋成为构造上的正交异性板,顶底板加劲肋增加了截面面积和抗弯惯性矩,提高了主梁的刚度,而且也大大提高了顶底板的稳定性。顶板的厚度一般比底板厚,顶板用U形加劲肋加劲,而底板可以采用球头钢做成开口的加劲肋,有时为方便工厂制作,也使用U形加劲肋,不过间距要大一些。用于悬索桥主梁时,钢箱顶底板厚度一般来说分别是12mm、10mm;用于斜拉桥主梁时,顶底板厚度通常分别是14~16mm、12mm。腹板厚度较大,其上焊有纵向加劲肋,以保证其稳定性。

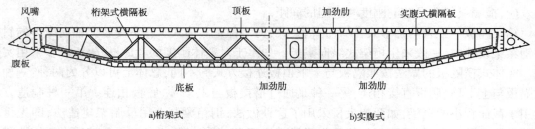

图 1.3-5 扁平钢箱梁典型截面

横隔板起着限制箱梁畸变和梁段横向变形的作用,同时也作为桥面板的纵向支承,起着减少桥面板自由长度,增加稳定性的作用。对于支座处的横隔板,还将承受支座反力,分散支座处局部荷载。横隔板上都焊有纵向和竖向加劲肋以保证稳定性。横隔板的厚度一般采用8~12mm。顶、底板的纵肋和横隔板相贯时,要求横隔板开孔,以便纵肋连续通过,还要在纵肋和顶底板相连处开小孔,纵肋和横隔板仅在侧面相焊。

箱梁两侧安装有风嘴,使箱梁截面形成流线型,减少风阻,并不作为主要受力构件设计,所以板厚小,其钢材标号也比较低。

腹板的构造与板梁填板相同,但加劲仅设在内侧,腹板沿长度方向需要设置焊接或栓接的竖向接头。沿高度方向则随尺寸而定,如有可能就用整块钢板,不然则设水平接头。腹板按强度要求其厚度是不大的,一般根据桥型、跨径和梁高在10~30mm间变化,腹板应保证局部屈曲的安全性,为此需要设置一定的水平加劲肋和竖向加劲肋。箱梁加劲肋仅设在箱的内侧,如图1.3-5所示,如同板梁一样,在支点处及横肋与腹板连接处应设置竖向加劲肋。水平加劲肋的数量与腹板高度和厚度有关,可以设置到3层以上。底板一般也设有纵、横肋,横肋与桥面板上横肋位置一致,以组成横向联结系,纵肋布置间距较顶板间距大。箱梁应有一定数量的横隔板或横框架,以保证箱梁的整体作用。横隔板或横框架的位置和尺寸由计算确定,一般横隔板或横框架的间距可达10~15m,在跨中和支点截面处必设。

三、箱形截面梁的计算特点

1. 薄壁箱梁受力特点

钢箱梁在力学分析中属于弹性薄壁杆件,箱梁在偏心荷载作用下的变形与位移,可分成四种基本状态:纵向弯曲、横向弯曲、扭转及畸变,如图 1.3-6 所示。

箱梁在偏心荷载作用下,因弯扭作用在横截面上将产生纵向正应力和剪应力,因横向弯曲和扭转变形将在箱梁各板中产生横向弯曲应力与剪应力。

箱梁的横向弯曲,可以按图 1.3-7a)所示计算图式进行计算。图示单箱梁可作为超静定框架解析各板内的横向弯曲应力,其弯矩如图 1.3-7b)所示。同时可求出假设支点上的反力 P_1、P_2、P_3、P_4。P_1 与 P_2 可分成对称荷载 $P_w = (P_1 + P_2)/2$ 与反对称荷载 $(P_1 - P_2)/2$,P_3 与 P_4 箱梁截面上产生纵向弯矩正应力 σ_M 及弯曲剪应力 τ_M;反对称荷载作用下将引起刚性转动(自由扭转与约束扭转)与畸变(歪扭变形)。自由扭转只产生截面上的自由扭转剪应力 τ_S,约束扭转除产生截面上的约束扭转剪应力 τ_w 外,还将产生约束扭转的翘曲正应力 σ_w。歪扭变形除产生截面上的畸变剪应力 τ_{wd} 与畸变翘曲正应力 σ_{wd} 外,还将引起箱梁各板的横向弯曲而产生横向弯曲应力 σ_{dt}。因而,综合箱梁在偏心荷载作用下,四种基本变形与位移状态引起的应力状态如下。

在横截面上:

纵向弯曲应力 $\sigma_x = \sigma_M + \sigma_w + \sigma_{wd}$

剪应力 $\tau = \tau_M + \tau_S + \tau_w + \tau_{wd}$

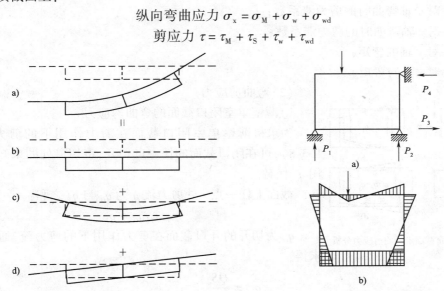

图 1.3-6 箱梁变形的基本状态　　　图 1.3-7 箱梁横向弯曲的计算图式与内力图

注:图中虚线为变形前结构,实线为变形后结构。

在箱梁各板内即纵截面上:

横向弯曲应力 $\sigma_S = \sigma_{0t} + \sigma_{dt}$

对于钢箱梁桥来说,跨度越大,恒载占总荷载的比值越大。因而,一般来说,箱梁对称挠曲的纵向弯曲应力是主要的,而偏心荷载引起的扭转应力是次要的。如果箱壁较厚,并沿梁的纵向布置有足够数量横隔板,能够限制箱梁的歪扭变形,则畸变应力也不大。而横向弯曲应力状态,在验算桥面板(箱梁顶板)与横隔板,以及腹板与顶底板焊缝疲劳强度时还是需要注意,特别在横隔板间距较大的情况下必须注意。此外,箱梁在对称挠曲时,顶、底板(或称上、下翼板)中的剪力滞效应,在跨宽比较小的情况下,特别是连续梁的中间支点处,在设计时也应予以足够重视。

2. 箱梁弯剪分析

(1) 弯曲正应力

钢箱梁桥的顶、底板宽度一般较大,由于剪力滞的影响,在顶、底板上的应力分布也是不均匀的。因此,钢箱梁桥弯曲正应力计算时应该考虑剪力滞影响。剪力滞的影响,通常可以用剪力滞系数和有效分布宽度两种方法加以考虑。采用剪力滞系数的方法,拉压轴向应力和弯曲正应力可以表达为:

$$\sigma_x = \beta_y \frac{\overline{M}_y z}{I_y} + \beta_z \frac{\overline{M}_z y}{I_z}$$

$$\overline{M}_z = \frac{M_z I_y I_z - M_y I_z I_{yz}}{I_y I_z - I_{yz}^2}$$

$$\overline{M}_y = \frac{M_y I_y I_z - M_z I_y I_{yz}}{I_y I_z - I_{yz}^2}$$

式中:I_y——截面对 y 轴的惯性矩;
I_z——截面对 z 轴的惯性矩;
I_{yz}——截面对 yz 轴的极惯性矩;
β_y——对 y 轴弯曲时的剪力滞系数;
β_z——对 z 轴弯曲时的剪力滞系数;
M_y——对 y 轴的弯矩;
M_z——对 z 轴的弯矩。

(2) 弯曲剪应力

1) 薄壁单室闭口截面的弯曲剪应力

为求得薄壁单室闭口截面在剪力作用下的剪流(图 1.3-8),可在闭口截面的任一点切开,将切口处的未知剪力流用 q_1 代替。

截面上任一点 s 处剪力流 q 为 q_0 与 q_1 之和:

$$q = q_0 + q_1 \tag{1.3-1}$$

q_0 为切开的开口截面在剪力作用下的剪力流,通过下式求得:

$$q_0 = \frac{QS_y}{I} \tag{1.3-2}$$

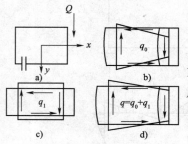

图 1.3-8 单箱截面上弯曲剪应力分析

式中:Q——计算剪力;
I——截面惯矩;
S_y——切口至计算点的截面对中性轴的截面静矩。

式(1.3-1)中,q_1 为未知剪力流,这是一个内部超静定问题,必须应用补充的变形协调条件才能求解。

根据在截面开口处相对剪切变形为零的变形协调条件:

$$\oint_s \gamma ds = \oint_s \frac{\tau}{G} ds = \oint_s \frac{q}{Gt} ds = 0 \tag{1.3-3}$$

式中:t——箱梁壁厚。

将式(1.3-2)代入式(1.3-3),可得:

$$q_1 = \frac{\oint_s \frac{q_0}{t}\mathrm{d}s}{\oint_s \frac{\mathrm{d}s}{t}} \tag{1.3-4}$$

求得剪力流以后,剪应力 τ 可由下式求得:

$$\tau = \frac{q}{t} = \frac{q_0 + q_1}{t} \tag{1.3-5}$$

对于对称截面,当仅在其对称轴方向有剪力 Q_z 时,依对称关系,在此对称轴上必有 $q = q_0 + q_1 = 0$。若切口和静矩 $S_y = \int_0^s zt\mathrm{d}s$ 的积分起点 $s = 0$ 取在对称轴处,可以直接得到 $q_1 = 0$、$q = q_1$,这样求解更为方便。

2)薄壁多室闭口截面的弯曲剪应力

对于多室截面,则应将各室都切开(图 1.3-9),将各切口处的未知剪力流用 q_{1i} 代替,对各已切开的箱梁截面可利用式(1.3-6)计算开口截面上各点的剪力流 q_0。对于第 i 室的闭合剪力流 q_i 为:

$$q_i = q_0 + q_{1i} \tag{1.3-6}$$

其中,对于没有公共边部分,箱壁的剪力流等于闭合剪力流 q_i;对于有公共边部分,箱壁的剪力流等于相邻的箱室闭合剪力流的代数和。例如设第 i 室和第 j 室具有公共边部分,并且闭合剪力流分别为 q_i 和 q_j,则对于第 i 室箱壁的剪力流 q_{ij} 可以表示为:

非公共边部分箱壁:

$$q_{ij} = q_i \tag{1.3-7}$$

公共边部分箱壁:

$$q_{ij} = q_i \pm q_j \tag{1.3-8}$$

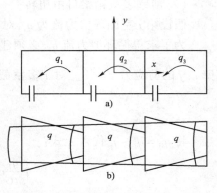

图 1.3-9 薄壁多室闭口截面上弯曲剪应力分析

对各室应用变形协调方程,可求得各室的剪力流和剪应力。

求得各式的剪力流之后,箱壁 i、j 的剪力流和剪应力可由式(1.3-7)、式(1.3-8)和下式求得:

$$\tau_{ij} = \frac{q_{ij}}{t} \tag{1.3-9}$$

采用剪力滞系数的方法,概念清楚并且比较直观。但是,由于剪力滞系数的影响因素较多,剪力滞系数很难用简单直观的数学公式表达。因此,工程设计中往往用有效分布宽度的方法,近似地考虑剪力滞的影响。有效分布宽度的计算,可以参考有关规范和专著,这里不再赘述。

3. 箱梁自由扭转分析

(1)单箱单室箱梁自由扭转

箱梁在无纵向约束、截面可自由凸凹时的扭转称为自由扭转。当箱梁截面因板壁厚度较大,或有桁架式横隔板等使截面在扭转时保持截面周边不变形时,自由扭转即是无纵向约束的

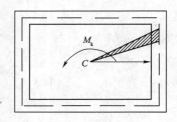

图 1.3-10　单箱梁自由扭转

刚性转动。可以认为,在扭矩作用下,只引起扭转剪应力,而不引起纵向正应力。梁在纵向有位移而没有变形。

如图 1.3-10 所示,单箱梁在外扭矩 M_k 作用下,剪力流 $q = \tau t$ 沿箱壁为常数,建立内外扭转平衡方程即得:

$$\oint_s \gamma ds = \oint_s \frac{\tau}{G} ds = \oint_s \frac{q}{Gt} ds = 0$$

$$M_k = \oint_s q r_s ds = q \oint_s r_s ds = q\Omega = 2qA \quad (1.3\text{-}10)$$

扭转剪应力:

$$\tau = \frac{q}{t} = \frac{M_k}{t\Omega} = \frac{M_k}{2At} \quad (1.3\text{-}11)$$

式中:A——箱梁薄壁中线所围面积,$\Omega = 2A$;

r_s——扭转中心至箱壁任一点的切线垂直距离。

(2) 薄壁多室箱梁自由扭转

假设第 i 室循环剪力流为 q_i,对于箱壁中任意相邻箱壁的剪力流为 $q_{ij} = q_i - q_j$。

为了求得循环剪力流 q_i,必须建立变形协调方程。考虑箱梁截面扭转率 $\theta'(x)$ 为常数,箱壁 i、j 的剪应力 $\tau = \frac{q_{ij}}{t}$。对于多室截面沿第 i 室周边进行一周的线积分可得:

$$\oint_s \frac{q_{ij}}{tG} ds = 2\theta'(x) A_i \quad (1.3\text{-}12)$$

将 $q_{ij} = q_i - q_j$ 代入上式:

$$\oint_s \frac{q_i}{tG} ds - \sum_j \frac{q_j}{G} \oint_{ij} \frac{ds}{t} = 2\theta'(x) A_i \quad (1.3\text{-}13)$$

式中:q_j——与第 i 室相邻的第 j 室的剪力流。

当箱梁截面由 n 个室组成时,由上式 $i = 1, 2, \cdots, n$,可以写出 n 个方程。

假设:

$$\bar{q}_i = \frac{q_i}{G\theta'(x)}$$

$\bar{q}_i$ 称为第 i 室的扭转函数,代入式 (1.3-13),可得:

$$\bar{q}_i \oint_s \frac{ds}{t} - \sum_j \bar{q}_j \oint_{ij} \frac{ds}{t} = 2A_i, i = 1, 2, \cdots, n \quad (1.3\text{-}14)$$

由上式可以求得 n 个扭转函数 $\bar{q}_i$,为了求得循环剪力流 q_i 和剪应力 τ_{ij},必须建立扭矩平衡方程。

取外扭矩 M_k 与 n 个 q_i 对扭转中心 O 所产生的扭转力矩平衡,可得:

$$M_k = \sum_{i=1}^n \oint_s q_i r_s ds = 2\sum_{i=1}^n q_i A_i = 2G\theta'(x) \sum_{i=1}^n \bar{q}_i A_i \quad (1.3\text{-}15)$$

假设 $J_d = 2\sum_{i=1}^n \bar{q}_i A_i$,将其代入式 (1.3-15) 可得:

$$\theta'(x) = \frac{M_k}{GJ_d} \quad (1.3\text{-}16)$$

式中:J_d——薄壁多室箱梁的自由扭转惯矩。

因此可以求得第 i 室的循环剪力流 q_i:

$$q_i = G\theta'(x)\bar{q}_i = \frac{M_k}{J_d}\bar{q}_i \qquad (1.3\text{-}17)$$

箱壁 i、j 的剪力流 q_{ij} 和剪应力 τ_{ij} 可由下式求得:

$$\left.\begin{array}{l} q_{ij} = q_i - q_j \\ \tau_{ij} = \dfrac{q_{ij}}{t} \end{array}\right\} \qquad (1.3\text{-}18)$$

4. 箱梁约束扭转分析

当箱梁有强大横隔板,扭转时截面自由凸凹受到约束,而使纵向纤维受到拉伸或压缩,从而产生约束扭转正应力与约束扭转剪应力。在箱梁截面比较扁平或狭长,或在变截面箱梁中,都有这种应力状态存在。

假定箱壁上的剪应力与正应力均沿壁厚方向均匀分布,约束扭转时沿梁纵轴方向的纵向位移(截面的凸凹)满足关系式:

$$u(x) = u_0(x) + \beta'(x)\omega \qquad (1.3\text{-}19)$$

(1) 约束扭转正应力

约束扭转正应力为:

$$\sigma_w = E\omega \frac{d^2\beta}{dx^2} \qquad (1.3\text{-}20)$$

式中:E——弹性模量。

定义:$M_w = \int_A \sigma_w \omega dA = EI_w \dfrac{d^2\beta}{dx^2}$,则:

$$\sigma_w = \frac{M_w \omega}{I_w} \qquad (1.3\text{-}21)$$

上式与弯曲正应力计算公式的形式相同,不同的是用广义扇性坐标代替扇性坐标,用函数 $\beta(x)$ 代替扭转角。这里,σ_w 也称为扭转正应力或扇性正应力,相应地,M_w 称为弯曲扭转双力矩,I_w 为广义主扇性惯性矩。

(2) 约束扭转剪应力

箱梁扭转变形受到约束时,与薄壁开口截面杆件约束扭转相同,扭矩产生的剪应力 τ_T 可以分为自由扭转剪应力 τ_s 和约束扭转剪应力 τ_w 两部分,即:

$$\tau_T = \tau_s + \tau_w \qquad (1.3\text{-}22)$$

类似于薄壁开口截面杆件约束扭转,约束扭转剪应力 τ_w 可以表达为:

$$\tau_w = \frac{T_w S_w}{I_w t} \qquad (1.3\text{-}23)$$

上式与弯曲剪应力计算公式的形式相同。t 为壁厚;I_w 为广义主扇性惯性矩;S_w 为广义主扇性静矩;T_w 为弯曲扭转力矩,定义为:

$$T_w = -EI_w \frac{d^3\beta}{dx^3} = -\frac{dM_w}{dx} \qquad (1.3\text{-}24)$$

(3) 约束扭转微分方程

弯曲扭转双力矩 M_w 与扭转角 θ 的关系:

$$M_w = EI_w \frac{\partial^2 \theta}{\partial x^2} \qquad (1.3\text{-}25)$$

类似于弯矩与挠度的关系,弯曲扭转双力矩 M_w 和弯曲扭转力矩 T_w 的求解也与弯矩和剪力的计算方法相同,两者不同的是,截面几何特性要用扇性坐标表示,变形边界条件为扭转变形和截面翘曲变形。如果能够求得结构在扭矩作用下的扭转角,约束扭转正应力与剪应力的计算方法与弯曲正应力与剪应力的计算方法完全相同。

相类似于薄壁开口截面杆件,杆件在分布扭矩 $m_t(x)$ 作用下的薄壁闭口截面杆件的约束扭转微分方程可以近似地表达为:

$$EI_w \frac{\partial^4 \beta}{\partial x^4} - GI_T \frac{\partial^2 \theta}{\partial x^2} = m_t(x) \tag{1.3-26}$$

式中:G——剪切弹性模量;
$\quad I_T$——自由扭转惯矩;
$\quad \theta$——扭转角。

根据内外扭矩的平衡,$M_T = \oint_A \tau r_s t ds$ 可以得到:

$$M_T = G[(I_T - I_p)\beta' + I_p \theta']$$

式中:M_T——外扭矩;
$\quad I_p$——极惯性矩,$I_p = \oint_A r_s t ds$;
$\quad t$——壁厚;
$\quad r_s$——由点剪力中心到壁厚中线积分点 s 的切线的距离。

引入翘曲系数:

$$\mu = 1 - \frac{I_T}{I_p}$$

可得:

$$\beta''(x) = \frac{\theta''(x)}{\mu} + \frac{m_t(x)}{\mu G I_p}$$

并且引入约束扭转的弯扭特征系数 α,可以得到箱梁约束扭转微分方程:

$$\frac{\partial^4 \theta}{\partial x^4} - \alpha^2 \frac{\partial^2 \theta}{\partial x^2} = \frac{\mu m_t(x)}{EI_w}, \alpha = \sqrt{\frac{\mu G I_T}{EI_w}} \tag{1.3-27}$$

四、正交异性钢桥面板的计算要点

1. 正交异性

正交异性钢桥面板,是用纵横向互相垂直的加劲肋(纵肋和横肋)连同桥面盖板所组成的共同承受车轮荷载的结构。这种结构由于其刚度在互相垂直的两个方向上有所不同,因而造成构造上的各向异性。

对于一个受弯的板来说,它的刚度值的大小是由材料的弹性模量 E 与截面的惯性矩 I 来决定的,所以,对于桥面板的 E 与 I,如其任一项在正交的两个方向具有不同值,就可称之为"正交异性板"。一般的钢桥面板,虽然其纵横两个方向的弹性模量是相同的,但其两个方向的加劲肋并不相同。因此,两个方向的惯性矩 I 并不相同,故可称之为"正交异性板",或称为"构造性正交异性板"。

2. 力学体系

正交异形钢桥面板通常可分为三个基本受力体系:桥面板作为主梁截面的一部分承受车

辆运营荷载(第一基本体系);由桥面板和纵横向加劲肋组成桥面结构,承受桥面车轮荷载(第二基本体系);支承在纵横加劲肋上的钢桥面板直接承受车轮局部荷载(第三基本体系)。简化的计算方法是,分别计算三个基本体系,然后进行应力叠加,最终得到组合应力。

对于第一基本体系,首先,通过空间杆系有限元模型,计算得到各截面处的内力(弯矩、轴力),然后,在考虑扁平钢箱梁剪力滞效应的基础上,根据初等梁理论求解得到桥面板上的正应力,即得到相应的第一基本结构体系的正应力。通过空间杆系有限元模型,可计算出各个截面的内力。第二基本结构体系(桥面体系),由纵肋、横肋和桥面板组成的结构,将整个桥面体系视为弹性体支撑在主梁上,承受桥面车轮荷载,其边界条件为纵梁和横梁。选择箱梁的最不利节段来计算其内力。作为第三基本结构体系的桥面顶板被视为弹性体支撑在纵肋和横隔板上的各向同性连续板,直接承受车轮局部荷载。

在使用三个基本体系来分析正交异性桥面板的受力情况时,要对三个体系计算的结果进行叠加。对于顶板来说,横向应力较大,顶板处于复杂的双向受力状态。由于车轮下的顶板应力比其他部位大,有必要将其适当叠加在组合应力中。但是正交异性板的顶板膜效应作用明显,同时顶板的双向压应力较大,对顶板的膜效应发展约束作用明显,此时叠加原理不再适用。对三个体系的结果进行叠加时,一定要考虑叠加的适用范围。一般而言,在应力不超过材料的屈服极限时叠加可以进行,因而结构在线弹性范围内,采用三个基本结构体系分析正交异性板时,可采用叠加法。

正交异性钢桥面板结构作为弹性支承连续正交异性板分析已有多种解法,其中解析法是一种较为成熟的经典计算方法,并以 Pelikan-Esslinger 法最为著名。

3. 正交异性板的平衡微分方程及其求解

(1) 广义虎克定律

根据弹性力学,正交异性板的广义虎克定律为:

$$\left.\begin{array}{l} \varepsilon_x = \dfrac{\sigma_x}{E_x} - \mu_y \dfrac{\sigma_y}{E_y} \\[6pt] \varepsilon_y = -\mu_x \dfrac{\sigma_x}{E_x} + \dfrac{\sigma_y}{E_y} \\[6pt] \gamma_{xy} = \dfrac{\tau_{xy}}{G} \end{array}\right\} \quad (1.3\text{-}28)$$

由上式可得:

$$\left.\begin{array}{l} \dfrac{\varepsilon_x}{E_y} + \dfrac{\mu_x}{E_x}\varepsilon_y = \dfrac{1}{E_x E_y}(1 - \mu_x \mu_y)\sigma_x \\[6pt] \dfrac{\mu_y}{E_y}\varepsilon_x + \dfrac{\varepsilon_y}{E_x} = \dfrac{1}{E_x E_y}(1 - \mu_x \mu_y)\sigma_y \end{array}\right\} \quad (1.3\text{-}29)$$

式中:E_x、E_y——纵横两个方向的杨氏弹性模量;

G——剪切弹性模量;

μ_x、μ_y——两个方向的泊松系数。

(2) 单位宽度截面上的弯矩和扭矩的微分表达式

图 1.3-11 表示一块受有竖直荷载的正交异性板,而其图表示从中取出的 $dx \times dy$ 的一个矩形小块。同普通的同性板一样,也引用下面三个假定:

① 平板内各水平层间的压力为零。

②平板内与中面相垂直的直线,在平板挠曲后,仍为直线,且与挠曲后的中面相垂直。
③中面内各点仅有竖向位移,而水平方向的位移可忽略不计。
据此,可导出:

$$\left.\begin{aligned}\varepsilon_x &= \frac{\partial u}{\partial x} = \frac{\partial}{\partial x}\left(-z\frac{\partial w}{\partial x}\right) = -z\frac{\partial^2 w}{\partial x^2} \\ \varepsilon_y &= \frac{\partial v}{\partial y} = \frac{\partial}{\partial y}\left(-z\frac{\partial w}{\partial y}\right) = -z\frac{\partial^2 w}{\partial y^2} \\ \gamma_{xy} &= \frac{\partial u}{\partial y} + \frac{\partial v}{\partial x} = \frac{\partial}{\partial y}\left(-z\frac{\partial w}{\partial x}\right) + \frac{\partial}{\partial x}\left(-z\frac{\partial w}{\partial y}\right) = -2z\frac{\partial^2 w}{\partial x \partial y}\end{aligned}\right\} \quad (1.3\text{-}30)$$

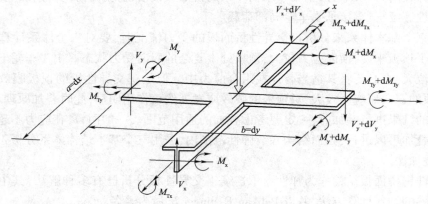

图 1.3-11　承受竖直荷载的正交异性板

由此即可求得单位宽度上的弯矩及扭矩表达式如下:

$$M_x = \int_{-\frac{h}{2}}^{\frac{h}{2}} \sigma_x \times 1 \times z\mathrm{d}z = -D_x \frac{\partial^2 \omega}{\partial x^2} - D_x \mu_y \frac{\partial^2 \omega}{\partial y^2} \quad (1.3\text{-}31)$$

$$M_y = \int_{-\frac{h}{2}}^{\frac{h}{2}} \sigma_y \times 1 \times z\mathrm{d}z = -D_y \left(\frac{\partial^2 \omega}{\partial y^2} + \mu_x \frac{\partial^2 \omega}{\partial x^2}\right) \quad (1.3\text{-}32)$$

$$M_{xy} = \int_{-\frac{h}{2}}^{\frac{h}{2}} \tau_{xy} \times 1 \times z\mathrm{d}z = -2D_k \frac{\partial^2 \omega}{\partial x \partial y} \quad (1.3\text{-}33)$$

式中:$D_x = \dfrac{E_x h^3}{12(1-\mu_x \mu_y)}, D_y = \dfrac{E_y h^3}{12(1-\mu_x \mu_y)}, D_k = G\dfrac{h^3}{12} = GJ_k$。

(3)平衡微分方程的推导

如图 1.3-12 所示,其中 M'_x 是右侧截面上的单宽力矩,M_x 是左侧截面上的单宽力矩,有:

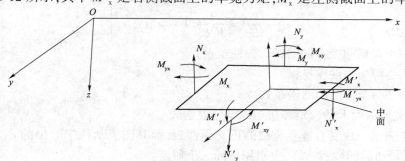

图 1.3-12　单宽板面上的力素

$$M'_x = M_x + \frac{\partial M_x}{\partial x}dx$$

$$M'_{xy} = M_{xy} + \frac{\partial M_{xy}}{\partial y}dy \qquad (1.3\text{-}34)$$

另有：

$$\left. \begin{array}{c} \dfrac{\partial N_x}{\partial x} + \dfrac{\partial N_y}{\partial y} + p = 0 \\ N_x = \dfrac{\partial M_x}{\partial x} + \dfrac{\partial M_{xy}}{\partial y} \\ N_y = \dfrac{\partial M_y}{\partial y} + \dfrac{\partial M_{xy}}{\partial x} \end{array} \right\}$$

将上式中的后两式代入第一式得：

$$\frac{\partial^2 M_x}{\partial x^2} + 2\frac{\partial^2 M_{xy}}{\partial x \partial y} + \frac{\partial^2 M_y}{\partial y^2} = -p(x,y)$$

即：

$$D_x \frac{\partial^4 w}{\partial x^4} + 2H\frac{\partial^4 w}{\partial x^2 \partial y^2} + D_y \frac{\partial^4 w}{\partial y^4} = p(x,y) \qquad (1.3\text{-}35)$$

这是正交异性板在竖向荷载作用下的一次弯曲理论的平衡微分方程式，它是计算板在弯曲时内力状况的依据。通常所指的求解正交异性板的挠曲内力的各种方法，无非是用各种解析的或非解析的办法，求解式(1.3-35)而已。式中的 D_x、D_y 及 H 的数值，可以根据正交异性板的材料及构造性质求算。

(4) 平衡微分方程式的解

式(1.3-35)的解可由它的特解和齐次微分方程式的一般解相加求得，解中的积分常数可根据已知边界条件确定。

1) 四边简支板的解

对于四边简支，并且桥面荷载可以展开成 Fourier 级数：

$$p(x,y) = \sum_m \sum_n p_{mn}\sin\alpha_m x \sin\beta_n y;\ \alpha_m = \frac{m\pi}{L};\ \beta_n = \frac{n\pi}{B};\ m,n = 1,2,3,\cdots$$

这时，式(1.3-35)的解为：

$$w(x,y) = \sum_m \sum_n C_{mn}\sin\alpha_m x \sin\beta_n y$$

满足边界条件：$x=0,L;y=0,B$ 时，$w = \Delta w = 0$。把上式代入平衡偏微分方程式(1.3-35)可得待定系数 C_{mn} 为：

$$C_{mn} = \frac{p_{mn}}{D_x \alpha_m^4 + 2H\alpha_m^2 \beta_n^2 + D_y \beta_n^4}$$

2) 两边简支板的解

正交异性板平衡偏微分方程式(1.3-35)的解的一般形式，可以表达为：

$$w = w_0 + w_1$$

式中：w_0——满足边界条件和微分方程的特解；

w_1——满足边界条件和齐次微分方程的一般解。

$$D_x \frac{\partial^4 w}{\partial x^4} + 2H\frac{\partial^4 w}{\partial x^2 \partial y^2} + D_y \frac{\partial^4 w}{\partial y^4} = 0$$

对于两边简支,并且桥面荷载可以展开成级数:

$$p(x,y) = \sum_m p_m \sin\alpha_m x; \alpha_m = \frac{m\pi}{L}; m=1,2,3,\cdots$$

此时,特解:

$$w_0 = \sum_m Y_m \sin\alpha_m x$$

满足边界条件:$x=0$、L 时,$w=\Delta w=0$。把上式代入平衡偏微分方程式(1.3-35)可得待定函数 Y_m 为下面微分方程的解,并且要满足 $y=0$、B 处的边界条件。

$$D_x \frac{\mathrm{d}^4 Y_m}{\mathrm{d}y^4} - 2H\alpha_m^2 \frac{\mathrm{d}^2 Y_m}{\mathrm{d}y^2} + D_y \alpha_m^4 Y_m = p_m$$

同样,齐次微分方程一般解为:

$$w = \sum_m w_m(y) \sin\alpha_m x; \alpha_m = \frac{m\pi}{L}; m=1,2,3,\cdots$$

也满足边界条件:$x=0$、L 时,$w=\Delta w=0$。上式中的待定函数 w_m,根据 D_x、D_y 和 H 的不同大小可以表达为以下几种形式。

① $H^2 > D_x D_y$,且 $\theta > 1$ 时(其中,$\theta = \dfrac{H}{\sqrt{D_x D_y}}$)

$$w_m = Ae^{\alpha y} + Be^{\beta y} + Ce^{-\alpha y} + De^{-\beta y}$$
$$= C_1 \sinh(\alpha y) + C_2 \cosh(\alpha y) + C_3 \sinh(\beta y) + C_4 \cosh(\beta y)$$

$$\alpha = \sqrt[4]{\frac{D_x}{D_y}} \sqrt{\theta + \sqrt{\theta^2 - 1}}\, \alpha_m$$

$$\beta = \sqrt[4]{\frac{D_x}{D_y}} \sqrt{\theta - \sqrt{\theta^2 - 1}}\, \alpha_m$$

② $H^2 < D_x D_y$,且 $\theta < 1$ 时

$$w_m = e^{\alpha y}(Ae^{i\beta y} + Be^{-i\beta y}) + e^{-\alpha y}(Ce^{i\beta y} + De^{-i\beta y})$$
$$= C_1 \sinh(\alpha y)\sinh(\beta y) + C_2 \cosh(\alpha y)\cosh(\beta y) + C_3 \sinh(\alpha y)\cosh(\beta y)$$
$$+ C_4 \cosh(\alpha y)\sinh(\beta y)$$

$$\alpha = \sqrt[4]{\frac{D_x}{D_y}} \sqrt{\frac{1+\theta}{2}}\, \alpha_m,\quad \beta = \sqrt[4]{\frac{D_x}{D_y}} \sqrt{\frac{1-\theta}{2}}\, \alpha_m$$

③ $H^2 = D_x D_y$,且 $\theta = 1$ 时

$$w_m = Ae^{\alpha y} + Be^{-\alpha y} + C\alpha y e^{-\alpha y} + D\alpha y e^{-\alpha y}$$
$$= C_1 \sinh(\alpha y) + C_2 \cosh(\alpha y) + C_3 \alpha y \sinh(\beta y) + C_4 \alpha y \cosh(\alpha y)$$

$$\alpha = \sqrt[4]{\frac{D_x}{D_y}}\, \alpha_m$$

④ $H=0$,且 $\theta = 0$ 时

$$w_m = e^{\alpha y}(Ae^{i\alpha y} + Be^{-i\alpha y}) + e^{-\alpha y}(Ce^{i\alpha y} + De^{-i\alpha y})$$
$$= C_1 \sinh(\alpha y)\sinh(\alpha y) + C_2 \cosh(\alpha y)\cosh(\alpha y) + C_3 \sinh(\alpha y)\cosh(\alpha y)$$
$$+ C_4 \cosh(\alpha y)\sinh(\alpha y)$$

$$\alpha = \sqrt{\frac{1}{2}} \sqrt[4]{\frac{K_x}{K_y}} \frac{n\pi}{b}$$

⑤ $K_x = 0$ 时

$$w_m = Ae^{\alpha y} + Be^{-\alpha y} + C\alpha + D$$
$$= C_1 \sinh(\alpha y) + C_2 \cosh(\alpha y) + C_3 \alpha y s + C_4$$

$$\alpha = \sqrt{\frac{2H}{D_y}} \alpha_m$$

以上各式中的待定常数 $C_1 \sim C_4$ 需要根据 $y = 0$、B 处的边界条件确定。关于待定常数 $C_1 \sim C_4$ 的详细求解比较复杂,这里不作介绍,读者可以参考有关著述。

4. Pelikan-Esslinger 法

20 世纪 50 年代,前联邦德国的 W. Pelikan 和 M. Esslinger 提出了一种简化方法(P-E 法),来求解比拟正交异性板的挠曲面微分方程。

P-E 法是将桥面体系的计算分成两个阶段进行,如图 1.3-13 所示,第一阶段假定横肋刚度为无穷大,按刚性支承连续正交异性板计算,第二阶段计算横肋弹性挠曲的影响,然后将第一阶段所得弯矩值修正。

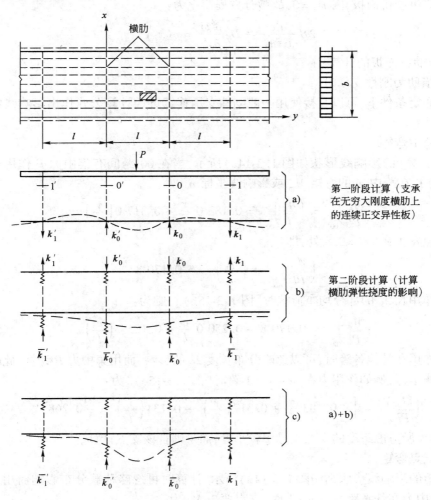

图 1.3-13 P-E 法计算图示

在第一阶段计算中考虑到板的横向抗弯刚度 D_x、仅有盖板的抗弯刚度 D_p,而 D_p 与纵向抗

弯刚度 D_y 相比是很小的。D_y/D_x 之值为 500~2 000,因此可以略去 D_x。同时,当纵肋采用开口肋时其抗扭刚度很小,也可略去,挠曲面微分方程式(1.3-35)得到简化。

(1)正交异性板挠曲微分方程简化

1)具有开口肋的桥面板

对于开口纵肋的桥面板,因为:

$$D_x = H = 0$$

则:

$$D_y \frac{\partial^4 \omega}{\partial y^4} = p(x,y) \tag{1.3-36}$$

式中,当 x 为定值时,p 仅随 y 变化,亦即是梁的挠度曲线。因此得到的弯矩与连续梁是一样的,其值与式(1.3-35)所得结果比较,差值在 3% 以下。于是对开口纵肋的桥面板采用连续梁的公式计算。但当盖板很厚,纵肋跨径超过 1.8 m 时,D_x 影响变大,则要进行修正。

2)具有闭口肋的桥面板

对于闭口纵肋桥面板,因 $D_x = 0$,故微分方程简化为:

$$2H \frac{\partial^4 \omega}{\partial x^2 \partial y^2} + D_y \frac{\partial^4 \omega}{\partial y^4} = p(x,y) \tag{1.3-37}$$

(2)开口肋桥面板的计算

1)假定横肋为刚性支承时

在这种假定条件下,可以直接使用一般刚性支承连续梁的计算公式作出影响线以计算纵肋内力。

①纵肋跨中弯矩

跨中弯矩 M_m 的影响线形状如图 1.3-14a)所示,当在 $00'$ 跨间有集中力 P 作用于 y 处时[图 1.3-15a)],在跨中 m 的弯矩 M_m 或影响线坐标 η_m 为:

$$\left(\frac{M_m}{Pl}\right)_{00'} = \left(\frac{\eta_m}{l}\right)_{00'} = 0.183\ 0 \frac{y}{l} + 0.317\ 0 \left(\frac{y}{l}\right)^2 \tag{1.3-38}$$

其最大值发生在 $y/l = 0.5$ 处,即:

$$\left(\frac{M_m}{Pl}\right)_{max} = \left(\frac{\eta_m}{l}\right)_{max} = 0.170\ 8 \tag{1.3-39}$$

当跨间作用长 $2c$ 的部分均布荷载时[图 1.3-15b)],则为:

$$\left(\frac{M_m}{Pl}\right)_{00'} = 0.170\ 8 - 0.250\ 0 \frac{c}{l} + 0.105\ 7 \left(\frac{c}{l}\right)^2 \tag{1.3-40}$$

如荷载作用在其他各跨时,可以忽略分布长度 $2c$ 的影响,而用集中力 P 计算,此时各相应位置的影响线坐标,例如作用力在 $m \sim m+1$ 跨时[图 1.3-15c)]为:

$$\left(\frac{M_m}{Pl}\right)_m = \left[-0.183 \frac{y}{l} + 0.317 \left(\frac{y}{l}\right)^2 - 0.134 \left(\frac{y}{l}\right)^3\right](-0.268)^m \tag{1.3-41}$$

式中,m 为所考虑跨度的支点编号中较小者,而 y 则自该支点计算。

②纵肋支点弯矩

支点弯矩的影响线形状如图 1.3-14b)所示,计算时可忽略荷载分布影响而用集中力 P 计算,于是集中力在任意跨 $m \sim m+1$ 时,支点弯矩 M_s 为:

$$\left(\frac{M_s}{Pl}\right)_m = \left[-0.5 \frac{y}{l} + 0.866 \left(\frac{y}{l}\right)^2 - 0.366 \left(\frac{y}{l}\right)^3\right](-0.268)^m \tag{1.3-42}$$

当荷载在 0~1′ 及 0~1 之间时，只需使 $(-0.268)^m$ 等于 1 即可。

③纵肋支点反力

支点反力影响线则如图 1.3-14c) 所示，而横肋内力系根据纵肋的支点反力计算，对作用在 0~1 跨或其他跨的一个荷载对支点 0 下面的反力 F_0 计算如下。

在 0~1 跨时：

$$\left(\frac{F_0}{P}\right)_{01} = 1 - 2.196\left(\frac{y}{l}\right)^2 + 1.196\left(\frac{y}{l}\right)^3 \quad (1.3\text{-}43)$$

在其他跨时：

$$\left(\frac{F_0}{P}\right)_m = \left[-0.804\frac{y}{l} + 1.292\left(\frac{y}{l}\right)^2 - 0.589\left(\frac{y}{l}\right)^3\right]0.268^{m-1} \quad (1.3\text{-}44)$$

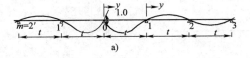

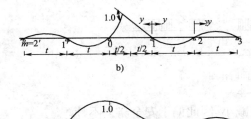

图 1.3-14 影响线   图 1.3-15 加载图示

2) 考虑横肋弹性变形的修正

①纵肋弯矩修正

横肋挠曲将使纵肋节间中部的正弯矩加大，而使支承于横肋处的纵肋支点负弯矩减小，一般按弹性支承上的连续梁计算，因此与梁的抗弯刚度和支承弹簧常数有关，用无量纲参数 γ 表示，即：

$$\gamma = \frac{I_r b^4}{I_t l^3 a \pi^4} \quad (1.3\text{-}45)$$

式中：I_r——纵肋的惯性矩；

I_t——横肋惯性矩（包括有效板宽）；

b——开口肋的间距；

l——横肋间距；

a——纵肋的翼缘宽度。

根据 γ 值计算出的 M_m、M_s 和 F_0 影响线坐标值可通过查表确定，详见其他书籍。利用这些可以计算出内力修正值，以修正式(1.3-38)~式(1.3-44)的计算结果。

对跨中弯矩 M_m 的修正是按下式计算出修正量后加到 M_m 中：

$$\Delta M_m = Q_0 la \frac{Q_{ix}}{Q_0} \sum \frac{F_m}{P} \cdot \frac{\eta_m}{l} \quad (1.3\text{-}46)$$

式中：Q_0——$Q_0 = P/2g$，其中，P 为轮重；g 为轮重接触宽度；

F_m——连续梁在支点 m 处由荷载 P 引起的刚性支点反力;

η_m——跨中弯矩影响线在柔性支点 m 处的纵距;

l——横肋间距;

a——纵肋翼缘宽度;

$\dfrac{Q_{ix}}{Q_0}$——荷载按傅里叶(Fourier)级数展开的表达式。

如图 1.3-16 所示,多个荷载作用时:

$$\frac{Q_{ix}}{Q_0} = \frac{8}{\pi}\cos\frac{\pi g}{b}\left(\sin\frac{\pi d_1}{b} + \cdots + \sin\frac{\pi d_n}{b}\right)\sin\frac{\pi}{b} \qquad (1.3\text{-}47)$$

式中:$d_1 \cdots d_n$——支点至轮组重心距离;

b——横肋间距。

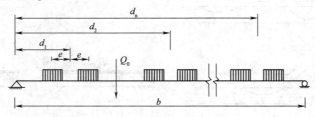

图 1.3-16 多个荷载同时作用

注:e 为轮距的一半。

支点弯矩的修正则因为考虑弹性支承后弯矩将减小,因此偏于安全略去不计。

②横肋弯矩修正

横肋弯矩在考虑横肋的柔性后,也要相应作修正。可在式(1.3-43)及式(1.3-44)所计算的反力 F_0 的基础上进行修正(减小)。修正公式为:

$$\Delta M_F = Q_0\left(\frac{l}{x}\right)^2 \frac{Q_{ix}}{Q_0}\left(\frac{F_0}{P} - \sum\frac{F_0}{P}\gamma_m\right) \qquad (1.3\text{-}48)$$

式中:F_0/P——由式(1.3-43)、式(1.3-44)计算所得值;

γ_m——反力影响线坐标,通过查表求得;

其余符号含义与前面相同。

(3)闭口肋桥面板的计算

闭口肋桥面板是用正交异性板的偏微分方程求解,并已导出有关计算公式。

①纵肋支点弯矩 M_s

$$M_s = Q_0 l \sum \frac{Q_{nx}}{Q_0} \cdot \frac{\eta}{l} \qquad (1.3\text{-}49)$$

$$\frac{\eta}{l} = \frac{M_0^*}{l} k_n^m \left[c_1 \operatorname{sh}(\gamma_n y) + c_2 \operatorname{ch}(\gamma_n y) + c_3 \frac{y}{l} + c_4 \right]$$

$$\frac{Q_{nx}}{Q_0} = \frac{4}{n\pi}\sin\frac{n\pi g}{b}$$

其中,$b = 14c$;$2c$ 为轮胎着地长度;$2g$ 为轮胎着地宽度;$Q_0 = \dfrac{P}{2g}$,其中 P 为轮重,l 为横梁间距。

$$\gamma_n = \frac{n\pi}{b}\sqrt{\frac{2H}{D_y}},\ c_1 = \frac{-k_n + \cos(\gamma_n l)}{\operatorname{sh}(\gamma_n l)}$$

$$c_2 = -1, c_3 = k_{n-1}, c_4 = 1$$

$$\frac{M_0^*}{l} = \frac{1}{\gamma_n^*} \cdot \frac{k_n}{1-k_n^2}, k_n = -c' + \sqrt{c'^2 - 1}$$

$$c' = \frac{\nu_n l \operatorname{ch}(\gamma_n l) - 1}{\nu_n^*}, \gamma_n^* = 1 - \frac{\gamma_n l}{\operatorname{sh}(\gamma_n l)}$$

② 纵肋节间弯矩 M_m

纵肋节间中部弯矩由于荷载作用位置不同而有不同的计算公式。

荷载在计算节间时:

$$M_m = Q_0 l \sum \frac{Q_{nx}}{Q_0} \cdot \frac{M_{mn}}{Ql} \tag{1.3-50}$$

$$\frac{M_{mn}}{Ql} = \frac{1}{2\gamma_n l_n c}\left\{1 - \frac{\operatorname{ch}[\gamma_n(l/2-c)]}{\operatorname{ch}(\gamma_n l/2)}\right\} + \frac{M_0^*}{l}\left[1 - \frac{\operatorname{sh}(\gamma_n c)}{\gamma_n c' \operatorname{ch}(\gamma_n l/2)}\right]$$

$$\frac{M_0^*}{l} = \frac{k_n}{\gamma_n^*(1-k_n)} \cdot \frac{1}{2\operatorname{ch}(\gamma_n l/2)}$$

其余符号含义与前面相同。

荷载在其他任一节间时:

$$M_m = Q_0 l \sum \frac{Q_{nx}}{Q_0} \cdot \frac{\eta}{l} \tag{1.3-51}$$

$$\frac{\eta}{l} = \frac{M_0^*}{l} k_n^m \left[c_1 \operatorname{sh}(\gamma_n y) + c_2 \operatorname{sh}(\gamma_n y) + c_3 \frac{y}{l} + c_4\right]$$

式中: c_1、c_2、c_3、c_4 含义同式(1.3-49)。

以上各式中的 n, 按 $n = 1、2、3\cdots$ 根据精度要求逐项计算。

为求横肋上作用的反力, 依然可用式(1.3-43)及式(1.3-44)计算。

第二章 钢 拱 桥

　　钢拱桥由于自重轻,水平推力相对较小,结构形式多样。随着工业革命的出现,铸铁和锻铁的工业化生产,铁被大量应用于桥梁结构中。最著名的铁拱桥有1779年修建的跨越英国Coalbrook dale Severn河,由五个半圆弧拱肋并列组成,净跨径为30m的单拱铸铁拱桥;1877年在葡萄牙波尔图跨Duoro河的Pia Maria桥,跨径160m,为双铰镰刀形内倾双肋桁拱。1861年,桥梁建设进入钢桥时代。钢铁首次大量用于桥梁是1874年修建的美国Missouri跨越Stolouis的Eads桥,该桥为三跨(153m+158m+153m)钢桁肋拱桥。受Eads桥成功的影响,许多精美的钢拱桥先后建成:澳大利亚建于1932年的悉尼港大桥(主跨503m)、美国建于1931年的Bayanne桥(跨径504m)和建于1977年的New River Gorge桥(跨径518.3m),以上三座均为钢桁拱桥。另外,还有建于1917年的美国纽约的HellGate桥(跨径297m),它对钢桁拱的发展起了重要的作用,悉尼港大桥等同类桥梁均以此为模式。钢桁拱自重轻,易于安装,可采用悬臂施工,但是由于构件多,养护工作量大,因而宜采用耐蚀钢,以减少养护费用,美国的New River Gorge桥就采用耐蚀钢板。大跨径钢拱桥除桁拱外,还有钢箱肋拱,如Rainbow桥和Fremont桥。Rainbow桥建于1942年,跨径290m。

　　在桥梁美学中,作为最基本体系之一的拱桥,具有独特的魅力。拱的弯曲具有和谐的韵律,使得桥梁看上去如无声而美妙的音乐。钢拱桥外形轮廓柔和,桥型雄伟壮观,易于与周边景观协调搭配,能够体现现代工业化的风貌。20世纪80年代以前,在各种形式的大跨度桥梁中,钢拱桥具有重要的地位。

　　钢拱桥由于自重轻、水平推力相对较小,结构表现力丰富;同时,强度相对高,而刚度相对较弱,所以结构形式多样,构造各有差异,有上、中、下承式桥,拱梁组合,提篮拱,单片拱,管状拱等。此外,其跨越能力大、承载能力高的优势,也使得钢拱桥在大跨径桥梁领域,尤其是公铁两用桥方面具有较大的优势,主要表现在以下几个方面:

　　(1)拱桥的力学特点决定了其具有较好的竖向刚度,而斜拉桥和悬索桥本身属于柔性体系,必须在结构和体系布置上加以处理才能满足受力和高速行车的需要。

　　(2)拱桥中的杆件多为承受轴向力构件,能够充分发挥材料的力学性能。

　　(3)拱桥具有每个节间杆件都能够根据受力大小而灵活改变钢种和截面的特点,展现了良好的经济性能。

　　(4)桥梁的上部结构施工多为高空作业,钢拱桥的单根杆件相对较轻,不需要大型起吊设备,施工迅速。

　　但是也应该看到,与钢斜拉桥相比,在20世纪80年代的10年之中,跨径在250m以上的钢拱桥仅仅建成了一座,而跨径300m以上的钢斜拉桥就有11座。这主要是随着现代斜拉桥技术的发展在300~500m跨径内钢斜拉桥比钢拱桥更节省钢材,且施工方便,对地质条件要求较低。不过,随着工程界对建桥材料性能认识的不断深化以及对各种桥梁结构形式的实践经验积累,发展出了各种组合结构体系拱桥来克服这些困难。当桥址处于风速或地震烈度较大的地区,或桥梁承受铁路荷载且地质条件良好时,钢拱桥仍不失为可考虑采用的一种大跨度桥梁方案。

目前,世界各地不仅开始越来越多地修建造型各异、结构体系更为合理的钢拱桥,同时也使拱桥的跨径得到进一步提高,中国重庆朝天门大桥的跨度已达552m。根据理论推算,钢拱桥的极限跨度可达1 200m左右。

在钢拱桥向大跨度方向发展时,在设计与施工中的几个问题应引起重视。

①首先是设计理论方面,国外在20世纪的30~40年代已对钢拱桥开展了大量的研究,几十年来,因新建钢拱桥的日渐减少而冷了下来,但是在钢拱桥的设计理论方面还有许多问题值得研究,如极限承载力的设计方法,局部与整体的相关屈曲,还有温度的影响问题等。

②影响钢拱桥发展的主要因素还是施工技术与经济性。由于大跨度拱桥施工过程非常复杂,影响因素很多,如结构参数、施工工艺、计算模型、温度变化等。因此,施工中必须对重要的结构设计参数、状态参数进行监测,以获取反映实际施工情况的数据和技术信息,不断根据实际情况修正原先确定的各施工阶段的理想状态,使施工处于控制范围之中。此外,如何释放温度变化产生的内力,尤其当升温过高时,减小对全桥结构的影响。

③大跨径钢拱桥还存在稳定问题。对于拱桥来说,由于拱肋是受压构件,稳定问题更是设计中一个非常重要的环节,特别是近几年来,大跨度拱桥日益采用高强材料和薄壁结构,稳定问题就越来越重要。对于现代钢拱桥,由于其材料性能的增强和结构形式的不断优化,承载力已经不是主要的控制因素了,而面外的稳定性几乎绝对控制着桥梁以及施工的安全,因此在现代大跨度钢拱桥的设计中,对结构体系的选择,承重构件的布置,结构的刚度设计,尤其是横向刚度设计,对于保证体系的稳定十分重要。

④目前,对大跨度拱桥进行空气静力稳定性方面的研究还比较少。随着拱桥跨径的增大,结构变轻变柔,在侧向静风三分力作用下,主拱与主梁将会发生较大的侧向变位和扭转,有可能出现静风和恒、活载耦合作用下的失稳。

⑤大跨度钢拱桥往往承受的动荷载较大,而且各个构件均处于非单向应力状态下,长期受到连续反复的荷载作用,由于制作和构造上的缺陷产生的裂缝导致应力集中,会引起结构疲劳破坏。

第一节 钢拱桥的发展及分类

一、钢拱桥的发展

1. 国外著名钢拱桥

1868~1874年在美国圣路易斯建成的跨越密西西比河的Eads桥,如图2.1-1所示,是今日钢拱桥的先驱。全桥系三跨上承桁梁无铰拱,布置为153m+158m+153m,上层公路、下层双轨铁路。每跨4肋,每肋由2根上下平行的弧形钢管组成,间距3.66m,用斜撑联系。管件用厚6.3mm的铬钢板弯成直径为45cm的钢管,两管间用熟铁管对接。铬钢板作为桁梁的上弦和下弦,用有格的斜杆固定位置,拱脚固定无铰,施工采用自由悬臂法。此桥的建成,开启了大跨径钢拱桥的新时代。受Eads桥的影响,

图2.1-1 美国圣路易斯Eads桥

许多精美的钢拱桥先后建成。1916年美国纽约的狱门桥,如图2.1-2所示,跨径为298m,通行4列列车。悬臂施工中采用钢拉索和平衡重来平衡施工中主拱圈的悬臂半拱,为现代钢拱桥奠定了技术基础。

图2.1-2 美国狱门桥

1932年建成的澳大利亚悉尼港桥(图2.1-3)几乎就是狱门桥的复制品,该桥主拱跨径为503m,桥面宽度达49m,拱顶距离水面有134m,大桥总长为1 149m,用钢量达52 800t,其中主拱用钢量为39 000t。拱肋采用双铰桁拱,两铰设置在拱肋下弦的两端。钢拱跨长503m,矢高107m,两拱肋中心间距为30m。拱肋的高度是变化的,拱桁高度在拱顶处为18m,在拱脚处为57m。在靠近拱脚处的下弦,受力较大,拱的推力几乎全由下弦承受,所需的截面面积远远大于其他的下弦杆。为了拼接方便,所有下弦杆的截面宽度相等,同时还考虑到减少杆件的受风面积,并加强弦杆的侧向刚度,故下弦杆选用了4块腹板组成的箱形截面。

继而,美国于1941年建成纽约贝永(Bayonne)桥,如图2.1-4所示。该桥跨径504m,连接新泽西与斯塔腾岛。贝永桥取消了在前面两座桥中都采用的桥头石塔,双铰式主拱,为当时世界上最大跨度的钢拱桥。初期公路桥宽度为12.2m,共4车道及1人行道,必要时还可增加两条高速列车道。此桥为州间交通纽带,由纽约州、新泽西州及纽约市三方联合组成机构,负责建桥与管理运营。拱肋为两根钢桁梁,中心距22.57m,拱端高度20.4m,拱中桁高11.3m。

图2.1-3 澳大利亚悉尼港桥　　　　　　图2.1-4 美国纽约贝永桥

弗里蒙特(Fremont)桥(1973年)在美国俄勒冈(Oregon)州跨越威拉米特(Willamette)河,乃最大跨径悬臂系杆拱桥,跨径383m,其立面布置见图2.1-5。弗里蒙特桥是钢箱拱桥中比较著名的一座。该桥为3跨连续加劲拱,中间两支座为固定铰支座,两端为活动支座。中跨跨长为382.63m,中跨拱矢高103.83m,拱肋为箱形截面,两拱肋间距23.47m。该桥具有双层桥面,两桥面高差为10~11m,上层为正交异性钢桥面板,下层为混凝土桥面板,桥面宽20.73m。该桥的最大特点为中跨的架设方法,中央的275.185m的桥梁部分重约6 000t,是一次提升架设起来的。该桥杆件设计均为箱形,加劲梁用A588、A441和A36钢焊接成矩形截面,是箱形梁设计的新创造。吊杆采用4股钢丝绳,杆件用直径22~25mm的高强螺栓现场连接。

美国弗吉尼亚州跨越新乔治河大峡谷的新河谷桥,如图2.1-6所示。

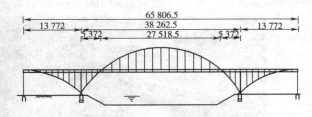

图 2.1-5　美国弗里蒙特桥总体布置图(尺寸单位:cm)

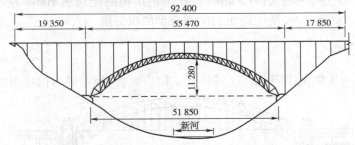

图 2.1-6　美国新河谷桥立面布置图(尺寸单位:cm)

于1977年建成的新河谷大桥,跨径518.50m,桥宽22m,由两幅宽10.37m的桥面组成。近拱脚处桁高16.16m,拱顶处桁高10.37m,桁梁弦杆均为电焊箱形,宽1.83m,用未油漆的耐蚀钢(ASTM-A588)制成。全桥长924m,桥面由高5.49m上承桁梁支撑。上承桁梁是三联的连续结构,其中两联作为两端引桥上承结构,中间一联是主桥上结构。在水面以上268m立柱的箱形截面具有较大的锥度,桥梁纤细而精美,欧洲式的桥面结构,不但使风载减小,而且使结构的外观更漂亮。拱圈为桁式,拱上立柱间距42.5m。以钢桁架为行车道。新河谷桥采用的都是由倒Z形或X形、工形构件铆接而成的桁架拱。引桥结构用建在山坡上的电焊箱柱作排架支撑。箱形柱上小下大,最高达122m。拱上联由拱肋上箱柱排架支撑。该桥结构轻巧优雅,透风性好。

韩国首尔汉江上的傍花大桥(图2.1-7),全长2 559m,主跨为540m,对称的钢桁拱肋象征着一架飞机正在起航。由于桥址处为20m的堆积层,而持力层位于地下36~40m深处,因此,河床处采用沉井基础,岸跨采用现浇混凝土桩395根,基础管桩953根。在桥墩的施工过程中,温度和热应力被严格跟踪,同时在混凝土内埋设水管,以减少水化热导致的温度应力。引桥和纵坡施工采用临时支撑分段架设的方法。为缩短工期和确保吊装过程的安全,拱肋施工采用分段悬拼法。每片吊装质量为100~200t,吊装设备为200t的浮吊起重机。

图2.1-7 韩国傍花大桥

2.我国的钢拱桥

与国外相比,长期以来,我国钢拱桥修建较少,跨径也不大,其中多数是铁路桥,公路桥很少。这是因为我国的钢产量长期偏低,且品种较少,价格较高,养护费用又大,不及钢筋混凝土拱桥经济。随着我国经济和交通的发展、钢产量的提高,钢材用于桥梁工程建设中日益增多,陆续修建了一些大跨径钢拱桥,形成有中国特色的拱桥技术。

1992年建成的九江长江大桥,是21世纪前我国建成的最大跨径钢拱桥。其主孔为三跨刚性梁柔性拱,跨径组合为:180m+216m+180m。

目前,钢拱桥中比较有代表意义的有重庆菜园坝长江大桥、上海卢浦大桥(详见钢箱拱的构造示例)、江西九江长江大桥、重庆朝天门长江大桥、广州新光大桥(详见本章第五节中钢桁拱的构造示意)等。其中,卢浦大桥(550m)将我国钢拱桥的纪录从200m左右一下子跃升到世界第一,而朝天门大桥552m的主跨也为同类桥型的世界第一大跨。

二、钢拱桥的分类

钢拱桥上部结构主要由拱圈、吊杆(或拱上立柱)、系杆、桥道梁等构件组成,见图2.1-8。

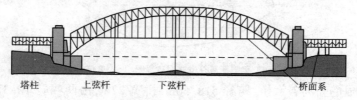

图2.1-8 钢拱桥的组成

拱桥的形式可以按照不同的方式来进行分类,其中最主要的是按照主要结构构造形式的不同,以及结构体系受力特点的不同来进行分类。

1.按照结构构造形式进行分类

(1)按照主拱圈截面形式分类

主拱结构形式可以分为钢箱拱、钢管拱[图2.1-9a)]和桁架式拱[图2.1-9b)、c)]。

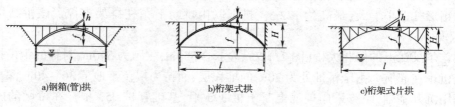

a)钢箱(管)拱 b)桁架式拱 c)桁架式片拱

图2.1-9 主拱结构形式

钢拱桥的主拱可以做成箱形,即钢箱拱;或者做成等截面钢管形式,即钢管拱。简单肋拱桥外形简洁,但是跨径增大时,会使主拱重量增加,对于制造、运输和架设等方面都会增加难度,使该体系的经济性受到影响。当跨径增大时,可采用桁架式拱。如图2.1-9c)所示的结构称为桁架式片拱,它的上弦杆与桥面系平行,可以直接支承横梁和桥面系结构。桁架式结构美观性稍差,但经济性明显,且结构刚度大,拱脚处构造处理也相对简单,多用于跨径较大的钢拱桥。

(2)按照两拱肋的空间姿态分类

对两肋式的中承式、下承式拱,按照绝大多数拱桥拱肋的空间姿态,可分为两条拱肋平行的平行拱和两条拱肋内倾的提篮拱,见图2.1-10。

a)平行拱肋　　　b)内倾拱肋(提篮拱)　　　c)外倾拱肋(蝶形拱)

图2.1-10　拱肋布置示意图

提篮拱,就是将通常的中(下)承式平行肋拱的拱肋向桥轴线方向倾斜,甚至在拱顶合龙,形成空间的拱式结构(亦称为 x 形拱),一般形象地称之为提篮拱。

提篮拱能有效解决平行拱施工过程中的面外稳定问题,提高结构的横向稳定性,同时外形也极富美学价值。提篮拱设计的关键是确定拱肋横向倾角。拱肋横向内倾角增加时,全桥横断面由门形刚架变为了斜腿刚构,从而可以大大提高拱桥的侧向刚度,增加拱桥的面外稳定性;同时,内倾角的取值对提篮拱扭转振型影响较大,随着内倾角的增大,横撑长度变短,两片独立拱肋之间联系更加紧密,全桥扭转刚度变大,进行扭转振动所遇的阻力大幅增长,两拱肋更易表现出面内或面外振动的整体振型。内倾角度一般控制在3°~15°之间,以10°附近为佳。如果小于3°,则内倾产生的效果就太小了。

不对称外倾式双肋拱,或称蝶形拱(图2.1-11)。我国广西的南宁大桥(图2.1-12)采用非对称肋拱桥的曲线拱桥,风格独特,是一座非对称性肋拱桥。该桥不仅两拱肋不对称外倾,主梁也采用罕见的平面曲线造型,构成了流动、变化的景观。

图2.1-11　蝴蝶拱桥　　　　　　　　图2.1-12　南宁大桥

(3)按照行车道系所处的位置分类

按照行车道系所处的位置,可分为上承式、中承式和下承式拱桥。

1)上承式拱桥

上承式拱桥一般是有推力结构,对地基要求较高,一般适合于山区等地基条件较好的桥位,如新河谷桥。上承式肋拱常采用多肋形式(多于两肋),横向联结系较多。

2)下承式拱桥

下承式钢拱桥一般均设置系杆(系梁),为无推力或少推力结构。系杆常采用柔性系杆,主要靠风撑将拱肋联成整体,因此横撑间距较密,刚度也较大,甚至用 K 撑,如南海佛陈大桥。如果要取消风撑,须改用刚性系梁,或加大拱肋刚度。

下承式钢拱桥主要用于建筑高度受限制、通航要求高和地基条件较差的情况。跨径布置常采用单跨形式,多跨时,边孔一般用梁式结构。多跨拱式结构在造型和系杆处理上难度均较大。

3)中承式拱桥

中承式拱的构造介于上承式和下承式之间,其建筑造型极佳,在城市桥梁中往往受到青睐。中承式拱桥视是否设置系杆,可能是有推力结构,也可能是无推力或少推力结构。

中承式拱桥同下承式拱桥一样,一般采用双肋形式,设置数量较少的横向联结系,并且常在边跨搭配上承式拱桥,此时有两种布置形式。

其一是:不设置系杆,其水平推力通过边孔小跨拱桥来抵消一部分,例如边拱可以采用矢跨比小、恒载集度较大的板拱、肋拱、刚架拱等来解决,这种处理方式使整体结构经济,且造型美观、视野开阔;有时受建筑高度等限制,边跨也可采用中承式,但此时横桥向结构构造较难处理,容易产生杂乱的感觉。

其二是:设置强大的水平系杆带悬臂半孔的飞雁式(又称飞鸟式或自锚式),来减小水平推力对墩台的不利影响。如图 2.1-13 所示的广州新光大桥就是采用了这种结构形式。

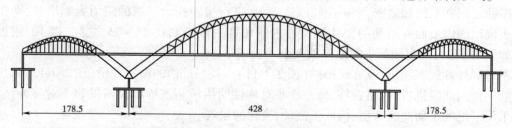

图 2.1-13 广州新光大桥立面图(尺寸单位:m)

(4)按照吊杆的布置形式分类

对于设置吊杆的拱桥,吊杆的布置形式可分为:平行布置吊杆体系、无交叉的吊杆体系和有交叉的吊杆体系,见图 2.1-14。

a)平行竖吊杆　　　b)无交叉的斜吊杆　　　c)有交叉的斜吊杆

图 2.1-14 吊杆立面布置方式

1858 年奥地利人尤瑟夫兰格尔(Jaseflanger)申报了刚性梁柔性拱的系杆拱桥专利,该体系拱肋和吊杆之间铰接构造,拱肋只承受轴向力,不承受弯矩,这就是现代系杆拱桥的早期形式。随后,尼尔森(O. F Nielsen)提出用斜吊杆代替兰格尔梁中的竖吊杆,可以大幅度提高结构刚度,这种斜吊杆形式的系杆拱桥又被称为尼尔森体系。尼尔森体系斜交吊杆能够使更多截面参与共同受力,结构应力和位移变化更加匀顺,分配更加合理,但吊杆的疲劳问题更为突出。

2. 按照结构体系进行分类

按照结构体系不同,拱桥可以分成简单(体系)拱桥和组合体系拱桥。

(1)简单体系拱桥

仅有拱圈是主体受力构件,桥道系为局部承载和传力结构,不参与主拱联合受力。简单体系均为有推力结构,拱的推力直接由墩台或基础承受,如图 2.1-15 所示。

按照主拱圈的静力图式,简单拱桥可分为三铰拱、两铰拱、单铰拱和无铰拱。

在地基条件不好时,三铰拱是不可缺少的结构,但是跨中设铰使得桥面系下沉过多,影响结构的整体线形,而且铰的构造和维护也不理想,因此三铰拱的修建极少。

两铰拱的应用范围较广,既可应用于整体肋拱桥,也可应用于桁肋拱等。

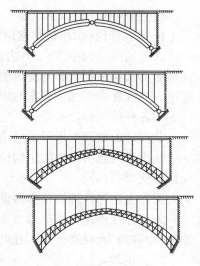

图 2.1-15　简单体系拱

单铰拱只是在理论上可行,一般在拱桥的加固改造中采用。

无铰拱桥,或称固端拱桥,是钢拱桥最经济的结构形式;结构刚度大、挠度小;拱脚弯矩很大,对地基要求较高;大跨度无铰拱在设计时,通常须考虑因结构非线性因素引起的附加应力。目前世界上跨度超过 300m 的钢拱桥中,只有一座是无铰箱形肋拱桥,即美国尼亚加拉瀑布上的刘易斯顿—昆斯顿桥,建于 1962 年,拱跨 304.8m。

(2)组合体系拱桥

在现代钢拱桥中,行车系的行车道梁往往与拱组合,共同受力,形成拱梁组合体系桥。

拱梁组合体系,或称组合体系拱又可以根据构造形式和支承条件的不同,受力特点有较大的差异,在本章第二节中分类介绍。

拱梁组合体系桥有单跨或多跨的布置形式,见图 2.1-16 和图 2.1-17。

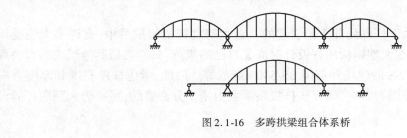

图 2.1-16　多跨拱梁组合体系桥

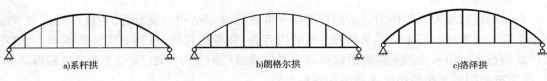

图 2.1-17　单跨拱梁组合体系桥

三、钢拱桥的内力分析要点

1. 钢桁拱桥的静力分析

（1）按位移法分析钢拱桥

1）弹性理论（微小位移理论）

在普通的结构中，由于外力作用产生的变形，与结构的截面尺寸相比是微小的，往往认为变形后的结构平衡状态与变形前相同。这就是一般结构分析中常用的假定位移为微小的弹性理论。弹性理论作如下基本假定：

①各杆件的弹性模量是一定的，与应力无关；

②杆件的截面变形可以忽略，在杆件端部，杆轴力与位移是线性关系；

③由于荷载所产生的结构位移是微小的，在考虑外力作用状态下力的平衡时，结构的尺寸保持与变形前相同。

去掉上述弹性理论基本假设中的任意一条假设，都将形成非线性理论。

关于弹性理论计算拱静力特性的方法，在《桥梁工程（下册）》（顾安邦，人民交通出版社，2000）中有较为详细的内容，在此不作赘述。

2）挠度理论

由于弹性理论的假设，按照弹性理论算得的弯矩及挠度值比实际值往往要小。基于结构设计安全的考虑，并且由于跨度的长大化和高强材料的使用等，在易于变形的拱桥中，日本工程界多认为必须考虑用挠度理论，即考虑荷载作用下，结构竖向位移的影响。挠度理论的基本原理近似于悬索桥计算的挠度理论，在本书第三章有相关介绍。

3）有限位移理论

关于大跨径钢桁拱桥的静力计算，在实际设计中多采用以利用计算机为前提的分析法。由于钢桁拱桥的结构跨度大，杆件截面尺寸相对较小，同时结构在外力作用下的变形也不能忽略，因此必须考虑结构非线性的影响。而目前普遍采用的有限位移理论，是除去了以上第3条假设的分析理论。关于有限位移理论的原理在本书第四章有相关介绍。

（2）结构的稳定性与极限承载力

在对稳定性的研究中，主要从局部杆件失稳和结构整体失稳两方面进行。

1）局部杆件失稳

结构的破坏往往是由于杆件局部失稳引起的。在大跨度钢桁架拱桥中，有许多大型受压弦杆和腹杆，而目前我国在大型钢桥压杆设计时尚无自己的规范，只能参照其他国家的有关规定，如欧洲钢结构协会 ECSS 的建议和英国 BS 5400 规范等。因此，考虑杆件宽度和厚度方向残余应力分布和初偏心等因素影响，研究压杆极限承载力是十分必要的，可以为大型压杆的设计提供理论依据。

2）结构整体失稳

对结构进行极限承载能力分析的目的在于准确地确定结构的安全性，为设计提供合理的安全系数。通常进行桥梁极限承载力分析的内容为：在考虑几何、材料非线性的基础上，确定大跨度钢桁架拱桥从加载至达到极限承载力时失稳过程的受力特性、失稳类别及失稳模态，同时，确定影响钢桁架拱桥极限承载力的各种参数。

2. 大跨径拱桥的动力分析要点

大跨度钢桁架拱桥的动力分析，主要包括自振特性分析、移动车辆荷载下的强迫振动、桥梁的抗风与抗震分析。

要分析大跨度钢桁架拱桥在外荷载作用下其动力响应程度，首先要分析其结构自身的固有频率。目前通用的方法为将结构作为弹性体，建立空间有限元模型来计算其自振频率和固有振型。

研究车辆荷载的强迫振动时，列车作用下的车桥耦合现象最为突出。因此对于铁路桥梁移动荷载动力作用，主要研究以下两项内容：

①以车辆、轮轨和桥梁三者综合的动力系数为对象，研究当列车高速过桥时的车桥耦合竖向振动；

②与现场测试相配合，用随机振动理论研究列车高速通过桥梁时由于轨面不平和轮轨间蛇行运动等随机因素引起的横向振动，最终确定桁架桥的竖向和横向刚度是否满足设计要求。

对于大跨径的桥梁来说，其抗风及抗震能力往往对设计起控制作用。针对大跨度钢桁拱桥的自身特点，对其侧向弯曲与扭转的动力研究不容忽视，而且，由于钢桁架拱桥的拱脚处腹杆通常较长，杆件的涡流激振现象也应该引起重视。为了确保桥梁的抗风安全性，对全桥应进行理论分析和气动模型风洞试验研究。在桥梁抗震中，首先要根据规范要求进行反应谱法分析。但反应谱理论无法反映许多实际的复杂因素，例如大跨径桥梁地震波输入的相位差、结构的几何和材料非线性、地基与结构的相互作用等问题。为了能够精确地计算结构的地震响应，尤其是大跨径桥梁和抗震要求高的桥梁，需要进行动态时程分析。

第二节　拱梁组合体系桥

一、拱梁组合体系桥的分类

1. 根据拱桥对墩台的推力分类

组合体系拱桥可分为有推力和无推力两类。

(1) 有推力拱

有推力组合体系主要用于上承式，由拱与桥道主梁共同受力，由于没有系杆，拱的推力仍由墩台承受。有推力的拱梁组合体系是国外大跨径拱桥常用的结构形式，通常没有与简单体系拱桥作特别的区分。

(2) 无推力拱

拱梁组合体系中，行车道系与拱组合，拱的推力由行车道系（系梁、系杆）承受，对外表现为静定结构，墩台不受水平推力，此类体系通常成为无推力系杆拱桥。

拱梁组合体系桥将拱与梁两种基本结构组合在一起，共同承受荷载，充分发挥了梁受弯、拱受压的结构性能。因体系是外部静定结构，兼有拱桥跨越能力大和梁桥对地基适应能力强的两大特点，故应用范围较广。我国的钢拱桥多属此类体系。

刚架系杆拱桥中，拱与桥墩固结，但又有系杆承受推力，对外表现为少推力结构，一般也被归入无推力体系。因此，无推力组合体系拱桥，又可分为完全无推力的拱梁组合体系和少推力的刚架系杆拱桥。

2. 根据拱肋和系梁刚度的比例关系分类

现以无推力系杆拱为主介绍拱梁组合体系桥的受力特点。

(1) 无推力系杆拱的分类

87

无推力系杆拱体系相当于在简支梁上设置加强拱,梁拱端节点刚结,其间布置吊杆,通过调整吊杆张拉力,可使梁处于较好的受力状态。体系中拱肋主要承担轴压力,梁内主要承担轴拉力,而弯矩及剪力主要是节间荷载(吊杆范围内)的影响。根据拱肋和梁(刚性系杆)相对刚度的大小,无推力拱梁组合体系桥可划分为:柔性系杆刚性拱(系杆拱)、刚性系杆柔性拱(朗格尔拱)、刚性系杆刚性拱(洛泽拱)等。

1) 柔性系杆刚性拱——系杆拱

具有竖直吊杆的柔性系杆刚性拱称为系杆拱,见图2.2-1。由于系杆较柔,容易造成拱的竖向抖动。悉尼港湾桥、英国朗克恩桥等均采用系杆拱形式。

柔性系杆刚性拱体系中,当系杆的刚度远小于拱肋的刚度,一般 $EI_{拱}/EI_{梁} > 80$ 时,组合体系中的荷载基本上由拱肋承受,系杆只起了取代地基平衡拱的水平推力的作用。此时系杆和吊杆均为柔性杆件,只承受轴向拉力,基本不承受弯矩,拱肋尺寸与一般上、中承式拱肋尺寸基本相同。

2) 刚性系杆柔性拱——朗格尔拱(梁)

具有竖直吊杆的刚性系杆柔性拱,称为朗格尔拱,如图2.2-2所示。

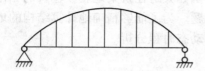

图 2.2-1　柔性系杆刚性拱　　　　图 2.2-2　刚性系杆柔性拱

在朗格尔拱中,假定拱肋和吊杆为铰接,采用加劲梁之后才能保持稳定的形状。忽略拱肋绕其水平轴的截面惯性矩,它只承担轴向力。拱肋的刚度与系梁的刚度相比小得多,一般 $EI_{拱}/EI_{梁} < 1/80$,拱肋只分担小部分荷载,而刚性系梁不仅承受拱的推力,还要承受弯矩,成为拉弯组合构件。体系以梁为主要承重结构。它相当于把桁架弦杆与梁组合起来,曲线桁架对梁加劲,形成刚性梁的曲线桁架。刚性系杆与吊杆、横撑组成了刚度较大的桁架,拱肋不会发生面内 S 形变形,在适用跨度内拱的稳定性有充分保证。

该体系一般按先梁后拱的方法施工,由梁单独承担自重,而后加的二期恒载和活载则由组合体系共同承担。如我国江西的九江长江大桥即为朗格尔体系。

朗格尔拱的加劲梁一般采用桁架或者单腹板的板梁,大跨度桥梁中也可采用箱梁。一般山区和海上多采用桁梁,城市多采用板梁。拱可以采用箱形或者管形截面。加劲梁之间的纵向联结系与一般的梁式桥相同,可以是菱形、K形和空腹桁架式结构(见图2.2-3)。

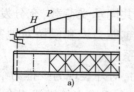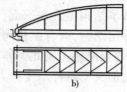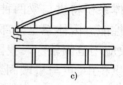

图 2.2-3　上部纵向联结系的形式

加劲梁的纵向联结系与一般的梁式桥相同。图 2.2-3a) 中用菱形纵向联结系,它的水平荷载的反力凭借设于 P 的位置的竖直桥门架,通过加劲梁传到主结构的支座上。在节点 H 处为了防止拱的横向屈曲构成了一个 U 形框架。图 2.2-3b) 采用 K 形纵向联结系,在桥端的两节间设有拱面内的桥门架,作用于拱的水平荷载直接传到主结构的支座上。图2.2-3c)在拱间用空腹桁架式的纵向联结系,省略了如图2.2-3a)的竖直的桥门形结构。用图2.2-3b)及c)的结构时,全部吊杆可以用柔性材料,整个桥梁呈现轻快的外观。这种结构全部省略了上部纵向联结系,与半下承式桥门架为同样的结构。

3)刚性系杆刚性拱——洛泽拱

具有竖直吊杆的刚性系杆(梁)刚性拱,称为洛泽拱,如图2.2-4所示。在洛泽拱中,拱与梁的刚度比例适中,都有较大的抗弯刚度,端部是刚性连接,荷载引起的内力在拱肋和系杆之间按刚度分配。这种体系刚度较大,因而适合于在设计荷载较大的公路桥梁、重载的铁路桥梁,以及公铁两用桥梁中采用。我国的万州铁路长江大桥(图2.2-5)和京沪高铁南京大胜长江大桥(图2.2-6)均采用了此类形式。

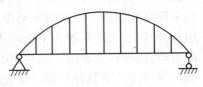

图2.2-4 刚性系杆刚性拱

图2.2-5 万州铁路长江大桥

图2.2-6 京沪高铁南京大胜长江大桥

4)尼尔森体系拱

尼尔森体系拱具有如下特征:拱肋和系杆的轴向力与竖直吊杆的拱桥相比,轴力没有显著的不同,但弯矩大幅度减少了,基本可按轴力的大小来设计具体的拱轴截面;适当地选择吊杆的间距和倾角,吊杆可仅按拉力设计。吊杆的设计内力与它在桥长方向的安装位置没有多大关系。对铁路桥而言,可有效避免铁路活载大而使部分吊杆失效导致的应力重分布。这种重新分布的应力,可能导致结构设计的非薄弱截面率先破坏;尼尔森体系桥梁的最大挠度和其他形式的系杆拱相比,是非常小的。由于斜杆的存在大大地减少了拱桥的剪切变形,尼尔森体系的拱桥是活载挠度较小的结构。即该体系能够提供较大的纵向刚度,一般地,尼尔森体系的振动刚度比是其频率比的2倍左右;其一阶振动频率为常见拱桥的1.5~4.0倍,具有较好的动力性能,在相同的行车条件下,跨度越大越对尼尔森体系的拱桥有利。一般来说,尼尔森体系桥能较好地解决铁路桥梁中列车活载占总荷载比例大、冲击振动强等带来的结构刚度和动力问题,为该体系在铁路桥梁上的运用奠定了基础。

(2)其他组合体系拱桥

1)网状拱桥

在朗格尔、尼尔森体系之后,1955年挪威爱吉尔学院的PerTveit教授又申请了网状拱桥(Network)的专利。网状拱桥,就是指采用网状斜吊杆布置形式的系杆拱桥,这里的网状是指部分斜吊杆至少要和其他吊杆相交两次。与竖吊杆、斜吊杆等布置形式相比,网状斜吊杆系杆拱桥的拱肋、系梁弯矩很小,最能体现"拱肋受压、系杆受拉"的系杆拱桥的受力意图,同时网状斜吊杆系杆拱桥的刚度也较大,因此可以说网状斜吊杆的布置形式为系杆拱桥的跨径进一步提高提供了可能。我国的上海卢浦大桥(主跨550m),就是一座采用网状斜吊杆布置形式的系杆拱桥。

2)悬臂梁—拱—桁架的组合结构

其他组合体系主要是指悬臂梁-拱-桁架的组合结构。此种结构通常是中央挂跨为系杆拱桥,支承于边跨的伸臂梁上。巴拿马的塔歇尔桥(图2.2-7)、加拿大的Laviolette桥(图2.2-8)均采用此种结构。在塔歇尔桥中,中跨跨度为343m,其中中央259m的跨度为系杆拱,支承在边跨伸臂上,边跨跨度为170m。中跨系杆拱在突出的两伸臂端上,一端沿纵向固定,另一端纵向可动,摆柱式支承的直径达50cm,支反力15 400kN。中跨343m的上部结构,在拱系杆的平面内与伸臂的下弦杆平面内设有纵向联结系,上部纵向联结系设于拱的上弦杆平面内。

图2.2-7 巴拿马的塔歇尔桥

图2.2-8 加拿大的Laviolette桥

3)叠合拱桥

我国浙江的雁荡山大桥,如图2.2-9所示。其主桥布置采用2×90m连续下承式叠合拱桥,主桥全长184m。两主拱之间采用辅助拱肋联结,辅助拱肋总长102m,与主拱轴线几近相切,以保证传力的顺畅。该桥为双线铁路桥,设计速度为200km/h,客货共线,预留250km/h提速条件。桥下甬台温高速公路,分离式双向4车道,桥净高5m。加设辅助拱对结构受力改善不显著,在辅助拱覆盖范围内主拱的应力稍有改善,提高了桥梁的纵、横向刚度,以及结构的动力性能,增强了两个主跨的连续性,拱肋稳定安全系数略有提高。

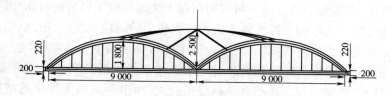

图2.2-9 雁荡山大桥立面布置图(尺寸单位:cm)

二、系杆拱的受力特点

1. 中承式系杆拱桥的力学特性

中承式系杆拱桥属梁拱组合桥,而梁拱组合桥在受力特征上是典型的三元结构,即由活载分布构件、力的传递构件及主要承重构件组成。

桥面系为作用力分布构件,吊杆(或与立柱一起)为力的传递构件,而拱肋及系杆为主要承重构件。其中系杆分为刚性和柔性两种,当为刚性系杆时不仅是承重构件,也是活载分布构件,因此其受力机理是双重的;而柔性系杆仅仅是主要受力构件。由以上三种主要构件共同组成了梁拱组合桥的整体承载体系。

成桥后的梁拱组合桥其外部支承条件与连续梁基本相同,边支座处只产生竖向反力,反映出连续梁桥的受力特点。从结构内部看,荷载在拱和梁中产生的内力大部分转化成它们之间所形成的自相平衡体系的相互作用力,因此整个结构在外部是水平推力小的结构。系梁从力学特征分析,可以看作是一根在吊杆吊点处受弹性支承的连续梁。系梁和拱肋不单单通过吊杆发生作用,在拱脚处系梁还承受拱肋传给它的作用力。由于梁、拱的组合及合理的布置吊杆与立柱,梁的弯矩减小,恒载大部分转化为拱的轴力。当吊杆设计内力较小时,系梁会因自重而产生较大的挠度;反之,吊杆内力较大时,系梁又产生反向的上拱变形,而且吊杆内力的增加也增加了拱肋所受的压力以及系梁所受的拉力。拱式连续梁桥外部是无推力结构,内部却是高次超静定结构,而且任一吊杆内力的改变对全结构受力状态都有一定的影响;也正因为有这一特点,可以通过改变传力构件的内力来调整全桥结构的内力状态,使梁的内力或线性达到某一期望状态,或使全桥受力状态达到设计者的要求。在具体设计中,决定恒载吊杆力时,有一个原理,那就是在一般超静定结构中,在荷载作用下设计者可以任意选择赘余力的大小,或者决定吊杆恒载内力值。

一般地,就吊杆的构造而言,吊杆作为主要受拉构件可做成刚性吊杆或柔性吊杆两种形式。吊杆主要是轴心受力构件。前者,为避免吊杆在恒载作用下开裂,常采用预应力构件;但吊杆截面必须满足吊杆临界压力要求,避免吊杆施工受压屈曲。另外一种为缆索结构,可采用预应力高强钢丝束或钢绞线,这种吊杆不能承受压力只能承受拉力,故为柔性吊杆,在桥较宽、吊杆间距较大时,使用较合理方便。

2. 下承式刚架系杆拱桥的受力特点

下承式刚架系杆拱桥(图2.2-10)的主拱与下部结构的联结采用固结,系杆采用柔性拉杆,不参与桥面系的受力。由于系杆抗拉刚度较小,拱在成桥阶段的水平推力增量主要由桥墩和拱肋自身承受,因而考虑系杆变形后它是有推力结构。系杆的作用是对拱施加预应力以抵消拱的大部分水平推力(主要是恒载产生的水平推力),因此通常把系杆看成预应力体外索。除去系杆的水平推力后余下的拱的水平分力一般来说并不大,还可以通过超张拉给予最大限度的减小,从这个角度又可以看成无推力拱。

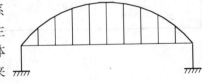

图2.2-10 下承式刚架系杆拱

下承式刚架系杆拱由于系杆的存在,降低了对下部结构和基础的要求,使拱桥的应用范围从山区扩大到了平原和城市。同时,刚架系杆拱的施工可像一般固定无铰拱一样采用无支架施工,因而桥梁的跨越能力也较大。但这种结构体系属高次超静定结构,活载内力及次内力对下部结构影响较大。在施工过程中,随着结构重量的逐渐增加,增加的拱脚水平推力是靠逐渐张拉系杆予以平衡,桥墩一般受不平衡推力较小。但在系杆的设计时一定要注意分组,以免分批更换系杆时,下部结构难以承受此不平衡的水平推力,对于高桥墩尤其应注意。在结构设计时就要考虑系杆更换的可能性。

3. 不同边界条件对结构受力的影响

不同边界条件的采用,对结构的受力会产生较大的影响。

对于单跨的钢桁架拱桥,在已建成的桥梁中均采用两端铰支的支座条件。不同支承体系分析比较结果,如表2.2-1所示。

不同支承体系分析比较表　　　　　　　　　表 2.2-1

方案形式	主要技术问题(优缺点)	技术难度及解决措施	比较结论
中跨拱脚一侧为固定铰支座,另一侧为活动铰支座	上、下部结构受力明确;对基础不产生推力;温度对结构影响很小;系杆力均匀;施工期间可对结构进行位移调整而不影响结构受力;需设置大吨位支座	大吨位支座在国内外已有使用;国内有大吨位支座研究、设计的能力;目前国内的大吨位千斤顶已达4 000t,为支座更换提供技术保证	体系传力明确,结构受力合理,安装架设工艺成熟,施工期间受力对成桥受力无影响,易于保证结构成桥线形和受力状态
中跨拱脚两侧均采用固定铰支座	上、下部结构体系受力明确,刚度较好,对基础产生推力;施工期间可进行结构转角调整,不影响结构受力,但无法进行位移调整,合龙受施工误差和温度影响大;温度对下部结构影响较大;主桁杆件内力较大;需设置大吨位铰支座	大吨位支座技术(同上);下部结构和基础设计需考虑活载和温度产生的推力;恒载推力需采用大吨位水平系索平衡,锚固点布置困难;结构合龙难度大,需要对合龙构件进行扩孔或现场钻孔,成桥线形及受力受施工合龙精度影响	体系传力明确,安装架设工艺相对成熟。施工控制要求较高,施工对成桥线形、受力有一定影响;水平系索吨位大、数量多,锚固点布置困难
中跨拱脚两侧均采用主墩与主桁杆件固结	结构刚度稍好;施工期间无法对结构进行位移和转角调整,需满布扣索控制施工线形,施工内力对结构成桥受力产生影响较大;温度对下部结构受力影响较大;固结支点处杆件杆端次弯矩较大;无需设置大吨位支座	下部结构基础设计需考虑活载和温度产生的推力和弯矩;恒载推力需采用大吨位水平系索平衡,锚固点布置困难;施工过程需满布扣索保证成桥线形,控制难度大;结构合龙难度大,需要较大外力进行强迫合龙	施工控制要求较高;方案实现难度较大;水平系索吨位大、数量多,锚固点布置困难

第三节　钢拱桥的构造

一、钢拱桥主要组成部分的构造特点

1. 拱肋

已建钢拱桥都属于肋拱桥。拱肋是结构的主要承重构件,一般都需要承受较大的轴向压力,而在荷载变化情况下,还承受一部分弯矩,因弯矩较小而轴力很大,故拱肋属以受压为主的偏心受压构件。

钢拱肋的截面形式有桁架式、管形和箱形。其中桁架式拱肋的实例居多数。桁架式拱肋的特点在于能够采用较小的材料截面取得较大的纵横向抗弯刚度,且杆件以受轴向力为主,能够发挥材料的特性。与箱形拱肋相比,桁架式拱肋减轻了自重,使拱桥具有更强的跨越能力,而且桁式拱肋具有每个节间杆件能够灵活地改变截面和钢种的特点。桁架式拱肋按主桁框架分类,可分为柏式桁架、华伦桁架、K式桁架、再分式桁架等多种形式。

不同拱肋的构造特点,详见本章后面各节的构造实例。

2. 吊杆

吊杆是一传力构件，它把桥面系荷载传递至承重构件拱肋，吊杆主要为轴心受拉构件。

在钢拱桥中，吊杆按照结构特点一般可分为刚性吊杆或柔性吊杆两种形式。刚性吊杆多用钢管或型钢制成，一般情况下承受拉力，但在活载作用下也可能部分出现压力。使用刚性吊杆对增强拱肋的横向刚度有利，但钢材用量多，工艺较复杂。使用柔性吊杆可以部分消除拱肋与桥面系之间的互相影响，且节省钢材。柔性吊杆采用高强平行钢丝束或钢绞线制成，只能承受拉力。使用柔性吊杆可以部分消除拱肋和桥面系之间的相互影响，施工方便、外形较好。

（1）按照吊杆材料不同分类

常用的吊杆按照所用材料不同，还可以分成以下几类。

1）平行钢丝束吊杆

平行钢丝束拉索（图2.3-1）发展于20世纪70年代的欧洲各国，在金属管或聚乙烯（PE）套管中灌水泥浆防腐，同时用冷铸墩头锚保证抗疲劳性能。这种钢丝束拉索得到了广泛应用，但水泥砂浆的防腐技术证明是失败的。在20世纪80年代，日本借鉴电缆制造技术，采用在小扭角

图2.3-1　平行钢丝束拉索样品图

的平行钢丝束拉索上热挤高密度聚乙烯（HDPE）外套的新型防腐技术，又发明了新的平行钢丝束拉索。这种钢丝束拉索的小扭角使拉索具有自紧固的性能，同时又便于弯曲装盘运输，已成功应用于斜拉索和拱桥的吊杆。

图2.3-2　钢绞线拉索样品图

2）钢绞线吊杆

将7丝钢绞线按一定规则平行排列，布置成正六边形（或拟六边形）截面，就成为平行钢绞线拉索（图2.3-2）。钢绞线拉索安装方便，张拉机具小，最初由法国工程师应用于斜拉桥，其后在欧洲得到推广。

3）粗钢筋吊杆

国内第一座钢管混凝土拱桥——四川旺苍东河桥，最初采用精轧螺纹粗钢筋作为吊杆，端头设螺纹，以螺母锚固。由于精轧螺纹粗钢筋呈脆性，受碰撞易断裂，后来的中、下承式拱桥都未继续采用精轧螺纹粗钢筋。还有一些承重较小的桥梁结构，也采用过热轧光圆钢筋（R235钢筋）作为吊杆。

4）钢丝绳吊杆

密封钢丝绳在一些悬索桥上用作吊索，但拱桥上却使用得不多。密封钢丝绳由于外层异型钢丝相互嵌合，防止了水汽的渗透，加上制造过程中的镀锌处理，使得密封钢丝绳寿命很长，如我国焦作矿务局李封煤矿使用密封型钢丝绳作绳罐道，运转50多年，使用情况良好。密封钢丝绳在索道、起重、矿山等领域应用较广，并有相应的国家标准《密封钢丝绳》（YB/T 5295）。

江西吉安阳明大桥采用柔性骑跨式的镀锌密封钢丝绳，绳径50mm，采用ZZT密封形式，即最外面两层为Z形钢丝，第三层为T形钢丝。图2.3-3示出了Z形密封钢丝绳构造示意。

5）钢吊杆

吊杆由厚壁无缝钢管机械加工制作。边吊杆位于拱梁相交处内侧，此处拱肋底缘至桥面的距离仅为58cm，边吊杆穿过梁体预设的吊杆孔，下端置于梁底，吊杆底端不超出梁底，边吊

杆的下端与梁体相接处采用带螺母和环形橡胶支座的活动式支垫,以减小梁体在温度变化及汽车冲击作用下的纵飘对吊杆的剪切变形,边吊杆上端与拱肋连接处为十字形销接。中吊杆与拱肋和梁体相交处均设置为十字形销接(图2.3-4),两铰接点之间的吊杆分为两段,由花兰螺栓连接,用以调节吊杆的安装长度和运营期的吊杆更换。

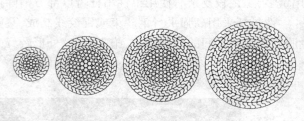
图2.3-3　Z形密封钢丝绳构造示意图

图2.3-4　带十字形销轴孔的钢吊杆连接套筒

钢吊杆与主、副拱肋采用整体节点板连接,吊杆与桥道系的钢纵梁为销接。设计要求吊杆与主体钢结构同寿命,与主体结构的防腐要求相同。

钢吊杆与柔性吊杆(吊索)相比,其自重较大,在风荷载较大的建桥区域,须注意其截面的抗风性能。

(2)吊杆的立面布置

吊杆的间距,一般根据构造要求和经济、美观等因素决定。吊杆的间距即为行车道纵梁的跨长,间距大,吊杆的数目虽少,但纵、横梁的用料增加。反之,吊杆数目增加,但纵、横梁用料较少。通常,吊杆取相等间距。

1)竖直吊杆与斜吊杆

图2.3-5　双吊杆构造

吊杆按其在拱平面内的布置形式不同,可分为平行竖吊杆、倾斜式吊杆和网状吊杆。平行竖直吊杆构造简单,施工方便,但桥道系刚度较低。倾斜式吊杆在国外的拱梁组合体系的钢桥中采用较多。斜吊杆和网状吊杆构造复杂,不易锚固。

2)单吊杆与双吊杆

绝大多数拱桥都采用了单吊杆形式,但也有部分桥梁采用双吊杆构造(图2.3-5)。

①单吊杆体系

大多数拱桥采用单吊杆体系,它对拱上和桥道系中吊杆锚固的尺寸空间要求小,施工方便,但后期的吊杆更换中需额外施加一些更换辅助措施。

②双吊杆体系

双吊杆体系既可加强桥道系刚度,又减少了锚具尺寸和应力集中,且利于今后的换索工程,如浙江三门健跳大桥、广州丫髻沙大桥等。

横向双吊杆体系:随着桥梁工程界对运营期吊杆更换方便性的考虑,一些桥在设计时就考虑将同一吊杆位置处设计为双吊杆,利用吊杆大于2.0的安全系数储备,保证更换施工期(短暂工况)一根吊杆也能单独承载。也即更换时,不需对交通进行长时间的封闭,较方便快速地进行吊杆的更换。横向双吊杆体系也就是在横桥向同一吊点布置成双吊杆,如宜宾戎州金沙江大桥260m中承式钢管混凝土拱桥、广西南宁市南宁大桥300m钢箱拱桥、重庆朝天门长江大桥（190m+552m+190m 三跨连续钢桁拱桥）等。

纵向双吊杆体系：在纵桥向同一吊点布置成双吊杆即为纵向双吊杆体系，如广西南宁永和大桥等。与横向双吊杆体系相比，纵向双吊杆在换吊杆时取下一根吊杆时，相对于吊杆横梁的受力而言，是偏心受扭的。

3. 系杆（梁）

对于无推力拱桥，拱的推力全部由系杆承担，因此系杆将承受较大的轴向拉力。系梁按照结构特点，可以分为刚性系杆和柔性系杆两种形式。

刚性系杆可以采用钢、预应力混凝土等材料，也有采用无黏结预应力混凝土系杆的，如江苏丹阳的云阳大桥。刚性系杆常用型钢制成，并通常作为桁式加劲梁的弦杆，此种形式与主桁拱间的连接构造简单，受力明确，主要承受弯曲内力。在铁路桥中多采用桁架形式的刚性系杆，可以减少拱脚的水平变位，增加结构的竖向刚度；在公路桥中多采用箱形截面。有吊杆和立柱的支承，刚性系杆更多地体现出弹性地基梁的受力特点，无论在恒载还是活载作用下都承担一定的弯矩，是以受拉为主的偏心受拉构件，所以刚性系杆通常被称为系梁。

传统意义的系杆拱桥（柔性系杆刚性拱）的系杆为柔性系杆，其主要材料为拉索或预应力钢束，属于轴心受拉构件。广东荷塘西江大桥将系杆设在与拱肋固结的桥墩上，称为体外系杆，这也是系杆拱的新形式。柔性系杆可采用平行钢丝束制成，其特点是便于施工安装，但在主桁上的锚固构造设计难度大。

（1）按照材料类型分类

系杆按照所用材料分类，可以分为平行钢丝束系杆、钢绞线系杆、钢结构系杆、预应力混凝土系杆等。各种类型系杆的特点如下：

1) 平行钢丝束系杆

由于系杆锚固区刚度大，直接受桥梁动荷载的影响小，目前采用平行钢丝束系杆的有佛陈大桥新更换的新系杆索、上海卢浦大桥（图2.3-6）等。

图2.3-6 上海卢浦大桥系杆

2) 钢绞线系杆

由于系杆为承受推力的总体受力构件，恒载所占比例较大，活载引起的应力幅值较小，基本不存在风致振动和疲劳的问题，其动应力问题没有斜拉桥的斜拉索与拱桥吊杆的动应力问题突出，目前大部分系杆拱桥采用钢绞线系杆。

3) 钢结构系杆

钢结构系杆的贯通焊接连接是在系杆两头的临时预应力钢束张拉后进行的，钢结构系杆在临时预应力钢束放松后就建立了系杆拉力。广州市新光大桥、重庆市朝天门大桥等都采用了钢结构系杆方案。详见本章第四节构造示例。

4) 预应力混凝土系杆

在拱梁组合体系桥中较多地采用预应力混凝土系杆，如广西南宁市凌铁大桥、成南高速公路跨线桥等。

预应力混凝土系杆，可以采用实心矩形、矮肋形，或者箱形等断面形式。

（2）系杆（梁）的布置形式

系杆的立面布置形式，主要有以下三种：

①桥道系设置专门的系杆箱。

②系杆悬挂于桥道系下,如重庆菜园坝长江大桥。

③系杆与桥道系分离,此时水平系杆多为预应力混凝土刚性系杆,与承台相接,系杆置于路面下的涵洞内,与梁体分离,如我国青海西宁北川河大桥的系杆布置。

4. 横撑

为了保证两片拱肋的横向刚度和稳定以承受作用在拱肋、桥面及吊杆上的横向水平力,必须在两片拱肋之间设置横撑。

横撑的数量及布置形式对全桥侧倾、扭转及两拱肋独立侧倾振型的影响较大,而对面内竖弯基频影响很小。横撑的存在可以大大提高全桥的面外刚度与扭转刚度,但基本不提高面内刚度的大小。横撑使两拱肋之间的联系更为紧密,大大提高了两拱肋独立振动的基频,而且它的布置形式对两拱肋独立侧倾振动的形式有很大的影响。拱顶处设置横撑对提高全桥刚度的效果比拱脚处设置横撑的效果要好,但是对于地震多发区,拱顶处设置横撑却增加了全桥的横向地震反应,所以最好将横撑设在拱脚处,以减小震害影响。

(1) 基本要求

为满足桥面以上净空高度的要求,横向联结杆件只容许设置在桥面净空高度范围之外的拱段(对于中承式拱肋,还可以设置在桥面系以下的肋段)。横撑的宽度不应小于其长度的1/15。横向联结系布置既要满足横向稳定的要求,又要简洁美观。

为保证结构的足够横向刚度,可以采取两种措施:其一是,将拱肋矢高加大来设置横向构件。横向构件的尺寸一般比较粗大,高悬在行车道之上,给人以一种压抑感,为了改善这种感觉,在行车道之上可以不设横向构件,而做成敞口桥。敞口桥为了满足拱肋的横向刚度,必须采用刚性吊杆,以使吊杆和横梁形成一个刚性的半框架,给拱肋提供足够刚劲的侧向弹性支承,以承受拱肋上的横向水平力。敞口桥费料较大,未普遍推广。其二是,加大拱肋的断面尺寸,使其本身具有足够的横向刚度和稳定。

(2) 横撑的构造形式

横向联结系可做成横撑、对角撑或空格式构造等形式。横向联结系的主要形式有:"一字撑"、"K形撑"、"X形撑"及"米形撑"等形式,如图2.3-7所示。

对于桥面以下拱肋(中承式拱),不同横向联结系布置方式对美观的影响较小,为加强拱脚段的横向刚度,一般采用"K形撑"、"X形撑"的布置形式。

对于桥面以上拱肋,横向联结系设置的位置一般与吊点位置对应按对称于拱顶奇数布置。对于拱顶附近横向联结系,其作用主要为约束扭转角和拱顶位移,一般设置"一字撑"即可。建议哑铃形截面,横向联结系可采用径向布置的"一字撑";对于桁架式截面,由于N形腹杆的竖杆一般采用竖直布置,与此相适应横向联结系采用竖直平行布置的"一字撑"。对于$L/4$处横向联结系,由于组拼拱在切向平面内的局部抗变形能力在侧倾稳定中起主要作用,在$L/4$附近拱肋横向联结系,设置为按切向布置的"K形撑"。

对于大跨径宽桥,为加强整体稳定性和缩短横向联结系杆件的自由长度,常在拱顶布置"米形撑",其两侧布置"K形撑"。

当然过多的横撑会给桥上行车带来压抑感,现在的拱桥设计都尽量采用较少的横撑,一些系杆拱桥设计甚至取消了横撑。端横梁也属于横向联结系的一部分,而且同时承受行车道板传递的荷载。端横梁最重要的作用是将两片"拱肋—系杆"系统联结成一体,使之不产生横桥向的相对位移,同时对顺桥向的拱肋相对位移也起较大的约束作用。所以端横梁是系杆拱桥的重要构件。

a)上海卢浦大桥一字形横撑　　　　　　b)广州新光大桥

c)Fremont bridge K形横撑　　　　　　d)美国新河谷桥K形横撑

e)Sydnety bridge X形横撑　　　　　　f)九江长江大桥X形横撑

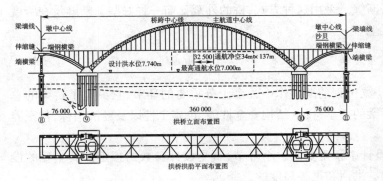

g)广州Y髻沙大桥X形横撑(尺寸单位:mm)　　　　h)米字形横撑

图 2.3-7　横撑的布置形式

5. 拱上立柱

立柱(图2.3-8)用于上承式拱桥和中承式拱桥上承部分,是桥面系与主拱肋之间的传力结构。对于长立柱,因其柔度较大,立柱本身能产生一定的变形以适应桥面系与拱肋变形不协调的问题。对于短立柱,特别是宽桥、长桥的短立柱,因其刚度较大,需要采取一定的构造措施来适应桥面系与拱肋之间不协调的变形。一种做法是将立柱与拱肋相接处的截面削弱,以产生类似铰的作用。另一种做法是立柱横梁(或称盖梁)与立柱不采用刚接(不做成门式刚架),而是在立柱上安放支座,然后在其上放置立柱横梁。这种做法对于结构的抗震不利,应在构造上采取一定的防震措施。另外,对于中承式拱桥,当桥面纵梁存在固定与活动两种支座时,固定支座一般不设在拱上门式刚架上,以减小刚架的纵向水平力。

a)上承式拱桥的立柱　　　　　　b)中承式拱桥的立柱

图2.3-8　拱上立柱

6. 桥面系

下承式拱桥的桥跨结构是由拱肋、悬吊结构和横向联结系三部分构成。由于车辆在两片拱肋之间行驶,所以,需要用吊杆将纵、横梁系统悬挂在拱肋下,在纵、横梁系统上支承车道板,组成桥面系(行车道、人行道、栏杆等)。桥面系与其传力构件统称为悬吊结构。

中承式拱桥的行车平面位于肋拱矢高的中部。桥面系一部分用吊杆悬挂在拱肋下,另一部分用刚架立柱支承在拱肋上。

在布置行车道时,必须注意在适当位置设横向断缝,以避免由于拱肋的变形桥面被拉坏。行车道系的断缝可设于跨度中部,也可设于边上。断缝设于跨度中部时,可采用双吊杆和双横梁的形式,将行车道系在横向完全断开,行车道系在水平面内,在断缝处做成企口。这种方法在构造上最简单,但双吊杆不太美观。另一种方法,是将中央节间的行车道纵梁做成简支梁或一个小的挂梁形式,其两端分别用活动支座和固定支座直接支承在两边横梁上或特设的托臂上。这样,在桥面中设置了两条断缝。采用这种方式,桥的外观比前一种好些。断缝设在跨度边上时,往往可以设在固定横梁上。

二、拱肋的总体设计参数

大跨度桥梁的概念设计是桥梁工程前期工作中一个十分重要的环节,它决定了桥梁的总体布置和主要构造的格局,对桥梁的美学价值、结构安全性能、可施工性以及经济指标,甚至养护管理等都有决定性的影响。

大跨度钢桁架拱桥的总体设计中很重要的一个环节,就是设计参数的拟定。其主要的设计参数有:矢跨比;拱轴线的选取;拱顶和拱脚高度的选择等。

1. 矢跨比

拱桥的矢跨比,主要根据桥址的地形、地质条件及桥下净空要求等,通过技术经济比较来确定。矢跨比是拱桥的一个特征数据,它不仅影响拱肋的内力,还影响拱桥施工方法的选择。

同时,对拱桥的外形能否与周围景物相协调,也有很大关系。

从已建成的拱桥来看,拱肋的矢跨比常用范围在 1/4~1/7。绝大多数钢拱桥的净矢跨比一般取 1/5~1/10。钢桁架拱桥的矢跨比多在 1/4~1/5。

矢跨比小,结构外形比较轻巧美观,上部结构用料也较省。对直杆式桁架拱来说,矢跨比越小,拱上结构协助拱肋共同承载作用越强。桁架拱的刚度较大,矢跨比小则水平推力大,拱的推力增加会对桥梁基础部分不利,对于无推力拱来说,会增加系梁或水平拉索的用量;矢跨比过大,则会导致拱圈部分用量增加,对拱桥的抗倾覆能力和抗震性能也是一个考验,同时,在钢桁架拱桥的施工方面,不利于拱上爬行吊机的工作。因此,在设计时,矢跨比的大小应经过综合比较进行选择。

当地质较差时,则在地形及桥下净空允许的条件下,可采用较大的矢跨比以减少水平推力。相反,对于地形平坦,跨径较大或地质较好的单孔桥,宜取较小的矢跨比。

几座著名钢桁架拱桥拱肋矢跨比,如表 2.3-1 所示。

钢桁架拱桥的矢跨比 表 2.3-1

桥名	澳大利亚悉尼港大桥	英国朗格尔大桥	韩国汉城傍花大桥	中国重庆万州长江铁路大桥	中国京沪高铁南京大胜关大桥	中国重庆朝天门大桥
矢跨比	1/4.7	1/4.3	1/3.9	1/4.8	1/4.0	1/4.3

2. 拱肋的拱轴线

拱轴线是拱桥概念设计中的重要参数,其值直接关系到拱肋截面的内力分布和大小。最理想的拱轴线是与拱上各种荷载的压力线相吻合,使拱肋截面只有轴向压力而无弯矩作用,这样可以使截面受力均匀,使材料强度充分利用。但由于活载、温度变化和材料收缩等因素的存在,这种理想拱轴线是不可能获得的。因此,在目前拱轴线线形的设计中多采用"五点重合法",即满足拱肋上少数几个关键断面的压力线与拱轴线重合的方法。

在大跨径钢拱桥中,常用的拱轴线线形包括:圆弧线、二次抛物线、悬链线和多次抛物线等,这些多是对应特定恒载分布模式的合理拱轴线。合理拱轴线的研究对于石拱桥或钢筋混凝土拱桥来说,可以使拱肋断面均匀受压,充分发挥材料良好的抗压性能。对于钢桁架拱桥而言,钢材具有良好的各向同性性能,能够抵抗很大的拉压应力,因此,其对拱轴线的要求相对降低。

在已建成或在建的钢桁架和钢箱拱桥中,拱轴线的形式主要是二次抛物线和圆弧线。两种拱轴线类型对结构的受力和用钢量均影响不大。

大跨度钢桁架拱桥拱轴线的选择,一般更多地从外形美观、与周围景观搭配协调、制作和施工方便来考虑。例如英国的朗格尔桥,拱轴线即采用半径为 238m 的圆弧线,拱肋上下弦之间的竖杆采用一定的倾斜角度,这样的安排充分体现了拱的曲线美,而且竖杆的径向布置也有利于拱肋的受力。

3. 拱肋的拱顶与拱脚高度选择

(1)等高度与变高度拱肋

拱顶与拱脚的高度选择是钢桁架拱桥设计中的重要参数,它们的选择不仅要满足受力的要求,同时也要考虑到全桥整体架构的和谐。根据拱肋高度的变化,可分为等高度拱肋和变高度拱肋两种。

等高度拱肋:拱桥跨径较小时,拱肋高度一般采用等高度。根据统计,跨径小于 200m 的桁架式拱肋全部为等高度,而采用等高度桁架式截面的最大跨径桥例为 336m 的安徽铜汤高速太平湖第二大桥。

变高度拱肋：当拱桥跨径较大时，拱肋高度倾向于采用变高度以适应拱肋内力分布并节省工程数量。

(2) 拱肋的高度选择

对于钢拱桥来说，拱肋的拱脚高度选择往往是由施工过程中产生的最大内力来控制，尤其是悬臂拼装的施工方法。拱顶高度的最好选择是内力和稳定相互平衡的结果，拱顶高度多是由成桥以后运营状态产生的内力来决定，并且不宜取得过高，这样会影响桥梁的建筑高度，对于桁式拱来说，还会增加竖杆特别是斜腹杆的自由长度，不利于受压杆件的稳定。

对于简单肋拱桥，譬如钢箱肋拱桥，拱脚肋高约为跨径的 1/60～1/40。对于拱片拱来说，拱顶高度约为跨径的 1/60～1/25。等高度的桁肋拱拱顶高度约为跨径的 1/45～1/15；而变桁高的钢桁架拱桥的拱顶高度与跨度之比大约在 1/30～1/45 范围内；拱脚高度与跨度之比在 1/7～1/10 范围内；拱顶与拱脚高度之比在 1/3～1/5 范围内。一般系杆拱拱顶高度与跨径之比约为 1/45～1/15，拱脚高度与跨径之比约为 1/17～1/12。表 2.3-2 统计了几座钢桁架拱桥拱顶和拱脚的设计参数，以供参考。

钢桁架拱桥的拱顶高度和拱脚高度　　　　表 2.3-2

桥　　名	澳大利亚悉尼港大桥	英国朗格尔大桥	韩国汉城傍花大桥	中国重庆万州长江铁路大桥	中国京沪高铁南京大胜关大桥	中国天津国泰桥	中国重庆朝天门大桥
拱顶高度(m)	18	10.74	6	8	12	4	14
拱脚高度(m)	57	32.31	26.14	41	55	15.8	73.13
跨度(m)	502.9	330	181.5	360	336	146	552
拱顶高度/跨度	1/27.9	1/30.7	1/30.25	1/45	1/28	1/36.5	1/39.4
拱脚高度/跨度	1/8.8	1/10.2	1/6.9	1/8.8	1/6.1	1/9.2	1/7.5
拱顶高度/拱脚高度	1/3.2	1/3	1/4.4	1/5.1	1/4.6	1/4.0	1/5.2

第四节　钢桁拱桥

一、主拱结构形式

1. 拱肋桁架布置形式

拱肋桁架是桁架拱桥中的主要承重部分，其布置形式是否合理，对整个结构体系的设计质量起着重要的作用。在拟定桁架形式时，应根据桥位当地具体情况（如地形、地质、水文、运输等）、受力方式、跨度、制造及安装等选择一个经济合理的方案。

(1) 不同桁架形式力学性能的比较

桁架的布置形式是丰富多彩的，在大跨度桁架桥中，常见的形式有柏(Pratt)式、华伦(Warren)式、K式、再分式桁架等(图 2.4-1)。

下面利用重庆朝天门大桥的平面桁杆单元模型，说明不同桁架形式应用于拱肋中其间的差别。选用三种常应用于长大跨度钢桥中的布置形式，即 K 式、P 式和 W 式，如图 2.4-1 所示。

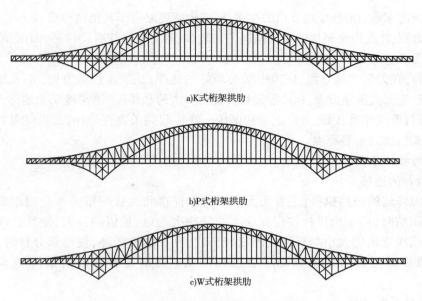

a) K式桁架拱肋

b) P式桁架拱肋

c) W式桁架拱肋

图 2.4-1 三种不同桁架布置形式的钢桁拱桥

模型中边跨的跨度、布置形式、桁杆截面均相同,桥面系和吊杆完全一样,不同桁架拱肋中的各个对应杆件的截面亦一致,其差别仅在于拱肋桁架的布置,荷载采用跨中均布。经计算,其力学性能的主要差别如表 2.4-1 所示。

三种桁架布置形式力学性能的比较   表 2.4-1

杆件位置	K式桁架	P式桁架	W式桁架
上弦杆	拱顶受压,拱脚受拉	拱顶受压,拱脚受拉	拱顶受压,拱脚受拉
下弦杆	全部受压	全部受压	全部受压
竖杆	K节点上部竖杆受拉,K节点下部竖杆受压	竖杆全部产生压力	拱脚处竖杆受压,拱顶处竖杆受拉;竖杆轴力远小于斜杆产生轴力
斜杆	K节点上部斜杆受压,K节点下部斜杆受拉	斜杆全部产生拉力	相邻斜杆交错产生拉力和压力

总的来看,三种布置形式对上下弦杆的受力基本上没有影响,但腹杆受力差异较大:K式桁架与P式桁架相比,竖杆和斜杆的自由长度均减半,有利于受压杆件的稳定,同时竖杆和斜杆的轴力也相应减小;W式桁架的竖杆分担到的轴力很小,其作用仅是在节间较宽时将吊杆力传递给上弦杆和斜杆相交的节点上,因此不同于P式桁架,其截面尺寸可以尽量降低,杆件发生失稳的可能很小。对斜杆受力而言,三种形式中K式桁架的斜杆受力最小,P式和W式相差无几。综上所述,单单从力学性能来讲,K式桁架是大跨桁架拱桥的最好选择,毕竟大跨桁架桥中单根杆件的长度均很大,受压杆件的稳定往往控制设计。

(2) 不同桁架布置形式的综合比较

在力学性能方面,K式桁架受力最为合理。W式桁架由于部分斜杆存在很大的轴向压力,不利于稳定。

在经济性能方面,W式桁架的最小用钢量略占优势,P式桁架的用钢量偏大。

在构造方面,K式桁架比P式桁架多出K式节点,W式桁架的节点处为5杆相交,对节点板的受力极其不利,容易产生疲劳问题。

从架设速度来看,由于 K 式节点的存在,K 式桁架要略逊于其他两种形式。

在美学方面,P 式桁架斜杆的不同倾斜方向较少,看上去轻快有韵律感,而 K 式和 W 式桁架略显杂乱无章。

总的来看,在力学性能方面,K 式桁架为最好的选择;从经济性能方面,W 式桁架用钢量最小;在构造、施工及美学方面,P 式桁架具有优势。大跨径桥梁,通常被赋予地标式建筑的重任,强调功能与形式并重,因此美学上的和谐统一往往起到关键性作用,这可能就是钢桁架拱桥多选择 P 式桁架的重要原因。

2. 主拱的结构体系

(1)与墩台的连接

目前国内修建的公路拱桥,主要为无推力的系杆拱和无铰的推力拱。当钢桁架拱桥与下部结构间固结时,局部桁拱杆件存在巨大的杆端次弯矩,量值的巨大,使其已没有承受轴力的能力。该次弯矩的大小与杆件的刚度成正比,存在恶性循环,使得部分杆件很难设计。因此,钢桁架桥梁与桥墩或基础间不宜选用固结。目前世界上的桁梁桥基本都是铰接方式。

(2)力学体系的选择

钢桁拱桥采用推力拱还是无推力拱的问题,从受力上考虑都是可以选用的,主要视其桥位处的实际情况而定。此外,还必须考虑到桁拱受力体系受安装方法的影响。

大跨度钢桁拱桥常用的架梁方法为:借助于临时施工辅助结构全伸臂或半伸臂拼装跨中合龙。对于双铰的推力拱桁架采用伸臂拼装施工时,在最大伸臂状态下,拱脚反力巨大,需在拼装的初始阶段便将拱脚直接支承在正式固定铰支座上,其位置在后续的安装中难以调整。为保证桁拱的合龙和设计线形,需要提供较多的临时支承。

另外,由于结构安装受力与成桥受力的不一致以及理论与实际之间的差异,会使合龙口的间距发生变化。为保证桁拱总体尺寸与设计相符,需在合龙口布置较大规模的强迫合龙措施及较大的强迫力,工艺复杂,风险较大;如采用无应力合龙,由于合龙口构件长度与设计值不同,将引起成桥后的桁拱各构件内力发生改变,永存部分安装残余内力,影响内力的准确分析和构件的设计。无推力的系杆钢桁架拱采用伸臂拼装施工时,系杆合龙前的结构特点与钢桁梁相同,可通过各支点的升降平移使两岸的桁拱合龙点对位,这对杆件的设计长度没有影响,各构件无安装残余内力存在。如果单孔布置的钢桁拱桥采用两岸悬拼跨中合龙,则不宜采用无推力的系杆拱。

二、钢桁拱桥的杆件及节点构造

1. 主桁杆件截面形式

在桁架桥中,主桁杆件的截面形式主要有:H 形截面、箱形截面和圆管截面。

(1) H 形截面的优缺点

H 形截面的优点:构造简单,易于施焊,焊接变形较易控制和修整,工地安装时也比较方便。H 形截面的主要缺点:截面对 $x-x$ 轴的回转半径比对 $y-y$ 轴的小很多,当压杆用 H 形截面时,基本容许应力的折减相当大。扩充截面考虑问题多。腹板为间接拼接不宜过厚,若加大翼板高度又受到局部稳定的限制,而加厚翼板尺寸,$[\sigma]$ 将降低。因此,对内力不很大的杆件和长度不大的压杆,采用 H 形截面比较适宜。

(2)箱形截面的优缺点

箱形截面的优点在于两个主轴的回转半径相近,具有较大的抗扭刚度,扩充截面也容易,因此它在承受纵向压力方面较 H 形为佳。但缺点是采用这种截面形式的杆件在工厂制造时比较费工,焊接变形也较难控制和修整。

(3)桁拱的构件材料选择

桁拱的构件材料选择:目前国内的桥梁用结构钢,主要有 Q235q、Q345q、Q370q 和 Q420q 四种强度级别的钢材。对于钢桁拱桥而言,当跨度在 300～400m 或以下时,主桁拱的最大杆力一般在 50 000kN 以下,由 Q345q 和 Q370q 材料构成的杆件便能满足其受力需要,可以不考虑更高强度等级的钢材。当然,选用部分高强度钢材,对减少钢材用量和降低自重也是有利的。随着跨度的增大,主桁拱杆件的最大杆力的量值将显著加大,属大杆力范围内的杆件增多,此时考虑使用高强钢就显得非常必要。

对钢桁拱桥中受力相对较小,以及一些构件尺寸主要是为满足结构构造的需要,通常 Q345q 便能满足要求。

2. 跨中截面总高度

跨中截面总高度,是指跨中由桁架拱片实腹段和桥面组合的截面高度。单孔桁架拱桥的跨中截面总高度 H 与桥梁跨径、矢跨比、桁架拱片片数、荷载等级和混凝土强度等级有关。

在初拟尺寸时,跨中截面总高度可简单估算:

$$H = \left(\frac{1}{40} \sim \frac{1}{50}\right)L_0$$

式中:L_0——桥的净跨径,cm。

应用简化公式估算时,对于中、小跨径桥取较大值,对于大跨径桥取较小值。

对于下部结构刚度比较小的连续多跨的桁架拱桥,跨中截面总高度的拟定须考虑连拱影响。由于连拱作用,使荷载孔的推力减小,跨中弯矩增加,因此,跨中截面总高度应根据连拱作用的程度予以增加。

3. 上、下弦杆轴线形状

桁架杆件轴线的延长线在节点处应相交于一点,则杆件以受轴向力为主,否则将产生附加弯矩,对受力不利。如果构造上确实不交于一点,则应按实际图式计算内力,并加强杆件截面尺寸。

(1)上弦杆轴线

上弦杆轴线一般平行于桥面。单孔桁架拱桥在符合桥面纵坡规定的情况下可以做成圆弧线或二次抛物线。考虑到桥面板参与结构共同作用,上弦杆和实腹段的轴线应该是包括参与共同受力作用的桥面板在内的截面重心的连线。

(2)下弦杆轴线

下弦杆(拱肋)轴线通常采用圆弧线、二次抛物线和悬链线。桁架拱表面上看是一个桁架,无合理拱轴问题,但是桁架拱本身是一个有推力的组合体系。

在恒载作用下,腹杆内力与桁架拱下弦轴线有关,一般是恒载压力曲线越接近下弦轴线时,腹杆内力越小,当恒载压力线在下弦杆轴线下方通过时,腹杆基本上都是受压。恒载压力线在下弦杆轴线上方通过时,下伸斜杆受拉。因此,从受力角度出发,桁架拱的下弦杆轴线应尽可能按恒载压力线来选择。一般桁架拱桥的下弦轴线常采用均布荷载作用下的压力线,即二次抛物线或拱轴系数取值较小的常用悬链线。

中小跨径的桁架拱桥,为了设计计算和施工方便,采用圆弧线作为下弦轴线。下弦节点按所用的线形决定坐标,节点之间宜用直线相连,使下弦杆内产生偏心弯矩。使下弦轴线实际上为直线,以免受压的实腹段下缘为曲线。

4. 钢桁拱的节点构造

桁架结构的各个相邻杆件,通过节点的连接实现其相互间的内力传递。杆件与节点间通常可以采用焊接和栓接两种连接方式。

目前国内已建成的钢桁梁桥杆件与节点间,主要还是采用高强度螺栓连接。详见本书第一章第二节。钢桁拱桥在外观轮廓上与普通的桁架梁桥不同,但结构受力和构造原理相同,因而整体节点构造和桁架梁传统的拆装式节点构造都能使用。节点设计除满足桁式结构节点设计的一般注意事项外,对于大型的细节构造复杂的整体节点,还应进行模型试验研究。通过试验掌握节点的疲劳容许应力、极限承载能力等基本数据,为节点设计提供保障;此外,由于桁架拱桥的特点使大量相邻弦杆间存在转折,准确的弯折角度是保证杆件的实际内力与设计内力相吻合及成桥线形的关键制造工艺之一,制造时必须增加工装设备进行定位和控制焊接变形,加大了制造难度和成本。因此就经济而言,钢桁拱桥不宜采用整体节点构造。

三、钢桁拱桥构造示例

1. 朝天门大桥

重庆朝天门长江大桥是连接重庆市南岸与江北两区的中央商务区、沟通长江两岸的重要通道之一。该桥位于朝天门两江(长江与嘉陵江)交汇处下游 1.71km。大桥包括主桥和南、北两侧引桥,全长 1741m,其中主桥长 932m,采用 190m+552m+190m 的中承式连续钢桁系杆拱桥;北引桥长 314m,南引桥长 495m,均为预应力混凝土连续箱梁桥。

大桥采用双层交通布置,上层桥面为双向六车道和两侧人行道,桥面宽度 36.5m;下层桥面中间为双线城市轻轨,两侧为双向两车道。朝天门大桥立面布置如图 2.4-2 所示。

主桁弦杆为焊接箱形截面,如图 2.4-3 所示,截面宽度有 1 200mm 和 1 600mm 两种,截面高 1 240~1 840mm,板厚 24~50mm。杆件按照四面拼接设计,拼接处杆件高度、宽度均相同,不同宽度和高度杆件之间采用变宽(高)度设计,对于同一杆件,宽度和高度不同时变化。

(1)设计概要

1)桥位选址原则

①实现城市路网规划构想,南北中央商务区通过本桥实现陆路联系。

②顺应自然。通过河势研究和行洪论证以及通航净空尺度和技术要求分析等,选择河道顺直、河床稳定、江面较窄、不受三峡水库蓄水后行洪和淤积影响、地质构造简单、通航安全的河段。

③与周边协调。对飞行安全不构成威胁;大桥避开港口港池水域,对船舶作业不存在影响;桥址范围没有文物,不涉及文物保护问题。

2)桥型确定原则

公轨两用的桥梁,结构受力复杂,需有足够的强度与刚度,在主跨跨度满足双向通航安全要求的同时,桥跨竖向变形要小;桥位处于长江与嘉陵江两江交汇处的下游,既是山城重庆的门户大桥,也是乘船进入重庆市主城区的第一座桥梁,景观方面桥梁造型要与朝天门弧形广场呼应,突出"门"的效果。

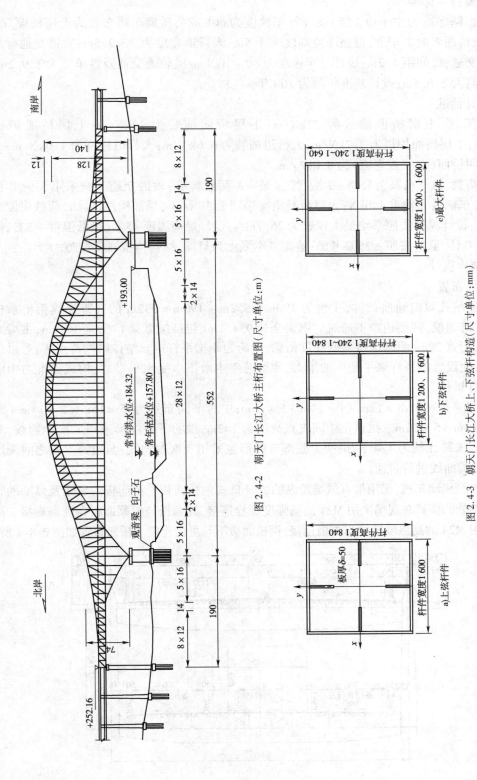

图 2.4-2 朝天门长江大桥主桁布置图（尺寸单位：m）

图 2.4-3 朝天门长江大桥上、下弦杆构造（尺寸单位：mm）

3)主要技术标准

公路道路等级为主干道Ⅰ级;设计行车速度为60km/h;桥面车道布置为上层桥面双向6车道,下层桥面双向2车道;道路净空高度大于5m;人行道宽度为2×2.5m;轨道交通标准为双向轨道交通,线间距4.2m;设计行车速度为80~100km/h;轨道交通限界净宽大于9.2m,轨顶以上净高大于6.5m;设计基准年限为100年。

4)设计荷载

永久荷载:上层桥面铺装为22kN/m;下层桥面铺装为12kN/m;上层桥面护栏为1.35kN/m;下层桥面护栏为2.7kN/m;人行道铺装为0.6kN/m;人行道栏杆为1.0kN/m;下层轨道交通明桥面(含检查走道)为8.0kN/m。

可变荷载:汽车荷载为公路—Ⅰ级,按照城—A荷载验算;轨道交通荷载采用5辆B型地铁车编组,车辆最大轴重140kN;人群荷载集度采用2.5kN/m²,局部构件计算时荷载集度采用4.0kN/m²;设计风速按照平均最大风速为26.7m/s;设计最高温度45℃,最低温度−5℃,体系温度按20℃计,温差按照±25℃考虑;地震基本烈度为Ⅵ度,结构物按Ⅶ度设防。

(2)结构设计

1)总体布置

考虑通航孔双向通航条件,主桥为190m+552m+190m=932m的三跨连续钢桁系杆拱桥,中间主跨通航,两侧边跨不通航。钢梁全长934.1m(包括端纵梁),全宽36.5m,主梁采用两片主桁,桁宽29m,两侧边跨为变高度桁梁,中跨为钢桁系杆拱。整体结构特点为:通过中跨上、下层桥面设置的系杆来平衡拱的推力,使得两座主墩不承受水平推力,构成无推力中承式钢桁架系杆拱桥。

边跨节间布置为:8×12m+1×14m+5×16m;中跨节间布置为:5×16m+2×14m+28×12m+2×14m+5×16m。拱顶至中间支点高度为142m,拱肋下弦线形采用二次抛物线,其矢高为128m,矢跨比约为1/4.3;拱肋上弦部分线形也采用二次抛物线,与边跨上弦之间采用半径700m的圆曲线进行过渡。

上层6线机动车道,采用带有纵梁及纵肋的开口式钢桥面板。桥面板的纵梁及纵肋的腹板与位于节点处的横梁在现场采用M24的高强度螺栓连接,其面板与横梁面板在现场焊接。横梁腹板也采用M24的高强度螺栓与主桁连接,钢桥面板不与主桁连接。桥面布置如图2.4-4所示。

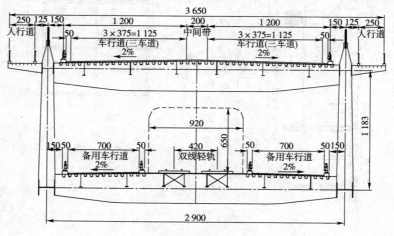

图2.4-4 重庆朝天门长江大桥主断面及桥面构造图(尺寸单位:cm)

为使两片主桁梁(桁拱)有机地连接成为一体,以及桥跨结构承受的横向力(如风力)的顺利传递,在桁拱的上、下弦、中支点范围内的加劲弦设置有纵向平面联结系,在主跨下层系杆层及主桁杆件中部的下层桥面设置纵向平面联结系。纵向平面联结系杆件均采用箱形断面,其各杆件间以及平联杆件同主桁(拱)间,在现场采用M24的高强度螺栓连接。重庆朝天门长江大桥的结构,如图2.4-5所示。

主桁采用变高度的"N"形桁式,拱肋桁架跨中桁高变化幅度较大,为使腹杆布局合理同时考虑主桁景观的协调性,全桥采用变节间布置,共有12m、14m、16m三种节间形式。

腹杆采用箱形、"H"形及"工"形截面。箱形截面高1 240~1 440mm,板厚24~50mm;"H"形及"工"形截面高700~1 100mm,板厚16~50mm,杆件端部按照两面拼接设计。主桁杆件所采用的最大板件厚度50mm,最大长度44m,最大安装吊重80t。

2) 支承体系

重庆朝天门长江大桥主桥边支点布置均采用纵向活动铰支座,中间支点一侧采用固定铰支座,另一侧采用活动铰支座,为典型的两铰拱结构支承体系。采用两铰拱支承结构方案,具有上、下部结构体系受力明确、对基础不产生推力、温度力对结构影响很小、施工期间可对结构进行位移调整而不影响结构受力等优点,但需要设置大吨位支座。

纵向支承体系布置为:江北侧中支点设置固定铰支座,其余各墩均设置活动铰支座。横向支承体系布置为:中支点均设置固定支座,边支点设置横向活动支座,边支点下横梁中心设置两个横向限位支座。

3) 桥面桁式

桥面主桁采用上下平行弦系杆结构,依靠竖杆联结上下节点,不设置斜腹杆,与大桥主拱形成刚性拱柔性梁体系。这种结构形式具有系杆杆力均匀、利于结构设计与制造、下层桥面行车遮挡少、景观效果好、较设置斜腹杆方案节省材料的优点。对于上述之外的主桁加劲弦及其外侧的边跨范围的桥面,设计上将桥面通过桥面横梁直接与主拱桁梁联结。

大桥中跨拱桁内侧的桥面,用吊杆吊挂在钢桁拱肋下。吊索全桥共有3种规格,分别为:2束151丝7mm钢丝、2束139丝7mm钢丝、2束127丝7mm钢丝。

中跨布置有上、下两层系杆,其中心间距为11.83m,上系杆不贯通主桁,仅与拱肋下弦相连接,下系杆与加劲腿处中弦及边跨下弦贯通。上层系杆采用"H"形断面,下层系杆采用"王"形断面+辅助系索的组合结构,钢结构系杆端部与拱肋下弦节点相连接,下层辅助系索锚固于系杆端节点处。设置辅助系索的目的在于降低下层钢结构系杆杆力,使杆件设计尺寸及板厚控制在适当范围之内,减少用钢量,取得较好的经济技术指标。

上层系杆采用焊接"H"形截面,高1 500mm,宽1 200mm,板厚50mm;下层系杆采用焊接"王"形截面,截面高1 700mm,宽1 600mm,板厚50mm。系杆截面如图2.4-6所示。

4) 主桁节点构造

钢桁架主桁节点构造形式,主要有拼装式节点和整体节点两种。结合朝天门长江大桥的技术特点,为降低制造难度、节省工程投资,设计上优先考虑采用拼装式节点。但由于中间支承节点受力非常集中,相邻杆件尺寸和板厚均较大,采用整体节点可以大大减小节点板尺寸。因此,主桁节点在设计上除中间支承节点采用整体节点外,其余均采用拼装式节点。节点板最大厚度为80mm,最大几何尺寸为:5 570mm×7 620mm。

5) 桥面系

上层行车道和下层两侧行车道桥面采用正交异性钢桥面板,桥面板厚16mm,采用"U"形

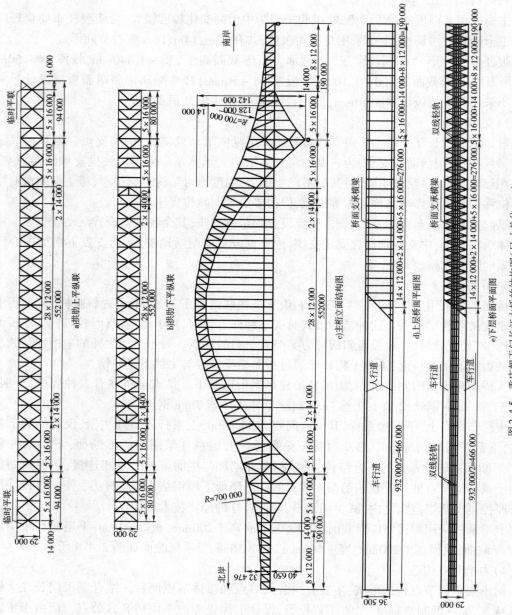

图 2.4-5 重庆朝天门长江大桥的结构图（尺寸单位：mm）

闭口肋。沿纵桥向设置横隔板,其间距不大于3m。沿横桥向:上层行车道布置6道纵梁,下层两侧行车道每侧布置2道纵梁;在主桁节点处设置一道横梁。

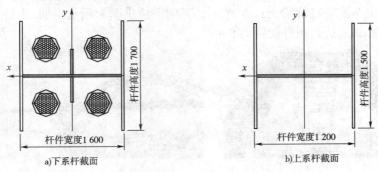

图 2.4-6　系杆截面(尺寸单位:mm)

下层桥面中间轻轨双向通行段采用纵、横梁体系,其横梁与两侧钢桥面板横梁共为一体,共设置两组轻轨纵梁,其中心间距为4.2m,每组轻轨纵梁由两片纵梁组成,两片纵梁通过平联和横联连为一体,纵梁端部通过鱼形板和连接角钢与横梁连接。

上层桥面在主桁节点外侧设置人行道托架,上置"π"形正交异性钢人行道板。

6)联结系

下层桥面平纵联为交叉型设置,杆件采用焊接"工"形构件,下层桥面横梁同时作为下平联的撑杆。因主桁桁宽远大于节间长,为避免平联斜杆夹角过小,拱肋上、下弦平纵联采用菱形桁式,加劲弦平纵联采用"K"形桁式。由于相邻节间的平联间均存在一定的夹角,平联节点板采用弯折方式进行过渡。主桁拱肋每两个节间设置一副桁架式横联,位于拱肋上下平纵联"米"字形形心处,可增强拱肋的空间刚度,同时大大减小平联斜杆的计算自由长度;加劲弦区段每个节间均设置一副桁架式横联。

7)大吨位支座

大桥主桥中间支点最大支点反力达145 000kN,所采用的大吨位支座是目前国内外承载力最大的支座,要求材料等级高、加工工艺精细,是本桥的主要技术特点和难点之一。

大吨位支座目前在国内外均有较多的工程应用实例,已知投入使用的铸钢铰轴支座最大支座承载力达134 000kN(日本港大桥)、球型支座最大支座承载力达130 000kN(沈阳富民桥),与重庆朝天门长江大桥接近。承载力在100 000kN以上的支座主要有两种形式:一种是传统的铸钢铰轴支座,另一种是新型的球形支座。朝天门长江大桥在总体布置上对支座的建筑高度要求较为严格,如支座建筑高度过大,势必要降低支座下座板高程,有可能受到洪水浸没,同时综合考虑安装能力和工程造价等因素,确定采用球形支座。

2. 广州新光大桥

(1)工程概述

新光快速路工程起于广州市珠海区新港东路与石榴岗路交叉处,终点位于番禺区市桥镇光明北路的北桥头,全长15 412m。新光大桥(图2.4-7)为新光快速路上跨越珠江的一座特大钢结构拱桥。桥梁设计速度为80km/h,双向六车道,车行道宽24m,人行道各3.5m;设计荷载为汽车超—20,验算荷载为挂车—120,人群荷载为4.0kN/m^2,设计风速27.9m/s;抗震按照8度设防。

(2)结构设计

新光大桥主桥将传统的拱桥与V形刚构相结合,采用三跨飞雁式钢箱桁架平行系杆拱的结构体系,全桥跨径组合为 $3\times49.5m$(连续梁)+178.5m(边跨)+428m(主跨)+178.5m(边跨)+$3\times49.5m$(连续梁),桥梁全长1 082m。其中主桥拱圈为钢桁拱肋,主桥桥面为结合梁。主桥吊杆间距为12m,边跨吊杆间距为8m。

图 2.4-7　广州新光大桥

1)钢桁拱

主跨为一孔428m(净跨407m)、净矢跨比为1/4、拱轴系数为 $m=1.2$ 的悬链线变截面拱圈,拱顶截面高为7.5m,拱脚截面高12.0m,上下弦钢箱杆件尺寸1.8m(宽)×1.8m(高),箱的腹板厚32~45mm,箱的顶底板厚25~40mm。桁式拱肋腹杆与上下弦杆等宽,为H形截面,其腹杆高度为80cm;腹杆与上下弦杆为整体式节点板连接。桁式拱肋上下弦杆断面,如图2.4-8所示。

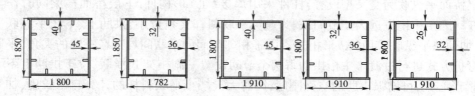

图 2.4-8　桁式拱肋上下弦杆断面图(尺寸单位:mm)

两岸边跨钢桁拱为178.5m(净跨为162m)的不对称变截面悬链线拱圈,拱轴系数为1.01,主墩侧向为变截面;拱脚截面高12.0m,拱顶截面高6.0m,净矢跨比为1/4.7;上下弦钢箱杆件尺寸为1.8m(宽)×1.2m(高),腹板及顶底板厚度均为32mm;拱圈腹杆为与上下弦杆同宽的H形,腹杆高度为60cm;腹杆与上下弦杆为整体式节点板连接。

两钢桁式拱肋间采用钢箱组合桁架横撑,横撑桁架弦杆与钢桁拱节点对应连接,全桥共设置11道组合横撑,主拱9道,两边拱各一道。

2)主桥桥面结构

主桥桥面结构采用钢—混凝土结合梁:主、边跨为双边钢箱主纵梁,V形刚构的桥面梁为钢—混凝土组合梁、次纵梁、钢横梁组成的桥面梁格子体系。主桥桥面板由部分预制混凝土板(厚12cm)和现浇调平层(主跨为8cm厚、边跨为12cm厚)组成。

3)吊杆及系杆

主桥拱、梁之间采用柔性吊杆,吊杆用镀锌平行钢丝、外套黑色和彩色PE双层防护套;吊杆上端设节点板销接于钢桁拱下弦节点,吊杆下端为张拉端,锚固于系杆箱内。

全桥系杆为钢结构,由钢箱组成,全桥按照设计纵坡及竖曲线沿桥面贯通设置,其构造尺寸如图2.4-9所示。

4)V形刚构

V形刚构两侧斜腿为主跨、边跨拱圈同线形拱圈的延续。主跨侧斜腿拱脚处截面径向高

12m,与桥面梁交界处截面径向高10.5;边跨侧斜腿拱脚处截面径向高12m,与桥面梁交界处径向高9.0m;肋宽均为5.6m(腹板宽8.0m);与桥面交界处设置加强横梁,V形刚构两斜腿设计为空箱截面,空箱腹板厚132~180cm,顶板和底板厚180cm;斜腿内部含有劲性钢管混凝土骨架。V形刚构主纵梁内充满混凝土,张拉预应力筋。

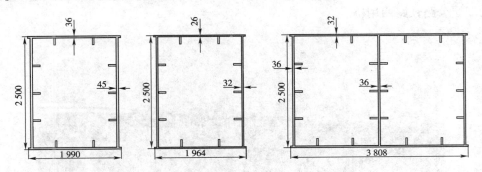

图2.4-9 钢系杆箱断面图(尺寸单位:mm)

5)钢—混凝土过渡段

系杆箱过渡段:全桥系杆箱贯通设置,过渡段内,系杆箱加厚腹板夹住钢拱肋,以高强螺栓连接成整体。并采用PBL型剪力键与内灌、外包混凝土锚固连接,成为系杆箱在拱肋处的过渡段。

拱肋过渡段:主、边拱肋V形刚构间的钢—混凝土过渡段,用法兰盘将钢桁拱弦杆钢箱与V形刚构劲性骨架的钢管对接连接;且在过渡段内沿弦杆(钢箱)周围设置PBL形剪力键与内灌、外包混凝土连接。

6)主桥下部结构

主桥主墩采用分离式钢筋混凝土拱座,承台厚为6.0m,两拱座之间设置预应力混凝土系梁,主墩支撑于每侧12根(共24根)3.0m的嵌岩桩基上。主桥交界墩墩身采用V形隔板双柱墩,承台厚度为3.0m,支撑于每侧9根(共18根)1.5m的嵌岩桩基上。

7)桥面系

桥面总宽36.3m,设置双向六车道,每幅宽12m,双向车道之间设置50cm的分隔护栏。两侧人行道各宽为3.0m,拱肋与行车道间设置50cm的防撞栏,人行道内外各设置25cm的人行道栏杆。桥面系布置如图2.4-10所示。

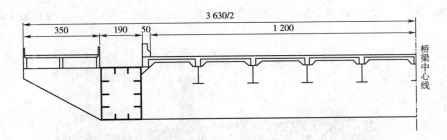

图2.4-10 半幅桥面系(尺寸单位:cm)

8)主要材料

钢桁拱上下弦杆、桥面梁主纵梁、横梁、端横梁采用Q370q-D钢材;拱肋风撑、腹杆、次纵梁、轨道梁采用Q235C钢材;全桥所有桩基采用C30水下混凝土;桥面防撞栏杆采用C25普通混凝土;墩柱、承台等构件采用 C30 普通混凝土;V 形刚构桥面主纵梁内、劲性钢管骨架内、拱座、V 形刚构系梁、桥面板、引桥等构件采用 C40 混凝土;V 形刚构外包 C50 混凝土。

3. 江西九江长江大桥

九江长江大桥(图 2.4-11)位于鄂赣两省交界处,南岸为江西省九江市,是中国目前跨度最大的双层公路铁路两用桥。

图 2.4-11 江西九江长江大桥

大桥桥面上层为 4 车道公路桥,车道宽 14m,两侧人行道各宽 2m;下层为双线铁路桥。正桥长 1 806.6m,连同两端引桥总长:铁路桥 7 675.4m,公路桥 4 460m。正桥为 11 孔钢梁,其中主孔为桁拱组合体系,由 3 跨 180m+216m+180m 连续刚性钢桁梁与柔性钢加劲拱组成,北侧边孔为两联 3×162m 连续钢桁梁,南侧边孔为一联 2×126m 连续钢桁梁,立面布置如图 2.4-12 所示。大桥铁路引桥采用的无砟无枕预应力箱形梁,在我国建桥史上还是第一次。

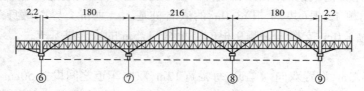

图 2.4-12 江西九江大桥立面布置(尺寸单位:m)

钢桁梁,采用双层吊索架法安装(图 2.4-13)。主桁采用带下加劲弦杆的平行弦三角形桁架,桁高 16m,在支点处加高至 32m;加劲拱中孔矢高 32m,边孔 24m。横截面布置如图 2.4-14 所示。

图 2.4-13 双层吊索塔架施工

全部钢梁为栓焊结构,并首次采用高强度 15MnVNq 钢材(屈服强度 420MPa)与 56mm 厚板。大桥正桥采用多种形式基础:位于浅滩的 1 号墩,采用就地浇筑圆形钢筋混凝土沉井,下沉深度 50m,借助泥浆滑润套下沉;2 号墩为浮运钢沉井;4 号墩为浮运钢沉井钻孔基础;在基岩好、岩面低的深水处,采用施工较简便的双壁钢围堰钻孔基础;在岩面较高、覆盖层不厚的墩位处,采用钢板桩围堰管柱钻孔基础。大桥于 1992 年 5 月建成。

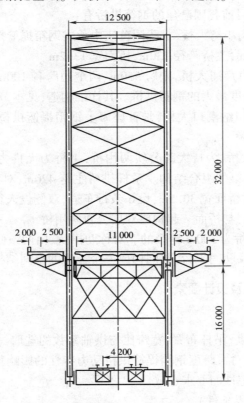

图 2.4-14 横截面布置(尺寸单位:mm)

第五节 钢箱拱桥

一、国内外已建钢箱拱桥

从建筑造型角度看,箱形拱桥方案具有杆件数量少,构造简洁、美观等优点,如美国彩虹桥和弗里蒙特桥。彩虹桥建于 1942 年,跨径 290m,位于美国和加拿大边界,因附近为尼亚加拉大瀑布风景区而闻名于世。弗里蒙特大桥建于 1973 年,主跨 382.6m,主跨连续加劲,双层桥面,在上海卢浦大桥之前其跨径为钢箱拱桥最大跨径。其构件设计均为箱形。

钢箱拱肋线条简洁,造型优美,可加工性强,给抽象造型的塑造提供了便利。同时,与混凝土拱肋相比,钢拱肋质量较轻,给节段拼装施工方法提供了便利;但与钢管混凝土拱肋相比,箱拱刚度大,使得拱肋拼装阶段的高程调整比较困难。因此,虽然采用扣塔、扣索等施工辅助结构形成的扣挂施工方法是钢箱拱比较理想的施工方案,但拱肋节段的拼装精度问题是钢箱拱桥施工中必须重视的关键问题。

钢箱拱肋拱桥另一个突出的特点是多采用空间造型。如上海卢浦大桥采用了拱肋内倾的提篮式造型,在建的南宁大桥采用了不对称的外倾拱肋。拱肋的空间构形给拼装和合龙精度提出了更高的要求。

我国第一座大跨径的钢箱拱桥在1965年建成,是攀枝花市在金沙江上建起的第一座大桥——渡口大桥,大桥主跨180m,全长304.5m,节点采用高强螺栓连接。近年来,大跨度钢箱拱桥得到了迅速的发展。目前我国已建的钢箱拱桥有:

(1)2002年建成的云南小湾大桥,是我国首座中承式钢箱提篮拱桥,也是国内荷载最大的公路桥梁,大桥全长181.6m,主桥跨径130m,桥面宽13.2m。

(2)2003年建成的上海卢浦大桥,中跨550m、两个边跨各100m,为中承式全钢结构拱梁结合体系,是当今世界上跨度最大的钢箱拱桥。其详细构造,见本节内容三所述。

(3)2004年建成的厦门纳潮口大桥,是首座海上钢箱提篮拱桥,主桥采用58m+208m+58m三跨中承式飞翼桥式。

(4)重庆菜园坝长江大桥,为特大跨公轨两用桥,主桥为无推力式钢箱系杆拱桥,采用刚构与提篮式钢箱系杆拱、桁梁的组合结构。系杆拱桥主跨420m,对称布设的边跨和侧跨分别为102m和88m。大桥主桥桥面宽30.5m,设6条行车道,双侧设人行道。在主桥的桁梁下、横梁上,则建设双线城市轻轨,与桥面一起构成双层公轨两用桥。

(5)广西南宁大桥,主桥为300m跨径的非对称肋拱桥,由两条倾斜的钢箱拱肋、桥面曲线钢箱梁、倾斜的吊杆、系杆及肋间平台,共同构成一个三维的空间结构体系。

二、钢箱拱的结构体系及设计要素

1. 钢箱拱的设计要点

(1)拱轴线形、拱肋刚度、吊杆布置、宽跨比与拱轴系数的选取

相对于其他参数而言,对大跨度钢箱提篮拱桥动力特性的影响很小。对上述参数的选取,主要根据结构的静力或稳定性的要求选取。

(2)支承方式(或者边界条件)

支承方式对大跨度钢箱提篮拱桥的自振特性有较大影响,无铰拱支承方式与两铰拱支承方式相比,可以大大提高全桥的扭转与面外刚度,也可以部分提高提篮拱的面内刚度。而这也从提篮拱自振特性的角度说明了无铰拱的优越性,为大跨度拱桥多采用无铰拱形式作出了合理的解释。

(3)矢跨比的选择

随着矢跨比的减小,跨径增大,全桥线刚度变小,拱脚处水平推力会增加,拱肋进行面内振动遇到的阻力将大于面外振动所遇到的阻力,钢箱提篮拱面外刚度与面内刚度的比值有所减小,故全桥第一阶振型由面内振型变为面外振型,横向稳定问题将有所突出。

(4)拱肋横向倾角

拱肋横向内倾角的增加可以大大提高拱桥的侧向刚度,增加拱桥的面外稳定性,这是因为从结构上分析,内倾角增大时,全桥横断面由门形刚架变为了斜腿刚构,而斜腿刚构的刚度显然大于门形刚架的刚度;同时,内倾角的增加也可有效提高全桥的面内刚度。内倾角的取值对提篮拱扭转振型影响较大,这是由于随着内倾角的增大,横撑长度变短,两片独立拱肋之间联系更加紧密,全桥扭转刚度变大,进行扭转振动所遇到的阻力大幅增长,两拱肋更易表现出面内或面外振动的整体振型。

2. 钢箱拱的结构体系

(1)对于下承式系杆拱桥,不考虑桥面系的非保向力是偏于保守的。以第一类稳定为基础建立新光大桥主跨双肋拱横向稳定性分析模型,反映了桥面系非保向力作用对拱肋横向稳定性的影响;探讨了下承式拱桥桥面系通过非保向力作用有助于拱的横向稳定性。在非保向力的影响下,有桥面系的拱肋在屈曲模态上也不同于裸拱;为了精确确定非保向力的影响,应当对结构作有限元分析。

(2)新光大桥主跨可近似用单孔无铰拱结构来分析成桥阶段的稳定,其结果同按三跨连续体系结构非常接近,这主要是因为V形刚构、拱座承台和基础刚度相当强大,变形很小,接近无铰拱拱脚。

(3)作用于结构上的风荷载较小时,例如小于20m/s时,可以不考虑风荷载对于大跨度拱桥的影响。但是当阵风较大时,尤其是沿海常遭遇台风的地区,会出现较大的阵风风速,因此,当作用于结构风荷载较大时,不考虑作用在桥面主要结构上的风荷载中升力对结构承载力的影响是偏于不安全的。由于升力矩对结构承载力影响较小,分析中可以忽略。横向和纵向应当设置阻尼限位装置,以减小由风荷载引起的动力作用。

三、钢箱拱构造示例

1. 上海卢浦大桥

上海卢浦大桥主桥为钢箱拱桥(图 2.5-1),主跨 550m,采用空间提篮中承式拱梁组合体系,为目前世界上同类桥型跨径最大的拱桥。大桥主拱矢高 100m(矢跨比为 1/5.5),跨径组合:100m + 550m + 100m = 750m。主桥桥面竖曲线半径 9 000m,桥面最大纵坡 2.5%,横坡 2%。大桥桥面6车道,两侧设两条观光人行道。该桥于 2000 年 10 月开工,2002 年 10 月主拱合龙,2003 年 6 月建成通车。

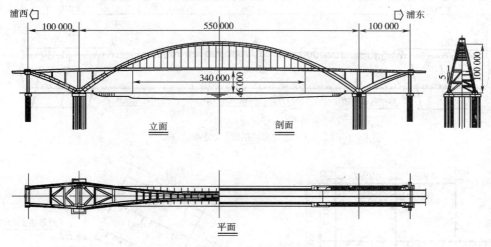

图 2.5-1 上海卢浦大桥总体图(尺寸单位:mm)

(1)主桥结构体系

主桥桥型结构,采用适合上海软土地基的中承式系杆拱桥。主桥两边跨端横梁之间布置强大的水平拉索,以平衡中跨拱肋的部分水平推力。加劲梁通过吊杆或立柱支承于拱肋之上。边跨加劲梁分别在中跨和边跨的拱梁交汇处与拱肋固结。中跨加劲梁的两端支承于中跨拱梁交汇处的横梁上,端支承为纵向滑动支座,横向和纵向设置阻尼限位装置。

(2) 主要构造

1) 拱肋截面形式

如图 2.5-2 所示,拱肋截面形状为陀螺形,中拱截面总高 9~6m,边拱截面总高 9~7m。拱肋上半箱为矩形截面:宽 5m,中跨部分从拱脚 6m 高渐变至拱顶的 3m 高,边跨部分则为 6~4m 高。下半箱为倒梯形截面:顶宽 5m,底宽 3m,高 3m。中拱顶板厚 30~32mm,拱梁结合段加厚至 65mm,底板厚 42~45mm,拱梁结合段加厚至 65mm;腹板厚 22mm,拱梁结合段加厚至 32mm;中板厚 20mm,拱梁结合段加厚至 30mm,边拱顶板厚 30mm,底板厚 40mm,腹板厚 20mm,中板厚 20mm。拱肋加劲采用 T 形加劲。

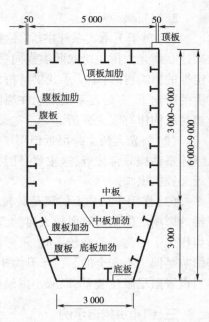

图 2.5-2 上海卢浦大桥主拱肋断面图(尺寸单位:mm)

2) 系梁及横梁

边跨三角区系梁截面为闭口钢箱梁,其截面如图 2.5-3 所示。其箱梁宽 41m,高 2.7m;顶板 13mm,U 形加劲 6mm,底板 10mm,横梁间距 3.375m。边跨系梁与拱肋、立柱、边拱末端横梁、中跨拱梁结合段横梁固结。边拱末端横梁、中跨拱梁结合段横梁是联系拱肋之间以及拱梁之间的重要构件,其构造设计分别如图 2.5-4、图 2.5-5 所示。中跨系梁为开口钢箱梁,即双主梁(箱梁)+横梁结构体系,其中跨系梁断面见图 2.5-6 所示。其箱梁宽 39.5m,高 2.7m;顶板 14mm,U 形加劲 8mm,横梁间距为 3.375m。中跨系梁通过吊杆支撑于拱肋之上。中跨系梁两端则通过支座与中跨拱梁结合段横梁相连接。

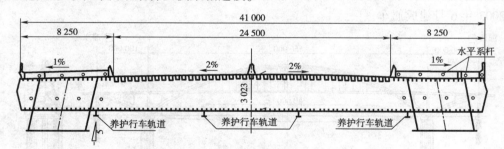

图 2.5-3 边跨系梁断面(尺寸单位:mm)

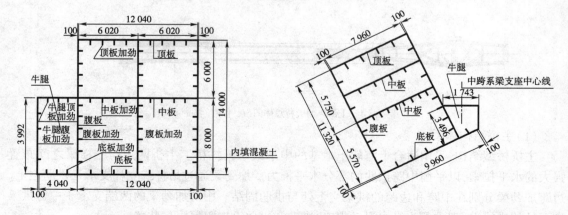

图 2.5-4 尾端横梁断面(尺寸单位:mm)　　图 2.5-5 中跨横梁断面(尺寸单位:mm)

3）风撑布置形式

桥面以上全桥共设 27 道风撑,水平间距 13.5m。风撑为变高度矩形截面,顶底板分别与拱肋的顶板、中板对齐。桥面以上第一道风撑高约 4.3m,宽 4.1m,其他风撑高 4.115～2.942m,宽 2.1m。桥面以下每侧边拱、中拱分别设 2 道 K 撑。K 撑亦为矩形截面,高约 2.6m,宽 2.6～3.1m。风撑截面形式如图 2.5-7 所示。

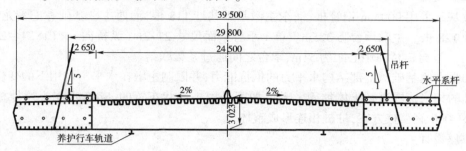

图 2.5-6　中跨系梁断面

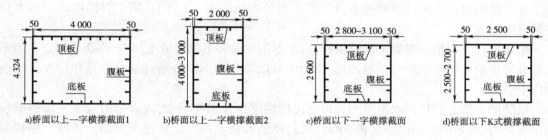

图 2.5-7　风撑截面形式(尺寸单位:mm)

4）拱上立柱

侧边跨三角区系梁下,共设 4×2 根立柱。立柱为矩形截面,其中主墩顶大立柱截面为 5m×5m,其他小立柱截面为 5m×2.5m。立柱截面如图 2.5-8 所示。

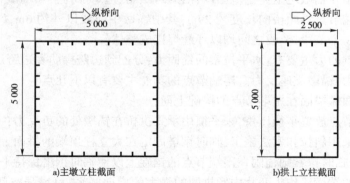

图 2.5-8　立柱截面形式(尺寸单位:mm)

5）吊杆与水平拉索

中跨吊杆顺桥向间距 13.5m,共 28 对,为双吊杆。吊杆横桥向与拱肋在一个平面内(对倾 1:5)。

卢浦大桥为中承式系杆拱桥,桥面加劲梁是不连续的,中跨拱产生的水平推力必须通过沿桥面加劲梁布置的水平拉索(柔性系杆)来平衡。全桥共有两组水平拉索,布置在两片边拱拱端。每组由 8 根拉索组成,拉索采用预制平行钢丝索、冷铸锚具。水平拉索的总索力约

1.7万~1.8万t,用以平衡中跨拱肋的恒载水平推力。水平拉索两端锚固在尾端节点的锚碇上面,其锚固力大部分(85%左右)通过边跨拱肋传递到拱座上,小部分(15%左右)则通过三角区加劲梁直接传递到中跨拱肋,以此平衡中跨拱产生的推力。在运营过程中水平拉索可更换。

6) 基础设计

主墩基础采用900mm钢管桩,浦东主墩基础共计118根,浦西主墩基础考虑雪龙港局部加强共计128根。主墩承台高3.5m。单个承台平面尺寸27.2m(纵桥向)×(18.4~21.5)m(横桥向)。承台横桥向中心距为51m,承台之间通过系梁联结。

为加强主墩基础对上部结构水平力的抵抗能力,并限制主墩在水平力作用下的变位,需对主墩基础的相当范围进行土体加固。土体加固采用格栅状布置的$\phi 700$水泥土搅拌桩,河向侧采用$\phi 1000$旋喷桩方案,桩桩相连形成整体。

7) 拱座设计

拱座是中跨、边跨拱肋及大立柱的连接节点,同时又是上部钢结构与下部混凝土承台的连接节点。拱肋通过拱座传递的垂直分力和水平分力达2万~3万t。施工时拱座还传递大立柱的巨大垂直力。

拱座设计采用钢—混凝土混合拱座,分上部钢拱座和下部混凝土拱座,拱肋中板以上的矩形部分采用钢拱座将中跨与边跨连接,拱肋中板以下的梯形部分通过端板直接作用在混凝土拱座上。

拱肋的大部分顺桥向水平分力直接通过钢拱座传递相互平衡,垂直分力及不平衡的顺桥向水平分力、弯矩则由钢拱座底板、中跨、边跨拱肋端板共同作用传递至混凝土拱座。横桥向水平分力通过承台系梁中的水平拉索平衡锚固在混凝土拱座上。大立柱的垂直力通过钢拱座传递给混凝土拱座及承台。

8) 尾端节点

尾端节点是指在锚墩之上一定范围内,由边跨拱肋、边跨加劲梁和端横梁刚结而成的复杂的空间结构。尾端节点沿顺桥向长度约29m,其中锚墩中心线以外约6m,以内约23m。每个尾端节点共分为8个节段,节段之间均以环缝焊接成整体。

通过尾端节点的力主要有:水平拉索的锚固力;分配到边跨拱肋和边跨加劲梁上用以平衡中跨拱推力的压力;锚墩支座反力。尾端节点的功能主要有以下几点:

①水平拉索两端锚固在尾端节点的锚碇上面;

②边跨尾端节点放置平衡压重,来平衡中承式拱桥在锚墩处的负反力;

③卢浦大桥采用斜拉扣索法施工,临时钢塔固定在大立柱顶端的桥面上,河跨临时拉索拉起拱肋节段,边跨临时拉索则锚固在尾端节点的锚碇上以使临时钢塔保持平衡;

④尾端节点的端横梁作为两片内倾拱肋的强大的横向联系,可增强空间提篮拱桥的整体受力性能;

⑤尾端节点的端横梁上设牛腿以搁置过渡孔T梁,是主桥和引桥的连接构造。

(3) 主桥施工技术及工艺

卢浦大桥主桥为全焊钢拱桥,除钢拱合龙段拱肋端口采用一端栓接、一端焊接外,其余拱肋、立柱和桥面加劲梁的现场连接均采用焊接连接。该桥采用的是可焊接细晶粒正火S355N结构钢,钢板厚度从10mm到100mm。施工时采用了许多临时工程,如大量的钢排架、临时索塔、临时斜拉索等,附属工程的用钢量达16 000余吨。其工程量大,且拆除工程量和风险也比较大。

施工借鉴了悬索桥的施工工艺,采用辅助猫道法架设超长、超重的水平拉索,并用托架悬挂体系作为施工过程中桥面加劲梁尚未安装到位时水平拉索的临时支承点。中跨桥面加劲梁采用改造后的拱上桥面吊机逐段进行吊装直至桥面加劲梁合龙,在对水平拉索的索力和中跨桥面加劲梁的安装高程进行全面调整后,通过现场焊接完成中跨桥面加劲梁节段的连接。

主桥施工方法,可以归纳为三种不同施工方法的组合。

1) 主桥"三角区"结构施工

主桥"三角区"结构施工,泛指桥面以下部分的构件的施工。它主要可以分成以下几个部分:

① 钢拱座和大立柱采用300t履带吊机分段吊装,现场拼装焊接。钢拱座为全桥受力的核心点,重约290t,分6块制作,现场安装焊接。

② 钢拱肋按不同的安装位置,采用了两种施工工艺。岸上部分拱肋采用支架法,分别用350t或300t履带吊机分段吊装;水上部分拱肋采用扣索法悬臂拼装,用1 000t浮吊大分段吊装,浮吊吊装到位后,先安装连接拉杆,后安装固定在大立柱上的临时索和部分接缝定位板,同时测量安装节段的坐标并用千斤顶、龙门夹具配合浮吊微调;临时连接和临时索安装到位后,开始安装下一节段。

③ 桥面加劲梁根据不同条件用了三种安装方法:部分岸上桥面加劲梁用两台300t履带吊机双机抬吊,并带载行走安装到预设支架上,施工关键是支架的搭设和滑移系统的安装;部分节段桥面加劲梁用浮吊1 000t浮吊吊装,并利用滑移小车纵向滑移就位;其余节段桥面加劲梁则直接用1 000t浮吊吊装到位。锚箱及端横梁采用支架法,用350t履带吊机分段吊装,现场拼装焊接。

2) 中跨主拱采用斜拉扣索法施工

通过临时索塔体系,用拱上吊机将拱肋预制节段吊装就位,然后进行拱肋节段连接的现场焊接、安装临时斜拉索,随后拱上吊机前移进行下一节段拱肋的安装。主拱合龙采用自然降温与少量外力顶推相结合的方法,成功完成了主拱合龙段的连接。

3) 中跨桥面加劲梁和水平拉索的安装

① 水平索施工:安装时,先用吊机将一段抽出,经过锚墩处导向架吊至桥面;再用卷扬机拖至另一段锚箱,放索时,水平索放置在托轮上;最后用千斤顶牵引直到带上永久螺母。桥面以上水平索同桥面施工交错进行,桥面以下水平索则在桥面安装合龙后安装。

② 吊杆施工:吊杆安装分为水上提升长吊索和猫道提升短吊索两种。

③ 桥面施工:桥面加劲梁利用改造的拱上吊机吊装。吊机在拱上行走就位后锚固,桥面加劲梁浮运至吊装位置处,由4台千斤顶提升与永久吊杆相连。

2. 重庆菜园坝长江大桥

重庆菜园坝长江大桥主桥为一座主跨420m、两边带有88m侧跨和102m边跨、总长800m的公轨两用的刚构、钢桁梁、钢箱系杆拱组合结构,如图2.5-9所示。

大桥主桥属无推力结构体系。从外形上看与常规中承式拱桥类似,然则其突出的特点在于结构主体是由三个子结构组成,即由一对预应力混凝土Y形刚构边跨和一个320m的钢箱提篮拱中跨组成的组合结构。三个相对分离的子结构通过中跨系杆和边跨系杆连接成主跨420m的系杆拱桥,这在大跨径拱桥的实际应用中属首次应用。这种刚构、钢箱系杆拱组合结构体系,可最大限度地利用混凝土材料所具有的耐久、耐压、经济的特性和钢材所具有的轻质、高强的特性,把合理的小跨结构组合成大跨结构,使安全、实用、经济、美观的设计思想得以充分体现。结构简洁、舒畅,是场地条件、功能需求、材料特性、结构受力、景观协调自然结合的产物。为平衡 Y 形刚构段的钢桁主梁的内力及挠度,两岸各延伸一跨 88m 侧跨,并使钢桁主梁连续。

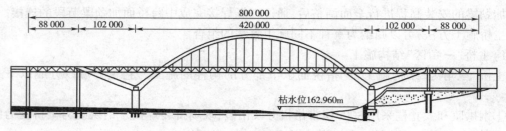

图 2.5-9　重庆菜园坝长江大桥总体布置(尺寸单位:mm)

菜园坝长江大桥充分利用公轨两用的功能要求所必需的强大主梁的特点,根据场地条件、结构受力和材料特性,采用刚构、钢桁梁、系杆拱组合结构体系,其一对边跨预应力混凝土刚构和一个中跨钢箱提篮拱三个相对分离的子结构通过中跨系杆及边跨系杆连接成 420m 的系杆拱。独立的边跨系杆索配合竖向拉杆索使得对刚构施工及成桥后的内力进行主动控制成为可能。施工采用大节段整体钢桁梁节段拼装的方法,即把一个标准节段长为 16m 的钢桁梁整体节段作为工地拼装的基本单元,把段内杆件、梁段、节点、正交异性桥面板片在厂内拼装成段,然后运至工地吊装拼接。全桥总长 800m 的主桁梁共划分为 51 个节段单元。重庆菜园坝长江大桥首次采用了钢绞线系杆索,成功解决了诸多难题:钢绞线在工地穿束组成系杆;系杆拱施工过程需反复调节结构内力,系杆需多次张拉;系杆的锚固、防腐及换索工艺等。实现了大桥重要结构的可视、可检、可调、可换,以确保大桥的耐久性。

3. 广西南宁大桥

在现代桥梁设计中,许多拱桥的方案往往因其建筑学方面的意义而被选中。与此同时,对建筑结构造型的追求,促使拱结构的形式不断变化与翻新,也出现了结构异化的现象。

1987 年西班牙建筑师在巴塞罗那设计的斜靠拱是对拱桥造型追求的一个经典作品,如图 2.5-10 所示。这一体系近年来已被我国桥梁建设所采用,如江苏江阴市杏春桥、浙江义乌市丹溪桥、江苏昆山玉峰桥等。

传统的拱桥拱肋与行车道平行,拱肋为以面内受压为主的结构。英国 Hume 桥采用了单根拱肋以与行车道斜交的形式跨越,形成了斜跨拱。此后,日本东京羽田机场跨线桥、台湾猫罗溪桥则采用了以一根与行车道垂直的大拱肋通过拉索吊住桥面,暂且将之称为拱塔斜拉桥。如果说斜跨拱的拱肋因其还是以沿桥梁跨越方向向桥面结构提供弹性支承的结构,还可以看成拱的话,则拱塔斜拉桥中的拱则主要起斜拉桥的桥塔的作用,它的结构受力行为也与传统的拱结构有很大的区别。

拱的横向稳定是其结构设计考虑的一个重要内容。通常两根或两根以上的拱肋通过横向联系,有时还将拱肋内倾形成提篮拱以提高横向稳定性。而有一种拱结构,两根拱肋不是内倾,而是外倾,且不加横撑,形成一种蝶形拱,比如英国的蝴蝶桥(图 2.5-11)、罗瑟海斯隧道桥、日本的森林桥等。从结构受力来看,它显然是不合理的,因此其施工与结构的造价都要有很大的提高。有时只有一根拱肋外倾形成单肋外倾拱,如英国德黑茨桥、约克千禧桥、黑山狗桥等。

此外,还有拱轴线的异形、高低拱的组合、同一跨中多根肋跨径大小不一的结构、拱与斜拉桥的组合、拱与悬索桥的组合等,变化繁多,有的已经实现,有的还是一种设想,在此不一一列举。

图 2.5-10　Bacde Roda 斜靠拱　　　　　　　图 2.5-11　英国蝴蝶拱桥

国外虽然出现了许多造型奇异的钢拱结构,但它们基本上是在人行桥、自行车桥或小跨径小规模的车行桥中出现的。由于规模小、造价总量有限,因此结构异化所引起的构造复杂、施工困难和费用上升都是有限的。我国广西南宁大桥,即是应用这种奇异拱结构的例子,现简单介绍如下。

（1）结构构造特点

1）外倾拱肋

广西南宁大桥主桥采用 300m 跨径的非对称肋拱桥,大桥的总体布置参见图 2.5-12。该桥由两条倾斜的钢箱拱肋、桥面曲线钢箱梁、倾斜的吊杆、系杆及肋间平台,共同构成一个三维的空间结构体系。大桥主梁位于半径 1 500m 的平曲线上,两拱肋分别位于各自的倾斜平面内,东侧拱肋倾角约 69.7°,西侧拱肋倾角约 66.5°,拱肋间桥面以上无横向联系。两条拱肋在主梁下设置强大横梁,于拱顶遥相分隔。

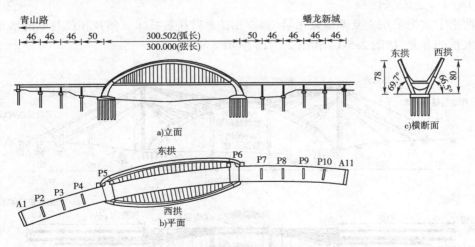

图 2.5-12　广西南宁大桥的总体布置(尺寸单位:m)

拱的推力由隐藏于钢箱主梁内的系杆所平衡。两拱肋支于两岸拱座,拱座将荷载传到基础,并保持视觉连续。拱座如同斜墩支承着系杆拱主跨。拱座连接拱肋、行车主梁、基础,以及引桥连续梁,并对隐藏于钢箱主梁内的后张系杆进行锚固,拱座设计有着结构受力与建筑造型的双重作用。

拱肋为单箱单室钢箱拱肋,为等宽变高矩形截面,为了美观和减少风阻力,拱肋截面进行

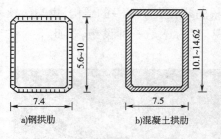

图2.5-13 拱肋横截面示意图(尺寸单位:m)

了切角处理。拱肋四周为钢板,由纵向加劲肋、横向加劲肋板、吊点横隔板和定位横隔板进行加劲。拱肋构造图见图2.5-13。拱肋通过吊索支撑着主梁,吊索的横向分力同样支撑拱肋,使得拱的压力线位于拱平面内。曲线主梁成为第三条拱(水平面)承受着两侧吊索不平衡力水平分力,该不平衡力同样部分地被主梁内的系杆所平衡。

2)曲线主梁

主梁为弯曲封闭式钢箱梁,在拱跨内为连续无缝结构,两端与混凝土肋间平台刚接。钢箱梁宽度为35m,梁高3.5m。主梁由其边缘上8m间距的吊索所支承,两侧吊索分别沿横桥向倾斜,并位于同一平面内。

钢箱梁由纵向边隔板、横隔板、底板、斜边侧板和顶板组成。横隔板间距为4m,系杆与指定的横隔板接触,以抵消两侧斜吊索在桥面产生的不平衡横向荷载。

3)拱座

拱座支承着钢箱拱肋、钢箱主梁、引桥预应力混凝土箱梁,与墩的作用一样。拱座同时为钢筋混凝土和后张预应力混凝土平台和梁结构。拱座竖直向和横向均设置后张预应力束,便于使拱肋推力传至基础。

4)拱肋肋间平台

拱肋肋间平台为两拱肋内侧之间的平台,此平台设计上有如下功能:在主梁处提供两条拱肋之间的横向预应力混凝土结构的横系梁;汇集两拱的推力,并将其传递到主梁内的纵向系杆;锚固主梁内的纵向系杆;提供主桥和引桥之间长20m的行车主梁。拱肋肋间平台包括宽10.5m的横向箱梁和长20m的主梁节段,以及拱箱内厚3m的水平隔板。

(2)施工工艺及关键技术

广西南宁大桥采用无支架缆索吊装、斜拉扣挂悬臂拼装技术。斜拉扣挂与临时墩布置,以及南宁大桥的合龙,如图2.5-14和图2.5-15所示。

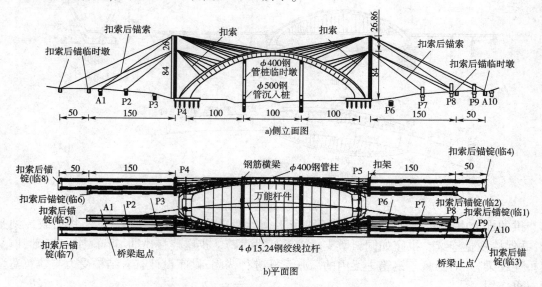

图2.5-14 斜拉扣挂与临时墩布置图(尺寸单位:m)

图 2.5-15　广西南宁大桥合龙

第六节　钢管拱桥

一、钢管拱桥的特点及应用

1. 钢管结构桥梁的特点

钢管结构早就被应用于桥梁结构之中,1883～1890 年修建的苏格兰 Firth of Forth 铁路桥就是一座大跨径的钢管结构桥梁,如图 2.6-1 所示。该桥两主跨为 521m 的悬臂梁,整个结构是由受压构件的钢管和受拉构件的角钢组成的桁架。钢管是由轧制板经铆接制作而成。由于桁架外形是变截面,桥梁外形富于变化。

图 2.6-1　苏格兰 Firth of Forth 铁路桥

近年来,应用圆钢管作为主要承重结构的钢—混凝土组合桥梁修建较多,与开口截面杆件或者箱形梁相比,钢管桁架形状美观且轻巧,特别适合于对透视要求很高的高架桥和城市桥梁,如德国、日本和瑞典的一些高架桥就采用这种结构。Bras de la Plaine 桥(图 2.6-2)的主跨 280m,固端梁桥,采用钢管桁架作为腹板,2001 年建成。

2. 钢管拱桥的特点

应用钢管结构修建桥梁最多的桥型当是拱桥,称为管拱桥,或者钢管拱桥。

钢管拱桥的拱肋有单圆管、并列双圆管、三肢桁式和四肢桁式四种形式。与钢管混凝土拱桥相比,钢管内没有充填混凝土。

拱以受压为主,面内面外均存在着稳定的问题。圆钢管截面各向抗弯惯矩大,相对的长细比减小,有助于结构稳定性的提高。同时圆钢管截面相对于箱形截面抵抗局部屈曲的性能要

图 2.6-2　Bras de la Plaine 桥

好。此外,对于宽跨比较小且处于风力较大的沿海或者山谷地区的拱桥,圆形拱肋承受的横向风力较小,有利于提高拱的横向稳定性。

钢管结构之所以在拱桥中有较多应用,在于圆形钢管截面具有以下优点:

①杆件整体屈曲强度高。受压杆件的整体屈曲强度随长细比 l/r 的减小而增加,钢管与相同截面积的正方箱形截面杆件相比,回转半径 r 约增加 10%,所以钢管整体屈曲强度高。

②抗扭能力强。钢管的抗扭刚度均为同截面积、同厚度的正方形截面的 1.6 倍,同时,达到容许剪应力时钢管所能承受的扭矩亦约为正方形截面的 1.27 倍。

③挠曲强度高。钢管截面抵抗矩与同截面的正方形截面相比大体相当,不过就从弹性极限到达全部塑性的抗弯潜力来说,H 形截面及箱形截面的截面形状系数为 1.1~1.2,而相应的钢管截面形状系数为 1.28,所以说钢管的抗弯潜力较大。

④局部屈曲强度大。对于正方形截面,若其宽度与壁厚比为 $b/t=40$,局部屈曲的容许应力为 140MPa,而钢管的外径与壁厚比 $R/t=50$ 时,局部屈曲的容许应力亦为 140MPa,此时若两者所选取的截面积相等,并在要求有相同的局部屈曲强度条件下,钢管的壁厚可以减薄到约等于正方形截面壁厚的 1/1.4。

⑤因为截面形状的原因,圆管截面具有较小的阻力系数,在抗风设计方面具有优势。

⑥可降低制造费和维修费。制造费方面:与通常的带棱角的截面相比,钢管的焊缝总长度可以减小。同时,由于钢管局部屈曲强度大,所以很少使用加劲材料;其次,钢管表面积一般与带棱角杆件相比,要小 30%~40%,可以大幅减小油漆费用。在维护费用方面,因为钢管表面相当光滑,其腐蚀比较轻。

⑦建筑美观性具有优势。合理的使用钢管截面,在一般情况下都会得到一个整洁和宽敞的结构。

3. 国外钢管拱桥的发展

国外早期几座著名的钢管拱桥介绍如下。

(1)瑞典阿斯克劳水道桥

瑞典的阿斯克劳水道桥(图 2.6-3)是 1960 年 6 月建成的一座钢管拱桥。该桥为主跨 278m 的无铰拱,主拱肋由两根外径 800mm,壁厚 14~22mm,肋中心距 8.7m 的拱肋组成,两钢管之间用 K 形桁式纵向联结系与横向联结系(横梁)连接起来。桥道系为钢筋混凝土梁格体系。拱上立柱也是钢管(外径 318~750mm),纵向间距 16.2m。该桥于 1980 年因船撞而垮塌。

图 2.6-3　瑞典的阿斯克劳水道桥

(2) 日本松岛大桥

日本松岛大桥位于日本国道 266 线,为上承式两铰拱,建于 1966 年。该桥主跨跨径 126m,桥面宽度仅 6.5m。大桥总体布置如图 2.6-4 所示。主拱肋由两根钢管组成,拱顶钢管外径 1 850mm,拱脚钢管外径 800mm、管壁厚 12mm,采用 SM50 钢材。桥面纵梁为高 1 000mm 的工字形钢梁,引桥为钢—混凝土组合梁,桥面纵梁高度与主桥一致,线条流畅美观。

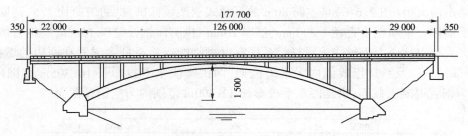

图 2.6-4　日本松岛大桥立面布置图(尺寸单位:mm)

(3) 德国 Kaiserlei 桥

德国 Kaiserlei 桥如图 2.6-5 所示。该桥是一座无推力的下承式系杆拱桥,跨度为 220m,宽 36m,主拱矢跨比 1/8.5,拱肋高度与跨径之比为 1/108。桥道系由四根纵板梁和许多横梁支承正交异性钢桥面板构成。双拱肋间无横系梁,为无风撑拱。每根拱肋由两根钢管组成,钢管直径为 2m,两钢管中心距为 3.0m,用水平联结板联结,单根拱肋全宽达到 5.04m,拱肋截面的水平弯曲刚度和扭转刚度都非常大。桥面系纵梁间距 7.2m,横向共 6 根,与分配横梁形成梁格体系,桥面板为钢桥面板,吊杆为钢板截面;桥道系与主拱在端部焊接,拱的水平推力直接传递给桥面板。

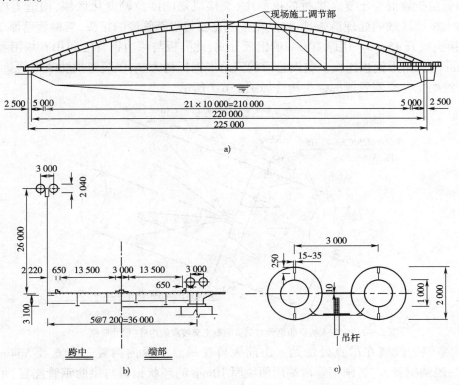

图 2.6-5　德国 Kaiserlei 桥立面布置图(尺寸单位:mm)

4. 钢管与钢管混凝土复合拱桥

我国近年来出现了一种叫做钢管与钢管混凝土复合拱桥的桥型,其拱肋在拱脚段采用钢管混凝土,拱顶采用空钢管。复合拱使得拱肋的自重较小、重心降低,对提高拱肋的横向稳定性和减小横向地震作用力较有利,同时可以避开钢管混凝土可能出现的拱顶段内混凝土浇筑不密实的问题。福鼎市山前大桥是第一座此类桥型,此外还有湖南湘潭四桥等。

福鼎山前大桥(图2.6-6)是主跨80m的下承式刚架系杆拱,拱肋矢跨比1/5,两肋间设两道一字形横撑。拱肋钢管直径1 200mm,壁厚20mm,拱脚段钢管壁厚16mm,空钢管段内设加劲钢筋。大桥以预应力钢绞线为系杆。系杆穿过拱脚的钢箱系杆盒锚固在两边的墩帽上,使拱肋、下部结构以及系杆组成面内无推力框架,两拱脚段水平投影长16.305m范围内(接近$L/4$处)为钢管混凝土截面,拱顶段水平投影长42.390m范围内为空钢管截面。

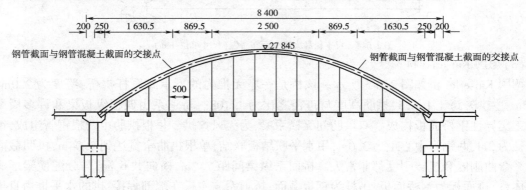

图2.6-6 中国福鼎山前大桥立面布置图(尺寸单位:cm)

在钢管与钢管混凝土复合拱桥的拱肋中,交接段是刚度急剧变化区域,构造上应给予重视。山前大桥该区域的处理措施是:将混凝土填充段与空钢管段的接头,与钢管壁厚20mm与16mm的接头错开15mm。用厚10mm的钢板分割,此隔板与两边钢管之间用6块沿圆周等分布置10mm的三角形钢板连接。空钢管段的三角形钢板稍大些,以缓解拱肋刚度的急剧变化。拱肋钢管混凝土与空钢管段的接头构造如图2.6-7所示。

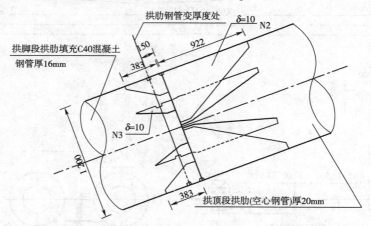

图2.6-7 山前大桥拱肋钢管与钢管混凝土交接段的构造(尺寸单位:cm)

此外,空钢管段应在吊点处加劲。山前大桥在吊点处纵向内置一个直径564mm、壁厚10mm的一段圆钢管,内置圆钢管两端用两块厚10mm的环状钢板与拱肋钢管连接,吊杆穿过内钢管。山前大桥拱肋空钢管段吊点构造如图2.6-8所示。

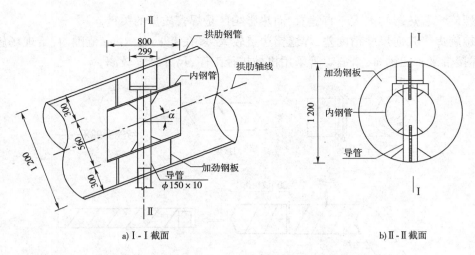

a) Ⅰ-Ⅰ截面　　　　　　　　　b) Ⅱ-Ⅱ截面

图 2.6-8　山前大桥拱肋空钢管段吊点构造(尺寸单位:cm)

二、钢管杆件的构造

1. 钢管种类

1) 制作方法分类

钢管按照制作方法可分为:电焊接钢管、无缝钢管。前者因更适用于桥梁结构的径厚比变化要求及经济优势,在设计中应多采用。电焊钢管一般采用埋弧焊,无缝钢管一般采用轧制方法制造。

2) 截面形状分类

钢管按照截面形状可分为:圆钢管、方钢管和其他形状的钢管。在桥梁中应用的以圆钢管居多。

3) 焊接工艺

我国的成品焊接钢管按照工艺区分,主要有直缝电阻焊管(ERW)、螺旋埋弧焊管(SSAW)和直缝埋弧焊管(LSAW)三种工艺。

直缝电阻焊管(ERW)是我国最早生产、应用范围最广、生产机组最多、产量最高(占焊管总产能的80%左右)的钢管品种,但管径仅为20~610mm,偏小。

螺旋埋弧焊管(SSAW)采用价格较低的窄带(板)卷制并连续焊接生产大口径(1 016~2 400mm)焊管,生产工艺简单、运行费用低,具有低成本运行优势,在中大口径低压输水、热力和打桩管等市场具有价格优势,但螺旋焊管机组不能生产大壁厚钢管(18mm 以上)。螺旋焊接管制作工艺流程如图 2.6-9 所示。

直缝埋弧焊管(LSAW)在我国是较晚发展起来的先进制管技术,共有 UOE、JCOE、HME、RBE 和 PFP 五种成管方式,以前两者最为常见。直缝埋弧焊管质量可靠,广泛应用于油气高压输送主干线上。该焊管机组由于投资相对较大,使用的原材料为成本较高的单张宽厚板,工艺较复杂,生产效率低,产品成本较高。因此,该技术受到原料(钢板)质量、价格以及制管成本的制约,在一般应用领域里缺乏竞争力。

对比螺旋埋弧焊管(SSAW)和直缝埋弧焊管(LSAW),直缝埋弧焊管具有如下诸多优势:

①螺旋焊管焊缝流线较差,应力集中现象严重,其制造工艺决定其残余应力要大于直缝焊管,因直缝焊管采用整体扩径工艺,残余应力接近零,而螺旋焊管不可能做到这一点。

②螺旋焊管热影响区大于直缝管,而热影响区是焊管质量的关键。

③螺旋焊管几何尺寸精度差,焊缝错边量较大,多在1.1～1.2mm范围内,给现场施工,如对口、焊接带来一定困难;直缝焊管采用机械扩径工序,尺寸精度较高。

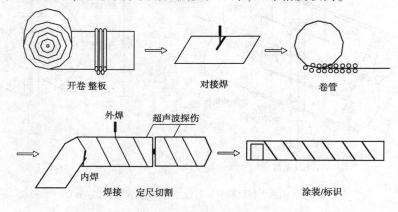

图2.6-9 螺旋焊接管制作工艺流程示意图

④同样管径,螺旋焊管可能达到的厚度远小于直缝焊管,如直缝管板厚一般为6～25mm,最厚可达45mm,而螺旋焊管壁厚最大只能达到18mm。

⑤直缝焊管焊缝比螺旋焊管缩短60%,焊缝缺陷出现概率低。

⑥直缝焊管母材为单张控轧钢板,可进行100%无损探伤,而螺旋焊管母材为热轧钢板卷,不能做到100%的无损探伤。

⑦直缝焊管采用先成型后焊接的工艺,成型与焊接分开进行,焊位好,焊接参数易控制,焊缝的间隙、坡口、错边等可检测处理,焊缝质量易保证;而螺旋焊管采用边成型边焊接的工艺,即使在焊接进程中发现有错边、开缝等缺陷也很难停机处理。

⑧钢管混凝土拱桥中,大量支管、缀板与主管焊接;《铁路钢桥制造规范》(TB 10212—2009)规定相邻焊缝间须留出足够间隙,螺旋焊管无法保证,常遇到螺旋形焊缝与其他焊缝交叉的情况。

因此,直缝焊管的工艺质量综合性能要明显优于螺旋焊管,2000年建成的广州丫髻沙大桥就率先采用了UOE成管的直缝焊管,日本2006年建成的新西海桥也采用了UOE成管的直缝焊管。

至于采用钢板在现场自行卷制钢管的方法,在构件几何精度、焊缝质量、焊后检验等方面不易保证质量。对轧制钢板,其冲击韧性有较大的各向异性,顺轧制方向的冲击功可比垂直轧制方向高3倍;由于现场卷制方向与钢板轧制方向相同,致使环向冲击韧性指标较高,主体受力方向上(纵向)冲击韧性指标较低。

目前,对较小直径的钢管,多使用无缝钢管;对较大直径的钢管,多使用成品直缝焊管,应尽可能避免在工地现场卷制钢管。

2. 钢管杆件受力特点

拉压构件的设计强度取决于其截面面积和设计屈服强度,与截面形状无关。原则上,从所需材料重量的角度出发,管截面的使用并没有特殊的优点和缺点。圆钢管截面由于靠近中性轴附近的面积比重较大,一般其截面惯性矩或抗弯模量不如工字钢、槽钢和H形钢,甚至比矩形截面的还要小。只有当开口截面的设计强度因为平面外弯扭屈曲而大大降低时,管截面才具有优越性,尤其是在双向受弯时采用管截面特别有利。对于轴心受压构件,其临界屈曲荷载取决于长细比和截面形状。圆截面因为具有较大的回转半径与面积之比,且抗扭刚度大,因此是很好的受压及受扭截面。

此外,在常用的杆件截面形状中,圆钢管截面的风阻力系数最小,约为正方形截面的30%,为八角形截面的43%。同时,圆钢管截面特别适合于承受内压力。

钢管截面由于管壁较薄,受压时除结构整体可能失稳外,还有局部失稳问题。承受弯曲、扭转、横向剪力和组合作用时,受压区的局部屈曲也不容忽视。对于偏压构件或者考虑了初始缺陷和材料非线性的构件,构件的失稳为弹塑性极值点失稳。

3. 钢管桁架结构

(1)结构构造

常见的管结构桁架与其他桁架类似,主要有:三角形斜腹杆桁架、直腹杆桁架、带交叉腹杆(再分式)桁架,以及柏氏 Pratt 桁架、霍氏桁架。

柏氏(Pratt)桁架上作用均布荷载时,竖杆产生压力,斜杆产生拉力(见图2.6-10)。

霍氏桁架与柏氏桁架相反,霍氏桁架上作用均布荷载时,竖杆产生拉力,斜杆产生压力(见图2.6-10)。

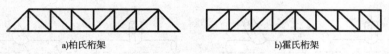

a)柏氏桁架　　　　b)霍氏桁架

图 2.6-10　柏氏与霍氏桁架

华伦桁架的受力特点是,相邻斜杆交错产生拉力和压力,当节点较宽时,为了把桁架上的竖向荷载传递到空桁架上弦杆和斜杆相交的节点,常在中间设置竖杆(图中虚线)(见图2.6-11)。

K式桁架:一般情况下,斜杆倾角在45°~60°时经济性最为有利,杆件间的连接也较容易。对于桁高较大的桁架,若斜拉杆倾角仍要保持在这个范围,则节间长度就要加大,斜杆的自由长度也相应变大,整个桁架材料用量增加较多。在这种情况下,可把节点设置在竖杆的中间,从而使腹杆成K字形(见图2.6-11)。

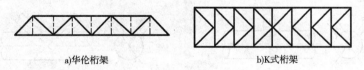

a)华伦桁架　　　　b)K式桁架

图 2.6-11　华伦桁架与K式桁架

就外观而言,柏氏桁架和华伦桁架比例协调、简洁,是应用最为广泛的桁架形式。与柏氏桁架相比,华伦桁架的节点数只有柏氏桁架的一半,一般地讲华伦桁架的布置较经济,这就是受弯桁梁较多采用华伦桁架的原因。

对于以受压为主的桁式拱圈,为与竖向吊杆吊点协调和拱肋节段连接方便(节段接头处采用竖向双腹杆分别位于不同的节段),常常采用N形腹杆的柏氏桁架(见图2.6-12),对于大跨拱圈,常根据不同部位采用竖向及径向腹杆混合布置。即对于设置吊杆部分拱圈的腹杆采用竖向布置的N形腹杆;而对于桥面以下的拱脚部分,由于曲率较大腹杆竖向布置腹杆较长、腹杆间夹角较小,此段宜改为腹杆径向布置的形式。

(2)节点连接

1)节点的形式

三角形斜腹杆桁架的主要节点为K形节点,Pratt桁架的主要节点为N形节点,直腹杆桁

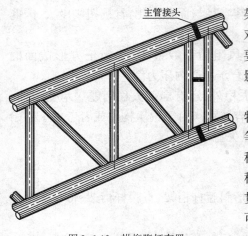

图 2.6-12 拱桁腹杆布置

架的主要节点为 T 形,再分式桁架的节点则为复合型。对于全焊的钢管桁架,各杆件除了承受轴向力之外,还要受弯矩作用,在做近似计算时,可忽略此弯矩的影响。

钢管桁架的弦杆与腹杆之间的连接方式有多种:特殊预制件连接、螺栓与端部零件连接、节点插板连接等。最常用的方法是直接焊接。直接焊接的连接方法称为相贯节点,或称简单节点、无加劲节点。弦杆一般称为主管,腹杆称为支管或支杆。在支管通过端部相贯线加工后,直接焊接在主管的外表。支管在节点处可能相互分离,也可能部分重叠。

钢管桁架中节点形式多样。按支管的空间位置可分为平面节点和空间节点。平面节点有 X 形、T 形、Y 形、K 形等(图 2.6-13)。空间节点形式有 TT 形、KK 形、XX 形等(图 2.6-14)。

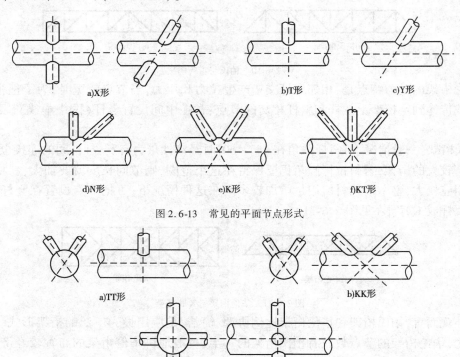

图 2.6-13 常见的平面节点形式

图 2.6-14 常见的空间节点形式

为防止钢管发生局部屈曲,我国的《钢结构设计规范》(GB 50017—2003)要求圆钢管的外径与壁厚之比不应超过 100,热加工管材和冷成型管材不应采用屈服强度超过 345MPa,以及屈服比大于 0.8 的钢材,且钢管壁厚不应大于 25mm。

2)节点设计要求

为保证钢管桁架节点连接的质量和强度,对钢管节点的构造设计要求如下:

①主管的外部尺寸及壁厚不应小于支管的相应尺寸,支管与主管连接时不得将支管插入主管。

②主管与支管或者两支管轴线之间的夹角不宜小于30°,以保证施焊条件,使焊根熔透。

③主管与支管连接的节点,除搭接型节点外,都应尽可能避免偏心,且支管间隙不应小于两支管壁厚之和。

④主管与支管焊接,应沿全周焊接并平滑过渡。

⑤支管端部应采用自动切管机切割,支管端部应精密加工,支管壁厚小于6mm时可不切坡口。

⑥支管与主管之间的连接,可沿全周采用角焊缝或者部分角焊缝+部分对接焊缝。支管管壁与主管管壁之间的夹角大于或等于120°的区域,宜用对接焊缝或者带坡口的角焊缝。角焊缝的焊脚尺寸,不宜大于支管壁厚的2倍。

⑦钢管构件在承受横向荷载的部位应采取适当的加强措施,以防止产生过大的局部变形。构件的主要受力部位应避免开孔,如必须开孔,应采取相应的补强措施。

目前,我国在管桁结构方面的研究做得较少,没有专门的关于管桁结构的设计规范,相应可参考的设计资料也较少,这给设计人员对于该种结构形式的应用带来了很大的困难。我国大跨度钢桁架拱桥的设计中,弦杆多采用箱形截面,腹杆多采用H形截面。

3)结构整体受力特性

管结构在轴向荷载作用下将产生较大的横向变形,会使连接杆件产生附加内力,当采用杆系结构计算时无法得出准确结果。尤其是全焊钢管桁架结构,各杆件内还存在由于节点刚性所引起的二次内力。所以,钢管桁式结构的精确计算一般不能将节点视为铰接。结构满足铰接假定计算的条件详见《钢结构设计规范》(GB 50017—2003)的相关规定。

钢管结构的破坏除了与结构本身的几何性质和物理性质有关外,还与支承条件和荷载形式等有关。钢管的受力性能与其材料、偏心率、长细比、径厚比、构件端弯矩作用形式、缺陷(包括几何缺陷和物理缺陷)等有关。

4)相关节点静力承载力

相关节点的承载力是指节点破坏时,作用在支管端部的最大轴力,它以极限强度作为承载力的判断条件,而不以最大拉力作为判断条件。

在结构设计合理、施工质量可靠的条件下,圆钢管节点的破坏模式一般控制为弦杆屈服和弦杆冲剪。对于承受轴力的平面圆管节点,在计算节点静力强度时,有三种计算模型:环向模型(用于弦杆屈服)、冲剪模型(用于弦杆冲剪)、弦杆剪切模型。计算相关节点静力承载力主要考虑的因素有:弦杆径厚比、腹杆与弦杆的外径比、腹杆轴线与弦杆轴线的夹角、腹杆之间的间隙等。空间节点的计算目前尚在研究之中。

值得注意的是:对于焊接结构而言,由于应力集中的影响和焊接残余应力的影响,极易引发疲劳裂纹,裂纹多出现在焊缝附近,尤其是焊趾处出现。疲劳性能对管结构的节点往往起控制作用。

第三章 悬索桥

第一节 悬索桥的结构体系

悬索桥,是指以悬挂于桥塔之上的主缆(或称悬索)为主要承重结构的桥梁。其主要组成部分是:主缆、桥(索)塔、锚碇、吊索及桥面,一般还有加劲梁。传统悬索桥立面布置简图如图3.1-1所示。

悬索桥以其雄伟、壮观、跨越能力大而著称,是跨越宽大江河、海湾的首选桥型之一。

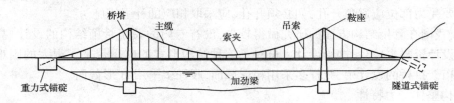

图3.1-1 传统悬索桥立面图

一、悬索桥的发展

1. 悬索桥发展的几个阶段

悬索桥的历史是古老的,其构思据说来自猴桥,它是由若干强壮的猴子组成一条悬链来让病猴或年老体衰的猴子通过的桥梁。最原始的人类悬索桥采用植物类的竹子、树茎或藤条来制造悬索以渡小溪,使用的悬索有竖直的、斜拉的,还有两者混合的,这就是最早的悬索桥雏形。婆罗洲、老挝、爪哇等的原始藤竹桥,就是最早的悬索桥。

悬索桥的修建,在我国具有悠久的历史。我国也是使用铁做链索桥最早的国家,四川省的灌县早在千年之前就出现竹索桥。据历史记载,公元465年以前,我们的祖先就能"以铁为索",系南北为桥了。明、清两代,在云、贵、川地区修建的铁索桥极为普遍,目前尚留下有铁杆桥和铁索桥。最著名的是清代所建的贵州盘江桥和闻名于世的四川泸定大渡河桥,大渡河桥由9条铁链组成,建成于1706年。这些桥梁对当时的物质流通和文化交流起到了很大的推动作用。

在国外,铁索桥的出现是公元10世纪,限于当时冶金业水平,造桥只能采用生铁和少量熟铁,悬索多采用铁链。英国于1826年建成的跨度177m的麦地海峡桥,以及1864年建成的跨度214m的克利夫顿桥,都是属于这种形式。这两座古老的悬索桥至今尚在使用。利用钢缆绳、钢绞线和钢丝等现代钢材来制造的悬索桥,基本上是进入20世纪后才开始出现的。而悬索桥计算理论的初步形成是在19世纪末,之后悬索桥的建造才有了理论基础。

在悬索桥从古代到现代的建造历史进程中,材料、施工工艺、结构体系、计算理论等方面都得到了发展。现代悬索桥的发展迄今出现了四次高峰。在第一次与第二次高峰之间的20世纪40年代,因美国塔科马老桥的风毁事故,导致大跨度悬索桥的修建停顿了约有10年之久。但在此期间抗风设计引入了风洞试验,从而使悬索桥的发展在20世纪50年代得到复苏,并分别在60年代与80年代进入第二次与第三次高峰。进入20世纪90年代之后,在全球范围内又出现新的建设高峰,即目前的第四次高峰。下文对四次高峰,包括挫折期与复苏期,分别作概略的叙述。

(1) 1930年前后美国的悬索桥——第一次发展高峰

1883年在美国纽约建成了主跨为486m布鲁克林桥。该桥是美国也是世界上首座跨度较大的现代悬索桥,该桥除了具备现代悬索桥的缆索体系外,还设置有若干加强的斜拉索。1903年建成的主跨488m的威廉姆斯堡桥,以及1909年建成的主跨448m的曼哈顿桥,这两座桥都是采用空中编缆法(简称AS法),在高空中利用编丝轮将钢丝编拉后组成主缆。

20世纪20年代,美国各地相继建成了较多的小跨度城市悬索桥。同时期还建成两座主跨超过500m的悬索桥:一座是1926年建成的本杰明·富兰克林桥,主跨为533m,此桥又名费城·坎姆登桥,在费城跨越特拉华河,其跨度和载重规模在当时都是空前的;另一座是跨越底特律河的大使桥,主跨为564m,于1929年建成。

20世纪30年代,是美国修建大跨度悬索桥的最兴旺时期。1931年建成跨度首次突破千米的乔治·华盛顿桥,此桥在纽约跨越赫德森河,主跨达1 067m。1936年建成旧金山·奥克兰海湾大桥,此桥分东西两桥,其中西桥是两座一前一后串联衔接的孪生悬索桥,每座均为三跨悬吊,主跨均为704m,采用加劲钢桁梁,桥面分上下两层:上层有6车道,下层可通行三个车道的重车和双轨电车。继此之后,在1937年又建成了举世闻名的,并象征旧金山的金门大桥(见图3.1-2),主跨为1 280m,金门大桥保持"世界最大桥梁跨度"纪录达27年之久。1939年又在纽约建成跨越东河的布朗克斯·惠斯登桥,主跨701m。

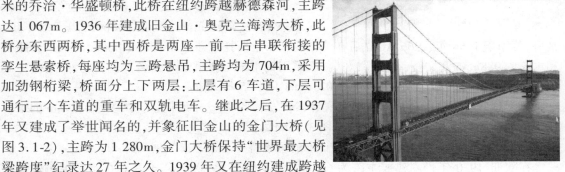

图3.1-2 美国金门大桥

以上这些悬索桥的建成,包括两座跨度大于千米的桥梁,形成美国悬索桥的第一次发展高峰。

(2) 20世纪40年代悬索桥发展史上的挫折——塔科马桥的风毁

进入20世纪40年代后,美国悬索桥的建设因为塔科马老桥的风毁事故而有所减缓。塔科马老桥位于华盛顿州,于1940年建成,主跨853m,下承式钢板梁的加劲梁断面抗风稳定性差,在建成当年的11月7日近中午的时候被风吹断。

(3) 20世纪50年代悬索桥发展的复杂局面——风洞试验的兴起

塔科马老桥风毁事故之后,美国乃至世界的悬索桥建设事业的发展整整停止了10年之久。但以此为转机,利用风洞进行三维模型试验,证实了无衰减的反复力逐渐累积,可能导致结构发生极度的共振乃至破坏。1950年美国按原有跨度重建塔科马新桥,在新桥的设计中,对加劲梁利用风洞试验作了反复的研究比较,将加劲梁改为钢桁梁,梁的高跨比从旧桥的1/350提高到1/85,宽跨比从1/72提高到1/47,并在桥面部分开有若干带状孔隙,以进一步改善加劲梁的抗风性能。通过塔科马新桥的设计,悬索桥的模型风洞试验从此在设计中成为必要的手段。

20世纪50年代中,美国在克服了风灾挫折后重整旗鼓,再度致力于修建大跨度悬索桥。1951年首先于威明登建成主跨为655m的特拉华纪念桥,1957年又建成主跨为1 158m的麦基纳克湖口大桥和主跨为610m的华尔特·惠斯曼桥。

在吸取塔科马老桥的痛苦教训的同时,美国还重新检查了一些在20世纪30年代所建悬索桥的抗风能力。为了提高安全度,将加劲桁梁的高跨比与宽跨比分别为1/68与1/47的金门大桥的横联作适当加固,还将布朗克斯·惠斯登桥的高跨比仅为1/200的加劲梁钢板梁改造为1/92的钢桁梁。塔科马桥的重建、加固与新建形成了悬索桥复杂的局面。

(4)20世纪60年代欧美的悬索桥——第二次发展高峰

进入20世纪60年代后,美国在1960年于纽约的圣·劳伦斯河上建成了跨度655m的Seaway Skyway桥,接着于1961年在纽约的东河上建成跨度为549m的Throngs-Neck桥,1964年又再显身手,在纽约海湾建成主跨1 298m的维拉扎诺海峡桥(见图3.1-3)。维拉扎诺海峡桥的世界桥梁第一大跨度纪录曾保持了17年之久,一直到1981年才被英国的主跨为1 410m的恒伯尔桥打破。

图3.1-3 美国维拉扎诺桥

欧洲最早的大跨度悬索桥是20世纪60年代前夕,在法国建成的主跨为608m的坦卡维尔桥。其后,英国于1964年、1966年,先后在苏格兰和布里斯托尔建成主跨为1 006m的福斯公路桥和主跨为988m的塞文桥,塞文桥以其首次采用钢箱梁与斜吊索而闻名于世。此外,葡萄牙于1966年在首都里斯本建成了主跨为1 013m的4月25日大桥。

以上这些悬索桥的建成形成第二次悬索桥发展高峰,这个时期以美国主跨1 298m的维拉扎诺桥和英国主跨988m的塞文桥(见图3.1-4)为代表。

(5)20世纪70~80年代的欧洲与日本的悬索桥——第三次发展高峰

在欧洲,1970年丹麦建成主跨为600m的小贝尔特桥,1973年土耳其在伊斯坦布尔建成主跨为1 074m的博斯普鲁斯海峡第一大桥。到1981年英国建成当时世界第一大跨度(1 410m)的恒伯尔桥(见图3.1-5),并一直将此纪录保持到1998年,也达到17年之久。除此之外,土耳其于1988年又建成主跨为1 090m的博斯普鲁斯海峡第二大桥。

图3.1-4 英国塞文桥

图3.1-5 英国恒伯尔桥

在日本,首先经过修建三座悬索桥的实践,然后在20世纪80年代通过本州—四国联络桥的建设,修建了一系列的大跨度悬索桥。到20世纪80年代末,在本四联络桥的初期建设中已经建成了六座大跨度的悬索桥。这六座桥是位于尾道—今治线上的因岛大桥和大岛大桥,位于神户—鸣门线上的大鸣门桥,以及位于儿岛—坂出线上的下津井大桥、南备赞大桥和北备赞大桥。

综上所述,在20世纪70~80年代共出现千米以上大跨度悬索桥四座,形成悬索桥发展史上的第三次高峰。其中英国的恒伯尔桥与日本的南备赞大桥最具代表性。

(6)20世纪90年代以亚洲为主的悬索桥——第四次发展高峰

进入20世纪90年代,世界悬索桥的发展中心已从欧美等国移至亚洲诸国。

首先,日本在本州—四国联络桥的后期建设中建成主跨达1 990m的明石海峡大桥(见图3.1-6),以及尾道—今治线上的来岛一桥、二桥(主跨1 020m)与三桥(主跨1 030m)。此外,在日本的东京湾上与北海道建成主跨570m的彩虹桥与主跨720m的白鸟大桥,其中彩虹桥的荷载规模与结构规模都是相当巨大的。

其次,20世纪90年代初开始,中国也进入发展悬索桥的队伍之中。在20世纪90年后,先后建成了主跨900m的西陵长江大桥、主跨888m的广东虎门大桥、主跨452m的广东汕头海湾大桥、主跨648m的厦门海沧大桥、主跨450m的重庆丰都长江大桥等。跨径千米以上的悬索桥在20世纪末也已陆续建成:1998年建成的主跨为1 377m的香港青马大桥,1999年建成主跨为1 385m的江阴大桥。2005年建成的江苏润扬长江大桥,主跨达到1 490m;2009年建成的浙江舟山大陆连岛工程中的西堠门大桥,以1 650m的主跨雄踞世界第二。

除亚洲外,在此阶段欧洲也建成两座跨度为千米以上的悬索桥,其中一座建成于1997年,主跨为1 624m的丹麦大贝尔特东桥(见图3.1-7),另一座为瑞典的主跨为1210m的高海岸桥,亦于1997年建成。另外,在挪威还有一座主缆组成形式非常独特的露索式的吉姆内桑特桥,建成于1992年,其主跨为623m,每根主缆由3行7列共21根封闭式锁口旋扭钢缆组成。

图3.1-6 日本明石海峡大桥

图3.1-7 丹麦大贝尔特桥

以上这些近20年修建的悬索桥,多座跨度超过千米,形成悬索桥的第四次发展高峰。

2. 中国现代悬索桥

中国现代悬索桥的建造起步较迟,20世纪90年代以前,虽然修建了几十座悬索桥,但跨度小、宽度窄、荷载标准低。其中较著名的有1969年建成的重庆嘉陵江朝阳桥、1984年建成的西藏达孜桥、1987年建成的大连北大桥等。1990~2000年,中国现代悬索桥有了很快的发展,十年期间建成了11座大跨度、各有特色的悬索桥;2000年以后,还有润扬大桥、西堠门大桥等不少重点工程已建成或正在建设中。

(1)汕头海湾大桥

汕头海湾大桥(见图3.1-8),是我国第一座现代化的悬索桥。大桥面对台湾海峡,在广东省汕头市的游览风景点妈屿岛处跨越汕头海湾,全长2 420m。主桥为三跨双铰预应力混凝土箱梁悬索

图3.1-8 汕头海湾大桥

桥,跨度为154m+452m+154m,两端各以4孔25m预应力混凝土T梁与两岸相接。主桥长961m,桥面宽23.8m,在两岸主缆锚体正上方的桥面被扩宽至29.8m(供停车用),然后渐变至两端引桥的桥面宽27.3m。由于地处台风高发区,抗风稳定要求高,为此加劲梁采用了截面呈流线型的预应力混凝土梁,使主缆具有较大的重力刚度,从而提高了整桥的气动稳定性;加劲梁是单箱三室预应力混凝土结构,采用具有良好导风的鱼腹式断面;中跨及边跨加劲梁在通过主塔处采用竖向弱刚度的"∩"形截面的预应力混凝土梁加以连接,保持桥面在该处匀顺过渡。"过渡梁"由桥面混凝土板和钢结构平联组成,具有横桥向连续、竖桥向铰接的特殊结构性能;在吊索处设置主横梁,其间设置一道副横梁。在纵向,上缘顶板内配置体内力筋,下缘底板上配置体外力筋,给全截面施加纵向预应力;塔顶索鞍中心距离25.20m,在加劲梁安装过程中,鞍座底板采用特殊减磨剂实现滑移复位,成桥后固定于塔顶;主缆矢跨比为1/10,上下游主缆中心距为25.20m,每根主缆采用110股预制平行股缆组成,每股由91ф5钢丝组成六角形截面,由于距两岸锚碇较远,主缆在两端边墩上设的竖向摆柱支承;吊索间距为6m,采用一对ф42的钢丝绳组成;该桥加劲梁分节段预制,每节长度为5.7m,重约1 600kN,预制节段吊装就位后,以现浇混凝土连接;主塔为钢筋混凝土三层门式刚架结构,主塔基础采用上下游分离的套井式柱桩基础,套井顶部用强大系梁连接成承台。该桥于1991年开工,1995年建成。

(2)西陵长江大桥

西陵长江大桥是三峡工程的配套项目,三峡工程施工期间要求通过重达78t的重型车队,成为大桥的设计荷载。大桥按主跨为900m四车道的悬索桥设计。由于大坝施工期航道需要多次改变,故采用一跨过江方案。西陵长江大桥是我国公路桥梁采用全焊钢箱加劲梁结构的第一座,其加劲梁为全焊接钢箱梁,吊索为骑跨式钢丝绳结构,锚碇为重力式锚;全桥的建设工期仅29个月,于1996年交付使用。

(3)丰都长江大桥

丰都长江大桥是一座两车道的单跨悬索桥,主跨为450m。主缆线形为空间曲缆,主缆在跨中间距为14m,比索塔上的间距小6.5m;加劲梁为钢桁架与钢筋混凝土桥面板组合结构,桁杆采用了H形截面,全焊的桁架预制节段在工地上采用高强螺栓连接,连接构造装置在上下弦杆的体外;锚碇隧道锚,上缘为圆形,下缘为矩形,纵向呈楔形棱台,更好地利用了岩体的力学性能。

(4)香港青马大桥

香港青马大桥(见图3.1-9),是世界上最大跨径的公铁两用桥。该桥是为了赤蜡角机场而建的十大核心工程之一,它横跨青衣岛及马湾,主桥跨度达1 377m,两座吊塔,每座高206m,离海面62m。该桥为双层桥面,其上层是六车道公路而下层是双线轻轨铁路与避风用的双向单车汽车道。由于一侧需接立交桥,故为双跨悬吊,但三跨加劲梁是连续的,以增加铁路运行的平稳;加劲梁为钢桁架结构并用不锈钢板外包风嘴,设有中央通风孔,有利于改善桥梁抗风稳定性;主缆采用空中纺丝法编制,编制时采用带有4个扣套丝槽的编丝轮,加快编制速度;锚碇为嵌岩的重力锚,水面附近和水下的钢筋采用了防腐蚀措施。1992年开始建造,1997

图3.1-9 香港青马大桥

年建成。

(5) 虎门大桥

虎门大桥连接广珠广深高速公路,主航道桥采用跨径为888m单跨6车道的钢箱梁悬索桥。该桥地处强台风区,加劲梁采用扁平流线型钢箱梁,具有较高的抗风稳定性能;主缆直径为68.7cm;两岸锚碇均为重力式锚碇,特别是西岸利用暗礁石露头,施工中用了地下连续墙作为施工防水结构来浇筑嵌岩重力锚;在钢箱梁和锚碇内采用了自动除湿系统。

(6) 江阴长江大桥

江阴长江大桥位于江苏省江阴市与靖江县之间跨越长江。为不影响泄洪和航运,采用主跨1 385m的悬索桥。该桥桥塔高约190m,为门式钢筋混凝土结构。其南塔位于南岸边岩石地基上;其北塔位于北岸外侧的浅水区,采用筑岛施工的群桩基础。南锚碇是嵌岩重力锚,北锚碇基础采用巨型沉井,以紧密含砾中粗砂层为持力层。为了减少沉井在施工中的不均匀沉降,在锚体后缘5m宽混凝土暂不浇筑,待加劲梁架设后再浇筑;主索的垂跨比为1/10.5,由$\phi 5$镀锌高强钢丝组成,采用平行钢丝束法(PWS法)架设。桥下通航净高50m。桥面布置为高速公路标准的双向6车道,设中央分隔带和紧急停车带,在主桥跨江部分的两侧各设1.5m宽的人行道,总宽37.7m。钢箱加劲梁,箱高3m;在跨中附近吊索为钢丝绳吊索,以增加柔性。全桥于1993年开工,1997年竣工。

(7) 厦门海沧大桥

厦门海沧大桥(图3.1-10)是进出厦门岛的第二通道,有6个车道。由于受到航空对塔高的限制,又要满足通行海轮的通航净空的要求,故选用桥塔较矮的悬索桥。该桥跨径布置为230m+648m+230m的三跨连续全飘浮体系悬索桥,在塔处不设支座,而采用塔和锚附近设加强型吊索;加劲梁为扁平钢箱梁桥梁宽度32m;其主缆采用预应力钢绞线锚固系统锚固,锚碇采用倒坡箱形浅埋基础的三角形框架重力锚。

图3.1-10 厦门海沧大桥

(8) 重庆鹅公岩长江大桥

重庆鹅公岩长江大桥(图3.1-11)是一座三跨连续钢箱梁悬索桥,跨径布置211m+600m+211m。该桥桥面有6个车道和2条轻轨交通,桥面采用35.5m宽、3m高的扁平钢箱梁;在索塔下不设竖向支座而采用在塔附近设特殊吊索;边墩设有黏滞阻尼器,控制加劲梁水平移动的距离;桥址处为泥岩和砂岩互层地层,西岸为重力锚碇,东岸为隧道锚。

(9) 忠县长江大桥

忠县长江大桥是一座主跨为560m的单跨悬索桥。该桥加劲梁采用空间钢管桁架,铺上钢筋混凝土板为行车道板,车行道宽15m;上横梁为焊接工字钢,其他杆件都采用无缝钢管,所有杆件采用焊接,吊装时用高强螺栓临时连接;加劲梁防护采用了喷涂铝镁合金封闭的长效保护体系;两岸锚碇采用隧道锚和非预应力岩锚相结合。该桥钢管桁架加劲梁的上下弦管间中心高 3.3m,中心宽 19.5m,桁架高 3.6m,宽 19.8m,标准节间长 3.95m;桁架主弦管采用 16Mn 直缝焊接钢管或无缝钢管,外径 325mm;腹杆及下横梁采用无缝钢管,外径 152mm。图 3.1-12 所示为忠县长江大桥的钢管桁架加劲梁典型节段的一般构造图。

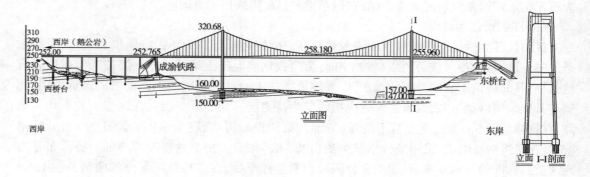

图 3.1-11　重庆鹅公岩长江大桥(尺寸单位:m)

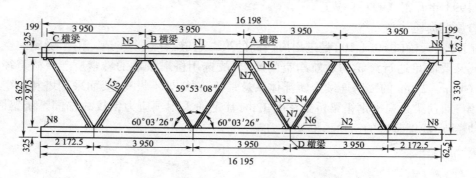

图 3.1-12　忠县长江大桥加劲梁节段(尺寸单位:mm)

(10)润扬长江大桥

如图 3.1-13 所示,润扬长江大桥南汊是长江主航道,采用主跨为 1 490m 单跨 6 车道悬索桥的桥型,跨径布置为 470m + 1 490m + 470m。该桥索塔高 209.9m,两根主缆直径为 86.8cm,加劲梁为扁平钢箱梁,为了增强整体刚度和减少跨中短吊索的疲劳,在跨中设置刚性中央扣;两岸岩层覆盖层在 30 ~ 50m,分别用地下连续墙和排桩冻结止水法作为围护结构,建造了嵌岩的锚碇基础,悬索桥锚碇锚体浇筑混凝土近 6 万 m³;塔基为钻孔灌注桩,施工承台用重达 1 000t 的钢套箱一次吊装,不仅加快施工速度而且防水性好,有利于承台浇筑;主缆采用干风除湿系统来保护钢丝;设主缆的猫道采用加密横向通道,加大节点刚度的方法取消有碍通航的抗风索。

(11)万州长江二桥

重庆万州长江二桥(图 3.1-14)位于三峡库区万州主城下游聚鱼沱河段,于 2000 年开工,2004 年建成通车。它是一座移民城市基础设施特大型桥梁。该桥桥长 1 153.86m,主跨为单跨 580m 的浅加劲桁梁悬索桥,加劲梁高 3.53m,宽 20.5m,弦杆和腹杆为焊接"H"截面,采用整体节点高强螺栓连接;锚碇采用隧道式锚碇,并辅之岩锚,楔形预应力混凝土的锚塞体与岩面紧密结合;桥面铺装采用 7cm 厚 CF40 钢纤维混凝土。

(12) 贵州北盘江大桥

贵州北盘江大桥位于崇山峻岭之中,桥下悬崖深达460m,桥址两岸运输条件差,风场环境复杂。为此,在确定为悬索桥桥型后,选用了板式预应力混凝土主梁断面和全焊接的鞍座;采用了388m单跨悬索桥,主缆边跨为103m;主梁为哑铃形板式断面,有利于抗弯、抗扭提高抗风稳定性,在风攻角 $-6°$ 时,颤振临界风速为59.1m/s,大于颤振检验风速52.1m/s;梁体分段预制吊装,吊装就位后现浇0.6m的湿接缝,吊杆间距6m;主缆直径42.5cm,采用预制索股法;考虑运输和吊装条件,采用全焊接钢结构鞍座,两岸锚碇为明挖的重力式锚碇。

图3.1-13 润扬长江大桥

图3.1-14 万州长江二桥

(13) 舟山西堠门大桥

舟山西堠门大桥(图3.1-15)是主跨1 650m的大跨度两跨连续钢箱梁悬索桥,建成后其主跨跨径将仅次于日本明石海峡大桥,位居世界第二。该桥桥跨布置为578m + 1 650m + 485m。中跨主缆矢跨比1/10,北边跨为有索区,矢跨比1:27.212;南边跨为无索区,矢跨比1:109.654;两主缆中心距为31.4m。主缆采用预制平行钢丝索股(PPWS),每根主缆中,从北锚碇到南锚碇的通长索股有169股,每根索股由127根φ5.25mm的高强度镀锌钢丝组成,跨中主缆直径为85.5cm。吊索采用钢丝绳吊索,吊索与索夹为骑跨式连接,与钢箱梁为销铰式连接。一般吊索钢丝绳公称直径60cm,间距18m。北边跨锚碇采用重力式扩大基础锚,南边跨锚碇采用重力式嵌岩锚。索塔均为多层框架门式钢筋混凝土塔,塔高210m左右,塔柱为变壁厚矩形单箱单室结构,凹角断面有利于抗风稳定性,设三道横梁。索塔基础采用2.8m的大直径桩,承台为分离式。加劲梁的形式为扁平流线型分离式双箱断面,两个封闭钢箱横桥向拉开距离为6m(或称开槽宽度),用横向连接箱梁和横向连接工字梁加以连接,能满足抗风稳定的要求(成桥颤振临界风速达78.2m/s以上);梁高3.5m,中跨全宽36m。

a) 主缆施工时

b) 加劲梁合龙时

图3.1-15 施工中的西堠门大桥

(14) 贵州坝陵河大桥

贵州坝陵河大桥,如图3.1-16、图3.1-17所示。该桥是沪瑞国道主干线镇胜高速公路上的一座 4 车道高速公路桥,大桥距离著名的黄果树风景区 7km,跨过宽而深的山谷,从桥面到谷底达 370 多米,无论是斜拉桥还是连续刚构桥都无法避免 300m 的高桥墩,为此选用了跨径为 1 088m 的单跨钢桁加劲梁悬索桥,桥梁全长 2 237m;由于交通运输条件和加劲梁施工条件的限制,采用钢桁式加劲梁,将整体结构化整为零,便于山谷中施工;主缆为高强镀锌平行钢丝,先导索的施工采用遥控飞艇的独特方式;西锚碇为隧道锚,隧洞总轴线长 80.44m,从垂直地面算起最大深度约 95m,后端部总宽 49m,前锚室主缆中心线的水平角 45°,其中前截面尺寸为 10m×10.8m,后截面尺寸为 21m×25m,其斜度和断面尺寸都非常大;索塔为混凝土门式塔。因该桥位于景区,设计和施工中对于景观协调和环境保护都有很高要求。

图 3.1-16　坝陵河大桥　　　　　　　　图 3.1-17　遥控飞艇施放先导索

3. 悬索桥发展中的一些问题

(1)悬索桥建设的成就

纵观世界大跨度悬索桥的建设技术,可以看到:悬索桥跨径朝越来越大的方向发展(从几十米发展到 1 990m);加劲梁高跨比朝越来越小的方向发展(从 1/40 下降到 1/300);主缆等主要承重构件的安全系数取值越来越低(从 4.0 下降到 2.0)。

目前,世界大跨径悬索桥的发展已经形成了几个流派:

①美国流派悬索桥:20 世纪 60 年代之前,美国悬索桥的建造技术已经发展成熟。美国绝大多数悬索桥为三跨外锚体系;主缆采用 AS 法架设;加劲梁采用非连续的钢桁梁,适应双层桥面,并在桥塔处设有伸缩缝;桥塔采用铆接或者栓接钢结构;竖直吊索采用骑跨式的联结方式;索夹分为左右两半,在其上下采用水平高强螺栓紧固;鞍座采用大型铸钢件;桥面板采用钢筋混凝土构件。

②欧洲流派悬索桥(20 世纪 60～80 年代):加劲梁采用流线型扁平钢箱梁,多为连续体系;1960 年后开始采用铰接斜吊索,经塞文桥、博斯普鲁斯一桥以及恒伯尔桥的实践之后,尚在进一步探索之中;桥塔采用焊接钢结构或者钢筋混凝土结构;索夹分为上下两半,在其两侧采用垂直于主缆的高强螺栓紧固;有采用主缆与加劲梁在主跨跨中固结的形式;钢桥面板采用沥青混合料铺装。

③日本流派悬索桥(20 世纪 70 年代之后):主缆的施工基本上采用预制平行钢丝索股法(简称 PWS 法)架设代替了空中编缆法;为满足公、铁路交通的共同需要,加劲梁主要采用连续体系的钢桁梁形式,以满足铁路交通对加劲梁桥面伸缩缝及转角的需要,对于非双层桥面的加劲梁也开始采用流线型扁平钢箱梁;桥塔主要采用焊接钢结构;吊索沿袭美国流派的竖直 4 股骑跨式;鞍座采用铸焊混合方式;采用钢桥面板沥青混合料铺装桥面;主缆索股与锚碇内钢构架采用预应力工艺锚固。

④中国已建悬索桥的共同特点:索塔都是钢筋混凝土门式塔架(有的桥横梁加了预应力);主缆都是用镀锌高强钢丝制成;除了香港青马大桥用空中纺丝法架设外,其余各桥都用预制平行束股法架设。在设计理论方面,我国在同济大学建造了世界第二大风洞试验室(风洞断面尺寸 15m×2m),可做较大比例的全桥风洞试验;根据膜理论和有限变形大变位理论开发了悬索桥静力计算软件;开发了包括计算风荷载非线性的静、动力风动稳定性设计软件和数值风洞技术为基础的随机离散涡流场计算程序,考虑地震动态时程分析与多点激励和结构与土共同作用的桥梁非线性地震反应程序。

中国在建造特大跨径悬索桥方面已经走进世界先进行列。随着经济发展的需求和建桥技术的不断提高,计划建造的大跨径悬索桥越来越多。如:珠江口的港澳粤通道、连接青岛和黄岛的青岛湾口大桥、香港青龙大桥都有悬索桥的方案。还有众多的大江大河和海湾都希望建设大跨悬索桥,特别是西部开发加快公路建设,在崇山峻岭中,峡谷深而宽时,悬索桥不失为一个有优势的比较方案。为此,桥梁建设者既要总结国内外的经验,大胆迎接挑战,勇于创新,同时,对于大跨径悬索桥的设计中一些关键问题,还需要不断深入探讨。今后在研究新理论、新材料、新结构、新施工方案和新设备的基础上,悬索桥肯定会得到更大的发展。

(2)悬索桥发展需要解决的问题

为悬索桥今后迅速发展,在以下几个发面要进一步研究:

①设计理论:悬索桥现在广泛使用的有限变形理论和各种非线性分析和动力分析,考虑了各种变形情况和边界条件,从微分方程到有限元、矩阵分析越来越复杂,越来越细致,但其精确性还应加强研究。

②设计规程:原有的公路桥和铁路桥的设计规范和标准远远不能适应需要。设计、施工专用规范和标准的不断修订和补充,是今后各国发展悬索桥的趋向。

③设计方法:设计方法要进一步完善,悬索桥的动力性能,尤其是大跨悬索桥应进行抗震设计和疲劳设计,以及悬索桥的 CAD 工作等都应继续加强。

④铁道悬索桥的发展:过去,悬索桥通行列车欠稳定,在列车通行前常使桥面隆起。但日本本四联络线上公、铁两用悬索桥解决了这一问题,虽桥跨跨径长、静载大,但列车运行很稳定。总之,缓冲装置的解决和今后的不断改进、完善,会使铁路悬索桥或公、铁两用悬索桥有突破性的发展。

⑤施工方法的不断改进:近年来,各国在悬索桥的施工中都在不断改进和革新施工方法,继续提高工效、科学施工、加强自动控制管理和质量管理,这是悬索桥发展、走向更强的必经之路。

⑥加强悬索桥的信息研究:在信息研究中,我国一直比较薄弱,另外,我国的悬索桥与国外相比有些方面差距很大,更应组织人员,对国外悬索桥的一些关键技术问题,进行信息研究等工作。

二、悬索桥的主要体系

1. 外锚式悬索桥与自锚式悬索桥

悬索桥按照主缆的锚固方式,可以分为外锚式悬索桥和自锚式悬索桥。

(1)外锚式悬索桥

传统悬索桥,主要承重结构——主缆的锚固梁或者锚固支架,置于悬索桥结构外的山体或者庞大的锚固体中,主缆的巨大拉力依靠两端的锚固体传递给地基,称为地锚式(外锚式)悬索桥。地锚式悬索桥是悬索桥的传统结构体系,如图3.1-1所示。绝大多数悬索桥的主缆都采用外锚的方式进行锚固。目前,外锚式悬索桥的设计、施工技术也已较为成熟。

(2)自锚式悬索桥

在悬索桥的主缆锚固体系中,还有一类较特殊的方式:主缆不是锚入地基,而是锚固在自身加劲梁端部,依靠桥梁自身结构来平衡主缆强大的拉力。这类悬索桥称为自锚式悬索桥。

自锚式悬索桥的特点是:不需要在悬索桥体外开挖土方修建庞大的锚固体,并使加劲梁获得免费的预压应力。同时因工程量及房屋拆迁工作量大大减小,建桥对环境的破坏得到一定改善。自锚式悬索桥对地基的要求相对较低,不再局限于地基很差、锚碇修建困难的地区;孔跨布置受地形限制小,更为灵活,既可做成双塔三跨,也可做成单塔双跨、单塔单跨等;加劲梁可以是钢梁,也可以是钢筋混凝土梁,梁的截面形式可以是箱梁、桁梁等,但是因需要承受主缆传来的轴向压力而增加刚度;主缆可以有单缆、双缆或者四缆等多种形式。

根据自锚式悬索桥的结构特性,现有材料特性以及施工技术水平,比较适宜的跨径为100~400m。目前一般认为自锚式悬索桥在公路桥梁、人行桥、城市桥等300m以下跨径的桥梁中具有较强的综合竞争力。

国外自锚式悬索桥的技术发展较早,已有100多年,但建成的数量不多,仍是一种较为新颖的桥型。自锚式悬索桥跨度多在200m左右。1929年在德国建成的科隆—米尔海姆大桥,主跨315m,跨莱茵河,是当时世界上最大跨度的自锚式悬索桥(此桥在世界二次大战中被毁)。目前国外已建成的几座典型自锚式悬索桥有:日本的此花大桥(主跨300m,见图3.1-18)、韩国的永宗大桥等。美国也修建了一系列自锚式悬索桥,目前在建的旧金山—奥克兰海湾新桥,主跨达到385m。

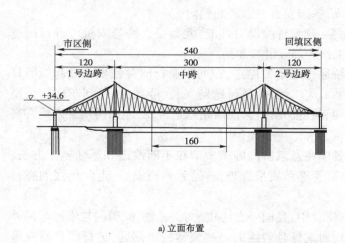 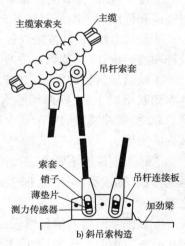

图3.1-18 日本此花大桥(尺寸单位:m)

我国自锚式悬索桥的起步落后于国外,目前已建成二十几座,跨径多数不足200m,并且有多座大桥采用独具特色的钢筋混凝土加劲梁,使得自锚式悬索桥的优越性更加彰显。例如大连金石滩大桥(图3.1-19,2002年建成),是世界上第一座采用钢筋混凝土加劲梁的自锚式悬索桥。

中国建造的钢加劲梁自锚式悬索桥也有几座,例如在湖南长沙市修建的三汊矶湘江大桥(主跨328m)等。其中,较为突出的是2006年建成的广东佛山平胜大桥,该桥为独塔单跨四索面混合梁自锚式悬索桥,主跨350m(见后构造示例)。此外,天津富民桥为独塔空间索面自锚式悬索桥,主跨157m,桥梁横向设置为双主梁结构,中间用钢横撑联结,桥梁全宽38.6m。其加劲梁采用正交异性板钢箱梁结构,如图3.1-20所示。

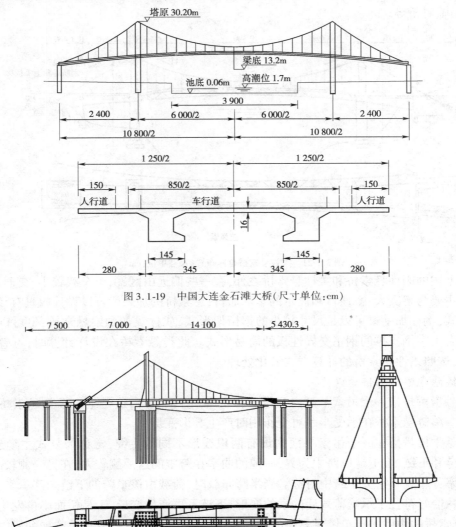

图3.1-19 中国大连金石滩大桥(尺寸单位:cm)

图3.1-20 中国天津富民桥(尺寸单位:cm)

2. 刚性悬索桥与柔性悬索桥

刚性悬索桥与柔性悬索桥的区别在于有无加劲梁。

刚性悬索桥的行车道往往由具有较大刚性的加劲梁和桥道系组成,加劲梁不仅为悬索桥提供桥面,同时可以防止桥面发生过大的纵横向挠曲变形和扭曲变形,有助于改善悬索桥刚度。公路和铁路的悬索桥都必须采用刚性悬索桥。而柔性悬索桥是指行车道只设桥道梁和桥面,没有加劲梁,如图3.1-21所示。

柔性悬索桥的桥面系(图3.1-22)将可变作用效应直接传给主缆,主缆则因可变作用的移动而产生形变,桥道梁和桥面只起到分布集中荷载和调整主缆变形的作用,桥面会随着主缆的变形而产生较大的挠度。为使柔性悬索桥具有一定的抗风稳定性，必须设置抗风索系统并加以锚固。柔性悬索桥因其结构刚度很小，一般只适用于可变作用很小的人行桥、管道桥、施工便桥、军用临时桥等。

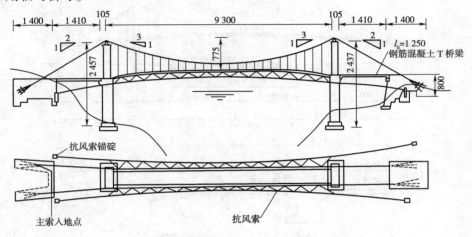

图 3.1-21　柔性悬索桥总体布置（尺寸单位：cm）

除了上述的刚性悬索桥和柔性悬索桥之外，在一些偏远山区，由于车载较小、交通量小，桥梁建成后主要为解决人、畜通行和偶尔的车辆通行，悬索桥的加劲梁可以设计成具有较小截面刚度的形式，例如加劲梁可以是尺寸较小的钢桁架形式，或称浅加劲梁悬索桥；也可以将行车道设计成有工字钢支撑的钢正交异性板的简易形式。此类悬索桥在设计计算时，可忽略加劲梁的作用，按照柔性悬索桥的计算方式简化处理。

3. 单链悬索桥与双链悬索桥

单链悬索桥是指一个吊索平面内只设一根主缆（图 3.1-1），这是绝大多数悬索桥的主缆常用形式。单链悬索桥在承受半跨可变作用时产生 S 形变形。

双链悬索桥是指在一个吊索平面内设有两根线形不同的主缆，常称为复式主缆悬索桥。主缆有上链和下链，上下链以跨中为界，一缆的曲率在跨中的这一侧较大，在另一侧较小；而另一缆的曲率分布就和它关于跨中对称。当半跨布载时，荷载由该半跨的下链全部承受，而下链此时的形状恰好符合于承受荷载后的索的变形，下链不再产生变形，于是桥面不再发生 S 形变形，双链悬索桥的刚度大于单链悬索桥的原理也在于此。此外，双链悬索桥的加劲梁内力较单链悬索桥小，因此加劲梁所用材料减少。但是双链悬索桥的构造比单链悬索桥复杂得多，外观也不够简洁，所以应用的桥例极少，尤其是对于大跨悬索桥，多认为无此必要。

我国重庆的北碚朝阳大桥，如图 3.1-23 所示。跨越嘉陵江，是一座主跨 186m 的双链悬索

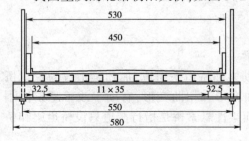

图 3.1-22　柔性悬索桥桥面系构造（尺寸单位：cm）

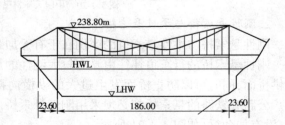

图 3.1-23　双链悬索桥（尺寸单位：m）

桥。该桥总长233.2m,全桥共3孔,中心跨长186m,两边孔为钢筋混凝土微弯板梁式桥,跨长各为21.6m。其加劲梁宽8.5m,采用开口钢箱与钢筋混凝土桥面板结合的单箱双室组合箱梁,梁高2.0m。全桥主缆共4根索(一边两索,形成双链),每束由19根$\phi 42$钢丝绳组成。上吊杆采用$\phi 42$无缝钢管,下吊杆采用$\phi 42$钢丝绳。索塔为钢筋混凝土门架,全高64.8m。锚碇采用隧道式锚,锚洞长15m,1.8m厚的钢筋混凝土锚碇板四周嵌入基岩。全桥采用大型缆索吊机吊装施工,于1969年建成通车。

三、悬索桥的基本组成

1.传统外锚式悬索桥

(1)基本组成

传统外锚式悬索桥的上部结构,由主缆(悬索)、索塔、加劲梁和吊索组成,下部结构由支承索塔的桥墩、锚固着主缆的锚碇组成,如图3.1-1所示。

传统悬索桥是悬索桥建设的主流,本书主要介绍外锚式悬索桥的相关内容等。

(2)各部分作用及结构受力特点

1)各部分作用

主缆是悬索桥结构体系中的主要承重结构。主缆通过塔顶主索鞍悬挂在主塔上,端部锚固于两端锚固体中。

主塔的主要作用是支承主缆,它是悬索桥抵抗竖向荷载的重要结构。

加劲梁的主要作用是为悬索桥提供桥面,同时防止桥面发生过大的挠曲变形和扭曲变形,加劲梁主要承受由风荷载和其他横向水平力所引起的弯曲内力。

吊索是将加劲梁自重、外荷载传递到主缆的传力构件,是连系加劲梁和主缆的纽带。

锚碇是锚固主缆的结构,它将主缆中的拉力传递给地基。

2)结构受力特点

外锚式悬索桥具有合理的受力形式,其传力顺序为:各类荷载作用效应直接作用于加劲梁,由吊索传递给主要承重结构——主缆,再传至锚碇及桥墩。传力途径简捷、明确。作为悬索桥主要承重结构的主缆只承受拉力,并且全截面受力均匀,可以充分发挥钢材的特性,因而跨径越大,利用效率越高,材料耗费越少,造价越低,并且主缆不会受疲劳应力控制。近代悬索桥的主缆用高强钢丝来制作,这种钢丝束的容许应力很高,时常可以达到800MPa,高于低合金钢(200~240MPa)近3倍,其截面面积不因连接或拼接而削弱,在结构刚度满足使用要求的情况下,能充分显示出悬索桥的优越性。传统悬索桥的合理受力形式是目前公认的大跨度结构的最恰当形式,所以已建悬索桥的跨越能力可以达到1990m,甚至有望达到3300m以上,是其他桥梁结构体系,甚至是斜拉桥所不能比拟的。

就悬索桥的各部分构造而言,其各组成部分的主要结构均具有结构构造简单、轻便、易于标准化生产,构件运输容易等优点;所有结构自重均由缆索单独承担,不需要加劲梁分担;加劲梁施工时可利用主缆吊装,方便、安全、受力合理,而且拼装时不受地形、航道和季节等因素的影响。此外,悬索桥还具有外形柔顺优美、建筑高度小,后期养护、维修、加固甚至改建方便等特点。

悬索桥也存在一些结构上的缺点:第一,作为承重结构的缆索是柔性结构,截面积和截面模量均很小,在可变作用下,主缆会改变几何形状,引起桥跨结构产生较大的挠曲变形。第二,悬索桥的主缆考虑索鞍处的弯曲次应力、疲劳等因素,需要较大的安全系数,而且悬索拉力沿索长变化,使得等截面主缆的大部分截面强度无法充分利用;主缆常用的材料钢丝镀锌又造成钢材强度降低。第三,悬索桥的动力性能较差,20世纪60年代以后出现的斜吊索,虽可增加一些悬索桥的几何刚度,但又带来吊索容易疲劳等问题。第四,主缆锚碇工程量大,费工费料,导致悬索桥造价昂贵。第五,当跨度较小时,由于恒载相对较小,重力刚度不足,往往要增加加劲梁梁高来提高结构整体刚度,因而失去悬索桥许多优点,因此,相对来说,外锚式悬索桥更加适合于大跨度结构。

2. 自锚式悬索桥

(1) 基本组成

自锚式悬索桥与外锚式悬索桥相比,不需要修建大体积的锚碇。结构各部分的受力特点除加劲梁外,与外锚式悬索桥相同。

(2) 结构受力特点及特殊构造处理

主缆拉力的水平分力直接传递给加劲梁(轴向压力)承受,因此加劲梁必须具有较大刚度。目前加劲梁的形式有:钢筋混凝土箱梁、钢箱梁等。尤其是钢筋混凝土加劲梁的应用,大大降低了加劲梁用钢量,建造和后期维护费用较低。比较预应力加劲梁,节省了大量预应力构造及装置;比较钢箱梁,也避免了钢加劲梁的钢材容易压屈的缺点。

主缆拉力竖向分力的处理主要有三种方法:设置拉压支座或类似系统,比如预应力锚索等,将竖向力传递给桥墩和地基承受;设置额外的配重来抵消竖向反力;如有引桥,可以在边跨加劲梁端部设置牛腿,把引桥的重量压在主梁上以平衡主缆传递的竖向分力。

主缆锚固形式的合理选择和设计,是自锚式悬索桥最为关键的技术之一。钢结构加劲梁的自锚式悬索桥,主缆锚固形式可以选用混凝土实体锚固梁(墩)、钢结构锚箱(梁)和环形锚固三种形式,如图3.1-24所示。

直接独立锚固方式,结构简单、施工方便,一般只适合于小跨自锚式悬索桥。可以借鉴斜拉桥拉索的锚箱式索梁锚固结构和锚管式索梁锚固结构。

主缆分散锚固方式,可以采用混凝土锚固系统或者钢结构锚固系统,一般适用于中大跨的自锚式悬索桥。混凝土的锚固系统类似于普通外锚式悬索桥的锚碇构造形式,结构一般安全可靠,但是需要较大的锚固空间,外观不够简洁,并且锚固体局部受力很大,锚下应力相当复杂,容易造成混凝土结构的开裂。钢结构锚箱式连接,锚固体由锚固前板、锚固后板、横向板和竖向板组成,为全焊结构。主缆索力先通过锚具传给锚固体,锚固体和锚箱主要是通过腹板的焊缝来传力,顶板和底板的连接强度可以作为安全储备。整个锚固系统传力比较简洁明确;钢锚固系统体积相对较小,抗震能力较好,但是用钢量大,锚固体结构复杂,钢结构设计是要注意避免失稳现象。

主缆环形锚固系统,可以最大限度地减小锚固结构的尺寸,整体结构更加美观、抗震性能好;缺点是主缆施工过程复杂,用钢量增加,锚固体处于三向受力状态,转索鞍处局部受力复杂。它适用于锚固处受洪水位限制和其他高程限制的情形,可以避免锚固构造受水的侵蚀;也适用于有更高景观要求的情形。

自锚式悬索桥也有其自身的缺点:第一,主梁需要承受很大的轴向力,截面大,采用钢加劲梁则使造价明显增加,采用混凝土加劲梁增加主梁自重,使主缆钢材用量相应增加;第二,施工步骤受到限制:目前多采用在加劲梁、桥塔做好之后再吊装主缆和安装吊索的方式,因此需要先搭建临时支架来安装加劲梁,若跨径增大,施工费用就增多;第三,加劲梁主缆锚固区局部受力复杂;第四,相对外锚式悬索桥而言,由于主缆非线性的影响,使得吊索张拉时的索力调整较为复杂。如果能够很好地克服以上缺点,将会使自锚式悬索桥的适用范围进一步扩大。

3.花色悬索桥

已建和在建的悬索桥中,绝大多数属于传统的外锚式结构,近年来自锚式悬索桥也开始在中、小跨桥梁的建设中得到越来越多的应用。除此两者之外,在悬索桥发展的过程中,随着工程界的认知能力提高,出现了一些新的结构体系,甚至是组合结构。大致情况如下。

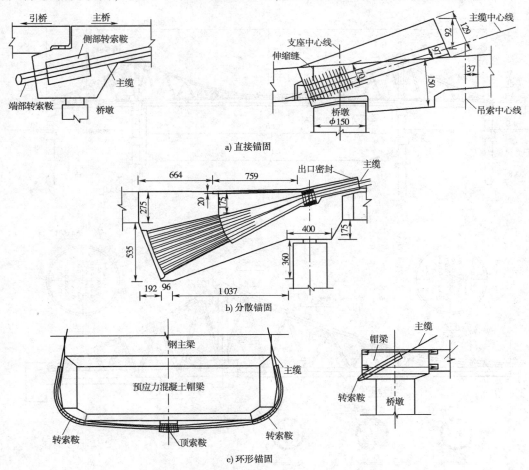

图 3.1-24　自锚式悬索桥主缆锚固构造(尺寸单位:cm)

(1)刚性索悬索桥

已建的少数刚性索悬索桥如图 3.1-25 所示。该桥采用三跨自锚体系,塔、梁固结。主缆及斜吊索,均采用配有力索的钢管混凝土结构。主缆内的钢绞线力索,分为统长索与节间索两种;统长索中跨锚固于两塔顶,边跨锚固于塔顶和主梁端部;节间索用以平衡节点两侧缆力差;斜吊索采用粗钢筋作力索。中跨主梁为钢箱梁,边跨主梁为混凝土矩形梁。中跨、边跨主梁在塔柱根部靠中跨侧,设临时铰连接,全桥完工后封固。施工过程:先架设自重很轻的缆索,用以吊装桥面系;桥面形成之后,在桥面上施工桁架结构,安全方便,较自锚式悬索桥施工方便。这种桥型的适宜跨度应在 80～150m 之间,并且由于这种桥型的刚度较大,若用于对刚度要求较高的桥梁,如铁路桥等,更能发挥其潜力。

刚性索悬索桥是先在柔性的缆索上作用全部恒载,再用钢管将柔性的主缆和吊索包起来,并灌入灌浆料,施加预应力形成刚性的预应力钢管混凝土桁架结构,来承受活载。这种桥梁是

147

在总结悬索桥和混凝土桁架桥优缺点的基础上,创新设计的一种新桥型。其受力特点为:恒载和活载分别由柔性的悬索结构和刚性的桁架结构承受,充分发挥悬索桥和预应力混凝土桁架梁桥两种结构的长处。不仅保留了悬索桥方便、安全的施工方法,克服了预应力混凝土桁架梁桥施工和预加应力方面的不足,而且又利用桁架梁桥刚度大、力索构造简单、造价节省等优点,弥补了中小跨度悬索桥刚度不足和缆索造价昂贵等问题。

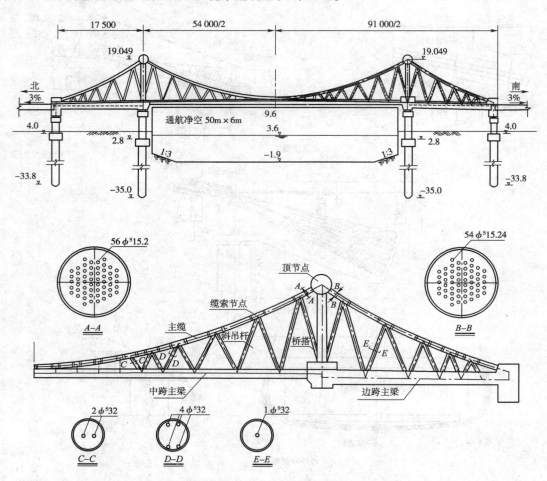

图3.1-25 刚性索悬索桥立面图(高程单位:m;尺寸单位:mm)

（2）上承式悬吊板桥

上承式悬吊桥是根据悬索桥、悬臂结构和拱桥等桥型特点,并通过预应力而发展起来的。这种桥型的特点是:比悬索桥抗扭刚度高,稳定性好;下弦构、立柱可作为施工脚手和支架;水平反力比钢悬索桥大,需要锚固,但不需桥塔;要占一定的桥下空间。该类桥型具有跨越能力大的特点,虽然目前国内外修建还不多,并且跨度也不大,均在50～150m之间,但由于其有上述种种优点,今后将会有更大发展。

悬吊板桥是由美籍华人林同炎首创,于1972年在哥斯达里加建成跨径为108m的科罗拉罗桥。继此之后,1977年日本修建主跨为54m的速日峰桥,如图3.1-26所示。

目前悬吊板桥有两种形式:

第一种形式:由下弦构、立柱和上弦构组成。它不设桥塔,主缆索在桥下部、上部混凝土作为上承式桥面,犹如反方向的悬索桥,故而又称反向悬吊桥。

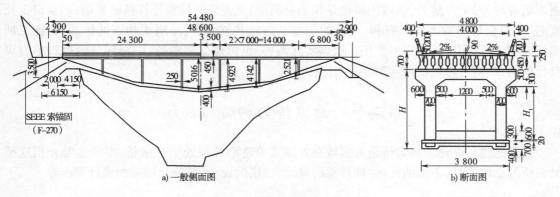

图 3.1-26 日本速日峰桥(尺寸单位:mm)

如图 3.1-27 所示,为我国湖南省的洞口淘金桥——自锚上承式悬带桥。设计跨径 70m,矢跨比 1/9,桥面宽 4.5m。上部结构由端锚梁、连续 T 梁、盖梁排架和主索悬带组成。施工阶段设置临时的隧洞式岩石锚碇,来锚固两组主索($48\phi5$)。在预制悬带槽形底板安装完成后,现浇立柱排架,然后安装 T 梁和现浇横隔板。悬带槽内的混凝土浇注后再放松外锚形成自锚体系。该桥于 1989 年 1 月建成通车。

图 3.1-27 湖南洞口淘金桥

第二种形式:如图 3.1-28 所示,将预应力钢筋以一定的间隔水平排列一层或几层,施加强拉力后,包以混凝土,使它成为板面兼缆索的构造。也就是说把一般悬索桥中的主缆、吊索、加劲梁和桥面板融合为一体,成为一条预应力混凝土结构的悬带,又称悬吊板桥。据理论研究,这种结构的跨度可达 300~1 200m。但到目前为止,大跨径还未有先例。

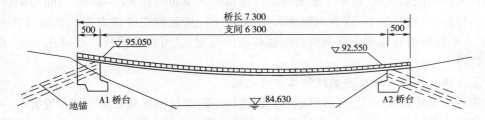

图 3.1-28 PC 悬吊板桥(尺寸单位:cm)

(3)悬索拱桥

悬索拱桥(见图 3.1-29),相当于将悬索桥中桥塔和加劲梁的一部分材料分出来做成拱肋或斜撑,主缆的两个悬挂点更近,从而增强了全桥的整体刚度。悬索拱桥的拱脚可以锚固在主梁上,也可以落在塔墩或基础上。悬索拱桥与一般悬索桥相比有较大的刚度优势,特别是增强了承受非对称荷载的能力。由此可带来一系列的好处,如构件截面变小,从而使材料更节省、

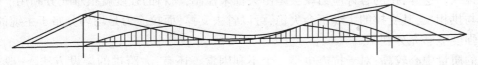

图 3.1-29 悬索拱桥示意图

施工更容易,对于修建公、铁两用桥也是相当有利的;无需像斜拉桥那样高的桥塔;吊索自由长度缩短,对全桥的动力特性有利;起伏的拱肋与缆索共同承重,是刚柔相济的体现;在施工期间,刚性斜撑可起抗风稳定的作用。根据实际需要,也可建成多跨桥,中跨部分的拱脚推力可自行抵消,缆索也可做成连续型。

第二节 悬索桥的构造与设计

目前已建和在建的悬索桥绝大多数是外锚式单链刚性加劲梁悬索桥,本节主要介绍这类悬索桥的总体设计、主缆的设计、加劲梁的设计、桥塔的设计、鞍座与锚碇的设计等内容。

一、悬索桥的总体设计

进行悬索桥的总体构思时,应作如下内容的分析和考虑。

1. 悬索桥的适用范围

悬索桥是一种很优美的桥型,一般跨径较大,就桥址讲,如果两岸可以设置锚碇,地形及水文条件适合于用一个大跨跨过,采用悬索桥就有可能合适。若是需要多跨,可以采用两套悬索桥串联,如日本南备赞桥和北备赞桥,当然,此时中间锚墩就难免在水深之处,其工程量将是很大的。

目前,全世界跨径大于600m的桥梁,主要都是悬索桥。若跨度大于1 000m时,斜拉桥的施工实践很少,仅有我国的苏通长江大桥(主跨1 088m),悬索桥是绝对首选方案;若跨径在300~1 000m之间,大风季节较长地区,修建斜拉桥施工工期难以安排,两岸水文、地形条件允许修建锚碇时,亦可修建悬索桥,而且此跨度范围内修建预应力混凝土加劲梁悬索桥也可与斜拉桥媲美。

随着悬索桥的结构形式发生变化,越来越多彩多姿,譬如近几年,自锚式悬索桥、刚性索悬索桥等在国内的成功实践,证明了悬索桥的使用范围甚至也可在80~400m之间与梁桥、拱桥相竞争。目前,一般情况下,只有当跨度大于600m时,悬索桥在经济方面的优越性才可能体现,如果未来能够很好地解决悬索桥的刚度和造价问题,也可将悬索桥广泛应用于中、小跨度的桥梁建设。

2. 悬索桥与其他大跨度桥梁结构体系的比较

悬索桥由于跨越能力大,常可因地制宜地选择一跨跨过河谷或者海湾的布置方案,可以避免深水基础或者高墩的修建。这点虽然使悬索桥在跨径大于1 000m的桥梁领域内独领风骚,但在300~600m之间,与拱桥、斜拉桥相比,没有绝对优势。因此在进行方案设计时,要充分认识到不同结构体系各自的特点。

(1)悬索桥与拱桥相比

悬索桥凭借柔性的悬索而使桥具有刚性,这是悬索桥的特色。而拱桥就不能这样,拱是弯曲压杆。轴压力和弯矩,都会使拱失稳。而且在拱的面内稳定验算中,弯矩和材料弹塑性的影响都应计入。这样,拱的容许应力就会是由失稳来控制,材料的强度就很难充分利用。但悬索桥正好与拱相反,其受拉的主缆不会失稳,可以省去支撑,而拉应力是均匀分布于主缆的截面,使材料强度能够充分利用。

拱的质量中心较高,对于抗震也是一个不利因素。还有,大跨拱的架设方法,一般是采用从两岸进行伸臂安装,在跨中合龙,这需要较长的工期,且在施工之中要担心飓风的袭击,而悬索桥在这些方面都较拱桥有利。

(2)悬索桥与斜拉桥相比

在悬索桥中,恒载主要是由主缆承受。所以当活载对恒载之比较小时,加劲梁所受的弯矩是小的,当然,梁的截面尺寸可以较小。而在斜拉桥中,恒载是由斜缆受拉和主梁受压来承担。随着跨度的增大,加劲梁所承受的恒载压力就不小,其截面尺寸就无法减小。

当跨度不算大,或活载相对较高时,斜拉桥在活载下的刚度可以较好。但当跨度超过千米时,斜拉桥除我国苏通大桥外尚无其他实例,而主跨千米以上的悬索桥国内外已建成十余座,且无一例感到其刚度不足。

就主梁施工架设来讲,斜拉桥采用悬臂法施工,在跨中合龙,施工周期较长、施工过程中结构的稳定性较差,且飓风袭击的风险性较大。而悬索桥则是在主缆架设完成之后,将加劲梁逐段地悬挂在主缆之下,施工周期较短,可以从施工组织中避免飓风季节。

3. 悬索桥的结构特性要点

悬索桥在进行立面、平面和横断面设计时,通常要注意以下结构特性要点。

(1)跨度比

跨度比是指边孔跨度与主孔跨度的比值。对单跨悬索桥而言,边孔跨度可视为主塔至锚碇散索鞍处的距离。跨度比受具体桥位处的地形与地质条件制约,每座桥都不同。

中跨和边跨主缆的线形不同,塔顶主缆拉力的水平分力也不相同。为了使索塔的受力尽可能理想,设计时应考虑在不变作用状态下,主缆在塔两侧的水平力相等,即要求主缆与塔两侧的倾角相等。单跨悬索桥的边跨主缆是直拉式,因此,一般情况下,单跨的边主跨比应该比三跨悬索桥小。单跨悬索桥跨度比一般在 0.2~0.3 之间。单跨的边跨跨径与散索鞍位置也有很大的关系。一般来说,三跨悬索桥的跨度比与单跨悬索桥的跨度比相比要大一些,这是为了减少边孔的水中墩并减少主孔跨径。三跨悬索桥跨度比一般在 0.25~0.4 之间,但世界上最大的悬索桥——日本明石海峡大桥的跨度比为 0.51。悬索桥结构的竖向变形及竖向挠角随跨度比的减小而减小;取消悬吊的边跨加劲梁又导致结构的整体刚度降低。

从结构用钢量方面来考虑,假设主孔的跨度以及主缆的垂跨比为定值,采用钢塔时,悬索桥单位桥长所需的钢材重量随跨度比减小而增大;当采用钢筋混凝土索塔时,跨度比减少引起的每延米用钢量增加量很小,当跨度比在 0.5~0.3 时,增加用钢量约 5%,跨度越大时,增加用钢量的百分比越小。大跨悬索桥采用小边跨来增加刚度的同时又可以使用钢量较省,单位桥长用钢量随跨度比的减小而增大。

几座著名悬索桥的跨径布置方式如图 3.2-1 所示。

(2)主缆矢跨比

悬索桥主缆的矢跨比,是指主缆在主孔内的垂度和主孔跨度的比值。主缆的矢跨比一般都在 1/9~1/12 之间,铁路桥更小一些。矢跨比与主缆拉力和塔承受的压力呈反比。矢跨比与塔的高度有直接影响,它们呈正比关系。钢桥塔的用钢量随矢跨比的增加而增加,但全桥总用钢量将随着矢跨比的加大而略有降低;建混凝土索塔时,大跨径悬索桥的总用钢量随着垂跨比的增加而略有增加。

对于外锚式悬索桥,当跨径和主梁的自重一定时,矢跨比越大,悬索桥竖向挠度和横向挠度都加大,而主缆拉力越小;矢跨比越小,梁的挠度减小,结构的整体刚度越大,但随之缆索截面也将增大。但是,矢跨比对自锚式悬索桥的影响却相反,主缆矢跨比越小,结构的整体刚度反而越小。悬索桥的主缆矢跨比除了对结构整体刚度有影响以外,它对结构振动特性也有一定的影响。悬索桥的竖向弯曲固有频率将随垂跨比的加大而减低;悬索桥的扭转固有频率,将随矢跨比的加大而增高;悬索桥扭转与竖弯固有频率比,也将随矢跨比的加大而有显著地增大;悬索桥的极惯矩,将随矢跨比的加大而减小。

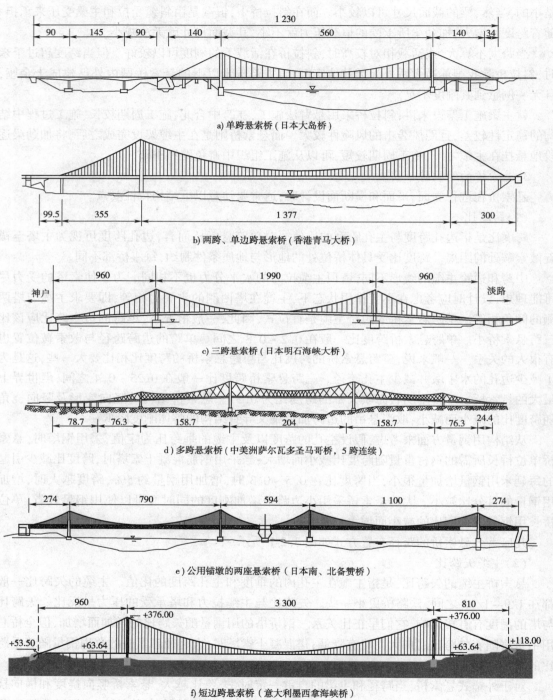

图 3.2-1 悬索桥跨径布置的几种形式(高程单位:m;尺寸单位:m)

(3)宽跨比

宽跨比是指悬索桥加劲梁的宽度(或主缆中心距)与主孔跨度的比值,对于一般桥型的中小跨度而言,可控制在大于 1/30 左右,有足够的横向刚度。由于桥梁宽度一般是由交通要求确定的,对于特大跨度桥梁就很难保证这个要求了。在统计的悬索桥资料中 1 000m 以上跨径的宽跨比都小于 1/30,甚至达 1/60,范围大致在 1/40~1/60。

梁体越宽,梁体横向挠曲刚度越大,可以非常有效地减小边跨梁体的横向最大挠角,以及减小主跨梁体的横向最大挠角,但对主梁的横向最大挠度减小不是很显著。目前的大跨径桥梁,尤其是采用扁平钢箱梁的大跨悬索桥和斜拉桥,为了增加抗风稳定性,在箱梁风嘴外侧再增加挑板或在中央分隔加宽并透风,从表面上来看是增加了梁宽和结构的横向刚度,但实际上其主要目的是改善加劲梁的气流条件、增加结构的抗风稳定性。

(4)加劲梁高跨比与高宽比

高跨比,即加劲梁高度与主孔跨度之比。对于悬索桥而言,加劲梁高度与主孔跨度基本没有关系。一般而言,桁架式加劲梁的高度为 8~14m,箱形加劲梁高度为 2.5~4.5m。已建桁架式加劲梁悬索桥的高跨比大致在 1/180~1/70;箱形加劲梁悬索桥的高跨比大致在 1/400~1/300。

值得注意的是:扁平钢箱梁的流线型设计有利于风动稳定,但过小的梁高可能会使加劲梁抗扭刚度削弱太多,从而引起涡振和抖振发生而导致结构疲劳。因此,一般控制加劲梁的高宽比(梁高与梁宽之比)在 1/7~1/11,以保证加劲梁有足够的抗扭刚度。

(5)加劲梁的支承体系(塔墩处是否连续)

简支(双铰)体系:适于边跨建筑高度小或者曲线边跨的情况。由于边跨主缆的垂度较小,对荷载变形有利,但是架设主缆时索鞍预偏量较大;梁端多用吊索或者摆柱作支撑,成为悬浮体系,纵向位移不受限制。不太适合铁路桥。

连续体系:加劲梁挠度(竖向及横向)、梁端角变位及伸缩量较小。但是,主塔支点处产生较大弯矩;梁穿过塔,使塔柱间横向间距大,基础尺寸也相应加大;制造、架设误差以及基础的不均匀沉降对加劲梁应力影响较大。

一些特殊布置:单跨悬索桥加劲梁在两个非悬吊的边跨内各带有连续伸出段,如图 3.2-1f)所示。

(6)主缆与加劲梁的特殊联结

主缆与加劲梁联结的传统做法是:主缆只通过吊索与加劲梁联结。也有一些悬索桥为改善结构受力,采取了一些特殊做法:

图 3.2-2a)所示为润扬长江大桥的刚性中央扣结构,在主跨跨中用一个 5m 长的铸钢索夹及联结加劲梁与索夹的三角钢桁架组成一刚性联结体系,铸钢索夹和三角钢架拴接在一起,使缆、梁相对固结,对缆、梁的纵、横向位移进行约束。中央扣斜、竖杆是由 40mm 厚钢板焊接成的 I 形杆件。杆件在桥面以上 1.834m 处与中央扣索夹栓接。杆件下端与跨中梁段风嘴处的小箱梁上翼缘、内外腹板相焊。竖杆主要承受竖向荷载,两斜杆承受纵向力和横向力。

图 3.2-2b)所示为我国汕头海湾大桥边跨主缆与加劲梁之间的摆柱式联结结构,在边跨支墩的地方为主缆设置竖向支撑摆柱来代替吊索。

(7)悬索桥的美学比例

具有薄饰带状桥面的大跨悬索桥,当它跨越辽阔水面、浮穿长空时,看上去轻若无物、宛如流云,其美丽景致,往往使人倾倒。很显然,要设计出整体美观的悬索桥,比例的选择极为重要，下面介绍悬索桥比例选择时需要注意的一些问题：

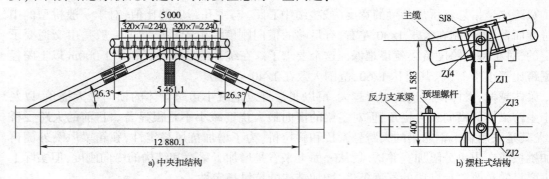

图 3.2-2 主缆与加劲梁特殊联结结构（尺寸单位：mm）

①边跨跨径小于主跨跨径的一半，甚至可以低至 0.21。边跨跨径比率越小，主跨越显突出。

②桥下空间呈扁平形式，桥面离水面越高，跨径应越大。

③加劲梁宜轻巧纤柔，具有现代气息。

④锚碇在满足受力的前提下不要过于庞大而显得笨拙。

⑤结构简洁而外形雄伟的桥塔应给人稳固挺拔的感受。圬工桥塔可以是粗壮的，增强了稳固悬挂的优美效果。近代悬索桥，多采用钢或钢筋混凝土桥塔，整体考虑时，不应太强调桥塔的纤细度，而应从多种结构方案中选择。一般来说，结构简洁、没有多余的横向支撑的门式或者刚构式桥塔较好。对于宽桥，当桥塔在桥面以上的高度小于桥宽的 1.5 倍时，最好采用塔柱间不设任何横梁的柱式索塔。

4. 悬索桥的设计计算要点

作用在悬索桥上的荷载，有静载、活载、风荷载、地震力、温度变化等。设计计算时，一般把它们分成三个方向独立的荷载，即铅直面内荷载、横向荷载和扭转荷载。对这些荷载可用本章第三节中所介绍的各种方法综合进行计算分析。例如，对铅直面内荷载，可用弹性理论、挠度理论及有限位移理论等；对横向荷载可用属于近似计算的均等分配法或属于挠度理论的弹性分配法等；而对扭转荷载，可采用与挠度理论类似的方法或数值分析法等。最近，也有使用高容量计算机进行三维计算分析，但一般结果表明，多数情况下，不同方向的荷载组合效应可以略而不计。悬索桥各主要组成结构的具体计算内容，详见本章第三节。

关于塔，一般将其作为独立结构，在桥轴及垂直桥轴方向分别进行分析。对于柔性塔，由于塔柱的刚度不可能很大，还必须计算其屈曲临界荷载。

对包括塔、缆索、桥台、加劲梁等整个结构组成的计算模型的动力设计计算，一般采用以有限位移理论为基础的空间非线性有限元程序计算。

与斜拉桥的情况一样，悬索桥的跨度远远超出《公路桥涵设计通用规范》（JTG D60—2004）所规定的适用范围。因此，必须制定适用于悬索桥的设计规范。以《公路桥涵设计通用规范》（JTG D60—2004）中的规定为基准，对一些复杂项目如活载、挠度容许值、冲击系数、屈曲长度、抗震设计、抗风设计、荷载组合及容许应力等进行规定，以规范为基准进行计算分析和结构设计。

悬索桥在设计的不同阶段，需要进行不同的计算。现将其设计步骤列于图 3.2-3、图 3.2-4。

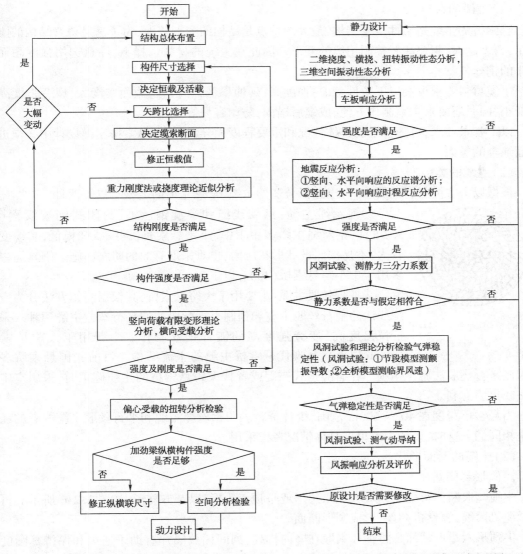

图 3.2-3 悬索桥上部结构静力设计流程图　　图 3.2-4 悬索桥上部结构动力设计流程图

二、主缆

1. 主缆横断面设计

早期,在欧洲和美洲,悬索桥的主缆都曾采用过眼杆,其主要优点是可以适应主缆拉力沿跨径的变化而改变截面,使用料经济。1931年,在巴西建成的弗洛里亚诺波利斯(Fiarianopolis)桥,跨度为129m+340m+129m,其主缆中段和加劲梁上弦合成一体,经济性更加明显。随后,美国也曾修建几座这种式样的悬索桥。但这种用眼杆作主缆的悬索桥有一致命弱点,那就是某一眼杆其净截面裂缝会导致全桥破坏,甚至坠毁。所以,随着工业技术的发展,悬索桥主缆多采用抗拉强度和疲劳强度更高的钢丝。此时,为了方便施工,中、小跨悬索桥多使用钢绞线。但是,钢绞线的弹模低,使得主缆的变形增大;而且钢绞线作主缆时不易按设计截面形状压紧,同时难以采取有效的防腐措施。目前,大跨悬索桥主缆多采用具有很高容许应力的平行钢丝来制作。

(1)主缆的材料

悬索桥的主缆是柔性承重结构,最大的特点是结构的变形较大,为了满足桥梁结构的刚度要求,跨度越大,越要注意控制主缆的变形。因此在主缆的材料选择上,注意选用强度高而变形小的钢丝。

主缆材料要求可按以下条件考虑:强度高、延伸率低、弹模大、截面密度大、疲劳强度高和徐变小,同时还要求主缆制作方便、成缆后锚固、防锈容易等。

以上各条要求,可随桥梁的具体情况和重要程度而异,但是在悬索桥主缆设计中必须进行全面综合的考虑。

(2)主缆的类型

根据以上主缆材料的要求,可以选择合适的主缆,常见主缆的类型有以下两种。

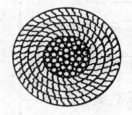

图3.2-5 克瓦尔松桥封闭式钢绞线股缆

①钢丝绳主缆:钢绞线绳和螺旋钢丝绳、封闭式钢绞线索(图3.2-5)。钢丝绳主缆多用于中、小跨悬索桥,钢绞线弹模低,主缆变形较大,不易按照设计形状压紧,也难采取有效的防腐措施。钢丝绳主缆多用于中小跨悬索桥(400m以下)。

②平行丝股主缆:主要用于大跨悬索桥,其根据制作方法分为空中绕线法的平行丝股主缆和预制平行丝股法的平行丝股主缆两种。采用抗拉强度高、疲劳强度高的镀锌钢丝制作。主要用于大跨悬索桥(600m以上),是现代悬索桥主缆的主流结构。目前我国悬索桥多采用预制平行丝股法施工主缆。在有隧道式锚碇或者特大跨悬索桥的主缆施工时,采用空中绕线法或更为有利。

当悬索桥跨度在400~600m范围,统计资料表明钢丝绳主缆和平行丝股主缆两者的经济性是相同的。这时,设计中可根据具体情况考虑采用。

(3)主缆的断面形状

1)圆形封闭式

主缆丝股断面首先排列成尖顶六边形或平顶六边形,以及方阵形,如图3.2-6所示。再通过紧缆机紧缆,缠丝机缠丝,形成圆形断面。

尖顶形六边形截面是将钢丝索股在竖向排列,列间插放隔片有助于通风和保持真圆度较高的截面形状,截面温度均匀,但主缆施工之初的钢丝定位较难。平顶六边形主缆截面,施工中下层的钢丝索股会受到较大的挤压力,使线形变化较大,截面水平直径较竖向直径大。方阵式主缆截面形式的竖横双向均利于插放隔片,钢丝束股数目较为灵活,紧缆机操作时也较容易形成圆形截面。

在主缆索股截面的右上角设有一根喷涂红色油漆的观察钢丝,其作用是在制作和架设钢丝束过程中用以观察、辨别钢丝束是否扭转。在截面的左上角设有一根标准长度钢丝,此钢丝是每股预制平行钢丝束下料长度和标涂各标记点(如塔顶鞍座中心、跨中中点等部位)的依据,它是预先将钢丝展开伸直并通过精密测量刻记后制成的。根据国外的有关规定,标准长度钢丝的长度误差应小于$L/36\ 000$。

2)开口矩形主缆

近年来,挪威悬索桥的设计中出现了新型主缆形式(或称为"挪威式"主缆),每主缆有21根索股,分3层,每层7根索股。索股为锁口螺旋钢绞线,如图3.2-7所示。

开口索股布置与圆形主缆相比,在安装索股过程中,可校正和调整每一索股的几何线形;

可以省去紧缆及防护的费时且费用、昂贵的工作;由于索股抗弯刚度低,减小了索股在索夹和索鞍处的弯曲次应力;索夹、索鞍布置很简单;桥梁建成后易于检查,必要时可修补索股外表面。但是,却增加了主缆暴露的表面积,主缆中部的索股涂装较困难,而且加大了主缆风荷载,同时使得主缆上聚积冰雪的危险增加。

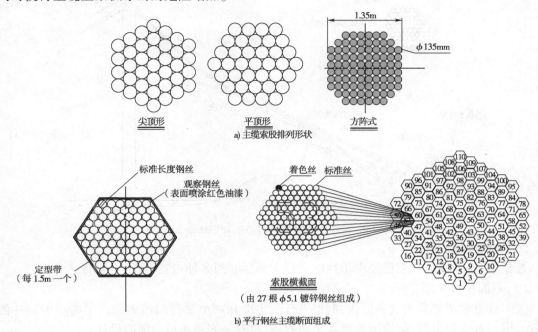

图 3.2-6 平行丝股主缆的断面设计

（4）主缆的制作

目前,大跨径悬索桥主缆的制作方法有空中绕线法(或称空中编缆法)和预制平行丝股法两种。主缆常常采用的施工工艺大致为:首先钢丝镕镀锌处理,以提高延伸率和延性;每根钢丝在使用长度范围内不容许有接头;采用空中绕线法(AS)和预制丝股法(PS、PWS)将钢丝排列,截面内布置观察钢丝及标准长度钢丝,编制成缆后沿 1~2m 用缠包带固定后进行紧缆、缠丝等操作。主缆制作完成后,仍然存在一定的空隙率。不同的架设方法、架设季节、主缆直径、主缆截面丝股构成都会影响到主缆空隙率,大跨悬索桥主缆的空隙率一般在 0.17~0.21 之间。具体施工工艺,详见本书悬索桥施工的相关章节。

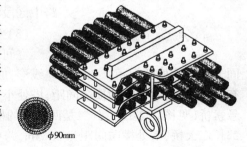

图 3.2-7 开口主缆截面形状

1)空中绕线法(见图 3.2-8)

罗勃林在 1855 年修建的跨度为 250m 的尼亚加拉桥中,发明了以后许多大跨悬索桥主缆制作采用的空中绕线法,但此桥的主缆是用熟铁丝编制的。其后,1883 年在纽约建成的布鲁克林桥,其主缆是用平行钢丝采用空中绕线法制作。在欧洲修建的悬索桥,主缆主要是用钢丝绳制作,直到 1964 年英国修建福斯湾桥才开始采用平行丝股主缆。

2)预制平行丝股法

1965 年,美国伯利恒钢铁公司试制成功工厂预制平行丝股主缆,其后许多大跨悬索桥的设计都加以采用。如美国1969年建成的跨度为210m+488m+210m的新港桥和1973年建成的跨度为201m+488m+201m的切萨皮克海湾第二桥,以及日本1973年建成的跨度为178m+712m+178m的关门桥,等等。

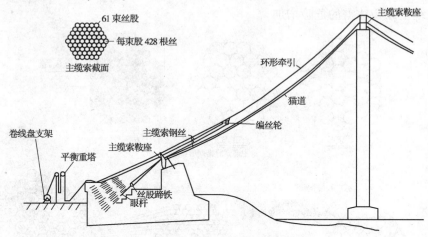

图 3.2-8　维拉扎娜海峡桥主缆空中编缆 AS 法示意图

2. 主缆的结构形式

近年来,悬索桥的主缆已经由单纯的平行索面发展到多种布置形式,主要有:

(1) 双面平行主缆

大多数悬索桥都采用这种形式,两根平行的主缆和两个平行的吊索面。主缆一般是一侧布置一根。若主缆太粗、架设困难或者工期限制,也有一侧用两根主缆的设计。

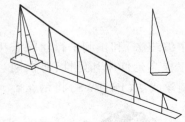

图 3.2-9　单主缆、斜吊索面

(2) 单主缆、斜吊索面

单主缆、斜吊索面(见图 3.2-9)的布置形式在悬索桥中不是很多见。采用这种布置形式时,一般主缆在跨中处需距离加劲梁有一定的高度,以保持通行车辆的净空。日本此花大桥以及瑞士日内瓦湖桥都采用这种布置形式,所不同的是,后者在跨中区段将主缆埋入梁内,并与梁固结。

(3) 空间主缆

空间主缆最显著的特征是,两主缆在跨中的横向间距,不同于在塔顶处的间距。空间主缆线形,加大了结构的整体横向刚度,增强抗风能力。空间主缆有两种类型:两主缆的横向间距,塔处小、跨中大,例如韩国永宗大悬索桥,该桥是一座自锚式悬索桥(见图 3.2-10);其二是两主缆的横向间距,塔处大、跨中小,例如我国1996年建成的丰都长江大桥,塔处横向间距为20.5m,跨中为14m。

(4) 复式主缆

复式主缆悬索桥,也即前文所述的双链悬索桥。

3. 主缆的设计计算

悬索桥主缆设计的主要内容包括:主缆几何线形的确定;主缆截面及预制平行钢丝束设计;计算主缆钢丝束成桥状态下的长度,一、二期恒载作用下的弹性伸长量,自由悬挂状态下的长度,从而得出主缆钢丝束无应力长度。下面以我国汕头海湾大桥的主缆设计为例,作一简单介绍。

(1) 主缆几何线形的确定

1)主缆矢跨比的选择

悬索桥主缆的矢跨比直接影响悬索桥的整体刚度。一般来说,选择较小的矢跨比有利于提高全桥的刚度,但会相应增大主缆的拉力,从而有可能使得同一荷载条件下的主缆面积需相应增大。大跨度悬索桥的矢跨比选择范围多在 1/9~1/11 之间。

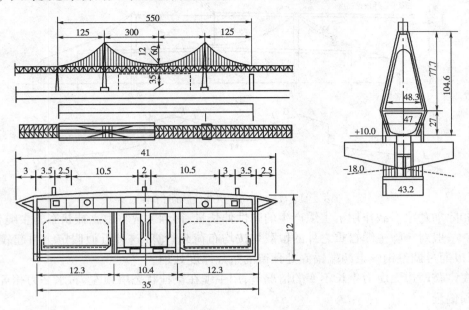

图 3.2-10 韩国永宗大悬索桥(尺寸单位:m)

2)主缆面积的确定

在主缆最大应力不确定的条件下,一般悬索桥主缆面积的选择可以参照已建悬索桥的经验数据。在无经验数据可以借鉴时,主缆面积的拟定可按如下步骤进行:

①首先确定主缆所需承受自重的外作用效应。外作用效应为除去主缆之外的永久作用与可变作用之和。

②根据主缆所需承受自重的外作用效应总和、主缆效率系数来初拟主缆截面面积。

③以上述初拟主缆面积为依据,计算悬索桥最不利作用效应组合状态下主缆应力。

④通过验算主缆安全系数来判定主缆面积假定合适与否。

初期悬索桥主缆的安全系数一般在 3.0~4.0 之间,随着材料强度的提高和设计理论、施工工艺的进步,现代悬索桥主缆的安全系数得到降低,主缆承受作用效应的效率系数有一定提高。目前,主缆的安全系数一般取值在 2.5 左右,主缆效率系数一般在 0.7~0.8 之间。

$$\text{主缆安全系数} = \frac{\text{主缆极限强度}}{\text{主缆最不利作用效应组合下截面应力}} = 2.0 \sim 3.0$$

$$\text{主缆效率系数} = \frac{\text{主缆容许应力} - \text{自重应力}}{\text{主缆容许应力}} = 0.7 \sim 0.8$$

(2)主缆无应力长度的计算

悬索桥主缆成桥线形的几何计算,首先依据桥梁的纵断面线形,求出控制主缆几何线形基本点的位置,计算图示如图 3.2-11 所示。

钢丝束无应力长度是指钢丝束两端锚头前支承面间无应力状态下的长度,此长度计算准确与否直接关系到主缆几何线形的精确程度。

主缆无应力长度计算步骤如下：

①成桥状态下标准温度时，主缆矢跨比、几何线形及索力的确定。主缆成桥线形是决定主缆无应力长度计算精确性的首要因素，同时会很大地影响到吊索长度的计算。

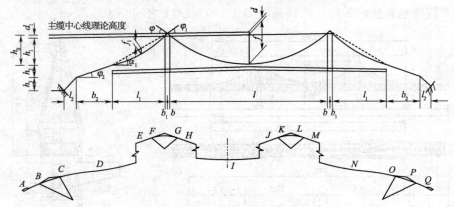

图 3.2-11　成桥状态主缆几何线形的计算图式

②扣除加劲梁恒载作用下主缆产生的弹性伸长量，得到主缆自由悬挂状态的主缆长，即自重索长。一般对于除主缆自重之外的恒载均按均布荷载计算，这种近似假定会引起较小长度误差，可以通过调整钢丝束两端锚固处预留的垫片厚度处理。

③在索鞍两边无应力索长不变的情况下，用主缆在空挂状态塔顶左、右水平力相等的条件求索鞍预偏量。

④由自由悬挂状态下的缆长扣除主缆自重产生的弹性伸长，得到主缆无应力长度。

设计时，根据组成主缆的每根钢丝束所在层位，考虑索鞍曲率的影响、散索鞍处的空间线形，逐一计算，即可得每一根钢丝的无应力长度。对于长大跨悬索桥，还应考虑地球曲率的影响。

主缆长度的计算公式，详见本章第三节。

(3) 主缆的最大拉力

成桥状态下，抛物线形主缆的水平拉力处处相等（推导见本章第三节）。

主缆拉力的水平分力为：

$$H = \frac{ql^2}{8f}$$

则主缆拉力：

$$T = \frac{H}{\cos\varphi}$$

边跨锚索拉力：

$$T_1 = \frac{H}{\cos\varphi_1}$$

式中：φ——主缆曲线切线的水平倾角。

由式可知在恒载 q 状态下主缆越陡，拉力越大。一般为边跨主缆靠近主缆鞍处最大。

大直径的主缆在跨越塔顶索鞍时有较大的弯曲二次应力（图 3.2-12），可按下式计算：

$$T_0 = \frac{H}{\cos\varphi_0} = H\sec\varphi_0 = H\sqrt{1 + \tan^2\varphi_0}$$

$$\tan\varphi_0 \approx y' = \frac{4f}{l}$$

$$T_0 = \frac{ql}{2}\sqrt{1+\left(\frac{l}{4f}\right)^2}$$

$$T_{弯} = \sigma \cdot A = cE_c \frac{\delta}{2R} \cdot A$$

式中：c——系数，$c = 0.104 + 0.04\dfrac{d}{R}$；

φ_0——中跨主索在塔顶的倾角；

T_0——主索在塔顶处的拉力；

σ——主索在索鞍处的弯曲应力，MPa；

E_c——主索的弹性模量，MPa；

δ——主索钢丝直径，cm；

R——索鞍的弯曲半径，cm；

d——主索直径，cm。

图 3.2-12 鞍座与主缆之间的关系
注：φ_1 为锚索的倾角。

（4）主缆与主缆鞍间抗滑安全系数

主鞍座上面是主缆，若设计中，将主鞍座固定于塔顶，就会迫使主缆在鞍座上面滑动，而这一滑动会使主缆磨损。所以，采用在鞍座下设置滚轴或者柔性塔柱的设计措施，不让主缆在鞍座上滑动。一般主缆在索鞍处的抗滑安全系数≥2。可按下式计算：

$$f = \frac{\mu\alpha}{g(T_c/T_s)}$$

式中，忽略鞍座盖压力影响；μ 为主缆与索鞍间安全系数，取值可为 0.15；α 为图 3.2-12 所示主缆之间夹角。

三、吊索及索夹

1. 吊索的设计

1）吊索的结构

悬索桥吊索的立面布置，一般有垂直布置和斜向布置两种形式（图 3.2-13）。

a) 垂直吊索布置

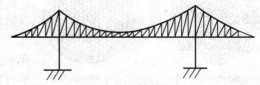
b) 斜吊索布置

图 3.2-13 吊索立面布置

虽然 20 世纪 60 年代，斜吊索应用之初，认为其可以提高结构整体振动时的结构阻尼值，但目前采用较少。土耳其的博斯普鲁斯一桥的斜吊索布置，如图 3.2-14 所示。

传统的美国式悬索桥的吊索是垂直的，日本的一些悬索桥吊索也是垂直布置，而欧洲的一些悬索桥如恒比尔桥、塞文桥、博斯普鲁斯桥等则采用斜吊索。目前，国外对斜吊索存在不同的看法，对其利弊正在探索和研究。我国已建的数座悬索桥，都是采用垂直吊索。

2）吊索的材料

吊索材料一般为柔性吊索，采用钢丝绳或者平行钢丝索（多用）。钢丝绳有绳心式和股心式:绳心式以一股钢丝绳为中央形心,外围用钢丝束股围绕扭绞而成;股心式由 7 股钢丝束股扭绞而成,中央一股为股心。截面内钢丝束股的扭绞方向与其间钢丝的扭转方向相反。平行钢丝索(PWS)吊索由多根 $\phi 5mm \sim \phi 7mm$ 镀锌钢丝外加 PE 套管组成。

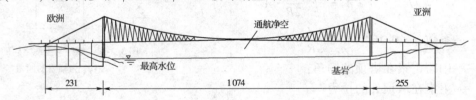

图 3.2-14 土耳其博斯普鲁斯一桥(尺寸单位:m)

少数小跨悬索桥也有用刚性的吊索,称为吊杆,由两端加工成螺纹的圆钢或钢管形成,在它的两端加工螺纹,用螺母与加劲梁上伸出的联结件相联;或是两端焊上联结块,联结块上留有螺栓孔,用螺栓与索夹的吊耳及加劲梁上联结杆相联。

图 3.2-15 是重庆朝阳大桥的刚性吊杆,为调整吊索长度,在其中部加一节花兰螺栓调节。拉力较大的吊索,如采用刚性吊杆则截面过大,构造上不好处理。为了联结,把钢丝绳两头散开伸入联结套筒,浇入合金使钢丝绳与套筒联结成整体而形成锚头。吊索的上端通过套筒与索夹的吊耳联结,吊索下端通过套筒与调整眼杆联结,眼杆通过联结件与加劲梁联结,图 3.2-15 还包括朝阳大桥的下吊索构造。

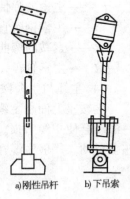

a)刚性吊杆 b)下吊索

图 3.2-15 重庆朝阳大桥的刚性吊杆

近代悬索桥的吊索一般采用镀锌钢丝绳,对强度、耐腐蚀性、耐疲劳性以及柔软性有一定的要求;镀锌后的钢丝不得有任何形式的接头;钢丝绳全长范围内捻制的捻距以及直径应均匀一致;吊索使用前应进行预拉,预拉力为破断拉力的 55%,预拉时间为 60min,共预拉两次;吊索钢丝绳施工时应在相当于恒载拉力作用下进行测长标记工作等,以尽可能消除施工架设误差引起的附加索力。吊索断面形式如图 3.2-16 所示。

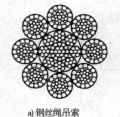

a)钢丝绳吊索 b)平行钢丝吊索

图 3.2-16 吊索断面图

3)吊索与索夹的联结

现代悬索桥钢丝绳吊索与索夹的联结方式,可分为骑挂式和铰接式两种,如图 3.2-17 所示。

①倒 U 骑挂式:是指两端带锚头的钢丝绳索绕跨在索夹顶部的嵌索槽中,锚头与加劲梁联结。不宜用平行钢丝束。索夹多为左、右两半形式,也可是上、下两半。

②铰接(销铰)式:是指两根下端带锚头、上端带销铰的钢丝绳索或平行钢丝索,上端利用销铰与索夹下的耳板(吊板)联结,下端用锚头或者同样用销铰与加劲梁联结。索夹多分上、下两半圆,也可设计成左、右两半。

吊索与加劲梁的联结方式比较简单(见图 3.2-18)。图 3.2-18a)为锚箱式联结,图 3.2-18b)为耳板式联结。两种联结形式,均适用于钢箱梁和钢桁梁等截面形式。

2.吊索的设计计算

(1)吊索拉力计算

确定吊索拉力的设计作用效应组合一般为:永久作用 + 可变作用 + 温度作用效应 + 吊索

制造误差+吊索架设误差+弯曲二次应力。吊索的截面设计以此控制,同时保证一定的安全储备。国内外一些典型悬索桥吊索的安全系数取值,一般在 3.5~4.5 之间。

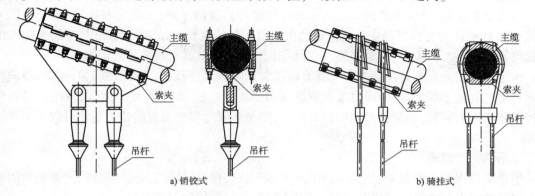

图 3.2-17　吊索与主缆的联结方式

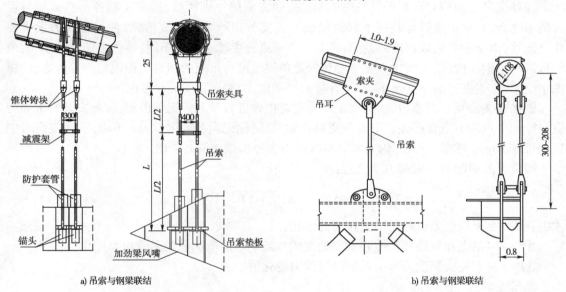

图 3.2-18　吊索与加劲梁联结(尺寸单位:mm)

1)悬索桥吊索因可变作用、温度作用效应等引起的拉力

悬索桥吊索因可变作用、温度作用效应等所引起的拉力的计算方法,可分为两种:

①悬索桥的近似计算方法中,不考虑加劲梁的荷载分配效应,局部可变作用效应仅由局部的吊索承受。这种方法计算出的吊索设计拉力往往过于偏大。

②悬索桥较为精确的计算方法中,考虑加劲梁的荷载分配效应,即依靠加劲梁刚度将局部可变作用效应传递给左右邻近的吊索,共同受力。此时吊索的拉力可由全桥整体解析得出。

《日本本州四国联络桥吊索设计要领(案)》(1989 年)中明确规定吊索的设计拉力,应考虑加劲梁的荷载分配效应。

下面将重点介绍吊索制造误差、吊索架设误差、弯曲二次应力等所引起的附加索力的计算以及实例,并介绍应作的一些其他考虑。

2)吊索附加索力计算

附加索力包括:吊索制造误差所引起的附加索力;吊索架设误差所引起的附加索力;弯曲

二次应力所引起的附加索力(吊索与主缆骑挂式联结)。

①吊索制造误差

吊索制造误差,是指吊索成品的实际长度与设计长度的差异,主缆索夹壁厚、内径等误差引起的倒 U 骑挂的弯曲半径变化所造成的弯曲段索长的变化。吊索的制作误差,通常应考虑测长仪器、测长拉力、温度、锚头安装、刻画标记的误差,以及索夹制造工艺影响等因素。

由于吊索制造误差对吊索拉力尤其对短吊索影响较大,所以应严格控制,另外亦可设调整吊索长度的装置予以消除,如通过吊索下端锚头处加设垫板,调整垫板厚度,或者设有可调整锚板螺杆长短的装置,克服吊点间的相对误差,则吊索制造误差引起的拉力变化可以不予严格考虑。

②吊索架设误差

吊索架设误差主要包括:加劲梁各吊点实际安装高程与设计高程的相对误差、索夹紧固程度引起的各索夹处主缆空隙率的误差,以及主缆索夹安装位置的误差等。

加劲梁吊点的相对高程误差是由于制造安装方面的原因所致,造成主梁各吊点高程与设计值不吻合,必然使按设计长度下料的吊索在长度方向产生附加变形,致使吊索拉力发生变化。此外,由于索夹紧固程度的差异,使各主缆索夹处主缆空隙率不同,导致主缆直径不一,最终也影响吊索长度,使吊索拉力发生变化。此项误差可与吊点的相对高程误差一并考虑,应根据主梁架设、索夹紧固工艺水平、施工管理水平而定,一般可按 10mm 考虑。

索夹安装位置的误差包含为:确定索夹安装位置进行量测标记的误差,实际安装时索夹中点与标记中点的不重合误差。据有关资料介绍,量测标记误差可按 20mm 考虑,实际安装对中误差可按 10mm 考虑。所以,索夹安装位置的总误差可按 30mm 考虑。

架设误差引起的吊索拉力变化为:

$$\Delta T = \sqrt{\Delta T_1^2 + \Delta T_2^2}$$

式中:ΔT——架设误差引起的吊索拉力的变化;

ΔT_1——吊点相对高程误差和索夹处主缆空隙率不同所引起的吊索拉力变化值;

ΔT_2——索夹安装误差所引起的吊索拉力变化值。

③吊索弯曲二次内力

如果吊索与主缆间采用倒 U 骑挂方式联结,其吊索必产生弯曲二次应力。吊索弯曲二次应力计算应视钢丝绳的构造、材质的不同,采用不同的计算公式。即便如此,也难以准确计算,一般通过试验来确定。

日本规定:吊索直径 $\leq \frac{1}{5.5}$ 索夹外径,也可借鉴经验公式估算:

$$\sigma = C \cdot E \cdot \frac{\delta}{D}$$

式中:σ——弯曲二次应力;

C——系数,$C = 0.104 + 0.08 \frac{d}{D}$;

d——吊索直径;

D——吊索的弯曲直径;

δ——组成钢丝绳的单根钢丝的直径;

E——钢丝绳的弹性模量。

（2）吊索无应力长度计算

根据成桥状态主缆的几何线形（抛物线）、桥面高程线形，求得各吊索的有应力长度及吊索拉力，扣除相应吊索拉力引起的弹性伸长量，即可得到吊索的无应力长度。

3. 索夹的结构与设计

（1）索夹的结构

主缆和吊索的联结，一般都采用索夹来实现。刚性索夹把主缆箍紧，使主缆在受拉时，产生收缩变形时也不致滑动。

对于骑挂式联结的吊索，在每个索夹的上半部都带有凸缘，以形成两条凹槽，供绕嵌垂直吊索的钢丝绳用。一般索夹多是圆形；对于销铰式的联结方式，索夹的下端伸出铸件吊耳，通过销栓把吊索与吊耳相连，斜吊索上端多用钢销来联结，索夹应带有吊耳。带吊耳索夹的形式根据主缆丝索排列的形式，常分为六边形和圆形两种。

1）六边形索夹

对于中、小跨径的悬索桥，由于钢丝数不多，常排成六边形截面，所以六边形索夹采用较多，如图3.2-19所示。

2）圆形索夹

对于大跨径悬索桥，主缆常采用圆形截面，索夹也采用圆形索夹，如图3.2-20所示。

对于圆形索夹，多采用两个铸钢半圆构件。当每对两个半圆索夹装在主缆上之后，用高强螺栓来对接，索夹在不同的位置有不同的长度和数量不等的对接螺栓。一般在主缆接近水平的节点处索夹短一些，联结螺栓也可少一些，在主缆倾斜度比较大的节点上则相反。索夹的内表面加工成与主缆最终的外表面相同的直径，但不能磨光。两个半索夹之间留有一定的空隙，当索夹套装在主缆上之后，依靠对接高强螺栓拧紧后的拉力使索夹与主缆的接触面产生一定的摩擦阻力，以保证索夹位置的固定。拧紧之后，两个半索夹之间的空隙不应闭合，以保证高强螺栓中的拉力数值，空隙内可填防腐料来封闭。

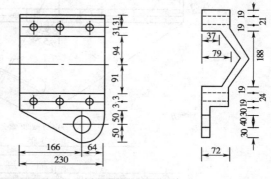

图3.2-19 六边形索夹（尺寸单位：mm）

圆形索夹的构造形式，又根据吊索与主缆的联结方式不同而分为铰接式和骑挂式两种。

①铰接式。索夹多分为上、下两半，下半部带有吊耳，吊耳与吊索间通过钢销联结。索夹的倾斜角变化，可改变销孔的位置来适应；但是销和销孔间的摩擦力，以及吊索的拉力都会影响索夹的应力分布。

②骑挂式。索夹多分为左、右两半，上半部带有凸缘形成凹槽，供绕嵌吊索。索夹应力不直接受吊索拉力的影响且构造简单；对应于主缆倾斜角的变化，吊索槽的角度要随之变化，铸造形式变多；但是吊索绕挂要产生弯曲应力，成为吊索强度下降的原因。

（2）索夹的设计

悬索桥的荷载是通过吊索传到主缆，所以主缆和吊索的联结是关键部位。大跨度悬索桥主缆与吊索的联结形式，从已建成的许多长大悬索桥来看，无非是通过索夹把柔性缆索的吊索与主缆联结起来。主缆是柔而松的索体，要与刚性的索夹联结，属于不稳定联结，或者说是经过多次紧固后才趋于稳定的联结。

索夹截面受力状态，如图3.2-21所示。

索夹和主缆的联结是靠摩擦阻力来抵抗吊索所产生的滑动而紧固着的,摩擦阻力是由紧固索夹的高强螺栓的预拉力产生的。对于大跨悬索桥,主缆常是由几万根高强钢丝组成的松散索体,故其预拉力损失很可观。一般,第一次施拧螺栓几十天后,预应力损失在30%以上,甚至达50%。为此,在有些长大跨悬索桥修建中,都在试验室和实桥上进行试验。以确定较为可靠的数据,使设计合理、安全。而且要规定定时复拧螺栓,以确保索夹的抗滑安全度。这些对设计和日后的养护都是很重要的。

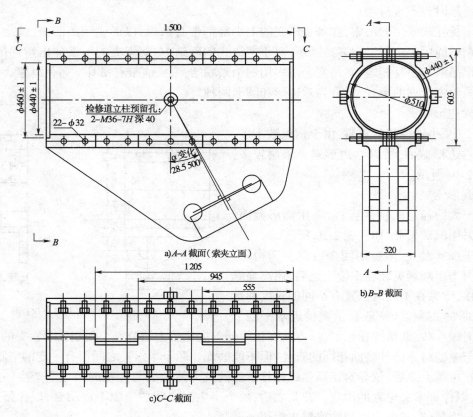

图 3.2-20　圆形索夹(尺寸单位:mm)

索夹材料选择上,已建成的悬索桥,多半采用抗拉强度为650MPa、屈服强度为350MPa这一等级的铸钢。其延性比较高,延伸率规定在20%以上,实际延伸率达25%以上。这就保证索夹有调整应力的塑性。

索夹截面及尺寸的设计,应注意如下几个方面:

①索夹内壁直径的确定。在缺乏经验数据时,可凭试验确定。即用钢丝按设计所取用的丝股排列,制成3~4m长的主缆一段,用紧缆机将它压成圆形,并每隔0.6~0.9m用钢丝捆紧一道。而索夹内壁直径与压紧后的主缆直径相同。考虑空隙率的误差非常重要,大跨悬索桥一般须试验确定。

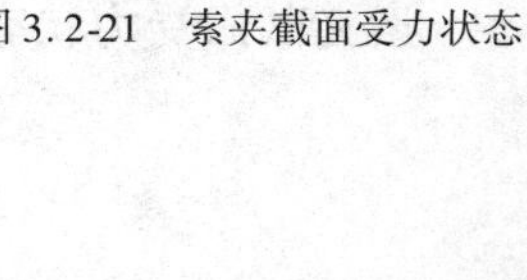

主缆直径的经验计算公式:

$$D = \sqrt{\frac{n}{1-K}} \cdot d$$

式中:D——主缆直径;

　　　d——主缆钢丝直径;

图 3.2-21　索夹截面受力状态

n——主缆钢丝数；

K——主缆的截面空隙率(多数在 0.17～0.21 之间)。

②索夹应力验算。

螺栓预拉力产生环向效应所致环向拉应力：

$$\sigma_1 = \frac{N}{2Lt} \leqslant \frac{1}{3}\sigma_r$$

螺栓偏心产生的环向弯曲应力：

$$\sigma_2 = \frac{3Ne}{Lt^2}$$

主缆直径小于索夹内壁直径所致环向弯曲应力：

$$\sigma_3 = E \cdot t\left(\frac{1}{D_c} - \frac{1}{D_b}\right)$$

主缆直径平面内压力：

$$\sigma_4 = \frac{N}{DL}$$

已建成的悬索桥平均内压力值，一般在 5～10MPa 之间。根据试验，在这个范围时，对联结螺栓预拉力损失无影响。《日本本州四国联络桥上部结构设计基准》(1989 年)规定，该值不超过 10MPa。

吊索作用下索夹顺桥向弯曲应力：计入一般主缆面积计算。

应力控制须满足公式：

$$P_{\max} \geqslant 3N$$

以上式中：N——索夹螺栓总预拉力；

L——索夹长度；

t——索夹厚度；

e——螺栓偏心矩；

σ_r——索夹材料的屈服应力；

$P_{\max}$——吊索承载力。

③索夹永存预拉力。

索夹永存预拉力为索夹螺栓张拉力扣除螺栓预拉力损失之后的剩余部分。索夹螺栓预拉力损失包括：主缆镀锌层蠕变；螺栓材料时效松弛；主缆受力变细；索夹变形；主缆内钢丝排列变化；索夹与主缆间温差等。

索夹永存预拉力为：

$$N = nA\left(\sigma_0 - \frac{\Delta L}{L}E\right)$$

式中：n——一个索夹上的螺栓数；

A——螺栓截面积；

ΔL——主缆直径变形；

L——螺栓的握距；

E——螺栓弹性模量；

σ_0——螺栓的初始预拉力。

据资料所载，美国金门大桥在索夹联结螺栓安装最后一次施拧后 34 年间预拉力平均降低

33%,日本若户桥索夹联结螺栓施拧后 3 000 天预拉力平均降低 50%。所以有些悬索桥设计中把螺栓的有效预拉力取值降到 50%。降低索夹连接螺栓预拉力损失,可以考虑采取增大螺栓最初施拧力,加大螺栓握距等措施。

④索夹抗滑考虑。

索夹抗滑安全度,一般以抗滑安全系数表示:

$$\frac{F}{T} \geqslant r$$

其中:$F = m\mu N$,$T = T_C \sin\varphi$。

式中:F——索夹的抗滑摩擦阻力(影响因素多);

T——吊索拉力在主缆轴向的分力;

r——抗滑安全系数(一般取值不小于3);

m——主缆截面紧固系数,一般取值2.0;

μ——索夹与主缆间安全系数,取值为0.15;

T_C——吊索拉力;

φ——主缆水平倾角。

四、桥塔

大跨度悬索桥,最引人瞩目的是高耸挺拔的索塔。索塔的形状直接展示出悬索桥的大体特征,反映建桥的时代特点。现代大跨悬索桥桥塔一般设计成柔性结构,既满足结构受力、变形需求,又在外形上虽雄伟但不笨拙。

桥塔用于支撑主缆,桥塔的形式与主缆布置形式有关,目前多采用两个平面,由两根立柱(或者四根立柱形成框架式结构)来支撑 2 根或 4 根主缆。为了使桥塔有足够的横向刚度,在塔柱间一般均需设置强大的横系梁,而塔顶因需承主缆的巨大集中力以及方便主缆等的施工,往往横系梁构造尺寸及刚度更大,此点与斜拉桥有较大差异。除此之外,桥面系之下的横系梁也比较强大。

1.桥塔的结构类型

(1)桥塔结构体系

桥塔结构体系如图 3.2-22 所示。按照主塔的支承条件及结构刚度,可以分为刚性塔、摇柱塔和柔性塔。

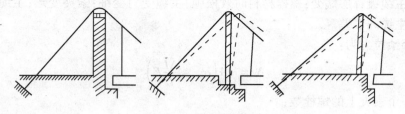

图 3.2-22 桥塔结构体系

1)刚性塔

塔顶水平变位量较小,单柱或者 A 形,为满足主缆纵向移位,索鞍容许有相对于塔顶的纵向位移。此类索塔纵向刚度较大,塔顶位移小,多用于多跨悬索桥的中间塔柱。

2)摇柱塔(摆动式)、摆动式钢塔

初期,对于中小跨悬索桥多采用摆动式钢塔。当塔顶主缆纵向位移时,塔身必然要承受弯矩,在塔的下端设铰可以减轻塔身所受的弯矩,并让塔顶鞍座固结于塔。这样,主缆在塔顶的纵向位移,就可借塔的摆动来实现。且塔身所受的弯矩减小了,塔的用钢量就省了。多用于小跨悬索桥,跨度大于400m时,底部铰的造价及维修费用大幅提高,施工中也必须采用特殊的临时固结构造,因而大跨悬索桥中此类结构使用较少,取而代之的是下端固定的钢塔或者混凝土塔。

3）下端固定柔性塔

一般在施工中主缆鞍下设辊轴,有控制地作相对于塔顶的纵向移动,成桥后再将塔顶主索鞍固定于塔顶,依靠塔柱的柔性来适应主缆在可变作用下的纵、横向水平位移,因而塔顶水平变位量相对较大,适用于大跨,是现代大跨悬索桥常常选择的塔柱形式。

(2) 桥塔材料分类

1）石砌圬工塔

圬工是早期小跨悬索桥的采用材料,桥塔的下端总是固定的,塔顶上设置主鞍座,采用石砌圬工塔的悬索桥。其最大跨度就是美国的布鲁克林桥,该桥跨度为284m+488m+284m,塔高74m,建于1883年。

2）钢塔

钢塔柱是20世纪80年代之前绝大多数大跨悬索桥的索塔形式,其高度限制较小,多由型钢以及带肋厚钢板组成框格式截面或者桁架式结构。钢塔的结构体系可以是摆动式桥塔或者下端固定的桥塔。

3）混凝土桥塔

1958年法国建成的坦卡维尔桥,主跨608m,桥塔为高124m的钢筋混凝土塔。1981年英国建成的恒比尔河桥,跨度为305m+1 410m+530m,桥塔高155m;我国在建的西堠门大桥,主跨1 650m,塔高210m;而江苏润扬长江大桥,主跨1 490m,两座高逾215m的门式混凝土桥塔,更是高耸入云。在跨度达3 300m的意大利墨西拿海峡悬索桥的设计方案中,桥塔设计为高400m的钢筋混凝土塔。

(3) 横向联结系形式

在宽桥中,当桥面以上塔高小于桥宽的1.5倍时,宜采用分离柱式索塔,即柱间不设任何联系。塔柱横向可竖直、稍带倾斜（斜柱式）或者设转折点（折柱式）,后两者稳定性较好且较为经济。但是多数悬索桥两塔柱间横向联结是必不可少的。横向联结方式,如图3.2-23所示。

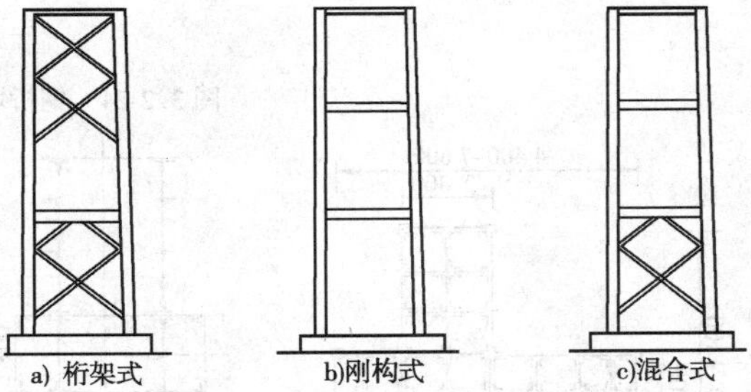

1）桁架式

若干组交叉的斜杆与水平横梁组成桁架,施工时稍显困难。在同等条件下,桁架式受力性能好,一般用钢量较少,在强风、地震等横向荷载较大时,往往能获得经济的设计。大跨度悬索桥多采用桁架式。

图3.2-23 塔柱间横向联结

2）刚架式

单层或者多层门架,明快简洁。景观效果良好。跨度不太大时索塔采用刚架式成本较低,现代认为钢筋混凝土刚构式桥塔是悬索桥桥塔的最佳选择。

3）混合式

混合式即为刚架式与桁架式组合布置,桥面以上简洁轻快,仅在桥面以下设置交叉斜杆以改善受力和经济性能。桥面以下较繁杂凌乱,应作上下视觉平衡处理。上塔柱之间的横向联系,某种程度上抑制索塔向上的动势。

(4)塔柱横截面形式

1)钢塔

钢塔柱一般是空心的。塔柱设计一般由上而下。塔顶宽度尺寸设计由索鞍控制,为了适应应力随塔身向下增大,塔柱纵向尺寸一般有斜率。塔柱的横向外表面也可设计斜率,仅塔柱中心空心部分在全高范围内一般保持不变。因为塔基部承受着巨大的弯矩和轴力,所以桥塔设计时,塔顶断面和塔基断面都应作足够加强;此外,大跨悬索桥桥塔设计还需根据风洞实验结果,采取相应的制振装置,消除因风引起的振动。图3.2-24是基座钢塔柱的立面设计图,图3.2-25是几座钢桥塔塔柱的断面图,图3.2-26为日本明石海峡大桥的桥塔。

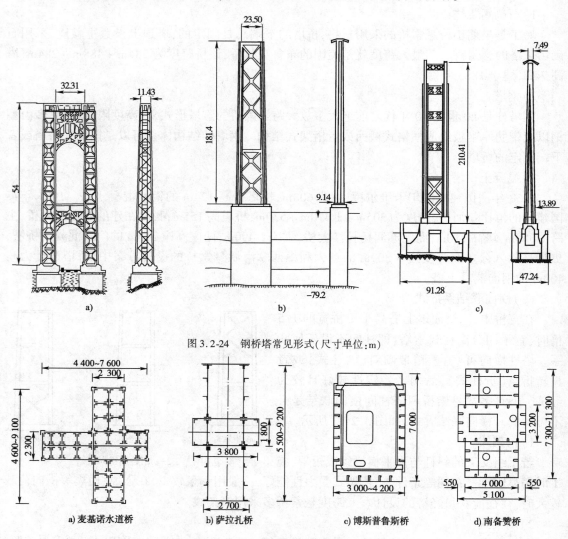

图3.2-24 钢桥塔常见形式(尺寸单位:m)

图3.2-25 钢塔柱断面设计实例(尺寸单位:mm)

钢塔柱结构基本上是由角钢连接腹板的框格所组成。为焊接方便,多用厚板;为减少框格壳体的数量,采用带有肋的平钢板;为保证桥塔底板上荷载均匀分布,在塔柱底层的中心增设竖向肋板。同样,在桥塔顶层也增设肋板,以用作承受索鞍传来的集中荷载。塔柱与混凝土桥墩之间的联结依靠高强度锚固栓,高强锚固栓要有足够的长度分别深入桥塔和混凝土桥墩,还需要特制框架固定高强锚固栓。

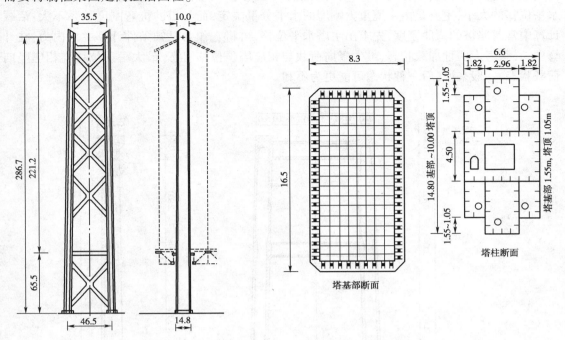

图 3.2-26 日本明石海峡大桥桁架式桥塔(尺寸单位:m)

2) 钢筋混凝土桥塔

为了节约费用,法国早就用混凝土修建悬索桥桥塔,目前我国的悬索桥,混凝土桥塔是首选方案。钢筋混凝土桥塔横向联结多采用刚构式,塔柱及横梁均采用箱形断面,从塔顶至塔底截面面积逐渐增加。

图 3.2-27 所示为我国江阴长江大桥的混凝土桥塔。

2. 桥塔的设计计算

如图 3.2-28 所示,作用于桥塔上的荷载主要有:直接作用于桥塔上的自重、风力、地震、温度等作用;通过主缆、加劲梁的支座等传递过来的竖向荷载;由主缆的纵向位移导致的塔顶水平位移。

桥塔一般当作独立结构,在桥轴向及横向分别计算分析。对于纵向荷载,将塔按底部固定而顶部铰接于可压缩的支点(主缆的压力)的竖直梁来计算。

对于横向荷载,将塔视为底部固定的桁架、框架或者柱式结构,一般塔柱的横向刚度较主缆大很多,所以此时主缆的约束可以忽略不计。对于常用的柔性塔,因其较小的塔柱刚度,必须计算其屈曲临界荷载。

一般悬索桥桥塔设计计算,可以按照以下步骤进行:

(1)计算作用于塔的外力及塔的水平位移。

(2)截面的拟定。以刚度为大致标准拟定各构件截面及尺寸。

(3)塔顶和塔基的加劲。以计算得到的最大荷载组合结构为依据。

(4)对应力和屈曲进行验算。分别计算顺桥向和横桥向的轴向压应力和弯曲应力,组合后验算各顺桥向、横桥向截面应力及屈曲。

(5)顺桥向荷载作用下的计算。纵向荷载是指顺桥向的风荷载、地震荷载、加劲梁和主缆传到主塔的活载;在活载作用下,桥塔将发生水平位移,由于主塔纵向抗推刚度相对较小,塔顶水平位移的大小,主要是由主缆重力刚度的水平分量决定,而与塔的抗弯刚度关系不大;活载计算中常忽略塔的弯曲刚度,先求出主塔水平位移,再将它作为已知条件计算主塔内力;在计算中,必须考虑两种加载状态、最大竖向荷载与相应塔顶位移状态、最大塔顶位移与相应竖向荷载状态,一般来说,后一种状态可能更为不利。

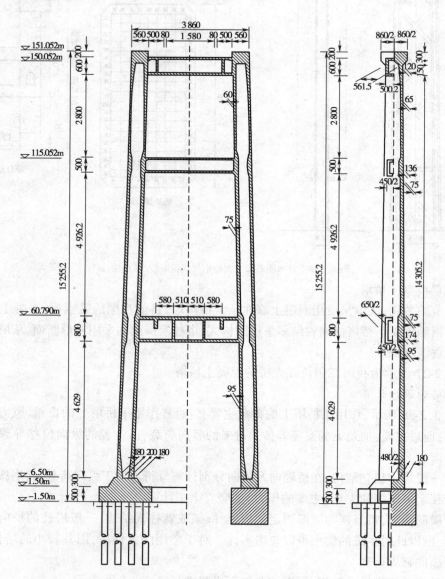

图 3.2-27 江阴长江大桥的混凝土桥塔(尺寸单位:cm)

(6)承载力验算。

(7)横桥向构件主要控制截面验算。在横桥向荷载作用下,塔顶作用着主缆的竖向分力,主缆传来的横向水平力 H_c,下横梁上作用着加劲梁传来的竖向力 R_s 和横向水平力 H_s;塔上还受有横向风载 w、地震等广义荷载 $w(y)$ 和主塔自重。

图 3.2-28 为桥塔结构设计的纵横向模型。

五、锚碇

外锚式悬索桥的主缆依靠外锚式结构——锚碇来进行锚固,锚碇在承受来自主缆的竖向反力的同时,主要还承受主缆的水平力。

1. 锚碇分类与组成

锚碇由锚体、锚体基础、主缆的锚固系统等组成。锚体可分为重力式和隧道式两种,如图3.2-29所示。由图可知,锚于重力式混凝土锚块上者称之为重力式锚碇;锚于岩洞中混凝土锚块上者称之为岩洞式(隧道式)锚碇。

重力式锚碇:它的组成包括散索鞍墩、锚块、压重块、后锚块、侧墙、顶盖板、后浇段等。锚体与基础应形成整体。一般情况下,重力式锚碇用于持力层位于地表以下 20~50m 较合理,根据地质条件,重力式锚碇可以采用不同基础形式的陆上基础或水中基础,过深还可以采用深基础:沉箱、沉井、桩、管柱等。当桥头两岸为松散土或水域时,只能采用重力式锚碇(图3.2-30为重力式锚碇的立体构造图)。

隧道式锚碇:当桥头两岸有坚固的岩层时,主缆可通过锚碇板直接锚固在岩石中,主缆各索股集中在一个岩洞内锚固。图3.2-31为重庆朝阳大桥的隧道式锚碇。

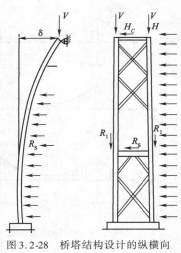

图 3.2-28 桥塔结构设计的纵横向模型

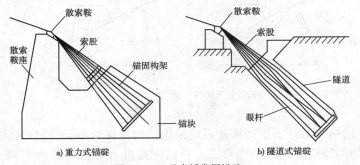

图 3.2-29 悬索桥常用锚碇

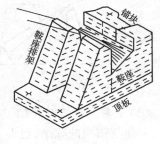

图 3.2-30 重力式锚碇立体构造(尺寸单位:m)

岩洞式锚碇:当岩层稳固、强度高,可直接将主缆通过联结装置锚固于岩石中,毋须修建锚体的锚碇形式。例如瑞典高海岸大桥的锚碇形式,如图3.2-32所示。此类锚碇构造简单而经济,但是深水施工困难,存在较大的风险,并且后期检修难度大。

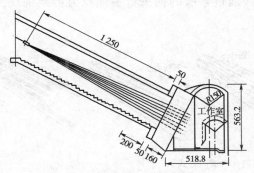

图 3.2-31 隧道式锚碇(重庆朝阳大桥锚碇)(尺寸单位:cm)

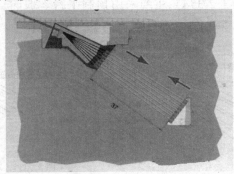

图 3.2-32 岩洞式锚碇(瑞典高海岸大桥的锚碇)(尺寸单位:m)

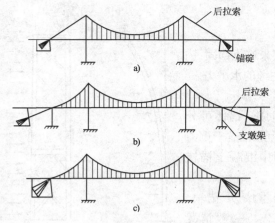

图 3.2-33 几种悬索桥的立面布置简图

2. 锚碇的总体布置

(1) 锚碇的整体设计

如图 3.2-33 所示为几种悬索桥的立面布置形式。

① 对图 a)、b) 中所示边跨主缆不承受荷载的后拉索(后锚索)形式的悬索桥,以及有支架墩及主缆后拉索形式的悬索桥,可采用重力式或岩洞式锚碇。

② 对图 c) 中的悬索桥,带双边跨,无支架墩,其锚碇可按图 3.2-34 所示的三种结构形式设计。

在图 3.2-34 中,图 a) 锚碇,将混凝土结构的刚性主缆支架设置于锚碇内,展束鞍用辊轴支承在主缆支架的顶部,分散开的主缆索股的伸缩靠辊轴完成。图 b) 锚碇,将钢结构的柔性主缆支架置于锚碇内,展束鞍固定在主缆支架顶部,分散开的主缆索股的伸缩靠支架的变形完成。图 c) 锚碇,将钢结构的辊轴支架置于锚碇内,展束鞍固定于摇杆支架顶部,分散开的主缆索股的伸缩靠支架的旋转来完成转角等。

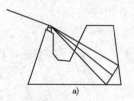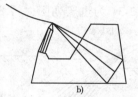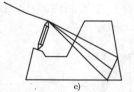

图 3.2-34 锚碇的结构布置形式

(2) 主缆与锚块的联结

主缆与锚块的联结,也即主缆的锚固系统。根据锚固系统采用结构材料的不同,可分为无预加力的预埋型钢形式和有预加力的预应力钢束锚固形式。从锚固系统着力点位置的不同,又可分为前锚式和后锚式。可以采用如图 3.2-35 所示的几种方式。

索股由一连串锚杆传至锚块后部的锚梁上,见图 3.2-35a);用可以调节长度(索靴与螺杆间)的螺杆代替图 a) 中的一串锚杆,见图 3.2-35b);利用后张法预应力钢筋或钢丝束,将主缆索股力传至锚块,见图 3.2-35c);在混凝土端面处,通过座板使螺杆与预应力筋连接来传力,见图 3.2-35d);主缆采用预制平行丝股时,直接通过索股的锚头将主缆拉力传至锚块,见图 3.2-35e)。

图 3.2-35 主缆的几种锚固方式

3. 隧道式锚碇的构造与设计

隧道锚把岩体作为锚体的一部分共同承受主缆拉力,其适用的一般锚址地质条件应具有以下三个特点：

一是，锚址区的地质条件应是区域稳定的。锚址区不应有滑坡、崩塌、倾倒体及层间滑动等区域性地质灾害存在，不应有深大断裂带通过。

二是，锚址区的岩体应具有较强的整体性。锚址区的岩体不应有较多的裂隙、层理等地质构造，这些构造降低了岩体的整体性，对控制隧道锚的变位极为不利。

三是，锚址区的岩体应具有较高的强度。由于隧道锚的承载能力与岩体的强度密切相关，故要求锚址区的岩体应具有较高的强度，以达到隧道锚的承载要求。

隧道锚不但对地质条件要求较高，而且要求对岩体性能要有深入的认识。它不仅涉及岩体的开挖问题，更主要的是需要确定开挖后岩体二次承受巨大的主缆拉力。

我国隧道锚的应用尚处于起步阶段，应用较少。图 3.2-36 所示的湖北四渡河大桥，其宜昌岸采用隧道锚。桥长 1 105m 的四渡河特大桥桥面距离四渡河沟底超过 500m，塔顶距离峡谷底 650m，高差非常大；桥面纵向 2.41% 单向坡；大桥采用火箭炮助推抛绳法来解决将先导索从西岸送到东岸的难题，堪称一绝。现以此桥为例详细介绍隧道锚的构造及设计。

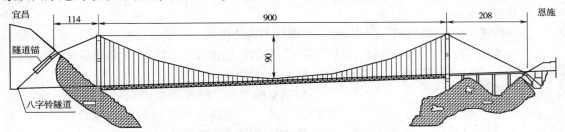

图 3.2-36　湖北四渡河大桥立面布置（尺寸单位：m）

(1) 隧道锚的组成及其功能

隧道锚主体部分主要包括：鞍室、混凝土锚体、系统锚杆、锚固系统、后锚室、散鞍基础等，如图 3.2-37 所示。此外，还有门洞、步梯、防（排）水构造、检修通道等附属设施。

1）鞍室

鞍室的主要功能是容纳主缆的散索鞍，并有足够的长度便于大缆散开锚固，同时提供进行锚碇锚固系统、主缆散索鞍等防护、维护的空间。鞍室截面可采用等截面或变截面。隧道锚的鞍室一般均需开挖山体，故需要采取初期开挖支护措施和以后保持开挖后山体稳定长期支护构造（二次衬砌）。

四渡河大桥隧道锚鞍室从散索鞍到前锚面设计为 20m。鞍室衬砌厚度合计为 55cm，初期支护采用长为 3m 间距为 1m 的梅花形布置的水泥砂浆锚杆和 15cm 厚的挂网喷射混凝土；二次衬砌采用现浇钢筋混凝土结构，厚 40cm。考虑

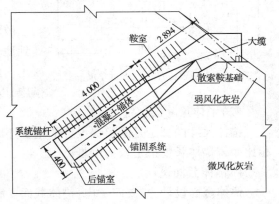

图 3.2-37　四渡河大桥隧道锚（尺寸单位：cm）

锚体两侧地形的不同，两鞍室和明洞采用不同的长度和截面，减少对山体的破坏。

2）锚体

锚体的主要功能是容纳锚碇的锚固系统、传递主缆拉力到岩体，是隧道锚的主要结构。根据锚体的功能，锚体设计应考虑对锚碇锚固系统的保护作用，自身要有足够的强度承受缆力和锚固系统的压力。

四渡河大桥隧道锚锚体纵断面为前小后大的楔形,在轴向拉力作用下,可对围岩体产生正压力;横断面顶部采用圆弧形,侧壁和底部采用直线,前锚面尺寸为9.5m×10m、顶部圆弧半径为5.25m,后锚面尺寸为14m×14m、顶部圆弧半径为7m。锚体混凝土采用防渗和收缩补偿混凝土,混凝土微膨胀率采用0.015%,抗渗等级W8。两端混凝土为C40,中间混凝土为C30,满足对锚固系统的防护和不同部位的结构受力需要。

3)系统锚杆

系统锚杆的主要作用是作为开挖的初期支护,加强锚体、岩体间的连接,提高锚洞周围开挖扰动带的强度,同时利用锚杆孔完成对锚体围岩的灌浆。其设置应根据锚洞围岩整体结构连续性状况及锚洞围岩普遍存在的松弛圈厚度范围,并结合隧道锚力学分析的结果综合确定。

四渡河大桥最终的锚杆布置为:岩溶发育、裂隙密集岩段,杆间距布置为80cm×80cm,长7.5m,锚体区围岩锚杆植入岩体7m,浇入锚体0.5m;其余区段锚杆间距改为120cm×120cm,长4.5m,锚体区围岩锚杆植入岩体4m,浇入锚体0.5m。锚杆直径32mm,锚杆钻孔孔径100mm,孔深与锚杆长度一致。

4)锚固系统

锚固系统一般由索股锚固拉杆和预应力束锚固构造组成。根据着力点的不同,可分为前锚式和后锚式。四渡河大桥隧道锚的预应力束采用环氧涂层钢绞线、可换式无黏结预应力体系。

5)后锚室

后锚室的主要功能是提供进行锚碇锚固系统防护、维护的空间。有的隧道锚不设后锚室或者虽有后锚室但在锚碇修建完成后进行了回填封堵,这对锚体可换式无黏结预应力体系是不可行的。四渡河大桥隧道锚后锚室深2.2m,其横截面与锚体横截面相同,如图3.2-38所示。

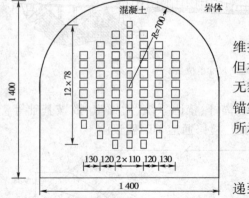

图3.2-38 隧道锚后锚面(尺寸单位:cm)

6)散鞍基础

散鞍基础直接承受由大缆作用于散鞍的压力,并传递到地基。四渡河大桥隧道锚的散鞍基础采用C30混凝土。此外,由于隧道锚属地下结构,应重视防(排)水措施,以及除湿系统的设置。

(2)锚体尺寸的拟定

锚体尺寸的拟定是隧道锚设计的主要环节,分为两方面:锚体截面设计和锚体长度拟定。相比而言锚体长度拟定较为困难。

1)锚体截面设计

锚体截面设计,主要应考虑:锚体截面要满足主缆散索后锚固空间的需要;左右锚体的距离不能过近,使锚体间围岩扰动严重,强度降低太多;截面的外轮廓要有利于岩体开挖阶段的稳定,可借鉴常规的隧道断面。

2)锚体长度拟定

锚体长度的拟定,可根据经验公式近似估算。锚体长度:

$$L_\mathrm{m} \geq \frac{3\sqrt{3}PK}{8\sqrt{C}u_\mathrm{p}[\tau]}$$

式中:L_m——锚体长度;

P——大缆拉力；

K——锚碇安全系数；

C——参数,建议在 0.10~0.12 之间取值；

u_p——锚体截面的周长；

$[\tau]$——岩体容许抗剪强度,偏安全计可取无正压力时的岩体抗剪强度,即黏聚力。

公式根据锚体周围剪应力分布特点及最大剪应力准则得到,假定为:锚体截面近似按等截面;考虑到两缆间距有限,锚体的张角不能太大,忽略张角的影响偏安全;因隧道锚的本质是依靠岩体对锚体的锚固作用,而不是依靠锚体自身的重量锚固主缆,故略去锚体自重,此假定也是偏安全的。若要考虑锚体重量的影响,可以在主缆拉力 P 中扣除之;引入 10%假定。即认为当锚固段的锚体轴力降到大缆拉力 P 的 10%以下时,其后的锚体长度对锚固作用贡献不大,可以略去不计。

(3)锚固系统的选择

四渡河隧道锚锚体周围剪应力的最大值,多出现在锚固体着力点附近。因此采用后锚式锚固系统明显优于前锚式锚固系统。其主要原因是:一般而言,越是靠近岩体深部,岩体的强度越高,相应的承载能力越高,故相同的锚体长度,锚固系统的着力点放置在锚体后锚面附近有利于提高隧道锚的承载力。此外,考虑到后期维护和营运需要,锚固系统采用无黏结预应力束还具有可换性,如图 3.2-39 所示。

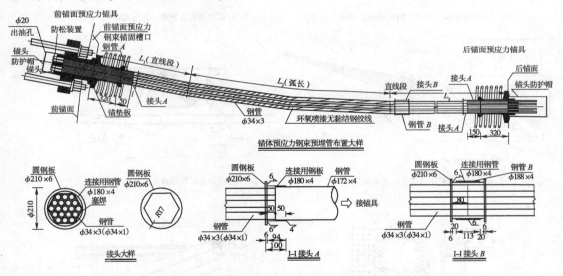

图 3.2-39　四渡河大桥的隧道锚预应力锚固体系(尺寸单位:mm)

(4)隧道锚的数值分析

目前大跨度桥梁的设计在精细化方面的发展越来越快,隧道锚的准确数值分析也开始普遍。隧道锚数值分析过程的要点是需建立初始应力场。分析方法可采用连续体快速拉格朗日分析法等。限于目前岩土工程学科的发展阶段,若要得到隧道锚的承载能力及变位的精确估计是困难的,不同的参数测定者会得到不同的岩体力学参数,应慎重判别计算的结果。隧道锚承载性能的精确评价及更经济的隧道锚设计,还有待于岩土工程学科的进一步发展。

此外,地应力是在任何工程作用之前存在于岩体中的应力,也称初始应力。它直接影响岩体的材料特性和稳定性。工程建设产生的附加应力和地应力共同构成岩体的最终应力状态,并决定岩体的变形和破坏,一般认为由自重应力、构造应力和封闭自应力组成。主要的地应力测量方法有:应力解除法、应力恢复法、水压致裂法和声发射法。但目前尚无一种公认完善的测试方法,各种方法得到的均是在钻孔、取样扰动后的二次应力状态下的结果,且扰动对初始应力场的影响,目前还无法精确估计。

4. 重力式锚碇的构造与设计

(1) 锚体的构造形式

重力式锚碇的组成如前所述,其与隧道式锚碇最大的差异在于锚体构造。锚体在设计时除了考虑满足受力要求外,还要注意地面以上部分的外观不能过于笨拙。重力式锚碇几种典型的锚体构造形式,如图 3.2-40 所示。

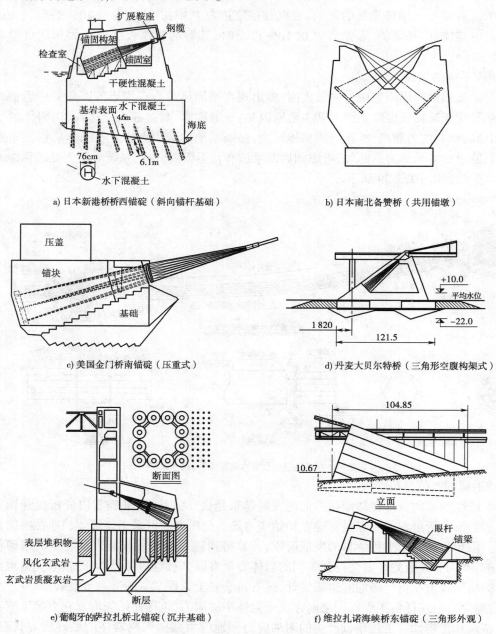

图 3.2-40 重力式锚碇的构造形式(高程单位:m;尺寸单位:m)

(2) 锚体的内力计算及验算

重力式锚碇的锚体庞大,依靠自重完成锚碇的全部功能。其受力基本要求为:锚碇不发生刚体滑移,不会因地基土的容许压应力不足而导致沉降和转动。

设计计算时,一般将锚体视为刚体,进行施工和运营阶段基底应力、抗滑动稳定性、抗倾覆稳定性、沉降及变位验算等。锚碇整体验算主要技术指标要求为:整体抗滑动稳定安全系数 $K_a > 2.0$,整体抗倾覆稳定安全系数 $K_c > 2.0$,成桥后散索鞍散索转点水平位移限制则具体而定等。设计中,除按刚体进行验算外,还应对锚块各构件截面逐一验算。其过程类似重力式桥墩、台,在此不作赘述。

一般扩大基础重力式锚碇的验算条件为:

$$H \leqslant \mu(N - V)$$

式中:H——主缆拉力水平分力;
μ——基底处的摩擦系数(需考虑安全系数);
N——基底设计面上所有重力代数和;
V——主缆拉力竖直分力。

重力式锚碇的计算图示如图 3.2-41 所示。

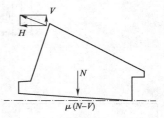

图 3.2-41 重力式锚碇计算图示

现代对锚碇的计算分析更为复杂:锚碇稳定、基础长短期变位、抗震等动态分析,可以采用常规方法和平面有限元法对锚体各部位和锚周系统各部的内力、截面强度、变形及裂缝宽度和稳定性进行计算分析。对锚碇整体、散索鞍支墩顶部受压区和锚固系统联结器,还可采用空间有限元法进行应力分析。

六、加劲梁

1. 加劲梁的形式

(1) 加劲梁的横断面结构形式

目前,悬索桥加劲梁的结构形式有:钢板梁、钢桁梁、钢箱梁、混凝土箱梁、结合梁等。其中,钢桁梁、钢箱梁较为常用。

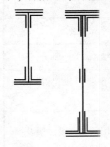

图 3.2-42 钢板梁杆件横断面

自美国原塔科马桥风毁后,悬索桥加劲梁的设计多采用阻风面积小的钢桁梁形式,只是在小跨悬索桥设计中才采用钢板梁、钢箱梁及混凝土箱梁等形式。而在 1966 年,英国在塞文桥首次采用流线型扁平钢箱梁作为加劲梁后,才改变了大跨悬索桥的传统钢桁梁的单一形式,使悬索桥加劲梁的构造形式多样化。钢桁加劲梁、钢箱加劲梁及混凝土箱梁加劲梁各有优缺点,其比较情况见表 3.2-1。

1) 钢板梁

钢板梁,如图 3.2-42 所示,通常采用工字形截面,沿跨径等高度,仅在底缘钢板层数上变化来适应弯矩变化的要求,在腹板两侧设纵横加劲肋以防止局部失稳。两片板梁设置纵向、横向联结系以形成稳定的空间结构。在风动力持久作用下,钢板梁易发生反对称扭转振动,主缆发生反对称竖向振动,导致吊索及加劲梁超载。

2) 钢桁梁

钢桁梁一般沿跨度等高,腹杆多为带竖杆的三角形布置。其杆件截面一般采用由四支角钢和钢板组成的 H 形截面,由长细比控制的杆件,多采用箱形截面以增加杆件截面的惯矩,钢桁梁杆件横断面如图 3.2-43 所示。为提高其横向抗弯和抗扭刚度,需在上承桁梁之间布置横联和平纵联。在桥面水平向应该设置些纵向透风孔,可以设在行车路面间,也可设在桁架梁片与行车路面之间,使空气上下对流,减弱涡流,如图 3.2-44 所示。

钢桁式加劲梁的桥面系设计、主桁架设计、平纵联设计、横向联结系设计等,详见第一章第二节。

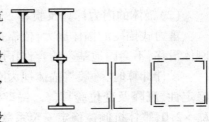

图 3.2-43 钢桁梁杆件横断面

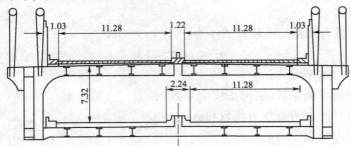

图 3.2-44 钢桁式加劲梁(尺寸单位:m)

常用加劲梁特点比较 表 3.2-1

比较项目		加劲梁形式		
		钢桁梁	钢箱梁	混凝土箱梁
抗风性能	涡流激振	最不易发生	易发生	不易发生
	自激振动		可能性大	可能性小
	静态阻力系数	大	小	小
	风力产生的变形	大	小	小
	结构刚度		小	大
结构	梁高	高	低	低
	用钢量	最大	低	最低
	桥面板	一般与主梁分离	一般与主梁结合为整体	为主梁的一部分
制造	制造	杆件多、节点构造复杂,标准化大量生产困难	箱梁由板构件构成,标准化大量生产困难	工厂预制节段,标准化生产容易
施工	架设	架设方法有单根杆件,平面、立体节段多样化可选	只能采用节段法架设	可采用预制节段法架设
养护	养护维修	构件多、油漆养护难	平板构件油漆养护方便	一般无需养护
	桥面	非结合型损伤时易维修	与主梁结合损伤难维修	损伤时易维修

3)钢箱梁

扁平流线型钢箱梁是大跨度桥梁解决风振问题的新结构形式,其迎风边的风嘴能将气流分成上、下两股,各自顺着箱梁的顶面、底面通过,箱梁桥面起到桁梁平纵联传递横向风力剪力的作用,很少发生涡流。大大减小了因涡流引起的扭矩,且封闭截面又增大了加劲梁的抗扭刚度。悬索桥加劲梁从传统形式的钢桁梁改革为抗风性能较好的流线型扁平钢箱梁,已被世界公认是悬索桥发展史上的一个重大进步。扁平钢箱式加劲梁,如图3.2-45所示。其抗挠刚度大,比钢桁梁的构造简单,易于制造和后期养护,比钢桁梁节省钢材。

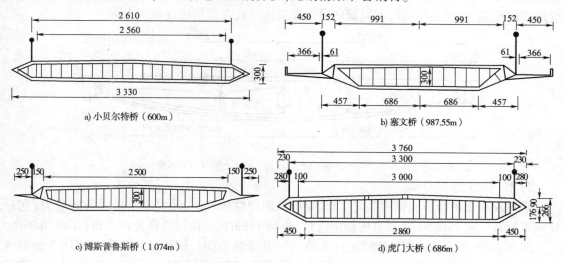

图3.2-45 扁平钢箱式加劲梁(尺寸单位:cm)

扁平钢箱式加劲梁,采用正交异性钢桥面板和带加劲肋的薄钢板组成的闭口薄壁结构。能充分发挥薄钢板较厚钢板在力学性能方面的优点,有利于焊接,使截面的设计较为经济合理。

为保证翼缘板及腹板的屈曲稳定,在受压区和受拉区均应加设纵向加劲肋。纵向加劲肋可以是开口肋,也可以是闭口肋。开口纵肋易于工厂制造,肋与肋之间的连接也较方便,可用于腹板和下翼缘板;闭口纵肋具有较大的抗扭刚度,屈曲稳定性较好,多用于上翼缘板。另外,闭口纵肋与板的连接是从肋的外侧用贴角焊缝焊接,故焊缝长度可较开口式纵肋减少一半,因而焊接变形也较小。横肋的截面形式通常采用倒 T 形。为使纵向加劲肋能连续通过,横肋上应设置槽口。在设计计算时,连续贯通的纵肋可以作为翼缘板截面的一部分计入。腹板沿长度需要设置焊接或栓接的竖向接头,沿高度则随尺寸而定尽可能采用整块钢板,不然则设水平接头。

在箱梁内每隔一定间距需设置一个框架横联或横向联结系,以增强加劲梁的整体性,提高梁体抗失稳能力;当横联间距较大时,为防止受压翼缘局部失稳,可在两相邻横联之间,加设横向加劲肋(或称横隔梁);支座处横联应予以加强。框架横联的周边用电焊与翼缘板及腹板焊接。

钢箱梁的详细构造设计,详见第一章第三节钢箱梁部分。

4)预应力混凝土加劲梁

预应力混凝土加劲梁的截面形式近似于扁平钢箱梁,抗扭刚度大,抗风性能良好;较大的自重为主缆提供强大的初应力刚度,活载弯矩与挠度也减小。缺点则是加劲梁较重,使主缆所需高强钢材用量增加。如我国汕头海湾大桥主跨452m,其主缆直径却相当于900m悬索桥。

预应力混凝土箱梁:不多使用,适于 400~800m。应为流线型全封闭式整体箱形截面,其构造类同于斜拉桥加劲梁,详见《斜拉桥》(林元培著)。在此简单介绍汕头海湾大桥预应力混凝土加劲梁设计,如图3.2-46所示。

在纵向吊索处,每隔6m设置一道实体横梁,其间设空腹式副横梁。加劲主梁为双向预应力体系。其横向预应力:在主横梁下方梗肋范围配有高强钢绞线;在主横梁下翼缘两侧板内设分布性预应力筋,采用无黏结钢绞线。主梁的纵向预应力:在箱梁的上翼缘板内配置体内高强度钢绞线预应力束,在箱梁的下翼板的顶面配置体外高强度钢绞线预应力束。

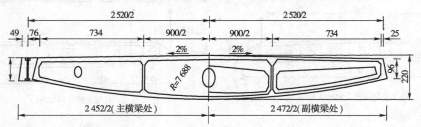

图 3.2-46　预应力混凝土加劲梁(汕头海湾大桥)(尺寸单位:cm)

5)钢—混凝土结合梁

采用混凝土桥面板同钢梁共同工作,梁的截面中性轴较高,使混凝土所受到的应力(包括负弯矩所致拉应力)较小。如重庆朝阳大桥(主跨186m)、云南祥临澜沧江大桥(主跨380m)。

图 3.2-47 所示为云南祥临澜沧江大桥的加劲梁断面图。该桥加劲梁纵梁采用2根钢纵梁,梁高1.8m;标准梁段纵向每隔3m设置1道横梁,横梁采用"工"形钢板梁,横梁中心梁高1.258m;为改善加劲梁的抗风性能,在纵梁外侧设置"＜"形板作为风嘴,风嘴总宽度约1.6m,高度与纵梁相同为1.8m。纵梁梁段之间采用高强螺栓联结,横隔梁与纵梁之间、纵梁与风嘴之间采用栓焊结合的联结方式,加劲梁各构件钢板均采用Q345C钢材。桥面板采用C50钢纤维钢筋混凝土结构,厚度25cm,采用预制拼装的模式施工,在每道横隔板顶设置横向湿接缝,在纵梁位置和桥轴中心线位置设置纵向湿接缝。

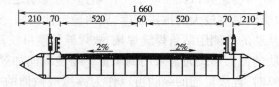

图 3.2-47　云南祥临澜沧江大桥结合梁断面图(尺寸单位:cm)

6)闭合式钢桁梁

香港青马大桥的加劲梁(图3.2-48、图3.2-49),为获得最优的空气动力效率,采用桁架加劲的双层箱形结构,并设有非结构边缘流线型外观的桥面,提供上下层的纵向通风设施,可增大稳定性。具体是:在两片主桁架的外围,沿着桥梁纵向每隔4.5m加设一道包括上下桥面系横梁、两侧尖端形导风角与中间两根立柱等构件组成的六边形横向主框架,在导风角部分用1.5mm厚的不锈钢板围封。这样连同上下横梁部分的正交异性钢桥面板,组成一个类似钢箱梁的封闭性截面。上层桥面的中央3.5m宽度部分和下层桥面的铁道桥面系部分均以交叉的斜杆代替正交异性板,整个截面中央部分形成一条纵向的上下通风道,对抗风极为有利。上层桥面宽32.9m。拉索部分钢梁长1 725m,由95个钢梁节段经高强度螺栓连接而成。每个节段钢梁的外形尺

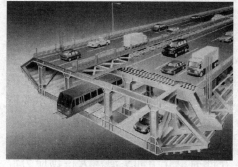

图 3.2-48　闭合式钢桁梁(香港青马大桥)

寸为：长18m，宽41m，高7.7m，重约420t。

意大利墨西拿海峡桥加劲梁方案，也采用类似截面。

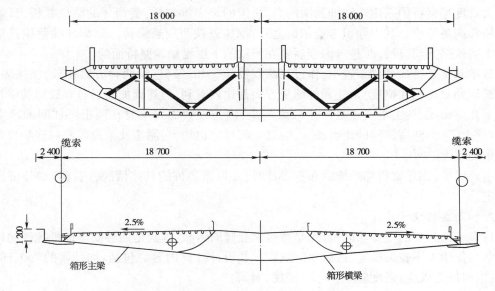

图3.2-49 香港青马大桥闭合式钢桁梁横断面图（尺寸单位：mm）

(2) 加劲梁的布置

加劲梁的主跨是悬浮体系：立面内，加劲梁端部两侧均采用吊索或摆柱作铰支承，约束梁的竖向位移，梁在立面内可自由转动和自由纵向位移，但梁绕纵向的扭转被限制。

在悬索桥加劲梁布置中，其力学体系的采用主要有两种形式：双铰加劲梁的简支体系；连续加劲梁的连续体系。

目前建成的公路中、小跨径悬索桥和大跨径悬索桥，多采用双铰简支加劲梁。

双铰加劲梁布置中，立面内，加劲梁两端是用吊杆或摆柱作其支承。这样处理，使梁在支承处的竖向位移被制止，而支承面在立面内可自由转动，形成铰支承。另外，因上述竖向支承是在梁的左、右两侧都有，所以梁绕其纵轴的扭转被限制，而支点的纵向位移并不受妨碍。总之，这样设计的加劲梁主跨就是一悬浮体系。双铰加劲梁主跨平纵联的梁端连接设计中，若主跨是桁梁式，其传递横向风力的桁架式平纵联在梁端的斜腹杆应该交汇在梁的纵轴。若主跨是扁平实腹箱梁，其桥面板就起到平纵联传递横向风力剪力的作用。而边跨加劲梁与塔的衔接，可照主跨处理。边跨加劲梁靠岸端的衔接，一般是做成其平纵联在桥轴的纵向位移被制止，而成固定端。

连续加劲梁与双铰加劲梁相比，也有以下几方面缺点：

①连续加劲梁要在两根塔柱间的净空中穿过，而简支体系加劲梁不通过桥塔，因此桥塔横向两塔柱的距离，简支体系比连续体系要小，相应基础尺寸也小。

②简支加劲梁在桥塔处内力最小，而连续加劲梁在桥塔处内力达到最大值；但是，简支加劲梁梁端角变量和伸缩量以及跨中竖向和横向挠度均较连续加劲梁大。

③简支体系加劲梁构造简单，制造和架设时的误差对加劲梁无影响，但对连续加劲梁应力的影响较大。

虽然双铰简支加劲梁在桥塔处内力最小，而连续加劲梁在桥塔处内力达到最大值。但是，简支加劲梁梁端角变量和伸缩量以及跨中竖向和横向挠度均较大，这对一般公路悬索桥来说问题不是太大,但对铁路行车要求则难于满足。所以,对铁路悬索桥或公铁两用悬索桥可采用连续加劲梁布置。

大跨度悬索桥中采用连续加劲梁的有:法国的坦卡维尔桥,葡萄牙的萨拉扎桥,日本的北备赞桥和南备赞桥。其中除坦卡维尔桥之外,都是公铁两用悬索桥。葡萄牙的萨拉扎桥虽后来并未通铁路,但其设计时是考虑今后要在桁梁的下层增加铁路桥面的。

日本北备赞桥加劲梁布置中,作过三跨双铰简支和三跨连续两种方案比较,结果表明:采用连续加劲梁无论在挠度、角变和伸缩量方面都比较有利,但连续加劲梁与双铰加劲梁相比也有以下几方面缺点:主塔支点处产生较大弯矩;因为连续加劲梁要在两根塔柱间的净空中穿过,致使上、下游两塔柱间的距离加大,随之基础尺寸也加大;制造及架设误差对连续加劲梁应力的影响较大。

由此可见,在悬索桥加劲梁的布置设计时,要根据各桥的具体情况,进行详细分析比较后再确定。

2.加劲梁的设计计算

悬索桥加劲梁的主要功能:首先是直接承受竖向活载;其次是能够安全地抵抗横向风压并在风动力作用下不丧失稳定;最后要能抗震。其设计计算内容应包括:加劲梁的弯矩、剪力和扭矩;横向风力效应;强度验算;刚度(挠度)计算。

(1)在竖向活载下的设计考虑

大跨悬索桥加劲梁的高跨比很小,在活载作用下梁的应力不大但变形大(梁的挠度和曲率大)。加劲梁截面验算时,往往是区域加载控制设计内力。当加劲梁承受区域活载时,加载区域产生正弯矩,活载仅传递到附近的几根吊索;而在无加载区段,主缆产生向上的竖位移,通过吊索使相应区段加劲梁产生负弯矩;当加载区域很大时,加劲梁曲率沿主梁的纵向分布较为均匀,相应弯矩也不大。

(2)在横向风静压下的设计考虑

在横向风静压下的强度验算时,根据加劲梁体系布置情况分别进行考虑:

①对单跨双铰简支加劲梁,加劲梁与主缆共同抵抗的横向风压。在进行梁的应力验算时,应将其与由竖向可变作用效应引起的应力叠加。这一可变作用效应组合内力通常为设计内力。

②对三跨双铰悬索桥,因边跨一般较短,在承受横向风压方面,梁的作用远较主缆大。边跨在塔端的水平支承可同主跨一样当作铰接,靠岸端由于平纵联纵向位移多被限制而形成固定端,可按固定支承设计。

③对三跨连续加劲梁,可视为水平的三跨连续梁,与主缆共同承载。

(3)在风动力作用下的设计考虑

对于风的动力作用,加劲梁总是与主缆共同作用。对不同结构形式的加劲梁要进行相应考虑。目前,悬索桥在风功力作用下激振和颤振问题,理论计算尚不成熟,设计中大多只进行颤振临界风速估算,如果其估算值大于允许临界风速,则进行风洞试验研究。

(4)对地震设防的设计考虑

按照设计要求,根据规范进行设计计算。

七、索鞍及其他

鞍座是在塔顶、支架及桥台上直接支承主缆,并将主缆的荷载传布于塔及桥台的装置。按其作用可大致分为:塔顶主鞍座、支架副鞍座和散鞍座三种。其中塔顶主索鞍和散索鞍常用。

悬索桥的鞍座早期都用大型铸钢构件,由于尺寸巨大以及凹槽内要加工成精确的阶梯形圆弧曲面,无论其铸件初胚的浇制还是加工,均需有特殊工厂用特殊设备来完成。

美国金门桥的塔顶主鞍座就是每个重约150t的铸钢鞍座,鞍座长6.5m、宽3m、高3.2m。铸造时在长度方向分成三段来浇铸,三段铸件经螺栓联结后再进行整体加工。鞍座架设时,可解体分段吊装,待各段就位后,再度连成整体。旧金山—奥克兰海湾西桥的每个塔顶鞍座重46t,用整体铸造和加工的方法制造。

近期,欧洲的一些国家和日本的一些悬索桥鞍座多改用焊接钢结构。这种鞍座的下部是用厚钢板焊接的箱形结构。箱体外板和塔柱顶部的外板在平面上,位置完全吻合,且两者的内部格状加劲肋板位置也尽可能一致。因此,鞍座可以将主缆内力直接传给塔柱。

鞍座设计时,要特别注意主缆在鞍座上的弯曲半径,其值大小将会影响到主缆的弯曲应力及主缆与鞍座的接触压力。这是因为,主缆所受的弯曲应力与弯曲半径成反比,主缆与鞍槽面间的接触压力也同样与弯曲半径成反比,所以在设计鞍座的半径时要特别慎重。一般情况下,鞍座主缆槽口曲面的圆弧半径为主缆直径的8~12倍,半径越大,主缆钢丝的二次应力越小,但鞍座的加工难度会有所增加。

1. 塔顶主鞍座设计

塔顶主鞍座,设置于主缆越过塔顶处,将主缆力传给塔。其上座上设有索槽安设主缆。

(1) 辊轴式索鞍

刚性桥塔上的塔顶主鞍座,一般在上座下设一排辊轴,辊轴下设下座底板,以把辊轴传来的集中荷载更好地分布在塔柱上。辊轴式索鞍的辊轴在主缆纵向位移不是很大时,通常是圆形断面,如图3.2-50所示。乔治华盛顿桥的塔顶主索鞍,如图3.2-51所示。

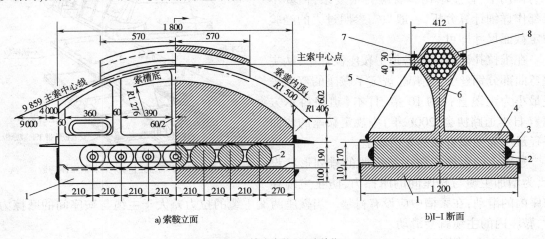

图 3.2-50 辊轴式索鞍(尺寸单位:mm)
1-索鞍下座板;2-辊轴;3-连杆;4-上座板;5-加劲肋;6-支承板;7-螺栓;8-索鞍鞍盖

对大跨悬索桥来说,成桥后塔顶主鞍座应该固结在塔顶,所以设计中在其下设置的辊轴在成桥后并不起作用,它们只是在悬索桥的架梁过程中发挥纵移的作用。随着梁跨增长、主缆受力增大,主缆能带着塔顶主鞍座向河侧纵移。此时,为使桥塔中施工应力减小,就需要在塔顶主鞍座下设有辊轴及相应的水平千斤顶(也就是为使鞍座两边主缆接近平衡),这样,在施工过程中,就可以让桥塔主鞍座有控制地作相对于塔顶的纵向移动。而在这些辊轴的设计中,比桥梁活动支座辊轴直径的要求宽松些。

（2）固定式索鞍

有些大跨悬索桥塔顶主鞍座设计中，主鞍座下不设辊轴，在下座体与塔顶预埋件连接固定。在施工阶段上、下座体间采用涂层滑移式四氟板滑移工艺。或者塔顶主索鞍仅设上座，等到索鞍移动就位后，通过螺栓与塔柱固定。

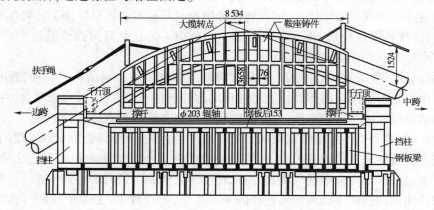

图 3.2-51　华盛顿桥塔顶辊轴式主索鞍（尺寸单位：mm）

现代悬索桥的索塔多是柔性塔柱，柔性桥塔或摆柱式塔上的索鞍都采用固定式鞍座。广东虎门桥的塔顶主索鞍，如图 3.2-52 所示。

在塔顶主鞍座的设计中，其所承受的外力情况比较简单，即主缆的压力是作用在鞍座曲面的径向，塔顶的反力是作用在竖向。虽然，在这些外力作用下，鞍座结构本身应力很复杂，但并不必都作详细计算分析，一般只需参照过去的经验拟定截面尺寸即可。

在维拉扎诺海峡桥塔顶主鞍座设计中，从主缆弯曲部分钢丝受力情况，规定了鞍座的弯曲平径最小为主缆直径的 10 倍，日本《道路桥示方书》（日本道路协会，2000 年）中规定鞍座的弯曲平径最小为主缆直径的 8 倍以上。

鞍座上的索槽应按主缆索股的排列形状设计，为增加主缆与鞍座间的摩擦力，防止主缆在鞍座内的滑动，在索槽中应设有衬垫。当鞍座两端主缆的拉力差大于主缆与鞍座间的摩擦力时，鞍座内的主缆就会滑动。

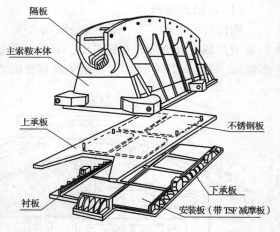

图 3.2-52　广东虎门大桥主索鞍立体构造

滑动安全系数的计算：

$$k = \frac{\mu/\alpha_0}{\lg(T_1/T_2)}$$

式中：μ——主缆与鞍槽的摩擦系数；

　　　α_0——鞍座的圆弧角；

　　　T_1、T_2——鞍座两端主缆的拉力。

塔顶鞍槽的纵向曲率半径：纵向圆弧半径（可为纵向非对称多段圆弧）不小于主缆直径的 8～12 倍，入口处鞍槽半径局部略小以防破坏主缆防腐。鞍槽的截面形状：配合主缆钢丝索股的排列形状。左索鞍形式,从工艺、可靠性、经济性综合考虑采用全铸造方案。

2. 散索鞍设计

散索鞍的构造,如图 3.2-53 所示。其鞍槽的纵向曲率半径:入口处鞍槽形状与塔顶鞍槽相同,出口处略小,满足转向和散索。鞍槽的截面形状:配合主缆钢丝索股的排列形状,具有将主缆钢丝束空间扩散、定位作用。进口处截面布置同塔顶鞍座,出口处截面布置根据主缆平顺过渡并将集中紧凑的主缆按一定规律散开成单股状,与锚块混凝土内的钢拉杆一一连接。

散索鞍设计时,令其两侧主缆索力相等,两侧主缆的夹角平分线和斜索鞍的滑动面相垂直。散索鞍座可沿桥纵向移动,以适应锚跨主缆的温度、活载等引起的变形。

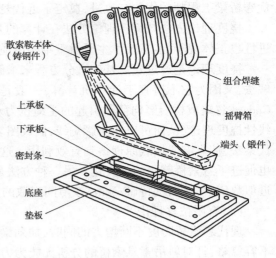

图 3.2-53 散索鞍构造

第三节 悬索桥的计算

一、悬索桥的静力分析方法

悬索桥的静力分析方法,包括竖直荷载下分析方法、水平荷载下分析方法、偏心荷载下分析方法。这些分析方法,是悬索桥结构设计计算和分析的基础。

1. 竖直荷载下分析方法

悬索桥在竖直荷载下的计算,是悬索桥设计计算中最主要的内容,是主要构件设计的最重要依据。

(1) 弹性理论

悬索桥计算分析最古老的理论,就是弹性理论。此理论的基本假定如下:

①假定主缆为完全柔性,吊索沿跨密布;

②假定主缆曲线形状(主缆纵坐标)在受载前后形状保持不变;

③加劲梁沿跨径悬挂在主缆上,其截面几何特性沿跨不变;

④加劲梁在吊装过程中自重由主缆承担,加劲梁中只有二期恒载、活载、风力和温度变化等产生的内力。

弹性理论方法的核心是:不考虑结构体系变形对内力的影响,通过建立结构力学力法方程来求解超静定结构的各项内力。此方法虽然计算简单,但当应用于跨径较大的悬索桥时,其在加劲梁内力方面的计算误差就无法忽略,往往跨径越大、加劲梁内力计算值就越大。弹性理论的致命缺陷,就在于基本假定①、②之间的不协调。

现在认为:弹性理论只适用于跨度小于 200m 的悬索桥设计之用,因为它不能考虑恒载初内力及位移非线性影响。

(2) 挠度理论

挠度理论由 Melan 始创于 1888 年,1909 年开始应用于美国的曼哈顿大桥,其后得到多位优秀桥梁工程师的优化和改进,奠定了近代悬索桥分析的理论基础。

挠度理论方法与弹性理论方法在计算的几个基本假定上基本相同,仅第②点不同。其先进性也正体现于此:考虑了主要承重结构主缆的变形对结构内力的影响。

挠度理论是通过建立基础微分方程来求解析解。因其方程是非线性的,所以只能用迭代解法,又因为它不适宜于计算机计算,一般是通过挠度理论的基础微分方程来寻求近似解。Godard 忽略成桥后竖向荷载引起的主缆拉力水平分力改变对悬索桥静力响应的影响,提出了线性挠度理论,从而可以作出影响线,制成图表供设计用。在此基础上,李国豪教授提出了等代梁法,使影响线加载原理得到有效利用。这些方法在悬索桥计算中取得了良好的效果,同时也促进了悬索桥跨径的长大化。另一种方法是将挠度理论基础微分方程用差分离散,来寻求近似数值解,波斯基特(Poskitt)按节间离散的方法就是其中的一种。

(3) 有限位移理论

现代悬索桥跨度不断增大的同时,加劲梁相对刚度不断减小,线性挠度理论引起的误差已不容忽略,且对斜吊索悬索桥的分析无能为力。因此,基于矩阵位移理论的有限元方法应运而生。Brotton 把悬索桥视为平面构架,建立起刚度方程并用松弛法求解;Saafan 的构架大位移理论,Tezcan 的大位移矩阵构架分析法,将挠度的二次影响全包括进去,并建立起增量平衡刚度方程求非线性方程组的解;后藤茂夫首先提出钢索、吊杆为仅受轴力构件,导出节点位移与节点力之间的有限位移关系式。对存在轴向力的加劲梁柱效应,Fleming 应用稳定函数法来修正梁元的刚度阵,并用移动坐标(U.L 列式)迭代求解;Schrefler 等把梁作为二维平面问题建立刚度方程以解决索、梁组合体系的受力分析等。总之,应用有限位移理论的矩阵位移法,可综合考虑体系节点位移影响、轴力效应,把悬索桥结构非线性分析方法统一到一般非线性有限元法中,是目前普遍采用的方法。

有限位移理论,是目前较严密的分析理论,它无需挠度理论那些假设,且可处理任意的结构形式和边界条件及任意的初始条件,计算精确。在进入结构设计阶段时,宜用有限位移理论对初步估算所确定的结构进行检算。有限位移理论是自 20 世纪 60 年代末期开始在悬索桥设计中应用的,需用计算机辅以计算。

2. 水平荷载下分析方法

悬索桥在水平荷载作用下的计算,与前述在竖直荷载作用下的计算一样,是作为悬索桥构件设计的依据,但更重要的是作为加劲梁纵联杆件的设计依据。

横桥向的水平荷载作用于悬索桥时,荷载分配在主缆与加劲梁上,再传到塔及支点。这时,因主缆与加劲梁是由吊索联在一起,所以两者作为一个整体而抵抗外力,因此其任何一处的变形都使整个结构的其他处受到影响。

因为主缆在垂直于风向的平面上的投影面积,比桥跨结构小,所以作用在主缆本身上的风荷载就较小,但是作用在桥跨结构上的风荷载也有一部分通过吊索传给主缆。地震荷载时,其作用情况也基本上是这样。

在水平荷载作用下,主缆与加劲梁的荷载分配情况,决定于主缆的刚度与纵向联结系的刚度。主缆的刚度与主缆的拉力成正比,与主缆长度的平方成反比。而纵向联结系桁架的刚度与水平弯曲的惯性矩成正比,在简支桁架的情况下与跨长的 4 倍成反比。所以,对于加劲梁窄长的悬索桥,其结构设计中,风荷载成为控制因素。

在横向荷载作用下的计算中,最普遍使用的理论是作为膜理论的弹性分配法,这种理论由于需先假定一个从纵联传给主缆的分配荷载,然后迭代求真实的分配荷载,因此计算比较烦琐。但因横向计算可以不必考虑非线性影响,若制成图表,供给设计者,还是实用的。后来一些学者,基于弹性分配法的基础微分方程寻求直接解,即利用差分离散建立多元联立方程求直接数值解。由于差分离散,使边界条件的处理比解析法更容易,如对顺桥方向横向荷载有变化的情况就较易处理,而且也适宜于计算机应用。

20世纪60年代末,悬索桥在水平荷载作用下的计算也开始采用矩阵分析法,且多为位移法。

相比之下,弹性分配法与矩阵分析法在精度方面并无多大区别。所以,只要外力边界条件和位移边界条件不是很复杂,就不必用矩阵分析法,但对那些将主缆与加劲梁在跨中刚性联结的悬索桥,以采用矩阵分析法为宜。

3. 偏心荷载下分析方法

悬索桥在偏心荷载作用下的计算通常是作为结构设计的验算,而不是主要的计算。其做法是:将受偏心荷载的情况分解为扭转荷载与竖直荷载或横向荷载,然后再将各个荷载系统的应力及位移叠加。这种方法在实际应用上,认为已经足够了。

二、悬索桥的近似分析

悬索桥成桥状态的确定与其结构分析有着同样重要的意义。对于小跨径悬索桥,由于主缆自重轻,成桥态主缆近似呈抛物线形,确定成桥状态采用抛物线法。随着跨度的增加,主缆自重增大,主缆线形呈多段悬链线组成的索多边形,计算主缆线形主要有非线性循环迭代法和基于成桥状态的反算法。

设计悬索桥时,精确合理地确定悬索桥成桥内力状态与构形,合理确定悬索桥施工阶段的受力状态与构形,以期在成桥时满足设计要求,精确分析悬索桥在活载及其他附加荷载作用下的静力响应。悬索桥的设计计算要根据不同的结构形式、不同的设计阶段、不同的计算内容和要求来选用不同的力学模式和计算理论。

1. 成桥状态主缆的近似计算

成桥状态的计算,就是根据悬索桥布置形成的纵断面线形和由此确定的控制主缆几何线形基本点的位置,来分析主缆及其他构件成桥时的构形、受力状态,求出主缆、吊索的无应力索长和施工阶段鞍座的偏移量。

成桥状态近似计算,作如下基本假定:

① 主缆为柔性索,不计其弯曲刚度;

② 加劲梁恒载由主缆承担;

③ 在主缆吊梁段,主缆、索夹、吊杆和加劲梁自重都等效为桥长均布的荷载 q,在无梁段,主缆自重沿索长均匀分布。

这样就可以导出主缆成桥态的索形、张力以及几何长度的计算公式,扣除加劲梁恒载作用下主缆产生的弹性伸长量,得到主缆自由悬挂态的缆长,再在索鞍两边无应力索长不变的情况下,用主缆在空挂状态塔顶左、右水平力相等的条件求索鞍的预偏量,最后,由自由悬挂状态下的缆长扣除主缆自重产生的弹性伸长,得到主缆无应力长度。

下面以中跨为例,说明成桥状态的计算。这种方法计算主缆也称抛物线法。

(1)中跨主缆索形与张力计算

如图3.3-1所示,中跨主缆微小单元 dx 与主缆竖向分力的平衡条件为:

$$d(T_q \sin\varphi) + q dx = 0 \tag{3.3-1}$$

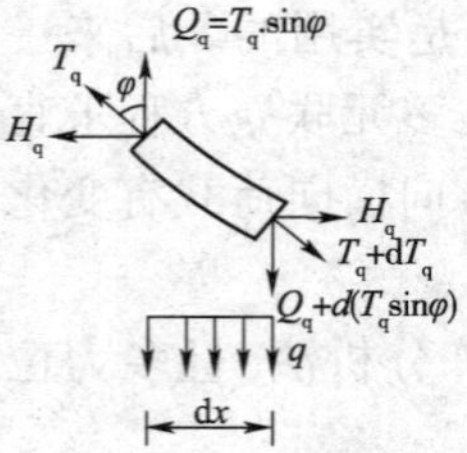

而：

$$T_q \sin\varphi = \frac{H_q}{\cos\varphi}\sin\varphi = H_q \tan\varphi = H_q \frac{dy}{dx}$$

则式(3.3-1)可化为：

$$H_q \frac{d^2 y}{dx^2} = -q \tag{3.3-2}$$

若坐标原点选在塔顶处，抛物线方程为：

$$y = \frac{4f}{l^2}x(l-x) \tag{3.3-3}$$

图 3.3-1 中跨主缆微小单元

式中：f——索端连线在跨中到主缆的竖向距离，即矢高；
l——跨径；
H_q——主缆水平力。

将式(3.3-3)代入式(3.3-2)，得：

$$H_q = \frac{ql^2}{8f} \tag{3.3-4}$$

由式(3.3-4)可知，抛物线法计算主缆拉力时，拉力的水平分力处处相等。

但是，用抛物线法确定的索形是近似的。其误差来自基本假定③，对于不吊梁的主缆段，其索形为悬链线。下面介绍的虚拟梁法则放弃了产生误差的基本假定③。

图 3.3-2 所示支承在 A、B 两点的悬索，索曲线方程为：

$$y = -\frac{M(x)}{H} + \frac{h}{l}x \tag{3.3-5}$$

式中：$M(x)$——荷载引起虚拟梁在 x 截面处的弯矩；
H——索的水平拉力；
l——索的水平投影；
h——索的竖向投影。

若虚拟梁上 $M(x)$ 和水平拉力 H 已知，则可直接确定索形，若已知索上另一点的确定坐标 (x_d, y_d)，而水平拉力未知，则可将该点坐标代入式(3.3-5)，先求出 H，即：

$$H = \frac{M(x)}{\frac{hx_d}{l} - y_d} \tag{3.3-6}$$

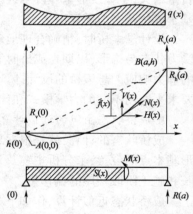

图 3.3-2 支承在 A、B 两点的悬索

于是：

$$y = \left(y_d - \frac{h}{l}x_d\right)\frac{M(x)}{M(x_d)} + \frac{h}{l}x$$

设悬索桥跨中垂度为 f，跨中坐标为 $x = x_c$，则式(3.3-6)化为：

$$H = -\frac{M(x_c)}{f} \tag{3.3-7}$$

悬索桥主缆索形，可借用式(3.3-5)~式(3.3-7)来确定。

中跨索形方程为：

$$y = -\frac{M(x)f}{M(x_c)} - \frac{h_d}{l_m}x \tag{3.3-8}$$

式中：h_d——左、右塔高差；

l_m——中跨跨径。

若能精确计算出虚拟梁弯矩 $M(x)$，就可计算出精确的成桥索形。$M(x)$ 可以分成两部分：一部分是由加劲梁自重引起的，通过吊杆以集中力形式作用于虚拟梁，只要吊杆力已知，就能计算出这部分等代弯矩；另一部分是主缆自重引起的，由于在索形没有确定时主缆索长也无法确定，这部分等代弯矩只能用近似值代替。

这种方法比抛物线法稍复杂些，但计算结果要精确些，通过适当的迭代，可以用虚拟梁法得到精确的索形。

(2) 中跨主缆成桥态和自由悬挂态的中心索长计算

根据中跨索形方程积分，可得成桥态主缆中心线有应力索长为：

$$S = \frac{l}{2}(1 + 16n^2)^{1/2} + \frac{l}{8n}\ln[4n + (1 + 16n^2)^{1/2}]$$

将其展开为级数形式，则：

$$S = l(1 + 8/3n^2 - 32/5n^4 + \cdots) \tag{3.3-9}$$

其中：$n = f/l$，为矢跨比；S 为索长。

加劲梁自重作用下主缆产生的弹性伸长量为：

$$\Delta S_1 = \frac{H}{E_c A_c}\int_0^l (1 + y'^2)\,dx = \frac{Hl}{E_c A_c}\left(1 + \frac{16}{3}n^2\right) \tag{3.3-10}$$

式中：H——$H = ql^2/(8f)$，为一、二期恒载引起的主缆近似水平拉力；

E_c——主缆弹性模量；

A_c——主缆面积。

成桥状态缆长扣除加劲梁自重引起的主缆弹性伸长量，可得自由悬挂状态的缆长为：

$$S_1 = S - \Delta S_1 \tag{3.3-11}$$

(3) 主缆与吊索的无应力索长计算

主缆自由悬挂状态下，索形为悬链线。取中跨曲线最低点为坐标原点，则对称悬链线方程为：

$$y = c\left(\operatorname{ch}\frac{x}{c} - 1\right)$$

式中：c——$c = H/q$；

H——索力水平投影；

q——主索每延米重。

主缆自重引起的弹性伸长为：

$$\Delta S_2 = \frac{2H}{E_c A_c}\int_0^{\frac{l}{2}} \frac{1}{\cos\alpha}\,ds = \frac{2H}{E_c A_c}\int_0^{\frac{l}{2}}(1 + y'^2)\,dx = \frac{2H}{E_c A_c}\left(l + c \cdot \operatorname{sh}\frac{l}{c}\right) \tag{3.3-12}$$

则主缆无应力长度为：

$$S_0 = S - \Delta S_1 - \Delta S_2 \tag{3.3-13}$$

根据成桥状态主缆的几何线形、桥面线形，求得各吊索的有应力长度，扣除弹性伸长量，即得无应力长度。

同理，边跨主缆的计算可以参照进行。在中跨主缆垂度确定之后，边跨主缆垂度按下式计算：

$$f_1 = \frac{W_1 L_0^2}{W L_1^2} \cdot f$$

式中：W、W_1——中、边跨恒载；

L_0、L_1——中、边跨跨径。

(4) 鞍座预偏量的概念

为了保证成桥态主塔不受弯，必须保证成桥状态下主缆中、边跨水平分力 H_q 是自平衡的。如果在挂索初期就强迫将主索就位于成桥状态，塔顶两边索的不平衡水平力必将在塔内产生强大的弯矩，导致主塔失效或主塔发生很大的弯曲内力与变形。为了使主塔在施工过程中始终处于低弯矩状态，从挂索开始就必须使鞍座有一个预偏量，并在施工过程中对它进行不断调整。确定鞍座预偏量的原则，是挂索初态索自重在塔两边引起的水平力相等。

根据索长、索力与索竖向投影和水平投影的关系，通过迭代计算，可求出鞍座的预偏量。

2. 加劲梁在竖向荷载作用下的近似分析

(1) 弹性理论

加劲梁具有足够刚度的中小跨径悬索桥，在竖直荷载和水平荷载作用下，主缆与加劲梁共同受力，属于超静定结构。按照弹性理论计算悬索桥，其实质是利用结构力学的知识来求解此超静定结构。以下以单跨悬索桥为例，来介绍按照弹性理论方法来求解悬索桥加劲梁内力的计算过程。

1) 主缆拉力影响线

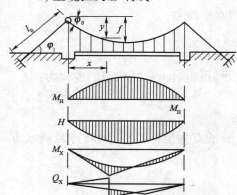

图 3.3-3 弹性理论计算悬索桥内力示意图

单跨悬索桥，由于加劲梁参与受力，整个桥梁结构为一次超静定体系，如图 3.3-3 所示。取主缆拉力的水平分力 H 为多余未知力：

$$H = -\frac{\delta_{PH}}{\delta_{HH}} \quad (3.3\text{-}14)$$

式中：δ_{PH}——由主缆缺口处作用 $H=1$ 经吊索传递给加劲梁所引起梁的挠度曲线；

δ_{HH}——在主缆切口处作用 $H=1$ 时引起该截面的水平位移。其值应为加劲梁、主缆、吊索和锚索的变形影响的总和，即：

$$\delta_{HH} = \int_0^l \frac{\overline{M}_H^2}{EI} dx + \sum \frac{T_H^2 \cdot s}{E_1 A}$$

式中：M_H——由力 $H=1$ 所引起的加劲梁中的弯矩；

T_H——由力 $H=1$ 所引起的主缆、吊索和锚索等构件的内力；

E、I——加劲梁的弹性模量和惯性矩；

E_1、s、A——主缆、锚索和吊索等构件的弹性模量、长度和横截面面积。

变位 δ_{PH}、δ_{HH} 的计算如下：

当 $H=1$ 时，吊索传递给加劲梁的向上的均布荷载为：

$$q = \frac{8f}{l^2}$$

加劲梁 x 截面处，由向上的均布荷载 q 所引起的挠度方程为：

$$\delta_{PH} = \frac{8f}{l^2} \cdot \frac{l^2 x}{24EI} \left[1 - 2\left(\frac{x}{l}\right)^2 + \left(\frac{x}{l}\right)^3\right]$$

δ_{HH} 中各变位项的计算如下:

$$\int_0^l \frac{\overline{M_H^2}}{EI}dx = \frac{1}{EI}\int_0^l (H\eta)^2 dx = \frac{1}{EI}\int_0^l y^2 dx = \frac{1}{EI}\cdot\int_0^l \left[\frac{4f}{l^2}x(l-x)\right]^2 dx = \frac{8}{15}\cdot\frac{f^2 l}{EI}$$

主缆和锚索的变形(吊索变形相对较小不予考虑)为:

$$\sum \frac{\overline{T_H^2}\cdot s}{E_1 A} = \frac{1}{E_1 A}\int_0^l \frac{dl_s}{\cos^2\varphi} + \frac{2l_{s0}}{E_1 A\cos^2\varphi_1} + \frac{1}{E_1 A}\int_0^l \frac{dx}{\cos^2\varphi} + \frac{2l_{s0}}{E_1 A\cos^2\varphi_1}$$

$$= \frac{1}{E_1 A}\left(1 + 8\frac{f^2}{l^2} + 25.6\frac{f^4}{l^4}\right) + \frac{2l_{s0}}{E_1 A\cos^2\varphi_1}$$

式中:l_{s0}、φ_1——锚索的长度与水平倾角;

φ——主缆任意截面的水平倾角。

将变位 δ_{PH}、δ_{HH} 代入 H 的计算式,并略去 $25.6\frac{f^4}{l^4}$ 一项得主缆拉力水平分力的影响线方程为:

$$H = \frac{x\left[1 - 2\left(\frac{x}{l}\right)^2 + \left(\frac{x}{l}\right)^3\right]}{1.6f + \frac{3EI}{f_1 E_1 A}\left(1 + 8\frac{f^2}{l^2} + \frac{2l_{s0}}{l\cos^2\varphi_1}\right)} \tag{3.3-15}$$

主缆拉力:

$$T = \frac{H}{\cos\varphi}$$

2) 加劲梁内力

利用式(3.3-15),按叠加原理可得出加劲梁的内力影响线。

加劲梁 x 截面处的弯矩影响线方程为:

$$M_x = M_0 - M_H = M_0 - Hy \tag{3.3-16}$$

加劲梁 x 截面处的剪力影响线方程为:

$$Q_x = Q_0 - H\tan\varphi$$

式中:M_0、Q_0——加劲梁 x 截面处的简支梁弯矩和剪力;

φ——加劲梁 x 截面处主缆的水平倾角。

3) 温度变化影响

由温度变化引起主缆的水平拉力为:

$$H_t = \mp\frac{\delta_{tH}}{\delta_{HH}} \tag{3.3-17}$$

式中:

$$\delta_{tH} = \alpha t \sum \overline{T_H}\cdot s = 2\alpha t\int_0^{\frac{l}{2}}\frac{1}{\cos\varphi}ds + \frac{2\alpha t l_{s0}}{\cos\kappa_0}$$

$$2\alpha t\int_0^{\frac{l}{2}}\frac{1}{\cos\varphi}ds = \alpha t l\left(1 + \frac{16}{3}\frac{f^2}{l^2}\right)$$

$$\delta_{HH} = \frac{8}{15}\frac{f^2 l}{EI} + \frac{l}{E_1 A}\left(1 + 8\frac{f^2}{l^2}\right) + \frac{2l_{s0}}{E_1 A\cos^2\varphi_1}$$

则由温度变化引起主缆的水平拉力计算式为:

$$H_t = \frac{\alpha t l\left(1 + \frac{16}{3}x^2 + \frac{2l_{s0}}{l\cos\varphi_0}\right)}{\frac{8}{15}\frac{f^2 l}{EI} + \frac{l}{E_1 A}(1 + 8n^2) + \frac{2l_{s0}}{E_1 A \cos^2\varphi_1}}$$

式中：α——主缆钢材的线膨胀系数；

t——温度变化值；

n——$n = \frac{f}{l}$。

由温度变化引起的加劲梁内力变化的计算与此类似，可采用叠加原理得出。

当加劲梁为三跨连续梁时，计算 δ_{PH} 变位时，除要考虑中跨作用的荷载 $q = \frac{8f}{l^2}$ 外，还要考虑边跨吊索传来的荷载 $q_1 = \frac{8f_1}{l_1^2}$ 时加劲梁引起的挠度。δ_{HH} 用前面同样方法确定，但要注意累加主跨以及边跨的所有影响。

(2) 挠度理论

根据悬索桥加劲梁先铰接后固结的施工特点，在一期恒载作用下，加劲梁一般没有整体弯矩，因此，加劲梁竖向荷载主要指二期恒载和活载等。如图 3.3-4 所示为悬索桥在可变荷载作用下的变形。

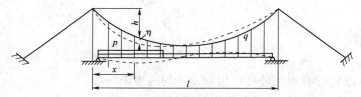

图 3.3-4 挠度理论计算模型

忽略梁体剪切变形、吊杆的伸缩和倾斜变形对结构受力的影响，将离散的吊杆简化为一连续膜。微小索段的平衡方程为：

$$H_q \frac{d^2 y}{dx^2} = -q_c \tag{3.3-18}$$

在成桥后竖向荷载 $p(x)$ 作用下，荷载集度由 q_c 变为 q_p，外力作用下主缆和加劲梁产生挠度 η，主缆挠度由 y 变为 $y + \eta$，主缆水平拉力 H_q 变为 $H_p + H_q$，根据式 (3.3-18) 有：

$$(H_p + H_q)\frac{d^2(y + \eta)}{dx^2} = -q_p$$

或：

$$H_p \frac{d^2 y}{dx^2} + (H_p + H_q)\frac{d^2 \eta}{dx^2} = -q_p - H_q \frac{d^2 y}{dx^2} \tag{3.3-19}$$

将式 (3.3-18)、式 (3.3-19) 相减得：

$$H_p \frac{d^2 y}{dx^2} + (H_p + H_q)\frac{d^2 \eta}{dx^2} = -(q_p - q_c) \tag{3.3-20}$$

再以加劲梁为研究对象，在 $p(x)$ 作用下加劲梁上的竖向荷载为：

$$q(x) = p(x) + q_c - q_p \tag{3.3-21}$$

加劲梁的弹性方程为：

$$\frac{d^2}{dx^2}\left(EI\frac{d^2\eta}{dx^2}\right) = q(x) = p(x) + q_c - q_p \tag{3.3-22}$$

设 EI 为常数,将式(3.3-22)代入式(3.3-21)整理得:

$$EI\frac{d^4\eta}{dx^4} - (H_q + H_p)\frac{d^2\eta}{dx^2} = p(x) + H_p\frac{d^2y}{dx^2} \tag{3.3-23}$$

式(3.3-23)就是挠度理论的基本微分方程。

在挠度理论的基本微分方程中,由于 H_p 是 $p(x)$ 的函数,因此这一微分方程是非线性的。此外,方程中 H_q、H_p 和 η 均为未知,求解时还需要一个补充方程。

利用全桥主缆长度变化的水平投影为零这一边界条件:

$$\int_0^L \Delta dx = 0 \tag{3.3-24}$$

或:

$$\frac{H_p}{E_cA_c}\int_0^L\frac{dx}{\cos^3\varphi} + \alpha t\int_0^L\frac{dx}{\cos^2\varphi} - \int_0^L\frac{dy}{dx}\frac{d\eta}{dx}dx = 0 \tag{3.3-25}$$

式中:L——两锚碇间的水平距离。

式(3.3-25)中第三项进行分部积分,并利用 $x=0$ 和 $x=L$ 时 $\eta=0$ 的边界条件,有:

$$\int_0^L\frac{dy}{dx}\frac{d\eta}{dx}dx = \eta\frac{dy}{dx}\Big|_0^L - \int_0^L\frac{d^2y}{dx^2}\eta dx = \frac{8f}{l^2}\int_0^L\eta dx \tag{3.3-26}$$

代入式(3.3-25)整理后得:

$$H_p = \frac{E_cA_c}{L_p}\left(\frac{1}{\gamma}\int_0^L\eta dx - \alpha tL_t\right) \tag{3.3-27}$$

$$\left.\begin{array}{l}\dfrac{1}{\gamma} = -\dfrac{d^2y}{dx^2} = \dfrac{8f}{l^2},\ L_p = \displaystyle\int_0^L\sec^3\varphi dx \\ L_t = \displaystyle\int_0^L\sec^2\varphi dx\end{array}\right\} \tag{3.3-28}$$

式中:α——线胀系数;

t——温度变化;

E_cA_c——主缆轴向刚度。

最后,非线性微分方程要通过式(3.3-23)和式(3.3-27)迭代才能求解,尚达不到实用计算的要求。针对大跨径悬索桥活载远比恒载为小的特点,Godard 提出了在式(3.3-23)中只考虑恒载索力对竖向荷载的抗力,形成了线性挠度理论。线性挠度理论利用线性叠加原理或者影响线加载法,使计算得到了简化。

(3)线性挠度理论——等代梁法

在线性挠度理论的基础上,我国著名桥梁专家李国豪教授于1941年提出了等代梁法和奇异影响线的概念,揭示了悬索桥受力的本质,使挠度理论变为实用计算成为可能。下面对等代梁法作一简要介绍。

如图3.3-5所示,一受拉、弯耦合作用的简支梁,其上受均布荷载 $p - \dfrac{qH_p}{H_q}$,两端拉力为 H_q,在 x 截面处外荷引起的挠度为 η,其弯矩为:

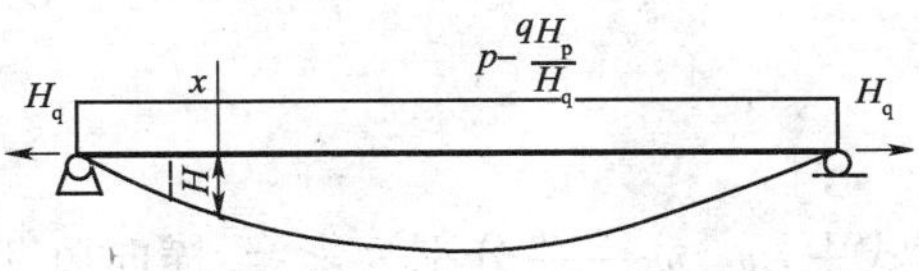

图3.3-5 受拉、弯耦合作用的简支梁

$$M(x) = -H_q\eta + \frac{xl}{2}\left(p - \frac{qH_p}{H_q}\right) - \left(p - \frac{qH_p}{H_q}\right)\frac{x^2}{2} \quad (3.3\text{-}29)$$

$$= -H_q\eta + \left(p - \frac{qH_p}{H_q}\right)\left(\frac{lx}{2} - \frac{x^2}{2}\right)$$

根据梁的挠度理论：

$$EI\frac{d^2\eta}{dx^2} = -M(x) = H_q\eta - \left(p - \frac{qH_p}{H_q}\right)\left(\frac{lx}{2} - \frac{x^2}{2}\right) \quad (3.3\text{-}30)$$

对 x 求两次导数，整理得：

$$EI\frac{d^4\eta}{dx^4} - H_q\frac{d^2\eta}{dx^2} = p - \frac{qH_p}{H_q} \quad (3.3\text{-}31)$$

将式(3.3-18)代入式(3.3-31)，则：

$$EI\frac{d^4\eta}{dx^4} - H_q\frac{d^2\eta}{dx^2} = p + H_p\frac{d^2y}{dx^2} \quad (3.3\text{-}32)$$

式(3.3-32)与线性挠度理论的平衡微分方程完全一致。可见，悬索桥线性挠度理论可以用等效梁来进行计算，这种方法称为等代梁法。

应该指出：线性挠度理论忽略了竖向荷载本身引起的主缆水平力对加劲梁受力的影响，这将使计算结果绝对值增大。因而，用于设计加劲梁是偏安全的。

3. 水平静风荷载作用下的实用计算

水平静风荷载作用下悬索桥的变形，如图 3.3-6 所示。

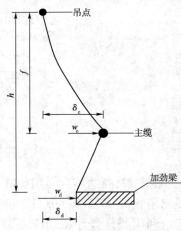

图 3.3-6　水平静风荷载作用下的悬索桥

风荷载作用在桥上的实际分布是相当复杂的，在静风计算中，一般假定风荷载为沿桥跨方向均布的已知荷载。这样，作用在悬索桥上的风荷载将分别通过主缆和加劲梁传到基础。风荷载在主缆与加劲梁之间的传递是由吊索完成的，其受力根据刚度分配。中小跨径悬索桥横向刚度以加劲梁为主，因而横向风力主要由加劲梁承担。特大跨悬索桥刚度以主缆的重力刚度为主，并且随着跨径的增大，主缆重力刚度与加劲梁横向刚度之比越来越大，主缆承担的风力也随之增大。可见研究静风荷载的计算问题，首先必须研究风荷载在主缆和加劲梁上的分配问题。简单的计算方法有均等分配法。

这种方法假定横向风荷载在加劲梁和主缆间产生的重分配力(实质上就是吊杆沿梁长每延米的水平分力)为沿梁长的均布荷载 q，索面和梁体在位移时保持刚性转动，如图 3.3-6 所示。

于是，加劲梁和主缆跨中的水平位移 δ_d 和 δ_c 可写成：

$$\left.\begin{array}{l}\delta_d = \dfrac{5l^4}{384EI}(w_d - q) \\[2mm] \delta_c = \dfrac{w_c + q}{8H}l^2\end{array}\right\} \quad (3.3\text{-}33)$$

式中：w_c、w_d ——分别为索、梁横向风荷载集度；

l、EI ——分别为悬索桥跨径和梁横向抗弯刚度；

H——主索水平拉力。

根据索面刚性转动的假定,有:

$$\frac{f}{h} = \frac{\delta_c}{\delta_d} \tag{3.3-34}$$

式中:f、h——分别为主缆的矢高、加劲梁形心到吊点的距离。

由式(3.3-33)、式(3.3-34)得:

$$q = \frac{fl^2 H w_d - 9.6EIh w_c}{fl^2 H + 9.6EIh} \tag{3.3-35}$$

将式(3.3-35)得到的 q 值代回式(3.3-33),就可算出加劲梁和主缆的横向静风响应。

实际上风荷载的重分配力 q 并不会沿梁长均匀分布,而是梁长坐标 x 的函数,记为 $q(x)$,索面和梁的位移也不满足刚性转动假定。因此,均等分配法的计算精度较差。

相比之下,弹性分配法就有较高的计算精度。按照弹性分配法,悬索桥在横向风荷载及重分配力 $q(x)$ 的作用下,主缆和加劲梁的平衡微分方程为:

$$\left. \begin{array}{l} EI \dfrac{d^4 \delta_b(x)}{dx^4} = -[w_d - q(x)] \\[6pt] H \dfrac{d^4 \delta_c(x)}{dx^2} = -[w_c + q(x)] \end{array} \right\} \tag{3.3-36}$$

$q(x)$ 是一个未知荷载,可以根据梁、塔的位移协调条件,通过迭代计算求解。

4. 主塔的计算

悬索桥主塔不仅承受直接作用于塔身的自重、风荷载、地震荷载、温变荷载及其由此产生的各种组合荷载,而且还承受由主缆传来的荷载作用。后者一方面改变加劲梁和主缆传至塔上的竖向荷载,另一方面将在塔顶产生顺桥向和横桥向的水平位移,当两根主索受力不一致时,主塔还会受扭。鉴于主塔在悬索桥结构中受力的复杂性,对主塔提出合理的计算方法就显得尤为重要。

(1)主塔在纵向荷载作用下的实用计算

纵向荷载是指顺桥向的风荷载、地震荷载、加劲梁和主缆传到主塔的活载等。在活载作用下,桥塔将发生水平位移,由于主塔纵向抗推刚度相对较小,塔顶水平位移的大小,主要是由主缆重力刚度的水平分力决定,而与塔的抗弯刚度关系不大。因此,活载计算中常忽略塔的弯曲刚度,先求出主塔水平位移,再将它作为已知条件计算主塔内力。在计算中,必须考虑两种加载状态:最大竖向荷载与相应塔顶位移状态;最大塔顶位移与相应竖向荷载状态。一般来说,后一种状态可能更为不利。

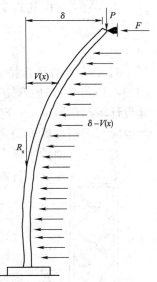

图 3.3-7 桥塔纵向荷载作用下的计算模式

如图 3.3-7 所示,为纵向荷载作用下桥塔的计算模式。塔顶作用着主缆竖向分力 P,活载或其他荷载引起的塔顶水平位移 δ、加劲梁传来的集中力 R_s,此外还受有塔自重、顺桥向风载或其他广义纵向荷载,用带有几何非线性的平面杆系程序,可以直接对塔进行分析。为了定性分析,下面将塔自重集中于塔顶,讨论等截面塔在活载作用下的受力情况。

x 处的弯矩为:

$$M(x) = Fx - P[\delta - V(x)] \tag{3.3-37}$$

式中：F——使塔顶位移达到 δ 时的水平力。

由塔的弯曲平衡微分方程：
$$EIV''(x) + M(x) = 0 \tag{3.3-38}$$

得：
$$EIV''(x) + PV(x) = P\delta - Fx \tag{3.3-39}$$

令：
$$\alpha^2 = \frac{P}{EI} \tag{3.3-40}$$

式(3.3-39)的通解为：
$$V(x) = c_1\cos(\alpha x) + c_2\sin(\alpha x) + \delta - \frac{F}{P}x \tag{3.3-41}$$

利用三个边界条件：
$$v|_{x=0} = \delta, v|_{x=h} = 0, v'|_{x=h} = 0 \tag{3.3-42}$$

得：
$$\left.\begin{array}{l} V(x) = \delta\dfrac{\sin(\alpha h) - \sin(\alpha x) - (h-x)\alpha\cos(\alpha h)}{\sin(\alpha h) - \alpha h\cos(\alpha h)} \\[6pt] M(x) = -P\delta\dfrac{\sin(\alpha x)}{\sin(\alpha h) - \alpha h\cos(\alpha h)} \end{array}\right\} \tag{3.3-43}$$

由 $\dfrac{\mathrm{d}M(x)}{\mathrm{d}x} = 0$，可得 $x = \dfrac{\pi}{2\alpha}$ 且小于 h 时，弯矩最大：
$$M_{\max} = -\frac{\delta P}{\sin(\alpha h) - \alpha h\cos(\alpha h)} \tag{3.3-44}$$

对于给定的悬索桥，通过缆梁体系分析可以求得 p 和 δ，这里假定为一已知常量。由式(3.3-43)可知，塔内弯矩主要与分母有关，当 EI 增大时，αh 减小，弯矩就急剧增大，为了经济地设计塔与塔基，αh 一定要比 $\pi/2$ 大，才能将塔内弯矩控制在较小的范围内。当然，确定 αh 时也应考虑塔的纵向稳定性。

对于变截面的主塔在各种荷载作用下的计算，也可按图 3.3-7 所示力学模型，用几何非线性有限元方法进行计算。

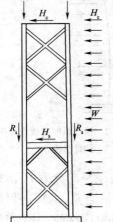

图 3.3-8 桥塔横桥向荷载作用下的计算模式

(2) 主塔在横桥向荷载作用下的实用计算

横桥向的荷载主要有横向风荷载和横向地震荷载等，在横桥向荷载作用下，桥塔的计算模式如图 3.3-8 所示，塔顶作用着主缆的竖向分力，主缆传来的横向水平力 H_c，下横梁上作用着加劲梁传来的竖向力 R_s 和横向水平力 H_s，塔上还受有横向风荷载 W、地震等广义荷载 $w(y)$ 和主塔自重。

由于主塔受到主缆传来的巨大竖向分力，因此分析时仍需用带有几何非线性的杆系程序。图 3.3-8 的分析模式中忽略了主缆对塔的水平约束作用，因此，其结果是偏安全的。

(3) 主塔的稳定计算

主塔在挂索前和成桥后作用纵向荷载时都有失稳的可能，必须对这两种状态进行稳定验算。在挂索前主塔可看成是一单端固定受自重作用的变截面柱，可将变截面柱问题等效成等截面柱问题来计算。令等效

荷载集度为 q，等效刚度为 EI，根据 Eular 稳定理论，易得：

$$(qh)_{cr} = \frac{7.837EI}{h^2} \tag{3.3-45}$$

式中：h——主塔高度。

在成桥状态下，必须考虑主缆对塔顺桥向失稳的约束作用。在计算中偏安全地将塔自重荷载移到塔顶作为集中荷载，与主缆竖向分力共同作用下，令其合力为 P，根据式(3.3-38)的推导，主塔挠度由式(3.3-43)表示，当主塔失稳时，$V(x) \to \infty$，因此有：

$$\sin(\alpha h) - \alpha h \cos(\alpha h) = 0 \tag{3.3-46}$$

解得：

$$P_{cr} = \frac{\pi^2 EI}{(0.699h)^2} \tag{3.3-47}$$

此式与一端简支、一端固定的压杆临界荷载相一致。

对塔稳定问题更精确的计算，可按有限元方法并考虑混凝土徐变、收缩及塔施工初始缺陷的不利因素影响进行求解，否则，应在安全系数取值时加以考虑。

5. 悬索桥成桥状态和施工状态的精确计算

确定悬索桥成桥和施工状态的关键是确定主缆在成桥时的线形，也就是在已知基本设计参数和施工方法的前提下，计算主缆与吊索交点位置及主缆与鞍座的切点坐标。

通过研究缆、吊索、梁、塔等构件的受力特性可知，用先分析吊索恒载轴力，再求主缆平衡位置，最后确定主缆与鞍座切点位置的三步分析方法比较合适。

悬索桥施工状态是指从挂主缆开始到成桥各阶段悬索桥的构形和受力状态。确定施工状态，主要解决三方面问题：主缆各索段无应力索长；挂索初始状态；吊梁阶段的结构状态。详细内容，可参见《高等桥梁结构理论》(项海帆，人民交通出版社，2001)。

此外，悬索桥在施工和运营中，主梁、主塔、鞍座等构件受力复杂，为了保证设计的安全性，有时还必须进行三维应力分析。

三、柔性悬索桥的计算

柔性悬索桥一般是非永久性桥梁，由于桥面系不参与主索共同受力，使得结构柔性加大，所以在计算柔性悬索桥时，动力部分不作计算。现将柔性悬索桥的计算特点列出。

柔性悬索桥在荷载作用下，悬索形状将随荷载位置的变化而变化，所以除了计算悬索内力外，还要计算悬索挠度，以控制最大挠度值，保证车辆的正常运行。此外，还应该注意到柔性悬索桥在使用中，往往由于过大的挠度引起桥道部分、连接部分的损坏，以及索鞍过大的位移，因此悬索的挠度计算是很重要的。

悬索长度及内力的计算，见前刚性悬索桥悬索的计算。

现仅介绍悬索挠度的计算。

1. 悬索形状

悬索在均布荷载作用下，形状接近抛物线，以塔顶悬索端点为坐标原点时，其曲线方程为：

$$y = \frac{4f}{l^2}x(l-x) \tag{3.3-48}$$

中跨悬索的长度计算公式为：

$$l_s = 2\int_0^{\frac{l}{2}} \sqrt{1 + \left(\frac{dy}{dx}\right)^2} \, dx$$

利用级数展开式得悬索长度的计算公式：

$$l_s = l \cdot \left[1 + \frac{8}{3}\left(\frac{f}{l}\right)^2 - \frac{32}{5}\left(\frac{f}{l}\right)^4 + \frac{256}{7}\left(\frac{f}{l}\right)^6 - \cdots\cdots\right] \tag{3.3-49}$$

2. 悬索挠度计算

悬索在不同的布载情况下，有不同的挠度值，普斯列(Pugsley)曾以对称布载和不对称布载两种情况进行了比较，得出悬索在不对称布载时的挠度值为最大。下面仅介绍不对称布载时的挠度计算公式。

(1) 悬索变形后的坐标

在计算柔性悬索桥(图3.3-9)时，近似地将承载的悬索等效为承受均布荷载或者集中荷载的简支梁。并且此简支梁在任何受载条件下弯矩为零。以此为条件可大大简化计算。

设有的单跨柔性悬索桥，桥上除作用有均布恒载 q 之外，还布置有一段 $\lambda = \alpha l$ 的均布活载 p。如图3.3-10所示。此时悬索的几何变形如下：

当 $x \leqslant \alpha l$ 时，由平衡条件 $\sum M_x = 0$ 得：

$$(H_q + H_p)y - \frac{qx(l-x)}{2} - p\alpha l\left(1 - \frac{\alpha}{2}\right)x + \frac{px^2}{2} = 0$$

变形后坐标：

$$y = \frac{(q+p)x(l-x) - pl(1-\alpha)^2 x}{2(H_q + H_p)}$$

当 $x > \alpha l$ 时，用与上述方法相同的推导得：

$$y = \frac{ql(l-x) + p\alpha^2 l(l-x) - q(l-x)^2}{2(H_q + H_p)}$$

式中：H_q、H_p——分别为恒载和活载引起的悬索拉力的水平分力。

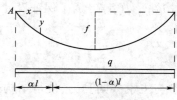
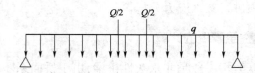

图3.3-9　柔性悬索桥　　　　图3.3-10　柔性悬索桥计算图示

当假定悬索长度不变时，由恒、活载引起的悬索形状改变所做的功等于零，则可得由 p 和 q 引起的悬索拉力水平分力为：

$$H_q + H_p = \frac{ql^2}{8f} \cdot \frac{2 + 3\beta\alpha^2(3-2\alpha) + \beta^2\alpha^3(4-3\alpha)}{2 + \beta\alpha^2(3-2\alpha)} = \gamma \cdot \frac{ql^2}{8f} \tag{3.3-50}$$

式中：$\beta = \frac{p}{q}$；

$$\gamma = \frac{2 + 3\beta\alpha^2(3-2\alpha) + \beta^2\alpha^3(4-3\alpha)}{2 + \beta\alpha^2(3-2\alpha)}。$$

将悬索拉力的水平分力值代入，悬索变形后的坐标方程式为：

当 $x \leqslant \alpha l$ 时

$$y = \frac{4f}{l^2} \cdot \frac{(1+\beta)x(l-x) - \beta l(1-\alpha)^2 x}{\gamma} \tag{3.3-51a}$$

当 $x > \alpha l$ 时

$$y = \frac{4f}{l^2} \cdot \frac{(x + \beta\alpha^2 l)(l-x)}{\gamma} \tag{3.3-51b}$$

(2) 悬索最大挠度

活载引起的悬索挠度值 Δy 可由式(3.3-51)与式(3.3-48)相减求得。例如：

当 $x \leq \alpha l$ 时

$$\Delta y = \frac{4f}{l^2} \cdot \frac{(1+\beta)x(l-x) - \beta l(1-\alpha)^2 x}{\gamma} - \frac{4f}{l^2}x(l-x)$$

$$= \frac{4f}{l^2} \cdot \frac{(1+\beta-\gamma)x(l-x) - \beta l(1-\alpha)^2 x}{\gamma}$$

为求得活载作用下的最大变形值，取 Δy 的一阶导数为零，即：

$$\frac{d(\Delta y)}{dx} = \frac{4f}{l^2 \gamma}[(1+\beta-\gamma)(l-2x) - \beta l(1-\alpha)^2] = 0$$

最大悬索挠度处对应的水平位置：

$$x = \frac{l}{2} - \frac{\beta l(1-\alpha)^2}{2(1+\beta-\gamma)}$$

$$\Delta y_{\max} = \frac{[(1+\beta-\gamma) - \beta(1-\alpha)^2]^2}{\gamma(1+\beta-\gamma)} \cdot f \tag{3.3-52}$$

(3) 应力变化引起弹性伸长

以上所讨论的悬索挠度未考虑悬索中应力和温度变化，当考虑索弹性伸长引起跨中悬索的挠度时，以跨度 l 为常数，取悬索长度计算公式，对 f 进行微分得：

$$\Delta f_1 = \frac{15\Delta l_s}{16\frac{f}{l}\left[5 - 24\left(\frac{f}{l}\right)^2\right]} \tag{3.3-53}$$

考虑由于悬索应力引起的弹性伸长 Δl_s 为：

$$\Delta l_s = \frac{\sigma_k l_s}{E_1}$$

式中：σ_k——悬索中的平均应力；
  E_1——悬索的弹性模量；
  l_s——悬索长度。

(4) 温度变化引起弹性伸长

当悬索温度变化 t 时，悬索的伸长：

$$\Delta l_s = \alpha_t \cdot t \cdot l_s$$

式中：α_t——悬索的热膨胀系数。

温升时悬索伸长，挠度增加；温降时悬索缩短，挠度减小。将此伸长(或缩短)值代入悬索长度计算公式，即可求得此时跨中挠度的变化值。

(5) 锚索伸长引起跨中悬索变形

由于锚索的伸长，使塔顶上两个支承点靠拢 Δl_1，也会使跨中挠度增加，设其增加值为 Δf_2，以跨度 l 为常数，取悬索长度计算公式，对 f 求偏导数得：

$$\Delta f_2 = \frac{15 - 40\left(\frac{f}{l}\right)^2 + 288\left(\frac{f}{l}\right)^4}{16\frac{f}{l}\left[5 - 24\left(\frac{f}{l}\right)^2\right]} \cdot \Delta l_1 \tag{3.3-54}$$

式中：Δl_1——$\Delta l_1 = 2 - \frac{\Delta l_0}{\cos\varphi_1}$；

  Δl_0——锚索因应力变化和温度变化而产生的长度变化值；

φ_1——锚索倾角。

求出跨中挠度值 Δf_1 和 Δf_2 后,可按抛物线规律求出其他各点的挠度值,然后与 Δy 相叠加,即可求出悬索最大挠度值。

以上仅是对不对称布载的悬索挠度进行计算,为了安全可靠,在设计中可按对称和不对称两种布载情况,分别进行计算,求得最大悬索挠度。

除了挠度计算之外,柔性悬索桥在设计时还必须计算悬索的拉力、索鞍处的弯曲应力、接触应力等。计算方法见前刚性悬索桥的相关计算内容。

四、悬索桥的动力问题

1. 悬索桥动力作用下的结构特性

悬索桥的动力作用,包括车辆荷载作用下的垂直强迫振动和风力作用下的振动稳定问题。这些都是变化的荷载,理论分析相当复杂,现仅就一般情况作一介绍。

(1) 车辆荷载作用下的强迫振动

从桥梁失事中发现,不仅当铅直强迫振动频率等于桥梁固有振动频率,而且当强迫振动频率等于桥梁固有振动频率时,桥梁都可能产生共振而破坏。由于强迫振动引起的荷载动力作用,从理论上研究是较困难的。所以,各国均以机械振动仪观测车辆过桥时的振动曲线,并测出该桥在同样荷载作用下的静力挠度曲线,以两者之比作为表示动力效应的指标,动力放大系数 $=\dfrac{\eta_a}{\eta_s}$,或者以冲击系数考虑车辆强迫振动的不利影响。在计算桥梁内力时,把内力结果乘上 $1+\mu$,以此增加桥梁结构尺寸从而增大刚度,提高桥梁的固有振动频率,达到提高桥梁安全性的目的。

(2) 悬索桥的空气动力稳定性

对于以悬索为主要承重结构的悬索桥,风力的作用将产生巨大的动力影响,在 19 世纪及 20 世纪上半期的 150 年中,因风力造成破坏的悬索桥,据资料统计已达十几座。这些桥中最出名的是美国的塔科马桥,该桥用很矮的钢板加劲梁,而宽跨比又小,竣工半年后,承受 19m/s 的风速(设计临界风速为 16.9m/s)作用时,桥梁振动频率从每分钟 36 周变到每分钟 12 周,振幅不断加大,垂直加速度很快接近重力加速度,而横向扭转角达到 45°。桥面系被扭曲并产生与时俱增的竖直 S 形振动而破坏。

此桥在破坏过程中拍下了可贵的照片,为我们提供了宝贵的资料:即使在较低水平风力作用下,当风速达到一定的临界后,悬索桥将离开原来静力平衡状态而在垂直方向发生振幅不断增加的振动——自激振动,从而导致悬索桥的破坏。由于这个现象是动力稳定性的问题,在工程上又称为悬索桥的空气动力失稳。

风力的作用可以应用航空空气动力分析方法来加以说明。风力对桥梁的作用,如同围绕一个横截面的流体那样的影响,因此是动力作用。它造成的桥梁结构振动有:竖向弯曲振动;扭转振动;竖向弯曲振动和扭转振动的组合。

通常在分析时,将风的影响分为两部分考虑,即静力作用(又称常定风力)影响和动力作用(又称非常定风力)影响。静力作用影响将风力作为不随时间而改变风速和风向的风流,作用在静止不动的桥梁上来研究的。第一种情况实际上是不存在的,而是为了便于分析而作出的分类,这一部分内容已在《桥梁工程》下册斜拉桥中作了介绍,在此不再重复。对于悬索桥空气动力稳定性的计算原理,可以从悬索桥振动的基本方程、空气动力失稳的临界风速和已经加强悬索桥空气动力稳定性的措施三个方面去研究。

2. 悬索桥振动的基本方程

悬索桥是由钢缆和加劲梁以及把它们联结起的吊杆构成一种振动体系,塔和墩及基础组成另一种振动体系。一般对前者进行研究,也就是上部体系的研究。上部结构的振动可认为是由钢缆—吊杆的面内(竖直)挠曲振动和加劲梁扭转位移、水平位移、挠曲位移全部复合而成的复合扭转振动两种振动所构成,互为影响,严格讲来是不能分开的,是具有非线性项的复合,得出的振动方程十分复杂,见小西一郎所编《钢桥》。若用线性方程研究时,可分解为竖向挠曲振动、水平挠曲振动及扭转振动。

(1) 竖向挠曲振动

竖向挠曲振动即为两种振动的第一种,它与其他位移并不复合。我们可单独来讨论它,并且一般认为加劲梁的竖直挠度与钢缆的竖直挠度相等,可用传统的挠度理论推出基本方程,代入边界条件可得振动频率方程和振动(对称与反对称)。现将设有边吊杆的三跨悬索桥的振动频率方程和振型列出,由于主跨和边跨之间没有相互作用,各自单独振动,对于不设边吊杆的单跨悬索桥仍然可使用,在计算振动频率时不计入边跨影响项即可。

对称振型的振动频率方程:

$$\frac{wfl}{\Phi^3(Z^2-1)Z}\left[\frac{\Phi}{\sqrt{2}}Z - \frac{Z+1}{\sqrt{Z-1}}\tan\left(\frac{\Phi}{\sqrt{2}}\frac{\sqrt{Z-1}}{2}\right) - \frac{Z-1}{\sqrt{Z+1}}\text{th}\left(\frac{\Phi}{\sqrt{2}}\frac{\sqrt{Z+1}}{2}\right)\right] +$$

$$\frac{2w_1 f_1 L_1}{\Phi_1^3(Z_1^2-1)Z_1}\left[\frac{\Phi_1}{\sqrt{2}}Z_1 - \frac{Z_1+1}{\sqrt{Z_1-1}}\tan\left(\frac{\Phi_1}{\sqrt{2}}\frac{\sqrt{Z_1-1}}{2}\right) - \frac{Z_1-1}{\sqrt{Z_1+1}}\tan\left(\frac{\Phi_1}{\sqrt{2}}\frac{\sqrt{Z_1+1}}{2}\right)\right] -$$

$$\frac{L_E}{E_1 A}\frac{H_g}{32\sqrt{2}} = 0$$

式中: L_E —— $L_E = \int_0^l \left(\frac{d_s}{d_x}\right)^3 dx$;

E_1、A ——主索弹性模量、主索截面面积。

主跨的振型:

$$\bar{\eta}_{(x)} = \frac{C}{\Phi^2(Z^2-1)}\left[\frac{Z+1}{2Z}\left(1 - \cos\frac{\mu x}{l} - \tan\frac{\mu}{2}\sin\frac{\mu x}{l}\right) + \frac{Z-1}{2Z}\left(1 - \text{ch}\frac{\nu x}{l} + \text{th}\frac{\nu}{2}\text{sh}\frac{\nu x}{l}\right)\right]$$

边跨的振型:

$$\bar{\eta}_{1(x)} = \frac{C}{\Phi_1^2(Z_1^2-1)}\left[\frac{Z_1+1}{2Z_1}\left(1 - \cos\frac{\mu_1 x}{l_1} - \tan\frac{\mu_1}{2}\sin\frac{\mu_1 x}{l_1}\right) + \frac{Z_1-1}{2Z_1}\left(1 - \text{ch}\frac{\nu_1 x}{l_1} + \text{th}\frac{\nu_1}{2}\text{sh}\frac{\nu_1 x}{l_1}\right)\right]$$

反对称振型的振动频率方程:

$$\sin\frac{\mu}{2} = 0 \quad 及 \quad \sin\frac{\mu_1}{2} = 0$$

$$\omega = \frac{n\pi}{l}\sqrt{\frac{g}{w}(H_g + n^2\lambda)}, \lambda = \frac{\pi^2 EI}{l^2}(主跨), n = 2, 4, 6, \cdots$$

$$\omega_1 = \frac{n\pi}{l}\sqrt{\frac{g}{\omega_1}(H_g + n^2\lambda_1)}, \lambda_1 = \frac{\pi^2 HI_1}{l_1^2}(边跨), n = 1, 2, 3, \cdots$$

主跨的振型:

$$\bar{\eta}_{(x)} = C\sin\frac{n\pi x}{l}, n = 2,4,6,\cdots$$

边跨的振型：

$$\bar{\eta}_{(x)} = C\sin\frac{n\pi x}{l}, n = 1,2,3,\cdots$$

以上计算未包括桥塔影响，塔顶设有活动索鞍是可以使用上面公式，对于塔顶是固定索鞍以及加劲肋并非简支而是连续或是固定，应在钢缆位移与加劲梁位移之间加入一些约束条件，以达到更加准确程度。

三跨悬索桥的有关符号，如表 3.3-1 所示。

三跨悬索桥有关符号　　　　　　　　　　表 3.3-1

参　数	主　跨	边　跨
跨度	l	l_1
钢索垂度	f	f_1
每单位长恒载	w	w_1
惯性矩参数	l $\Phi = l\sqrt{Hg/(EI)}$ $Z = \sqrt{1 + \frac{32f}{g\Phi}\omega^2}$	l_1 $\Phi_1 = l_1\sqrt{Hg/(EI_1)}$ $Z_1 = \sqrt{1 + \frac{32f_1}{g\Phi_1}\omega_1^2}$

(2) 水平挠曲振动

在中小跨径悬索桥中往往水平挠度比竖直挠度要小，但对于大跨径悬索桥因为加劲梁绕水平轴的弯曲刚度与绕竖直轴的弯曲刚度比较接近，可以认为位移量是同阶的。

悬索桥的水平挠曲振动中的水平位移往往是与扭转位移和竖直位移复合而成的，是非线性项的复合，在以微小位移为对象时，可认为只考虑线性项就能够掌握它的振动性状，可把振动基本方程中与水平挠曲振动有关系的为钢缆水平挠度的方程和加劲肋水平挠度的方程列出，并经简化为：

$$\frac{\omega_c}{g}\sqrt{1+h'^2}\frac{\delta^2 \nu}{\delta t^2} - H_g \frac{\delta^2 \nu}{\delta x^2} - \frac{H_g h''}{h}(\nu_0 - \nu) = 0$$

$$\frac{\omega_f}{g}\frac{\delta^2 \nu_0}{\delta t^2} + \frac{\delta^2}{\delta x^2}(EI_z \frac{\delta^2 \nu_0}{\delta x^2}) \frac{2H_g h''}{h}(\nu_0 - \nu) = 0$$

式中：ω_c——加劲梁单位长度的恒载；

ω_f——钢缆单位长度的恒载；

I_z——加劲梁对 z 轴的旋转惯性矩；

ν——钢缆水平位移；

ν_0——加劲梁水平位移；

h——钢缆长度。

上式可直接作为数值分析，但一般用 Ritz 法等近似计算来求水平挠曲振动的自由振动频率及振动式。

(3) 扭转振动

悬索桥的扭转振动与前面的水平挠曲振动一样，由加劲梁的竖直挠曲、水平挠曲等复合而成，是非线性项的复合。但是，如果以微小位移为对象时，可把扭转振动作为单独振动体系处理。

根据挠度理论考虑悬索桥的扭转振动时，其基本假设扭转中心与加劲梁的扭转中心重合。

因此，应变能可由加劲梁的弯曲扭转与加劲梁的扭转能以及钢缆的竖直挠垂能之和得到；另一方面，运动能由加劲梁的惯性矩而定的运动能及钢缆的挠垂运动能之和得出。

加劲梁弯曲扭转的应变能 V_1 为：

$$V_1 = \frac{1}{2}\int_L EC_w \left(\frac{\partial^2 \varphi}{\partial x^2}\right)^2 \mathrm{d}x$$

加劲梁扭转的应变能 V_2 和旋转运动能 T_1 为：

$$V_2 = \frac{1}{2}\int_L GK\left(\frac{\partial^2 \varphi}{\partial x^2}\right)^2 \mathrm{d}x ; T_1 = \frac{1}{2}\int_L mr^2 \left(\frac{\partial \varphi}{\partial t}\right)^2 \mathrm{d}x$$

钢缆挠垂的应变能 V_s 和挠垂运动能 T_2：

$$V_s = \frac{H_g b^2}{4}\int_L \left(\frac{\partial \varphi}{\partial t}\right)^2 \mathrm{d}x + \frac{4fb}{l^2} H_p \int_L \varphi \mathrm{d}x$$

$$T_2 = \frac{1}{2}\int_L \frac{\omega_c}{g}\left(\frac{b}{2}\frac{\partial \varphi}{\partial t}\right)^2 \mathrm{d}x$$

式中：EC_w——加劲梁的弯曲扭转刚度；
GK——加劲梁的扭转刚度；
f、b——钢缆的垂度和加劲梁的宽度；
φ、l——扭角和跨长；
r——旋转半径。

因此，如 V 为全部应变能，T 为全部运动能，则有：

$$T - V = T_1 + T_2 - (V_1 + V_2 + V_s) = \frac{1}{2}\int_L \left[\left(mr^2 + \frac{b^2 \omega_c}{4g}\right)\left(\frac{\partial \varphi}{\partial t}\right)^2 - EC_w \left(\frac{\partial^2 \varphi}{\partial x^2}\right)^2 - GK\left(\frac{\partial \varphi}{\partial x}\right)^2 - \frac{2H_g b^2}{4}\left(\frac{\partial \varphi}{\partial x}\right) - \frac{8fb}{l^2} H_p \varphi\right]\mathrm{d}x$$

相应于上式的拉格朗日运动方程给出悬索桥扭转振动的基础方程：

$$\left(mr^2 + \frac{b^2 \omega_c}{4g}\right)\frac{\partial^2 \varphi}{\partial t^2} - EC_w \frac{\partial^4 \varphi}{\partial x^4} - \left(GK + \frac{H_g b^2}{2}\right) \cdot \left(\frac{\partial^2 \varphi}{\partial x}\right) + \frac{4fb}{l^2} H_p = 0$$

式中，φ 和 H_p 均为未知量，由钢缆方程给出：

$$\frac{L_E}{EA} H_p = \frac{4fb}{l^2}\int_L \varphi \mathrm{d}x = \frac{W}{H_g}\int_L \frac{b\varphi}{2}\mathrm{d}x$$

式中：$H_g = \frac{\partial^2 y}{\partial x^2} = -\omega$，因为 $y = \frac{45}{l^2}x(l-x)$，可将 $\frac{8f}{l^2} = \frac{W}{H_g}$ 换成上式。

悬索桥扭转振动的基础方程，是与竖直挠曲振动的基础方程完全同阶数的微分方程，可用同样的方法求解。

对于临界风速的近似计算，可参见第四章第四节二的内容。一般除了理论计算外，还应通过风洞实验求得设计模型的临界风速进行比较采用。

3. 加强悬索桥空气动力稳定的途径

风振动力的振动中，风将能量作用到结构上，但结构阻尼将消耗能量，使振动衰减，对桥梁的安全是有利的。

形成桥梁结构阻尼的因素十分复杂，大致可以分为：材料的内阻尼——由振动时材料分子间的内摩擦力所组成；摩擦阻尼——由结构物支承及连接处的摩擦力等所组成；空气介质阻尼——由周围空气介质对结构物运动的阻尼所形成，它与前面两者比较微不足道。

以上说明增加悬索桥的阻尼,可以加强振动衰减,从而提高临界风速,提高悬索桥的安全性。关于加强悬索桥空气动力稳定性的措施有以下两个途径。

(1)增加悬索桥的刚度

提高结构的固有振动频率和增加结构的阻尼,从而提高悬索桥的临界风速,使之超过建桥地点可能发生的最大风速。从这个条件出发,下面提供了确定加劲梁的梁高和抗弯刚度时作为参考的经验公式:

对于板梁加劲梁:

$$h > \frac{l}{120} + \left(\frac{l}{1\,000}\right)^2$$

对于桁架加劲梁:

$$EI > \frac{bl^3}{60\sqrt{f}}$$

式中:b、h、l——加劲梁的宽度、高度和跨径,m;
I——加劲梁几何惯矩,m^4;
f——主缆矢高,m。

也可以用下式验算:

$$s = 1\,600\frac{q}{f} + 160\,000\frac{I}{\left(\frac{l}{400}\right)^4} > 600$$

式中:q——悬索桥恒载,以 $t/m[9.8 \times 10^3 N/m]$ 计。

(2)减少空气动力的作用

提高悬索桥的刚度必然降低悬索桥的经济性,积极的措施是减少空气动力的作用来增加悬索桥的稳定性。例如采用两端倾斜的流线型横截面,使加劲梁形状对风速影响的系数 η 达到最大值,从而提高它的临界风速;采用空格桥面或在跨中设通风洞减少空气动力干扰力,都是有效措施。

4.悬索桥动力特性分析方法

(1)计算模型的建立

国内外就结构的动力特性分析提出了比较多的方法,主要有:有限元法、有限差分法、有限条法、伽辽金法等。不同方法也各有特点,也都有相应的比较成熟的软件可以进行相关分析。目前,应用最为广泛的是有限元法。

利用有限元法开展悬索桥动力特性分析的主要问题是:如何将实际结构简化成合理的有限元模型。结构刚度、质量和边界条件的模拟,应尽量与实际结构相符。这三个主要因素直接与结构的动力特性有关,而结构的抗震和抗风性能又是建立在动力特性基础上的,因此,对它们的处理是否得当对结构动力分析至关重要。

结构刚度的模拟主要是指杆件之间的相互连接刚度,还包括伸缩缝的模拟等。

结构质量的模拟,是指各杆件的平动质量和质量惯性矩的模拟。一般的计算模型中,平动质量可以采用堆聚质量或一致质量的处理方法;质量惯性矩则视桥面系的模拟方式不同而可以自动形成,或者按照实际截面的质量分布情况计算后采用数据直接输入方式。

边界条件的模拟应与结构的支承条件相符。它包括支座的形式、基础的形式等。

(2)加劲梁的模型

在悬索桥的动力特性分析中，主梁的振动问题是核心。因此主梁的模型简化形式是否符合实际结构特点，是关键问题。目前国内外常用的主梁形式介绍如下。

1）单主梁模式

单主梁模式是应用最多的一种方式，它把桥面系的刚度（竖向、横向挠曲刚度，扭转刚度）和质量（平动质量和质量惯性矩）都集中在中间节点上，节点和吊索之间采用刚臂连接或者处理为主从关系。这种模式下主梁的刚度系统和质量系统是正确的，但是横梁的刚度和主梁的翘曲刚度不能充分考虑。如果采用刚臂连接将会使杆件增多，若刚臂刚度取值不当则对结构自振频率的计算值有较大影响。

2）Ⅱ形模式

Ⅱ形模式的特点，是把桥面系的刚度系统和质量系统分开处理，把刚度集中在中间节点上，节点位置布置在截面的剪切中心处，而质量分散在左右两个质点上，质点的横向间距取两片边主梁的中心距，质点的竖向位置设在通过截面质点的水平线上。节点和质点之间用水平刚臂和竖向刚臂连接，形成Ⅱ形模式。Ⅱ形模式能比较正确地反映截面的实际受力情况，但是节点和杆件数太多，并且同样不能考虑截面的翘曲刚度。

3）双主梁模式

双主梁由两片主梁组成，中间用横梁联系，主梁间距取两吊索面的距离，横梁的间距取索距，每片主梁的面积和竖弯惯矩分别取全断面的1/2，横向刚度采用挠度相等原理计算等代主梁刚度（包括桥面共同作用的部分），桥面系质量堆聚在两侧主梁和中间横梁上，通过调整它们之间质量分布的比值，使平动质量和转动惯矩满足全截面值的要求。

这种模式的横梁刚度符合实际，同时主梁分布在两侧可提供部分翘曲刚度，节点数目小、杆件少；缺点是截面的横向刚度失真。尤其是模型结构发生横向挠曲时相当于剪切型桁架，与实际加劲梁的弯曲振型不符。

4）三主梁模式

三主梁模式由位于桥轴线上的中梁和位于吊索面的两片边梁组成。三片主梁通过刚性横梁或者节点间的主从关系连接，把主梁的面积和侧向挠曲惯矩全部集中于主梁上，把原主梁的竖向挠曲惯矩分配于三片主梁上。假设主梁截面作刚性扭转，截面周边不变，此时约束扭转刚度将由两个边梁的竖向刚度提供。

质量系统处理有两种方式：第一种方式是将全部平动质量和质量惯矩均集中在中梁上，两边梁不提供平动质量和质量惯矩；第二种方式是将平动质量分配在三片主梁上，质量惯矩由边梁提供。三主梁的模式，也可以考虑部分翘曲效应。

5）主梁模式

对于类似西堠门大桥的双箱主梁结构形式，也有人提出采用多主梁模式：每个箱用两根主梁进行模拟，一根主梁放置形心，一根主梁放置扭转中心，让扭转中心和形心分离考虑。

6）等效板壳单元法

正交异性板壳单元具有以下特点：能精确计算结构整体与局部的变形及内力，且能全面考虑加劲梁的畸变、约束扭转及剪力滞后效应；刚度与质量分布更合理，更接近实际结构；与梁单元相比，板壳单元自由度多，整体刚度矩阵大，因而计算较费时；刚度的等效非常复杂，轴向刚度、弯曲刚度、扭转刚度不能同时等效满足。

7）实体块或板壳单元

实体块或板壳单元这种计算模式，目前是最为精确的，但自由度非常多，计算量也相当大，对计算机硬件的要求比较高。它经常与梁杆单元配合使用。研究主梁的受力时,可以只将主梁用体板单元模拟,在其他情况下可以采用空间梁杆单元进行模拟,能够适当降低计算量。

第四节 悬索桥构造示例

一、中国江苏润扬长江大桥

1. 总体设计

润扬长江公路大桥(图3.4-1)位于镇扬汽渡上游约2km处,是江苏省公路主骨架和南北跨长江公路通道的重要组成部分。大桥主体工程由北接线、北引桥、北汊桥、世业洲高架桥、南汊桥、南引桥及南接线等部分组成。全长35.66km,其中南汊桥为单孔双铰钢箱梁悬索桥,主跨跨度为1 490m,桥面净宽32.5m(不含锚索区和检修道),双向六车道。本例介绍南汊悬索桥。

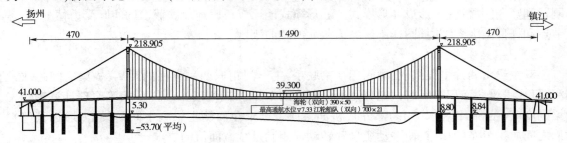

图 3.4-1 润扬长江大桥总体布置图(尺寸单位:m)

润扬大桥南汊悬索桥主缆矢跨比为1/9.96,横向中心距为34.3m。吊索为上下销接的平行钢丝束,吊索间距为16.1m,主缆在跨中与加劲梁采用刚性中央扣连接。加劲梁为全焊扁平流线型钢箱梁,中心处梁高3m,梁宽36.3m(不含检修道)。桥塔采用门式钢筋混凝土框架结构,钻孔灌注桩基础。锚碇采用重力式锚体,地下连接墙基础(北锚)及排桩冻结施工基础(南锚)。桥跨总体布置如图3.4-1所示。

2. 结构设计

(1)桥塔

南桥塔位于镇江侧岸上,北桥塔位于世业洲南侧浅水区,对河势及航运基本没有影响,船舶撞击力较小。

南桥塔钻孔桩基础,采用大直径群桩基础。承台尺寸为21.6m×21.6m,厚6m,两个方形承台之间由系梁连成哑铃状;系梁为单箱双室矩形空心截面,宽12m,高6m。每根塔柱下布置16根钻孔桩,共32根桩,桩径2.8m,桩间距5.6m。因南桥塔塔位处地质条件复杂,塔位处岩石强度及岩面差异较大,设计的各桩桩长为50.5~79.5m不等,平均桩长57.5m。

北桥塔基础,采用大直径群桩基础。承台尺寸为21.6m×21.6m,厚6m,两个方形承台之间由系梁连成哑铃状;系梁采用矩形实心截面,宽12m,高6m。每根塔柱下布置16根钻孔桩,共32根桩,桩径2.8m,桩间距5.6m,设计的各桩桩长为45.2~65.0m不等。南、北桥塔钻孔桩基础一般构造如图3.4-2所示。

桥塔塔身是由塔柱及上、中、下三道横梁组成的框架结构,中横梁位置按照黄金分割原则设置,桥塔塔身采用矩形变壁厚。桥塔塔柱下设3m高棱台形塔座,作为塔柱和承台之间的过渡。

塔柱为普通钢筋混凝土结构,横梁为预应力混凝土结构。塔柱和横梁均采用矩形空心箱形截面,单箱单室。每个塔柱横桥向尺寸均为6.0m,顺桥向尺寸由塔顶的9.5m线性变化到塔底的12.5m(南塔)、12.54m(北塔)。塔柱采用双向变壁厚,塔柱壁顺桥向厚度分别为1.6m、1.3m、1.0m,横桥向厚度分别为1.2m、1.1m、1.0m,从下到上及横梁附近变壁厚。南北桥塔塔身一般构造如图3.4-3所示。

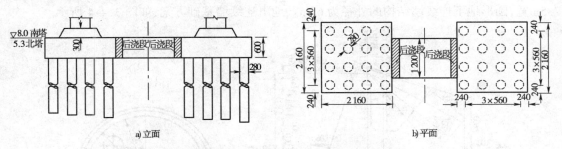

图3.4-2 南、北桥塔基础一般构造(高程单位:m;尺寸单位:cm)

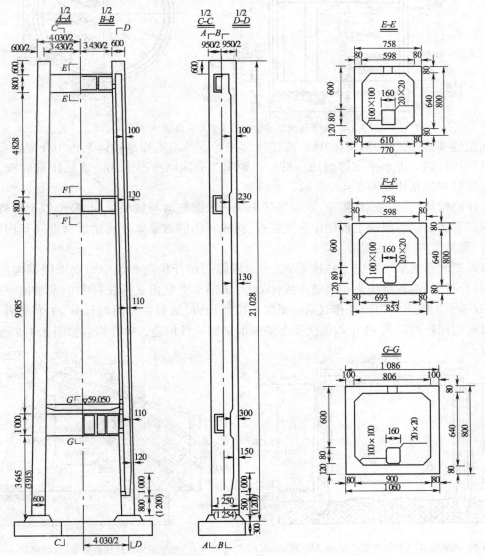

图3.4-3 塔身一般构造(高程单位:m;尺寸单位:cm)

（2）锚碇

南汉悬索桥南、北锚碇均采用重力式结构，北锚基础采用圆形实体基础、圆形地下连续墙围护，地下连续墙采用直径65m圆柱形钢筋混凝土地下连续墙结构，墙厚2m，内衬厚度2m，正多边形地下连续墙围护体，每边中心线长2.5m，共81边，每3边为一个折线形槽段，每槽段7.5m宽，圆形地下连续墙结构的外径为65m。地下连续墙基础方案，如图3.4-4所示。

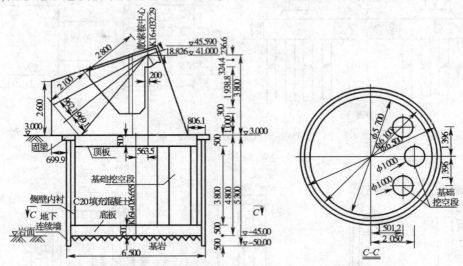

图3.4-4 地下连续墙基础方案（高程单位：m；尺寸单位：cm）

南锚锭基础，采用圆形实体基础、冻结帷幕围护。排桩支撑结构体系由140根直径1.5m的钻孔灌注桩加6道水平支撑组成。桩中心距1.7m，冻结壁厚1.3m，冻结帷幕底脚注浆保护。冻结壁围护结构如图3.4-5所示。

锚体由锚块、散索鞍墩、侧墙、顶盖板等组成。散索鞍墩与锚块之间、鞍部以上设置侧墙，侧墙顶设置预制钢筋混凝土板梁作为顶盖板，构成封闭的散索室。桥梁运营期间其内设置抽湿装置，保持室内恒定的湿度。

该桥锚固系统采用预应力锚固形式，由索股锚固拉杆构造和预应力钢束锚固构造组成。索股锚固拉杆构造有单锚头和双锚头两种类型，单锚头类型由2根拉杆和单索股锚固连接器构成，双锚头类型由4根拉杆和双索股锚固连接器构成，每根主缆两端各有40个单锚头类型的索股锚固拉杆构造和72个双锚头类型的索股锚固拉杆构造。拉杆构造如图3.4-6所示。

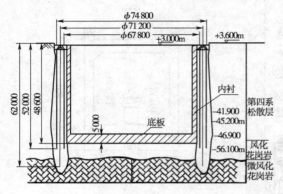

图3.4-5 冻结壁围护结构（高程单位：m；尺寸单位：cm）

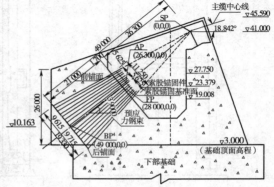

图3.4-6 索股锚固拉杆构造示意（高程单位：m；尺寸单位：mm）

(3)缆索系统设计

主缆共2根,每根主缆中含184股平行钢丝索股,每股含127丝 φ5.3mm 的高强镀锌钢丝,每根主缆共23 368丝,竖向排列成尖顶的近似正六边形。紧缆后,主缆呈圆形,其直径为895mm 和 906mm。主缆断面、索股断面见图3.4-7,索股锚头构造见图3.4-8。

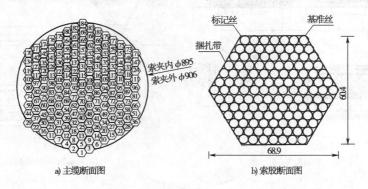

图3.4-7 主缆断面、索股断面(尺寸单位:mm)

采用垂直吊索形式,每个吊点共2根吊索,吊索采用预制平行钢丝束股(109φ5mm),外包6mm 厚 PE 进行防护。吊索上下锚头均采用叉形热铸锚。锚头由锚杯与叉形耳板构成,锚杯内浇筑锌铜合金,叉形耳板与锚杯用螺纹连接。吊索锚头如图3.4-9所示。

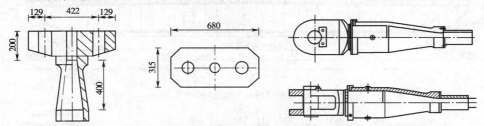

图3.4-8 索股锚头构造(尺寸单位:mm)　　图3.4-9 吊索锚头构造(销接式连接热铸锚)

主鞍体由鞍槽和底座组成。鞍槽由铸钢铸造,底座由钢板焊成。鞍体下设不锈钢板——聚四氟乙烯板滑动副,以适应施工中的相对滑动。为增加主缆与鞍槽间的摩阻力,并方便索股定位,鞍槽内设竖向隔板,在索股全部就位并调股后,在顶部用锌板填平,再将鞍槽侧壁用螺栓夹紧。塔顶设有底座格栅,以安装主索鞍。主索鞍构造如图3.4-10所示。

散索鞍由鞍头和鞍座组成。为增加主缆与鞍槽间的摩阻力,鞍槽内设竖向隔板,在索股全部就位并调股后,在顶部用锌板填平,压紧压紧梁,再将鞍槽侧壁用螺栓夹紧。散索鞍构造如图3.4-11所示。

(4)加劲梁

加劲梁采用扁平闭口流线型单箱单室钢箱梁(图3.4-12),总长1 485.23m。桥轴线处箱内净高3m,梁宽36.3m,两侧检修道宽各1.2m,桥面板设2%的双向横坡,主缆中心间距34.3m。加劲梁高跨比为1/496.7,高宽比为1/12.1。梁内每3.22m 设一道横隔板,非吊点处隔板厚8mm,吊点处隔板厚10mm。正交异性钢桥面板上铺设5.5cm 厚的环氧沥青混凝土。桥面板构造如图3.4-13所示。

加劲梁底板板厚10mm,U 形加劲肋壁厚6mm,上口宽400mm,下口宽180mm,高250mm。底板 U 形肋焊接必须保证80%以上的熔透量。底板构造如图3.4-14所示。

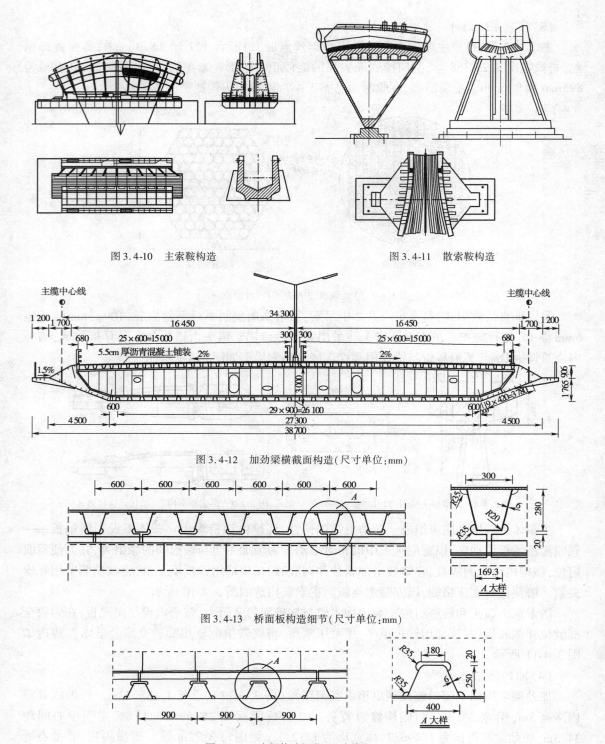

图3.4-10 主索鞍构造

图3.4-11 散索鞍构造

图3.4-12 加劲梁横截面构造(尺寸单位:mm)

图3.4-13 桥面板构造细节(尺寸单位:mm)

图3.4-14 底板构造细节(尺寸单位:mm)

加劲梁的上斜腹板板厚为12mm,下斜腹板板厚10mm,都采用球扁钢加劲,有利于减少因加劲穿过横隔板而对其造成的面积削弱。斜腹板构造如图3.4-15所示。

加劲梁吊点采用了插入式耳板式吊点,吊点构造见图3.4-16。60mm厚耳板直接插入箱体并与其相垂直的三块 35mm 厚的承力板相焊连，中间一块承力板与横隔板成为一整体。耳板上缘设置 4 个吊孔，中间两个为永久吊孔，两外侧孔为箱梁吊装及成桥后更换吊索用孔。耳板及承力板是箱梁悬吊传力的关键部位，耳板与承力板之间的焊接为双面坡口熔透焊。

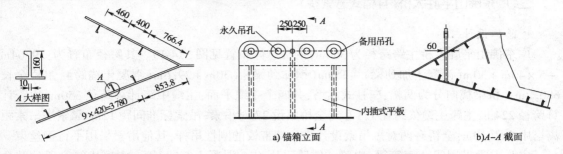

图 3.4-15 斜腹板构造细节(尺寸单位:mm)　　　　图 3.4-16 插入式耳板式吊点构造(尺寸单位:mm)

跨中中央扣梁段长 18.4m，与标准梁段构造不同的是其在外侧风嘴处设置纵向小箱梁。纵向小箱梁由内腹板、上缘板和下斜板焊接而成，腹板和上缘板板厚 30mm，下斜板板厚 20mm。纵向小箱梁构造延伸至相邻梁段的吊点锚箱处。纵向小箱梁承受横、竖向荷载和斜杆传递的纵向力。端梁段构造较复杂，集中有竖向支座、横向抗风支座和伸缩缝等结构物的相应构造。端梁段伸入塔下横梁部位受塔柱内侧空间影响，外侧风嘴部分改为直立式纵腹板。根据端梁段的受力特点，支座部位横隔板间距加密并采用的整板式隔板，板厚也相应加厚。端梁段构造如图 3.4-17 所示。

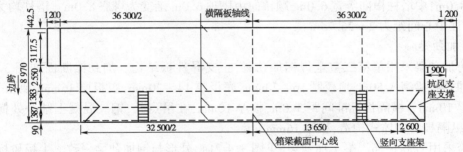

图 3.4-17 端梁段构造(尺寸单位:mm)

（5）桥面系及支座

桥面系主要包括外侧及中央防撞护栏、风稳定板、排水设施、桥面照明、检修道栏杆、伸缩缝等。桥面系布置如图 3.4-18 所示。

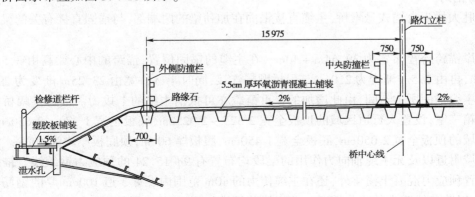

图 3.4-18 桥面系布置(尺寸单位:mm)

竖向支座采用球面转动、滑动摩擦移动式结构。抗风支座采用内外球面相配的结构,内球面固定在主梁上,外球面通过螺栓及弹簧紧扣、压在内球面上。

二、广东佛山平胜大桥(自锚式悬索桥)

1. 总体设计

广东佛山平胜大桥主跨跨径为 350m,主桥总体布置见图 3.4-19。其跨径布置为:39.64m + 5×40m + 30m(混凝土加劲梁) + 350m(钢加劲梁) + 30m + 29.6m(混凝土锚跨),主桥全长 680.2m。桥梁横向分为两幅,三柱式索塔,共四个主缆平面;主缆中跨计算跨径 350m,边跨计算跨径 224m,主跨主缆矢跨比 1/12.5;全桥共设 27 对吊索,吊索标准间距 12m,靠索塔吊索距离塔中心距 19m;全桥有两对短吊索设计成两端带铰的刚性吊杆,其他吊索采用平行钢丝束。

主跨主梁采用闭合钢箱梁,边跨和锚跨采用 C50 混凝土箱梁,钢—混凝土结合段的结合面设在 M8、M9 号桥墩上,离塔(墩)中心线 1.5m 处。M1~M7、M9~M11 号墩顶设摩擦系数为 0.02 的滑动支座,M8 号墩顶设摩擦系数为 0.07 的滑动支座,并设计对称弹性索。

2. 结构设计

(1) 索塔

索塔设计采用三柱门式桥塔,塔柱自承台以上高度为 138.87m,设上下两道横梁。上横梁顶、底均设置装饰墙,桥塔顶部装饰墙横桥向采用圆弧过渡,构成佛山市的"山"字造型(见图 3.4-19)。左、右两边塔柱横向等宽 4.5m,桥塔底部宽度变位 6.5m,顺桥向由塔顶 6.0m 渐变为塔底 8.0m;中塔柱横向等宽 6.0m,顺桥向由塔顶 6.0m 渐变为塔底 8.0m。塔柱均为箱形结构,三塔柱中心间距为 2×26.75m。

(2) 加劲梁

主跨加劲梁采用单箱三室全焊钢加劲梁,正交异性板结构。加劲梁断面如图 3.4-20 所示。钢加劲梁梁高 3.50m,顶板厚 16~20mm,底板厚 14~20mm,腹板厚 16mm,顶、底板 U 形加劲肋厚 10mm。横隔板标准间距 3.0m,板厚 10mm,在吊点处、钢—混凝土结合处横隔板厚 12mm。纵隔板为实体式构造,板厚 16mm。

边跨采用 C50 钢筋混凝土加劲梁(见图 3.4-21),外形与钢加劲梁一致。半幅桥标准断面采用单箱三室。其梁高 3.50m,宽 23.25m,底板宽 13.70m,腹板厚 45cm,顶底板厚 26cm。为加强混凝土加劲梁与钢加劲梁之间的连接,在距离桥塔中心线 10m 长范围内顶底板加厚至 50cm。

(3) 锚跨

平胜大桥为自锚式悬索桥,主缆直接锚固在加劲梁的两端部,与锚固直接有关的梁跨称为锚跨。

北岸锚跨跨径布置为 39.64m + 40m。在主缆的锚固位置,锚跨的中心梁高由 3.5m 渐变为 7.5m,再由 7.5m 渐变为 2.0m,与引桥顺畅连接;同时半幅桥宽由 23.25m 渐变为 29.25m,以满足主缆锚固所占空间,由此增加的自重恒载亦可抵消主缆的上拔力。锚跨半幅桥标准断面为单箱三室,设置人行道区域的顶板全宽 2 325~2 925cm,底板全宽 1 370~2 650cm;无人行道区域的顶板全宽 2 050cm,底板全宽 1 450cm;腹板厚 60cm,顶底板厚均为 40cm。在主缆锚固区域附近以及无主缆轴向力作用的梁段均布置有 9ϕ^s15.24 的预应力钢绞线。锚跨除在墩顶设置预应力混凝土横梁外,还在主缆传力的 40m 范围内设置 3 道 100cm 厚的钢筋混凝土横隔板,以改善锚跨内的应力情况。北岸锚跨设计如图 3.4-22 所示。

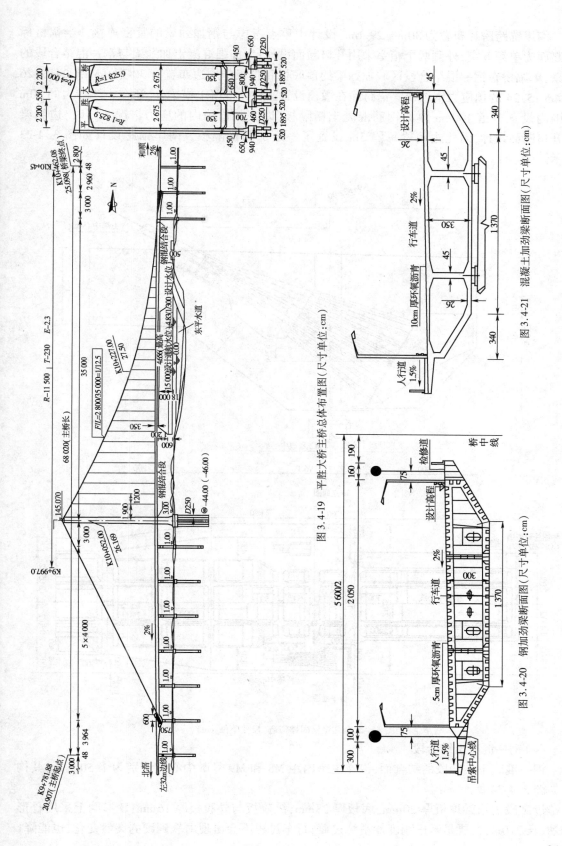

图 3.4-19 平胜大桥主桥总体布置图(尺寸单位:cm)

图 3.4-20 钢加劲梁断面图(尺寸单位:cm)

图 3.4-21 混凝土加劲梁断面图(尺寸单位:cm)

南岸锚跨跨径布置为30m+29.6m,设计中重点考虑与钢加劲梁的紧密连接。半幅桥标准断面为单箱五室,外侧两个箱室采用开口断面设计;为加强混凝土加劲梁与钢—混结合段的联系,单幅桥在钢—混结合段区域加劲梁的顶底板和腹板的周边布置有30束9ϕ^s15.24和26束4ϕ^s15.24的预应力钢绞线。锚跨除在墩顶设置预应力混凝土横梁外,还在主缆传力的30m范围内设置2道100cm厚的钢筋混凝土横隔板,以改善锚跨内的应力情况。同时,边箱梁为开口断面设计,因此边箱梁每隔5m设置了一道加劲横隔板。南岸锚跨设计如图3.4-23所示。

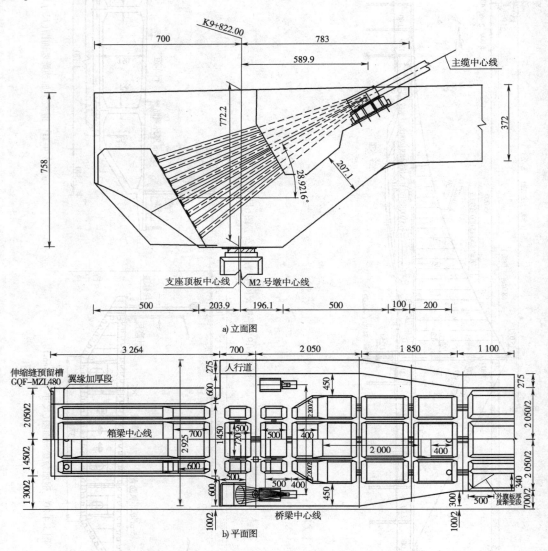

图3.4-22 北岸锚固体构造(尺寸单位:cm)

(4)钢—混凝土结合段

钢—混凝土结合段的结合面,设在主跨内距M8和M9号墩中心线分别为1.50m处,其构造如图3.4-24所示。

过渡段钢箱梁顶板厚20mm,底板厚28mm,纵隔板与外腹板厚16mm;U形肋上采用Π形加劲,长3.0m,主要是考虑刚度能平稳过渡,行车过程不会出现由软到硬的突然变化,也能降

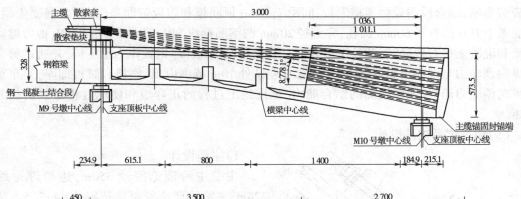
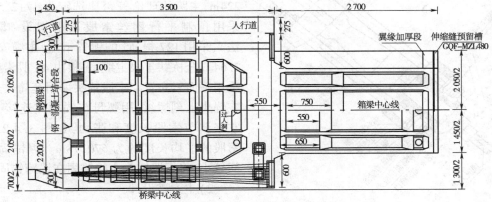

图 3.4-23 南岸锚固体构造(尺寸单位:cm)

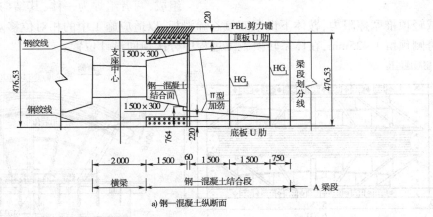
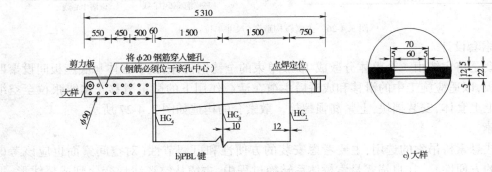

图 3.4-24 钢—混凝土结合段构造(尺寸单位:mm)

低疲劳影响；结合段内设两道横隔板，间距1.50m；顶底板和腹板带肋条，都深入混凝土梁内，在肋条上开6排直径60mm圆孔，穿直径20mm圆钢筋形成PBL剪力键，通过PBL剪力键实现钢梁和混凝土梁有效联结；此外钢梁和混凝土梁间设60mm厚钢板作为承压板，并通过剪力钉和纵向预应力与混凝土梁联结；混凝土梁在联结处10m范围内顶、底板和腹板加厚，并布置大量纵向预应力筋，加强联结面的结合能力，抵抗施工过程的正弯矩和使用过程活载引起的负弯矩。

(5) 缆吊体系构件设计

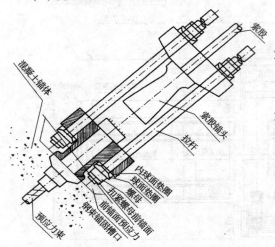

图 3.4-25 预应力系统锚固索股构造示意

1) 主缆设计

主缆主跨理论跨径350m，边跨理论跨径224m，主跨的理论矢跨比选定为1/12.5。主缆采用预制平行钢丝索股逐根架设（即PPWS法），采用127根φ5的镀锌钢丝，主缆安全系数2.64。全桥共4根主缆，每根由48股索股组成，采用平面索布置。索股锚头采用套筒式热铸锚，在锚头上刻螺纹，用螺母与锚固体连接，并利用它来调节索股长度和张力，如图3.4-25所示。索股的平均长度约为670.78m。因锚固体的空间较小，将索股锚头直接锚固在锚跨锚固体上。

2) 主索鞍设计

主索鞍采用铸焊结构，由鞍头和鞍身两部分组成，两者组焊为一体，其结构设计见图3.4-26。为减轻顶推摩擦阻力，鞍体下设聚四氟乙烯滑板，以适应施工中的相对位移量。施工时索鞍向边跨侧预留1 425mm，在体系转换施工过程中分次顶回设计位置。

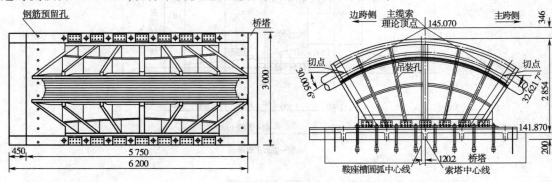

图 3.4-26 主索鞍构造图（尺寸单位：mm）

3) 散索套设计

散索套是将主缆由一个整体分散成48股单束的全铸钢构件，其下套体与底座板间设聚四氟乙烯滑板，以适应施工中的滑移和成桥后主缆在活载作用下的微量滑移。主缆张拉至空缆线形后合上上套体，安装挡块，上紧高强螺栓。散索套的构造如图3.4-27所示。

4) 吊索

自锚式悬索桥吊索的选用，主要考虑安装的方便性和可调节性（对空间索面也应该考虑安装调索的方便性）。在自锚式悬索桥体系转换过程中，主缆从空缆线形变化到成桥线形，加劲梁从安装线形到成桥线形均要利用吊索来进行转换。

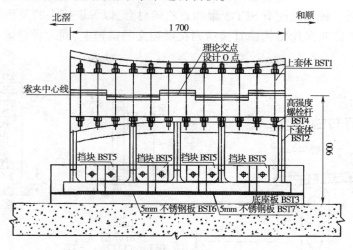

图 3.4-27 散索套构造图(尺寸单位:mm)

平胜大桥全桥设计 27 组吊索,标准索距 12m,吊索有柔性吊索和刚性吊索两种。两种吊索的构造分别见图 3.4-28 和图 3.4-29。

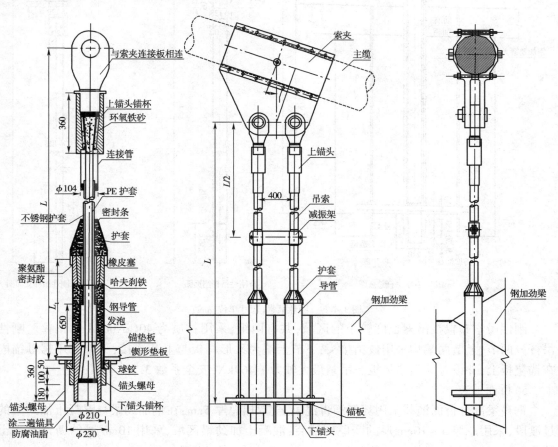

图 3.4-28 柔性吊索(尺寸单位:mm)

柔性吊索采用73φ5.1mm的镀锌高强钢丝平行集束,与索夹连接的上接头采用铰销接头,以减少吊索的弯折。铰销均配有SFT-3聚四氟乙烯衬套,以保证接头的灵活性和耐挤压性能。与加劲梁连接的下接头采用冷铸锚直接锚固在钢箱梁的锚箱上,同时设置球面锚垫板,以适应吊索的变形。

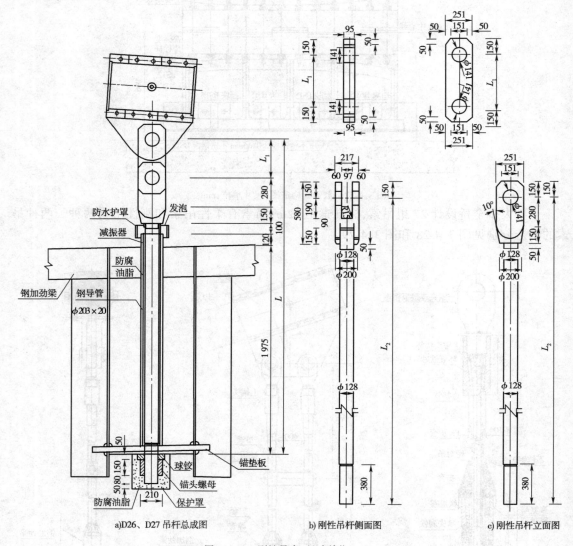

图3.4-29 刚性吊索(尺寸单位:mm)

刚性吊索布置在吊索长度较小的区域,共有两组,采用材质为40CrNiMoA的钢棒。刚性吊杆分两节,上节两端均采用铰销接头,下节上端为叉形耳板与上节连接,下端采用螺母锚固在锚垫板上,并设置球面锚垫板。吊索最大轴力1 469kN,安全系数3.26。

5)桥面铺装

钢箱梁部分桥面铺装采用环氧沥青混凝土,双层总厚5cm;在钢加劲梁与混凝土加劲梁的过渡段,采用总厚5~10cm厚的变厚度铺装;混凝土加劲梁区域,采用10cm厚的沥青混凝土铺装。

第四章 钢斜拉桥

第一节 概述

一、钢斜拉桥的发展现状

在现代斜拉桥中出现最早的是钢斜拉桥。早在20世纪50年代中建成的如瑞典的Stromsund桥(图4.1-1),德国的Theodor-heuss桥和Severin桥等,以及20世纪60年代中建成的世界著名桥梁,如德国的Leverkussen桥、Friendrich-ebert桥、Knie桥、英国的Wye桥、日本的摩耶桥和尾道桥等都是钢主梁斜拉桥。

钢主梁斜拉桥的最大跨度在20世纪50年代中就已超过300m(Severin桥,主跨301.7m),但进入60年代后仍徘徊在300~400m之间。直到1975年法国建成圣·纳泽尔桥,该桥主跨达404m,是第一座跨度突破400m大关的钢斜拉桥,也是当时世界上跨度最大的斜拉桥。

图4.1-1 第一座现代斜拉桥Stromsund桥

1985年,日本建成主跨为405m的名港西大桥,才以1.0m的优势夺取了世界最大跨度斜拉桥的宝座。此后,钢斜拉桥的跨度继续得到发展。到了1994年,法国诺曼底桥(混合梁,中跨为钢梁,边跨为混凝土梁)的跨径突破了800m大关,主跨达856m。而1999年日本又建成多多罗大桥(混合梁),把纪录提高到了890m。

我国初期主要发展混凝土斜拉桥,20世纪90年代以前,已建成的钢斜拉桥仅有东营黄河大桥一座,主跨为288m。但从20世纪90年代后期开始,钢斜拉桥的发展大大加快。1998年建成的广东汕头礐石大桥(混合梁),主跨达518m。2001年建成的南京长江二桥,主跨为628m,2006年建成的南京长江三桥,主跨为646m。2008建成的苏通长江公路大桥,主跨一举突破1 000m大关,达到1 088m,成为世界上最大跨径的斜拉桥,同时也标志着我国的斜拉桥设计施工技术达到世界领先水平。

二、钢斜拉桥的特点

与混凝土斜拉桥相比,钢主梁斜拉桥具有以下一些特点。

①设计计算方面:由于钢材的材质比较均匀,极限抗拉应力、容许应力、计算应力与实测应力之间的关系比较明确且易于掌握。弹性模量较固定,因此变形计算也比较精确。各种不确定因素(如收缩、徐变)较少,计算与实际比较接近。

②结构细节方面:由于钢结构易于栓接或焊接与挖补,细节处理比较容易。斜拉索在钢塔端与钢梁端的锚固细节与补强也较易于设计。

③构件制造方面:可在工厂内精确地制造,并通过各种检查与试组拼,使尺寸误差降到最

低限度。

④施工架设方面:由于构件重量较轻,适用吊机分块、分节段,甚至大件整体吊装。施工工期短,现场工作量也较少。

⑤运营性能方面:由于桥梁自重与刚度较小,变形、振动等均较大,对抗震较有利。

⑥养护管理方面:必须经常检查并定期更新防护用的涂层,后期维护费用高。

第二节 斜拉桥的结构体系与总体布置

斜拉桥结构体系的选择范围宽广。梁、索、塔的不同变化和相互组合可以构成具有各自结构性能且力学特点和美学效果突出的斜拉桥。

一、斜拉桥的结构体系

从斜拉桥跨径布置形式上看,常见的有独塔双跨式和双塔三跨式,但在特殊情况下也可布置成独塔单跨式、双塔单跨式、多塔多跨式,如图4.2-1所示。

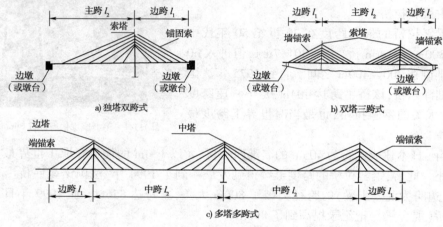

图 4.2-1 跨径布置

从斜拉桥在空间的布置形式上分,有单索面斜拉桥和双索面(包括竖向双索面和斜向双索面)斜拉桥,如图4.2-2所示。索面形状又有放射形、扇形和竖琴形三种,如图4.2-3所示。放射形材料比较节省,但塔的锚固构造比较复杂;竖琴形耗材较多,但塔与索的锚固比较简单;扇形则比较适中,又比较美观,因而扇形索面最为常用。

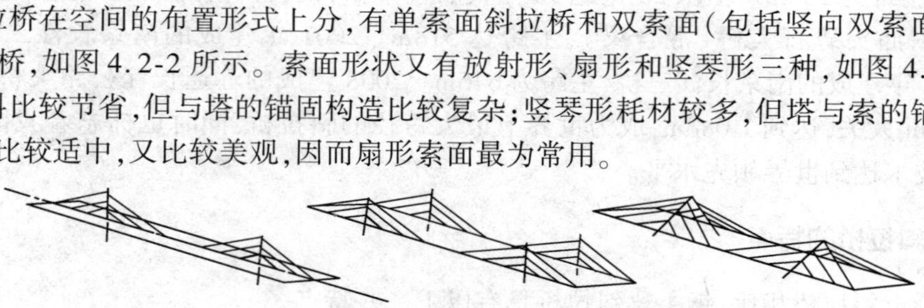

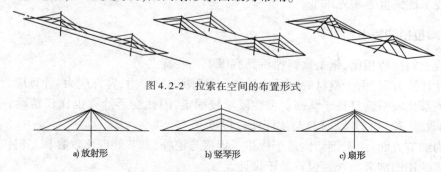

图 4.2-2 拉索在空间的布置形式

图 4.2-3 拉索在索面内的布置形式

根据斜拉桥拉索根数的多少,斜拉索分为稀索体系和密索体系。早期斜拉桥常用稀索,梁上及塔上索距大,拉索索力比较大,拉索锚固构造复杂。稀索体系由于索距大,主梁的弯矩和剪力较大,因而需要较大的主梁高度。现代斜拉桥常采用密索型布置,特点是每根拉索索力较小,拉索锚固构造简单,张拉千斤顶可小型化、轻型化。密索斜拉索由于索面内拉索根数多,使主梁以受轴向力为主,梁高降低,使斜拉桥的造型柔细轻巧。

斜拉桥由梁、索、塔、墩的不同结合构成四种不同的结构体系:飘浮体系、支承体系、塔梁固结体系和刚构体系,如图4.2-4所示。在钢斜拉桥中常采用飘浮体系和支承体系。

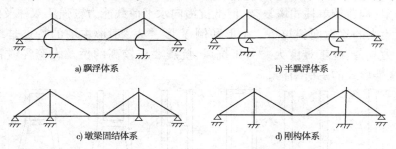

a) 飘浮体系　　b) 半飘浮体系

c) 墩梁固结体系　　d) 刚构体系

图4.2-4　斜拉桥的结构体系

飘浮体系为墩塔固结、塔梁分离。主梁除两端有支承外,其余全部由拉索作为悬吊支承,可看成具有多点弹性支承的单跨梁[见图4.2-4a)]。飘浮体系的主要优点是满载时,塔柱处主梁不出现负弯矩峰值;在密索情况下,主梁各截面的变形和内力的变化较平缓,受力较均匀;地震时允许全梁纵向摆动,从而起抗震消能作用。缺点是悬臂施工时塔柱处主梁需临时固结,以抵抗施工中不平衡弯矩和纵向剪力的不利影响。为了抵抗横向水平力,一般在塔梁间设置橡胶支座。

半飘浮体系的支承体系也是墩塔固结、塔梁分离,但主梁在塔墩上设置竖向支承。该体系的主梁可看成是具有多点弹性支撑的三跨连续梁[见图4.2-4b)]。支承体系的缺点是两跨布载时,塔柱处主梁有负弯矩峰值,故通常须加强支承区段的主梁截面,如在墩顶设置可调节高度的支座或弹簧支承替代从塔柱中心悬吊下来的拉索,从而可通过调整支座反力来调整主梁内力。

大跨斜拉桥常在边跨设置辅助墩(见图4.2-5),以改善主梁和塔的内力和变形。辅助墩应该根据边跨高度、通航要求、施工期安全、全桥刚度以及经济、适用条件等进行设置。实践表明,设一个辅助墩后,塔顶水平位移、主梁水平位移、主梁跨中挠度、塔根弯矩和边跨主梁弯矩都有较大程度的降低。

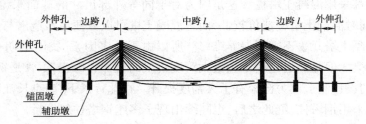

图4.2-5　斜拉桥辅助墩的设置

桥塔在顺桥向有单柱型、A形及倒Y形等几种,如图4.2-6所示。单柱型桥塔构造简单,轻盈美观,施工方便,是常用的塔型;A形和倒Y形在顺桥向的刚度大,有利于抵抗桥塔两侧拉索的不平衡力,抵抗能力强,但施工复杂,这类索塔采用不多。索塔的纵向造型和相应的受

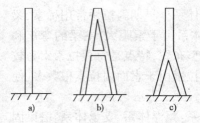

图4.2-6 桥塔在顺桥向的结构形式

力条件必须同时满足足够的纵向稳定性和载运营条件下正常工作的要求。索塔设计要考虑到拉索数目、拉索间距等相关参数。

桥塔在横桥向的形式有单柱形、双柱形、门形、H形、A形、倒V形、倒Y形、菱形(包括宝石花形)等,如图4.2-7所示。柱式塔承受横向水平力的能力差,通常用于主梁抗扭刚度较大的单索面斜拉桥,如广州海印大桥等。门式塔系两根组成的门型框架,构造较单柱式塔复杂,但抵抗横向水平荷载能力较强。双柱及门式塔一般适用于桥面宽度不大的双索面斜拉桥。A形和倒Y形、"人"字形主塔的特点是结构横向刚度大,但构造、受力复杂,施工难度大。对于抗风、抗震要求较高的桥及大跨径或特大跨径斜拉桥,经常采用这类形式的主塔结构。

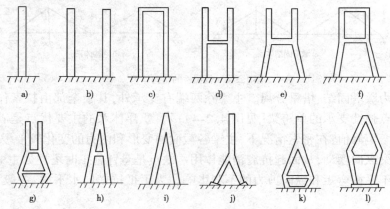

图4.2-7 桥塔在横桥向的结构形式

索塔是表达斜拉桥个性和视觉效果的主要结构物,所以对于索塔的美学设计应予重视。在结构上,除本身的自重引起轴力外,控制设计的外力往往是由水平荷载所引起的弯矩,还必须考虑通过拉索传递给塔身的主梁及桥面系的重量,以及桥面系所承受的竖向荷载(可变荷载)和水平荷载。因此从总体受力上来说,斜拉桥的主塔结构不仅要承受巨大的轴力,还要承受很大的弯矩。桥塔的结构形式,应根据斜拉索的布置、桥面宽度以及主梁跨度等因素决定。

斜拉桥的桥塔(或索塔)大多采用混凝土桥塔,一般均为空心断面,根据需要也可采用预应力混凝土结构。近年来,除了日本因钢材生产较多且考虑地震因素而修建了较多的钢塔外,世界各国大部分都采用混凝土塔柱。这是因为对于同等外部尺寸的截面来说,混凝土塔身要比钢塔刚度大,同时混凝土塔柱造价较低,而且混凝土塔可以方便地塑造出与全桥景观相协调的外形;另外,混凝土塔几乎不需要保养维修。所以由于众多因素,我国早期一直没有采用钢塔柱的大跨度桥梁。但是经过这些年大量大跨度桥梁的设计和修建,不管是钢箱梁、桁架梁还是叠合梁,国内的设计制造能力已经有了大幅度提升。在此背景下,南京长江第三大桥首次在国内桥梁建设中采用钢塔柱,继此之后,也陆续出现了多座钢塔柱斜拉桥。

二、斜拉桥的总体布置

设计斜拉桥时,首先根据桥位处的地形、地质、水文等条件,选定适合的结构体系,然后进行立面布置、平面布置、横向布置,再确定梁高、索距。

1. 立面布置

斜拉桥的立面布置,就是确定桥梁边、中跨比例,以及索塔高度与中跨的比例。根据几十年来的设计经验,对于双塔三跨式斜拉桥,通常边跨与中跨的比例 0.25~0.5,大都在 0.4 左右;对于独塔双跨式斜拉桥,边跨与主梁的比例可取 0.5~1.0;索塔高度与中跨的比例约在 0.25。索形要根据设计总体构思、受力情况及美学要求等确定。

2. 平面布置

一般斜拉桥都按直线布置,但也有为配合路线将桥梁部分或全部设置在曲线上。这时可利用双索面的抗扭功能来减小对主梁抗扭刚度的要求。

3. 横向布置

横向布置主要是选择桥塔的形式,根据桥面宽度及美观要求,选择索面(单索面、双索面或多索面)。对于双索面斜拉桥,从提高抗扭刚度和保证拉索安全出发,拉索宜布置在人行道以外;当桥面较宽时,通常在人行道和机动车道之间设置非机动车道,为了减小横梁跨度,也可将双索面布置在人行道和非机动车道之间。

4. 主梁截面形式及高度选择

主梁截面形式应根据跨径、索距、桥宽等不同需要,综合考虑结构力学要求、抗风稳定性、施工方法等因素选定,主梁断面有闭口和开口两种类型。闭口形断面多用于单索面斜拉桥,开口形断面多用于双索面斜拉桥。对双索面钢斜拉桥,主梁也常采用闭口形以满足较高的抗风要求。斜拉桥的主梁高度与主梁自重有关,斜拉桥主梁自重应尽量减小。梁高与主跨跨径比的变化范围,对早期稀索斜拉桥一般为 1/50~1/70;对近期密索体系的大跨径斜拉桥,高跨比一般为 1/70~1/150,个别也有小于 1/200 的。单索面的主梁高度要按抗扭刚度确定。

5. 纵向索距的选择

早期斜拉桥采用拉索根数少而刚性大的稀索布置,索距达 30~50m(钢主梁),相应的斜拉桥跨径也不大。稀索布置的优点是拉索索力易于调整到设计预期值。但由于索距大,主梁的弯矩和剪力也较大,因而需要较大的主梁高度。拉索索力相对也较大,使架设和施工困难,拉索锚固构造也较复杂。

目前的斜拉桥多采用密索体系,密索体系中,因拉索间距较短,主梁弯矩小;并且每根拉索的拉力较小,锚固点构造也较简单,锚固点附近的应力流变化较小,补强范围也小;斜索的截面较小,成品索制作难度小,更换也较容易。此外,伸臂施工时所需辅助支承较少,甚至可不要辅助支承。

但是密索也存在一些缺点,例如:端锚索(与端支点连接的斜索)刚度较小;边跨主梁可能产生较大的负弯矩;每根斜索的刚度相对较小,可能会产生风振问题,等等。

斜拉桥采用稀索布置时主梁上的荷载比较直接地由锚索传递到端支点,而采用密索时则一部分内力经由主梁传递到端支点,因此边跨主梁变形及负弯矩均较大。为了克服密索的上述缺点,有时可采用增大端锚索刚度的做法,即将边跨斜索集中为一根端锚索或将边跨的一部分斜索集中为端锚索。总之,稀索也不是毫无优点,要根据具体条件来比较,但现代斜拉桥的趋势以采用密索较多。

一般来讲,采用密索体系时,钢主梁索距常采用 8~24m。而采用密索体系的混凝土主梁时,索距常采用 4~12m。索距的选择还取决于施工设备。

三、钢斜拉桥的构造特点

1. 主梁的截面形式及构造特点

钢斜拉桥主梁的类型有实腹钢梁(包括钢板梁、结合梁、钢箱梁)和钢桁梁。主梁采用实腹钢梁,其构造简单,制造、架设和养护都较方便,特别是扁平钢箱梁,其抗风动力性能良好,近年来在公路钢斜拉桥中得到广泛应用;主梁采用钢桁梁,可以适应布置双层桥面的需要,因其抗弯刚度大,常用于大跨度公铁两用桥。

对双索面体系,主梁的横截面形式有多种。它们包括双主梁,单箱单室中的矩形、倒梯形梁,双箱单室中的矩形、倒梯形梁,多室钢梁及流线型扁平钢箱梁等。

(1) 双主梁

双主梁形式一般采用两根工字形钢主梁,钢主梁之间由钢横梁及钢桥面板连接,钢横梁及桥面板以伸臂托架的形式向主梁外侧延伸[见图 4.2-8a)]。采用这种形式的桥例有德国的 Knie 桥[见图 4.2-8b)]、路德维希港桥、英国的 Kessock 桥等。

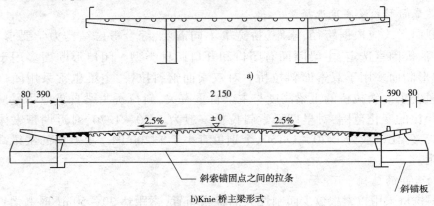

图 4.2-8 双主梁截面(尺寸单位:cm)

(2) 单箱单室钢梁

单箱单室钢梁的截面形式有矩形钢箱梁与倒梯形钢箱梁。其顶板、底板、腹板及伸臂桥面板上均带有纵横加劲肋,箱室内可设加劲斜杆与钢箱形成横向联结系。这类桥例有瑞典焦恩桥[见图 4.2-9a)]和原联邦德国的科尔勃兰特桥[见图 4.2-9b)]。此外,还有无伸臂桥面板的钢箱梁,外形实际上是六边形,利用两侧上部的斜腹板锚固斜拉索。图 4.2-9c)所示为主跨 280m 的韩国突山大桥的钢箱梁截面。

单箱单室钢梁截面的桥面宽度一般较小,均未超过 20m。

(3) 双箱单室钢梁

双箱单室钢梁的截面形式也有矩形钢箱梁与倒梯形钢箱梁。采用 2 个矩形钢箱梁的代表实例有图 4.2-10 所示的我国东营黄河大桥(主跨 288m)和图 4.2-11 所示的日本大黑大桥(主跨 165.38m)。其基本布置都是在 2 个箱梁内设置带人孔的横隔板,或设置斜杆式横向联结系。采用倒梯形(斜腹板)钢箱梁的代表实例有美国路林桥(见图 4.2-12),主梁 372.5m。其全截面由两个倒梯形钢箱梁组成,两箱之间设有钢桥面板与钢横梁。钢横梁贯穿箱梁上部,并向箱梁外侧伸臂梁外侧安装有整流板(仅主跨有)。

采用双箱单室截面的钢梁,桥宽一般均可以超过 20m。

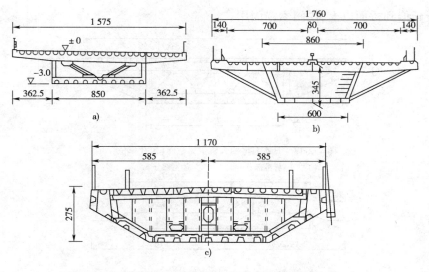

图 4.2-9 单箱单室截面(尺寸单位:cm)

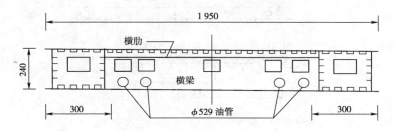

图 4.2-10 双箱单室截面(东营黄河大桥主梁截面)(尺寸单位:cm)

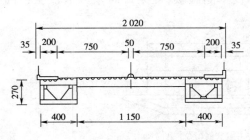

图 4.2-11 双箱单室截面(日本大黑大桥)(尺寸单位:cm)

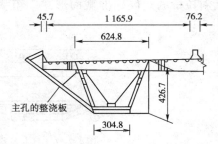

图 4.2-12 双箱单室截面(美国路林桥)(尺寸单位:cm)

(4) 多室钢梁及流线型扁平钢箱梁

图 4.2-13 所示为主跨 405m 的日本名港西大桥的六边形三室钢箱梁截面。箱梁的顶板、底板及斜底板均为正交异性构件。箱梁内部共设 4 片竖腹板,箱外两侧带有三角形风嘴。箱内中室采用 3 组人字形加劲斜杆横向联结系,边室则利用横向与竖向加劲肋作横隔板,并开有三角形人孔。

图 4.2-14 所示为主跨 350m 的日本天保山大桥的多室扁平钢箱梁截面。它的标准桥宽部分为 4 室,加宽部分为 6 室,箱梁两外侧带有水平分流板与三角形风嘴。

图 4.2-15 所示为主跨 856m 的法国诺曼底大桥钢箱梁部分的梁体截面。六角形扁平箱梁内部不设腹板,只有密布的横隔板加劲。横隔板的中部都开有三角形人孔。箱梁两侧略带倾

斜的厚腹板延伸到桥面以上,供斜索锚固用。

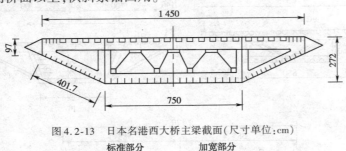

图 4.2-13　日本名港西大桥主梁截面(尺寸单位:cm)

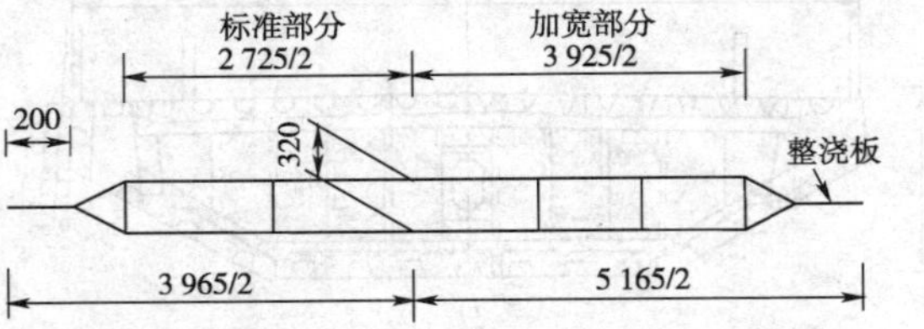

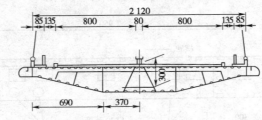

图 4.2-14　日本天保山大桥主梁截面(尺寸单位:cm)

图 4.2-15　法国诺曼底大桥主梁截面(尺寸单位:cm)

图 4.2-16 所示为主跨 890m 的日本多多罗大桥的钢箱梁截面。图 4.2-17 所示为大跨度双索面斜拉桥的建议标准截面形式。箱室内不设中间腹板,但架设时须分节段全截面整体起吊。

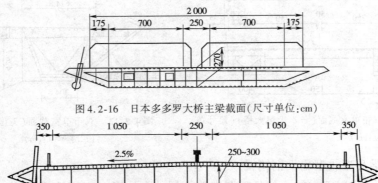

图 4.2-16　日本多多罗大桥主梁截面(尺寸单位:cm)

图 4.2-17　大跨度双索面斜拉桥的建议标准截面形式(尺寸单位:cm)

对单索面体系,由于单索面斜拉桥的斜拉索对桥梁抗扭起不了作用,因此,其主梁的横截面形式绝大多数都采用抗扭刚度较大的钢箱梁。单索面斜拉桥中采用的钢箱梁,无论是单室或多室,既有矩形箱梁,也有倒梯形箱梁。从发展趋势来看,近期以倒梯形箱梁为主。

单索面斜拉桥采用矩形钢箱梁的代表桥例如图 4.2-18 所示,其中:图 a)为主跨 139.3m 的日本摩耶大桥;图 b)为主跨 280m 的德国波恩北桥;图 c)为主跨 215m 的奥地利北林茨桥。从图 4.2-18 可以看出,单室钢箱梁的桥宽比较小,而双室及三室钢箱梁的桥宽可以超过 30m。

无论是单室或多室,在箱室内都设置斜杆式的横向联结系。

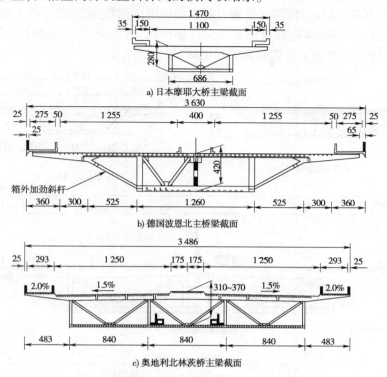

图 4.2-18 单索面斜拉桥的矩形钢箱梁截面(尺寸单位:cm)

单索面斜拉桥采用倒梯形钢箱梁的代表桥例如图 4.2-19 所示,其中:图 a)为主跨 290m 的丹麦法罗桥;图 b)为主跨 250m 的日本末广大桥;图 c)为主跨 450m 的泰国湄南河桥;图 d)为主跨 510m 的日本鹤见桥。

采用单室钢箱梁的法罗桥和末广桥的主跨均小于 300m,桥宽都在 20m 左右。采用多室钢箱梁的湄南河桥和鹤见桥的主跨均在 400m 以上,桥宽也相应达 30m 以上。后两桥名义上虽是三室钢箱梁,但实际上是五室钢箱梁。位于桥中线处的一个窄室专供单索面斜索的锚固用,其他箱室内则可设横隔板或者斜杆式横向联结系。

在公、铁两用钢斜拉桥中,主梁常采用钢桁梁以适应布置双层桥面的需要。典型的钢桁梁截面为主跨 420m 的日本本州四国连络桥儿岛至坂出线上的岩黑岛与柜石岛的公铁两用双层桥面的主梁截面,如图 4.2-20 所示。

2. 拉索锚固构造

斜拉索的强大拉力斜向并集中地作用于斜拉桥的桥塔与主梁锚固点。斜拉索锚固结构必须能顺畅地将索力传递给整个桥塔与主梁。斜索的锚固结构应根据各种因素有所变化,这些因素主要有:斜索的布置、梁体与塔柱的截面形状、横梁与隔板的布置、锚头的形状、索力的大小、张力工具、张拉方法以及塔与梁的结构材料等。任何情况下,斜索锚固结构不仅要设计得易于安装,还要设计得方便养护与斜索更换。

(1)拉索与主梁的锚固构造

斜拉索在主梁上锚固的梁段,习惯地称为锚固梁段。拉索在锚固梁段的锚固方式,根据索面和主梁截面形状的不同几乎各桥皆异。

斜拉索与钢桥之间的锚固连接(通常称为索梁锚固区)处理,是斜拉桥设计中的关键问题之一。这是因为索梁锚固区结构复杂,受力集中,局部应力大,巨大的索力由它传给主梁,成为控制设计的重要部位。同时,锚固区受索力的直接作用,特别是在活载作用下由于索力变化而容易产生疲劳裂纹。锚固构造的设计要确保连接可靠,传力明确,具有足够的张拉操作空间(如需在梁端张拉时),并便于拉索的养护和更换。

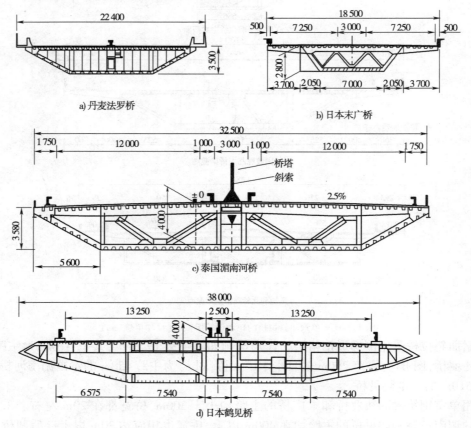

图4.2-19 单索面斜拉桥倒梯形钢箱梁截面(尺寸单位:mm)

斜拉索面积与结构形式不同,其常用锚固结构的构造也有差异。大截面斜拉索一般由多股组成,常用于稀索,其锚固构造由散索鞍座和锚固梁组成,这种形式的构造要点是斜拉索在散索鞍座上分股,每股用一锚头及一锚块锚固在锚固梁上,索力以剪力的方式由锚固梁传向主梁腹板,腹板上设有纵横向板用以分布索力。小截面斜拉索又分单股或少股斜索,用于密索斜拉桥,其锚固采用锚固梁或锚固块的形式,锚固梁用焊接或高强螺栓与主梁连接,斜索固定在锚固梁上,索力以剪力的方式由锚固梁传向主梁腹板;另外也可采用支架或牛腿的锚固形式,这种锚固形式是为双索面的斜索而设计的,主梁每侧伸出一个牛腿,斜索锚固在牛腿上,索力由伸臂牛腿传至主梁,但需在主梁内作内部补强处理。大截面斜拉索与主梁锚固构造如图

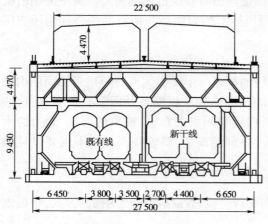

图4.2-20 日本岩黑岛桥的主梁截面(尺寸单位:cm)

4.2-21 所示。

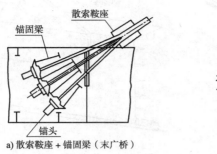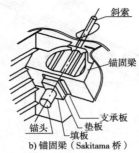

a) 散索鞍座 + 锚固梁（末广桥）　　　b) 锚固梁（Sakitama 桥）

图 4.2-21　大截面斜拉索与主梁锚固构造

目前,大跨度钢箱梁斜拉桥中常见的索梁锚固形式主要有以下 4 种:锚箱式(承压式)连接;耳板式(销铰式)连接;锚管式连接;锚拉板连接。其中锚箱式连接按其外挂锚箱的形状,又可分为梁式锚箱和柱式锚箱两种。

1) 锚箱式(承压式)连接

锚箱式(承压式)连接:设置锚固梁(块),将锚固梁(块)用焊接或高强螺栓与主梁连接,斜拉索锚固在锚固梁(块)上;也有将主梁外伸出牛腿作为锚固梁。由于锚固梁(块)在多个方向需要补强,在设计时一般做成锚箱。日本的六甲大桥、柜石岛大桥、多多罗大桥等都采用了这种锚固形式。如图 4.2-22 所示为日本多多罗大桥的索梁锚固构造示意图。

我国的安庆长江大桥、苏通长江大桥均采用了柱式锚箱结构,其基本构造如图 4.2-23 所示。柱式锚箱由锚板、承压板及加劲肋组成。柱式锚箱通过焊接与主梁腹板连接。由于沿主梁腹板方向的尺寸小,主梁腹板和锚箱连接部位的弯矩较小,而在斜拉索方向由于有足够的连接焊缝长度,所以索力能流畅地传递给主梁。

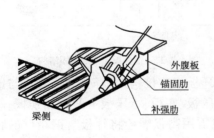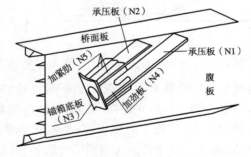

图 4.2-22　日本多多罗大桥锚箱式索　　　图 4.2-23　柱式锚箱的索梁锚固构造
　　　　　梁锚固构造

2) 耳板式连接

耳板式连接也称为销铰式连接。它由主梁的腹板向上伸出一块耳板,斜拉索通过铰或钢管锚固在耳板上;索力直接由耳板传给主梁的腹板。比较典型的如法国的诺曼底大桥(图 4.2-24)和南京长江二桥(图 4.2-25)。

3) 锚管式连接

锚管式连接,即在主梁或纵梁的腹板上安装一根钢管,斜拉索锚固于钢管,索力通过钢管传递给主梁或纵梁的腹板。日本的名港西大桥、生口大桥以及我国的广东汕头礐石大桥均采用了这种连接。图 4.2-26 给出了日本生口桥锚管式连接的示意图。

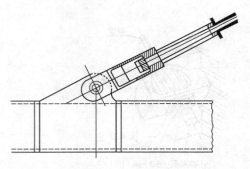
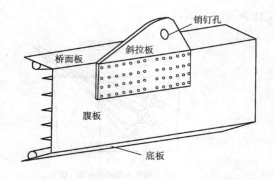

图 4.2-24 法国诺曼底大桥耳板式索梁锚固构造　　图 4.2-25 南京长江二桥耳板式索梁锚固结构

4) 锚拉板连接

锚拉板连接是将钢板作为锚拉板,锚拉板由上、中、下三部分组成:锚拉板上部开槽,槽口内侧焊于锚管外侧,斜拉索穿过锚管并用锚具锚固在锚管底部;锚拉板下部直接用焊缝与主梁上翼板焊接;锚拉板中部除了满足安装锚具的空间需要之外,还需连接上、下两部分。为补偿开槽部分对锚拉板截面的削弱以及增强其横向刚度与整体性,锚拉板的两侧焊接加劲板。另外,为确保索力均匀地传给主梁,与锚拉板连接区域的主梁上翼板加厚,钢主梁腹板增设加劲板。采用这种连接方式的有加拿大的安纳西斯桥,我国福建青州闽江大桥、湛江海湾大桥等。锚拉板式索梁锚固结构如图 4.2-27 所示。

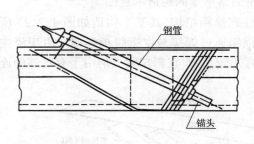
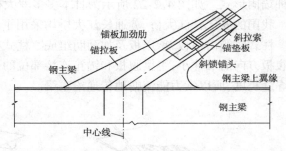

图 4.2-26 锚管式索梁锚固结构　　图 4.2-27 锚拉板式索梁锚固结构

从连接形式的构造来看,锚箱式连接板件较多,耳板式连接构造最简单,锚管式与锚拉板连接介于两者之间。锚箱式连接的构造包括两块承压板、底板、承压板上两侧加劲板、两承压板之间 U 形加劲板、底板上的垫板等;耳板式连接只需用高强螺栓将耳板与钢箱梁的腹板相连接;锚管式连接是将锚管嵌入钢箱梁边腹板,并焊为整体;锚拉板连接采用锚拉板将锚管与主梁上翼缘相连接,其构件包括锚拉板、锚管以及锚拉板两侧的加劲板。

从传力途径来看,构造简单、板件较少的连接形式的传力途径,要比构造复杂的连接形式简洁、流畅。锚箱式连接是通过斜拉索将巨大的索力传递到锚箱底板,底板将力分别传递给承压板(锚箱侧板)和腹板;承压板上的力通过侧焊缝传递给腹板;腹板上的力通过横隔板、顶板和底板,传递到整个截面。而耳板式连接的传力途径相当简洁明了,由斜拉索传递来的巨大索力经过耳板,由高强螺栓以剪力的形式直接传递到钢箱梁的腹板。锚管式连接则是通过锚管与腹板间的焊缝,直接将索力传递给主梁腹板。锚拉板式连接是通过锚管与锚拉板间的焊缝,将索力传递到锚拉板,再由锚拉板与钢箱梁翼缘顶面间的焊缝,将索力传递给钢箱梁。

从应力分布来看,几种连接形式都出现了应力集中现象。不同的连接形式,出现应力集中的位置和应力集中的程度各不相同。锚箱式连接中,受力焊缝附近的腹板、底板、加劲板以及承压板均出现了应力集中,其中,以腹板最为严重;耳板式连接中,由于销轴对销孔壁的挤压,在孔壁形成了巨大的局部压力;锚管式连接中钢箱梁腹板、锚管在接触挤压处出现应力集中;锚拉板式连接中,锚拉板在焊缝附近出现较为严重的应力集中。

从对材料的要求来看,锚箱式、锚管式、锚拉板连接均不需要特殊钢材,对钢材的性能也没有特别的要求;而耳板式连接中,由于耳板在销孔附近局部应力极大,因此要求钢材具有很高的屈服强度,在制造工艺上较困难。

针对各种不同锚固形式的受力特点以及出现最大局部应力的位置,设计要点不同。在板件间使用焊缝的锚固形式中,主要受力焊缝的设计以及施工质量至关重要。锚箱式连接中底板、侧板与腹板连接的焊缝,锚管式连接中锚管与钢箱梁的连接焊缝,以及锚拉板式连接中锚拉板与锚管的侧焊缝和锚拉板与箱梁上翼缘的连接焊缝都是传力的关键部位,需要特别关注。另外,由于应力集中,主要受力构件也需要特别设计,以满足强度要求。从上面试验和分析的结果来看,各种索梁锚固结构中存在的诸如局部强度不足或较严重的应力集中等问题,均可通过采用高强钢材或增加板件厚度或改善构造细节等措施来加以解决。如青州闽江大桥锚拉板连接中,通过增加锚拉板与锚管的厚度、增大槽口根部圆弧半径等措施,达到缓解应力集中、减小锚拉板上塑性区的目的。

在桥梁长期运营中的维护和检查中,针对不同连接形式可能出现的破坏,对受力较为不利的板件和部位需要进行特别的监护。相比而言,构造复杂的索梁锚固连接要求更高的制造工艺和制造成本,而且给以后使用过程中的检查、维修造成不便。如锚箱式连接和锚管式连接这两种连接,其制造工艺明显比耳板式连接要复杂;而且由于构件较多,进行监护、检查较为麻烦,构件之间的连接部位、锚管和锚箱内往往容易积水,导致构件锈蚀,影响锚固结构使用寿命;一旦锚固结构出现局部破坏,维修、更换工作难度较大。反过来,耳板式连接由于构造简单,其制造和安装成本相对要低,同时由于构件较少,检查、维修、更换起来方便;因此,如果对锚固结构在进行局部修复或更换斜拉索,构造简单的连接如耳板式连接具有明显优势。

四种索梁锚固结构形式均适用于大跨度钢箱梁斜拉桥,且各具特色。在具体桥梁设计中,需要根据实际情况,包括材料的供给、施工工艺的难易程度以及桥梁的维护和修复等,综合考虑可行性、经济等诸多指标,来选取恰当的索梁锚固连接形式。

(2) 拉索在索塔上的锚固

桥塔的拉索锚固,是将一个拉索的局部集中力安全、均匀地传递到塔柱的重要受力构造。拉索锚固部位的构造,与拉索的布置、拉索的根数和形状、塔形和构造及拉索的牵引和张拉等多种因素有关,故应从设计、施工、养护维修及拉索的更换等各个方面来综合考虑拉索锚固段的合理构造。

拉索在桥塔上有两种联结方式:一种是直接锚固,另一种是通过塔顶索鞍而延伸到桥塔的另一侧主梁上锚固。塔上设置索鞍时,桥塔主要承受压力,结构受力简单,但索鞍的构造复杂,造价昂贵,且由于拉索容许弯曲半径的限制,使索塔顶部在顺桥方向的宽度增加,特别对辐射索形,内索的倾角很大,索鞍的构造设计难以处理。拉索直接锚固在桥塔上时,桥塔构造简单,不需要索鞍与索座,架设容易,便于养护和更换拉索,但由于桥塔两侧的索力不相等,桥塔和桥墩的设计要考虑弯矩的影响。

图 4.2-28 给出了斜拉索与主塔锚固构造的几种类型。

图 4.2-28a) 所示为 Suigo 桥大截面斜索的鞍座形式。该桥为早期斜拉桥,其大截面斜索

与悬索桥的主缆相似,由若干股钢索组成,因此,斜索在桥塔中的鞍座上连续通过。鞍座在塔上则用辊轴或铰来支承,或者固定在塔上。

图 4.2-28b)所示为横滨海湾桥小截面斜索的鞍座形锚固结构。斜索锚头固定在 U 形鞍座的双臂之间,鞍座则安装在支承梁(构架)上。这种锚固结构非常简单,但必须防止鞍座的倾倒及滑动。除横滨海湾桥之外,日本的六甲大桥等也采用这种形式。

图 4.2-28c)所示为日本名港西大桥采用的锚固梁形式。斜索的锚头用一个锚固块固定在锚固梁上,锚固梁则安装在桥塔的竖壁之间。虽然这种形式可用以任何大小的斜索角度,但必须研究锚固梁与塔柱的加劲肋在位置上是否冲突,以及将锚固梁连接(焊或栓)在塔柱竖壁上有无问题。

图 4.2-28d)所示为日本大阪海鸥桥等采用的支承板形式的锚固结构。斜索的锚头用一个块件固定在支承板上,支承板则安装于塔壁或加劲壁上,其索力直接由支承板传给塔壁或加劲壁,但应注意支承板的固定部分有较大的应力集中。

图 4.2-28e)所示为瑞典 Stromsund 桥等采用的铰接形式的锚固结构。斜索采用外露锚头,锚头及铰与塔柱连接。采用这种形式如索力很大时,锚头与铰的直径随之加大,因此,必须考虑架设时怎样处理锚头与铰的空间位置。

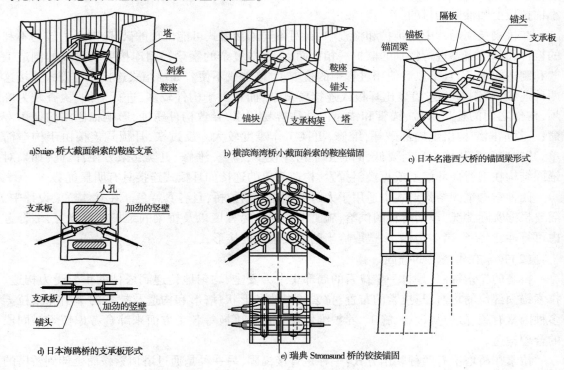

图 4.2-28 拉索与索塔锚固构造的实例

第三节 钢斜拉桥静力计算

一、设计计算理论

斜拉桥是由塔(压弯构件)、主梁(压弯构件)、拉索(受拉构件)三种基本构件组成的支承在塔墩上的缆索支承结构,主梁承受强大轴向力的同时,也承受由恒、活载及其他荷载产生的弯矩。密索体系的斜拉桥使得主梁的弯矩减小,梁高也明显降低。

在斜拉桥的内力与变形计算中,一般把空间结构简化为平面结构的计算图式进行分析计算,确定其内力和变形后再乘以荷载横向分布系数,即考虑其空间效应。其设计计算要根据结构形式、计算阶段及目的、施工方法来选择相应的力学模式和计算理论。早期的古典结构力学方法(力法、位移法、能量法等),也就是采用杆件结构力学中通常用的基本方法,在现代斜拉桥的精细设计计算中已较少采用,但在概念设计阶段仍不失为一种选择。这些方法可以对斜拉桥结构进行线性分析,也可以通过反复迭代计算一些非线性问题。古典方法一般通过人工手算的办法来完成,工作量十分繁杂。对于跨度大的密索体系的斜拉桥而言,就不宜用手算来实现。

随着有限元理论和计算机技术的发展和应用,使得斜拉桥的计算得到发展。目前,斜拉桥最有效的结构分析方法是有限元法。杆系结构有限元法是对斜拉桥空间效应的简化和近似,是一种行之有效的计算方法。它将结构离散化,把索以直杆代替,垂度对变形的影响采用换算弹性模量的方法使之线性化,按小挠度理论进行计算。

把斜拉桥作为空间结构来分析,可以采用有限元法将梁、塔作为空间受力构件,按空间梁、板(壳)、实体结构的有限元法进行计算。空间静力分析是比较精确的计算手段,其缺点是计算量大。

对于大跨度的斜拉桥尚应考虑几何非线性的影响。以杆系结构有限位移理论为基础,在建立大跨度斜拉桥几何非线性分析平衡方程时,一般要考虑三个方面的几何非线性效应:

①单元初始内力对刚度矩阵的影响(梁—柱效应);

②大位移对建立结构平衡方程的影响;

③考虑由于拉索垂度引起的单元刚度变化,采用杆单元模拟斜拉索。

对斜拉桥结构中的特殊部位,如拉索锚固区、塔梁固结区、不同材料主梁结合区(混合梁钢混结合部、结合梁剪力键等)等应力集中现象,以及钢箱梁桥面板的局部受力,应进行局部应力有限元分析,必要时可考虑塑性重分布的影响。分析方法是从整体结构中取出需要计算的块件,将整体结构在分离断面处的内力、位移作为边界条件,细分结构网格进行二次分析。但是,计算图式必须取足够的计算区域,确保计算分析点的荷载效应能反映实际结构的荷载效应。

斜拉桥的计算理论经历了从静力分析到动力分析、从线性分析到非线性分析、从平面分析到空间分析、从局部分析到全桥模型分析的过渡和发展历程。随着计算机技术的发展,斜拉桥的分析手段逐步得以进步和完善。目前,已发展到全桥结构仿真分析技术,运用组合的数学模型可以建立全桥所有的承载构件的计算模型,准确模拟各构件的空间位置、尺寸、材料特性、连接方式和作用荷载等。仿真分析可以更精确地反映结构的实际受力状态。

二、静力计算内容

斜拉桥的结构行为呈现出明显的空间特征。但在设计阶段一般都采用平面分析完成斜拉桥的索力调整和恒、活载的内力与变形分析,以及其他作用(如温度、混凝土收缩与徐变、预应力)引起的效应分析,然后,依据其计算成果(索力调整、配筋)再进行空间静力分析,全面了解结构的内力与应力分布、变形情况。

斜拉桥是一种高次超静定结构,其静力和动力结构行为与一般桥梁有所不同。对于静力计算,斜拉桥的设计和其他梁式桥有所不同,对于梁式桥梁结构,如果结构尺寸、材料、二期恒载都确定下来以后,结构的恒载内力随之基本确定,无法进行较大的调整;而对于斜拉桥,首先是确定其合理的成桥状态,即合理的线形和内力状态,其中最主要的是斜拉索的初张力,然后通过施工阶段的结构分析,使结构在施工阶段和运营阶段均达到合理状态。斜拉桥静力分析的基本过程,大致可以分为以下四步:

第一步:选择主梁、索塔的形式以及构造尺寸,确定恒载的大小。

第二步:确定成桥的理想状态,即确定成桥阶段索力、主梁的内力、位移和桥塔的内力。

在这一步骤中,必须选择(初步确定)恒载弯矩的初步分布,即给出最小恒载弯矩分布,并根据初步计算的轴力,确定各控制截面所能承受的正、负弯矩。通过对恒载弯矩分布与截面所能承受的正、负弯矩比较,调整结构尺寸,给出修正后的最大、最小弯矩曲线。

第三步:按照施工过程、方法和计算的需要划分施工阶段,确定计算图式。

第四步:计算确定施工阶段的理想状态,经过多次反复试算,确定斜拉索的初始张拉力,才可以达到成桥阶段的理想状态。

斜拉桥在设计方面的自由度很大,其荷载主要是依靠主梁、桥塔和斜拉索分担,合理地确定各构件分担的比例是十分重要的,直接关系到斜拉桥的经济性能。

1. 作用(荷载)

①恒载(结构重力 D),包括结构自重和二期恒载。一般按《公路桥涵设计通用规范》(JTG D60—2004)的规定执行,也可以采用实测值。

②活载(L),活载等级、标准图式、车辆荷载的布置,应按《公路工程技术标准》(JTG B01—2003)和《公路桥涵设计通用规范》(JTG D60—2004)的规定执行,必要时结合当地的实际情况及项目的特殊要求确定。

③活载冲击荷载(μ),以冲击系数的方式,计入汽车的冲击效应。

④预应力(P),对于索塔锚固区的环向预应力,应考虑预应力所产生的附加力的影响。

⑤斜拉索索力(初张力),它直接影响斜拉桥结构最终的受力状态,为使结构达到合理的受力状态,可通过多次的试算确定最佳的拉索初张力,减小索塔的内力(弯矩)和位移、主梁弯矩,并使拉索的索力变化均匀。

⑥混凝土收缩、徐变。混凝土的收缩、徐变对混凝土结构的内力有很大的影响:一方面使结构的变形增大,徐变变形的积累和一般是同样应力作用下弹性变形的 1.5~3 倍;另一方面,由于混凝土的收缩和徐变随时间增加,对于超静定结构,其内力状态也要发生变化,即发生所谓的应力重分布。

⑦支座沉降。应根据桥址区地质情况确定最终沉降量,按弹性理论计算其引起的附加内力,支座沉降的效应应根据最终位移量计算。

⑧温度影响力。斜拉桥各部构件所受温度变化的影响,应根据桥址区的气候情况确定。钢结构的体系温差,可按当地最高、最低气温确定。气温的变化值,应从结构合龙时的温度起算。

在计算各构件之间温差影响力时,可根据《公路斜拉桥设计细则》(JTG/T D65-01—2007)的规定执行,其建议采用的温差如下:

拉索与钢主梁的温差,可采用 ±10℃;塔身内外侧温差和塔身左右侧温差,可采用 ±5℃。

⑨风荷载。作用在桥上的风力计算原则和方法,可按《公路桥涵设计通用规范》(JTG D60—2004)的规定执行。

对于处于风敏感区以及大跨度的斜拉桥,应考虑在风载作用下的静力和动力失稳问题,特别应考虑斜拉索的风致振动问题,必要时应通过风洞试验验证,同时可采取适当的风致振动控制措施。

⑩地震作用。地震动峰值加速度等于 0.10g、0.15g、0.20g、0.30g 地区的斜拉桥,应进行抗震设计。地震动峰值加速度大于或等于 0.40g 地区的斜拉桥,应进行专门的抗震研究和设计。做过地震小区划的地区,应按主管部门审批后的地震动参数进行抗震设计。斜拉桥地震作用的计算及结构设计,应符合现行的《公路桥梁抗震设计细则》(JTG/T B02-01—2008)的规定。

对于大跨度的斜拉桥,应根据地质构造进行地震安全性评价专题研究,以确定桥址区的地震动参数。跨径大于 600m 的斜拉桥地震力的计算,宜进行专题研究并考虑结构的非线性影响。

⑪撞击作用。位于通航河流或有漂流物(流冰)的河流中的塔墩,设计时应考虑船只或漂流物的撞击力。对于特大桥应进行撞击力研究,根据实际船型确定撞击力的大小、方向及作用点,并确定合理有效的防撞措施。

⑫施工荷载。在斜拉桥设计计算时,必须对施工中可能出现的施工荷载(如构件重力、架设机械、材料、人群、风力等)、施工安装误差进行分析,以考虑所设计结构在施工期间的安全性。施工荷载,应根据结构形式和施工工艺具体确定。同时,尚应考虑安装误差引起的作用效应。

2. 效应组合

斜拉桥设计计算时应考虑结构上可能同时出现的作用,按承载能力极限状态和正常使用极限状态进行效应组合,取其最不利效应组合进行设计。根据《公路桥涵设计通用规范》(JTG D60—2004)的规定,按承载能力极限状态设计时,应采取两种作用效应组合,即基本组合和偶然组合。基本组合,是指永久作用的设计值效应与可变作用的设计值效应相组合;偶然组合,是指永久作用的标准值效应与可变作用某种代表值效应、一种偶然作用标准值效应相组合。偶然作用的效应分项系数取 1.0。

当按正常使用极限状态设计时,应根据不同的设计要求,采用两种效应组合,即作用短期效应组合和长期效应组合。短期效应组合,是指永久作用的标准值效应与可变作用的频遇值效应相组合;长期效应组合,是指永久作用的标准值效应与可变作用的准永久值效应相组合。拉索的初拉力和调整力,应作为永久作用并参与组合。

具体的组合方式,可根据规范执行。在施工阶段,应对以下工况作用效应进行如下组合:

①最大双悬臂时:横向风力与不平衡施工荷载效用组合;
②边跨合龙前:纵向风力、温度与不平衡施工荷载效用组合;
③中跨合龙前:纵向风力、温度与不平衡施工荷载效用组合。

三、计算模型的建立

1. 建立计算模型的原则

在数学模型和分析技术的支持下,可以进行斜拉桥整体结构位移、单元力、索力调整与优化、局部变形及施工阶段的内力与变形的计算。对于桥梁设计来说,选择与建立最合适的模型,以及选择最合适的分析类型,其本身就是一门技术性和艺术性结合的工作。

建立计算模型要求对下列问题有深入的了解:

①整个桥梁的设计过程;
②拟定的施工方法与工序;
③桥梁结构在荷载作用下的效应;

④不精确的模型假设所带来的误差;
⑤现有的建模和分析技术、程序,以及这些技术的适应范围和容易出现的问题。

选择分析手段和建立模型的主要目的,是用结构位移、构件内力与变形、应力状态等方面的要求对桥梁的静力荷载效应进行定量化分析;然后根据计算结果,修改、优化结构断面与尺寸、调整索力、优化预应力的布置,再进行计算。经过若干次循环后,使桥梁结构不论是施工阶段还是运营阶段均处于合理的受力状态。

在斜拉桥设计过程中,基于初步拟定的斜拉桥的结构形式、构件尺寸、材料性能、边界条件等,根据所选择的分析技术和程序很容易通过模型手段对原形结构尺寸进行数学表达,称之为结构离散化(图4.3-1)。原形结构的性能用离散的数学单元加上单元之间的连接方式和相互作用来表达。

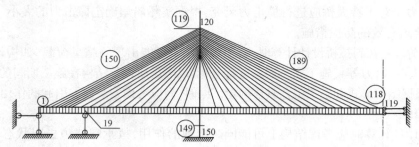

图4.3-1 某斜拉桥的单元离散图
注:图中数字带圈者为单元号,无圈者为节点号。

斜拉桥整体静力计算分析的模型,分为结构构件模型和有限元模型,以及两者的混合。前者用于平面分析时,用平面杆单元和梁单元模拟。这三种模型均可用于空间静力计算,用空间杆单元、梁单元、索单元、板单元、实体单元等模拟。本节仅介绍用于平面分析时平面杆单元和梁单元的模拟。

2. 斜拉桥主要构件与边界条件的模拟

对于斜拉索,只需将单元的抗弯惯性矩取得特别小,程序中设置有自动判断斜拉索单元的功能。如果需要考虑由于缆索单元自重垂度引起的非线性,则在计算中采用Ernst公式[式(4.3-1)]计入缆索垂度的非线性影响。

$$E_{eq} = \frac{E_0}{1 + \frac{(\gamma S \cos\alpha)^2 E_0}{12\sigma^3}} \tag{4.3-1}$$

式中:E_0——缆索的原始弹性模量,kPa;

γ——缆索单位长度的重力,kN/m,$\gamma = \dfrac{每米拉索及防护结构材料重度}{拉索截面积}$;

S——拉索长度,m;

α——拉索与水平线的夹角;

σ——确定工况拉索应力,kPa。

另一种拉索模拟方法是,当拉索较长时,可用一个或多个曲线单元来模拟自重作用下形成的悬链线形状的拉索,其刚度矩阵可由多项式或拉格朗日插值函数并考虑拉索在节点上的位移关系来确定。

3. 截面的处理和应力计算

平面杆系程序一般都是将各种不同的构件截面等效为工字形截面,有的程序允许分多次形成截面,计算内力时采用全截面计算。但是对斜拉桥的主梁来说,其剪力滞后效应比较明显,计算应力时应该考虑截面面积和惯性矩的折减。

(1)截面有效宽度

如图4.3-2所示的钢箱梁,在计算应力时要采用有效截面特性计算(考虑各腹板附近的顶板和底板的有效宽度),具体可以将该箱梁等效为几个并列的工字梁计算应力。如果采用全截面计算应力,是偏于不安全的,甚至是非常危险的。我国《公路钢筋混凝土及预应力混凝土桥涵设计规范》(JTG D62—2004)对箱梁的有效宽度也有明确的规定。

(2)预应力钢束的处理

大跨度预应力混凝土斜拉桥分析时,最复杂的是对预应力钢束的处理。预应力钢束的几何信息描述数据量大而且容易出错,通常首先根据施工方法确定预应力的沿程损失,然后将预应力转化为等效荷载来计算。

在求得预应力的等效荷载后,就可以用计算其他荷载相同的方法来计算预应力引起的内力和位移,这样求得的内力为最终的综合内力,包括静定内力和二次内力。

(3)混凝土的收缩、徐变

混凝土的收缩、徐变造成的变形对混凝土结构的工作有很大的影响,一方面由于混凝土的收缩、徐变使结构的变形增大,徐变变形的积累总和一般是同样应力作用下弹性变形的1.5~3倍;另一方面,由于混凝土的收缩徐变随时间增加,对于超静定结构,其内力状态也要发生变化,即发生所谓的应力重分布。确定混凝土收缩、徐变系数以后,即可采用递推法计算各施工阶段混凝土收缩和徐变的影响。混凝土的收缩、徐变系数,可根据《公路钢筋混凝土及预应力混凝土桥涵设计规范》(JTG D62—2004)推荐的公式计算。

(4)温度分布的效应分析

设某单元截面的温度场分布(图4.3-3),采用平面杆系程序分析非线性温度效应时,首先假定外界温度变化$\Delta T = 1℃$时截面高度方向的温度值,或称为温度梯度,也就是确定图4.3-3所示的温度曲线(实际程序中要求输入截面各节线处的温度)。根据温度梯度并按照矩阵位移法计算由温度产生的单元等效节点荷载向量f^e,将单元等效节点荷载向量$\{f\}^e$变换为结构坐标系下的荷载向量F^e,将所有单元在结构坐标系下的等效节点荷载叠加进入节点外荷载F。矩阵位移方程为:

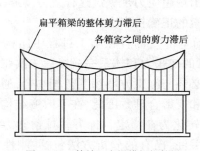

图4.3-2 等效工字梁模拟钢箱梁

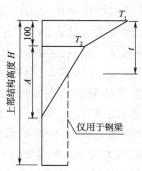

图4.3-3 截面温度场分布图

注:T_1为桥面板表面最高温度,对带混凝土桥面板的钢结构,$A = 300mm$,t为混凝土桥面板的厚度(mm)。

$$K\Delta = F \qquad (4.3\text{-}2)$$

式中：K——结构刚度矩阵；

Δ——温度变化引起的节点位移向量。

求得温度引起的节点位移向量后，即可求得由于温度变化引起的单元内力。

我国《公路桥涵设计通用规范》(JTG D60—2004)根据不同桥面铺装的特点，规定了相应的竖向温度梯度。

(5)边界条件

结构分析的一个关键步骤，是正确模拟结构系统的边界条件。边界条件分为力的边界条件和位移边界条件。在边界条件模拟时，必须认真检查墩柱或桥台在支承点(或地面)的边界条件，并将其正确地加入结构分析模型。

目前桥梁结构平面杆系分析程序的功能比较强，可以完成绝大多数的平面分析工作。但是由于系统比较庞大，有时难免有些疏漏，加之使用人员的疏忽，计算结果应该仔细检查，确保正确。

四、恒载内力计算

斜拉桥的恒载内力应根据拟定的施工方法和工序，按施工阶段逐步计算。由于斜拉桥为高次超静定结构，在施工阶段，随着施工的进行，斜拉桥的结构体系和荷载状态不断发生变化，结构内力和变形也随之变化。为使成桥后结构达到合理的受力状态，必须模拟施工过程对每一个施工阶段进行详细的分析和验算，对施工顺序以及对各施工阶段的要求进行明确的阐述，并计算出各阶段的拉索初张力及索力、主梁内力(应力)及挠度、索塔位移及内力。

在力学性能方面，恒载作用时，斜拉索的作用并不仅仅是弹性支承，更重要的是它能通过千斤顶主动地施加平衡外荷载的初张力，正是因为斜拉索的索力是可以调整的，斜拉索才可以改变主梁的受力条件。活载作用下，斜拉索对主梁提供了弹性支承，使主梁相当于弹性支承的连续梁。可见，对于斜拉桥而言，斜拉索的初张力分析是非常重要的。

斜拉桥在施工过程中，最后的恒载内力状态主要受斜拉索张拉的影响。斜拉索可进行多次张拉，可通过斜拉索索力调整来实现成桥状态内力的合理性。但是在施工过程中通过多次调整索力来控制结构的内力和变形，使得施工工艺繁杂，而且工期长，特别是在密索体系中。早期修建的斜拉桥，大多采用多次调整索力的方案甚至成桥后再进行一次全面调索，随着技术的进步以及计算机程序的优化与改善，现代修建的斜拉桥一般采用一次或两次调索，即达到成桥后理想的合理的受力状态，而且施工过程中不出现超应力现象。这样既方便施工，又能缩短工期。为了做到这一点，必须预先计算出每一根索的正确初张力。

斜拉桥是高次柔性超静定结构，"牵一索而动全桥"，而且在施工过程中结构体系不断转换，如何达到设计的理想状态，即在施工中斜拉索的初张力和体系完成以后二次张拉索力的确定绝非易事。因此，斜拉桥施工阶段的内力计算必须与施工方案和工艺相吻合，通过拉索初张拉力确定合理的施工状态，使成桥后的内力状态和变形合理。因此，在不改变结构参数的前提下，斜拉桥恒载内力分析(合理受力状态的确定)转化为在给定目标下斜拉索索力确定和优化问题。寻求最优索力的研究一直受到桥梁界的关注，已有的分析方法包括：刚性支承连续梁法、零位移法、倒拆和正装法、无应力状态控制法、内力平衡法和影响矩阵法等。其中，倒拆和正装法、无应力状态控制法是以成桥合理受力状态为基础，结合合理施工状态来确定施工阶段的初拉力，使成桥合理状态与施工合理状态高度吻合。下面分别介绍刚性支承连续梁法、倒拆和正装法这两种调索方法。

1. 刚性支承连续梁法

刚性支承连续梁法的意图是选择合适的斜拉索初张力,使斜拉桥主梁的弯曲内力和以拉索锚固点为主梁支点的刚性支承连续梁的内力状态一致。因此,可以非常容易地根据连续梁的支承反力确定斜拉索的初张力。这种做法使得恒载内力最小,徐变产生的二次内力也较小。

按照刚性支承连续梁法确定主梁的弯矩,对整个斜拉桥来说是微不足道的。然而在具体的施工过程中如何达到这样理想的内力分布,是设计者应关注的。显然,如果悬拼过程中一次张拉,则不可能达到刚性支承连续梁的弯矩分布,因为跨中合龙段的弯矩将与一次张拉索力无关。跨中合龙段的自重和二期恒载作用下必然产生比较大的正弯矩,要消除这一正弯矩就需要进行二次或多次调索。

下面介绍具体的分析方法。

以图 4.3-4 为例,根据计算图式,计算出在恒载 g 作用下而拉索初张力为零时,拉索连接点 1、2、3、4、5 的挠度 Δ_{1g}、Δ_{2g}、Δ_{3g}、Δ_{4g}、Δ_{5g} 和索塔顶端节点 6 的水平位移 Δ_{6g}。然后计算出拉索为单位拉力时对这 6 个节点的影响值 δ_{ki},k 为节点号,i 为拉索编号。于是以在恒载与索力共同作用下,各节点变位为零的条件写出平衡方程:

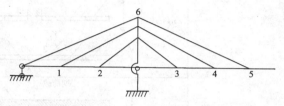

图 4.3-4 刚性支承连续梁法计算图式

$$\left.\begin{array}{l} X_1\delta_{11} + X_2\delta_{12} + \cdots\cdots + X_6\delta_{16} + \Delta_{1g} = 0 \\ X_1\delta_{21} + X_2\delta_{22} + \cdots\cdots + X_6\delta_{26} + \Delta_{2g} = 0 \\ \cdots\cdots \\ X_1\delta_{61} + X_2\delta_{62} + \cdots\cdots + X_6\delta_{66} + \Delta_{6g} = 0 \end{array}\right\} \quad (4.3-3)$$

解方程组可求出各斜拉索的索力 X。

2. 倒拆和正装法

倒拆和正装法是斜拉桥安装计算广泛采用的一种方法,通过倒拆、正装交替计算,确定各施工阶段的安装参数,使结构逐步达到预定的线形和内力状态。

图 4.3-5 示出悬臂施工导致最终状态的最后 4 个安装阶段。

计算的第一步是二期恒载 g_s 的卸载,计算索力和跨中弯矩,在第一步计算后,索力和跨中弯矩变为:

$$(T_{1,1}, T_{2,1}\cdots\cdots M_{n+1,1}) = (T_{1,0} + \Delta T_{1,1}, T_{2,0} + \Delta T_{2,1}\cdots\cdots + M_{n+1,0} + \Delta M_{n+1,1}) \quad (4.3-4)$$

第二步是合龙段的拆除,在计算 2,c 步时,由半桥组成的结构体系在悬臂端施加弯矩 $-(M_{n+1,0} + \Delta M_{n+1,1})$,在计算 2,g 步时,悬臂端施加合龙段自重荷载(反方向)。此时索力变化为:

$$(T_{1,2}, T_{2,2}\cdots\cdots T_{n,2}) = (T_{1,1} + \Delta T_{1,2}, T_{2,1} + \Delta T_{2,2}\cdots\cdots + T_{n,1} + \Delta T_{n,2}) \quad (4.3-5)$$

这些是在正装第 n,c 步以后所找到的索力。在初始张拉时,第 n 索中的索力在计算 2,g 步后,就等于所需找到的索力:$Y_n = T_{n,1} + \Delta T_{n,2}$。

第三步是各悬臂梁段的拆除,在计算 3,c 步时,悬臂体系和第 n 号索在其锚点受到力 $-Y_n = T_{n,1} + \Delta T_{n,2}$ 的作用。在 3,c 以及 3,g 阶段后,索力变化为:

$$(T_{1,3}, T_{2,3} \cdots\cdots T_{n,3}) = (T_{1,2} + \Delta T_{1,3}, T_{2,2} + \Delta T_{2,3} \cdots\cdots T_{n,2} + \Delta T_{n,3}) \tag{4.3-6}$$

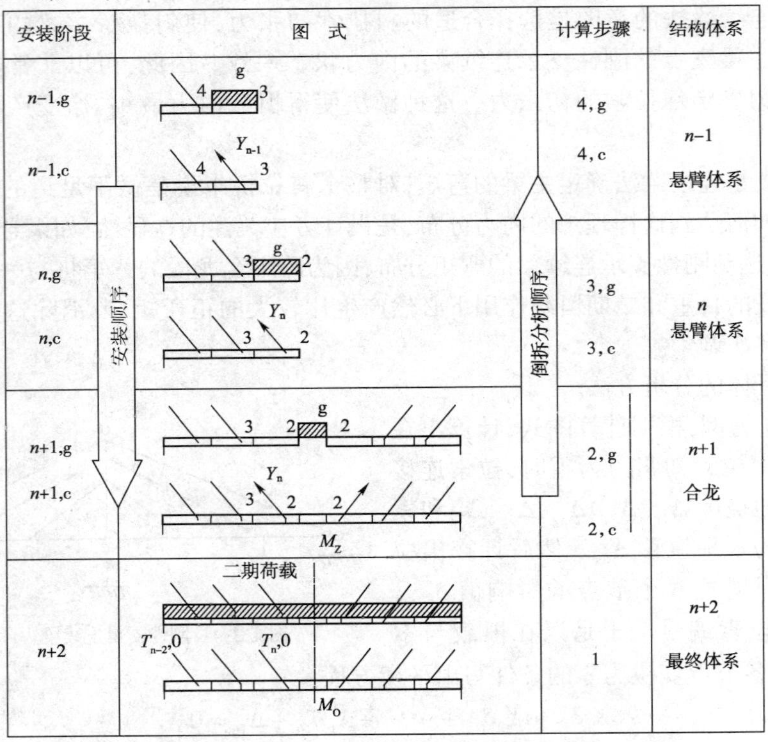

安装阶段	图式	计算步骤	结构体系
n−1,g		4,g	n−1 悬臂体系
n−1,c		4,c	
n,g		3,g	n 悬臂体系
n,c		3,c	
n+1,g		2,g	n+1 合龙
n+1,c		2,c	
n+2	二期荷载	1	n+2 最终体系

图 4.3-5 正装—倒拆顺序示意图

此时在 $n-1$ 号索的索力 $T_{n-1,3}$ 就等于该索的初张力 Y_{n-1}。

重复第三步直到整个结构被"化整为零"。总的原理是：在拉索拆除之前每一计算步骤完成后，可确定当前拉索的初始张拉力。于是结构变为拆卸当前拉索并承受相反索力作用的剩余结构。

由于斜拉索的非线性的影响，造成倒拆和正装计算中两者不闭合，即按照倒拆的数据正装，结构偏离预定的成桥状态的线形和内力状态。这一问题可由多次迭代计算来解决。

五、活载内力计算

斜拉桥的活载内力，常用内力影响线来求解最不利组合活载所产生的最大内力。在求解最大内力时，应对属于同一截面的弯矩、轴力和剪力三条影响线中的任一条施加以最不利活载，其余的两条则施加相应的活载。下面叙述斜拉桥内力影响线的绘制。

1. 直接加载法求杆件内力影响线

求算影响线坐标值的方法很多，最简单的方法就是在主梁上逐点施加单位力而获得影响线。设有一单位力，自左至右沿桥面移动，可将各次分别施加在各节点的单位力与整体结构刚度矩阵 K 和位移列阵 δ 组成位移方程组，解此方程组，即得结构各节点的位移。将此位移代入相应杆件的单元刚度矩阵，解之得杆件内力和支点反力的二维数组，该数组的每一行代表着每加一次单位力所得的有关各项数据，则数组的每一列，就是相应位移或所求内力的影响线坐标值。

2. 用强迫位移法求斜拉桥杆件内力影响线

从原理上来说，用强迫位移法求斜拉桥某个截面内力影响线时，只需在这个截面所求内力按强迫位移法做影响线,在直接刚度法中只需将某根单元固定,然后做在所求力索 S_i 方向上相应的单位位移,产生节点力 $\bar{S}_{ij}^e$,再放松节点,即将 $-\bar{S}_{ij}^e$ 作为荷载作用于结构,建立平衡方程式,以此确定的位移未知量 u_k、v_k 及 ϑ_k,即为荷载 $P_{xk}=1$、$P_{yk}=1$ 及 $M_k=1$ 作用于任意位置 K 时对力索 S_i 的影响量,用公式表示如下:

$$S_i = u_k P_{xk} + v_k P_{yk} + \vartheta_k M_k \tag{4.3-7}$$

或者用矩阵表示:

$$S_i = \begin{bmatrix} P_{xk} & P_{yk} & M_k \end{bmatrix} \begin{Bmatrix} u_k \\ v_k \\ \vartheta_k \end{Bmatrix} \tag{4.3-8}$$

上式力与位移方向一致,所以取负号。

当确定杆件轴力 N_{ij} 影响线时,只需令 $\bar{u}_{ij}=1$,而其余位移分量等于零,代入 $\bar{S}_{ij}^e = \bar{K}_{ij}^e \delta_{ij}^e$ 得到:

$$\begin{Bmatrix} \overline{X_i} \\ \overline{Y_i} \\ \overline{M_i} \\ \overline{X_y} \\ \overline{Y_y} \\ \overline{M_y} \end{Bmatrix} = \overline{K}_{ij}^e \begin{Bmatrix} 1 \\ 0 \\ 0 \\ 0 \\ 0 \\ 0 \end{Bmatrix}$$

将节点力以结构坐标系表示,并乘以负号作为节点荷载:

$$F_{ij}^e = -T^{-1}\bar{S}_{ij}^e \tag{4.3-9}$$

以此代入平衡方程式,所得变形即为影响量。

第四节 大跨径斜拉桥的动力问题

斜拉桥结构轻巧纤细,在车辆运行、地震和风力作用下,必然会引起种种振动现象。这种振动,轻则影响行车、行人舒适,重则使桥梁破坏。一般来讲,对斜拉桥进行动力分析有三方面内容:一是抗风,二是抗地震,三是行车行人的不适感。因此,对大跨度斜拉桥进行固有振动分析和动力反应分析,掌握其动力特性是十分必要的。关于斜拉桥固有振动的分析的内容详见《高等桥梁结构理论》(项海帆,人民交通出版社,2001),在此仅简单介绍斜拉索的风致振动相关问题。

所谓抗风,就是尽力提高结构的动力性能,使其发生危害的临界风速大于桥址处可能出现的最大风速,从而避免斜拉桥被风摧毁。风力对斜拉桥抗风设计影响最大的是竖向弯曲振动和弯扭联合振动(又称横向振动)。横向振动是空气作用力和结构物反应间存在相位差而产生的一种发散性振动,常易导致桥梁破坏。为了避免出现这种情况,应使结构物的临界风速高于设计风速,对于混凝土斜拉桥来说,其临界风速是比较高的。以梁高 3m、桥宽 20m、底宽 15m 的箱形主梁为例,临界风速约为 200m/s,所以在设计上通常不会发生问题。从结构上控制风力振动的途径,大致有提高加劲梁的刚度、改变基本结构形式、选择抗风稳定性能良好的主梁截面形状三种。刚度提高到一定程度,结构物即显得很不经济,而基本结构形式的改变,又往往受到航运等现场具体条件的限制。因此,现在普遍趋向于通过风洞试验确定合理的截面形状。试验研究表明流线型扁平截面优于通常应用的矩形截面。尽管如此,从力学上和数理上对斜拉桥的动力特性分析,仍是不容忽视的。

一、斜拉索的振动问题

随着跨径的增大,大跨度斜拉桥越来越柔,使得斜拉桥极易受各种外界激励而发生振动。而斜拉桥拉索更是因为其质量小、柔度大、结构阻尼低的特点,极易发生振动。并且随着斜拉桥跨径的不断加大,拉索越来越长,拉索的振动问题也日益突出。

斜拉桥拉索的振动,严重影响到桥梁的安全运营。拉索振动会引起拉索端部接头部分出现疲劳现象,在索锚结合处产生裂纹,破坏拉索的防腐系统,严重的还会引起拉索的失效。拉索的疲劳和腐蚀是两个联系密切的现象,拉索的频繁振动会引起拉索中单根钢丝之间的相对运动,而钢丝相互之间的摩擦会损坏钢丝表面的防腐材料,而拉索的腐蚀则会使其疲劳强度大大降低。据报道,德国有数座斜拉桥主要因为拉索振动引起部分钢丝出现疲劳损坏,如 Kohlbrand 桥,在建成两年内,就发现有部分钢丝损坏;委内瑞拉的 Maracaibo 桥在 1978 年发现有超过 500 根钢丝损坏,在 1979 年发现有 3 根拉索完全损坏。上述两座桥均更换了全部拉索。美国 FredHartman 桥由于拉索风雨振动造成了 100 多块桥面板焊缝开裂,用于维护和维修的费用高达数百万美元,并且这一数字有可能不断增长。另外拉索振动也会引起舒适度方面的问题。

随着大跨度斜拉桥的兴建,斜拉索的大幅振动已越来越引起国内外桥梁工程界的关注。特别是在中等风速并伴有中等强度降雨的气候条件下,拉索极易发生由风雨导致的所谓风雨振动,最大振幅有时达到索直径的 3~4 倍。斜拉索的振动控制,已成为保证桥梁安全运营的重要环节。

斜拉索由于两端仅在梁内和塔内靠锚头支撑联结,摩擦阻尼很小,又由于索内高应力状态,材料内阻尼也很小。据实桥试验研究表明,未采取减振措施的拉索各阶振动的对数衰减率 δ 一般仅在 0.002~0.003,因此在风的激励下拉索极易产生风致振动。最开始结构工程师们观察到拉索的振动以后,以为这些拉索的振动都是由于涡激产生的小幅振动,因此未加以足够的重视。但后来,不少斜拉桥的拉索发生了疲劳断裂事故,由此引起了结构工程师们足够的注意,经仔细观察后,结构工程师们惊奇地发现斜拉索的振动虽然从本质上来说大多数是由于旋涡的脱落所引起的,但其形式多种多样,并非如想象中的都是小幅涡激振动。

显然,斜拉索的钢丝是设计用来抵抗周期性拉应力而非弯曲应力的。拉索的振动所引起的弯曲应力,会明显地降低钢丝的预期疲劳寿命。索振达到一定的次数后,锚固区的钢丝就会由于疲劳和损伤而断裂。因此,拉索的风致振动会影响拉索的使用性能和耐久性能。由此自然也影响了桥梁整体结构的安全性。

斜拉索还容易因风雨作用产生振动。我国的大跨径斜拉桥大都建造在多风雨的大江大河或跨越海峡的地方,是易引起拉索雨振的区域。一旦斜拉索产生振动,特别是雨振,一方面将使拉索的锚固节点处反复弯曲,索中钢丝将产生附加弯曲应力,在这种弯曲应力的反复作用下,钢丝会发生疲劳,影响拉索的使用寿命;另一方面拉索的振动也引起桥梁的振动,将使桥梁的使用者产生心理负担,增加不安全感。因此,必须采取措施防止斜拉索的振动。

目前,采用较多的拉索减振措施主要有三种。

①气动措施:拉索的风雨激振、涡激振动等,都是由于气流流经拉索时流态发生周期性的

改变而对拉索进行激励而引起的。气动措施就是通过改变拉索的横断面形状或拉索的表面形态来改变拉索的气动特性,使流经拉索的气流不再引起拉索的振动。气动措施对抑制风雨激振十分有效,对抑制涡激振动也有较好的效果。

②辅助索:用辅助索将多根拉索横向联结起来,能起到提高单根拉索自振频率、增大附加质量和结构阻尼的效果。它主要用来抑制拉索的参数振动和线性内部共振。

③阻尼器:各种外界因素对拉索的激励过程,也是拉索振动能量逐渐积聚的过程。在拉索的适当部位(通常是在拉索锚固端附近)安装各种形式的阻尼器,可通过提高拉索的模态阻尼来耗散拉索的振动能量。阻尼器是一种"广谱的"减振措施,对各种拉索振动都有良好的减振效果。

各种斜拉索的风致振动问题特性介绍如下。

1. 近地风特性

要研究结构对风荷载的响应,必须首先掌握风的特性,特别是与土木工程结构关系最为密切的近地风的特性,所以近地风特性研究是一项非常重要的基础性工作。

由于地表的地形起伏和各种障碍物如房屋、树木等的影响,使近地风的流动发生紊乱。实际研究中根据风速时程曲线包含长周期($T > 10\text{min}$)及短周期两种成分的特征,将风速分解为平均风速(平均风)和脉动风速(脉动风)两部分。

平均风是风速时程曲线中的长周期成分。对平均风的研究主要要观测和确定基本风速。我国《公路桥梁抗风设计规范》(JTG/T D60-01—2004)中基本风速的定义是按规定的地貌、高度、时距等确定的风速,定义中标准高度是 10m,标准地貌是一般空旷平坦地貌,时距规定为 10min,最大风速样本是年最大风速,最大风速重现期为 30 年或 100 年。非标准情况下的平均风速可从基本风速换算得到,其中主要的换算关系是平均风沿高度的变化规律:

$$\frac{U}{U_s} = \left(\frac{Z}{Z_s}\right)^\alpha \tag{4.4-1}$$

式中:U_s、Z_s——基本风速和标准高度;

α——参数,反映地表粗糙情况。

脉动风是风速时程曲线中的脉动成分,是反映近地风紊乱性和随机性的重要因素。如果忽略初始阶段的严重非平稳性区域,脉动风十分接近于平稳随机过程,而且每一样本的概率分布也接近相等,因而可以将脉动风近似地看成各态历经过程,这样只要有一条足够长历时的具有代表性的风速记录,就可以用时间的平均来代替样本的平均以求出其概率特性。脉动风的特性,可以用如下几个参数来描述:

①紊流强度,用以描述脉动风速随时间和空间而变化的程度,包括三个正交分量,其中最主要的是顺风向水平脉动风速的紊流度。紊流度随高度增加而减小,它和平均风速大小、时距长短以及地面粗糙度均有关。

②紊流尺度,也称平均旋涡尺度,用以描述脉动风速的空间相关性。近地风流经地表障碍后形成一个个大的旋涡,当两点距离小于紊流尺度时,它们就相当于处于同一旋涡内,从而空间相关性好,反之相关性则差。

③风速谱,即把脉动风速处理为各态历经平稳随机过程后根据其相关函数所求得的功率谱密度。

以上这些参数,主要由实地测量结果统计得到。

2. 涡激振动

1898 年 Strouhal 研究了竖琴弦的风致振动现象。他通过试验发现当流体绕过圆柱体后,

在尾流中将出现交替脱落的旋涡,且涡脱频率 f、风速 v 和圆柱直径 D 之间有一定关系:

$$St = fD/v \tag{4.4-2}$$

无量纲的 St 数称为 Strouhal 数,它随断面形状和雷诺数 Re 的变化而变化。对于圆形截面,$St \approx 0.2$。雷诺数 Re 的定义是:

$$雷诺数\ Re = 惯性力/黏性力 = \rho U^2 L^2 / [\mu U (L^2/L)] = \rho UL/\mu = UL/v \tag{4.4-3}$$

式中:v——称为运动黏性,$v = \mu/\rho$;

ρ——空气密度;

μ——空气的动力黏度;

U——速度特征尺度;

L——长度特征尺度。

雷诺数 Re 越大,说明流场中物体运动惯性的影响大,反之,则是流场的黏性影响大。

其后于 1908 年,Benard 发现了圆柱体涡形成尾流间隔,1912 年,VonKarman 对该现象进行了深入的分析,发现了摇摆涡的稳定街(图 4.4-1),由此圆柱体后的涡列通常称为卡门涡街。

涡激振动不是一种危险性的发散振动,而是一种带有自激性质的强迫振动,它的特点是:

①是一种在较低风速区发生的有限振幅振动;

②在某一风速区域发生,即存在着锁定(lock-in)区;

③振幅对阻尼有很大依赖性;

④响应对断面形状的微小变化很敏感。

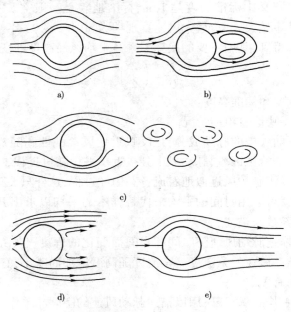

图 4.4-1 旋涡的脱落

对于一般拉索而言,其拉索静张力 $T = \sigma_s A$(σ_s 为拉索的恒载应力,A 为拉索的钢丝总截面积)。拉索每延米的质量为 $m = \gamma A/g$;一般拉索的恒载应力 $\sigma_s = 300\,000 \sim 400\,000 \text{kN/m}^2$,考虑拉索防腐套管重量后的换算重度为 $\gamma \approx 100 \text{kN/m}^3$,于是拉索的基频:

$$f_t = \frac{1}{2L}\sqrt{\frac{T}{m}} = \frac{1}{2L}\sqrt{\frac{\sigma_s g}{\gamma_{eq}}} \approx \frac{100}{L} \tag{4.4-4}$$

由于拉索长度一般在 50~400m 之间变化,拉索的基频将在 0.25~2Hz 之间,随长度而

异。由 $f_1 = f_s$ 的共振条件,知能发生涡激振动的临界风速为:

$$v_{cr} = \frac{f_1 D}{St} \tag{4.4-5}$$

拉索外径 D 在 0.2m 左右,故拉索一阶涡激振动的临界风速仅有 0.25~4m/s 的量级,可见如此低的风速所产生的涡激力将难以提供激起拉索低阶大振幅振动的能量,故一般而言,拉索的涡激振动往往是较高阶的振动(对于长索可达十几阶的高频)。事实上,根据工程实践,对于涡激振动,只要将拉索的对数衰减率 δ 达 0.01~0.015,即可有效地抑制拉索的涡激振动;涡激振动也可以采取气动措施加以解决,设置一些防涡装置(Vortex Killer)消除旋涡的规则脱落,即可防止过大的涡激振动振幅。

3. 结冰索的驰振

涡激振动是在结构物背后由交替的旋涡脱落产生的,可以认为是一种稳定的振动,其激发能量在一个特殊的频率处有一个确定的值。而驰振则不同,它具有典型的不稳定性,在垂直于气流方向上会表现出大幅度的振动,其振动频率远低于相同截面的旋涡脱落频率。Den Hartog 在 1940 年观察到结冰电缆在大风中的大振幅弯曲振动时将这一不稳定振动现象定名为驰振。

驰振只限于单自由度弯曲振动体系,一般发生在具有特殊截面的结构上。这种截面受到的气动力随攻角变化的曲线存在负斜率,当满足一定条件时,可使得结构振动发生时的气动阻尼为负,气动力对结构振动做正功。它是一种自激振动。驰振的分析基于准定常假设,如图 4.4-2 所示,考虑处于平稳气流中的长细物体的一个节段,假设物体固定不动,来流攻角为 α,流速为 v,则作用在物体上的阻力和升力分别为:

$$\left. \begin{array}{l} D(\alpha) = \frac{1}{2}\rho v^2 B C_D \\ L(\alpha) = \frac{1}{2}\rho v^2 B C_L \end{array} \right\} \tag{4.4-6}$$

式中:B——物体的特征高度;

C_D、C_L——阻力系数和升力系数,是攻角 α 的函数。

阻力和升力在 y 方向的合力 F_y 为:

$$F_y = -D(\alpha)\sin\alpha - L(\alpha)\cos\alpha \tag{4.4-7}$$

如将 F_y 用与阻力和升力相同的形式表示为:

$$F_y = \frac{1}{2}\rho v^2 B C_{F_y} \tag{4.4-8}$$

式中:v——$v = v_r \cos\alpha$;

C_{F_y}——y 方向作用力的系数,

$$C_{F_y} = -(C_L + C_D \tan\alpha)\sec\alpha \tag{4.4-9}$$

现假定该物体在速度为 v 的气流中横风向振动,速度为 y,则由图 4.4-3 可见气流对运动着的物体的相对速度为:

$$v_r = (v^2 + \dot{y}^2)^{1/2}$$

相对风攻角为:

$$\alpha = \tan^{-1}\frac{\dot{y}}{v}$$

设该物体单位长度质量为 m,阻尼符合线性机械阻尼假设,则其振动方程式可写为:

$$m(\ddot{y} + 2\zeta w_1 \dot{y} + \omega_1^2 y) + F_y \qquad (4.4\text{-}10)$$

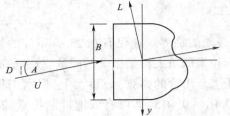
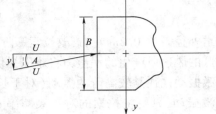

图 4.4-2　固定钝体上的升力和阻力　　　　图 4.4-3　振荡钝体的有效迎角

考虑初始振动,速度 $\dot{y} \approx 0$ 附近的情况,此时:

$$\alpha \approx \frac{\dot{y}}{v}, F_y \approx \frac{\mathrm{d}F_y}{\mathrm{d}\alpha}\bigg|_{\alpha=0} \times \alpha \qquad (4.4\text{-}11)$$

可得:

$$\frac{\mathrm{d}C_{Fy}}{\mathrm{d}\alpha}\bigg|_{\alpha=0} = -\left(\frac{\mathrm{d}C_L}{\mathrm{d}\alpha} + C_D\right) \qquad (4.4\text{-}12)$$

代入式(4.4-10)中:

$$m(\ddot{y} + 2\xi\omega_1\dot{y} + \omega_1^2 y) = -\frac{1}{2}\rho v^2 B\left(\frac{\mathrm{d}C_L}{\mathrm{d}\alpha} + C_D\right)\frac{\dot{y}}{v} \qquad (4.4\text{-}13)$$

上式的右端项含有 $\dot{y}$,实际为一负阻尼项,即振动的实际阻尼系数为:

$$C = 2\xi\omega_1 m - \frac{1}{2}\rho v B\left(\frac{\mathrm{d}C_L}{\mathrm{d}\alpha} + C_D\right) \qquad (4.4\text{-}14)$$

由振动理论可知:如阻尼系数 C 大于 0,则振动为稳定、收敛的;如阻尼系数小于 0,则振动为不稳定、发散的。由于机械阻尼 ξ 恒为正值,故驰振出现的必要条件为:

$$\frac{\mathrm{d}C_L}{\mathrm{d}\alpha} + C_D < 0 \qquad (4.4\text{-}15)$$

此即著名的 Glauert-DenHartog 准则。而驰振振动发生的充分条件为:

$$C = 2\xi\omega_1 m - \frac{1}{2}\rho v B\left(\frac{\mathrm{d}C_L}{\mathrm{d}\alpha} + C_D\right) < 0 \qquad (4.4\text{-}16)$$

从上述推导中可知:增大拉索系统的机械阻尼,可有效地抑制驰振振动的发生。

4. 尾流驰振

斜拉索位于上游桥塔、斜拉索的尾流之中而产生的横风向的振动现象,称作尾流振动,包括涡激共振和驰振两类振动形式。

来流经过桥塔时,在桥塔后形成旋涡脱落,当旋涡脱落频率与某几根拉索固有频率相等时,拉索发生涡激共振,称为塔后拉索的涡激共振。当来流平行于桥梁轴线时,位于同一索面内的前根拉索的尾流也会导致后根拉索发生涡激共振。增大结构阻尼,可以抑制此类振动现象的发生。

来流经过前后排列的双根索(twin cable)时,在前排拉索的尾流区形成一个不稳定驰振区,如果后排拉索位于驰振区,其振幅就会不断加大,直至达到一个稳态大振幅的极限环,这种由于前排拉索尾流激发引起的后排拉索的风致振动称为尾流驰振。尾流驰振只能在下游拉索的响应比它的旋涡脱落频率及上游拉索的响应频率低时才能发生。尾流驰振一般都表现为拉索的一阶振动。因而尾流驰振发生时,拉索中段的振幅最大,自激振动的能量也主要从拉索中段输入。尾流驰振是由描述平均气动力现象的参数所决定的,也就是说尾流驰振的分析是基于准定常假设。可以通过改变两根拉索之间的距离或在两根拉索之间增加索扣来控制尾流驰振现象,如图4.4-4所示。

尾流驰振的特点是:一般当拉索间隔为2～5或10～20倍拉索直径时发生;当风速在25～50m/s范围内可发生这种现象;增大阻尼可有效抑制振动。

尾流驰振是由描述平均气动力现象的参数所决定的,也就是说尾流驰振的分析同样基于准定常假设。分析模型是二维的,如图4.4-5所示。考虑两个圆柱体,迎风柱体产生尾流,背风柱体处于尾流之中。假定背风柱体以某一位置(x,y)为中心在水平与垂直两个方向弹性悬挂,顺风向和横风向坐标x、y都以迎风柱体为原点。

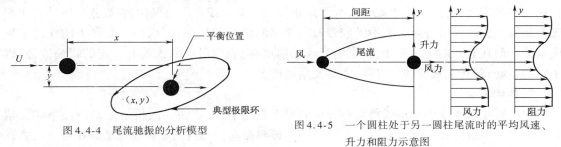

图4.4-4 尾流驰振的分析模型

图4.4-5 一个圆柱处于另一圆柱尾流时的平均风速、升力和阻力示意图

5. 抖振

抖振是一种顺风向响应,它由风中的紊流成分引起,是一种有限振幅的强迫振动。其实,对于一般柔性结构都有风所引起的抖振问题。一般风速越高,抖振现象也越明显,但其振幅有限。抖振虽不像尾流驰振和风雨激振那样具有自激和发散的特性,但由于发生抖振响应的风速低,频度大,将会使拉索在锚固端处锚具产生疲劳破坏。增加阻尼可有效地抑制抖振现象。

自然风可分解为大小不变的平均风分量和大小随机变化的脉动风分量,如同桥塔和主梁一样,拉索在脉动风这个随机荷载作用下产生随机振动,称为拉索的抖振。

在特定的情况下,拉索的抖振会导致主梁的气动失稳现象。对于平行双索面的斜拉桥,当阵风经过两个索面之间的时间B/U(B为两个索面之间的距离,U为来流平均速度)等于主梁扭转周期的一半时,主梁将会产生发散的扭转振动发散现象。

6. 风雨激振

风雨激振是指在风雨共同作用下,拉索发生的一种大幅振动,它是拉索风致振动最严重的一种类型,其起振条件易满足,振幅大,个别情况达到相邻拉索发生碰撞的程度。由于拉索风雨振的频繁出现以及它的异常大振幅,所以它成为已知的风致振动形式中危害最为严重的一种。

自1984年Hikami在名港西(Meiko Nishi)桥发现这种振动现象以来,已在世界各地的许多缆索承重大跨桥梁上发现了这种振动。观察发现,拉索发生风雨振时,有些拉索的最大振幅超过其直径的5倍,且振动一般以前三阶振型之一的形式出现,是典型的低频、大幅振动。并非所有的斜拉索都发生振动,在一定的天气条件下,只有某些索会发生面内振动。也并非只有最长的索会发生振动,有时最长的两三根索发生振动的同时,次长的几根不动,而再短一些的几根索却振动。引起斜拉索发生风雨振的天气条件也有些特殊。一般是小到中雨,风也不超过中等强度。若雨太大或风速太高,索振就不再发生。但引起这种振动的准确的天气条件,还没有彻底搞清楚。

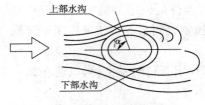

图 4.4-6 拉索风雨振

在微风到疾风(七级风)范围内风的作用下,雨打到斜拉索上以后绕索的圆形横截面运动,拉索横截面上存在雨的滞留点(图4.4-6),各截面滞留点处的雨水沿索长形成雨线。雨线在风的作用下处于稳定状态,虽然它们的高度相对索的直径很小,肉眼还是能看清楚。从空气动力学的角度看,这个高度足以改变索的横截面形状,并产生升力。带有雨线的拉索好像飞机的机翼一样受到气流的影响,由此产生的索振一般发生在索平面内。最新的现场数据发现,也可能存在一个面外振动分量。

斜拉索发生风雨振似乎与材料有关。一般情况下,高强预应力钢索由聚乙烯管包裹,为保护拉索不受腐蚀,管内充满水泥浆。为了防止拉索因紫外线作用而老化,在聚乙烯管外再用很光滑的聚氟乙烯胶带缠绕。光滑的胶带有利于水滴绕拉索运动,雨水在表面张力的作用下形成水线。而在老式的斜拉桥中,拉索的套管采用钢材,表面形成的铁锈有一定的粗糙度,阻碍了水的运动,并扰乱气流的边界层,不易发生风雨振。

7. 参数振动

作为斜拉索支座的桥塔或桥面在外部激励下发生运动,当桥面或桥塔运动的频率和拉索某阶固有频率成倍数匹配时就会引起拉索的大振幅振动。当桥面或桥塔运动频率等于拉索横向振动频率的两倍时,由于拉索受到周期性变化的轴向动荷载的作用而发生的动力失稳现象,称作参数共振。另外当主梁和桥塔的振动频率与拉索某阶自振频率相等时,垂直于拉索轴线方向的振动将会激起拉索的横向共振现象,称作线性内部共振。在实际斜拉桥中的拉索并非受到一个周期变化的激励作用,作为一种支承激励,拉索的振动和作为支撑点的桥面和桥塔的振动是相互牵制的,如果结构的振动不发散,拉索的横向振动也不可能出现发散的振动现象,而是一种有限振幅的振动。

8. 干索驰振

干索驰振(dry galloping)指的是斜拉索在有风无雨的条件下发生的一种发散型风致振动,这与经典风振理论认为圆形截面不会发生驰振的结论似乎相违背。Saito、Shaohong Cheng 等对这一风振形式做过一些研究。

一种观点认为水平来流与倾斜的圆形拉索断面相切,形成一个椭圆形断面,从而形成驰振断面导致振动发散。

另一种观点认为倾斜拉索上产生轴向流,将使拉索受到的气动升力产生负斜率,从而导致振动发散。日本学者 Saito(1994)采用下面两个公式来预测干索驰振的发生:

$$\left.\begin{array}{l} U_R = 35\sqrt{S_C} \\ U_R = U/(fD) \quad \text{及} \quad S_C = \dfrac{4\pi m\zeta}{\rho D^2} \end{array}\right\} \quad (4.4\text{-}17)$$

式中:U_R——发生干索驰振的临界风速;
U——来流速度;
f——拉索自振频率;
m——单位长度斜拉索的质量;
ζ——阻尼比;
ρ——空气密度;
D——斜拉索的直径。

根据这一判据,许多斜拉桥的拉索在设计风速下都会发生干索驰振,事实上这一振动现象仅在风洞试验中发生过,而实桥中尚未发现此类振动现象。关于这一风振形式的发生机理及发生振动的条件,尚需做进一步的研究。

9. 其他振动

当拉索由多股钢绞线组成时,如 Freyssinet 的拉索,由于索股之间的相互作用,外侧的索股的内外振动不断冲击内部的索股,最终将导致拉索整体的有限振幅振动,这种现象称作索股激振,不会造成拉索损坏但会产生刺耳的嘎嘎声。

另有一种称作索股效应的拉索风致振动,多发生在没有外护套的由扭角索股形成的拉索上。正如在拉索上设置螺旋线可以消除拉索风致振动一样,扭角索股的螺距是影响风振的一个重要因素。

二、临界风速的计算

保证桥梁结构空气动力稳定性的可靠办法是从提高桥梁的临界风速 v_{cr} 中得到。据有关资料介绍,只要 $v_{cr} \geq 60\text{m/s}$,其遭受破坏的几率就可小到 2 000 年一遇。

1. 卡·克勒佩尔(K. Kloppel)公式

卡·克勒佩尔 1967 年提出的计算理想薄板临界风速的公式,可供桥梁设计用。公式如下:

$$v_{cr} = \eta v_{cr}^0 = \eta \left[1 + \left(\frac{\omega_T}{\omega_b} - 0.5\right)\sqrt{\frac{r}{b}0.72\mu}\right]\omega_b b \tag{4.4-18}$$

式中:η——加劲梁形状对风速的影响系数,相对其用薄板做试验导出理论公式的依据来说,平头梁的 $\eta = 0.1$,粗形端头的 $\eta = 0.3$,纤细端头的 $\eta = 0.5$,流线型端头的 $\eta = 0.7$;

v_{cr}^0——$\eta = 1$ 的理想流线型薄板的临界风速;

$\dfrac{\omega_t}{\omega_b}$——扭转基频与竖向弯曲共振基频之比,必须大于 1.2;

r——惯性半径,$r = \sqrt{I/m}$,其中 I 为单位长度加劲梁惯矩,m 为其质量;

b——桥宽之半,即 $B/2$;

μ——结构物相对空气的质量比,$\mu = m/(\pi \rho b^2) = GB/(g\pi \rho b^2)$;

ρ——空气的质量比;

g——重力加速度,取为 9.81m/s^2。

卡·克勒佩尔还给出临界风速计算曲线(图 4.4-7),曲线按 $\mu = 10$、30、50、100 四级示出,μ 值越大,临界风速越高。

2. 范·德·普特(Vanderput)公式

1976 年范·德·普特在国际桥梁与结构会议报告中提出一个简化公式:

$$\left. \begin{array}{l} v_{cr} = \eta(1 + \sqrt{0.3G/B})\dfrac{1.5B}{\sqrt{a_{st}}} \\ v_{cr} > 60\text{m/s} \end{array} \right\} \tag{4.4-19}$$

式中:a_{st}——恒载最大挠度,它反映了梁索塔组合体系的刚度。

为便于运用,将式(4.4-19)的推导介绍如下。

范·德·普特据克勒佩尔曲线引出了计算流线型理想薄板的临界风速的近似公式:

$$v_{cr}^0 = \left[1 + \left(\frac{\omega_T}{\omega_b} - 0.5\right)\sqrt{\frac{r}{b} \times 0.72\mu}\right]\omega_b b \qquad (4.4-20)$$

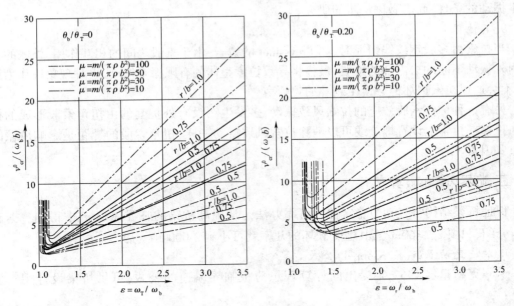

图 4.4-7 临界风速计算曲线

注：θ_b、θ_T 分别表示竖向弯曲阻尼、扭转阻尼的衰减率（或阻尼比）

美国的斜拉桥建议规范，希望 $\omega_T/\omega_b = 2$，但由于混凝土斜拉桥自重较大，对 ω_T/ω_b 的值要求可低一些，故美国最近建成的跨径 299m 的华盛顿州哥伦比亚河的帕斯科——肯尼威克预应力混凝土斜拉桥 $\omega_T/\omega_b = 1.4$。

$\frac{r}{b}$ 之值在 $1 \sim 0.5$ 之间变化，偏低的取 $r/b = 0.6$（此值经常在 $0.6 \sim 0.8$ 之间）。

$\mu = m/(\pi\rho b^2)$；$m = GB/g$；G 为每平方米的恒载，按 kN/m^2 计；$B = 2b$ 为桥宽，按 m 计；g 取为 $9.81 m/s^2$，则：

$$\mu = \frac{m}{\pi\rho b^2} = \frac{GB}{9.81\pi \cdot \frac{1}{8} \cdot \frac{B^2}{4}} = 1.08\frac{G}{B} \qquad (4.4-21)$$

若取 $\omega_T/\omega_b = 1.3$，则 $\omega_T/\omega_b - 0.5 = 0.8$。

$$\left(\frac{\omega_T}{\omega_b} - 0.5\right)\sqrt{\frac{r}{b} 0.72\mu} = 0.8 \times \sqrt{0.6 \times 0.72 \times 1.08 \frac{G}{B}} = \sqrt{0.3\frac{G}{B}} \qquad (4.4-22)$$

将此值代入式(4.4-20)得：

$$v_{cr}^0 = \left(1 + \sqrt{0.3\frac{G}{B}}\right)\omega_b b \qquad (4.4-23)$$

将 $\omega_b b$ 化成 $1.5B/\sqrt{a_{st}}$ 代入式(4.4-23)，再代入式(4.4-20)得范·德·普特式：

$$v_{cr} = \eta v_{cr}^0 = \eta\left(1 + \sqrt{0.3\frac{G}{B}}\right)\frac{1.5B}{\sqrt{a_{st}}} \qquad (4.4-24)$$

3. 赫佐格（Herzog）公式

为估算桥梁分离流转颤振临界风速，普遍采用的公式：

$$v_{cr} = T_h^{-1} \cdot B \cdot f_T \qquad (4.4\text{-}25)$$

式中：T_h^{-1}——西奥多森数的倒数，系由实桥临界风速推出；

  B——全桥宽；

  f_T——基阶扭转自振频率。

第五节 钢斜拉桥实例

一、南京长江二桥

中国南京长江二桥南汊主桥为双索面五孔连续钢箱梁斜拉桥，全长1 238m。其桥跨布置为58.5m+246.5m+628.0m+246.5m+58.5m（见图4.5-1），两边跨各设一辅助墩。主梁为扁平钢箱梁，梁高3.5m，梁宽38.2m（含风嘴）；斜拉索索面按扇形布置，每一扇面由24对斜拉索组成，标准索距15m，索塔为钢筋混凝土分离式倒Y形结构，塔高195.41m，索塔基础为直径35m、高65.5m双壁钢围堰，内设21根直径3.0m钻孔桩；桥面铺装采用5cm厚环氧沥青混凝土。为克服过渡墩和辅助墩负反力，在辅助跨压重为1 500t，压重沿桥纵向呈梯形分布。为保证施工过程中抗风安全，在边跨距塔160m处设置临时墩。

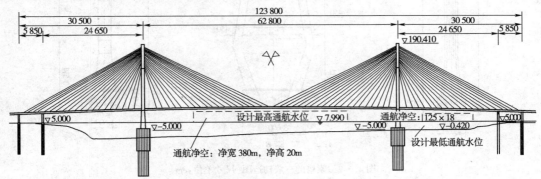

图4.5-1 南京长江二桥南汊主桥的总体布置图（尺寸单位:cm）

1. 技术标准

本桥为六车道高速公路特大桥，计算行车速度为100km/h。桥梁宽度（不含斜拉索锚固区宽度及风嘴宽度）为32m，其中行车道宽度2×3×3.75m，中央分隔带宽1.5m，左侧路缘带宽2×1.5m，紧急停车带宽2×3.0m（含右侧路缘带宽2×0.5m），外侧护栏带宽2×0.5m，荷载标准：车辆荷载为汽车—超20级和挂车—120；桥位区20m高处百年一遇10min平均最大风速32.6m/s；船舶撞击荷载采用5 000吨级海轮的撞击力，顺水流向为27 000kN，横水流向为13 500kN，地震基本烈度为7度。设计最高通航水位4.99m（20年一遇最高潮水位，黄海高程），设计最低通航水位-0.42m。主航道通航净高按设计最高通航水位以上24m，净宽不小于380m。设计洪水频率为1/300。桥面纵坡不大于3%，横坡为2%。

2. 结构设计

（1）索塔：索塔为钢筋混凝土结构，塔高195.41m，桥面以上塔高宽比为0.23，采用上塔柱平行分离的倒Y形结构（见图4.5-2），通过三道横梁将两塔柱连为一体。

下塔柱外轮廓尺寸由12.0m×4.0m向上渐变至4.5m×4.5m，中、上塔柱为4.5m×4.5m。下塔柱在最高通航水位以下为单箱六室断面，以上为单箱单室断面，壁厚为1.0m，中、上塔柱为单箱单室断面,短边壁厚为 1.0~1.2m,长边壁厚 0.7~0.8m,全桥索塔共浇筑混凝土为 23 000m³。索塔下横梁上设有两个竖向支座和侧向限位支座。

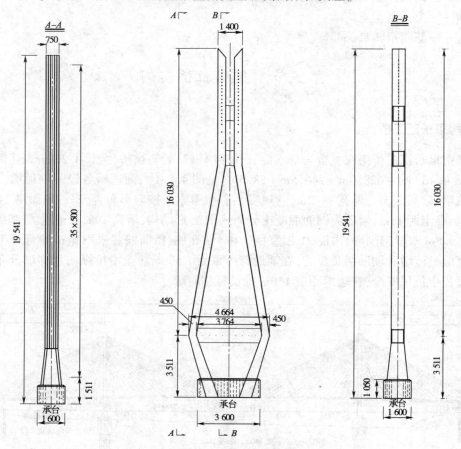

图 4.5-2 索塔的一般构造图(尺寸单位:cm)

斜拉索锚固于上塔柱塔壁内侧,为平衡斜拉索的水平分力,采用了环向预应力。由于上塔柱受力复杂,做了 1:1 足尺节段模型试验。试验结果验证了结构承受实际荷载的强度、刚度及抗裂性,为结构的安全可靠度提供了依据。

塔柱采用爬升模板逐段连续施工,每段高 4.5m。为控制自重引起的塔柱水平位移,下塔柱施工时加设了水平拉杆;中塔柱设置 4 道水平横撑。索塔预应力体系孔道采用真空吸浆工艺,以有效保护预应力束不受腐蚀,延长结构寿命。索塔封顶后,经检测各项技术指标表明混凝土内在及外在质量、倾斜度、高程、断面尺寸、斜拉索锚管定位准确率等均达到了《公路斜拉桥设计细则》(JTG/T D65-01—2007)要求,其中,南、北索塔间距(628m)误差<3mm,倾斜度分别为 1/6 000 和 1/9 000,远远小于规范要求。

(2)主梁

该桥主梁采用了总宽度 38.2m、高 3.5m 的扁平钢箱梁(见图 4.5-3),其上翼缘为正交异性板结构,标准节段长 15m(辅助跨为 12m)。

全桥梁段共 93 块,最大块件重 274t,采用 16Mnq 钢材,用钢量为 23 000t。钢箱梁主要结构尺寸:箱梁高(中心线处,内轮廓)为 3 500mm,总宽 38 200mm(含风嘴)。顶板厚 14~20mm,下斜腹板和底板厚 12~16mm,上斜腹板厚 30mm。顶板 U 形加劲肋 300mm×280mm×

8mm,间距600mm;底板 U 形加劲肋 400mm×260mm×6mm,间距800mm。箱梁每隔3 750mm设一道横隔板,板厚10mm(局部部位加厚);横桥向设两道纵隔板,间距15 200mm。纵隔板在辅助跨及索塔下无索区为实体式纵隔板,其余均为桥架式(有利于节省钢材,并便于通风),桁架式纵隔板上、下弦杆为 T 形截面,斜杆为 φ203mm 钢管。

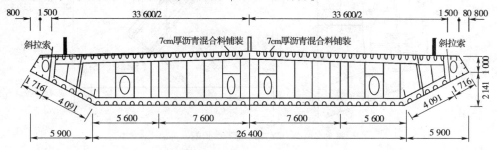

图 4.5-3 钢箱梁标准横断面(尺寸单位:mm)

由于该桥桥面宽、跨度大,且桥址区风况复杂,为确定大桥的抗风稳定性,委托同济大学土木工程防灾国家重点实验室对钢箱梁进行了节段模型和全桥气动弹性模型风洞试验,对桥梁风致振动进行了全面的分析研究。根据试验分析,最长单悬臂施工状态在+3°、0°、-3°攻角时的颤振临界风速均大于110m/s;成桥状态在+3°攻角时为最不利状态,颤振临界风速大于120m/s,满足抗风稳定性要求。

钢箱梁中设置纵隔段,主要是考虑剪力滞效应。由于桥面宽度33.6m(不含风嘴),在轴向压力和弯矩的作用下,其上下翼缘板的应力分配很不均匀,剪力滞效应明显。另外,在钢箱梁悬臂架设过程中,由于锚固桥面悬拼吊机的梁段与被起吊梁段受力不同,其横向变形存在较大差异,给施工带来很大的困难。通过增设纵隔板可以使钢箱梁截面得到加强,增大截面的有效宽度,同时提高钢箱梁悬拼阶段的横向刚度,有利于工地拼装。

因桥面板 U 形肋嵌补段仰焊时焊接难度大,质量不易保证,易产生疲劳裂纹,该桥钢箱梁工地连接在采用全断面焊接连接的情况下,将桥面板 U 形肋连接采用了高强度螺栓连接。通过计算分析和实践证明,这种将焊接和高强螺栓连接用于同一接头的连接方式具有足够的刚度、承载力和耐久性,缩短了桥上焊接工期,减轻了工人劳动强度,改善了钢梁的疲劳性能,取得了良好的效果。

该桥斜拉索锚固于钢箱梁腹板外侧的锚箱上,如图 4.5-4 所示。由于锚箱处板件较多,连接复杂,受力比较集中,索力较大,加上斜拉索索力对腹板产生附加弯矩,是控制设计的关键部位。为确保连接的可靠性,针对锚箱式锚固结构进行了1:1模型试验和疲劳试验,并根据试验结果合理地选用钢材和焊接工艺,确保了结构长期使用的安全性和可靠性。

(3)斜拉索

斜拉索采用外裹高密度 PE 防腐材料的高强度、低松弛 φ7mm 镀锌平行钢丝成品索,共160 根,其中最大拉索钢丝根数 265 丝,长 330m,重达 30t,全桥共用高强镀锌钢丝 2 100t。根据结构受力、施工吊装重量和施工周期等因素,主梁上标准索距为15m(辅助跨12m)。拉索采用在塔上设减振橡胶块,在梁上设液压减振器来减小振动。

斜拉索初始索力的确定,以施工阶段梁体挠度小、应力及应力变化幅度小,成桥后梁体不偏离理论基准线且各组组合应力满足设计规范要求为目标,使桥梁结构无论是在施工过程中还是在运营环境下均处于较理想状态。通过反复调试斜拉索索力,逐步逼近目标。为简化施工,缩短工期,每根斜拉索的张拉仅在与该根斜拉索对应的梁段的架设过程中进行,锚固后不再作任何索力调整。该桥初始索力最大为4 000kN、最小为1 700kN。

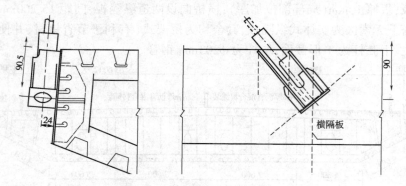

图4.5-4 锚箱结构示意(尺寸单位:mm)

3. 钢箱梁制造和架设

(1)钢箱梁制造

南京长江二桥南汊桥的钢箱梁,首先分成底板、斜底板、顶板、横隔板、纵隔板和风嘴等单元在工厂制造,然后运到组装现场进行组装和预总拼。

钢箱梁段组装是以组装胎架为外胎,工艺隔板、横隔板为内胎,采用弹性、半刚性马板约束正位组装,以控制钢箱梁段组装中的焊接变形及外形尺寸。首先进行底板和斜底板的组装,然后组装纵、横隔板,再组装顶板,最后安装风嘴。

钢箱梁段组装完成后,就进行预总拼。首先以一端钢箱梁段为基准起拱就位,相邻的梁段按设计拱度曲线与之相匹配,并保证梁段间焊接间隙。在梁段间桥面板平齐且纵向U形肋间位置正确的情况下,装焊梁段间匹配连接件,之后修正梁段接口间其他位置的平直度,然后将顶板纵向U形肋接口间的拼接板先固定一侧,在环境温度相对恒定情况下定心冲钉投孔,之后拆卸拼接板并按所定孔心套钻模钻孔;以此类推进行下一梁段预总拼;最后测量本次预总拼的长度及拱度,画出桥轴中心并打样冲眼,作为下一次预总拼的基准。一次预总拼完成后,拆除梁段间的匹配件冲钉和工艺隔板,梁段出胎架,除留一个梁段参与下一次预总拼外,其余梁段打砂、涂油、发送直至架设。

(2)钢箱梁架设

根据河床水深情况,钢箱梁架设采取了以下三种方式。

1)边跨及主跨钢箱梁架设

索塔施工完成后,于下横梁处拼装支承零号块的托架;利用350t浮吊起吊零号块7块梁段(全桥共14块),并在托架上焊接梁间接头;焊接完成后张拉第一对斜拉索,张拉到位后利用浮吊在梁上拼装桥面悬拼吊机。此后利用桥面悬拼吊机对称吊装长15m标准梁段(全桥共66块)。标准梁段架设工序如图4.5-5所示。

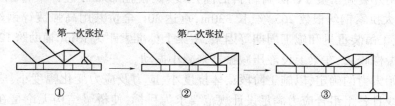

图4.5-5 标准梁端架设工序

①-吊装梁段,焊接接头,第一次张拉斜拉索;②-吊装前移,就位后第一次张拉斜拉索;③-驳船就位,吊装下一梁段

重复以上架设工序,直至第12号索对应梁段吊装,将边跨钢箱梁与临时墩连接。重复前述工序,至边跨合龙。边跨合龙后,再按前述工序施工至跨中合龙。

南汊桥采用的桥面悬拼吊机为VSL重型起重系统,曾在法国诺曼底大桥成功使用。该系统采用2台SLU千斤顶顶抬钢绞线为起吊设备,受力主构架为钢桁架结构,总重约115t。该桥采用垂直起吊方式,起吊速度为19.5m/h,起吊时可通过扁担梁吊点的移动来调整块件的倾斜度,通过撬座的纵向移动来实现块件的纵向位置调整,以满足吊梁的需要。

2)辅助跨架设

在辅助墩与过渡墩跨间设置放钢箱梁用支架,并将支架向江中延伸84m,与临时墩相连。利用350t浮吊起吊辅助跨5块梁设(全桥共10块)至支架上,然后将梁段向过渡墩侧移动,调整就位后将辅助跨5块梁段焊接完成;随后将包括边跨合龙段在内的另6块梁段(全桥共12块)置放于辅助墩与临时墩间的支架上,待以后用桥面悬拼吊机起吊。

3)合龙段架设

边跨合龙:待15号索第一次张拉完成后,将桥面悬拼吊机前移就位。起吊边跨合龙段(全桥共2块),精确定位后,将已焊接为一体的辅助跨向江侧顶推靠近,焊接合龙。

主跨合龙:待江侧20号索第一次张拉完成后,将桥面悬拼吊机前移,就位后,对两合龙梁端位移进行24h或48h测量,根据测量结果确定合龙段长度、吊装及连接时间,以便顺利合龙。

大桥合龙后,经检测梁体高程、轴线、应力和斜拉索索力误差均在设计控制范围之内,所有斜拉索不作调整。

二、法国诺曼底海峡大桥

1. 大桥概况

法国诺曼底桥是主跨为856m,跨越塞纳河的钢、混凝土混合梁斜拉桥。该桥桥梁全长2 141m,南、北引桥长分别为547.75m和737.5m。

两侧引桥由较多的桥墩支承。除桥台附近有两个(南岸)或一个(北岸)较小跨径以及桥塔附近有一个96.00m的跨径外,其余皆为标准跨径43.5m。另外,两边跨混凝土梁各向主跨内延伸116m,故主跨中央的钢梁长为624m,如图4.5-6所示。

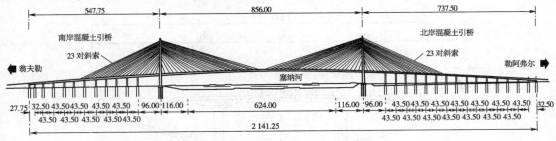

图4.5-6 法国诺曼底桥立面布置图(尺寸单位:m)

桥面梁体与桥塔固结形成刚构,故产生较大的温度应力,但它与风应力相比仍较小。

边跨混凝土梁自重(45t/m,包括设备)与主跨钢梁自重(13t/m)之间的差别显著。这要求在边跨上设置众多的支承。而当主跨承受车辆荷载或风载时,这种重量的差异避免了边跨中间支承的负反力。

只有塔前的最后一个桥墩会产生负反力。因此该处主梁必须固结在墩上(只允许纵向移动),这种联系是通过四根竖向预应力筋(每根由19股φ15mm钢绞线组成)锚固在桥墩的底部实现的。锚固在桥墩的底部,是为了限制由热运动引起的角变位。

2. 结构设计

(1)索塔

索塔为倒Y形,如图4.5-7所示。采用这种塔型的目的是为了减少二次应力的影响,并增加结构的抗风能力。倒Y形索塔可以减少横向风力对塔的影响,这是因为其独柱的横向风力弯矩仅算至独柱段的底部,然后其由下面的三角形构架承受。而三角形构架的中部,在桥面梁体与索塔固结处设有一根横梁,所以三角形构架可以很有效地抵抗横向风力。另外,这种塔型使斜拉索与塔柱相交于桥轴中心上,对整体桥梁的抗扭刚度增加并减少扭曲变形会有较大的好处。

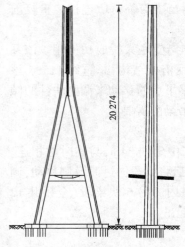

图4.5-7 诺曼底海峡桥索塔(尺寸单位:cm)

(2)主梁

该桥主梁为钢、混凝土混合梁,为减小风荷载对桥的影响,主梁断面设计成流线型。为减小涡流,梁高限为3.00m;考虑到是混合梁,为使钢与混凝土连接面处下翼缘重心线尽量吻合,钢箱梁高度为3.00m,而混凝土箱梁的高度为3.05m,其断面形式如图4.5-8所示。

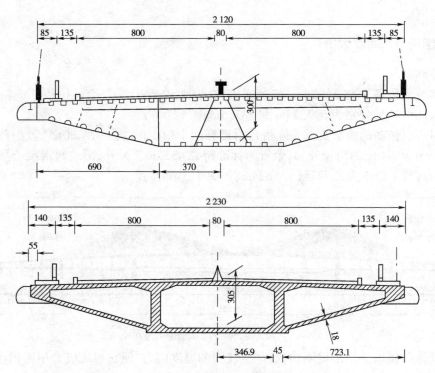

图4.5-8 诺曼底海峡桥主梁断面图(尺寸单位:cm)

钢箱梁结构详见图4.5-9和图4.5-10。钢箱梁为正交异性板结构,由顶板、底板、斜底板及竖腹板围封面成。箱内设有槽形加劲纵肋和间距为3.93m的横隔板。顶板中部厚12mm,纵向加劲肋壁厚7mm;两侧顶板厚度增加到14mm,纵肋壁厚增加到8mm;肋的中心距均为600mm,肋高均为250mm。底板和斜底板厚度均为12mm,纵向加劲肋壁厚8mm,肋中心距1 000mm左右。

(3) 斜拉索的锚固

该桥斜拉索由直径15mm的平行钢绞线制成,每根钢绞线有单独的防腐体系。钢丝经过热浸镀锌与重复张拉,在扭绞和热处理后,钢丝之间空隙用油蜡填注。然后每根钢绞线外挤压厚1.5mm的高密度聚乙烯防层。每根斜拉索根据受力情况,由31～53根 φ15 的钢绞线组成,待其架设并张拉之后外面再用高密度聚乙烯套管保护,此套管由两个半圆形管组合而成。

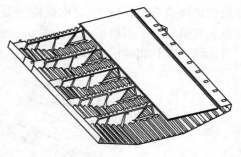

图 4.5-9 诺曼底海峡桥钢箱梁内部构造

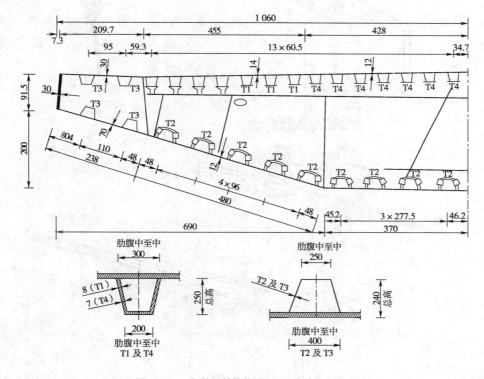

图 4.5-10 钢箱梁结构构造图(尺寸单位:mm)

梁体上斜拉索锚固点的锚固构造如图 4.5-11 所示。引桥部分到最后一个塔旁墩都是14.5m;在引桥的最后一跨96m内以及伸入主跨的116m部分采用16m间距;在钢箱梁部分间距为19.65m,此值是横隔板间距3.93m的5倍。

斜拉索在塔柱上的锚固构造如图 4.5-12 所示。

3. 施工步骤

该桥的施工步骤如图 4.5-13 所示,主要有以下三个阶段。

(1) 引桥的混凝土梁从两岸桥台顶推,一直顶推到桥塔附近最后的一个桥墩,并再顶出6m,使顶出端与桥塔之间的距离为90m。

(2) 在顶推引桥梁体的同时修建桥塔。在桥塔接近完成时开始用平衡伸臂法以及移动挂篮就地浇筑节段混凝土,对称地施工引桥空缺的90m梁段及主跨内与它对称的混凝土梁段。首先在最后一个引桥桥墩附近的6m处(顶推部分的梁端)将引桥合龙,然后再在主跨单向伸臂继续施工到离桥塔116m处(混凝土梁与钢梁的连接点)。

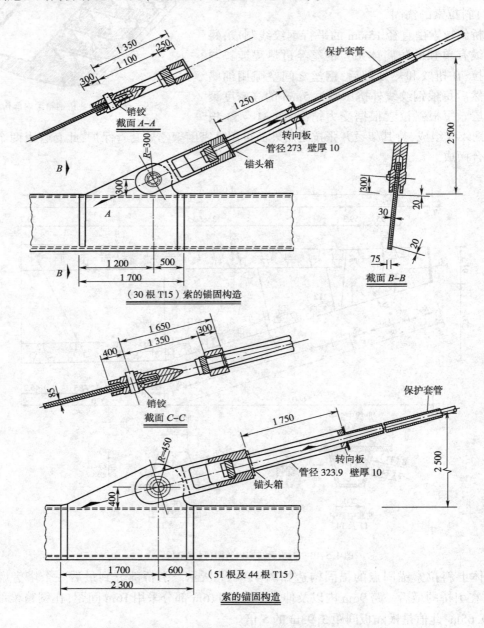

图 4.5-11 斜拉索在梁上的锚固结构构造图(尺寸单位:mm)

(3)最后再用单向伸臂法施工主跨的钢梁,每次伸出一个节段,长19.65m。从两个方向同时单向伸臂向跨中推进,直到最终在跨中合龙。

上述施工方法,特别有利于施工安全。因在架设主跨钢梁时,两侧的长伸臂已经与桥塔固结好,并且两岸的引桥已经合龙。这样,钢梁的伸臂施工就不会有什么问题,唯一的问题就是施工过程中由于不规则风力引起伸臂端的变位值需要随时监测控制并采取措施。

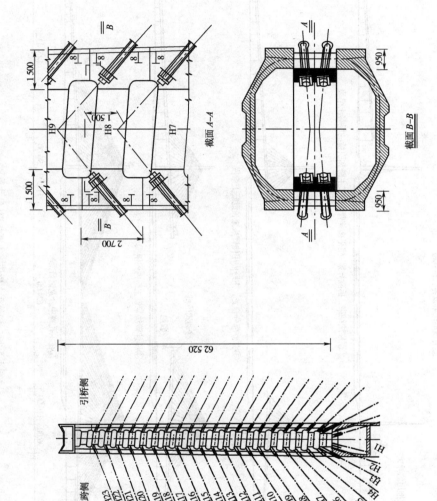

图 4.5-12 斜拉索在塔柱上的锚固结构构造图（尺寸单位：mm）

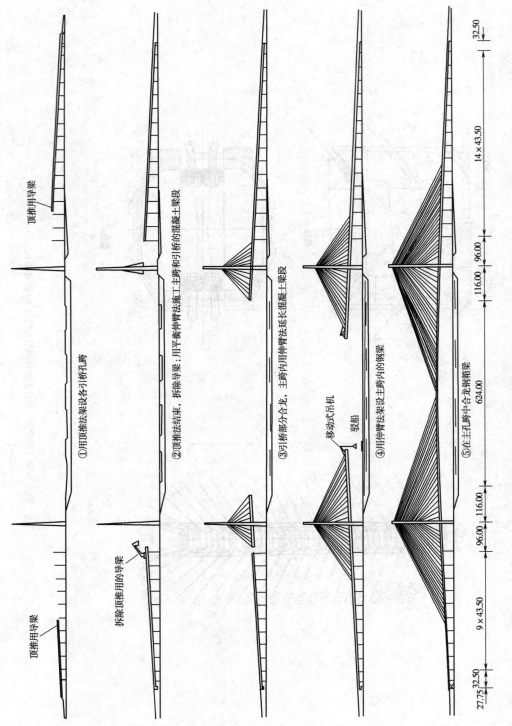

图 4.5-13 诺曼底大桥施工主要步骤（尺寸单位：m）

第五章 钢—混凝土结合梁桥

第一节 钢—混凝土结合梁桥概述

一、钢—混凝土结合梁桥的特点

所谓钢—混凝土结合梁桥,就是用专门的连接件(剪力传递器)将钢构件和钢筋混凝土板结合起来共同作为主梁的一种桥梁。钢—混凝土结合梁桥的传统结构形式,是钢筋混凝土桥面板通过剪力传递器与下面的钢板梁、钢桁梁或钢箱梁结合成整件共同受力。现以结合钢板梁截面为例来说明其特点,如图 5.1-1 所示。

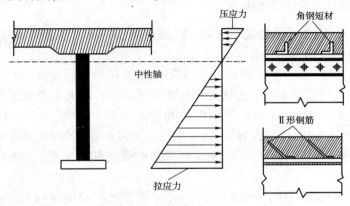

图 5.1-1 结合梁受力特点

结合梁桥中钢梁的上翼缘由于钢筋混凝土板的参与受力,钢梁面积可减少,从而减少了用钢量;钢筋混凝土桥面板与钢梁结合为整体,增加了桥梁刚度,因此增加了结构阻尼,减少动载效应,降低车辆噪声,在人口密集的城市建桥,采用结合梁桥较为合理。钢筋混凝土桥面板参与钢筋共同受力,只增加了剪力传递器所用的少量钢材,而获得上述的较好效果,因此结合梁在公路桥梁中得到广泛的应用。

近年来,钢—混凝土结合梁桥除了传统的结合梁桥,还出现有波形钢腹板结合箱梁桥,即波形钢腹板通过剪力传递器与上、下钢筋混凝土板结合为一体共同受力。其主要特点是波形钢腹板代替混凝土腹板,既能减轻主梁自重,又可避免混凝土腹板出现裂缝等问题。目前世界各国桥梁界都在关注这一新结构桥梁的发展,法国、挪威、日本等国已修建四十多座;我国于2005 年以来建成了三座实验桥(其中包括重庆交通大学设计的跨径为 25m 的重庆市永川大堰河桥),这些实验桥正发挥着科研、交通运输的积极作用,其构造和受力特点将在本章第三节进行介绍。

传统的结合梁桥,由于钢筋混凝土板在钢梁之上,较适合于承受正弯矩的简支体系,这样沿跨径全长的钢梁混凝土板均承受压力,但在有正、负弯矩区的悬臂梁和连续梁等桥梁体系中,也可以采用结合梁形式,只不过在负弯矩区应采用一定的结构措施来处理。

钢梁支承的钢筋混凝土板是主梁的受压上翼缘,在竖向荷载作用下,必然存在关于上翼缘正应力分布形状问题,也就是翼缘的有效宽度问题。在简支结合板梁中,以往是仿照钢筋混凝土 T 形梁桥翼缘有效宽度处理。但是肋条式正交异性板的结合梁构造较复杂,更为准确的计算方法还待进一步研究,目前可按具有很宽翼缘的梁来处理。

此外,结合梁是由钢材和与钢材完全不同性质的材料结合而成,在计算截面特性时,必然遇到截面的换算。以往计算直接按规范采用两种材料弹性模量比值 n 进行换算,目前我国《公路桥涵钢结构及木结构设计规范》(JTJ 025—86)未列出 n 值的取用方法。在日本,考虑了结合梁在竖向荷载作用下,混凝土处在弹塑性状态,致使混凝土的弹性模量有所降低的特点,规定不管哪种强度的混凝土,其弹模均按 $E_c = 3 \times 10^4 \text{MPa} (n = 7)$ 采用。此外,在小西一郎编的《钢桥》(中译本,第二分册,1976 年)一书中提出,在计算简支结合梁内力过程中,混凝土接近破坏状态时,弹性模量取 $E_c = 1.4 \times 10^4 \text{MPa}$;而计算变形和超静定结构时,混凝土弹模可按规范采用。

二、结合梁桥的分类及适合范围

结合梁桥按力学图式,分为简支梁、连续梁、悬臂梁、斜拉桥、悬索桥;按钢梁截面形式,分为钢板梁、钢桁梁、钢箱梁。

简支结合钢板梁桥,适用跨径 44m 以下的桥梁;简支结合钢桁梁桥,为了不过大增加自重常与结合钢板梁桥适用范围相同。连续梁和悬臂梁桥由于有较大负弯矩区段,较少采用结合梁;结合梁斜拉桥跨径在 200m 以上的国内外共建了近三十座,我国于 2001 年建成主跨为 605m 的福州青州闽江大桥,位居世界第一;悬索桥为了减少锚碇体积,降低加劲梁自重,结合梁悬索桥适用于小跨径范围,比如我国 1969 年修建的重庆朝阳大桥,主跨为 186m 的结合钢桁加劲梁悬索桥。

随着城市交通的发展,不同结构形式的结合梁桥在更广泛的领域里越来越广泛地得到应用。

第二节 结合梁的构造特点及内力计算

一、结合梁的构造特点

1. 钢梁与混凝土板

结合梁由于钢筋混凝土板参与钢梁上翼缘或上弦杆受压,可大大减少钢梁上翼缘或上弦杆的面积,小跨径结合梁的钢梁可采用对称的工字钢梁[见图 5.2-1a)];跨径较大时,钢梁多设计成不对称截面,如图 5.2-1b)、c)、d)所示。

钢梁的上翼缘宽度可尽量压缩,由所需的剪力传递器布置情况决定,钢梁高度一般比同跨径普通钢梁的梁高小 15% ~ 25%;钢筋混凝土板厚度可参照混凝土箱形截面梁设计,其板厚不小于板净跨径 1/3,且不小于 20cm。设剪力传递器处可加高 15cm 以上,见图 5.2-1d)。钢板梁、钢桁梁、钢箱梁等的尺寸,仍然按前面章节所述确定。

2. 剪力传递器

(1)剪力传递器的类型

为了保证钢筋混凝土板与钢梁共同受力,形成结合梁,必须设置可靠的剪力传递器,来传递在弯曲变形中的错动剪力。这种剪力传递器可用刚性钢支撑和突出的柔性钢筋来做成,如图5.2-2所示。

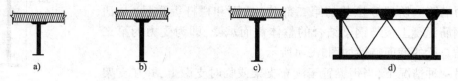

图 5.2-1 结合梁断面形式

刚性钢支撑连接在钢梁上翼缘上;它伸入板的混凝土中并阻止板对梁的剪移。刚性钢支撑通常由短型钢做成,铆接或焊接在钢梁上(图5.2-3)。采用角钢的刚性钢支撑,常为了增强角钢的支撑刚度,采用焊上斜板或刚性肋壁的加劲,此种结构安全可靠,为我国常采用形式之一。日本常使用如图5.2-2a)所示的多种形式的螺栓剪力传递器,美国则常采用图5.2-3b)形式。

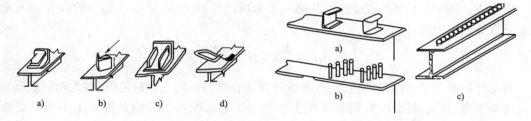

图 5.2-2 剪力传递器形式　　　　图 5.2-3 常用的剪力传递器

柔性突出钢筋的剪力传递器,如图5.2-2d)所示。这种形式是由斜向伸进板的混凝土中的环形钢筋构成,其重要作用是防止混凝土板向上脱开,构造简单,但它比刚性钢支撑柔性大。因此,它的最大承载力往往是由允许最大错动量来控制,其值可由实验公式确定。这种形式在早期采用过,目前已很少用。

近年来,国内外采用较多的是PBL剪力传递器(又名开孔钢板连接器),如图5.2-3c)所示。其构造是钢梁上缘加焊开口钢板,浇筑混凝土后,孔中混凝土要承担钢梁与混凝土板间的错动剪应力。与螺栓剪力传递器相比,其抗剪刚度和抗疲劳能力都有提高。若孔中设置贯通钢筋,可以进一步增大抗剪刚度、强度及其变形能力。

对于钢梁本身尺寸应由钢板梁、钢桁梁和钢箱梁的合理构造布置来确定,在此不再重复。

(2)剪力传递器的布置

简支结合梁,支点处剪力最大,剪力传递器可按剪力图面积进行分配,即支点处间距密、跨中间距大。

为了构造简单,剪力传递器可分段等距布置;对于大跨度结合梁可按全桥长最大剪力进行计算,剪力传递器可沿桥等间距布置,其净距不得超过板厚的8倍,也不小于剪力传递器高度的3.5倍。柔性剪力传递器与钢梁纵向夹角为30°或45°,并且焊缝长度不得小于直径的4倍或5倍,间距不得小于0.7倍板厚,也不得大于2倍板厚。剪力传递器保护层厚度不得小于3cm。

二、结合梁的内力计算

通过剪力传递器与钢筋混凝土板结合的钢梁,应该根据结构在荷载作用下受力特点来进行计算,这些特点通常与结构的施工方法有关。在大多数情况下,修建结合梁时不用支架,利用钢梁来支撑模板和混凝土的浇筑。因此,恒载的第一部分(钢梁、模板和混凝土板的重量)仅由钢梁承受,即称为受力的第一阶段。恒载的第二部分(桥面和栏杆等重量)与活载则由钢筋混凝土板与钢梁结合的整体截面承受,即为受力的第二阶段。结合梁的截面特性如图5.2-4所示。

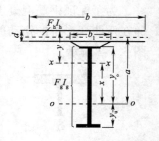

图5.2-4 结合梁截面特性

在另一种情况下,当钢梁置于满布支架或临时支墩上,并在支架或支墩上的钢梁上浇筑混凝土时,应以结合的整体截面来承受所有荷载。

钢梁抗弯模量:

$$W_{o1} = \frac{I_X}{y_o}, \quad W_{u1} = \frac{I_X}{y_u}$$

式中:y_o、y_u——从钢梁截面的中和轴至上、下翼缘边的距离。

假设 M_0 为作用于钢梁截面的恒载第一部分所产生的力矩,那么在第一阶段受力时钢梁的上下翼缘的应力为:

$$\sigma_o = \frac{M_o}{W_{o1}}, \quad \sigma_u = \frac{M_o}{W_{u1}}$$

为了计算受力第二阶段的应力,首先应计算结合梁截面的几何特征值,因为钢筋混凝土板已与钢梁结合一体,共同受力,钢筋混凝土板参与受力宽度可仿照钢筋混凝土 T 形梁翼缘的计算宽度,采用以下三种宽度中的最小者:

①梁的计算跨径的 $\frac{1}{3}$;

②相邻两梁轴线间的距离;

③承托的宽度 b_1(如无承托时,则为上翼缘板的宽)加 12 倍板的厚度 d,即 $b_1 + 12d$。

对于大跨径桥的主梁,最后根据板厚的限制 b 可以认为是不必要的,因为在大跨径桥梁中,主梁跨径与其间距的比值较大,板充分地(板的全宽)参与钢梁一起受力。

在确定结合截面的几何特征时,通常要引用所谓换算面积,即把混凝土板的面积缩小 n 倍(n 是钢的弹性模量 E_s 与混凝土弹性模量 E_c 之比),加上钢的面积,即为换算面积:

$$A_0 = A_s + \frac{A_c}{n} \tag{5.2-1}$$

式中:n——$n = \frac{E_s}{E_c}$;

A_s、A_c——分别是钢梁和钢筋混凝土板截面积。

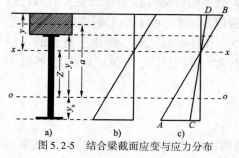

图5.2-5 结合梁截面应变与应力分布

这样就使得应力沿截面高度的分布规律由实际的折线 AD 变为假想的折线 AB(图 5.2-5)。于是,有关梁的平面弯曲的一切公式在此仍然适用,因而计算可按下列步骤进行。

取对钢梁形心轴 o-o 的静矩,即可求得结合截面的重心位置。因为钢梁截面对 o-o 轴的静矩等于零,故得:

$$S_s = \frac{1}{n}A_c a \tag{5.2-2}$$

式中：a——钢筋混凝土板与钢梁重心间的距离。

结合截面重心对轴线 $o-o$ 的位置，按照下列纵坐标值决定：

$$Z = \frac{S_s}{A_s} \tag{5.2-3}$$

结合截面对通过它重心轴线 $X-X$ 的惯性矩，换算成钢材，得：

$$I_o = I_s + A_s z^2 + \frac{1}{n}I_c + \frac{1}{n}A_c(a-z)^2 \tag{5.2-4}$$

式中：I_c——板截面对通过它重心轴线的惯矩。

M_1 为截面上由于第二部分恒载所产生的力矩，M_p 为活载所产生的力矩，第二阶段受力时由弯矩 $M_1 + M_p$ 在结合截面上所发生的应力为：

在钢梁的最外点：

$$\sigma_{o1} = \frac{M_1 + M_p}{I}(y_o - z), \quad \sigma_{u1} = \frac{M_1 + M_p}{I}(y_u + z) \tag{5.2-5}$$

式中，结合截面对钢梁最外点的截面模量：

$$W_o = \frac{I}{y_o - z}, \quad W_u = \frac{I}{y_u + z}$$

在混凝土板顶面：

$$\sigma_h = \frac{M_1 + M_p}{nI} \cdot y_h, \quad W_h = \frac{nI}{y_h}$$

最后，按下式校核强度：

$$\sigma_o + \sigma_{o1} \leqslant [\sigma_s]$$
$$\sigma_u + \sigma_{u1} \leqslant [\sigma_s]$$
$$\sigma_c \leqslant [\sigma_c] = 0.63 f_{tk}$$

三、剪力传递器的计算

由钢筋混凝土板和钢梁通过剪力传递器组成的结合梁，在荷载作用下，钢筋混凝土板的下表面和钢梁上缘接缝处要产生错动的纵向水平剪力，于是单位长度上的水平剪力的计算可根据下式计算：

$$T = \frac{QS_x}{I_o}$$

式中：Q——作用于结合梁的剪力（第二部分恒载和活载引起的剪力和）；

S_x——钢筋混凝土板对结合截面重心轴的面积矩；

I_o——结合梁惯矩。

对于刚性剪力传递器，还应验算每个构件的承压强度和混凝土中沿构件周边的剪应力。

四、结合梁中混凝土徐变、收缩和温差应力

在持续的荷载作用下，混凝土板将产生徐变，在结合梁中必然引起徐变应力（忽略板内钢筋徐变情况）。在温度变化时，由于钢的导热率大于混凝土板导热率，造成板和钢梁的温度

差,在结合梁中也要引起温度应力。混凝土随着时间的推移将产生干燥收缩,也就是板内要产生收缩变形(与徐变情况一致),而钢梁对板的变形将起到约束作用,此时板要受到一定的纵向拉力,钢梁受到同样的压力,总的来讲,徐变、温差和混凝土收缩应力使板内应力稍微减少,而在钢梁中的应力有所增加,由此《公路桥涵钢结构及木结构设计规范》(JTJ 025—86)要求对这三种应力进行计算。

1. 徐变产生的附加应力

(1)徐变产生的混凝土应力松弛

混凝土在持续荷载作用下,由于徐变,应变将增大。若要应变达到某一个常数,则必须减少持续荷载,从而使混凝土应力松弛。

在混凝土中 $t=0$ 时作用有持续荷载 $N_{c,0}$,为保持应变为常数,在时刻 t 时施加的反向荷载为 $N_{c,t}$,用下式考虑极短的单位时间内的应变变化:

$$\frac{N_{c,0}}{E_c A_c}d\varphi_t - \frac{N_{c,t}}{E_c A_c}d\varphi_t - \frac{1}{E_c A_c}dN_{c,t} = 0 \tag{5.2-6}$$

式中:φ_t——计算考虑龄期为 t 时混凝土徐变系数;

E_c——混凝土弹性模量。

左式第一项:$N_{c,0}$ 产生的徐变应变的改变;

左式第二项:$N_{c,t}$ 产生的徐变应变的改变;

左式第三项:$N_{c,t}$ 产生的弹性应变的改变;

右边:总应变的改变,这时因为应变为常数,故等式右边应为零。上式可改写为:

$$\frac{dN_{c,t}}{d\varphi_t} + N_{c,t} = N_{c,0}$$

$$\therefore N_{c,t} = N_{c,0} + Ce^{-\varphi_t}$$

根据 $t=0$ 即 $\varphi_t=0$ 时,$N_{c,t}=0$,得:

$$C = -N_{c,0}$$

$$\therefore N_{c,t} = N_{c,0}(1 - e^{-\varphi_t})$$

同理:

$$M_{c,t} = M_{c,0}(1 - e^{-\varphi_t})$$

(2)徐变引起的钢筋混凝土附加应力

对于钢筋混凝土板,在持续荷载作用下,若不考虑钢筋的徐变,混凝土中的钢筋将约束混凝土徐变。但钢筋是可变形的,钢筋应变的改变可作为超静定量处理。即式(5.2-6)右边不等于零,而等于钢筋应变的改变。由于钢筋力的变化等于混凝土松弛力,可用下式表示徐变引起钢筋混凝土板的应变关系式:

$$\frac{N_{c,0}}{E_c A_c}d\varphi_t - \frac{N_{c,t}}{E_c A_c}d\varphi_t - \frac{1}{E_c A_c}dN_{c,t} = \frac{1}{E_s A_s}dN_{c,t} \tag{5.2-7}$$

式中,右边等式为 $N_{c,t}$ 产生的钢筋弹性应变变化。

(3)徐变引起结合梁的附加应力

钢筋混凝土的结合梁,钢梁的上、下翼缘往往是非对称的,故必须考虑随着徐变产生的轴力变化而附加的弯矩变化,在式(5.2-7)的基础上可得应变关系式为:

$$\frac{N_{c,0}}{E_c A_c}d\varphi_t - \frac{N_{c,t}}{E_c A_c}d\varphi_t - \frac{1}{E_c A_c}dN_{c,t} = \frac{1}{E_s A_s}dN_{c,t} + \frac{a^2}{E_s I_s}dN_{c,t} \tag{5.2-8}$$

式中：a——混凝土板和钢梁重心间的距离。

右式第二项：轴力 $N_{c,t}$ 引起的附加弯矩产生的钢梁弹性应变的变化。

同理，弯矩产生的徐变的变化关系式为：

$$\frac{M_{c,0}}{E_c I_c}d\varphi_t - \frac{M_{c,t}}{E_c I_c}d\varphi_t - \frac{1}{E_c I_c}dM_{c,t} = \frac{1}{E_s I_s}dM_{c,t} + \frac{a}{E_s I_s}dN_{c,t} \qquad (5.2-9)$$

式中，左式第一项：$M_{c,0}$ 产生的徐变应变的改变；

左式第二项：$M_{c,t}$ 产生的徐变应变的改变；

左式第三项：$M_{c,t}$ 产生的弹性应变的改变；

右式第一项：$M_{c,t}$ 产生的钢梁弹性应变的变化；

右式第二项：轴力 $N_{c,t}$ 引起的附加弯矩产生的钢梁弹性应变的变化。

结合梁应引入修正系数 γ_s：

$$\gamma_s = \frac{F_s I_s}{A_o I_o}$$

并令：

$$a_s = \frac{I_s}{I_s + \frac{1}{n}I_c}$$

结合梁时刻 t 时：

$$N_{c,t} = N_{c,0}(1 - e^{-\gamma_s \varphi_t}) = -N_{s,t}$$

式中：$A_o、I_o$——结合截面面积和惯性矩。

引入假想的弹性模量，素混凝土的假想弹性模量 $\frac{1}{E_{c,t}} = \frac{1}{E_c}(1+\varphi_t)$，则：

$$\frac{1}{E_{c,t}} = \frac{1}{E_c}(1 + \phi_{kr} \cdot \varphi_t)$$

经整理可得钢筋混凝土板和钢梁上缘应力：

$$\sigma_c = \sigma_{c,0} \times \frac{1 + (1 + \frac{a_s}{y_i})\beta_s \cdot \phi_{kr}\varphi_t}{(1 + \phi_{kr}\varphi_t)(1 + \gamma_s \phi_{kr}\varphi_t)}$$

$$\sigma_s = \sigma_{s,0} \times \frac{1 + (1 \pm \frac{a_s}{y_i})\beta_s \cdot \phi_{kr}\varphi_t}{1 + \gamma_s \phi_{kr}\varphi_t} \qquad (5.2-10)$$

式中，$\phi_{kr} = \frac{e^{\gamma_s \cdot \varphi_t} - 1}{\gamma_s \varphi_t}$，$y_o = \frac{I_o}{A_o a_c}$，$y_s = \frac{I_s}{A_s a}$，$\beta_s = \frac{A_s}{A_o}$，$a_c = a - a_s$（图5.2-6）。

对于 $t = \infty$ 的最终状态，如 $\varphi_t = \varphi$，结合梁的一般情况下 $\varphi = 2.00$。

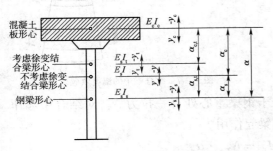

图 5.2-6 徐变引起结合梁中性轴的变化

结合梁重心处仅受有轴向力 $\overline{N}$ 的情况下，混凝土板和钢梁分担的轴向力：

$$\overline{N}_{c,0} = \overline{N}\frac{A_c}{nA_o}, \quad \overline{N}_{s,0} = \overline{N}\frac{A_s}{A_o}$$

$\overline{N}_{n,0}$ 使混凝土产生徐变，徐变引起的附加轴力：

$$\overline{N}_{c,t} = -\overline{N}_{s,t}$$

若忽略混凝土板内弯矩 $M_{h,t}$，则附加应力为：

$$\sigma_{c,t} = \frac{\overline{N}_{c,t}}{A_c}, \quad \sigma_{s,t} = \frac{\overline{N}_{s,t}}{A_s} + \frac{\overline{N}_{c,t}}{I_s} \cdot a \cdot y_s$$

时刻 t 时截面内力和应力如下式：

$$\overline{N}_c = \overline{N}_{c,0} - \overline{N}_{c,t}, \quad \overline{N}_s = \overline{N}_{s,0} + \overline{N}_{c,t}, \quad M_s = \overline{N}_{s,t} \cdot a$$

$$\sigma_c = \frac{\overline{N}_c}{A_c}, \quad \sigma_s = \frac{\overline{N}_s}{A_s} + \frac{M_s}{I_s} \cdot y_s$$

采用假想弹性模量 $E_{c,t}$ 时，时刻 t 的应力可用下式求得：

$$\sigma_c = \frac{\overline{N}}{n_t A_{o,t}} + \frac{\overline{N}(a_s - a_{s,t})}{n_t I_{o,t}} y_{o,t}, \quad \sigma_s = \frac{\overline{N}}{A_{o,t}} + \frac{\overline{N}(a_s - a_{s,t})}{I_{o,t}} y_{o,t}$$

式中：$n_t = n(1 + \phi_{kr}\varphi_t)$， $A_{o,t} = A_o \dfrac{1 + \beta_s \phi_{kr}\varphi_t}{1 + \phi_{kr}\varphi_t}$， $a_{c,t} = a_c \dfrac{1 + \phi_{kr}\varphi_t}{1 + \beta_s \phi_{kr}\varphi_t}$， $a_{s,t} = a_s \dfrac{1}{1 + \beta_s \phi_{kr}\varphi_t}$，

$I_{o,t} = I_i \dfrac{1 + \gamma_s \phi_{kr}\varphi_t}{1 + \beta_s \phi_{kr}\varphi_t}$， $y_{o,t} = y_o + a_s \dfrac{\beta_s \phi_{kr}\varphi_t}{1 + \beta_s \phi_{kr}\varphi_t}$。

2. 温度应力

结合梁在温度变化时，由于混凝土和钢的热导率不同，两者之间有温度变化滞后现象，也就是产生温度差异，但因为剪力传递器使混凝土板和钢梁连接成一体，变形均受到约束，就会使结合梁内部产生初始应力。在计算结合梁温差引起的内部应力重分布时，混凝土和钢的线膨胀系数均可取为 $\alpha_T = 12 \times 10^{-6}/\text{℃}$。

由于温差引起的结合梁内部状态一般可用下述假定情况去考虑，如由于温度变化混凝土能自由伸缩，那么在结合梁中若有温差 ΔT，单位长度混凝土板的变形变化量为 $\alpha_T \cdot \Delta T$ [图 5.2-7a)]。

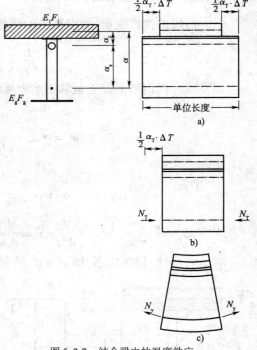

在钢梁重心处施加一个平衡力 N_T，N_T 使钢梁缩短 $\alpha_T \cdot \Delta T$ [图 5.2-7b)]，当混凝土板和钢梁合成后，将施加的 N_T 力去掉，则 N_T 就以作用在钢梁重心处的内力使结合梁产生变形 [图 5.2-7c)]，这个变形就是温差 ΔT 产生的结合梁的变形。

这时作用力：

$$N_{T,c} = \alpha_T \Delta T \cdot E_s A_s$$

于是形成结合梁后的截面内力就是轴向力和下式所示的弯矩：

$$M_{T,c} = N_{T,c} \cdot \alpha_s$$

混凝土的应力 $\sigma_{T,c}$ 为：

$$\sigma_{T,c} = \frac{N_{T,c}}{n}\left(\frac{1}{A_o} \pm \frac{\alpha_s \cdot y_o}{I_o}\right) \quad (5.2\text{-}11)$$

图 5.2-7 结合梁中的温度效应

以上分析是基于两种材料热导率不同而产生温度差，钢梁变形大于混凝土板变形的情况，相当于钢梁重心处有一拉力 $N_{T,c}$ 对结合梁起作用；与此同时，混凝土板相当于有一拉力 $N_{T,s}$ 对钢梁起作用。

$$N_{T,s} = -\Delta T \alpha_T E_c A_c \quad M_{T,s} = N_{T,s} \cdot \alpha_c$$

那么：

$$\sigma_{T,s} = N_{T,s}\left(\frac{1}{A_o} \mp \frac{\alpha_c \cdot y_o}{I_o}\right) \tag{5.2-12}$$

对于结合截面内的温度分布,可按图 5.2-8b)所示的进行计算,也可按图 5.2-8c)所示的直线变化(线性变化)进行计算。这时若各部分线膨胀系数相同,则仅产生形变不产生应力,由此,我们在计算温度应力时,应采用图 5.2-8b)非线性变化的分布曲线。当然在计算结合的连续梁桥时,为了简化计算可采用图 5.2-8c)的线性分布曲线进行计算。

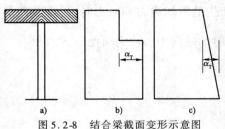

图 5.2-8 结合梁截面变形示意图

对于简支结合梁桥计算温度应力时,日本按 $\Delta T = 10\text{℃}$ 计算,我国按 $10 \sim 15\text{℃}$ 温差计算。

3. 收缩应力

结合梁混凝土板的收缩是随时间变化的,它的增长速度受到空气温度等条件的影响。为了简化计算,一般均假定收缩变化的规律相似于徐变变化的规律,即:

$$\varepsilon_{s,t} = \varepsilon_s \frac{\varphi_t}{\varphi}$$

如把相当于允许自由变形时所产生的变形量的力叫做假想收缩力 N_s,则:

$$N_s = \varepsilon_{s,t} E_c A_c = \varepsilon_s \frac{E_c A_c \cdot \varphi_t}{\varphi} \tag{5.2-13}$$

和徐变产生附加应力一样,代入式(5.2-8)中,可得:

$$\frac{\varepsilon_s E_c A_c}{\varphi E_c A_c} d\varphi_t - \frac{N_{s,c,t}}{E_c A_c} d\varphi_t - \frac{1}{E_c A_c} dN_{s,c,t} = \frac{1}{E_s A_s} dN_{s,c,t} + \frac{a^2}{E_s I_s} dN_{s,c,t} \tag{5.2-14}$$

同理附加弯矩为:

$$-\frac{M_{s,c,t}}{E_c A_c} d\varphi_t - \frac{1}{E_c A_c} dM_{s,c,t} = \frac{1}{E_s I_s} dM_{s,c,t} + \frac{a}{E_s I_s} dN_{s,c,t} \tag{5.2-15}$$

与徐变规律(见前文)相似,收缩产生的轴向力 $N_{s,c,t}$ 和弯矩 $M_{s,c,t}$ 为:

$$N_{s,c,t} = \frac{\varepsilon_s E_c A_c}{\varphi}(1 - e^{\gamma_s \varphi_t}) = -N_{s,s,t} \tag{5.2-16}$$

$$M_{s,c,t} = -\frac{\varepsilon_s E_c A_c \alpha \frac{1}{n} I_h \alpha_s \gamma_s (e^{-\gamma_s \varphi_t} - e^{-\alpha_s \varphi_t})}{\varphi I_s (\alpha_s - \gamma_s)} \tag{5.2-17}$$

式中,$\gamma_s = \dfrac{F_s I_s}{F_o I_o}$, $\alpha_s = \dfrac{I_s}{I_s + \dfrac{1}{n} I_c}$。

若取 $\alpha_s \approx 1$,则上式变成:

$$M_{s,c,t} = \frac{\varepsilon_s E_c A_c \alpha \frac{1}{n} I_c \gamma_s (e^{-\gamma_s \varphi_t} - e^{-\varphi_t})}{\varphi I_s (1 - \gamma_s)}$$

而收缩引起的钢梁弯矩 $M_{s,s,t}$ 为:

$$M_{s,s,t} = N_{s,c} \cdot \alpha + M_{s,c,t} \tag{5.2-18}$$

由前面公式求得 $N_{s,c,t}$、$M_{s,c,t}$、$M_{s,s,t}$ 后,则可求出收缩产生的各部分应力。和徐变一样,时刻 t 时的修正假想弹性模量为:

$$\frac{1}{E_c}(1+\phi_s\varphi_t)=\frac{1}{E_{s,c,t}} \tag{5.2-19}$$

式中，ϕ_s 和荷载徐变一样，钢筋混凝土中的钢筋对收缩也有约束作用，必须对假想弹性模量进行修正，即为修正系数，用这个 $E_{s,c,t}$ 求时刻 t 时所产生的附加内力和应力时，可采取和求温差应力同样的假设情况，用 $\dfrac{\varepsilon_s\varphi_t}{\varphi}$ 代替 $\alpha_T\cdot\Delta T$，则时刻 t 时的轴向力和应力可由下式求出：

$$\left.\begin{array}{l}N_{s,c,t}=\dfrac{\varepsilon_s E_s A_s\varphi_t}{\varphi}\\[2mm] N_{s,s,t}=\dfrac{\varepsilon_s E_{s,c,t} F_c\cdot\varphi_t}{\varphi}\end{array}\right\} \tag{5.2-20}$$

$$\left.\begin{array}{l}\sigma_{s,c,t}=\dfrac{N_{s,c,t}}{n_{s,t}}\left(\dfrac{1}{A_{s,o,t}}\pm\dfrac{\alpha_{s,s,t}y_{s,o,t}}{I_{o,t}}\right)\\[2mm] \sigma_{s,s,t}=N_{s,s,t}\left(\dfrac{1}{A_{s,o,t}}\mp\dfrac{\alpha_{s,c,t}y_{s,o,t}}{I_{s,o,t}}\right)\end{array}\right\} \tag{5.2-21}$$

$\phi_s=\dfrac{\mathrm{e}^{\gamma_s\varphi_t}\cdot\varphi_t}{(\mathrm{e}^{\gamma_s\varphi_t}-1)\varphi}-\dfrac{1}{\gamma_s\varphi_t}$；对于 $t=\infty$ 的最终状态，各式中可令 $\varphi_t=\varphi$；一般情况，结合梁可取 $\varphi=4.00$ 进行计算。和徐变一样，由 B. Fritz 表将 ϕ_s 两位数归纳为表 5.2-1。

ϕ_s 值　　　　　　　　　　　　　　　　　　　　　　　　　　表 5.2-1

$\gamma_g\varphi_t$	0.06~0.18	0.19~0.30	0.31~0.41	0.42~0.54	0.55~0.66	0.67~0.78	0.79~0.90	0.91~1.00
ϕ_s	0.51	0.52	0.53	0.54	0.55	0.56	0.57	0.58

五、加强钢筋混凝土板参与受力的措施

对于结合梁还需说明两个问题：第一个问题是，结合梁中的钢筋混凝土板通常在第二期恒载及可变作用下才与钢梁共同受力，也就是钢筋混凝土板的自重由钢梁本身承受。为了更有效地利用板，最好是钢筋混凝土板对于第一期恒载也参与作用，达到更为经济的目的。这可以在建造结合梁时采用专门的施工方法来达到。

使钢筋混凝土板参与全恒载作用的最简单方法，是在满布式的支架上建造结合梁，在混凝土板结硬以后拆去支架，这样达到结合梁的全截面承受恒载和活载。也可以在桥跨中央设临时支墩，它是比较常用而且很有效的方法（图 5.2-9）。

在架好的钢梁上因板的混凝土及模板而加载时，在钢梁中的临时支撑上产生了负弯矩[图 5.2-10a)]，当混凝土板结硬以后拆去临时支墩，结合梁就受到一个正弯矩的作用，如图 5.2-10b)所示，$M_A=\dfrac{Al}{4}$（A 为临时支墩双跨连续梁的支反力）。注意这时的外荷载就是第一期恒载，承受这一部分恒载的截面是结合梁的整体截面。这种方法除了以上目的外，还使钢梁的内力有所减少，可以从下面钢梁上下翼的应力公式中得以说明：

$$\sigma_o=\dfrac{\overline{M}}{W_{o1}}-\dfrac{\overline{M}+M_o}{W_{o2}}=\dfrac{-M_o}{W_{o2}}+\overline{M}\left(\dfrac{1}{W_{o1}}-\dfrac{1}{W_{o2}}\right)$$

$$\sigma_u=-\dfrac{\overline{M}}{W_{u1}}+\dfrac{\overline{M}+M_o}{W_{u2}}=\dfrac{M_o}{W_{u2}}-\overline{M}\left(\dfrac{1}{W_{u1}}-\dfrac{1}{W_{u2}}\right)$$

式中：W_{o1}、W_{u1}——钢梁上下翼缘抗弯模量；

W_{o2}、W_{u2}——换算截面上下翼缘抗弯模量。

因 $W_{o1} < W_{o2}$，$W_{u1} < W_{u2}$，所以括号内为正值，说明上下翼缘的应力均小于括号那一部分。进一步证明，采用临时支墩的方法较满布式支架间建造结合梁可达到更好的效果。

第二个问题是，对于悬臂梁及连续梁以及出现负弯矩区的其他体系桥梁，当采用结合梁的形式时，负弯矩区的处理方法。

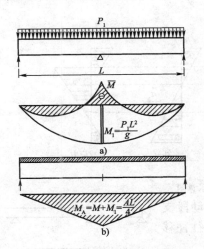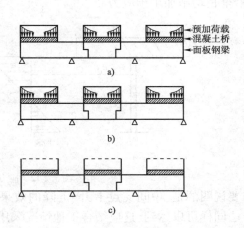

图 5.2-9 临时支墩法施工结合梁　　　　图 5.2-10 预加荷载法施工结合梁

由于混凝土本来就是抗拉性能很差的材料，当结合梁用于连续梁或悬臂梁时，在承受负弯矩的区段，想用原来的构造满足上述容许拉应力，一般是不可能的，我们必须加以处理。满足容许拉应力的处理方法有：

①施加预应力法；

②负弯矩区段不考虑混凝土，仅将混凝土中沿桥梁轴线方向纵钢筋计入截面计算；

③负弯矩区段不设或少设剪力传递器。

对于施加预应力有三种方法。

（1）正弯矩区段预加荷载法

如图 5.2-10 所示，现以悬臂梁为例说明。首先，在悬臂跨和锚固跨正弯矩区段浇筑桥面板的混凝土，待结硬后，在上面预加荷载[图 5.2-10a)]。然后在预加荷载的状态下浇筑支点附近的桥面混凝土[图 5.2-10b)]，待这部分混凝土结硬后，便将预加的荷载去掉[图 5.2-10c)]。由于预加荷载的加载和卸载，使梁各处受到一个大小相等符号相反的弯矩

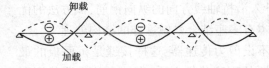

图 5.2-11 预加荷载法施工结合梁时的主梁变形

（图 5.2-11）。因而，对于悬臂跨、锚固跨跨中部分而言，因加载、卸载截面相同，故在卸载的同时应力也将消除，即不存在残留应力。但对于支点附近部分，由于加载时为钢梁截面，卸载时是结合截面，故在预加荷载去掉后，内部仍然残留着应力，如图5.2-12所示。预加荷载去掉后，如图 5.2-12 所示，结合梁混凝土板中所产生的压应力就是我们所期望的预应力。预加荷载可以用砂、碎石、钢块、水等，施工也较方便。

（2）支点顶升法

支点顶升的方法其基本原理是采用移动支点，使支点附近产生残留着的正弯矩应力，达到预加力的目的。该法施工简单可靠，大部分是连续结合梁采用的主要方法。下面就以三跨连

续梁为例,对本施工方法加以简单说明,如图5.2-13所示。首先,在钢梁架设后[图5.2-13a)],将中间支点抬高[图5.2-13b)],这虽与预应力没有直接关系,但可达到将支点下降后改善跨中部分钢梁应力过大的目的;接着,浇筑桥面板混凝土,待其结硬后[图5.2-13c)]将中间支点下降[图5.2-13d)],这样不仅产生与原点上升大小相等方向相反的弯矩,而且还要加上钢筋混凝土板重量所引起向下弯曲的正弯矩,如图5.2-14b)所示。此时便产生了预应力,并沿全长均施加了预应力。

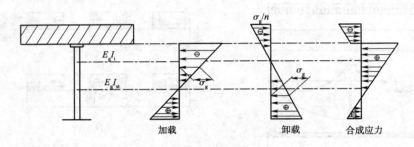

图 5.2-12 应力叠加法示意图

需要说明的是,中间支点上升、下降的效果,用移动段支点的方法同样可以达到,这应结合工地情况采用,不过往往移动端点施工方法更为简单。

(3)粗钢筋法

粗钢筋法是直接在中间支点附近(负弯矩区段)的混凝土中,沿桥梁轴线方向埋设预应力粗钢筋。对埋设粗钢筋区段来讲,这是效率最高的一种施工方法,但在支点附近预加应力时,其弯矩如图5.2-15所示的静定结构正弯矩,但静定结构的预应力产生了超静定弯矩,对超静定连续梁粗钢筋布置区以外也受到了负弯矩。因此采用此方法时,最好同时采用移动支点法,其效果就会更好。

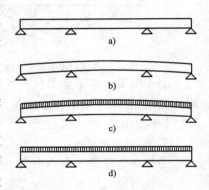

图 5.2-13 支点顶升法施工结合梁

从上面介绍的三种预应力的方法来处理负弯矩区段看,虽然使负弯矩区段存储了预应力,可使混凝土板参与结合梁的作用,但是预应力的徐变引起的变化是一个非常重要的问题,不仅需要做很复杂的计算,施加预应力的工期也较长,同时需要较多的熟练劳动力,尤其对于混凝土施加预应力后,钢梁应力如果得不到很大改善,可采用增加钢梁板厚的方式,即第二种处理方法。第二种处理方法不考虑混凝土板的存在,只计入沿桥轴线方向的纵向钢筋,该方法的优点是构造简单、施工方便,也是常用的方法之一。日本有多座结合梁做这样的结构处理。

图5.2-16所示为第三种处理方法,负弯矩区段不设剪力传递器,这样接缝是桥面板的最弱点,将给主梁的耐久性带来非常不良的影响。另外,从理论分析上看,有剪力传递器截面到无剪力器截面,应力的急剧变化要加以解决。不过这类构造,在不设剪力传递器区段上,为了克服接缝带来的缺点,钢筋混凝土板内仍然设置连续不断的纵向钢筋,在设计时,无剪力传递器区段按非结合梁设计,还应保证钢筋混凝土板的抗裂性。若考虑非结合区段钢筋混凝土板内的钢筋受力,应将两端剪力传递器予以加强,以保证钢筋混凝土板内钢筋传力。上面两种构造处理是大致相同的,在负弯矩区段不设剪力传递器的构造会更简单,但是,出现裂缝的问题也会更加突出,应慎重采用。

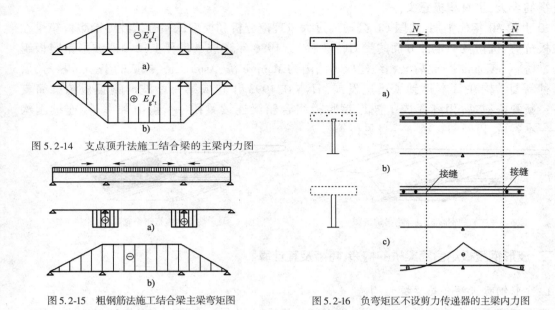

图 5.2-14 支点顶升法施工结合梁的主梁内力图

图 5.2-15 粗钢筋法施工结合梁主梁弯矩图

图 5.2-16 负弯矩区不设剪力传递器的主梁内力图

第三节 波形钢腹板结合梁桥

一、波形钢腹板结合梁桥概述

传统的混凝土箱梁以其良好的受力性能,在现代各种桥梁中得到了广泛应用。但是,混凝土箱梁的预应力钢筋一般都在腹板内实现转向,因此必须增加混凝土腹板的厚度,从而使腹板的重量占到了整个截面重量的 10%~30%。另外腹板与顶底板连成一体,顶底板的温差以及混凝土腹板的干燥收缩引起的应力问题比较突出,会导致各种各样的裂缝,而且降低了预应力的效率,严重影响结构的承载能力和耐久性。因此,采用新型结构形式来减小腹板的厚度,对于减轻箱梁自重、降低混凝土的温度和收缩徐变应力以及提高预应力效率都是十分必要的。

为此,法国的桥梁工程界在这方面做了很多开创性的工作。首先提出用加肋的平面钢板代替混凝土腹板,并通过箱形截面内体外预应力索施加纵向预应力。图 5.3-1 所示为法国的 La Ferte Saint-Aubin 桥箱梁的构造图,该桥跨径为 39.60m,梁高 1.625m,钢腹板厚 12mm。钢腹板和混凝土顶底板之间采用剪力键连接,这种钢腹板组合箱的结构形式有效降低了箱梁自重,但是在施加纵向预应力时钢腹板损失了部分预应力,而且为了防止钢腹板的局部屈曲必须焊接纵向加劲肋,从而使焊接量加大。到目前为止,采用平钢板作为腹板的箱梁桥仅此一座。

1975 年,法国 CB(Campenon Bernard)公司提出了用波形钢腹板来代替平面钢腹板的设想,图 5.3-2 所示为波形钢腹板箱梁的构造形式。波形钢腹板在轴向成折叠形状,当箱梁受到轴向力作用时能自由伸缩,因此由混凝土顶底板收缩徐变产生的变形几乎不受约束,从而避免了由于钢腹板的约束作用而造成的预应力损失。用波形钢腹板代替混凝土腹板,不仅减轻了箱梁的自重,而且有效解决了传统预应力混凝土箱梁容易出现斜裂缝的问题。此外,波形钢腹板具有较强的美感,易与周边环境相协调,是山区风景区较好的选择桥形,这在对桥梁美学尤为重视的今天,更具积极意义。

20世纪80年代中期,法国CB公司经过大量理论分析和模型试验确认波形钢腹板箱梁在钢腹板抗剪、抗扭及稳定性方面的受力特性后,于1986年建成了世界上第一座波形钢腹板组合箱梁桥——Cognac。此后又相继建成了法国的Maupre桥、Asterix桥、挪威的Tronko桥等,后来这种新型结构在日本得到了迅速发展,日本在1993年建成第一座波形钢腹板箱梁简支桥——新开桥,尔后相继建成了波形钢腹板组合箱梁连续梁桥——银山御幸桥,连续刚构桥——本谷桥,以及斜拉桥——日见桥等。

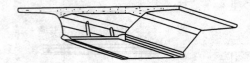 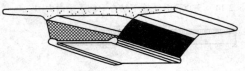

图5.3-1 加劲钢腹板组合箱梁构造图　　　图5.3-2 波形钢腹板组合箱梁构造图

二、波形钢腹板结合箱梁桥的构造、特点及其计算

1. 波形钢腹板结合箱梁桥的构造

波形钢腹板结合箱梁桥,由上下钢筋混凝土板通过剪力传递器与波形钢腹板连成一体共同受力,如图5.3-3所示。为了增加波形钢腹板结合箱梁抗扭刚度,在箱内除端横梁外,还设内横隔梁,为了增大波形钢腹板结合箱梁的跨越能力,常在钢筋混凝土板内布置需要的预应力筋,来克服自重所产生的应力,而可变荷载则由设置的体外预应力索平衡。

(1) 主梁构造

波形肋腹板结合箱梁,一般由顶底混凝土板和两波形钢腹组成箱梁。用于沿跨径变化梁高

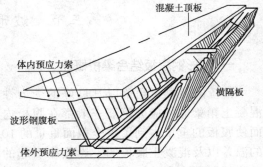

图5.3-3 波形钢腹板箱梁的一般构造

的桥梁时,两波形钢腹板竖直布置形成矩形箱梁,如图5.3-4a)所示;用于沿跨等高的桥梁时,两波形钢腹板外倾角形成倒梯形箱梁,如图5.3-4b)所示;也有个别桥梁(モーフし高架桥)只有上混凝土板和两波形钢腹板与下直径610mm钢管混凝土组成三角形箱梁,混凝土顶板设预应力筋和箱内设体外预应力承担荷载,如图5.3-4c)所示。

波形钢腹板连接处要加高,便于布置剪力传递器。由此,厚度常为跨中厚度加上剪力传递器高度,可参考表5.3-1所列几座桥顶底板尺寸。

波形钢腹板采用形式归纳为四种(表5.3-2),常采用表5.3-2中A种形式,板中长 a 和 b 常采用相等,主要是方便波形钢腹板的加工,钢板厚度按内力要求,一般钢板厚度要8mm以上。

对于梯形箱梁,其波形钢腹板的倾角为:日本新开桥是20°,谷川桥是16°;法国Cognac桥为35°;中国重庆大堰河桥为25°。研究表明,倾角适当增大,能减弱箱梁的畸变翘曲应力。

(2) 横隔梁设置

波形钢腹板结合箱形梁桥,由于波形钢腹板代替PC箱梁混凝土腹板,抗扭刚度及抗剪刚度分别降低到约40%、10%,纵向及横向抗弯刚度分别降低到90%、75%,尤其截面由于抗扭

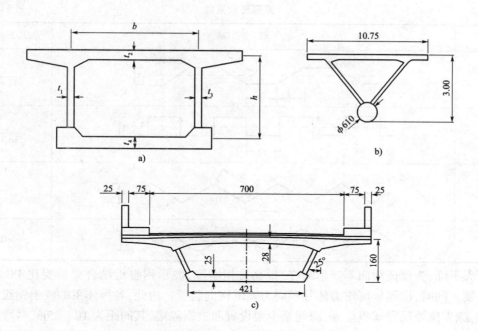

图 5.3-4 波纹钢腹板箱梁断面形式(尺寸单位:cm)

波形钢腹板箱梁桥顶底板尺寸实例

表 5.3-1

桥名	截面形式	腹板间距（mm）	顶板			底板		
			板端厚度（mm）	根部厚度（mm）	中间厚度（mm）	宽度（mm）	墩上厚度（mm）	跨中厚度（mm）
银山御幸桥	梯形	5 060	250	400	300	4 060	475	250
本谷桥	矩形	5 700	250	500	300	6 200	550	220
锅田高架桥	梯形	9 000	250	450	280	6 500	696	220
小河内川桥	矩形	5 800	240	450	290	5 800	800	250
白泽桥	矩形	5 000	250	420	270	5 000	—	—
小犬丸川桥	梯形	5 800	250	450	250	—	500	220
前谷桥	矩形	5 200	240	450	290	5 200	800	220
胜手川桥	矩形	5 700	250	450	300	5 700	—	220
西锅田高架桥	梯形	9 000	250	450	280	6 500	1 600	220
大内山川第二桥	矩形	5 500	270	440	290	5 500	—	—
中野高架一桥	矩形	4 500	250	450	280	4 500	800	190
下田桥	矩形	5 700	270	500	300	5 700	800	220
黑部川铁路桥	矩形	5 600	270	500	300	5 600	900	250

波形形状系数　　　　　　　　　　　　表 5.3-2

类型	波形形状	波形形状系数
A		$\dfrac{a+c}{3a+b}$
B		$\dfrac{a}{3a+h}$
C		$\dfrac{c}{h}$
D		$\dfrac{4}{3\pi}=0.424$

能力大大下降,为保证截面不产生畸变,提高抗扭刚度,波形钢腹板结合梁桥要比 PC 箱梁多设横隔梁。同时,横隔板可作为体外预应力索的转向装置。由此,各种体系的波形钢腹板结合箱梁桥,除支座处设置横隔梁外,跨间至少要设置两道横隔梁,其间距为 10~25m,对弯桥和斜桥要进一步计算比较确定。支座处横隔梁厚度一般设置 1.5m 以上。跨间横隔梁厚度 0.3~0.5m,横隔梁与波形钢腹板的连接形式有:端支座处横隔梁,将波形钢腹板伸入端横隔梁,钢筋骨架一次性浇筑成为一体的常用形式,另一种可在端横梁中预埋连接件与波形钢腹相连接。跨间(包括中支座)横隔梁常用形式,波形钢腹板内侧预留连接件与内横隔梁浇筑成一体。也有个别桥梁设计者认为波形钢腹板自身刚度低,横隔梁没有必要与波形钢腹板连接,而横隔梁与腹板设有一定缝隙,采取分离措施。其具体构造可参见《日本高速公路设计要领》,横隔梁的间距与主梁高跨比有关。其最大值可参见下列公式:

1)波形钢腹板垂直(0°)时

$$\dfrac{S_{\max}}{l}=0.98423-21.01853\cdot\dfrac{h}{l}+204.89232\left(\dfrac{h}{l}\right)^2-705.20171\left(\dfrac{h}{l}\right)^3$$

2)波形钢腹板倾斜(30°)时

$$\dfrac{S_{\max}}{l}=1.05182-23.58108\cdot\dfrac{h}{l}+242.41320\left(\dfrac{h}{l}\right)^2-855.8623\left(\dfrac{h}{l}\right)^3$$

3)波形钢腹板倾斜(45°)时

$$\dfrac{S_{\max}}{l}=1.08465-24.5197\cdot\dfrac{h}{l}+265.01614\left(\dfrac{h}{l}\right)^2-970.7880\left(\dfrac{h}{l}\right)^3$$

式中:h、l——分别为梁高和跨径,中间值可采用内插求得。

(3)剪力传递器

剪力传递器是波形钢腹板结合箱梁最重要的构造,它要承受两种材料水平错动剪力,使结合箱梁共同受力。剪力传递器构造,最初与前结合梁一样,波形钢腹板上下加焊水平翼缘板,在水平翼缘板上布置有型钢、栓钉的剪力传递器与混凝土板浇筑一体。经过几座桥的修建,人们又在原构造的基础上,加焊钢筋使连接进一步加强。现归纳出有四种连接构造形式,如图 5.3-5 所示。

一类是型钢或栓钉,再加连接筋,见图 5.3-5b)、c)、d);另一类是波形钢腹板直径伸入到顶底板内,并将横向和纵向钢筋连成一体,叫埋入式连接,见图5.3-5b)。前三种构造需要焊两个翼缘板,使连接部分刚度变得较大,降低波形钢腹板受混凝土收缩徐变的影响;其次增加了用钢量,增加了自重。由此,近年来以及我们修建的几座桥选择了埋入式连接构造形式。如大堰河桥营运一年多来的实践,就证明了这种连接是简单、可靠的。

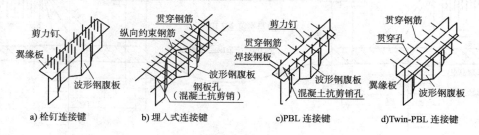

图5.3-5　连接键形式

(4) 构造实例

现将世界上首座波形钢腹板箱梁桥——法国 Cognac 桥(图 5.3-6)的情况介绍如下。

该桥于1986年7月建成,为单箱单室的三跨(32.455m + 42.91m + 32.45m)波形钢腹板结合连续梁桥,桥宽11.7m,由2×3.5m行车道和2×2m紧急车道组成。箱高2.285m,箱梁含底板宽4.17m,厚20cm;箱梁含顶板宽11.7m,两悬臂长1.55m,顶板在腹板处最厚为33cm,顶板厚度沿横桥向变化。波形钢腹板钢板厚8mm,波形钢腹板两折痕间距为35.27cm,波高15cm,波形钢腹板与竖轴成35°向外倾斜,形成倒梯形结合箱梁。上、下钢筋混凝土板与波形钢腹板是通过角钢剪力传递器紧密结合成一体。箱梁为防止截面畸变,增加主梁抗扭刚度,箱梁内除三个支点设有横隔梁外,主跨内四道横隔梁,两边跨内各设两道横隔梁,全桥共设置十一道横隔梁,横隔梁厚53.2cm,横隔梁两端预埋角钢与两侧波形钢腹板相连,确保箱梁的横向刚度。预应力体系布置由各根预应力束通过跨间横隔梁锚固于横隔梁端,预应力束通过横隔梁处预埋有钢管,形成转

图5.3-6　法国 Cognac 桥

向块,预应力束置于聚乙烯套管内,当张拉到位后灌注水泥浆,全部预应力索均可更换。该桥经过荷载实验,支点附近翼缘板的剪切、弯曲应力全部满足要求,法国 Cognac 桥的成功建成,标志着已由传统的钢梁桥和 PC 箱梁桥发展到结合箱梁桥的建设。同时,开创了钢—混凝土结合箱梁的一种新颖桥型——波形钢腹板结合梁桥。

日本等国在法国 Cognac 桥的基础上又有新的发展;重庆交通大学于2006年设计并建成的大堰河桥,其立面布置及主梁横截面尺寸如图5.3-7所示。

箱梁的上下混凝土板强度等级为C50混凝土,混凝土顶板厚28cm,悬臂长2.0cm(波形钢腹板中心轴线至悬臂端的距离);底板宽4.21m,厚25cm。全桥共设两道端横隔板(厚1.5m)和两道中横隔板(厚0.35m)。波形钢腹板厚9mm 的 Q345C 钢板,腹板与竖直轴成25°外倾,两折痕间距25cm,波高15cm。剪力传递器采用埋入式连接形式,预应力体系采用体内索和体外索混合配置,经设计验算,体内索采用六根($9\phi^s15.24$)钢铰线,承受全桥恒重,体内索采用四根($12\phi^s15.24$)钢铰线,承受活载(图5.3-8)。建成后通过荷载试验,全部符合要求。

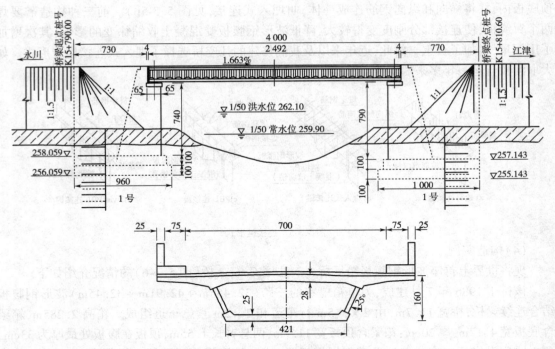

图 5.3-7 大堰河桥的立面布置及主梁横截面(高程单位:m;尺寸单位:cm)

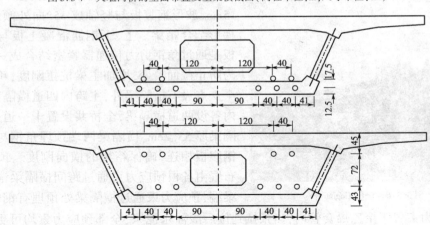

图 5.3-8 大堰河桥预应力索横断面布置图(尺寸单位:cm)

2. 波形钢腹板结合箱梁的特点

波形钢腹板结合箱梁是恰当地将钢和混凝土特性充分发挥,使材料的使用效率大为提高。首先,波形钢腹板代替了 PC 箱梁中混凝土腹板,使桥梁自重大为降低,增大桥梁跨越能力。波形钢腹板结合连续箱梁跨径已达 102.5m(日本游乐部川桥),上部结构的减轻,使上下部工程量获得减少,从而降低桥梁造价;波形钢腹板代替了 PC 箱梁中混凝土板,由于波形钢腹板沿桥呈折叠状,上下混凝土板的徐变、收缩变形不受腹板约束,避免次应力的产生;预应力混凝土箱梁在承受荷载及混凝土收缩、徐变的影响,常常在腹板处出现裂缝,波形钢腹板完全避免了腹板出现裂缝问题,从而提高桥梁的耐久性;波形钢腹板结合箱梁中设体外预应力索,便于桥梁的维修和补强;波形钢腹板在工厂生产,减少现场作业。又由于自重轻,波形钢腹板箱梁在悬臂施工中可减少节段数量,比 PC 箱梁桥施工工期短;波形钢腹板结合箱梁桥,具有简洁和立体外观,波形钢腹板有容易涂装环境协调的色彩,由此,波形钢腹板结合箱梁桥是一种造型较美观的桥梁。波形钢腹板结合箱梁在我国还处于起步阶段,波形钢腹板还未能定型生产,其造价暂时还偏高,但随着波形钢腹板结合箱梁桥的修建与发展,它的经济、合理、安全、美观的优点将会得到充分发挥。下面将已建部分桥梁列出,如表5.3-3所示。

部分已建成的波形钢腹板结合箱梁桥　　　　　　　　表5.3-3

序号	桥名	结构体系	跨径组合(m)	桥宽(m)	施工方法	建成年份
1	法国 Congac 桥	3跨连续梁	31.0＋43.0＋31.0	12.1	支架	1986
2	法国 Maupre 高架桥	7跨连续梁	40.95＋2×47.25＋53.55＋50.40＋44.10＋40.95	10.8	顶推	1987
3	法国 AsterixPaerk 桥	2跨连续梁	37.0＋37.0	13.0	支架	1989
4	法国 Dole 桥	7跨连续梁	48.0＋5×80.0＋48.0	14.5	悬臂	1995
5	新开桥	单跨简支梁	30.0	14.8	支架	1993
6	银山御幸桥	5跨连续梁	27.4＋3×45.5＋44.9	9.7	顶推	1996
7	本谷桥	3跨连续刚桥	44.0＋97.2＋56.0	11.5	悬臂	1998
8	锅田高架桥	3跨连续梁	47.0＋91.5＋47.0	15.6	逐跨	2000
9	中子泽桥	2跨连续梁	47.8＋48.5	12.5	支架	2001
10	小河内川桥	T型刚构	78.5＋78.5	10.7	悬臂	2001
11	白泽桥	单跨简支梁	50.0	9.20	支架	2001
12	小犬丸川桥	6跨连续刚构	49.9＋4×81.0＋54.1	10.4	悬臂	2001
13	前谷桥	T型刚构	75.3＋83.3	11.5	悬臂	2001
14	胜手川桥	3跨连续刚构	59.3＋96.5＋69.8	11.2	悬臂	2001
15	西锅田高架桥	3跨连续刚构	59.0＋125.0＋59.0	15.1	悬臂	2001
16	大内山川桥	7跨连续刚构	49＋2×66＋120＋57＋43＋34	10.3	悬臂	2002
17	中野高架一桥	4跨连续梁	48.0＋70.5＋81.5＋50.8	9.25	悬臂	2002
18	中野高架二桥	4跨连续梁	57.5＋83.9＋60.5＋39.8	9.25	悬臂	2002
19	下田桥	4跨连续刚构	44.3＋136.5＋48.9＋38.4	11.5	悬臂	2002
20	安家4号桥	2跨连续梁	55.8＋55.8	9.20	—	2002
21	栗谷川桥	4跨连续刚构	44.0＋81.0＋95.0＋58.0	10.1	悬臂	2002
22	日本鹤卷桥	4跨连续刚构	36.1＋2×47.10＋36.1	—	—	2003
23	日本门崎桥	4跨连续刚构	41.2＋2×50.10＋41.2	—	—	2003
24	日本白岩桥	3跨连续梁	上行线52.10＋86.10＋45.10 下行线54.10＋82.10＋51.10	—	—	2003
25	日本日见桥	3跨部分斜拉桥	91.8＋180.0＋91.8	—	—	2003
26	日本温海川桥	4跨连续梁	62.3＋2×51.5＋51.3	—	—	2004
27	日本黑部川B桥	6跨连续梁	2×50＋2×72＋2×50	—	—	2004
28	日本第二上品野桥	5跨连续梁	上行线68＋81＋2×73＋50 下行线65＋81＋2×73＋51.2	—	—	2004
29	日本长谷桥	5跨连续刚构	58.8＋3×92.0＋58.5	—	—	2004
30	日本游乐部川桥	3跨连续梁	65.7＋102.5＋65.9	—	—	2004
31	日本津久见川桥	5跨连续刚构	49.6＋2×75＋47＋42.6	—	—	2004

续上表

序号	桥　名	结构体系	跨径组合(m)	桥宽(m)	施工方法	建成年份
32	日本矢作川桥	4跨复合斜拉桥	174.7+2×235.0+174.7	—	—	2004
33	日本丰田东桥	3跨连续刚构	86.0+94.0+61.9	—	—	2004
34	日本宏内第二桥	5跨连续梁	40.9+75+85+50+39.4	—	—	2004
35	日本长久11号桥	3跨连续刚构	45.9+72.0+45.9	—	—	2004
36	日本信乐六号桥	2跨T型刚构	71.8+77.8	—	—	2004
37	日本信乐七号桥	5跨连续刚构	57.5+3×89.0+57.5	—	—	2004
38	日本栗东桥	4跨(5跨)部分斜拉桥	上行137.6+170+115+67.6 下行152.6+160+75+90+72.6	—	—	2005
39	日本杉谷川桥	6跨连续刚构	桥长453.0m	—	—	2005
40	日本千代川桥	2跨连续梁	桥长233.0m	—	—	2005

在此要特别提出的是,山东鄄城黄河公路桥,它的主桥采用 70m+11×120m+70m 一联的波形钢腹板预应力混凝土箱梁桥,连续长度达 1 460m,它是中国第一座也是世界上最长的波形钢腹板预应力混凝土连续箱梁桥,2006 年底开工,正在建设中。

3. 波形钢腹板结合箱梁桥的计算

(1) 波形钢腹板结合箱梁桥的弯曲特性

波形钢腹板在纵向如风琴一样可以自由的变形,在轴力和弯矩作用下,轴向变形很大,如图 5.3-9 所示,这说明表观弹性模量很小,经实验和计算得出其轴向表观弹性模量 E' 为钢板的弹性模量 E 的几百分之一,甚至为几千分之一,因此,在设计时可以认为波形钢腹板不承受轴向力,可近似认为波形钢腹板不抵抗正弯矩。当波形钢腹板结合箱梁桥在竖向荷载作用时,弯曲计算所用到的截面几何特性可以不考虑波形钢腹板的存在,其置换截面如图 5.3-10 所示,也就是弯矩仅由混凝土顶底板构成的截面来抵抗,即波形钢腹板不参与弯曲受力。从截面应力分布图说明波形钢腹板结合箱梁桥顶底板的应力分布符合材料力学平面假设规律。

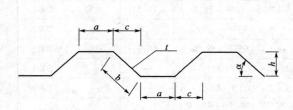

图 5.3-9　波形钢腹板构造形式

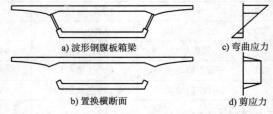

图 5.3-10　波形钢腹板组合箱梁弯曲应力计算模式

1) 翼缘的有效宽度

研究表明:波形钢腹板结合箱梁桥的混凝土顶板(翼缘)的宽跨比 b/l 是影响翼缘剪力滞系数的主要因素,其他因素对翼缘剪力滞影响相对较小,故在计算翼缘有效宽度时,完全可按箱梁宽跨比 $\dfrac{b}{l}$ 建立相应的经验公式计算,有效宽度比 $\psi=\dfrac{b_e}{b}$;其中 b_e 和 b 分别为翼缘有效宽度和实际宽度。有效宽度比 ψ 可参考表 5.3-4 所示。

2) 荷载偏载影响

波形钢腹板结合箱梁桥,由于波形钢腹板代替 PC 桥混凝土腹板使其箱梁表观弹性模量较低、抗扭刚度小,由此,对偏载影响不能参照预应力结合箱梁在计算内力时简单采用偏载提高系数(弯矩为5%、剪力为5%),在设计中除了要设置较强横隔梁外,还应对桥梁进行空间内力分析。弯曲应力计算参照 PC 箱梁相关规定。

简支和连续单箱单室波形钢腹板结合箱梁顶板有效宽度比的经验计算公式表　　表5.3-4

结构形式及截面位置	荷载类型	有效宽度比 ψ
简支梁跨中截面	集中荷载	$\psi = 0.03\,(b/l)^2 - 0.503\,(b/l) + 1.022\,6$
	均布荷载	$\psi = -0.07\,(b/l)^2 - 0.142\,(b/l) + 1.007$
连续梁跨中截面	集中荷载	$\psi = 1.006\,1 - 0.548\,(b/l)$
	均布荷载	$\psi = 0.995\,9 - 0.235\,(b/l)$
连续梁支点截面	集中荷载	$\psi = 0.55\,(b/l)^2 - 1.376\,(b/l) + 1.035\,6$
	均布荷载	$\psi = 0.73\,(b/l)^2 - 1.595\,(b/l) + 1.026\,7$

(2)波形钢腹板结合箱梁桥的剪力特性

波形钢腹板结合箱梁桥,由于波形钢腹板轴向变形大,基本不承受轴向力,由此,可以认为弯矩仅由顶底承受,箱梁中的剪力仅由波形钢腹板承受,并且剪应力沿波形钢腹板高度均匀分布。为保证波形钢腹板的安全,一是满足强度要求,二是满足稳定要求。

1)截面剪应力强度的验算

截面剪应力强度的计算式:

$$\tau = \frac{S}{h \cdot t} \leqslant \tau_y$$

式中:τ——作用波形钢腹板的剪切应力;

S——极限荷载作用时波形钢腹板上剪力;

h——波形钢腹板竖直方向的高度;

t——波形钢腹板的板厚;

τ_y——波形钢腹板的极限剪切应力。

2)扭转剪应力的计算

扭转剪应力的计算式:

$$\tau_{wt} = \frac{W_t}{2A_m t(1+\alpha)}$$

式中:τ_{wt}——由扭转产生的波形钢腹板的扭转剪应力;

W_t——极限荷载产生的箱梁截面梁扭矩;

t——波形钢板厚度;

A_m——箱梁中线面积;

α——修正系数,$\alpha = 0.400\,\dfrac{h}{b} - 0.600 \geqslant 0$;$\dfrac{h}{b} \leqslant 0.2$,取 $\alpha = 0$;其中,h 为混凝土顶底板中心距离,b 为腹板中心距离(波形板倾斜时,取大距离)。

3)剪切屈曲安全性计算

极限荷载作用时,剪应力即使在允许应力范围内,板的剪切屈曲也可能发生,所以对剪切屈曲的安全性验算必须进行。对波形钢腹板屈曲安全性计算,可以用有限变形理论的有限元方法进行安全性验算,但实际上用压杆的稳定性理论的有限元法对波形钢腹板屈曲安全性进行计算也可得到足够安全性的保证。以压杆理论为基础的波形钢腹板屈曲计算如图 5.3-11 所示。

考虑非弹性的局部屈曲、整体屈曲、组合屈曲进行计算,这些计算均按波形钢腹板承受全部剪应力为准。总之,屈曲进入非弹性范围($\lambda_s < \sqrt{2}$)是容许的,但设计追求的目标是$\lambda_s < 1$。对于曲线桥特别注意要有好的抗扭构造,并要用更合适的方法验算屈曲安全性。

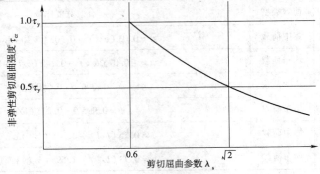

图 5.3-11 波形钢腹板屈曲计算图

屈曲区:
$$\tau_{cr,l} = \tau_y, \lambda_s \leqslant 0.6$$

非弹性区:
$$\tau_{cr,l} = [1 - 0.614 \times (\lambda_s - 0.6)]\tau_y, 0.6 < \lambda_s \leqslant \sqrt{2}$$

弹性区:
$$\tau_{cr,l} = \left(\frac{\tau_y}{\tau_{cr}}\right)^{\frac{1}{2}}, \lambda_s > \sqrt{2}$$

在确保其腹板剪切应力不超过容许剪应力及其抗剪屈服强度后,还要保证腹板的稳定性,如图 5.3-12 和图 5.3-13 所示。其前者为波形钢腹板局部屈曲形式图,后者是波形钢腹板整体屈曲形式图。图 5.3-14 是波形钢腹板局部计算图,图 5.3-15 是波形钢腹板整体计算图。

 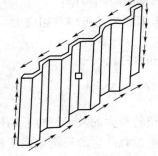

图 5.3-12 波形钢腹板局部屈曲形式　　　图 5.3-13 波形钢腹板整体屈曲形式

局部屈曲计算:
$$\tau_{cr,l} = \frac{E\pi^2}{12(1-\nu^2)} \cdot \frac{t}{h} \cdot k$$

式中:$\tau_{cr,l}$——波形钢腹板弹性模量;
　　　E——弹性屈曲强度,$E = 2.0 \times 10^5 \text{N/mm}^2$;
　　　t——波形钢腹板厚度;
　　　h——波形钢腹板高度;
　　　ν——波形钢腹板材料的泊松比,$\nu = 0.3$;

k——剪切屈曲系数,$k = 4.00 + 5.3/\alpha^2$;

α——纵横比,$\alpha = \dfrac{a}{h}$,(其中 a 为长边,h 为短边)。

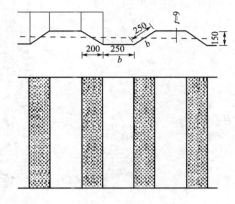

图 5.3-14 波形钢腹板局部计算图　　图 5.3-15 波形钢腹板整体计算图

整体屈曲计算:

$$\tau_{cr,G} = 36\beta \dfrac{(EI_y)^{1/4} \cdot (EI_x)^{3/4}}{h^2 t}$$

式中:β——两端支撑固结度系数,$1.0 \leqslant \beta \leqslant 1.9$,两端简支 $\beta = 1$,两端固结 $\beta = 1.9$;

h——波形钢腹板高度;

E——波形钢腹板弹性模量,$E = 2.0 \times 10^5 \text{N/mm}^2$;

I_x——波形钢腹板极轴方向相对重心的惯性矩,$I_x = \dfrac{t^3(\delta^2 + 1)}{6\eta}$,其中,$\delta$ 为波高板厚比,η 为长度减少系数(波形钢腹板沿桥轴方向长度与相应展开长度之比);

I_y——波形钢腹板相对高度方向惯性矩,$I_y = \dfrac{t^3}{12(1-\nu^2)}$。

波形钢腹板组合屈曲于极限承载作用时计算,组合屈曲计算与局部屈曲强度和整体屈曲强度有关,组合屈曲计算:

$$\tau_{cr} = \tau_{cr,l} \{1/[1 + (\tau_{cr,l}/\tau_{cr,G})^4]\}^{1/4}$$

式中:τ_{cr}——组合屈曲强度;

$\tau_{cr,l}$——局部屈曲强度;

$\tau_{cr,G}$——整体屈曲强度。

(3)波形钢腹板与顶板连接设计

1)桥轴向水平剪力作用时,必须满足式:

$$\dfrac{Q_u}{H_V} \geqslant 1.0$$

式中:Q_u——剪力传递器能承受的水平剪力;

H_V——连接处设计(极限)荷载作用产生的水平剪力。

设计水平剪力(H_V)的计算:

$$H_V = \dfrac{QS}{I}$$

式中：H_V——连接处产生的设计水平剪力（单位长度内）；
　　　Q——设计断面竖直剪力（含预应力垂直分力）；
　　　S——连接处主梁断面的一次矩；
　　　I——设计断面的二次矩。

2）剪力传递器能承受的水平剪力（Q_u）的计算

现将埋入式剪力传递器验算公式列出：

①斜幅间的抗剪齿键的计算

极限荷载作用时：

$$Q_{eu} = \frac{3}{5}\sigma_{ck} \cdot A_1 + \mu\sigma_{sy} \cdot A_2$$

式中：Q_{eu}——一个混凝土齿键抗剪允许承载力；
　　　σ_{ck}——混凝土设计标准强度；
　　　A_1——斜幅板投影面积；
　　　μ——$\mu = 1$；
　　　σ_{sy}——钢筋（或板带）的屈曲应力；
　　　A_2——约束钢筋（或板带）的断面面积。

设计荷载作用时：

$$Q_{ea} = \sigma_1 A_1 + \mu\sigma_{sa} \cdot A_2$$

式中：Q_{ea}——一个混凝土齿键抗剪设计允许承载力；
　　　σ_1——顶板混凝土允许承压应力；
　　　σ_{sa}——钢筋（或板带）的允许拉应力。

②混凝土剪力键验算

极限荷载作用时验算混凝土的剪切抗力：

$$Q_{pu1} = \frac{1.85 \cdot A}{1\,000} - 106.1$$

$$A = \frac{1}{4} \cdot \pi \cdot (d^2 - \phi_{SL}^2) \cdot f'_{cu} + \frac{1}{4} \cdot \pi \cdot \phi_{SL}^2 \cdot f_{sl}$$

式中：Q_{pu1}——极限荷载作用时混凝土的剪切抗力；
　　　f'_{cu}——混凝土设计压缩强度，$f'_{cu} = \eta \cdot \frac{f'_{ck}}{\gamma_c}$，$\eta = 1.1$；
　　　f'_{ck}——混凝土设计基准强度；
　　　γ_c——混凝土系数（1.3）；
　　　d——混凝土销孔直径；
　　　ϕ_{SL}——贯穿钢筋直径；
　　　f_{sl}——贯穿钢筋抗拉强度。

极限荷载作用时混凝土销劈裂破坏强度：

$$Q_{pu2} = \phi \cdot t \cdot 7.5\sigma_{ck}$$

式中：ϕ——孔直径；
　　　σ_{ck}——混凝土设计基准强度；
　　　t——波形钢腹板厚度。

孔与孔间钢板的剪切破坏强度：

$$Q_{pu3} = A_s \cdot \frac{\sigma_y}{\sqrt{3}} \cdot \frac{100}{60}$$

式中：A_s——两个孔间钢板横断面面积；
σ_y——钢板的屈曲应力。

设计荷载作用时混凝土销剪切承载力：

$$Q_{pa} = \gamma Q_{pu}$$

式中：Q_{pa}——设计荷载作用时一个混凝土销剪切承载力；
Q_{pu}——极限荷载作用时一个混凝土销剪切承载力；
γ——设计荷载作用时验算安全系数（$\gamma = 0.33$）。

3）连接处承受与桥轴成直角方向弯矩安全性验算
验算式为：

$$\frac{M_u}{M_V} \geqslant 1.0$$

式中：M_u——剪力传递器能承受的角隅弯矩；
M_V——连接处作用的设计角隅弯矩。

①设计角隅弯矩的计算

连接处与桥轴方向成直角的弯矩作用（角隅弯矩），可将箱梁断面视为框架，刚架下端简支，计算可用有限元等方法进行计算，如图5.3-16所示。

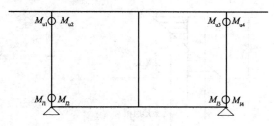

图 5.3-16 箱梁横向计算框架图示

②各种剪力传递器仍以埋入式为准进行介绍

a. 混凝土销剪力验算（图 5.3-17）。

$$M_u = S_V \cdot H \cdot N$$

式中：M_u——混凝土销形成的角隅抵抗弯矩；
S_V——混凝土销上作用的竖向拉力；
H——混凝土销深度（波形钢腹板）；
N——与 M_u 对应的单位长度（或一个波长）拉力侧面配置的销孔数。

b. 埋入段波形腹板承压应力的验算（图 5.3-18）。

极限荷载作用时：

$$\frac{6 \cdot M_V}{l \cdot h^2} \leqslant \sigma_{ck}$$

设计荷载作用时：

$$\frac{6 \cdot M_V}{l \cdot h^2} \leqslant \sigma_{ba}$$

$$\sigma_{ba} = \left(0.25 + 0.05 \cdot \frac{A_c}{A_b}\right)\sigma_{ck}$$

式中：l——波形钢腹板桥轴方向单位长度（或波形钢腹板一个波长）；

h——波形钢腹板埋入混凝土板深度；

σ_{ba}——混凝土允许承压应力；

σ_{ck}——混凝土设计轴心抗压强度标准值；

A_c——考虑板厚的有效承压面积；

A_b——考虑埋入长度后的混凝土承压面积。

c. 波形钢腹板受压板幅屈曲验算（图 5.3-19）。

$$\frac{P_u}{A_W} + \frac{M_u}{Z_W} \leq \sigma_{sa}$$

式中：P_u——作用于钢板上的压缩力；

A_W——单位长度（或波形钢腹板一个波长）的断面面积；

Z_W——单位长度（或波形钢腹板一个波长）的断面模量；

σ_{sa}——钢板容许压缩应力。

其他连接形式的计算，可参考《日本高速公路设计要领》（日本道路公团著，1991）。

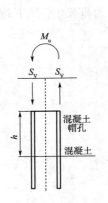
图 5.3-17 销剪力验算图示

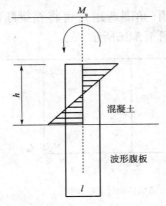
图 5.3-18 埋入段波形钢腹板

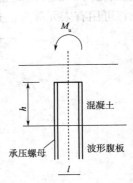
图 5.3-19 波形钢腹板受压抗力分析

第六章 钢桥的制造与施工

传统的钢结构制造业与飞机、汽车制造业相比,在工艺流程的合理化、加工自动化、数控化、机器人焊接等方面有相当大的差距,甚至比船舶制造业亦有较大差距。现代钢桥制造业虽然在某些工艺上、在计算机应用上,以及先进设备引进上有了较大进步,但仍然尚未摆脱传统的钢结构加工模式。钢桥制造工艺改进前后的比较如表6.1-1所示。

钢桥制造工艺改进前后的比较　　　　　　　表6.1-1

工艺流程	老工艺	改进工艺	比较
切割、开坡口	画线,普通焰切+机械刨边;机械刨坡口	NC精密焰切下料;NC精密焰切开坡口	减少制造工时约10%~15%;表面粗糙度优
焊接接头及坡口的设计	简单化	精细化	便于施工;坡口加工量小、焊接材料投入少、生产周期短;满足应力检算要求,避免层状撕裂等缺陷
H形、口字形构件制造	胎型组装、定位;船形位置单道焊	组装、焊接自动流水线;双侧两道焊	提高功效2倍以上
带肋板单元件制造	画线、单个加劲肋逐个组装;船形位置单道焊	利用组装胎型一次组装多个加劲肋;在反变形胎具上2头或多头CO_2自动焊机一次完成焊接	提高功效2倍或数倍
大型箱梁制造		胎型上连续匹配组装,每次组装不小于3节;实施板单元件化作业,避免散装;以桥轴中心线的上下板单元及外腹板轴线为基准,实施箱梁组装定位,采用"底板—横隔板—外腹板—面板"阶梯式渐进作业法,避免了各工种相互干扰;板单元件合理划分,基本消除仰焊;采取综合措施控制焊接变形对几何精度的影响	提高工效,确保焊接质量和几何精度
矫形	自由状态下的焊接;人工热矫形或机械冷矫形	在充分研究焊接变形的基础上,采取反变形,约束状态下焊接,合适坡口,对称焊接顺序,及小线能量和大线能量相结合的综合措施,有效地控制焊接变形	克服了焊接变形和热矫形对几何精度的影响;减少矫形工时约20%以上
制孔	依据切线和机器样板制孔	依据轴线定位,NC制孔	精度、效率高;机器样板等固定设备少
预拼装	局部平面预拼装	可实施计算机3D预拼装	确认制造精度及预拱度

钢桥的主要承重结构是由许多基本受力构件组成的。这些基本受力构件都是在工厂制造的工序必须分割来实施:由设计图转化成制造图、数控切割、数控制孔、组装焊接、预拼装,工厂完成后再运送到工地安装成型。目前,组装焊接未形成自动化流程,焊接变形依赖人工热矫形

和冷矫形,预拼装也是局部平面预拼,为提高生产效率和质量、节约成本,尽快提高钢材产能、开发钢桥制造计算机信息处理作业系统,对钢桥制造业的发展很重要。

第一节 钢桥主要构件的制造

根据钢桥基本构件结构外形和构造的不同,其制造可分为杆系、板系、管系结构。三种构件的制造在单元体的划分、下料切割、节段组装焊接、拼装等方面有很大的不同。

(1)杆系结构是指工字形的板梁桥、由 H 形断面和矩形断面的杆件组成的桁梁桥的基本构件。通常在工厂用钢板焊接制成构件,在桥址工地用高强度螺栓连成整梁。结构的整体几何线形主要由栓孔尺寸线控制。

(2)板系结构是指由带纵横加劲肋的板单元件组成的箱梁,目前也较多地用于悬索桥和斜拉桥的主梁。通常在工厂焊接成带肋的板单元件,组装成箱梁节段,再运至桥位吊装连成桥梁整体。桥梁几何线形和焊接变形影响较大。

(3)管系结构是指钢管拱桥。通常在工厂制成管状拱肋节段装,跨中合龙;或者在桥位岸侧拼装成半跨,转体就位、跨中合龙。合龙精度常受拱肋制造精度和焊接变形的影响。

本节简单介绍这些结构的制造。

一、钢桁梁的杆件制造

栓焊钢梁的制作要经过的工艺过程(见图 6.1-1)包括:料件加工(如作样、号料、号孔、切割、钢料矫形、制孔、料件边缘加工);杆件组焊(如杆件组装、焊接、焊接探伤、杆件矫正);钻制工地栓孔;除锈、涂装及包装发运等。

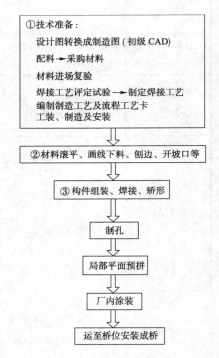

图 6.1-1 钢桁梁制作工艺流程

1.料件加工

料件加工是将钢板下料切割成所需形状。

(1)作样

作样即制作样板或样条。样板是一块由薄铁皮制成的板,其外形、尺寸与实物一样,有时为示出栓孔位置需钻制小眼;样条是带形薄铁皮,其上需标识零件的切割线及栓孔位置。对于受力比较简单的组件,如人行道及检查设备,常用样板来号料及号孔;对受力复杂的主要组件(如主桁、节点板、桥面系、联结系等),工地栓孔要求精确,常采用机器样板钻制栓孔。

作样应准确无误,严格按照施工图及相关工艺规定和要求进行制作。对于形状复杂的零部件,应通过放样校对后确定(数控下料者除外);样板、样条上的栓孔位置偏差,应符合相关制造规范所规定的容许值;钢料的切割长度,按工艺规定要留出边缘加工预留量和焊接收缩量。同时,样条、样板上要注明产品名称、杆件编号、钢号、规格、数量、栓孔直径、起线等。

(2)号料及号孔

号料是利用样板或者样条,在钢料上将零件的切割线画出。号料要严格按照配料单执行,主要杆件下料时保证主要应力方向与钢板轧制方向一致。

号孔是利用样板或样条,用样冲在钢料上打上冲点,以示钉孔位置。目前工地栓孔均采用机器样板钻孔,无需进行号孔。

(3) 切割

号料完成后,在钢料上开始沿切割线进行切割。常用的切割下料方式有机械切割、火焰切割、等离子切割、激光切割等。根据零部件的大小和精度要求,应选择合适的切割方法。常用的切割方法有三种:焰切、剪切、联合剪冲和锯切。

机械剪切是利用剪切机台上的一对剪切片进行剪切,用于切割厚度较小的钢板,对于16Mn 钢板,目前可切厚度在 20mm 以下。一般尺寸的角钢可用联合冲剪机进行切割,如图 6.1-2、图 6.1-3 所示。

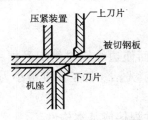 

图 6.1-2　剪切机剪切示意图　　　图 6.1-3　角钢剪切示意图

焰切是利用乙炔和氧气的混合气体的火焰切断钢料,设备成本低、操作方便,可切的钢板厚度大且几何形状灵活。采用半自动、自动及数控焰切机较手工焰切零件边缘整齐、质量好。对于剪切机不能切割的厚钢板,或者形状特殊的板材,多采用焰切。

联合冲剪用于中小型角钢的切割。锯切是利用圆锯机进行切割,切割后还应根据需要对切割面进行修磨,对象为槽钢、工字钢、管材及大型角钢。

(4) 钢料矫形

在钢材轧制、切割过程中可能导致钢材变形,因此需要进行矫正。常用的矫正方法有机械矫正(冷矫)和火焰矫正(热矫)。

对凸凹不平、弯、扭和翘曲的钢板或者角钢,需要冷矫,常采用辊压机赶平或调直。对型钢弯、扭的调直及外形的矫正,可利用型钢矫正机或压力机;对形成马刀形弯曲变形的宽扁钢及长钢板可用顶弯机矫正;若宽厚板件的马刀形变形过大,则需采用火焰矫正,火焰温度应控制在 600~800℃ 之间。

各类钢材矫形示意如图 6.1-4 所示。

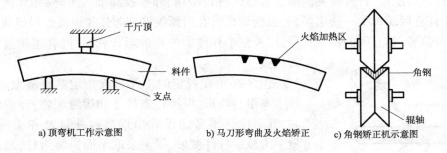

a) 顶弯机工作示意图　　b) 马刀形弯曲及火焰矫正　　c) 角钢矫正机示意图

图 6.1-4　各类钢材的矫形示意图

(5) 制孔

制孔(钻孔)的过程为:画线钻孔、护孔钻套、机器样板钻孔、数控程序钻床钻孔。孔壁应光滑无损伤;组装件预先钻小孔,组装后扩孔。

工地栓孔目前采用准确、高效的数控钻床或者传统的旋臂钻床、手持式风钻或电钻制孔。目前,主要构件的工地栓孔均用机器样板钻孔。

机器样板是钻孔用的样板,由母体和钻孔套组成,如图 6.1-5 所示。

母体一般由厚度 12~15mm 的钢板加工而成,其上有孔,钻孔套按设计位置嵌固在母体孔内。钻孔时,将机器样板覆盖在料件上,板束对齐后,用卡具卡紧,钻头通过机器样板上的钻孔套钻孔,从而保证准确制孔。钻孔套是经过渗碳淬火处理的旋制钢构件,硬度比钻头大 2~3 洛氏硬度级。

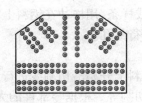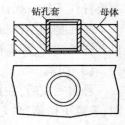

图 6.1-5 覆盖式机器样板及钻孔套

(6)料件边缘加工

除了精密切割之外,一般的钢料会因剪切或焰切而使边缘钢材组织受损,切口不平。因此,必须采用刨(铣)边机进行刨(铣)加工,使边缘平直、光洁。加工深度最小为 2~4mm。

2. 杆件组焊

杆件组焊,即将切割成型的料件或零件进行组装并焊接成基本构件。

(1)杆件组装

栓焊钢桥的基本构件大多数为 H 形和箱形,由几块板件组成。基本构件的组装是在工厂的机器胎型上进行的,为了便于定位焊,组装胎型通常为转动式,如图 6.1-6 所示。

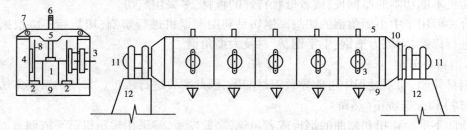

图 6.1-6 转动式 H 形杆件组装胎型示意图

1-水平板座;2-竖板座;3-三杆螺栓顶;4-挡板;5-横梁;6-螺栓顶杆;7-横梁插销;8-H 形杆件;9-底梁;10-转动轮;11-转轴;12-台座

构件正确就位并顶紧之后,即可进行定位焊以固定其相对位置。定位焊焊缝长度每段为 50~70mm,各段之间的距离不得大于 600mm。

为保证组拼质量,杆件拼装前需在焊缝区进行除锈、除尘及除油。另外,在焊接前组装杆件时,应在杆件两端焊上一块引弧板,以便焊接时在引弧板端部起弧和熄弧。对组成杆件的各零件的相对位置、相互间的密贴程序,以及整个杆件的外轮廓形状和尺寸,在组拼过程中要认真检查。

组装必须在规定的工作台或指定的设施上进行,把构件卡紧组装成形,保持轮廓尺寸和焊缝间隙;布置组装胎具时,其定位必须考虑预放出焊接收缩量及齐头、加工的余量。为减少杆件变形,尽量采取平面拼装组杆,经矫正后再组成立体构件。

(2)焊接及焊接探伤

焊接方法有埋弧自动焊(图 6.1-7)、半自动焊和手工焊

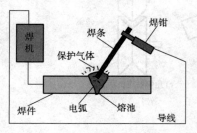

图 6.1-7 埋弧焊示意图

三种。目前效率最高、质量最稳定的方法是埋弧自动焊,但是只能用于焊接直长焊缝。对于构件中的短焊缝及曲线焊缝通常用半自动焊接;对仅用于定位焊及其他难于采用半自动焊的焊缝只能采用手工焊。

在零件正确顶紧就位后,即可进行定位焊。定位焊的焊缝长度每段为50~70mm,各段之间大的可以大于600mm。

焊接质量取决于材料的品质、焊接工艺参数的选择及焊接技术水平等,对于焊接工艺应进行评定试验,按照《铁路钢桥制造规范》(TB 10212—2009)规定,对要施焊的钢构件的焊接方法、焊接材料、焊工资质、缝口清理、定位焊、产品试板、焊接程序、焊接质量检验等工艺严格规定。首先,被焊接板材要具有良好的可焊性,为使焊缝具有一定的机械性能,不产生裂纹、夹渣、气孔等焊接缺陷,并具有良好的工艺性能,必须严格按标准要求焊丝的质量;其次,焊接电流、电压、输入线能量、焊道数等均应符合行业标准,施焊时必须严格遵守技术规则的规定,同时为减小焊接变形,应正确选择施焊程序;最后,焊后还要进行焊缝质量检验,对所有的焊缝均应进行外观检查,内部检查以超声波探伤为主,而对于对应焊缝,当超声波探伤后仍有疑问时,用X光或者γ射线透视进行复查。

焊接缺陷是指在焊接过程中产生于焊缝金属或附近热影响区钢材表面或内部的缺陷。焊接缺陷主要有:裂缝、内部气孔、夹渣、未溶透、咬边、溢流、烧穿及焊缝尺寸不合规定等。焊接缺陷影响焊缝质量和连接强度,使焊缝受力面积削弱,且在缺陷处引起应力集中,易形成裂纹,并易于扩展引起断裂。焊接缺陷如图6.1-8所示。

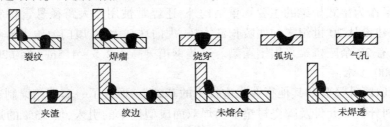

图6.1-8 焊缝缺陷

焊接完毕后检查焊缝质量。焊缝质量要求如下:

①一级焊缝:要求对全部焊缝做外观检查及做无损探伤检查,对抗动力和抗疲劳性能要求较高处可采用。

②二级焊缝:要求对全部焊缝做外观检查外,对部分焊缝做无损探伤检查。对有较大拉应力的对接焊缝以及直接承受动力荷载构件的较重要的焊缝,可部分采用。

③三级焊缝:只要求对全部焊缝做外观检查。用于一般钢结构。

(3)杆件矫正

杆件在焊接过程中,由于焊缝及其附近钢料的收缩会产生不同程度的各种焊接变形,如:盖板蘑菇状变形、盖板和腹板不垂直、盖板不平、腹板弯曲、杆件扭曲及马刀形弯曲等。各种变形如图6.1-9所示。

为使杆件具有正确的外形尺寸以保证结构拼装精确度,焊后杆件的焊接变形要进行矫正,矫正方式有冷矫(机械矫正)和热矫(火焰矫正)。

3.杆件工地孔的钻制和结构试拼装

焊接钢梁的构件,一般需在工地进行拼装。为了保证工地拼装时栓孔不发生错位及同类杆件具有互换性,对杆件工地栓孔的钻制要求非常准确。由于有些杆件上的孔群不在同一平面内或者相距较远,无法用覆盖式机器样板钻制栓孔,则需采用钻孔胎型(固定式机器样板)钻制。为保证钻孔精度,钻孔胎型各部尺寸须具有一定的精确度。此外,为防止胎型变形,钻孔胎型还需具有足够刚度。

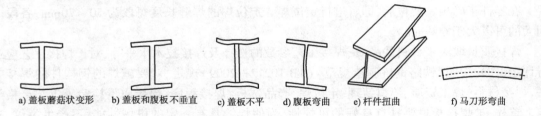

图 6.1-9　杆件变形

各构件在出厂前需进行预拼装。桁架式结构分成多个平面进行。试拼装时,结构主要尺寸的精度,应满足相关技术规范的要求。例如,铁路桥梁规定:对于所有工地孔,其孔眼应有95%自由通过直径较设计孔径小0.5mm 的试孔器;全部孔眼应自由通过直径较设计孔径小0.75mm 的试孔器。对成批连续生产的钢构件,一般每10～20孔试拼装一次。钢桁梁的试拼装按主桁、桥面系、桥门架及平纵联四个平面进行。新设计的杆件以及改变工艺设备后制造的钢梁,均应进行试拼装。在节段试拼装完成后,进行主梁节段的除锈、油漆和运输等工序。

二、钢箱梁的制造

钢箱梁除了作为梁式桥梁的主要承重结构外,还经常被用作大跨径悬索桥和斜拉桥的加劲梁,我国公路建设从20世纪末的西陵长江大桥、虎门珠江大桥、厦门海沧大桥和江阴长江大桥开始,至今已有20余座桥梁采用钢箱梁。这些钢箱梁高约2.5～4.5m,宽约20～40m,全长约数百米至2 000多米。

目前,在吸取国外经验和其他行业先进技术的基础上,形成了一套钢箱梁制造工艺方案:

①合理地划分板单元件及陶瓷衬垫单面焊双面成型技术的引入,使95%的焊缝处于俯焊位置施焊(带纵横肋的桥面板100%为俯焊)。因此,极大地改善了直接承受轮载的桥面板的疲劳性能和焊工劳动条件。

②结合钢箱梁构造特点,制造分为带纵横肋的板单元件、钢箱梁节段和桥位吊装后全断面对接焊三个阶段,并开发了板单元件组装、节段连续匹配组装,以及焊接变形综合控制技术等。因此,确保了箱梁桥的几何精度,缩短了制造周期,降低了成本。

③提高组装和焊接的自动化、切割和制孔的数控化作业程度。因此,基本实现了全焊钢箱梁。

钢箱梁制造与安装划分为三个阶段:板单元制造(包括底板、腹板、横隔板、上翼缘板、加劲肋等)、节段拼装、桥上整体拼装焊接。板单元制造在工厂车间内利用先进的加工设备和良好的施工条件进行;节段制造在拼装场完成;整体拼装焊接在桥位处吊装就位后完成。

1.板单元制造方案

板单元的制造质量直接影响梁段的几何形状和尺寸精度,制造中应重点控制。由于箱梁的顶底板厚度较小,采用火焰修整焊接变形困难,在施工中应控制焊接变形和准确预留焊接收缩量。

在满足相关技术规范和设计要求的前提下,综合考虑供料、运输及批量生产等因素,尽可能将板单元尺寸做大,以减少种类、数量及相关焊接工作量。

润扬长江大桥北汊斜拉桥钢箱梁标准梁段的板单元划分,如图6.1-10所示。

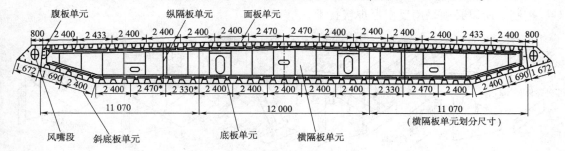

图6.1-10 润扬长江大桥北汊斜拉桥钢箱梁板单元划分(尺寸单位:mm)

注:板单元宽度调整要使底板对焊接缝与纵隔板角焊缝错开100mm以上。

整箱划分为:顶板14块、底板和斜底板15块、横隔板12块、纵隔板8块、腹板2块、风嘴2件,所有板单元在工厂内专用胎架上形成流水作业制造。板单元制造按照:"钢板赶平及预处理→精确下料→组U形肋→反变形焊接→局部修整"的顺序进行,关键工艺有以下几个方面:

①钢板赶平及预处理(赶平→抛丸除锈→喷漆→烘干)。赶平能消除钢板的轧制内应力,从而减少了制造过程中的变形,是保证板件平面度的必要工作。

一般在钢板下料前可进行打砂预处理,通过打砂释放钢板的轧制内应力,从而减小制造中的变形,这是保证板件平面度的必要工序。钢板在起吊、搬移、堆放过程中,根据吊装设备的能力尽可能地采用磁力吊,以保持钢板的平整度和清洁度,避免施工过程中出现对钢板的损坏和油污等。

②下料及加工。下料时应检查钢料的牌号、规格,质量是否与相应的施工图和施工工艺一致,确认正确后方可进行切割下料。所有的构件必须按照图纸及施工工艺的要求进行写号标识,避免出现材料的混淆。

采用普通切割机下料的零件,先制作样板、样条、样杆时,按工艺文件规定留出加工余量和焊接收缩量。对于下料后需要机器加工的零件,其加工尺寸偏差要严格按工艺文件进行下料。对于形状复杂的零件,多采用数控切割机下料。用计算机1:1放样确定其几何尺寸,并采用数控切割机精确下料。编程时要根据零件形状复杂程度、尺寸大小、精度要求等确定切入点和退出点,并适当加入补偿量,消除切割热变形的影响,如:锚腹板、锚箱零件等。矩形板件(顶底板、隔板、风嘴等)切割的同时加工出坡口,精确预留后续焊接收缩量,实现无余量切割。

精密切割下料尺寸允许偏差为±1.0mm;自动、半自动气割下料尺寸允许偏差为±1.5mm,手工气割下料尺寸允许偏差为±2.0mm;剪切仅适用于次要零件或剪切后边缘需要进行机加工的零件。剪切边缘应整齐,无毛刺、反口、缺肉等缺陷。

③利用胎型和样板钻制顶板U形肋工地孔。

④用高精度自动定位组装胎组装带纵肋的板单元。板单元组装时,以钢板边缘和U形肋螺栓孔定位,保证小偏差。

⑤锚箱与腹板的组装与焊接。锚箱单元组焊工艺流程如图6.1-11所示。

⑥对单侧有纵肋的板单元采用反变形焊接技术。焊接使结构不均匀受热,导致焊后结构中存在较大的残余变形,可以在焊前施加(反变形焊接)或者焊后施加(矫正法)一个等量的反向变形抵消焊接变形。反变形焊接是根据钢箱梁特点,设计反变形胎,同时控制板单元横向和纵向弯曲角变形,实现板单元焊后基本不用修整即可满足要求。

对于单侧有纵肋的板单元,其焊接变形的消除不宜采用机械矫正法,也不宜仅靠火焰矫正。这是因为,机械矫正时,施力点不易确定;火焰矫正时产生新的收缩变形使板件尺寸精度难以控制。所以必须采用反变形焊接技术。

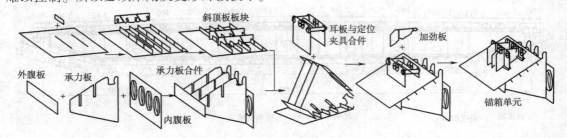

图6.1-11 锚箱单元组焊工艺流程

⑦优先采用自动和半自动CO_2焊方法。板单元的纵横向对接焊缝采用埋弧自动焊,可稳定控制焊接质量、提高工效。

2. 节段组拼

板单元及部件制造完成后,进行节段的拼装制作。拼装的过程中,要严格控制螺栓孔群之间的位置关系,以保证后续节段拼接的连接精度。

(1)零件矫正及组拼技术要求

零件矫正多采用冷矫正方法,矫正时的环境温度不宜低于-12℃。矫正后的允许偏差,应符合相关规定。主要受力零件冷作弯曲时,环境温度不宜低于5℃,内侧弯曲半径不得小于板厚的15倍,小于者必须热煨。热煨温度宜控制在900~1 000℃之间。冷作弯曲后,零件边缘不得产生裂纹。冷矫正后的钢材表面,不应有明显的凹痕和其他损伤。采用热矫时温度应控制在600~800℃,严禁过热。热矫后的零件应缓慢冷却。降至室温以前,不得锤击零件或用水冷却。

(2)高强度螺栓孔的钻制

钢箱梁高强度螺栓孔,多采用卡样钻制。首先检查样板的规格尺寸,确认无误后方可卡样施钻。钻孔过程中应经常检查卡紧构件的紧固状态,如有松动,应及时紧固。当采用多班作业时,每班安排专人检查样板情况,随时更换不合格的样板,钻孔后将孔边的毛刺铲掉。高强度螺栓孔还可以采用数控钻床钻孔。当采用数控钻孔时,应首先检查钻孔程序,确认无误后方可施钻。钻制的首件必须经过全面检查,合格后方可继续施钻。

(3)节段组装

组装前必须熟悉图纸和工艺,认真核对零件编号、外形尺寸和坡口,核查平面度、直线度等各种偏差,确认符合图纸和工艺要求后方可组装。按照图纸尺寸,对焊缝区域及两侧20mm范围进行打磨,必须彻底清除待焊区的浮锈、底漆、油污和水分等有害物质。打磨后进行精确画线,并根据实际半成品的偏差进行匹配画线调整,确保各部分匹配组对。所有组装基准,均以结构的对称中心线为基准。对于已经完成螺栓孔钻制的板件,要以螺栓孔为基准,注意不同板件上螺栓孔的相对位置关系,确保组装后的位置精度偏差小于0.5mm,最大不得超过1mm。焊缝端部按规定组引板,引板的材质、厚度及坡口应与所焊件相同。板单元组装后应按规定打上批次号、板单元号、生产序列号。钢构件组装尺寸允许偏差,应符合有关规定。

可以采用多梁段连续匹配组装、焊接和预拼装同时完成的方法。按照"底板→横、纵隔板→腹板→顶板→风嘴"的顺序,实现立体阶梯形推进方式逐段组装与焊接。

组装底板单元时,将完成了的底板单元放在胎架上,并检查底板单元与胎架线形是否吻合,否则对底板单元进行必要的修整,使之符合预拱度线形。组装横隔板时,根据施工图中的尺寸完成横隔板、腹板的组装定位线画线工作,并进行检查确认。画腹板组装线时,在接口处要以底板的分中线为基准,确保相邻两个节段锚腹板的错边不能够超过2mm。组装"T"形(上翼缘板和腹板)时,确认尺寸和位置准确后方可进行定位和焊接。

组装时,以胎架为外胎,以纵、横隔板为内胎,重点控制桥梁线形、箱梁几何形状和尺寸精度、相邻接口的精确匹配。每批预拼装合格后,标记梁段号,将最后一个梁段留下,参与下一批预拼装,其余梁段出胎进入涂装工序。

重要桥梁在梁段的节段组拼过程中,需要的主要工艺设备较多,尤其是制造组装胎架,需要专门设计。润扬长江大桥北汊斜拉桥钢箱梁制造主要工艺装备如表6.1-2所示。

润扬长江大桥北汊斜拉桥钢箱梁制造主要工艺装备　　　　表6.1-2

序号	工艺装备名称	序号	工艺装备名称
1	板块坡口切割跟踪器	9	横隔板组焊胎
2	U形肋钻孔翻转胎(含机器模样板)	10	风嘴组焊胎
3	板单元U形肋自定位组装胎	11	板单元二拼一组焊胎
4	反变形焊接翻转胎	12	钢箱梁整体组装胎
5	板单元修整检查平台	13	预制组装U形肋工艺拼接板
6	板单元横隔板接板组装胎	14	板单元吊装专用扁担
7	横隔板接板船位焊接胎	15	横隔板定位用双向顶镐
8	纵隔板组焊胎	16	其他

胎架主体结构由大截面槽钢组成,分别设置纵梁和横梁。组装胎架设计应满足下列要求:胎架纵向各点高程,按桥梁设计要求的预拱度线形加胎架变形设计。胎架基础必须有足够的承载力,确保在使用过程中不发生沉降;胎架要有足够的刚度,避免在使用过程中变形。在每个横隔板对应的底板设置支撑横梁,以保证在制作过程中不因为底板的变形而影响制作线形。胎架应满足运梁平板车进出方便和安全的要求。每次节段下胎后,应重新对胎架进行检测,做好检测记录,确认合格后方可进行下一批次的组拼。

反变形焊接翻转胎如图6.1-12所示;钢箱梁板单元码放方式,如图6.1-13所示。

图6.1-12　反变形焊接翻转胎

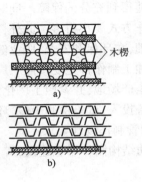

图6.1-13　钢箱梁板单元码放方式

3. 梁段桥上焊接

钢箱梁梁段在桥上组装焊接工艺流程如图 6.1-14 所示。

钢箱梁一般采用以下施工方法进行拼装。

(1) 顶推法架设

顶推法架设,是钢箱梁使用较多的一种施工方法。先将钢箱梁在已架设混凝土箱梁桥面组装成型,施工时在顶推相反方向设置一定强度的后背,作为千斤顶的着力点,并根据主梁长度、设计顶推跨度、桥墩能承受的水平推力、顶推设备和滑动装置等条件,选择适宜的顶推方式。

(2) 拖拉法架设

拖拉法架设,即在已架设到位的混凝土箱梁或钢箱梁桥面搭设简易支架进行钢箱梁拼装,从拼装区段到落梁区段间设置滚动走行系统,钢箱梁焊接及检验后,利用落梁区前方的牵引力拖拉钢箱梁前行,至设计位置后落梁、微调,并最终就位。

(3) 钢支架落梁法

钢支架落梁法,即在设计墩孔处直接搭设钢支架进行钢箱梁的拼装焊接,完成后垂直落梁至支座顶 5~10cm 时,再进行钢箱梁微调,并完成最终就位。

(4) 吊装法

吊装法,即首先将钢箱梁段运到需安装部位之下,然后通过缆索吊机,将钢箱梁起吊定位。

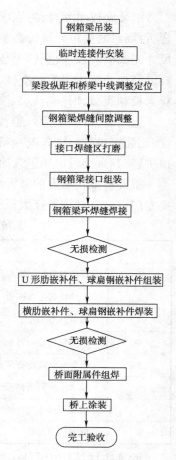

图 6.1-14 钢箱梁梁段在桥上组装焊接工艺流程

三、钢管的制造

钢管在桥梁中的应用以钢管拱居多,因此本节仅介绍钢管拱肋的钢管制作。

1. 钢管的制作方法及场地要求

(1) 钢管制作方法

国内钢管拱肋生产方式主要有工厂化生产和施工现场加工制作两种。

工厂化生产能保持产品处于质量较稳定的生产流水线上,人员、生产设备和检测设备配置等方面也能得到充分的保障。同时,在工厂内受温度变化、湿度、粉尘等不利环境的影响相对于现场制作方式要小得多。此外,在工厂内生产还可以按照比较规范的作业程序进行日常生产组织管理,在环保和安全、职业健康管理方面也比现场生产方式更有保证。

现场加工制作首先要按照工厂化生产方式配置基本的机械设备和作业人员,规划并建造出简易的生产场地,并参照工厂化生产的管理模式组织加工制作。受现场施工条件的局限,大型加工设备投入、试验检测手段、环保和安全、职业健康管理等方面不如工厂化生产方式完善。

(2) 钢管制作场地要求

钢拱肋结构制作场地建设,需考虑结构特点、工艺技术要求、经济条件、安全防护和环保要求等内容。

采用现场生产方式加工制作钢管拱肋时,场地按照拱肋跨径进行规划,不小于一个拱圈长度,宽度不小于 1/2 拱圈的矢高的 2 倍,并按照工厂化生产方式划分进料区、堆料区、零部件下料作业区、半成品存放区、节段组装作业区、防腐喷涂作业区、节段成品存放区、管线设备小五金材料仓库和易爆易燃危险品存放仓库。在场地容许的情况下,可增加材料矫形修复作业区、边角材料及废品存放区。其中节段组装作业区和防腐喷涂作业区必须有防风、防雨应急设施和防污染措施等。

钢管拱肋弯管加工制作胎架、节段组装胎架和变形纠正胎架等临时设施,多数采用型钢与钢板搭设,通过加工制作地坪的预埋件或打入膨胀螺栓固定,胎架按照节段长度需要连接成一个整体。其结构承载能力应大于钢管拱肋节段的重量,并保证有足够的稳定系数和结构刚度。

2. 钢管拱肋零部件加工

(1) 钢管拱肋零部件加工测量放样

钢管类材料,其直线度、椭圆度和切割相贯线的测量放样控制是难点。但可通过辅助手段进行测量控制和加工。钢管直截面切割时,将钢管固定在加工台架上,直线度可拉线检查。切割前,切割位置用内衬板或支撑加强,以减少切割变形,切割后用与钢管直径内径等长的标准杆多点测量圆口。

相贯线的切割,可以使用数控机床或专用的相贯线切割机械加工,也可以采用相贯线展开的方法测量放样,详见钢管混凝土拱桥的施工。如异直径正心斜交相贯线计算方式如下。

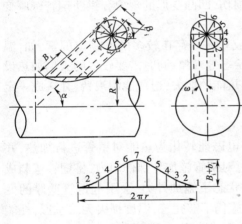

图 6.1-15 相贯线计算简图

相贯线计算如图 6.1-15 所示。主管半径为 R,支管半径为 r,结合点起拱高:

$$b_i = R(1 - \cos\omega_i),$$
$$\omega_i = \sin^{-1}\frac{r\sin\beta_i}{R}$$

支管各要素线长度:

$$B_i = \frac{r(1 - \cos\beta_i)}{\tan\alpha}, \alpha = 15° \sim 70°$$

支管展开线长度为:

$$L_i = B_i + b_i$$

(2) 钢管拱肋零部件切割下料

钢管拱肋大多数由钢板、钢管和型钢加工后通过焊接、栓接组装而成。

1) 钢管切割

钢管采用气焰切割下料时,应在切割部位设置内外加劲套箍约束,以免钢管圆度变化,切割后待温度下降至常温时撤出约束。钢管组对环焊缝时,力求组对间隙均匀一致。当采用卧式组对环焊时,应用拉线法对转胎进行找平、找直,并根据具体情况合理布置转胎,以防因悬空太大而导致直线度超差。

2) 钢管矫形

钢管拱肋零部件加工过程中,难免会出现各种变形现象,其矫形方法如前。其特点是圆形的钢管校圆,可以进行两次以上矫形处理。

3. 钢管拱肋弦杆弯曲成型的关键技术

拱肋钢管加工成曲线的方法主要有热加工和冷加工两种方式,即热煨弯成型技术和"以直代曲"多段短钢管对接焊拟合拱轴线成型技术。

钢管拱肋曲线多采用悬链线形,也有采用高次抛物线和圆曲线的,一般在施工设计图纸给出了部分钢管拱肋坐标,在进行拱肋加工制作时,往往需要进行坐标加密,以便在加工制作过程中更有效地控制、纠正拱肋线形。

(1)拱肋钢管热煨弯成型技术

拱肋钢管热煨弯成型技术,主要有火焰加热和电加热方式。其基本工艺程序是:采用热煨弯技术将钢管弯制成拱肋弦杆,对照加工平台钢管拱肋大样,调整钢管拱肋弦杆符合设计轴线要求。

1)火焰加热煨弯

火焰加热煨弯的基本原理是:使用火焰加热手段将每个节段的拱肋钢管单根在煨弯台架上分环、分段加热到一定温度时,在外力作用下使钢管塑性变形,将钢管弯制成曲线。

使用该方法弯制拱肋钢管,可采用成品钢管,减少钢管交叉焊缝,缩短制作工期;拱肋钢管整体弯制成型,线性圆顺,整体质量较好;焊缝残余应力减少(在煨弯过程,由于加热作用,焊接区域分子活动加强,残余应力得到释放)。

其缺点在于:因无成套成熟的自动控制设备,需要较多的加热设备和熟练操作工人,温度控制保证措施不足;火焰加热区域的保温控制措施不足,温度散失快,容易出现温度不均匀情况;拱肋钢管温度与作用外力大小的协调关系较难掌握;热煨弯节段钢管的塑性变形及冷却后的弹性变形难以控制;弯制过程中仍会出现管体局部损伤、凹凸变形的现象。拱肋钢管壁厚变化难以控制。

火焰加热煨弯由于在加热控制、温度检测和制作成本方面存在较多的不确定因素,如:温度控制不够均匀,会出现局部过热或达不到可塑温度状态等现象;同时需要较多的火焰加热设备和工人同步工作,热能散失的速度也较快,难以控制热能的散失,造成能源浪费,并造成一定范围的环境污染。因此,火焰加热方式较少采用。

2)电加热煨弯

电加热煨弯的基本原理是:利用电磁转换设备,将电磁能转化为热能对钢管进行加热,并使用温度设备监测钢管加热温度达到可塑状态时,通过对钢管施加外部作用力,将钢管弯制成拱肋弦杆。钢管热煨弯具有一些共性的缺点:在加热状态下施加外力,会引起钢管壁厚的变化,或者出现局部波浪凹凸现象,在加热过程中保温措施仍不够完善,温度损失无法掌握,耗能大。对热煨弯加工的温度控制,不同行业的技术规范其要求也有一定差异。

电加热方式又分为红外线陶瓷片加热、中频加热等。

①红外线陶瓷片加热,液压弯管机弯制

将待煨弯的钢管放置于加工台座上,利用红外陶瓷片加热及温度控制装置使钢管温度达到可塑状态,通过弯管机液压力臂对钢管施加作用力,达到弯制钢管目的。

采用红外陶瓷片加热弯管的具体方法是:首先在弯管机胎架(图6.1-16)上建立坐标系统,形成加工线形。把钢管放置在胎架后,再按照划分好的加热区域布置红外线陶瓷加热片和温控装置。然后,将钢管预热到800~900℃,启动油泵在钢管两端分级对称逐渐增压,完成一个区域热煨弯之后,调整压力点至第二个加热弯制区域,重新布置加热片和温控装置,重复以上弯制步骤。

钢管本身属于弹性体,在冷却后卸载必然会产生回弹现象,这将会失去有外力约束时的线形。为了克服线形误差问题,采用了以下两个方面措施控制钢管冷却后的回弹量:弯制时对钢管增加一个克服回弹变形超弯量;在拼装钢拱肋桁架时,在地面桁架胎位上进行微调。

完成热煨弯之后,需进行管体检测校验。检测内容通常包括以下4个方面:弯制前后钢管壁厚度变化情况;钢管直径变化情况;实测回弹量与设计线形值及预设回弹量的比较;弯制前后焊缝与母材的金相、机械性能试验等。

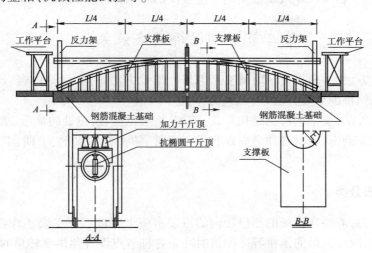

图 6.1-16　煨弯弯管胎架

②中频弯管

中频加热基本工作原理:中频弯管机通过将三相380V电源经三相整流桥整流和电抗器滤波后变成直流电,再将该直流电逆变为1 400Hz、750V的单相中频电源,经中频变压器和补偿电容器谐振,并由感应圈感应加热工件。

湖北武汉江汉五桥(图6.1-17)下游拱肋钢管采用中频弯管机弯制时,选择了两根钢管进行试制,以确定煨弯钢管的曲线形值,包括确定钢管的超弯量。在加工胎架上首先建立坐标系统,按照坐标系统将反力板定位于胎架上,然后在反力板上焊接轨道板,并在反力架下方沿拱肋线形铺设地面轨道,钢管放入中频弯管机后,端部伸出一定长度,并安置导轮和约束装置(约束装置通过增加垫片调节超弯量),尾部放置于轨道平车上。加热弯制时,尾部轨道平车缓慢顶进,钢管端部在导轮和管端约束装置的作用下,沿线形轨道前进,同时在轨道板的反作用力下弯曲成型。

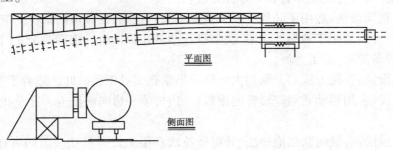

图 6.1-17　江汉五桥弦管煨弯示意图

(2)"以直代曲"多段短钢管对接拟合拱轴线

采用"以直代曲"的方法多段短直管拟合拱轴线来加工拱肋钢管,也是一种常用的加工方法,具有工艺简单、设备投入少、加工速度快、对钢材损伤小、节省成本等优点。但拱肋轴线精度较低、环形焊缝和T形焊缝较多,因交叉焊缝比较多,焊缝区域的残余应力相应增加,对结构受力不利。

采用"以直代曲"方法加工钢拱肋,虽然能满足结构的设计要求,但存在一些弊病:每一节段的钢拱肋骨架由多段较短的直缝钢管拼接而成,因对接引起的错边和焊接产生的收缩变形问题,会使拱肋加工精度和焊接质量受到一定程度的影响,并增加焊缝检测的工作量。

第二节 钢梁桥的安装架设

钢桥的架设方法,一般在设计时就要考虑好。架设方法不同,设计内容、制造方法等也要随着改变。所以钢桥的架设方法是一个重要问题。

钢桥的架设方法,要根据桥梁结构形式、跨度、桥梁宽度、桥位处的地形、地质、水文条件以及当地交通状况来确定,同时必须考虑现有设备条件、施工技术水平、工期、工程造价、施工安全等因素。

一、架设方法分类

钢梁架设之前,需要在现场的预拼场内的拼装台座上完成以下主要工作:杆件油漆、弦杆与拼接板的预拼、两片纵梁的预拼等。预拼时注意弦杆节点设置预拱度转角的核查。

预拼合格后的杆件按顺序先后运到提升站,由龙门吊机或爬行吊机提运至平板车上,再由牵引车运至拼梁吊机下拼装架设就位。

钢梁的架设方法很多,可以按照临时支撑设备以及架设机械进行分类。

1. 按临时支撑设备进行分类

按临时支撑设备分类主要有如下几种方法:

①有支撑设备架设法:即在脚手架上进行拼装。此法适用桥下净空不高、水深较浅处。

②匣桥(桁梁)架设法:预先在桥孔处拼装便桥作为支撑台架,再进行桥梁架设。

③缆索支承架设法:利用缆索上吊下的支撑吊架来架设桥梁,可用于悬索桥主梁的架设。

④斜拉索支承的架设法:与缆索支承架设法大体相同,斜拉索是支撑。这是斜拉桥主梁架设的常用方法。

2. 按架设机械进行分类

按架设机械进行分类主要有如下多种方法:

①行走吊机架设法:适用于陆地上安装高度不大的板梁,在城市高架桥上应用广泛。

②门吊架设法:适用于地形变化不大,架设连续多孔板梁桥。依靠两个龙门吊机和吊机纵向移动轨道,设备简单、施工方便。

③浮吊架设法:在河上或海上利用大吨位浮吊整孔架设钢桥。此法适合于大跨度桥梁。

④悬臂架设法:用移动式刚腿转臂起重机,一边拼装一边向前推进。这是我国钢梁桥架设的常用方法。

⑤纵向拖拉法:有纵向联结拖拉法、导梁拖拉法和梁上设扒杆法。前两者在我国常用,往往两者联合使用,附加设备少、工期短。

⑥钓鱼法:小跨径桥梁架设时,可在前后桥墩上竖立支柱或扒杆,用一组拉索系住梁,另一组拉索吊住梁的前端同时将梁向前拉曳进行架设。

⑦缆索吊机架设法:方法同拱桥的无支架缆索吊装。

⑧浮运架设法:在浮船上拼装桥梁,并将浮船拖曳到位,浮船灌水下沉,将梁安放在桥墩上。

⑨横移架设法:适用于旧桥改建。在平行旧桥方向组装新桥,将新桥两端支承在台车上,然后将台车横向移动到旧桥位置安放新桥。

⑩旋转架设法:这种方法与拱桥的转体施工类似。

本节主要介绍悬臂拼装法、拖拉法和浮运法。

二、悬臂拼装法

1. 悬臂拼装的方法

悬臂拼装法是在桥位上将杆件逐根地依次拼装在位于岸边的平衡梁上或锚固梁上,形成向桥孔中部逐渐增长的悬臂,直至拼至下一墩(台)上,如图 6.2-1 所示。

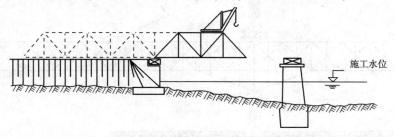

图 6.2-1　全悬臂拼装法示意图

为减小悬臂长度,可在两相邻墩(台)之间设置单个或多个临时支墩,称为半悬臂法拼装,如图 6.2-2 所示。梁的合龙点可在墩(台)顶或者跨中(中间合龙法),如图 6.2-3 所示。

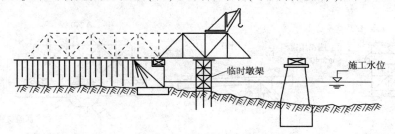

图 6.2-2　半悬臂拼装法示意图

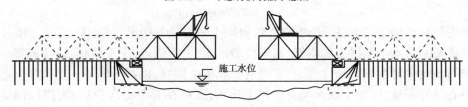

图 6.2-3　中间合龙法示意图

悬臂拼装法架设钢梁的适用条件是:①桥下不宜浮运或不能搭设满布式膺架的桥位,如:桥墩较高、跨度较大的桥梁,通航不能中断、水深流急、漂浮物或流冰较多的跨河桥等。②悬臂架设施工过程中的结构受力状态与成桥运营时的受力状态相似的桥梁,如连续钢桁梁桥、悬臂桁梁等。

钢梁在悬臂拼装过程中,如果悬臂过长,会导致自由端挠度过大,造成结构线形不良;或者悬臂支承处附件杆件应力过大,甚至超过容许范围,造成局部区段杆件屈服、失稳等。为保证结构安全,必须避免上述现象。为此,需要从增强结构刚度、减小悬臂长度、严格控制施工荷载及调整安装方法等方面采取措施。具体包括以下几个方面:

①临时加固安装应力过大的杆件,如压杆可增加中间侧向支承或者杆件内嵌入方木并用螺栓和钢箍使之与杆件夹紧;或直接换用大截面杆件。

②在局部区段利用暂不拼装的杆件临时加设上加劲梁,增设的加劲梁在该孔钢梁拼装完成后即可拆除,此法因费工费时多不采用。

③局部区段铺设有初始拉力的斜拉索,又称吊索塔架法。吊索塔架是大跨度钢梁悬臂拼装施工的重要辅助结构,由支承于钢梁的塔架、拉索、上下锚箱、上下拉板及锚箱小车等组成。吊索塔架悬拼施工如图6.2-4所示。

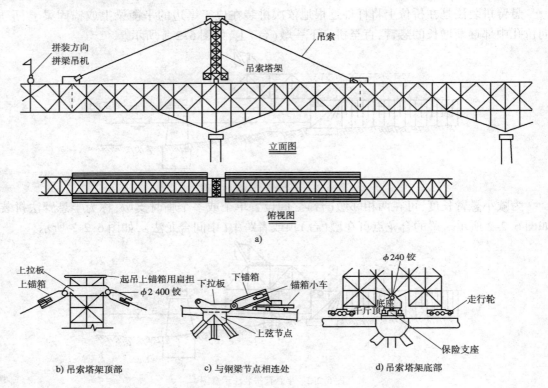

图6.2-4 吊索塔架悬拼施工图

吊索塔架悬拼施工的方法,借助拉索斜向向上的拉力(支承)减小杆件应力和自由端挠度。吊索塔架是由支于钢梁上的塔架、高强度斜吊索、上下锚箱、上下拉板,以及锚箱小车等组成。塔架的高度主要由悬臂长度决定,宽度通常和桁梁同宽,以利于塔架在上弦杆上走行。塔架底部中心设有底座,底座下设保险支座和千斤顶,以便在必要时起顶塔架、提拉钢梁。斜吊索为钢丝束或者钢绞线,两端用环销式锚头,以便张拉。

④桥墩旁设临时托架,如图6.2-5所示。如果有过多的杆件需要临时加固,悬臂拼装时可在前方墩台的一侧安装一定长度的临时钢梁(墩旁托架),从而减小悬臂长度。托架可用拆装式杆件组拼,其长度根据施工要求确定。墩旁托架在该孔钢梁拼装完成后即可拆除。

⑤使用水上吊船。利用拼装吊机拼装到一定长度后,可将拼装吊机后移至支座处,所余1~2个节间可用水上吊机安装。此法施工要求水位平稳,无大风大浪。吊装杆件一经就位,上足螺栓后应立即脱钩,以防吊船摇摆时吊钩牵动钢梁,使钢梁承受额外的附加内力。另外,为了减小钢梁悬臂端的荷载,可由水上运送钢梁杆件。

⑥跨中设置一个或多个临时墩,即半悬臂拼装。

⑦中间合龙法,即由两边墩(台)同时向跨中拼装。跨中进行合龙时要求架设过程中保证两端钢梁的端截面保持垂直($\varphi_1 - \varphi_2 = 0$),两侧合龙的杆件对准、无相对偏差($f_1 - f_2 = 0$),通过纵向移动的调整和调整锚固梁前后支座的相对高度来达到顺利合龙。合龙截面处的弯矩和剪力均为零,合龙节点须在无应力的情况下拼装,合龙后进行应力调整。中间合龙法示意图如图6.2-6所示。

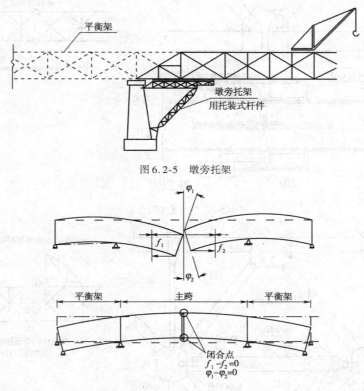

图6.2-5 墩旁托架

图6.2-6 中间合龙法示意图

目前,钢桁梁采用现场调整锚固梁前后支座的相对高度来达到无应力合龙的目的。合龙方法有节点式和拉杆式两种。

①节点式:即在跨中时,杆件已经全部拼完,只剩中间节点尚未合龙,在合龙节点处上、下弦杆设置合龙铰。节点式中间合龙如图6.2-7所示。

施工时,使两侧钢梁合龙处的弦杆中线高程一致,并使两侧弦杆端截面之间预留60~80mm的空隙量,以便最后纵向微调时对齐。合龙铰附近弦杆上设张拉设备,张拉设备对称装在弦杆竖板的外侧,合龙铰则装在弦杆水平腹板上。拉力设备由托架、顶梁及拉杆组成。当下弦(或上弦)平面内的拉力设备同时启动后,梁体即徐徐移动,当移到适当位置时即插入合龙铰轴。之后,在节点板钉眼处进行扩孔,然后进行栓接。

②拉杆式:钢梁相向拼装剩最后一个节间时,该节间杆件先不拼装,而先装上临时腹杆(水平拉杆或者斜拉杆)。调整锚固梁支承点,使上、下弦杆位置对齐,在纵向预留40~50mm的空隙量,以便最后调整。拉杆式中间合龙如图6.2-8所示。

拉杆系由两箱形截面的杆件套插而成,内外杆均有顶梁,中间安设千斤顶,以备顶推用。内外杆均有长圆孔,可供内外杆相对伸缩用。每个拉杆均配有铰轴,通过铰轴及临时拉板可与主桁节点相连。弦杆水平位置调好后,启动千斤顶,内、外拉杆分别把桁架向内拉紧达到要求后,插上铰轴,停止起顶。安设永久杆件(先下弦杆,再斜杆,最后上弦杆),然后拆除临时拉杆,安设腹杆,钢梁即合龙。

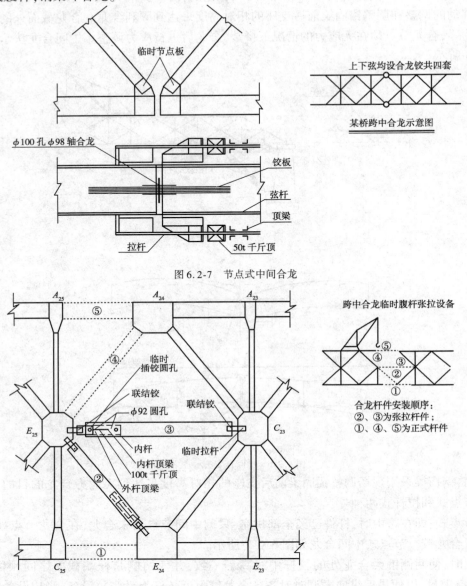

图6.2-7 节点式中间合龙

图6.2-8 拉杆式中间合龙

三跨连续桁梁在中跨合龙时,中支点弯矩很大,需要进行应力调整。此时可根据设计要求将连续梁的两端用千斤顶顶起,待端支点反力达到设计值时,即可认为符合设计要求。

2. 悬臂拼装施工过程

钢桁梁桥的悬臂拼装施工,主要有下列程序:杆件地面预拼、钢梁杆件的悬臂拼装、高强螺栓的施工、安装临时支承装置、钢梁纵移和横移等。

(1)杆件预拼

杆件预拼在工地预拼场进行,主要工作有:杆件油漆;弦杆与拼接板的预拼;两片纵梁组合的预拼等。预拼工作在拼装台座上进行。

在预拼工作中如遇弦杆节点设置预拱度转角,应仔细核查认可后才可栓接。预拱度转角是指因预拱度要求在节点板中心线两侧的弦杆螺栓孔的理论中心线与水平线所成的微小转角。预拱度设置如图6.2-9所示。

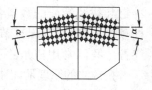

图6.2-9 预拱度设置示意图

在制造钢桁梁时,预拱度的设置是利用在上弦大节点处一些节点伸长和另一些节点缩短来实现的。

预拱度转角的形成有两种方法:其一是在工厂制造节点板钻孔时,使钉孔线钻成斜排;其二是在工地拼装时通过钉孔与冲钉的径差及错孔形成。前者使杆件制造复杂,但工地拼装方便;后者容许的错孔量有限,目前使用的冲钉多为$\phi 25.7\mathrm{mm}$,钉孔为$\phi 26.2\mathrm{mm}$,容许错孔为$0.25\mathrm{mm}$。

(2) 钢梁杆件的悬臂拼装

钢梁杆件的悬臂拼装,必须按照一定的顺序进行。桁梁杆件的拼装顺序如图6.2-10所示。

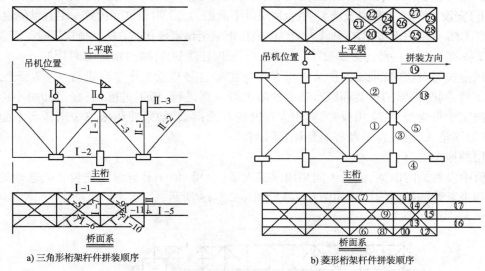

a) 三角形桁架杆件拼装顺序　　b) 菱形桁架杆件拼装顺序

图6.2-10 桁梁杆件的拼装顺序

拼装顺序的制定需要考虑:拼装吊机的起吊能力和最大吊距等;拼装时,应尽快将主桁杆件拼成闭合的三角形几何稳定体系,并尽快安装横联,保持结构空间稳定;先拼装杆件不能影响后续杆件的安装和吊机的运行;遵循对称原则;应注意特殊杆件的拼装。

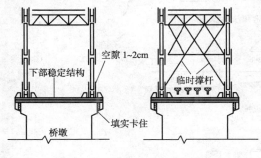

图6.2-11 平衡梁临时加固措施

悬臂拼装第一孔钢梁时,根据悬臂长度的大小,需要一定长度的平衡梁,并应保证倾覆稳定系数不小于1.3。为便于施工,平衡梁通常是倒置的敞口式桁架,必须采取临时措施,增加结构的稳定性。平衡梁的常用加固方法有两种:增加临时撑杆,给下弦杆以侧向支撑;在墩台上加设临时稳定结构,卡住下弦杆。平衡梁临时加固措施如图6.2-11所示。

(3) 高强螺栓的施工

目前,钢桁梁的拼装连接普遍采用高强度螺栓。各板层之间应达到相关密贴要求,螺栓下置以垫圈。在螺栓全部拧紧合格后,应用油灰腻子抹缝封住并进行油漆。

在拼装中,用冲钉来固定螺栓孔的位置,用高强螺栓做拼装螺栓以初步夹紧钢板层,一般冲钉和拼装螺栓的数量各一半。高强螺栓在用扳手进行初拧后，后拧的螺栓将会使先拧的螺栓预拉力降低，为保证节点处螺栓的预拉力大致相同，需对螺栓进行复拧。复拧后，还得进行终拧。我国常用扭角法和扭矩系数法控制终拧，进行螺栓预拉力控制。

扭角法的原理是：根据设计预拉力以及螺栓连接的板层厚度，从复拧位置开始使螺栓再相对转动一个角度，使板层更加扣紧从而达到预拉力。高强度螺栓的终拧过程中，一个关键问题是控制螺栓的预拉力，避免预拉力超强（超拧）和达不到预拉力（欠拧）。超拧可能导致螺栓易断裂；欠拧降低了连接的强度，同时导致节点处交汇的杆件易松动，产生相对位移，影响结构预拱度和线形。

三、拖拉法架设

1. 拖拉法架设的特点

拖拉架设法是将钢梁在桥头路基或临时膺架上进行组拼（铆合或栓接），在钢梁下（纵梁下或主桁节点下）安设上滑道，在路基或膺架、墩台顶安置下滑道，上、下滑道之间设置一定数量的辊轴，通过滑车组、绞车等牵引设备，沿桥轴线方向纵向拖拉钢梁至预定桥孔的方法。拖拉法除了需要的拖拉牵引设备和滑道外，一般还需要布置临时墩架等，同时还受到桥位处的地形条件限制。

采用拖拉架设法时，现场的拼装工作大部分在岸边路基或工作平台进行，不仅安全，更容易保证质量；同时钢梁的拼装和墩台基础的施工可并列进行，施工进度快；在多孔中小跨度连续梁的施工中更为经济，应用较多；对于大跨度的双线钢梁，如果使用拖拉法则桥面系超强过多，临时加固量大，就显得不经济而且耗费时间。

常用的拖拉法有：

①跨中设置临时墩架，或者中间采用浮运支承（少用）的半悬臂纵向拖拉。全悬臂的纵向拖拉法和半悬臂的纵向拖拉法如图 6.2-12 和图 6.2-13 所示。

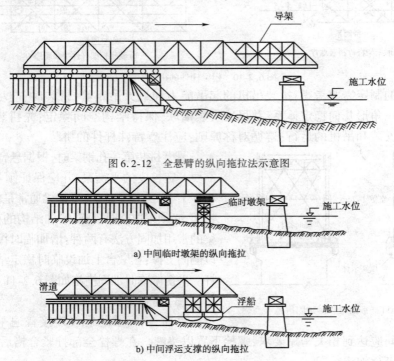

图 6.2-12　全悬臂的纵向拖拉法示意图

a) 中间临时墩架的纵向拖拉

b) 中间浮运支撑的纵向拖拉

图 6.2-13　半悬臂的纵向拖拉法示意图

②前端加设临时导梁,或者后端加设临时尾梁的全悬臂纵向拖拉。多孔钢梁也可用临时杆件连接进行纵向拖拉,如图 6.2-14 所示。

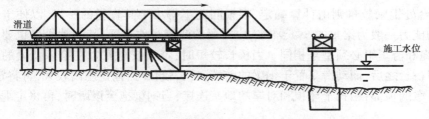

图 6.2-14　多孔钢梁用临时杆件连接的纵向拖拉

2. 滑道的构造

上滑道可根据下滑道的布置进行设计,采用间断式或连续满布式,一般设置在纵梁下或者主桁下弦杆节点板底部,如图 6.2-15 和图 6.2-16 所示。

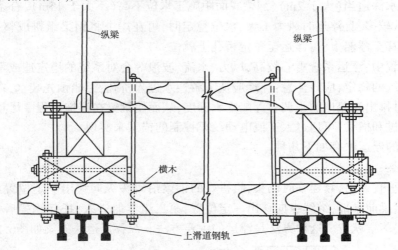

图 6.2-15　上滑道结构示意图

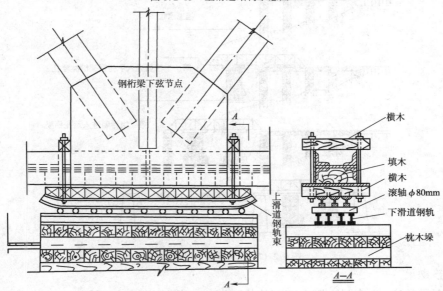

图 6.2-16　上滑道构造示意图

辊轴直径和数目与其承重、辊轴表面光洁度与滑道摩擦系数、操作方便等有关,一般直径在 80~140mm,长度应大于滑道宽度约 200~300mm;路基下滑道上的辊轴按照间距 1~2m 均匀布置,墩台处辊轴数量则由计算确定,辊轴间距不得小于其直径的一半,以便卡住时拨正。牵引设备的能力一般为梁重的 5%~8%,应在梁的两侧对称布置,其制动设备也要均匀设置。绞车、钢丝绳和滑车组必须型号相同。当桥长较短时,牵引绞车安置在第一孔梁的后部,定滑车置于对岸桥台之后,而动滑车置于钢梁的前端;桥长较长时,拖拉距离较大,可将定滑车置于某一中间桥墩的顶部,用长千斤顶和对岸的地垄连接,当钢梁拖至该墩时,再将定滑车后移,继续拖拉。

在拖拉过程中,可在平衡梁上压重以保证钢梁的纵向稳定性。

四、浮运法架设

当桥孔下水深适当(大于 2m)、钢梁底面距施工水位不高(不大于 15m)、有条件搭建施工码头、桥梁孔数较多,且浮运时风力不大、水位稳定时,可在岸上将钢梁组拼成整孔后,利用临时码头将钢梁移至浮船上,再浮运至预定桥孔上就位。

在浮运过程中,浮运系统重心较高,风力、水流、波浪等会对系统的稳定造成不利影响。为了保证浮运系统的稳定,应该注意:浮运应从下游逆水进入桥孔;浮船预先装水,在托起钢梁的过程中,可通过排出浮船压舱水调整浮船吃水深度,从而使钢梁在浮拖过程中尽量保持水平状态。浮船的前进和横移,可通过人工或电动绞车控制的锚索来实现。

目前常用的浮运法有如下几种。

1. 纵移钢梁

在与河岸垂直方向,修建临时码头,组拼好的钢梁沿码头纵向移出一定位置后,第一组浮船进入,托起钢梁前半部,继续纵向移出一定位置,第二组浮船进入,托起钢梁后半部,然后浮运至预定桥孔,落梁就位。这种方法是浮运的主要方法。纵移浮运法架梁如图6.2-17所示。

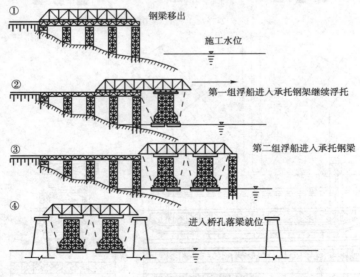

图 6.2-17 纵移浮运法架梁示意图

2. 横移钢梁

根据钢梁长度,修建两座深入河中的临时码头。将组拼好的钢梁沿码头横向滚移至码头前端,再将浮船驶入钢梁下预定位置,托起钢梁,再浮运至预定桥孔就位。横移法更为方便、简单,但码头工作量大。横移浮运法架梁如图 6.2-18 所示。

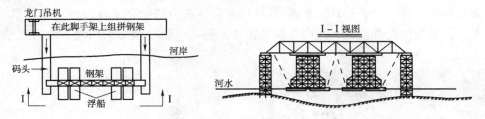

图 6.2-18 横移浮运法架梁示意图

3. 浮拖法

在拆换旧梁或者架设单孔大跨度钢梁时,可直接移出钢梁,拖至浮船上,浮运就位。

4. 半浮运半横移

在架设单孔大跨度钢梁时,将组拼好的钢梁前半部由浮船托起,后半部可在膺架上横向移动,至预定桥孔就位。

第三节 钢拱桥的施工

一、钢拱桥施工架设方法

桥梁的施工方法,极大地影响着桥梁技术的进步。钢拱桥在早期除了材料方面的原因外,在 Eads 桥中首创的悬臂施工法是其得到快速发展的主要原因。然而,近现代随着预应力梁式桥悬臂施工方法的发展,悬索桥与斜拉桥的大量应用,钢拱桥尤其是大跨度钢拱桥的应用越来越少的主要原因之一是其施工方法复杂和施工费用较高。钢拱桥的施工架设方法与拱的结构、桥址自然条件、造价、工期都有很大的关系。总体而言,它的发展趋势是从早期的有支架施工朝着少支架或无支架的方向发展。历史上,钢拱桥中创新的施工方法如悬臂施工法曾被推广至其他桥梁的施工之中,其他桥梁的施工方法,如顶推法、悬索吊挂法,也被大量应用于拱桥施工之中。今后在钢拱桥的施工技术发展中,借鉴其他桥型,尤其是钢筋混凝土拱桥中应用的施工架设方法,应是它的主要发展方向。

目前,钢桁拱桥的安装方法有:满布临时支架,浮吊架设,整孔提升法,斜拉扣挂施工,利用吊机从两岸的端部分别向主跨跨中单向悬臂拼装跨中合龙和从中支点向两侧对称悬拼跨中合龙等。

1. 满布临时支架

对于桁架拱桥主跨跨度相对较小的,且位于水深较浅、航运要求不高或陆地上的旱桥,可以考虑满布临时支架,天津国泰桥即采用此种方法进行施工。

2. 浮吊架设

浮吊架设的优点在于钢桁架的拼接可以在岸上进行,这样可以避免大量的高空作业,确保拼装质量,并可于桥梁下部结构同时施工,加速全桥的施工速度。但在工程中很少用于桁架拱桥施工,主要是由于庞大的结构外轮廓尺寸,在运输和安装过程中产生意外的风险非常大,只有在宽阔的江面或海面上此种施工方法是可行的,同时对天气状况的要求也特别高。韩国的傍花大桥就是采用浮吊架设法进行施工的,参见图 6.3-1。

3. 整体提升法

整体提升法,在很早以前就已应用于钢桥的施工中。相对其他方法而言,整体提升钢拱肋施工具有拱肋安装精度高、结构整体性好等优点,但该方法需要建专用拼装场,动用特型船舶,并且需要在水中设置专门的提升塔基础,另外还要保证提升塔架在工作过程中的安全稳定及需要配置大型的液压提升设备。我国广州的新光大桥主拱肋中段即采用此方法进行施工,参见图6.3-2。

图6.3-1 浮吊架设

图6.3-2 整体提升

4. 悬臂施工

悬臂施工中的悬臂拼装法,是钢拱桥最主要的施工方法。悬臂施工按照其是否有较多辅助设施,可分为自由悬臂拼装法和斜拉—悬臂拼装法两种。按照拱肋的合龙方法又可以分为两种。

(1)按照辅助设施有无的分类

1)自由悬臂拼装法

钢桁拱由于构件重量不大,常采用自由悬臂拼装法架设。在这一方法中,悬臂半拱仍需要辅助结构。一般采用拉索拉住上弦,使拼装过程中半拱能以悬臂曲梁承受拱圈的自重。只不过这种辅助结构(如拉索)与斜拉—悬臂法相比非常小,因而称之为自由悬臂拼装。狱门桥、悉尼港桥等采用了这一方法,见图6.3-3和图6.3-4。

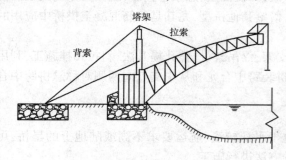
图6.3-3 美国狱门桥自由悬臂拼装示意图

图6.3-4 澳大利亚悉尼港桥施工照片

在采用自由悬臂施工法时,还可以通过使用独立的临时支承,来减小自由悬臂长度。美国贝永桥就是使用这种方法建成的,图6.3-5是该桥施工时的一张照片。

2)斜拉—悬臂施工法

斜拉—悬臂施工法是大跨径钢拱桥中广泛使用的施工方法。它先在两边架设施工塔架,用拉索拉住悬臂的拱肋,主拱肋分节段施工,节段间接头用拉索扣挂于塔架上。塔架的平衡是由背索来维持的,背索可以拉在地锚上或者拉在边跨上,逐渐地向拱顶悬拼拱肋节段,直至全桥合龙。

采用这种施工方法施工的第一座桥是 Eads 桥（图 6.3-6）。该桥不仅因首次把钢材应用于建桥而在桥梁史上闻名，更因为它是第一座采用斜拉—悬臂法施工的桥梁而载入桥梁史册。它所开创的斜拉—悬臂施工法不仅在拱桥中得到广泛的应用，而且很快地推广到其他桥梁之中。

图 6.3-5 美国贝永桥

图 6.3-6 Eads 桥的施工

跨径达 518m 的美国新河谷桥施工采用了斜拉—悬臂法。首先利用直升机架设缆索，用缆索吊机吊装拱圈、立柱和桥面板的构件。为了减少现场连接的工作量，这些工厂制作拼装、通过铁路或公路运送至现场的构件，尺寸较大。斜拉索锚在已建成的引桥上，随着拱圈悬臂拼装斜拉索不断跟进直至合龙。拱顶合龙处留有一个小口，用千斤顶进行临时合龙。千斤顶作用力产生的变形还用来补偿由于弹性压缩和年均温差引起的收缩变形。

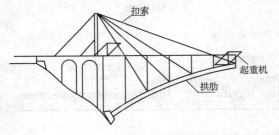

图 6.3-7 美国彩虹桥悬臂拼装示意图

自由悬臂施工中，通常先架设主拱，待主拱肋合龙后，再架设桥道系。对于斜拉—悬臂施工，可以先架设主拱，也可以同时架设主拱和拱上建筑。美国与加拿大交界处的彩虹桥就采用了后者（图 6.3-7）。

(2) 按照拱肋的拼装顺序分类

1) 从两岸分别向主跨跨中单向悬拼、跨中合龙的方法

从两岸分别向主跨跨中单向悬拼、跨中合龙的方法，对于仅主跨为大跨桁拱结构，而边跨为跨度相对较小的桁梁结构的连续桥而言，应是比较适宜的安装方法。该方法边跨安装时的临时支架受力明确，设计和施工都较容易，施工措施费用的增加相对也很有限。宜万铁路万州长江大桥和重庆朝天门长江大桥，都是采用此方法安装的。

2) 从中支点向两侧对称悬拼、跨中合龙

图 6.3-8 是从中支点向两侧对称悬拼、跨中合龙的方法，利用中支点断面具有的强大抗弯、抗剪能力实现较大的施工悬臂长度，以减少安装临时支架的数量和局部加固部件的数量。

对于多跨的连续桁架刚性拱桥而言，从中支点向两侧对称悬拼、跨中合龙的安装方法应是最优的。缅甸曼德勒桥便是采用这种方法（见图 6.3-9）。

对于仅主跨为大跨桁拱结构，而两侧边跨为跨度相对较小的桁梁结构的 3 跨或多跨的连续桥，由于中支点范围的构件单重和长度为全桥最大的，需要的拼装设备的能力大幅提高，是否具有这种能力的吊机以及主墩两侧搭设临时支架的难度是决定能否采用对称悬拼的关键控制因素，是由施工组织的可行性和经济性决定的。

悬臂拼装时常常用到的重要设备是拱上吊机。拱上吊机主要分为步履式和移动式，由千

斤顶或卷扬机牵引行走,通过后平衡装置保持稳定,并逐节段安装外伸。起吊安装时,吊机与主体结构锚固,结构稳定性好,有利于构件的准确定位和安装。吊机的起吊重量、起吊速度、最大悬臂长度等根据主体结构的形式以及施工单位的经验和习惯决定。该设备结构轻巧,加工制造和安装较简单,施工操作较方便,已经在铁路钢桁梁桥的施工中广泛应用。需要指出的是,当吊重和吊幅均较大时,吊机的自身重量相应较大,主跨的不对称荷载将加大主跨的挠度,影响主体结构的稳定性,同时使得临时扣塔的受力加大。此外,吊机在主体结构上锚固、移动、调节等所需的构造措施将造成永久结构工程数量的增加。拱上吊机的存在也将造成合龙时施工措施的增多,增加了合龙费用。

a) 两岸向跨中悬拼施工　　　　　　　　b) 中支点向两侧悬拼施工

图 6.3-8　钢拱桥悬臂拼装施工方法

图 6.3-9　缅甸曼德勒桥安装示意图

5. 缆索吊挂法

缆索吊挂法是指每段钢拱肋吊装后,将其按先后顺序悬挂在承重主索上直至合龙的一种施工方法。瑞典的 Askerofjoid 桥(图 6.3-10)在施工过程中采用了这一方法。拱的每段从岸上运到驳船上,再运到指定的位置,然后通过悬索吊起。拱顶先安装,然后再向两拱座对称地进行安装。

缆索吊装施工方法的特点是吊机安装、拆卸比较方便,对山区不利地形的适应能力强,适

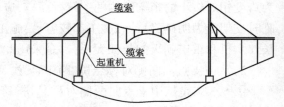

图 6.3-10　瑞典 Askerofjoid 桥施工示意图

用于多种拼装方式,且对拱和梁的运输方式和地点限制少。由于缆索吊机具有独立的锚固系统,对主体结构的附加荷载小,有利于主体结构的受力。但是,缆索吊机主塔多数情况下同时也作为临时扣索索塔,不仅造成主塔的受力复杂,吊机起吊时主塔产生的变形还将通过临时扣索影响到主体结构的变形,这对全桥的施工线形和内力的控制是很不利的。此外,缆索吊装过程中起吊构件的稳定性相对较差,且当吊重和吊幅均较大时,吊机结构自身重量增加较大,对吊机主塔的稳定要求也较高。

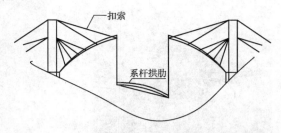

图 6.3-11　委内瑞拉加拉加斯桥的施工示意图

6. 组合施工法

部分钢拱桥根据施工现场具体情况,选择悬臂拼装法与其他方法相结合的施工方法,称之为组合施工法。例如:委内瑞拉首都加拉加斯(Caracas)附近的三座姊妹桥,施工时采用了悬臂拼装与吊索吊装的组合施工法(图 6.3-11),先在两拱脚处各修建一个塔架,利用塔架悬臂拼装钢桁架拱肋至 1/4 跨处;再利用固定在边跨桥墩的后拉索将其悬扣挂住;拱顶段的拱肋部分,在谷底利用少量支架拼装,然后用拉索提升,拼装到指定的位置进行合龙。

7. 整体顶推法

德国阿贝尔市修建了一座跨越铁路线的钢拱桥,该桥为朗格尔梁,跨径 65.5m,拱肋断面形式为箱形,吊杆间距为 7.28m。桥纵向与铁路线呈 66°斜交角,而桥台平行于铁路线。由于施工过程中不能中断交通,支架施工等方法不能采用,因而决定采用顶推法施工。

施工时,在桥的右岸搭建一临时钢构件加工厂,该桥全部构件的加工制作均在其内完成,并且上部结构的组拼、焊接和安装均在桥台处完成。同时在跨中处修建一临时墩,在其上搭设轻质钢轨作为导梁,左岸安置绞车用以提供前导拉力,顶推力由千斤顶提供,在加劲纵梁外侧四角处各设一滑动导向架以保证精确就位,待顶推至预定位置后拆除临时设施。其施工过程如图 6.3-12 所示。整个施工过程快捷,仅仅几个月就完成,且施工现场干净,几乎不对周围环境造成影响,适合城市桥梁的施工。

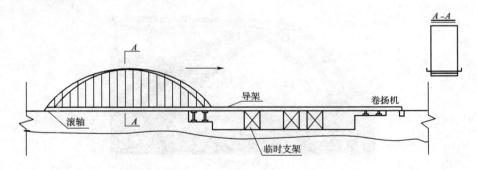

图 6.3-12　德国阿贝尔桥的施工

8. 转体施工法

转体施工法是大跨度拱桥施工的一种常用方法。转动中心的转轴装置有两种:球冠式和直接安定位转轴。大跨径拱桥多采用后者。另外,结构重力在中心和四周滑道上分配的比例跟滑道的构造有较大关系。若滑道偏低,重量基本上被中心部分支撑,滑道处受力很小,就不需要太大的千斤顶;若滑道偏高,则重量多由滑道承担,中心转轴只起定位的作用。

现以我国广东佛山东平大桥的施工实例为主介绍。其主要施工过程如图 6.3-13 所示。

东平大桥为主跨 300m 的钢桁拱—T 构协作体系,主桥长 600m,两端引桥为三联连续箱梁桥,各长 400m。主桥桥型新颖,造型古典而富有新意,是国内采用三拱肋结构跨径最大的拱桥。大桥主拱、副拱、边拱组成自平衡组合体系,边跨采用钢箱拱与混凝土连续梁的组合体系,刚性吊杆;桥面采用格子梁组合桥面,厚度仅为 12cm。总长 1 322.2m,双向八车道,两侧各设 6m 宽人行道,双幅桥总宽度为 48.6m。

a) 提升架提升拱桁（竖转）

b) 拱桁竖转中

c) 边跨平衡重

d) 平转结束

e) 转盘内的横向水平预应力钢绞线

f) 连接三条拱座的钢管混凝土桁架

g) 即将合龙

图 6.3-13　转体施工过程

施工采用卧拼竖提转体结合平转的施工方法，平转质量为 14 800t。边跨箱梁分 7 个块段施工。拱肋接地部分的结构就像一个大型的"磨盘"，在这个"磨盘"上，转盘和地面接触部分为一个平整如镜的环道，环道中密布了 10 万个"蘑菇头"，以尽量减小转动时的摩擦。进行平转时，在每台达 200t 牵引力的 12 台液压千斤顶拉动下，转盘与环道间的"蘑菇头"就会沿轨迹移动，从而带动巨大的拱肋转动。牵引系统采用两组液压千斤顶，每组三个同步千斤顶。该套牵引系统还用于广州丫髻沙大桥、广州新光大桥的转体施工。上下转盘间预留钢筋。拱肋合龙后，就将相对应的上下盘的预留钢筋焊接、绑扎，后支模现浇混凝土。

静摩擦系数和动摩擦系数，是作为计算平转的启动力和启动后的运转力用的。四氟和不锈钢板的静摩擦系数和动摩擦系数，在设计阶段可以按照 10% 和 5% 来考虑。其启动力不能低于 14 800t × 10% = 1 480t。启动千斤顶分两组，每组就要大于 740t。现在布置的千斤顶是每组3对,如果每对是300t的千斤顶,则每组千斤顶的牵引力已经达到了900t,作为平转需要的牵引力;运转力比启动力小,其具体数值与动摩擦系数、施工质量有很大关系。

二、钢拱桥施工计算

钢拱桥施工计算的内容主要包括:施工过程的内力计算;拱圈及主梁的线形计算;利用前进或倒退分析法确定施工过程具体实施细节。其目的在于:对一座即将施工的桥梁,提供一套完整可行的施工组织设计,使之能够在整个施工过程中顺利实施,在成桥时达到设计所要求的理想状态。

在大跨度拱桥施工计算中,主要采用了倒拆与正装相结合的分析方法。从理论上讲,按照实际施工的逆过程,对结构进行理想倒拆分析,计算每拆除一个节段对剩余结构的影响,就能得到各个施工阶段结构的初始状态,这中间得到的各个施工阶段的状态就应是合理的施工状态。但在倒拆分析法的应用中,常常会出现不闭合的现象,不闭合的原因既有施工过程中的体系转换使得实际的施工过程与倒拆计算的条件不一致所导致,包括合龙、永久支座安装、临时支撑安装与拆除等,又包括计算中非线性影响及混凝土收缩徐变影响等。

倒拆分析法理论上的闭合条件为:倒拆过程是完全可逆的;材料是线性的、非时变的;倒拆分析过程的逆过程必须是实际可行的。

对于钢拱桥来说,其材料为钢材,时变问题并不严重;在拱肋和桁梁合龙时,实现合龙段两端自然合龙在实际操作中并不困难。利用倒拆分析可以得到施工阶段合理状态的近似解。因此,真正合理的方法就是采用倒拆分析和正装分析交互迭代的方法,在经过若干次迭代计算后,使计算的成桥状态与设计的理想成桥状态之间的差异满足要求为止。

进行倒拆分析时(具体流程见图6.3-14),首先需要确定一个初始状态,通常就是设计所要求的成桥状态下的几何线形和内力。为方便起见,在做第一次倒拆分析时,结构的几何线形和内力状况均取自一次落架成桥所得结果。在得到第一个合理施工状态的近似解以后,再按照倒拆计算的逆过程进行正装分析。

在这里需要说明的是:在经过数次倒拆—正装的迭代计算后,结果未必完全闭合,特别是内力状况。因为对于桁架桥梁而言,杆件众多,并不能像以往整体截面的拱肋和主梁一样,通过控制整个截面的内力即可。拱桥的主拱和主梁中每个截面都含有多根杆件,控制截面的内力并不一定能够保证单根构杆的安全性,因此,需要采取控制手段对每个杆件进行内力评测,以确保整个桥梁在永久作用和运营状态满足安全要求。对于钢拱桥来说,全桥几乎为全钢结构,材料单一,在《公路桥涵钢结构及木结构设计规范》(JTJ 025—86)中的计算也是采用容许应力法,所以,对构杆截面内力的控制可以直接转化为对其截面应力的控制。

桥梁在运营状态时的荷载因素为永久作用和可变作用两大部分。其中永久作用部分包括结构自重、支座偏位等;可变作用部分包括规范中所有可能的可变作用。对桁杆的截面力而言,可变作用的影响可直接根据上下缘应力影响线求出最大和最小值,那么就可以根据$[\sigma] - \sigma_{活max}$和$[\sigma] - \sigma_{活min}$框定的范围来判定成桥时杆件的应力是否满足要求,这就是"永久作用应力可行域"的方法。

永久作用应力可行域方法的应用有一定的限制条件:

①适用于钢结构桥梁的设计。因为我国钢桥的设计采取的是容许应力法,不需要验算承载能力极限状态下截面的抗力。

②适用于永久作用和可变作用下应力可以直接线性迭加的桥梁。也就是说,成桥时结构

重力刚度的大小不会影响到可变作用的受力状况。

③适用于结构构件众多,无法通过一些常用的方法例如弯曲能最小法、刚性支承连续梁法来确定成桥合理状态的桥梁。

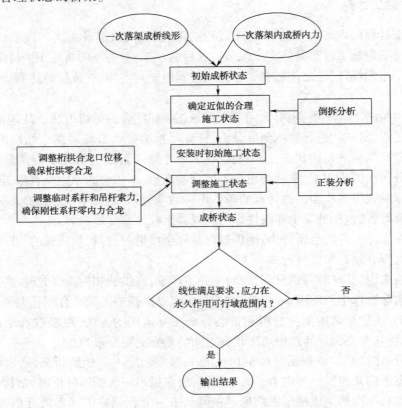

图6.3-14 钢桁架拱桥施工计算的具体流程图

三、钢拱桥施工实例

大跨度钢桁架拱桥在我国是一种新兴桥型,特别是连续钢桁架拱桥的施工并没有积累太多的施工经验,现以朝天门大桥为例介绍钢桁拱桥的施工工法及关键的施工措施。

1.施工过程

朝天门大桥的施工过程:利用拱上爬行吊机由两岸向中跨悬臂拼装方案,辅助以边跨临时支墩和主墩处的扣索塔架,在拱肋合龙后,施加临时水平索,完成上下层刚性系杆的顺利合龙,最后桥面系施工至成桥。具体如下:

①边跨钢梁安装时设3个临时墩辅助支撑,在1号临时墩与边墩之间搭设膺架,边跨1号、2号桁节用塔吊在膺架上安装,作为架梁吊机安装调试平台,边跨其余桁节及中跨桁拱均用架梁吊机悬臂拼装。

②为满足钢梁中跨合龙调整需要,钢梁安装时将两侧边支点预先降低,边墩施工时边支点顶面以下墩身预留5.0m不施工。

③为满足桥面吊机安装中跨桥面梁系时吊机作业空间要求,中跨桁拱安装时需同时用架梁吊机安装7个节间的系梁和桥面板。

④钢梁悬臂安装期间在边跨进行压载配重方式来平衡悬臂端倾覆力矩,压重主要分布在

边跨 1 号、2 号节间和 2 个临时节间的上层桥面。

⑤中跨桁拱悬臂安装期间在中墩处竖杆顶部安装一座 100m 高的扣塔,设置两对斜拉扣索,控制结构内力和减小悬臂端下挠量。

⑥中跨桁拱采取在无应力状况下合龙,其合龙顺序为:下弦→上弦→斜杆→平联,先利用临时合龙铰实现桁拱上下弦的快速合龙。

⑦桁拱合龙后在中跨加劲下弦 E17 节点处,安装临时系杆。完成初张拉后,将边支点调整至设计高程,逆序拆除斜拉扣挂及压载配重系统,用桥面吊机按照先下后上的顺序,逐跨安装中跨系杆。实现系杆中跨合龙后,拆除临时系杆,吊装中跨桥面板。

⑧桥面板安装时与横梁之间只做临时连接,待全桥面板拼焊工作结束后,再将横梁与桥面板连成整体。

⑨边跨安装期间将边支座设为固定支座,中跨悬臂安装期间将中支座设为固定支座,保持边支座纵向活动。

⑩全桥所有构件进场后均在预拼场进行预拼。边跨构件预拼好后,在栈桥上用架梁吊机起吊安装;中跨桁拱构件,在安装部位下方水域垂直起吊安装;中跨桥面梁系构件在边跨提升至上层桥面,通过设置在上层桥面的轨道运输系统运输至安装部位。

⑪为减小施工作业与航运之间的矛盾,中跨桁拱安装期间,采取南北中跨部分桁节异步安装的方法,通过三次航道转换确保航道正常通行。

⑫钢梁线形主要由工厂加工质量来保证,现场安装线形主要通过控制节点栓孔的重合率来保证。利用边墩墩顶布置,通过钢梁整体纵横移和调整边中支点高差的方式精确定位中支座和调整中跨合龙误差。

2. 施工关键问题

朝天门大桥采用斜拉—悬臂拼装法施工,施工的关键问题及施工步骤如图 6.3-15、图 6.3-16 所示。

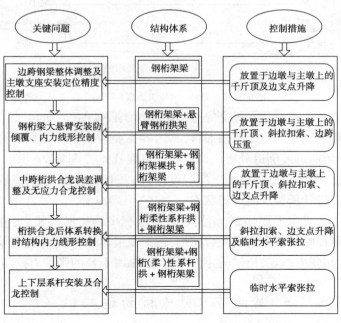

图 6.3-15 朝天门大桥施工中关键问题及控制措施关系图

3. 施工过程计算

朝天门大桥系目前世界上规模最大的拱桥,施工过程具有技术含量高、工期紧、施工风险大、施工场地狭窄等特点。其单根杆件最大长度45m,最大质量80t,施工临时结构既有连续梁支撑体系,也有斜拉扣挂体系,并有柔性系杆拱桥体系,其间需要经过多次体系转换,其施工复杂程度不言而喻。如何能够初步确定以上控制措施的具体操作细节,以保证结构施工过程中的安全可靠,首先就需要通过施工前的计算来完成。

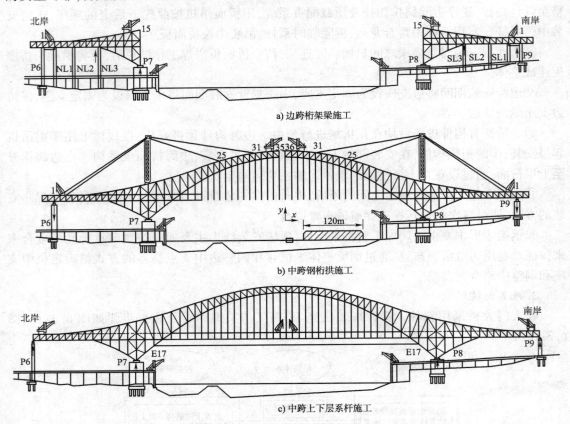

图 6.3-16 朝天门大桥关键施工步骤图

施工计算主要是指施工单位在提交完整的施工组织设计前,依据其现有的施工手段,进行施工过程全模拟的计算过程。对于拱桥而言,其内容主要包括:施工过程的内力计算;拱圈及主梁的线形计算;利用前进或倒退分析法确定施工过程具体实施细节。其目的在于:对一座即将施工的桥梁,提供一套完整可行的施工组织设计,使之能够在整个施工过程中顺利实施,并在成桥时使结构达到设计所要求的理想状态。

朝天门大桥施工计算中需要注意:结构在悬臂过程中的抗倾覆能力;应当将调控扣索力、顶升支点位移、调控临时索力三者配合使用,逐渐完成体系转换,以避免结构内力和线形产生过大的震荡;扣索初张力确定;桁拱的零内力合龙;临时系杆的张拉力控制等。

第四节 悬索桥的施工

悬索桥的施工主要包括:锚碇、桥塔、主缆、吊索和加劲梁的制造与安装。一般悬索桥的施工步骤,如图 6.4-1 所示。

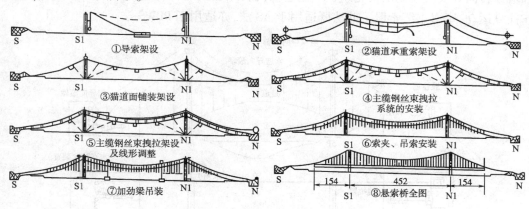

图 6.4-1 悬索桥的施工步骤(尺寸单位:m)

一、主要施工机械设备

1. 主缆架设的牵引设备

牵引设备是大跨度悬索桥施工的关键设备。常用的牵引设备有循环和往复两种类型。

(1)循环式牵引系统

把牵引索的两端插接起来,形成环状无极索,通过一台驱动装置和必要的支撑滚筒作循环运动。同时还需要辅助的张紧设备和调整设备。循环牵引系统的连续性好,但牵引力较小,适合于空中编缆法(AS 法)架设和较小跨径悬索桥的预制束股法(PWS 法)架设。

循环牵引系统有小循环(图 6.4-2)和大循环(图 6.4-3)两种。小循环分别在上下游按竖向布置,大循环一般是水平设置,供上下游索股共同使用。

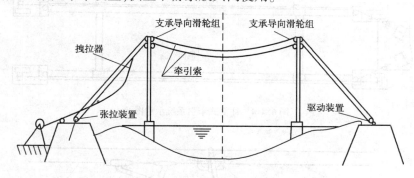

图 6.4-2 小循环牵引系统示意图

(2)往复式牵引系统

往复式牵引系统如图 6.4-4 所示。牵引索的两端分别卷入主副卷扬机,一端用于卷绳进行牵引、一端用于放绳,两台驱动装置联动,使牵引索作往复式运动。往复式牵引系统直接把钢丝绳卷在卷扬机上,牵引力较大,大跨径悬索桥主缆架设的 PPWS 法常常采用这种方法。

牵引方式有门架式拽拉器牵引方式和轨道式小车牵引方式。门架式拽拉器牵引方式如图 6.4-5 所示。每根主缆下设一套牵引系统,牵引系统主要组成:卷扬机、牵引索、拽拉器、猫道门架、猫道门架导轮组、各部位托滚、锚碇转向导轮组、塔顶导轮组等。通过拽拉器将牵引索首尾相连,牵引索绳头与卷扬机相连。在猫道上设置若干猫道门架,并在其上安装导轮组。在锚碇和塔顶转向处安装特制的滑轮组，主、副卷扬机收绳和放绳，使牵引索带动拽拉器穿过导轮组作往复运动，牵引主缆索股。此法既适用于 AS 法，亦适用于 PPWS 法。

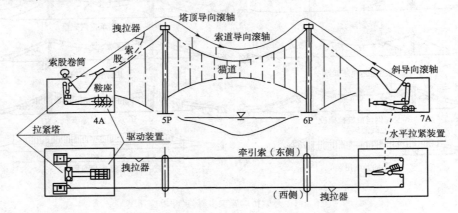

图 6.4-3 大循环牵引系统示意图

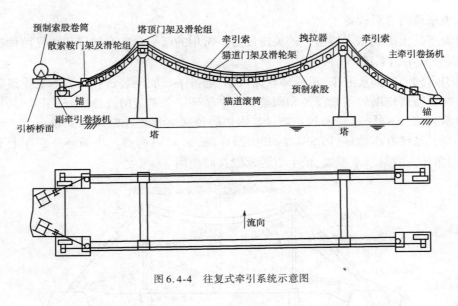

图 6.4-4 往复式牵引系统示意图

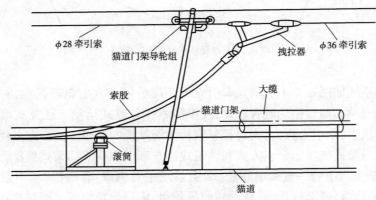

图 6.4-5 门架式拽拉器牵引方式

轨道式小车牵引方式如图6.4-6所示。牵引索运行于索股滚筒上,小车运行于滚筒两侧的轨道上,与牵引索固结。主(副)卷扬机驱动牵引索带着小车在轨道上作往复运动,索股前端锚头置于小车上,后端索股在索股滚筒上运行。此法只适用于AS法。

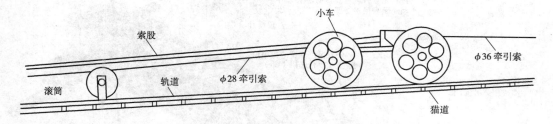

图6.4-6　轨道式小车牵引方式

2. 主缆紧缆机及主缆缠丝机

主缆紧缆机主要由紧固装置、走行装置、液压系统等部分组成。其中紧固装置主要由紧固蹄、液压千斤顶及其安全座等组成,是紧缆机的主要工作部分。走行装置由台车、台车架等组成,由塔顶卷扬机或者本机自带卷扬机牵引运行,两侧一般有手动葫芦来调整高度,保证左右平衡。液压系统为紧固装置提供动力。紧缆机如图6.4-7所示。

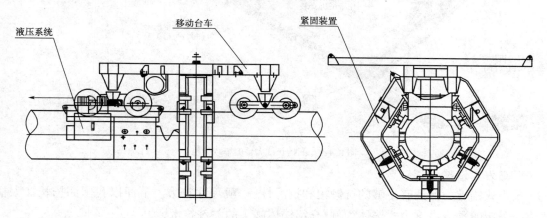

图6.4-7　紧缆机总图

主缆缠丝机可以为主缆进行圆形钢丝和S形钢丝的缠丝操作,国内目前只有圆形钢丝的缠丝机。

3. 缆载吊机

缆载吊机是垂直提升悬索桥加劲梁节段的专用设备,支承并行走在悬索桥主缆上,并具有跨越索夹的功能。润扬长江大桥的缆载吊机如图6.4-8所示。其主要组成部分为:液压起吊提升系统、缆上支承及行走系统、钢结构桁架梁、中央控制系统、液压动力系统、扁担梁、辅助系统、临时安装托架以及安全防护系统等。

二、锚碇的施工

大跨悬索桥一般采用外锚式锚碇。外锚式结构由锚体基础、锚体、主缆的锚固系统等组成。锚体可分为重力式和隧道式两种,其中重力式锚体组成包括:散索鞍墩、锚块、压重块、后锚块、侧墙、顶盖板、后浇段等。锚体与基础应形成整体,如图6.4-9所示。

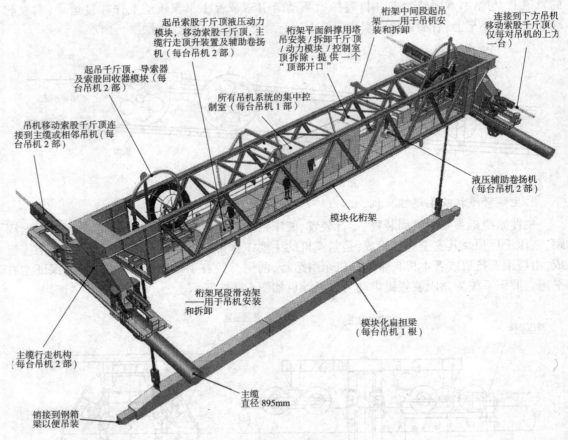

图 6.4-8 润扬长江大桥的缆载吊机

1. 重力式锚碇

重力式锚碇为保证有足够的抗倾覆和抗滑性,一般尺寸较大。下面以我国润扬长江大桥北锚碇采用的预应力重力式锚体为例,介绍锚体施工的关键技术。

(1) 预应力管道精确定位

按照"分层浇筑、分节支撑、分段接管、实时监控"的原则,必须安装牢固可靠的预应力管道定位架。定位架安装前,必须预拼装以确保施工精度和进度。

(2) 大体积混凝土温度控制

重力式锚体的难点,在于大体积混凝土的施工。其施工工艺流程如图 6.4-10 所示。

大体积混凝土施工重点为控制温度,注意水化热影响,防止产生有害温度裂缝。采取的措施有如下几个方面:

①控制混凝土原材料及质量;中、低热的矿渣水泥;掺加优质粉煤灰;集料高堆放;选用合适的高效外加剂。

②优化混凝土配合比,降低水化热。

③控制混凝土浇筑入仓温度:入仓温度不高于 25℃,否则采取相应降温措施;夜间开盘浇筑;水泥入场温度不得高于 50℃;混凝土泵管遮盖降温或混凝土加冰搅拌。

④控制混凝土浇筑间歇期和分层厚度:间歇期在 7d 左右,最多不超过 10d;最大分层不超

过2m,以降低老混凝土的约束,薄层、短间歇、连续施工。

⑤埋设冷却水管:每层混凝土中均需埋设冷却水管,为防止上层混凝土浇筑时下层混凝土的温升,可采用二次通水冷却方法,混凝土浇筑完毕,内部温度峰值过后,温度基本趋于稳定后,采用水泥砂浆对冷却水管灌浆。

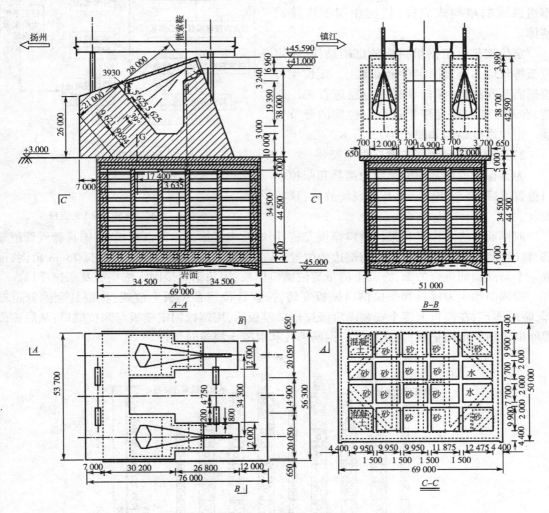

图6.4-9 重力式锚碇及基础总体布置图(润扬大桥北锚碇)(尺寸单位:mm)

⑥加强混凝土养护。

(3)混凝土外观质量控制

选用先进模板体系;对钢筋保护层厚度、预埋件埋设精度、混凝土振捣养护及施工测量等方面必须严格控制;采取冬、夏季等特殊温度条件下的施工措施;采取施工接缝、预埋件、螺栓孔的有效修补措施等。

(4)涂层钢绞线预应力张拉及大高差预应力管道灌浆

1)锚体预应力锚固系统施工

锚固系统由索股锚固拉杆和预应力钢束锚固构造组成。索股锚固拉杆有单锚头构造和双锚头构造两种。单锚头类型由两根拉杆和单索股锚固连接器组成;双锚头类型由四根拉杆和双索股锚固连接器组成。前锚面索股布置见图6.4-11;锚固单元构造见图6.4-12。

基准架与定位架、锚块内埋置的预应力管道定位系统,由基准架和定位架组成。基准架是安装定位架的基准,是控制定位架精确安装的关键,并承受定位架传来的荷载。它是由角钢组拼成的格构式立柱,柱间用型钢连接成整体。

定位架是由角钢组拼成的框架结构,用定位板将预应力钢管固定在定位架上。定位架可根据需要在纵向、竖向和横向分层进行工厂制造,在基准架安装完毕后进行定位架的分节安装。定位系统结构如图6.4-13所示。

2)预应力锚具和张拉槽口模板安装

为了保证前后锚面的预应力锚具和张拉槽口位置准确,在锚块钢筋绑扎前现场放样、现场安装。

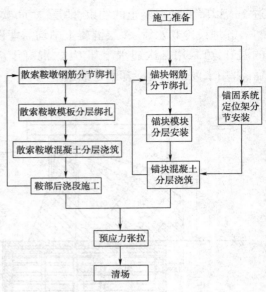

图6.4-10 北锚锚体施工的工艺流程

前锚面预应力锚具和张拉槽口模板安装:用螺栓连接锚具与槽口模板;将锚具套到管道端部,临时固定;在每个槽口模板前端边角位置,从前锚面定位片架焊伸出四根长75cm角钢,形成一个与前锚面重合的面,在其上测量定位槽口模板;用角钢焊接固定锚垫板及张拉槽口。

后锚面预应力锚具和张拉槽口模板安装:按设计位置在模板上放线;将锚具套到管道端部,临时固定;在模板上逐个安装固定张拉槽口模板后,用螺栓固定模板与张拉槽口;从后锚面焊伸出角钢固定锚垫板,防止在进行钢筋绑扎和混凝土浇筑时偏位。

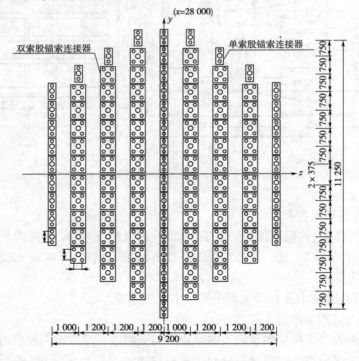

图6.4-11 预应力管道定位系统结构图(尺寸单位:mm)

预应力施工与一般后张法预应力施工相同。

预应力管道灌浆：当后张预应力筋处于非水平的倾斜部位、多跨度弯曲部位或竖直时,水泥浆的沁水会形成无水泥浆存在的空间,从而使该处的预应力筋处于失去水泥钝化的保护作用;同时预应力钢筋的异形也会导致某些局部灌浆不饱满。而预应力筋在高应力状态下对腐蚀损坏相当敏感(应力腐蚀),从而造成预应力筋腐蚀部位的断面缺损,使预应力结构的安全度降低和寿命缩短。

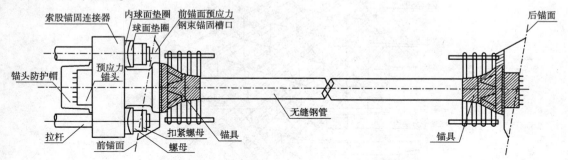

图 6.4-12 锚固单元构造图

为使灌浆饱满,可采用真空辅助压浆工艺或者普通压浆配合二次补浆。压浆从后锚面进行,前锚面出浆。预应力管道压浆结束后,在前锚面锚具上安装铸铁保护罩,内灌水泥浆封锚;后锚面采用浇筑后锚块混凝土封锚。

2. 隧道式锚碇

隧道式锚体在开挖岩石过程中不应采用大药量的爆破,应尽量保护岩石的整体性。施工中应注意工作室防水系统和排水系统的正常工作,隧道周围裂缝较多的岩石应加以处理,岩面一旦开挖到位,应迅速加设衬砌,避免岩面风化、影响锚块质量,并应严格控制衬砌质量。在浇筑钢筋混凝土承托板时,要周密考虑板内多层钢筋的布置、锚孔的密布和设置方法等;要保证其位置准确,洞顶的混凝土衬砌与层间的空隙;要采取压浆措施使混凝土与岩层结合紧密。

(1)锚碇架的制造

由于主缆锚碇架既要传递巨大的主缆索力,又要保证主缆进入锚墩内的每根绳股能保持精确的锚固位置,故在工厂制造时,除了要确保焊接质量之外,对尺寸精度要求也很高。其具体要求是:使主缆架设安装时,各绳股交点位置的尺寸误差不大于±30mm。所以,制造过程中应采取如下措施:

①尽量多采用机械切削加工;

②制造前宜先做实体试件和模型试制;

③多采用后钻孔及扩孔工艺;

④应采用二次切割工序;

⑤成品出厂前应在工厂试拼装,确保制造精度。

(2)锚碇架的架设

一般来说,锚碇架的质量很大,如日本南北备赞桥的1号桥台锚碇,每根主缆的锚碇架重达1 416t,且由于地形的关系,工地无法使用大型吊机整体安装,故在锚墩混凝土灌注到一定高度后由2 000kN·m的塔吊逐件吊装。其组拼架设顺序为:下部定位支承构架→锚碇架→中部定位支承架→下段拉杆→上部定位支承构架→上段拉杆。

当然,在有条件的情况下,应尽量采用大型吊机作整体架设。

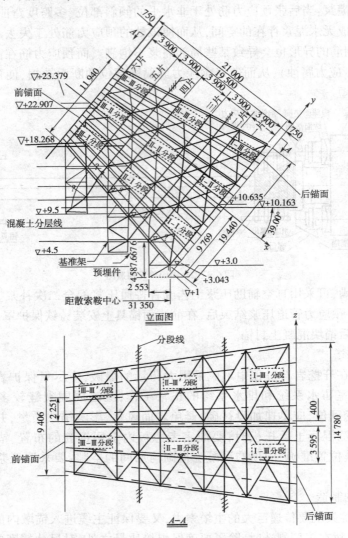

图 6.4-13　定位装置的构造图(高程单位:m;尺寸单位:mm)

三、桥塔施工

桥塔施工时应随时控制桥塔的准确位置,一般除了两个方向轴线位置要严格控制外,还应按施工进度控制桥塔各点高程,确保桥塔的准确尺寸。

根据桥塔的规模、结构形式、架桥地点的各种条件以及经济性,可采用浮吊法、塔吊法、爬升式起重机法和滑模法、翻模法及爬模法等施工方法。

1. 钢筋混凝土桥塔

钢筋混凝土桥塔的施工方法有:滑模法、翻模法及爬模法。绝大多数采用滑模施工,也可采用预制拼装方法。

我国悬索桥的索塔多为门式框架结构,由两根独立塔柱及其间的横梁组成。一般的施工工艺为:塔柱起步段采用脚手支架滑模施工工艺,其余各节段均采用爬架滑模施工工艺;上、中、下横梁均采用落地式钢管支架现浇,并与塔柱分离异步施工,即先施工塔柱过横梁,再进行横梁施工。塔柱施工工艺流程及爬架滑模施工的详细过程详见桥梁施工,在此不作详述。

此外,还有劲性骨架挂模滑升法。悬索桥、斜拉桥的桥塔,拱桥的拱圈以及V形桥墩等结构,经常用到劲性骨架。劲性骨架挂模滑升法是在滑模施工的基础上,利用劲性骨架作为模板的支撑依托,从而使作业平台与模板互不影响,同时便于调整模板,模板依靠工作平台上部的桅杆吊提升。

2. 钢塔

钢索塔需用铆、栓、焊等连接形式进行装配,截面一般是由型钢组成的桁架和框架形式,即空心桥塔。钢索塔常在工厂制造、运至桥位现场拼装。钢桥塔的施工一般采用浮吊法、塔吊法、爬升式起重机法。其操作应遵循一般钢结构的拼装要求,特别应注意尺寸的准确性。

浮吊法一般用于塔高小于80m、跨度500m左右的悬索桥。对于跨径更大的悬索桥,通常采用完全独立的塔吊进行桥塔架设,塔柱上不需安装施工机械,施工方便、精度易保证。爬升式起重机法在塔柱侧面安装护轨,以及可沿护轨爬升的起重机逐段起吊安装塔身,施工时必须严格控制塔身的铅垂度。

在塔柱施工中应注意顺桥向具有的柔性和横桥向的刚性,顺桥向可通过两侧拉索控制塔顶变位,横桥向可通过塔横梁增加刚性。施工操作应尽量保持塔的受力平衡和控制塔顶变位。若塔一侧为深水,另一侧为浅滩,可在滩上已安装主梁的下边设置活动脚手架支承主梁,支架顶面与主梁底面之间设置油压千斤顶,以便调整索塔偏载;先安装滩侧主梁,测量塔顶变位,然后安装深水侧主梁,使塔的偏载由临时支架承担。安装一段,脚手架前移一段。塔、梁的固结以垂直位移。塔与梁的分离布置,可考虑塔柱给主梁让位,所以塔柱下端常倾斜到梁外侧。

大型钢塔需分段在工厂内制造,桥位逐段垂直吊装,为此,要求较高的精度:塔柱垂直度≤1/10 000,节段轴线与端面直角度≤20°,节段之间金属接触率≥50%。因此,要求更先进的制造和机加工技术。

实例: 南京长江三桥首次在国内桥梁建设中采用钢塔柱。钢塔柱节段结构制作分三步完成:制作板单元件;制作块体;节段形成。节段形成后再依次进行端面加工、两段立式匹配预拼、涂装、运输及桥位安装等作业。为了避免打砂对加工面的影响,在端面加工前先打砂、涂底漆,待匹配预拼装完成后再涂中间漆和面漆。

钢塔柱分工厂内、拼装现场及南京桥位三地模式完成。在工厂内制造板块和锚箱,充分发挥厂内先进加工设备的能力;在拼装现场组焊钢塔柱节段、涂装、机加工、立式精匹配预拼、预拼装等。在钢塔柱整个制作过程中,通过纵横基准线控制钢塔柱节段板单元件的相互关系。由于钢塔柱面大,后孔法施钻难度较大,故对壁板、腹板采用单元后钻孔工艺;为了保证连接质量,对拼接板采用一端先配孔、一端后配孔的工艺方法。南京长江三桥的钢桥塔施工流程如图6.4-14所示。

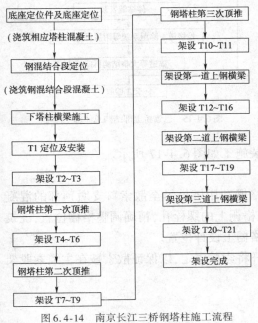

图6.4-14 南京长江三桥钢塔柱施工流程

四、悬索桥上部结构安装

悬索桥上部结构安装工程的主要施工内容包括：主、散索鞍安装；猫道及牵引系统架设；主缆索股架设；主缆紧缆施工；索夹和吊索安装；钢箱梁吊装；主缆缠丝；缆索等构件的涂装防腐，主缆检修道等其他附属结构的安装；锚碇混凝土后续工程施工等。上部结构安装总体施工流程如图6.4-15所示。

1. 主、散索鞍的吊装

主、散索鞍及附属构件的安装，均通过塔顶门架和锚碇门架吊装系统完成。塔顶门架和锚碇门架（图6.4-16）不仅承担索鞍的安装，在牵引系统、猫道架设、索股架设、缆索吊系统吊装等工作中发挥着重要作用。

（1）主索鞍吊装施工

主索鞍结构包括：主索鞍鞍体、格栅和上下承板等构件。索鞍的安装分强制法和预偏法。强制法是指事先把索鞍固定在设计位置，待悬索桥安装完成后拆除固定措施。预偏法是指把索鞍向边跨预先偏离适当距离才安放主缆、索鞍底板、滚筒、索鞍与滚板；然后初步固定，待全部主索安装完毕后并调整好垂度后再松开，使索鞍可随中跨加载自由滚动。下端不设铰的索鞍，一般采用预偏法安装。安装时，应在滚筒内注满黄油使之保持润滑，滚动灵活，索鞍罩安装要严密应使其切实起到保护作用。

索鞍的吊装过程：待索塔全部完工后，先吊装格栅，再吊装上下承板和主索鞍鞍体。吊装过程要保证平稳，当起吊至设计高度后，移动门架顶部平车到设计位置，缓缓下放构件至塔顶。在主桥上部结构安装过程中，随着钢箱梁的吊装和桥面铺装的完成，索鞍逐步顶推到位，最后割除格栅千斤顶反力架，并补浇塔顶缺口处混凝土。主索鞍吊装施工如图6.4-17所示。

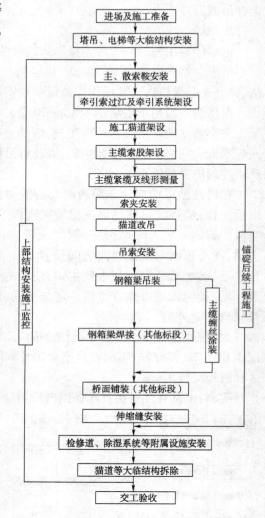

图6.4-15 悬索桥上部结构总体施工流程

（2）散索鞍安装

散索鞍系统由格栅、底座和散索鞍组成。先将格栅利用塔吊吊至散索鞍支墩顶部的混凝土预留槽内，再通过手拉葫芦配合，将预埋螺栓穿入格栅上的螺栓孔，精确调整格栅位置，浇筑格栅混凝土；再利用锚碇门架将底座和散索鞍吊至格栅上设计位置。

散索鞍安装就位后，在索鞍后部设置一高强拉杆将索鞍固定，以保证散索鞍在主缆索股架设到一定数量之前能够保持稳定（图6.4-18）。

2. 主缆架设前的准备工作

（1）引导索的架设

引导索的架设方法有如下几种。

①水中渡海法：用牵引船将缓缓放入水中的引导索引向对岸。该法限制通航，在水下情况不详时有一定的风险，但是节省设备、缩短工期。我国的广东虎门大桥、厦门海沧大桥、江阴长江大桥、汕头海湾大桥等都是采用此法。

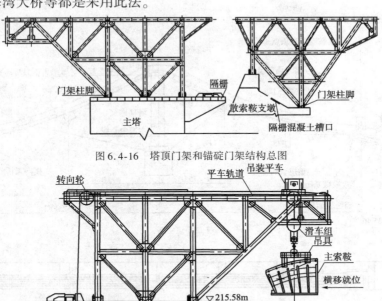

图 6.4-16　塔顶门架和锚碇门架结构总图

图 6.4-17　主索鞍吊装施工

②浮子法：将引导索间隔一定距离安上浮子，避免导索沉入水底，同时用牵引船将导索引向对岸。

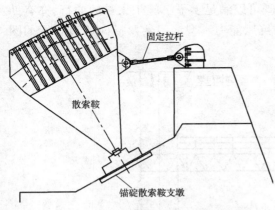

图 6.4-18　散索鞍安装定位示意图

③空中渡海法：不让导索接触水面，用浮吊牵引过海。

④火箭抛绳法：利用发射火箭的方法使引导索越过深沟峡谷到达沟谷对面，如沪蓉西高速路上的四渡河大桥。

⑤直升机牵引法：在地形比较平坦的桥位，利用直升机牵拉先导索过海的方法。

在河底平坦无障碍的情况下，为了减少封航次数，缩短施工工期，也可取消引导索，直接将牵引索牵引过江，例如我国的润扬长江大桥。

(2)牵引索的安装

牵引索一般用引导索牵引、安装。

(3)猫道的架设

猫道是悬索桥上部结构施工重要的高空工作通道和临时作业平台。索股牵引、索股调整、主缆紧固、索夹及吊索安装、主梁吊装、主缆缠丝及防腐等都在此工作平台上完成。猫道组成包括：猫道承重索及扶手、猫道面层、横向通道、制振系统、猫道锚固体系、猫道塔顶结构等。猫道的主要组成如图6.4-19所示。

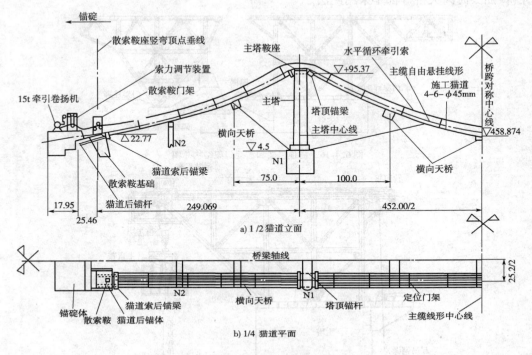

图6.4-19 猫道的主要组成（尺寸单位：m）

猫道承重索一般由镀锌钢丝绳制作，其设计安全系数要大于3.0，猫道两侧隔数米设置栏杆立柱，用以固定钢丝绳制作的扶手索。猫道面层多由粗细不同的钢丝网构成，其上小间距绑扎防滑木条；每隔数十米设置由门架承重索固定的型钢门架，与猫道共同形成空间结构；猫道间每隔100~200m设置一道横向通道，横向通道既可以满足上下游施工人员的通行，亦有助于提高猫道自身的整体稳定性，使其具备足够的抗风能力。型钢门架及横向通道布置如图6.4-20所示。

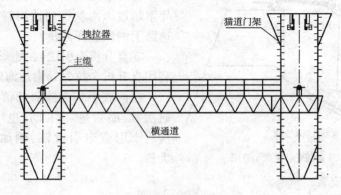

图6.4-20 猫道横向通道结构图

为了改善猫道抗震能力，提高施工人员的操作舒适性，可在横向通道相应的位置设置制振装置、支撑架上安装竖向制振索和水平制振索，如图6.4-21所示。

制振装置主要由竖向制振索、水平制振索、转向轮等组成。制振索上需施加一定预拉力,使其在横向通道部位形成一个整体,达到制振效果。

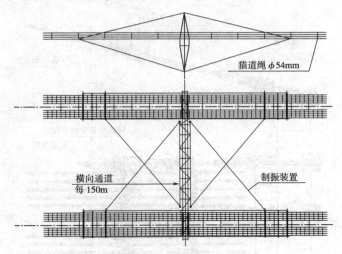

图 6.4-21 制动系统结构图

猫道承重索在塔顶跨越形式,有连续式和分离式两种。

连续式结构仅需在塔顶处设转索鞍及变位刚架装置,锚固区结构及垂度调整过程相对简单,如图 6.4-22 所示为润扬长江大桥的连续式猫道在塔顶处的构造。连续式的猫道承重索通过锚固系统锚固在锚碇鞍部的预埋件上,锚固系统采用拉杆及锚梁组合结构,通过调节拉杆来

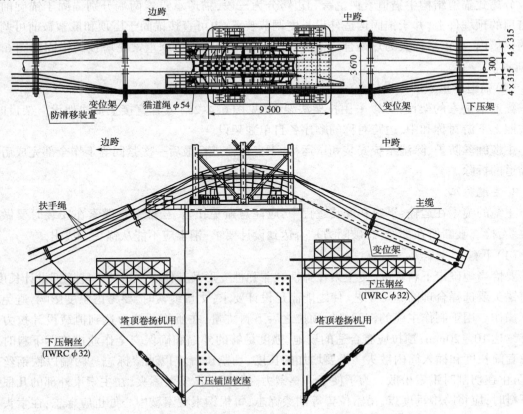

图 6.4-22 连续式猫道塔顶结构图(尺寸单位:mm)

调整猫道承重索的垂度,如图6.4-23所示。连续式猫道在通过塔顶处还需作变位处理,在中、边跨侧塔顶附近设置变位架及下压装置,保证猫道线形与空缆线形一致。

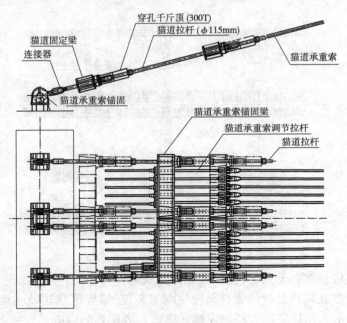

图6.4-23 猫道承重索锚固图

分离式猫道结构中猫道索在主跨和边跨分为三段,猫道承重索两端分别锚固于锚碇前墙与塔顶的预埋件上,并于锚固构造外设长度调节装置,也可直接锚固于塔顶和散索鞍前可调长度的锚箱内,承重索锚头为热铸合金锚头。汕头海湾大桥猫道承重索在塔顶的锚固如图6.4-24所示。

(4)猫道承重索的架设

猫道承重索的架设,可以采用托架法架设(见图6.4-25)或者直接上提法架设。架设时,要按照上下游对称和中、边跨对称的顺序各自单独架设。

主缆缠丝防护、除湿系统安装和试运行、索夹螺栓进行最后一次紧固等工作全部完成后进行猫道的拆除。

3. 主缆施工

主缆的缆索在运输、下料和安装过程中,应注意避免扭转、松散。钢缆索在安装时要做破断实验,检查破断所在部位,总破断力是否达到设计要求,钢索应不能从锚头中拔出。

(1)下料

要恰当地确定下料长度,使主索在弹性和非弹性变形及其他因素影响下能接近设计长度;浇铸锚头要选择合理的施工工艺,使之能满足设计要求;丈量缆索时,要考虑温度影响,避免烈日下操作。用于制作主缆的钢索必须预拉之后下料丈量,在所施预拉力达到恒载设计拉力后应持续达10~20min;预拉应有合适的场地、强度足够的外锚和确保安全作业措施。下料时应考虑套筒长度和插入筒内散头。需要增加的长度、切割位置应以油漆标志。两端以铁钢丝捆扎,防止在切割时钢索松散。为了便于调整索力、控制垂度、安装索夹,在主索束外部的几根钢索下料时,应将跨中垂度点、吊索位置等油漆标志,每根钢索在索鞍中心处也应标志;在索头上标识编号。

(2) 切割

钢索的切割分人工剁切、落锤剁切和乙炔火焰切割三种。

(3) 锚头的制作

锚头制作是将端部钢索端头散开,并理直做成锚头套筒相似的锥形,以便插入套筒后浇铸合金时能均匀分布。为了使钢丝固结,浇铸前须将筒内和钢丝表面的油污、防锈层清洗。除筒内油污时,先放入汽油,然后放入盐酸或硫酸使钢丝表面的防锈层溶解;再放入肥皂水与酸中和,然后用开水把肥皂水洗净,擦干套筒和钢丝,必要时再放入汽油中清洗一次。浇铸锚头合金必须按设计合金配合比拌料,先将套筒预热到 200～400℃,把筒大口向上,让钢索位于中心位置,把熔化于坩埚的液态合金调整到浇铸温度后,先灌入少许合金溶液入筒,使之在筒内与索根固合,以免漏出合金,然后再一次灌满套筒。

(4) 主索的架设

在锚碇和桥塔建成后可进行主缆的安装架设,主缆架设是悬索桥施工中最有特点的部分。

主索架设时,要检查锚碇、索鞍和索塔的中心线、高程、距离。要根据桥位处的地形、机具设备、河流水深、流速、通航情况和河床地质等全面综合分析研究,选择合理方法。一般情况下是将主缆索挂在托索上牵引过河。在通航河流上可用浮船牵引过河,但应切忌缆索触水,过河顺序宜从上往下游逐根交叉进行。过河后,应立即吊引入索鞍上安装。

主索架设方法有空中编缆法和预制束股法。

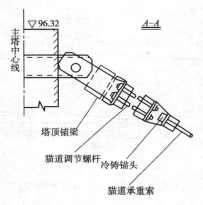

图 6.4-24 分离式猫道实例
(尺寸单位:mm;高程单位:m)

空中编缆(AS)法:在工地通过送丝设备,利用纺轮在两端固定的靴跟间将钢丝反复编织成环状的一束,当规定的丝数形成一股后,按规定的股数配置成六角形,每隔几米用镀锌软铁丝捆紧,形成圆形主缆。为了防锈,主缆外应涂黄油或加索套保护。纺轮每次可带 1 根或者 2 根钢丝,最多可带 4 根;送丝小车的最高时速是 4m/s。AS 送丝工艺如图 6.4-26 所示。

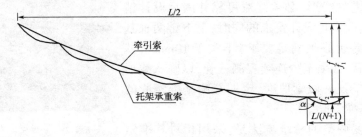

图 6.4-25 托架法架设猫道承重索

预制丝股(PPWS)法:以在工厂预先制好的平行钢丝束股绕在卷筒上,运至现场,通过液

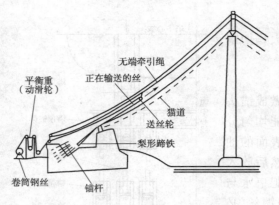

图 6.4-26 AS 法送丝工艺示意图

压无级调速卷扬机用拽拉器将钢丝束一端吊起安装。其架设方法是,先架设一辅助缆索,利用牵引绳把各根绳股张挂在设置于锚旋处的一对锚头上;在所有的绳股都正式就位后,进行紧缆作业,使主缆各绳股的总截面被压成圆形。每根钢丝束的根数可达 100 余根,我国润扬大桥每束的根数为 127 丝,每根主缆有 184 束。日本明石海峡大桥牵引系统如图 6.4-27 所示。

1) 主缆索股牵引

主缆索股牵引是依靠牵引系统完成的,架设过程中原则上两根主缆应基本对称架设;同时必须及时纠正或处理可能出现的索股扭转、散丝、鼓丝、缠包带断裂等情况;当索股架设一定数量后,在主、散索鞍处,及时安装鞍槽隔板。

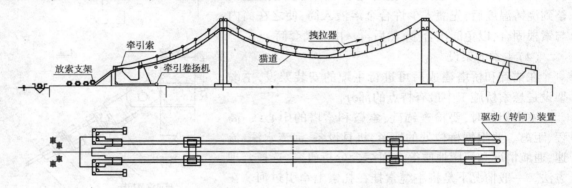

图 6.4-27 PPWS 法(日本明石海峡大桥牵引系统)

主缆索股架设分为基准索股架设和一般索股架设。待基准索股架设并调整好线形后,再依次架设一般索股。主缆的牵引作业如图 6.4-28 所示。

2) 索股调整

主缆索股架设时必须注意索股调整。索股调整顺序为:先中跨、后边跨、再锚跨。索股各跨垂度调整完成后,用拉伸器调整锚跨张力。索股调整要求在风速小、温度稳定的夜间进行。

基准索股垂度调整,采用绝对高程法。基准索股线形实质上就是主缆的线形,必须绝对可靠并满足设计精度要求;在绝对垂度满足设计要求的同时,上下游两根基准索的相对垂度差也必须满足要求(不大于 10mm);基准索股调整完成后,必须至少连续观测三晚,以确认线形符合要求。此后架设一般索股时,定期复测基准索股的绝对垂度,确保基准索股线形。

一般索股垂度调整的传统方法是:采用相对基准索股进行调整。对于主缆直径较小、索股数量少的悬索桥精度,可以满足要求。但当主缆直径增大、索股数量增多时,内外层索股的温差会引起基准索股受到挤压而线形变化。其解决措施有

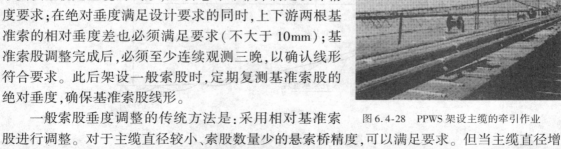

图 6.4-28 PPWS 架设主缆的牵引作业

两种:重新设定基准索股;主缆横向各层外侧一根一般索股作为相对基准索股进行各排索股调整。

3) 索股偏移整形

当索股牵引到位后,利用锚碇门架和塔顶门架上的卷扬机进行索股的上移、横移和整形入鞍。整形是指将主缆施工中的设计断面整理成鞍座索槽的设计形状,在塔顶从边跨向中跨进行,在散索鞍支墩顶由锚跨向边跨进行,整形同时需用木锤敲打索股,用钢片梳进行断面整理。

4) 索股入鞍

索股入鞍顺序:在塔顶从边跨向中跨进行,在散索鞍支墩顶由锚跨向边跨进行。入鞍时必须注意着色钢丝在鞍槽里的位置,确保不发生扭转,可在鞍槽内填塞楔形木块以防止索股挤压隔板;入鞍后适当调整索股,防止索股间挤压;入鞍完成后,将索股两端锚头与该索股相对应位置的锚固系统通过拉杆相连,将索股临时锚固。主缆索股架设完毕后,在主、散索鞍处填压锌填块,安装盖板,装上紧固拉杆,并张拉至设计吨位。

5) 紧缆

悬索桥全部索股调整结束后,索股之间、索股内部都有空隙,必须把主缆断面紧固成圆形,达到设计要求的空隙率,再进行索夹安装及主缆缠丝。

紧缆施工依靠主缆紧缆机完成。首先需在温度稳定的夜间进行预紧缆,使主缆接近圆形,孔隙率达到设计目标值的30%以内;正式紧缆之前,还需在中跨跨中进行现场紧缆试验,根据试验确定最终紧缆工艺,然后进入正式紧缆作业。当紧缆机处的主缆直径经测量符合设计要求后,用不锈钢钢带捆扎主缆,并用待扣固定。索夹处捆扎带加密。

(5) 主缆架设可能出现的问题及解决办法

①由于索盘转动惯性可能出现的"呼啦圈"现象。为克服这种现象,可采用组合式被动放索支架,使索股在放索过程中,始终保持一定的反拉力。

②索股牵引过程中的散丝现象。其解决办法有三种:保持放索速度与牵引速度一致,在索股牵拉过程中,始终保持一定的张力,避免索股松散、下垂,甚至磨损;加密塔顶、散索鞍支墩处的托滚,在不影响索股横移入鞍的前提下,尽可能增大散索鞍支墩处索股滚筒所组成的曲线的竖向曲率半径;全部采用尼龙托滚,对索股缠包带有较好的保护作用,防止缠包带断裂造成散丝。

③主缆牵引过程中的扭转现象。其解决办法有:合理分布猫道承重索间距,尽可能减小猫道倾斜;往复式的双线牵引系统,对称于猫道布置,并且可调整拽拉器平衡锤位置,使拽拉器与索股支承托滚保持在同一竖面;拽拉器与索股锚头之间采用刚性连接;托滚形状应与主缆形状一致,使索股靠紧托滚边缘;可在索股上每隔300m安装截面形状与索股同样的鱼雷夹具1个,并人工跟踪控制。

④索股牵引过程中产生的"鼓丝"现象。可采取如下措施解决此现象:合理确定整形入鞍的工艺和顺序;牵引过程中注意避免局部钢丝受挂现象;确定适度的预提高量,减少索股调整时产生的鼓丝;在索股调整时,用木锤在调整部位反复敲打,并用手动葫芦适当上提索股,以减少鞍槽的摩擦影响;对于1锚跨,可将鼓丝人工赶至边跨侧,远离散索鞍,便于后期恒载增加后达到自然消除鼓丝的目的。

⑤索股表面的防护措施:托滚间距恰当,适当加大托滚直径,对索股镀锌层有较好的保护作用;将握索器及夹具边角打磨成圆角,并增大握索器与主缆索股的接触面积,降低索股的表面损伤;防止钢丝绳与索股钢丝摩擦造成镀锌层损伤;塔顶、锚碇门架处用尼龙吊带吊挂索股整形入鞍,防止钢丝镀锌层损伤;如果索股表面镀锌层损伤,应立即按照要求涂抹富锌环氧漆防护。

4. 索夹、吊索的安装

索夹和吊索均可在施工索道上安装。

（1）索夹

当主缆形状满足索夹安装要求后，用缆索吊机或者塔吊自塔顶向安装位置处吊运整个索夹。首先将索夹放在猫道上拆分成两半，然后利用起吊装置安装两半索夹，穿好螺杆，人工预拧后，再精确调整索夹位置，使用拉伸器对拉杆施加轴力。

索夹螺杆的紧固顺序为：从中间向两边对称进行。分多次完成螺杆轴力设计值：第一次在索夹安装时；第二次在加劲梁吊装完成时；第三次在桥面铺装及永久设施施工完毕。在施工期间，若发现轴力下降值超过设计值的30%时，应及时紧固螺栓，使轴力达到设计规定值，确保施工安全。

安装索夹时，要使跨中垂度点的钢索与设计相符，并避免与主缆斜度不合，再将螺栓夹夹紧，钢销穿上号。栓合或铆合前，应对吊索的长度复测，要求长度准确，并用调节吊杆调至设计长度，应用测力计控制各吊索受力的均匀性。

（2）吊索

吊索起吊由塔顶卷扬机完成，在加劲梁吊装完成后，当吊索长度超过20m时必须在其中间位置安装减振架。吊索在吊装过程中易发生扭转，要注意操作安全。

吊索的安装，应注意索夹螺栓的松动，保证吊索准确位置。当加劲梁安装后，应防止吊索的偏移，并注意吊索的防锈处理。吊索的防锈和油漆以及索套安装是吊桥施工的最后工序。

5. 加劲梁安装

加劲梁是在吊索安装完毕后，可借助施工索道整片或分片安装加劲梁节段。可从桥塔对称向两岸反向进行，加劲梁在跨中合龙；也可从跨中对称向桥塔进行拼装。后者虽然可以避免跨中合龙，但应注意加劲梁节段的运输问题。双链吊桥一般从1/4跨处向两岸分向拼装，使之顺利形成双链形和拱度。一般悬索桥加劲梁的安装，可利用跨缆吊机将梁段垂直吊装。钢箱加劲梁梁段吊装如图6.4-29所示。

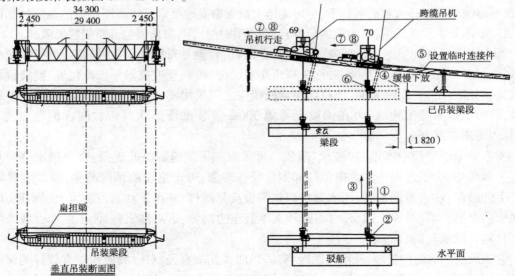

图6.4-29　钢箱加劲梁梁段吊装（尺寸单位：mm）

①跨缆吊机放吊具；②钢箱梁与吊具连接；③垂直起吊钢箱梁；④钢箱梁与永久吊点连接；⑤钢箱梁临时连接件连接；⑥解除跨缆吊机吊具；⑦跨缆吊机行走；⑧准备下一梁段吊装

钢板梁常在两加劲梁间设置纵向连接系统和横向连接系,以形成空间稳定体系和增加抗扭刚度,连接杆件采用二肢角钢或四肢角钢组成。钢桁加劲梁安装时,通常相邻节间连接插销不易插入,应采取调整吊索螺栓丝扣等措施设法使钢销插入。

钢箱梁吊装就位后,相邻梁段间通过临时连接杆相连接:在已吊装梁段上布置牵引设备进行纵横向位置调整,跨缆吊机进行高度调整,在无负荷状态下进行连接螺栓的紧固。在加劲梁架设阶段,要分多次对索鞍进行顶推,以控制主塔上产生的不平衡力和塔身偏位。加劲梁安装完成后,应控制到设计的预拱度,否则需要调整吊索的长度。桥面系施工前,应对吊索进行第一次调整,对索鞍偏移量进行实测,防止误差过大,影响可靠度。待加劲梁安装和桥面系全部完工后,要将各吊索应力调整均匀,建筑拱度调整到设计位置后,才对钢主梁铆合或栓合。若用高强螺栓连接,在高空对接触面进行喷砂处理时应合理组织进度,防止与其他工序互相干扰。

采用桁架加劲梁,其施工方法可以采用缆索吊装法。当桥梁的跨度较大且单个吊装单元的质量较大时,缆索吊装系统的设计变得繁杂,且造价不菲。因此当桥梁的上部结构由箱梁变为桁梁时,施工方法也应有所变化。

悬索桥加劲梁采用悬臂拼装法施工时,可以不用梁段垂直起吊的缆载吊机,也不用建立较为复杂的缆索吊装系统,其施工方法和斜拉桥、梁桥的悬臂拼装法基本一致,但对于钢桁架加劲梁,由于要在已拼成的呈悬臂状态的桥面上运输桁架加劲梁构件,要求将已拼装的梁段逐次刚结,这和垂直起吊法是根本不同的。逐次刚结法可能使吊杆的应力在加劲梁的吊装阶段超过成桥状态,主缆的线形控制也不同于垂直起吊法,施工架设阶段悬索桥的空气动力稳定性是不同的。

6. 主缆缠丝及涂装

(1) 主缆缠丝

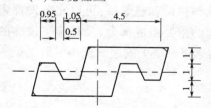

图6.4-30 缠丝用S形钢丝(尺寸单位:mm)

主缆缠丝是用专门的缠丝设备,以一定的张力使镀锌软钢丝密匝牢固地缠绕在主缆上的作业,用以保护主缆钢丝,保证涂装防护效果。镀锌软钢丝可以是一般的圆钢丝,也可是"S"形或者"Z"形钢丝(见图6.4-30)。异形钢丝缠绕后相互压扣,密封效果较圆形软钢丝改善很多,但施工技术难度较大。缠丝的预张力,必须保证主缆在任何受力状态下缠丝与主缆之间都存在压力。缠丝施工先边跨后中跨,边跨由锚碇向索塔进行,中跨由跨中向索塔方向进行。

(2) 主缆涂装及索夹嵌缝

主缆涂装前,要进行表面清理:主缆紧缆后清理、缠丝后表面清理、主缆和检修通道钢丝绳附件涂装前清理。清理方法:先用发泡聚乙烯刷子擦去表面油污、灰尘及杂物;有油污时用抹布或棉纱沾适量稀料擦洗,然后用干净棉纱或抹布擦净;表面有损坏、锈蚀时,先抹去局部表面,清理干净后局部涂环氧富锌漆;最后用干净抹布再擦一次。涂装前要对表面粗化拉毛(但不得损伤涂锌表面),粗化后应立即滚涂底漆。涂装作业要注意涂料的调配、涂层的膜后、重涂间隔期等,所有工序要严格按照《悬索桥主缆系统防腐涂装技术条件》(JT/T 694—2007)执行。

为保证主缆干燥,最近悬索桥采用在主缆内通干燥空气的方法,保证主缆气密性是提高效率的关键。因此,要用密封材料进行缝隙的填充、密封等措施对索夹、进排气口罩、缆套等的气密性进行保证,这就是嵌缝施工。嵌缝施工,应确保空气湿度在90%以下进行。施工主要内容为密封材料的涂装。润扬大桥悬索桥主缆索夹两侧嵌缝要领如图6.4-31所示。

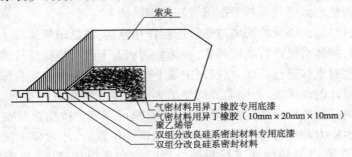

图 6.4-31　节段缠丝索夹两端嵌缝要领

第五节　钢斜拉桥的施工

钢斜拉桥的施工主要包括:桥塔、主梁和拉索安装张拉。其中桥塔的施工可参见悬索桥施工部分,钢桁(箱)梁的吊装以及挂索施工是钢主梁斜拉桥的重要工序。

一、主梁施工

斜拉桥钢主梁可以是桁架梁或钢箱梁,其制造详见前文所述桁梁和钢箱梁的制造。

斜拉桥主梁安装几乎可以采用任何一种梁式桥的施工方法,例如支架法、缆索法、悬臂法、顶推法和平转法等。

1. 缆索法

缆索法即用缆索吊装系统来架设主梁。这种方法架设斜拉桥和悬索桥,可以充分发挥索塔的作用,用以代替施工索道中的塔柱,桥塔既是桥梁结构的重要组成部分,又是施工设施的主要支撑,物尽其用。缆索法施工工艺流程为:浇筑和拼装索塔→塔上安装索道→拼装主梁→安装斜拉索→拉索索长及索力调整→拆除施工缆索系统。

2. 支架法

先搭设脚手架再架设斜拉桥的主梁,是最简单的方法,但仅适用于桥下净空小,临时搭架不影响桥下交通时。采用此法施工既能保证桥梁设计要求的几何形状、尺寸、坡度,并在经济上受益。例如德国在莱茵河上架设麦克萨桥时,就采用了临时支墩架设主梁;日本架设风里斜拉桥时,用临时排架,并从桥面到桥塔顶全部架设脚手架为步道,进行主梁的架设。

3. 顶推法

顶推法架设钢斜拉桥,是将主梁阶段用滚轴或聚四氟乙烯板顶推。目前此类施工方法的成功实例比较多。例如德国 Julicher Strasse 的钢斜拉桥,其跨径布置为 32m+98m+32m,独塔柱。拉索在较密支承的桥头拼装张紧,由一岸向另一岸连续顶推出桥跨,当梁体在墩(或临时支墩)附近时,张紧拉索索力以抵抗悬臂负弯矩;当梁体顶推到墩间跨中时,则可放松拉索索力到一定程度,以免主梁跨中产生过大的正弯矩。由于该桥主跨比边跨大3倍多,故在中跨设置了3个临时支墩;在塔左右梁体就位后,最后在跨中加一段钢梁合龙,然后再拆除临时支墩。国内斜拉桥施工采用此种方法的较少,且都架设了数个临时支墩。

法国米约(Millau)桥(见图6.5-1),曾是世界上最高的桥,桥长2.5km,是一座8跨单索面连续钢箱梁斜拉桥。该桥设 7 座 A 形钢塔,塔高 87m,最大墩高 245m,采用 C50 混凝土。上部结构采用双向顶推法施工,南侧顶推长度为 1 743m,北侧为 717m,最大顶推重量为 52 800kN。大桥投资 4.10 亿美元,总工期 39 个月。

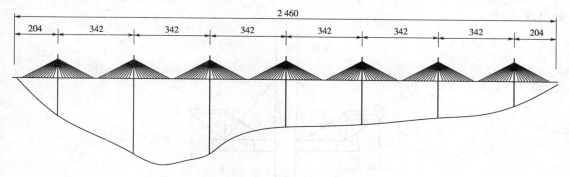

图 6.5-1 法国米约桥(尺寸单位:m)

4. 悬臂法

悬臂法是架设大跨径斜拉桥主梁的最常用方法,分为整孔悬臂拼装和分段拼装两种工艺,施工中需用临时支架等辅助设施架梁。悬臂施工中,为调整主梁内力,需要多次调整拉索索力。悬臂施工可采用悬臂吊机、缆索吊机、大型浮吊、千斤顶等设备。

国内外钢斜拉桥,采用悬臂法架设主梁的施工桥例相当多。梁段按构造形式不同,分为一般标准梁段和塔柱处 0 号块梁段等。施工工艺有较大差异,分别见图 6.5-2、图 6.5-3 以及图 6.5-4。0 号块梁段因无拉索支承,一般用钢管排架作为临时支撑,起吊就位后,利用支架上设置的滑道,临时调节支座,水平移动平车及千斤顶顶推装置,将梁段平移就位。标准梁段的安装可采用步履式悬臂吊机对称进行。在悬臂吊装时,将吊机的后端通过焊接在箱梁顶面上的耳环以销轴连接提供稳定力矩。

图 6.5-2 钢箱梁 0 号块梁段施工

图 6.5-3 斜拉桥钢箱梁悬臂拼装施工

对于钢斜拉桥来说,主梁结构多采用飘浮体系,为了防止主梁在悬臂施工过程中因荷载不平衡而产生倾覆,一般在塔梁相交处的钢梁梁底设置临时固结装置。

5. 转体施工

小跨径钢斜拉桥主梁的施工多采用平转法,适用范围是:桥址附近河滩平整且墩身较矮;当跨越公路、铁路干线时;中小跨径斜拉桥。施工方法:支架现浇→张拉→落架→调索→平转→合龙。

平转法过程参见《桥梁工程(下)》(顾安邦,人民交通出版社,2000)拱桥的施工,适用于在特殊情况下的小跨径斜拉桥主梁。例如1976年奥地利在维也纳机场Danube运河桥,我国北京的石景山桥(图6.5-5)等。转动部分由磨心,上、下转盘,支重轮四大部分组成。

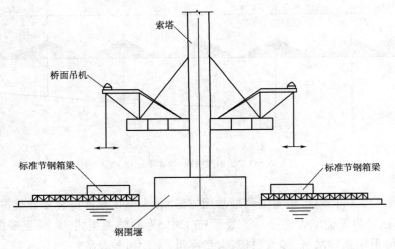

图6.5-4 钢箱梁吊装示意图

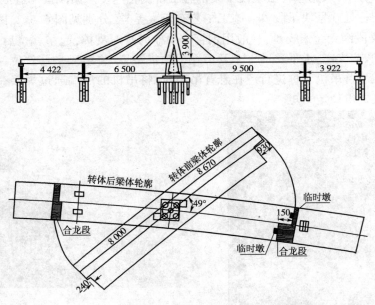

图6.5-5 北京石景山斜拉桥转体施工(尺寸单位:cm)

二、斜拉索安装

斜拉索安装可根据塔高、布索方式、索长、索径、索的刚柔程度、起重设备和施工现场状况等综合选择架设方法。

主要施工工艺包括:工作索道安装和临时钢索与滑轮、吊装天线、卷扬机与吊机、单根绞线安装。斜拉索的安装施工工艺包括:安装预埋件、钢绞线(或平行钢丝束股)下料→单根钢绞线挂索及调索→紧索及索箍安装→整体张拉及调索→安装减振装置→防护处理。

1. 斜拉索放索及索的移动

斜拉索通常采用钢结构焊成的索盘将其卷盘,再运至工地安装。放索有立式转盘放索和水平转盘放索两种,如图6.5-6所示。由于索盘自身的惯性和索盘牵引力引起的偏心力,会使索盘在转动中产生加速,导致散盘,危及施工人员安全,因此转盘须有制动装置,或者利用卷扬机牵引钢丝绳尾索来控制速度。

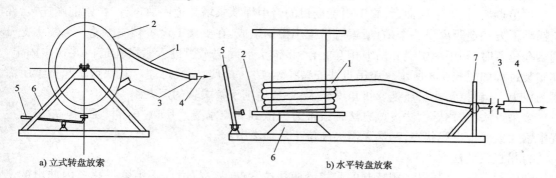

图6.5-6 转盘放索的方式
1-拉索;2-索盘;3-锚头;4-卷扬机牵引;5-制动装置;6-支架(立式)、托盘(水平);7-导向滚轮

为了避免索在移动过程中与桥面直接接触而导致表面损伤,可将索盘直接起吊至桥面,在桥面上设置一条滚筒带[图6.5-7a)],或者每隔一定距离放置一台可移动平车[图6.5-7b)],布置保证拉索不与桥面接触。也可在索塔上部安装一根斜向工作悬索,将拉索前端与牵引索相连,每隔一段距离设置一个吊点,使拉索沿着导索运动,如图6.5-8所示。

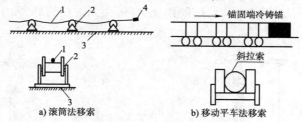

图6.5-7 转盘放索方法示意
1-拉索;2-滚轮;3-桥面;4-锚头

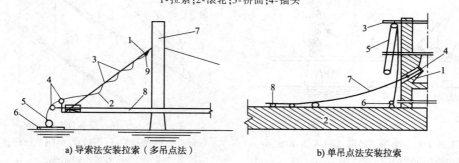

1-导索;2-待安装拉索;3-导索支轮;4-转向轮;
5-卷扬机;6-驳船;7-索塔;8-主梁;9-拉索锚头

1-索塔;2-主梁;3-预埋牛腿;4-牵引;5-滑轮组;6-卷扬机;7-斜拉索;8-滚轮

图6.5-8 吊点法安装拉索示意图

2. 斜拉索的安装

(1)斜拉索的塔部安装

若斜拉索的张拉端在梁部,则先将索在塔端安装,反之,则先将索在梁端安装。

索锚固端在塔部的安装方法有吊点法、吊机安装法、脚手架法、钢管法等。索在塔部安装张拉端的方法有分步牵引法、桁架床法等。对于大跨度的钢斜拉桥,比较适用的方法主要是:吊点法、吊机安装法和分步牵引法。

1) 吊点法

吊点法分为单吊点法和多吊点法。

单吊点法:拉索上桥面后,将牵引卷扬机的牵引绳从索塔孔道中放下,与拉索前端连接,在离锚具下方一定距离设一个吊点,索塔吊架用型钢组成,在支架上设置转向滑轮。当锚头提升到索孔位置时,利用牵引绳和吊绳相互配合,将锚头准确地牵引进入索塔孔道内并初步固定。其安装过程如图6.5-8所示。单吊点法安装拉索,方法简便、安装迅速。其缺点是起重索所需要的拉力大,斜拉索在吊点处弯折角度较大,一般适用于较柔软的短索。

多吊点法,又称导索法。该方法将索重力分散到多点承受。所以,索的弯折小,在牵引过程中索大致保持直线状态,两端无需大吨位千斤顶牵引。

2) 吊机安装法

利用索塔施工的吊机,用特制的扁担梁捆扎拉索起吊。拉索前端由索塔孔道内伸出的牵引索引入索塔拉索锚孔内,下端用移动式吊机提升。吊机安装法如图6.5-9所示。

3) 分步牵引法

根据斜拉索在安装过程中索力递增的特点,分别采用不同的工具将索安装到位。首先用大吨位的卷扬机将索张拉端从桥面提升到预留孔外,然后用穿心式千斤顶将其牵引至张拉锚固面。前一步采用柔性拉杆,后一步采用宝塔式刚性拉杆分步牵引。拉索分步牵引如图6.5-10所示。分步牵引法牵引功率大,辅助作业少,桥面无附加荷载,便于施工。

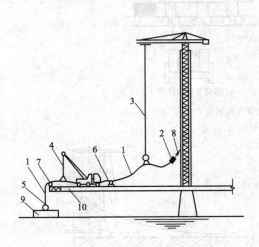

图6.5-9 吊机安装法示意
1-斜拉索;2-锚头;3-索塔起吊索;4-索车;5-索盘;6-滚筒;7-转向轮;8-牵引;9-运索船;10-主梁

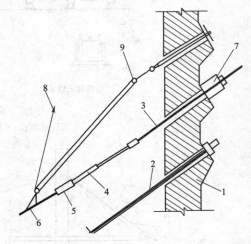

图6.5-10 拉索分步牵引图
1-索塔;2-前根拉索;3-钢绞线;4-刚性拉杆;5-锚头;6-拉索;7-千斤顶;8-卷扬机;9-滑轮

在挂索的过程中需要注意:因各种构件的连接情况较多,例如:锚头与拉杆、牵引头的连接,滑轮与塔柱拉索的连接等,任何一处发生问题都可能导致较为严重的事故,所以要特别注意各个连接部位的可靠性。

(2) 斜拉索的梁部安装

梁部安装的基本步骤与塔部基本相同,方法主要以下两种。

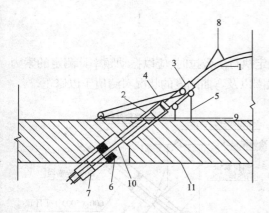

图 6.5-11 拉索梁部安装吊点法
1-拉索;2-套筒;3-转向护筒;4-拉杆;5-滑轮台座;6-垫块;7-千斤顶;8-吊钩;9-滑轮台座板;10-牵引绳;11-主梁

1) 吊点法

在梁上安装转向滑轮,牵引绳从套筒中伸出,用吊机将索起吊后,随锚头逐渐地套入套筒,缓缓放下吊钩,向套筒内平移,直至将锚头穿入套筒内。拉索梁部安装吊点法如图 6.5-11 所示。

2) 拉杆接长法

对于在梁上张拉拉索的安装,采用拉杆接长法较为简单。先加工长度为 50cm 左右的短拉杆与主拉杆连接,使其总长度超过套筒加千斤顶的长度;利用千斤顶多次运动,逐渐将张拉端拉出锚固面,并逐渐拆掉多余的短拉杆,安装锚固螺母。拉杆接长法如图 6.5-12 所示。

采用拉杆接长法,要加工一个组合式螺母,利用此螺母逐步锚固拉杆,直至将锚头拉出锚板后拆除。

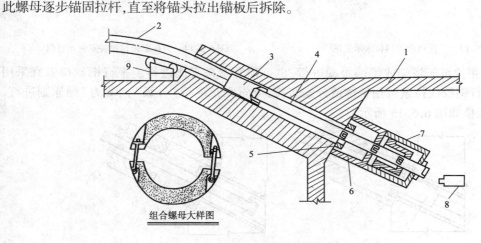

图 6.5-12 拉杆接长法
1-主梁;2-拉索;3-锚头;4-长拉杆;5-组合螺母;6-撑角;7-千斤顶;8-短拉杆;9-滚轮

三、斜拉索的张拉

1. 斜拉索张拉过程

对于钢绞线斜拉索,挂索时先在拉索上方设置一根钢缆作为辅助索,将拉索的 PE 套管悬挂在辅助索上,然后逐根出入钢绞线,先单根张拉每根钢绞线,然后再整束张拉锚固钢绞线索。

具体工艺为:将压力传感器安装在第 1 根钢绞线上,以后每根钢绞线的张拉力按照压力传感器变化情况进行控制,调整张拉千斤顶直至第 2 根钢绞线压力传感器读数与第一根相同;将压力传感器移至第 3 根钢绞线,调整张拉千斤顶直至第 3 根钢绞线与第 1 根相同。重复以上过程直至所有钢绞线张拉完成。

在每根钢绞线张拉时,要以张拉预压支座作反力架,用专用顶压器对钢绞线逐根预压;当挂索完成后,安装夹片防松板,使每根钢绞线锚固牢靠、不滑丝、不退锚。

斜拉索的张拉设备安装如图 6.5-13 及图 6.5-14 所示。

2. 斜拉索张拉注意事项

斜拉索张拉时需注意以下事项：

（1）拉索张拉的顺序、级次数和量值，应按设计规定执行。张拉时，应以振动频率计测定的索力或油压表量值为准，以延伸值作校核，并应视拉索防振圈以及弯曲刚度的状况对测值予以修正。

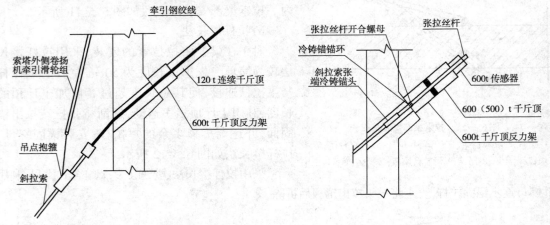

图 6.5-13　千斤顶牵拉斜拉索示意图　　　　图 6.5-14　斜拉索张拉设备安装示意图

（2）拉索张拉可于塔端或梁端单端进行，也可顶升索鞍支座进行。平行钢丝拉索宜采用整体张拉；平行钢绞线拉索可用整体或分索张拉，分索张拉应按"分级"、"等力"的原则进行。索力的调整张拉如图 6.5-15 所示。

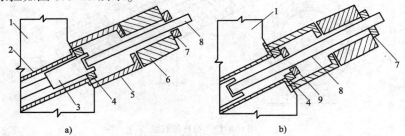

图 6.5-15　索力调整张拉示意图

1-索塔；2-索管；3-锚头；4-锚杯；5-撑架；6-千斤顶；7-锚固螺栓；8-张拉杆；9-螺母

（3）索塔顺桥向和横桥向对称的拉索（组），必须对称同步张拉；两侧不对称的或设计拉力不同的拉索，应按设计规定的索力分级同步张拉。

（4）拉索张拉完成后及其他关键工序对索力要进行检测。索力检测如图 6.5-16 所示。

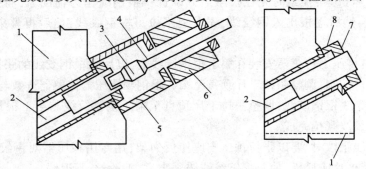

图 6.5-16　索力电测法示意图

1-索塔；2-拉索；3-应变片保护罩；4-张拉杆；5-撑架；6-千斤顶；7-锚杯；8-压力传感器

3. 斜拉索安装工艺流程

主梁安装与斜拉索安装配合过程实例如表 6.5-1 所示。

标准梁段斜拉索安装施工工艺　　　　　表 6.5-1

序号	项目	日期	用时	序号	项目	日期	用时
1	梁段吊装前材料上桥		6h	8	PE 管安装	第四天	8h
2	梁段吊装粗匹配	第一天	8h	9	挂索设施安装	第四天	4h
3	上一号斜拉索二次张拉	第一天	4h	10	钢箱梁打磨、组焊	第五天	13h
4	精匹配、螺栓初拧	第二天	15h	11	斜拉索单根挂索	第五天	24h
5	锚具安装	第二天	4h	12	斜拉索整体一次张拉	第六天凌晨	4h
6	环缝焊接、螺栓终拧	第三天	15h	13	桥面吊机移位、下一节段	第六天	
7	焊缝探伤及返修	第四天	20h				

以安庆长江大桥为例,简单介绍斜拉索的安装。该桥主桥为 50m + 215m + 510m + 215m + 50m 五跨连续钢箱梁斜拉桥,全桥双塔双索面 16 层共 128 根斜拉索。拉索为环氧涂层带 PE 钢绞线结构。其特点:外层为 HDPE 圆管;索体为带 PE 环氧涂层钢绞线;索两端为 OVM 拉索群锚,含锚板、夹片、工作螺母、支承筒、密封筒、压板;预埋管口设钢质索箍、减振装置、防水罩;锚具内注环氧砂浆防护,锚具外装保护罩,内注油防护。拉索锚具、PE 管、索体钢绞线分别单独安装。

第六节　钢桥的防腐

一、钢桥的长效防腐

1. 钢桥长效防腐的意义

桥梁结构的耐久性和可靠性,是工程设计人员追求的最终目标,而材料的耐久性和可靠性,则是保证桥梁结构耐久性和可靠性的关键之一。

一般钢桥发生损坏的原因有材料和制作不良、自然灾害、各类交通事故、金属腐蚀等,其中腐蚀是主要原因之一。对比混凝土,钢材具有轻质、高强等优点,更加适用于跨越大江大河,甚至海湾的大跨度桥梁的主要承重结构。然而,在外界环境中,不利的外部环境因素,使得钢材不可避免地需要进行涂装维修,否则会发生腐蚀破坏。

钢桥的腐蚀破坏给国家带来了巨大经济损失,严重时还会导致生命和财产的安全。据世界工业发达国家的腐蚀损失调查表明,因腐蚀问题给各国带来的经济损失为各国工业生产总产值的 2% ~4%。美国 1997 年公布的最新腐蚀调查显示,美国每年因腐蚀造成的经济损失高达 3 000 亿美元。我国有关专家估计,我国因腐蚀带来的经济损失也达人民币 3 000 亿元,而每年因腐蚀造成钢材报废量相当于鞍钢一年的钢产量。如据铁路部门 1994 年统计资料现有钢桥涂装失效 2 673 孔 57 088t,失效率占钢梁总数的 9.8%,其中整孔失效的钢梁达 280 孔 44 206t。通过调查还发现,我国公路桥梁、建筑等行业腐蚀损失也达 1 000 亿元以上。

世界各国的腐蚀损失调查表明,充分运用现代的腐蚀与防护知识,合理进行结构设计、合理选用耐腐蚀材料和防护方法,可以将腐蚀损失减少 1/3。良好的防腐体系,不仅使结构物更加安全;同时,更有利于节省往后运营过程中的维修费用,尤其是对于涂装维修困难的部分。

桥梁钢结构腐蚀破坏是一种渐进式的缓慢过程,往往不受人们重视。影响桥梁腐蚀破坏的原因很多,其中当地大气环境因素的作用很重要,且十分复杂。许多研究资料表明,环境条件不同,对金属腐蚀的破坏也大不一样,其中环境严酷的地方,其典型材料的腐蚀破坏速度与干燥沙漠地区相比,可相差100倍。我国地貌复杂,地理、气候因素特殊,金属的腐蚀破坏行为也大相径庭,因此开展钢桥的防腐蚀控制技术,获得长寿命、高效率的防腐方法,对提高桥梁耐久性、可靠性具有重要意义。

2. 钢桥的腐蚀特性

日本统计的104座悬索桥损坏实例资料显示,有23例与钢材质量及其腐蚀有关,如1959～1981年欧洲的唐卡维尔桥等;斜拉桥的斜拉索腐蚀引起的换索也是频繁发生,如美国路易斯安那州新奥尔良的鲁林桥、阿根廷的扎拉特布拉什拉桥、委内瑞拉的马拉开波桥、中国的济南黄河大桥等;英国伦敦塔桥因主塔下钢梁的严重腐蚀而重建新桥;2001年中国宜宾大桥亦因钢丝锈蚀折断造成桥梁断成三节等。据美国1998年的统计资料,美国境内州级和国家级桥梁279543座,腐蚀率达到24.5%,城镇间桥梁腐蚀率高达35.4%。

桥梁钢结构的腐蚀形态多种多样,可以分为均匀腐蚀和局部腐蚀,并表现为多种形态。

(1) 均匀腐蚀

均匀腐蚀的腐蚀作用是均匀地发生在整个金属表面上,并在平面上逐步受金属腐蚀而降低其各项性能。

(2) 点蚀

点蚀即局部性腐蚀状态,它可以形成大大小小的孔眼,但绝大多数情况下是相对较小的孔隙。从表面上看,点蚀互相隔离或靠得很近,看上去呈粗糙表面。点蚀是大多数内部腐蚀形态的一种,即使是很少的金属腐蚀也会引起设备的报废。

(3) 电偶腐蚀

电偶腐蚀,也称之为双金属腐蚀。由多种金属组合而成的部位,如铝与铜、铁与锌、铜与铁等,在电解质水膜下,形成腐蚀电池,会加速其中负电位金属的腐蚀。影响电偶腐蚀的因素有环境、介质导电性、阴阳极的面积比等。在潮湿大气中也会发生电偶腐蚀,湿度越大或大气中含盐越多(如靠近海边),则电偶腐蚀越快。大阴极小阳极组成的电偶,阳极腐蚀电流密度越大,腐蚀越严重。电偶腐蚀首先取决于异种金属之间的电位差。这里的电位指的是两种金属分别在电解质溶液(腐蚀介质)中的实际电位,即该金属在溶液中的腐蚀电位。电位差越大,其他条件不变,腐蚀可能越大。

为了防止电偶腐蚀,要尽量避免电位差悬殊的异种金属有电接触;避免形成大阴极小阳极的不利面积比,面积小的部件宜用腐蚀电位较正的金属;电位差大的异种金属组装在一起时,中间一般要加绝缘垫片,垫片紧固不吸湿,避免形成缝隙腐蚀;设计时,选用容易更换的阳极部件,或将它加厚以延长寿命;可能时加入缓蚀剂或涂漆以减轻介质的腐蚀,或加上第三块金属进行阴极保护等。

(4) 缝隙腐蚀

缝隙腐蚀,是一种严重的局部腐蚀。它经常发生于金属表面缝隙中。桥梁结构非常复杂,金属孔隙、密封垫片表面、螺栓和铆钉下的缝隙内等,都会有溶液的积留而引起缝隙腐蚀。并不是一定要有缝隙才可以发生这种腐蚀,它也可能因为在金属表面上所覆盖的泥沙、灰尘、脏物等而发生。几乎所有的腐蚀性介质,包括淡水,都能引起金属的缝隙腐蚀,而含氯离子的溶液通常是最敏感的介质。

为了防止缝隙腐蚀,主要是在结构设计中避免形成缝隙,避免造成容易产生表面沉积的条件。因此,焊接比铆接或螺栓连接要好。容器设计上要避免死角和尖角,以便于排除、流出液体。垫片要采用非吸湿性材料,以免吸水后造成腐蚀条件。此外也可以采用电化学保护的方法来防止,方法是外加电流。

(5)应力腐蚀

在一定环境中外加或本身残余的应力,加之腐蚀的作用,导致金属的早期破裂现象,称为应力腐蚀,通常以 SCC 表示。

金属应力腐蚀破裂只在对应力腐蚀敏感的合金上发生,纯金属极少产生。合金的化学成分、金相组织、热处理对合金的应力腐蚀破裂有很大影响。处于应力状态下,包括残余应力、组织应力、焊接应力或工作应力在内,可以引起应力腐蚀破裂。对于一定的合金来说,要在特定的环境中才会发生应力腐蚀破裂。例如不锈钢在海水中,铜合金在氨水中,碳钢在硝酸溶液中。

防止应力腐蚀破裂的主要方法是消除一切应力或施以压应力,设备加工或焊接后最好进行除应力退火,或进行喷砂、抛丸处理造成表面压应力。改变介质的腐蚀性,使其完全不腐蚀(添加缓蚀剂),或者使其转为全面腐蚀,选用耐应力腐蚀破裂的金属材料,使其不能构成材料—环境组合,也可防止应力腐蚀破裂。

(6)腐蚀疲劳

钢铁在交变应力作用和腐蚀介质的共同作用下产生的腐蚀叫做腐蚀疲劳,它往往成群出现。高强度钢丝绳经常出现腐蚀疲劳。

减少腐蚀疲劳的主要方法是选择在预定环境中抗腐蚀的材料,以及在材料表面镀锌、涂漆等,以减轻腐蚀疲劳的作用。

3. 国内外钢桥的防腐现状

(1)现实问题

世界各国早期建设的钢桥梁基本上都采用油漆防腐,普通涂料防腐寿命为 3~5 年,重防腐涂料涂层防腐寿命为 8~10 年。防腐寿命要达到 10~15 年即需要将原有的油漆涂装层全部喷砂除去,进行重新防腐蚀涂装,以后每隔 3~5 年需重新涂漆维护,其维护效果难以令人满意。据统计,钢桥的防腐蚀涂装费用将占钢桥总费用的 10% 以上。金属腐蚀已经成为钢桥的一大灾害。我国也不例外,历史上油漆防腐钢桥腐蚀造成的危害是严重的,钢桥防腐维护费用是巨大的。

由于腐蚀效应和现有油漆的风化,有大量的钢桥需要维护、修理和重涂。鉴于此,无论是新建钢桥梁还是已经建好使用的钢桥都迫切需要一种 30~50 年以上的长效防腐涂层。

(2)改进措施

在欧洲,交通部门利用长寿命金属喷涂防腐涂层已经半个多世纪了。美国、英国、挪威、瑞典等国早在 20 世纪 50~60 年代就开始在桥梁防腐上大面积推广应用金属喷锌、铝防腐涂层;我国热喷涂(尤其是电弧喷涂)技术已达到国际先进水平,但该项技术在国内钢桥防腐上的应用极少。我国的钢桥仍在大量采用重防腐油漆防腐,钢桥的设计寿命与防腐寿命必然存在较大差距。

近年来国家大力投资交通设施建设,公路投资 5 000 亿元,铁路投资 2 500 亿元,在跨越大江、大河的路段要建大量钢桥梁。对于新建桥梁,只有既能提供优良的耐久性,又与环保冲突最小的涂层才是可用的,因此热喷涂金属涂层由于具有优良的防腐性能和环境适应性,受到桥梁工程师们的关注。20世纪90年代以来我国的电弧喷涂工艺得到进一步完善,大大提高了涂层质量、生产效率,降低了生产成本,已广泛用于钢结构构件的长效防腐,其防腐效果大大优于油漆防腐,可以做到一次防腐与钢桥设计寿命同步。在我国钢桥梁上推广应用电弧喷涂层长效防腐,在未来的几十年将为国家节约大量的钢桥防腐维护费用,减少油漆防腐维护带来的环境污染,延长钢桥的使用寿命,必将产生巨大的经济效益和社会效益。

目前防腐蚀涂料的品种有环氧、环氧酚醛、环氧沥青等环氧类,聚氨酯和氯化橡胶等产品。其中氯化橡胶作为防腐蚀涂料已广泛应用于各种海洋构筑物。日本开发了一种酚醛改性醇酸树脂用于氯化橡胶涂料中,改进了防腐蚀涂料的硬度和耐久性。最近,又推出一种带锈涂装的聚氨酯防腐蚀涂料,减少了施工工序,是一种很有市场前途的产品。由于对防腐蚀涂料耐久性的更高要求,不久的将来,有机硅改进树脂和含氟树脂作为防腐蚀涂料将成为主要的防腐蚀涂料品种。

(3)未来研究与发展方向

对于钢桥的长效防腐和涂装体系,未来的研究与发展方向主要有以下几点:

①无、低公害的水性、无溶剂及粉末防腐涂料的研究;
②防腐涂料的高性能及多功能化的研发;
③低处理表面用防腐底漆的开发;
④加强涂料和涂装一体化的质量管理体系;
⑤钢材自身抗腐蚀能力提高等研究。

二、钢桥的防腐体系

从电化学腐蚀的原理分析,钢材发生电化学腐蚀必须具备几个基本条件:钢材作为腐蚀阳极,其自腐蚀电位最低;低电阻的电解质溶液,从外面渗入或残存于底漆与钢铁的界面上;足够的氧气参与腐蚀过程,并维持在一定水平上。

现代钢桥的防腐措施,主要有涂料保护和电化学保护两种。

1. 涂料防腐体系

采用涂料来保护钢铁,就是要提高其腐蚀电位,由腐蚀阳极成为阴极,隔绝电解质以免形成腐蚀电池。漆膜耐腐蚀的一个重要原因就是涂层作为一种高聚合物薄膜,能够不同程度地阻缓腐蚀因子如水、氧、离子等透过,从而发挥防腐蚀作用。此外,涂层漆膜对腐蚀介质的稳定性、与底材的附着力以及相应的机械性能对于涂层的防腐蚀性能都有重要影响。

涂料对钢桥的保护作用,主要有以下三种:

①屏蔽作用:涂料经过良好的施工,覆盖在钢铁表面,能够有效地隔绝钢铁与外界腐蚀环境的接触。也就是说,涂料阻止了大气中的氧气、水汽和其他腐蚀性离子对钢铁的侵蚀。所有涂料都有着基本的屏蔽作用。

②缓蚀作用:防锈底漆的防锈作用在很大程度上依靠防锈颜料的作用,如铬酸锌、磷酸锌和红丹等对钢铁有着缓蚀作用。以磷酸锌为例,它具有形成碱式络合物的能力,可以与漆基的极性基团(羟基或羧基)进一步络合,生成稳定的交联络合物,不仅增强了漆膜的耐水性和附着力,同时在钢铁表面形成了牢固的铁—锌—磷酸盐络合物,阻止锈蚀的形成和发展,降低钢铁的腐蚀速度。

③阴极保护作用:利用锌粉的阴极保护作用,制成的环氧富锌漆和无机硅酸富锌漆具有最好的防锈作用,是重防腐涂料体系中的首选底漆。高含量的锌粉与钢铁紧密接触,由于锌的电位比钢铁低,腐蚀电流就会从锌流向钢铁,锌粉作为牺牲阳极首先被腐蚀从而就保护了钢铁。锌粉在大气中的腐蚀产物为难溶碱式盐,它们会填没涂层中的空隙,对于漆膜的屏蔽作用也有贡献。

防腐涂装的选用,与钢梁所处的自然环境、使用年限、结构类型、施工方法等有着密切关系。钢结构的涂装所需涂料,必须具备一定的配套性、适应性和附着结合力,因此应选择科学、合理、经济、适用的涂装配套体系。

涂装的配套选择就是进行涂装体系的设计,要依据钢梁的锈蚀情况及环境条件等制定出一套科学合理的涂装体系,以此最大限度地发挥涂膜性能,提高防腐蚀能力。

(1)防腐涂料的涂装工艺

保护涂料系统的耐久性取决于很多不同的因素,如:涂料系统的类型;结构的设计;表面处理前的底材状况;表面处理的有效性;涂装施工的标准;施工条件;施工后的暴露状况等。其中涂装工艺对涂装体系的耐久性影响较大。

防腐涂料的涂装工艺如下:

①对钢材进行表面清理,去除油垢,对非涂面预保护;钢构件表面的氧化皮、铁锈、湿气及油脂等,均应采用酸洗、人工喷丸及机械抛丸(直径在 $0.2 \sim 1\text{mm}$ 之间)、打砂等方法彻底清除。除锈后的钢构件表面应涂2遍红丹酚醛防锈底漆,使之与空气隔绝。在栓焊梁杆件的工地安装节点板和拼接板,涂装具有一定抗滑移能力的防锈涂料,如:无机富锌底漆、喷铝合金(喷铝厚度 $150\mu\text{m}$)。钢梁在工地安装完毕后,还需再涂面层油漆两道。

②涂底漆,涂中间漆 $1 \sim 2$ 遍,涂面漆(详见下文钢箱梁的防腐技术)。

③包装交验。

(2)防腐涂料的涂装方法

防腐涂料涂装的方法主要有刷涂、滚涂、空气喷涂以及高压无气喷涂。

刷涂是最为简单最为原始的方式。其优点主要是操作方便简单;然而缺点也很明显,即涂装不均匀、劳动强度大以及工作效率低等。

滚涂就是采用滚刷来回在钢材表面涂抹涂料。此法较刷涂有很大的改进,涂抹均匀,适于大面积涂装并且涂后外观质量较刷涂好,但是工作效率仍然不高。

空气喷涂就是靠压缩空气的气流使涂料雾化成雾状,在气流的带动下喷涂到钢铁表面的一种方法。该法工作效率高,喷涂均匀,质量很高,但是涂料损耗大。

高压无气喷涂即利用在密封容器内动力驱动液压泵使涂料获得高压,通过特殊无气喷嘴瞬时喷射出去,高速喷向工件表面形成漆膜,雾化状的涂料不含压缩空气。

(3)防腐涂料的涂装体系设计

防腐涂料的涂装体系设计,主要考虑以下几个因素:外界腐蚀环境的特性、被涂装物的使用性能以及涂装体系的经济性。涂料防腐蚀机理涂料涂于构件表面,通过物理干燥或化学固化两种方式很快在表面形成一层致密的膜,将钢材与腐蚀介质隔离,从而保护钢材不受到腐蚀。涂于构件表面的溶剂性涂料和水溶性涂料产生的湿膜,通过物理干燥(溶剂或水分的挥发)方式而变成一种干燥致密的保护膜。化学固化主要是某些特定的涂料涂于构件表面后形成的湿膜与外界环境中的某些特殊的化学介质发生化学反应,从而形成致密的保护膜。它主要有氧化固化、双组分固化剂固化以及湿气固化等。

(4)重防腐涂层施工中的问题及解决办法

油漆涂料涂装体系的失效机理是：首先中间漆和面漆老化、侵蚀、剥离、溶胀等失效，全部或部分脱落，腐蚀介质直接对底层作用，底层以均匀腐蚀速率被自腐蚀消耗，当局部锌粒被腐蚀后露出钢铁基体时，此时富锌底层牺牲其余锌颗粒而保护钢铁不腐蚀。同时底层也会发生老化、侵蚀等失效，使底层无法与钢铁结合，从而阴极保护作用消失。

油漆涂料涂装体系的耐久性：极限使用寿命为10～15年，甚至在4～5年内有些桥的防腐蚀涂层已需维修。维修时要除去浮锈和旧涂料，不仅消耗大量涂料，而且旧涂料还会污染周围环境，甚至还要专门成立一支钢桥防腐养护队伍。因此，每座钢桥梁都不得不为此支付一笔相当数量的维护费用，这种开支还不是一次性的，而是以后每隔3～5年就进行一次。涂料涂装是我国最常见的钢桥防腐方法，国外已不再在钢桥上大面积使用涂料涂装体系，目前发达国家将其销售市场直接转向发展中国家和经济不发达国家，如果继续使用，那么十几年后将会面临庞大的钢桥防腐维护费，使用严重时甚至会影响桥梁的安全性。

重防腐蚀涂装方案：重防腐蚀涂装是一种复合涂装体系，由高性能的底漆、中涂和面漆构成。一般采用250～500μm的涂层厚度，是用厚浆型防腐蚀涂料形成的一种新产品，具有耐腐蚀性能强、涂膜厚、防腐蚀有效期长的特点。重防腐蚀涂层采用厚浆型的环氧富锌涂料或喷金属打底，给予阴极保护；中涂采用云铁漆和玻璃鳞片厚浆型无溶剂涂料；面层采用耐水、耐化学性、耐候性优良的高体分涂料进行配套效果显著。底漆具有良好的防腐蚀和对钢铁的附着性能；中间涂层应对底漆和面漆的涂层间有附着结合力，并有较好的屏蔽作用，以便有效阻止水、氧及腐蚀介质的渗入；具有长达20～30年的耐腐蚀有效期，是长效、实用和经济的防腐涂装体系。

如果设计、施工技术完善，油漆防腐体系因其节省费用，也有较强的竞争力。我国上海卢浦大桥防腐处理方案如表6.6-1所示。

上海卢浦大桥油漆配套方案　　　　表6.6-1

部位	序号	涂装程序	油漆名称	涂装遍数	涂装方法	涂装场所	下模厚度	涂装间隔(℃) 最短	涂装间隔(℃) 最长
外表面	1	表面处理	以喷砂法进行清除铁锈、氧化皮等杂物。表面处理质量需达到Sa2.5级，表面粗糙度35～75μm						
	2	底漆	H06-4(702)环氧富锌防锈底漆	1	高压无气喷涂	工厂车间	80μm	24h	3个月
	3	中间层漆	842环氧云铁防锈漆	1	高压无气喷涂	工厂车间	120μm	24h	不限
	4	面漆	S43-31脂肪族聚氨酯可复涂面漆	1	高压无气喷涂	工厂车间	40μm	24h	不限
	5	面漆	S43-31脂肪族聚氨酯可复涂面漆	1	高压无气喷涂	工厂车间	40μm		
内表面	1	表面处理	以喷砂法进行清除铁锈、氧化皮等杂物。表面处理质量需达到Sa2.5级，表面粗糙度35～75μm						
	2	底漆	H53-34改性环氧防锈漆		高压无气喷涂	工厂车间	200μm	24h	

注：5℃条件下，应选用配套冬用漆。

影响重防腐涂层寿命的因素除涂料质量外，还有施工质量，包括涂装前的表面处理、涂层厚度、施工工艺条件以及环境等诸方面因素。

1)表面处理的影响

据统计，造成涂层质量问题的各种因素中，表面处理所占比率最大（材质表面处理的质量占49%），如表6.6-2所示。

涂层质量的影响因素　　　　　　　　　　　　　　　表 6.6-2

影响因素	所占比例(%)	影响因素	所占比例(%)
材质表面处理的质量	49.0	涂装方法和技术	20.0
涂层层次和厚度	19.0	环境条件	7.0
选用的同类品种质量的差异	5.0		

涂装前的表面处理,是保证涂层质量的关键工序,必须予以足够重视。涂装前需仔细检查钢板表面铁锈及氧化皮是否除尽,焊缝处有无气孔、残留焊渣或砂眼及其他凹凸部分,均需填补或磨平,否则容易引起点锈。喷砂后,钢材表面要有一定的粗糙度,粗糙度太小,影响附着力,粗糙度太大,不仅消耗过多涂料,而且产生未覆盖涂层的波峰,易造成点锈,一般粗糙度为 $35\sim75\mu m$。粗糙度可以通过调整磨料粒径来控制。修补油漆时,若用钢丝轮长时间打磨同一地方,也容易引起粗糙度不够而影响油漆附着力,可用砂轮再打一遍,检查油污是否除尽。清洗的表面应干燥后方可涂装,否则油漆很容易剥落。

2)涂层厚度及复涂间隔的影响

涂层的厚度直接影响使用寿命,达到一定的漆膜厚度,往往需要多道涂层,这样既可以减慢腐蚀性物质侵蚀,又可弥补各层之间漏涂部位而减少涂膜潜在的缺陷。但是如果前道漆喷得太厚,又没等它初步干透就喷后道漆,使溶剂不能充分挥发,当残留的溶剂在以后逐渐逸出漆膜时,会使已定型的漆膜体积收缩而产生内应力,降低漆膜的附着力,并容易开裂。因此涂层厚度及复涂时间必须掌握好。

3)施工环境的影响

桥梁施工基本上都是露天进行,碰上有雨、雾、雪的天气,或是湿度>85%时,均不宜施工(聚氨酯涂装工艺可复涂面漆,施工湿度应≤80%),否则会影响漆膜附着力。若雨点淋在还没有干透的漆膜上,出现雨斑,情况轻微的表面用砂纸打磨,严重的需返工全部清除。冬天,温度在5℃左右时,油漆干性较慢,宜选用配套冬用漆;但是当气温回升后不宜再用配套冬用漆,因为油漆干得太快,容易在漆膜表面产生气泡,影响漆膜质量。到了夏天,施工时间应避开中午的太阳直射。

喷漆时应注意风速及风向,特别是在大桥上统涂面漆时,桥面上的风速比较大,应选择好风向,尽量避免漆雾飞落到面漆上,影响外观。黏附漆雾的表面应打磨后再喷漆,否则会影响附着力。涂装过程及漆膜干燥过程中有粉尘飞扬时不能施工。

4)施工工艺的影响

表面处理完毕后,先用刷子在角落、边缝处预涂装。因为喷涂虽然效率高,漆膜均匀,涂层厚且致密,但是角落、边缝处容易遗漏或喷不到而产生锈斑。刚喷好的漆膜表面有时会产生气泡,这可能是由于搅拌、泵输送或施工中混入的空气所造成。预防措施是在施工前将稀释搅拌好的涂料放置一段时间后再使用,以避免气泡的产生。在钢箱梁内外结合处,应注意喷漆的先后顺序,尽量不要让里面的漆喷到面漆上去。S43-31可复涂脂肪族聚氨酯面漆施工时,必须使用1:10专用稀释剂,严禁与水或醇类溶剂接触。如果接触水或醇类溶剂,将产生大量的气泡,严重影响漆膜的性能。用剩下的双组分油漆,第二天绝对不能再使用,否则会严重影响漆膜的附着力。

5)其他方面的影响

其他方面的影响如校正、磨平毛刺、补焊等工作应在涂装前完成,尽量避免涂装完成后再大面积修补。

2. 热喷涂技术

电化学保护根据其原理,可分为阳极保护和阴极保护。

阳极保护:它主要是对钢铁进行钝化,保护其在强氧化环境中不受腐蚀。例如在硝酸中,钢铁一般会强烈腐蚀,但是当硝酸浓度达到35%时,腐蚀速度就会显著减小,达到60%时,几乎不受腐蚀,此时,钢铁变得十分稳定,这就是阳极保护。

阴极保护:它是使钢铁成为阴极并极化,以减小、防止腐蚀。主要采用牺牲阳极保护法,即采用一种比钢材的电位要负(化学性质更为活泼的金属或合金),与钢材连接在一起,依靠该金属或合金不断的腐蚀牺牲过程中所产生的电流使钢材获得阴极化而受到保护。常见的牺牲阳极保护材料有锌基合金、铝基合金。阴极保护指的是使钢铁成为阴极并且极化,以达到减小和防止腐蚀的目的。阴极保护有别于阳极保护,阳极保护是指使钢铁钝化以保护其在强氧化性质中不受腐蚀。

热喷涂包括火焰喷涂和电弧喷铝(锌),目前主要采用电弧喷铝(锌)。

电弧喷涂工作原理为:通过设备将两根带有正负电荷的金属丝(如锌、铝等)连续推送到电弧喷枪端头,让其相互接触,通过电弧进行加热、熔融,再由喷枪的喷吹、雾化后喷涂于钢材表面,使其在钢材表面产生良好的电弧喷涂层黏附于钢材表面。

电弧喷涂涂装体系防腐技术特点包括如下几个方面:

①具有较长久的耐腐蚀寿命。防腐寿命与涂层厚度直接相关,大量应用实例证明喷涂层防腐蚀寿命可达到30~50年以上无维修历史,30~50年以后的维护仅需在电弧喷涂层上刷封闭涂料,无须重新喷涂,实现一次防腐,涂层经久有效。现在对电弧喷涂层的防腐蚀设计耐腐蚀寿命可达50年以上,甚至有100年的防腐蚀寿命。

②电弧喷涂层与金属基体具有优良的涂层结合力,是防腐蚀涂层获得长寿的基本保证。

③电弧喷涂锌、铝涂层防腐原理为阴极保护,在腐蚀环境下,即使防腐涂层局部破损,仍具有牺牲自己保护钢铁基体之效果。涂层(阳极)与钢铁基体(阴极)的面积比不小于1,涂层与基体直接接触,其保护效果和结合力也远远高于其他任何防腐涂层。与基材黏结良好,长久的正常运营下,此保护层也很少有起皮和脱落的现象,寿命长,经济效益好,安全可靠。电弧喷涂就是典型的牺牲阳极保护法,起到了很好的防腐保护作用。电弧喷涂涂装体系的失效机理,与涂料涂装基本相同,但封闭漆和面漆完全失效后,底层自腐蚀速率较低,阴极保护作用远高于富锌底层,且底层无老化等腐蚀。

英国新建钢桥90%以上采用热喷涂技术进行长效防腐蚀。美国先后公布"钢桥腐蚀保护可以被环境接受的材料"、"热喷涂体系可持续提供优良的保护"等报告来推动热喷涂技术在各州的应用。我国电弧喷涂技术自应用以来已获得大面积应用,起初为喷锌,现在有喷锌、喷铝并存,电弧喷涂技术与国外已没有大的区别,20世纪90年代以来我国建造的许多钢桥都采用了电弧喷涂技术。

三、国内外防腐指导性标准和推荐涂装体系

1. 国内外重涂装防腐指导性标准

(1)《大气环境腐蚀性分类》(GB/T 15957—1995)标准

该标准于1996年8月1日起正式实施,主要针对普通碳钢在不同大气环境下的腐蚀类型及其与相对湿度、空气中腐蚀性物质的对应关系做了规定。它可以作为碳钢结构在各种大气环境选择防腐蚀涂料系统的依据。桥梁的腐蚀环境主是大气腐蚀,涉及所有的大气腐蚀类型,

其中腐蚀性最强的是工业大气和海洋大气,所以该标准也可以作为桥梁涂装方案设计时的参考引用标准。

(2)国际标准 ISO 12944

该标准是国际标准化组织为那些从事涂料防腐蚀工作的业主、顾问、涂装承包人、涂料生产企业等汇编的标准,为相关人员提供了一定的参考。国际标准 ISO 12944 共分为 8 个部分,系统地介绍了腐蚀性环境分类、钢结构处理、表面处理的方法和级别、保护涂料配套方案、涂料系统的试验测试、涂装管理和检查以及涂装规格书的制订等内容。其中国际标准 ISO 12944-2 和 ISO12944-5 较为方便实用,可以指导涂装设计人员较容易地制订出相应的涂料系统。

2. 国内外重涂装体系

(1)国内重涂装体系

我国目前只有铁路系统规定有桥梁方面的涂装体系,如铁道行业标准《铁路钢桥保护涂装》(TB/T 1527),对于公路桥梁还没有具体的规范。

1)防锈底漆的确定

作为重防腐底漆,在国内外使用较多的包括红丹防锈漆、磷酸锌类底漆和富锌类防锈漆等。红丹防锈漆具有优异的防锈性能,价格低廉且施工方便,但由于红丹受环境保护法规的限制,而且铅的存在会对人体健康造成严重危害,在新修订的铁道行业标准 TB/T 1527 中已经对其使用范围进行了限制,减少其用量,规定只能在桥梁的附属钢结构表面使用。富锌类防锈漆,包括环氧富锌防锈漆和水性无机富锌防锈漆两种。环氧富锌防锈漆,在原标准的第 4 涂装体系中已经采用;而水性无机富锌防锈漆是近几年发展较快的防锈漆品种之一,在国内外钢结构防腐工程中都有成功的使用实例,铁科院在"铁路钢梁表面防腐复合涂装体系研制"报告中对该种涂料进行了深入的研究,证明其具有非常优异的耐盐雾性能,与其他涂料相配套使用,预测整个体系防腐寿命可达 30 年以上。因此在修订的铁道行业标准 TB/T 1527 中增加了使用水性无机富锌防锈漆的配套体系和水性无机富锌防锈漆的技术。防锈底漆的防腐性能要求如表 6.6-3 所示。

TB/T 1527 铁路钢桥防锈底漆的防腐性能要求　　　　　表 6.6-3

检测项目	技 术 指 标			
	红丹防锈漆	环氧富锌防锈漆	棕黄聚氨酯防锈漆	水性无机富锌防锈漆
耐盐水(3% NaCl)(h)	144 无泡无锈	240 无泡无锈	144 无泡无锈	—
耐盐雾(h)	400 (70μm±5μm) 板面无泡无锈	1 000 (80μm±5μm) 划痕处 24h 无红锈	500 (70μm±5μm) 板面无泡无锈,划痕处锈蚀宽度不大于 2mm	1 000 涂层无红锈,划痕处 120h 无红锈

2)中间漆的确定

作为富锌底漆与面漆之间的中间涂层,云铁环氧中间漆能增强整个涂层的层间附着力和保护性能。它能与环氧型、聚氨酯型和氯化橡胶型等涂料配套,也能与醇酸、酚醛等传统型面漆配套。在原标准中规定的该涂料是灰色,在使用中与富锌底漆配套使用时,易出现漏涂现象,因此在修订的铁道行业标准 TB/T 1527 中将其改为棕红色,其他指标不变。

3)保护面漆的确定

我国铁路钢桥保护用面漆一直是采用灰色醇酸面漆,由于醇酸面漆耐大气老化性能较差,为提高其保护性能需要添加无机片状颜料,通过片状颜料阻挡有害介质的渗透、反射紫外线来达到提高其使用效果的目的。随着科研水平的不断进步,通过使用新的高分子树脂来提高涂料的整个使用性能成为可能,如聚氨酯树脂、氟碳树脂等。铁科院在"铁路钢梁表面防腐复合涂装体系研制"和"宜万线万州长江大桥钢梁涂装和混凝土梁防护体系试验研究"两个报告中,分别对脂肪族聚氨酯面漆和氟碳涂料面漆进行了研究,结果显示这两种面漆的耐酸碱等化学介质性能、耐大气老化性能等优于醇酸面漆。同时参照国内外实际使用情况和标准,在新修订的铁道行业标准 TB/T 1527 中引入了脂肪族聚氨酯面漆和氟碳涂料面漆,并制定出了相关的技术指标,参见表 6.6-4 和表 6.6-5。

TB/T 1527 铁路钢桥中间漆和面漆的防腐性能要求 表 6.6-4

项目	耐水性(h)	耐老化性(h)	耐碱性	耐酸性
钢灰醇酸磁漆	8	—		
灰铝锌醇酸面漆	5	400		
灰云铁醇酸面漆	5	400		
灰铝粉石墨醇酸面漆	5	400		
灰色丙烯酸脂肪族聚氨酯面漆	12	经过1 000h,涂层无明显变色和粉化,无泡,无裂纹	经过240h,涂层无异常	经过240h,涂层无异常
氟碳面漆(含氟量≥15%)	12	经过1 000h,涂层无明显变色和粉化,无泡,无裂纹	经过240h,涂层无异常	经过240h,涂层无异常
云铁环氧中间漆				

TB/T 1527 铁路钢桥推荐涂装体系 表 6.6-5

涂装体系	涂料(涂层)名称	每道干膜最小厚度(μm)	至少涂装道数	总干膜最小厚度(μm)	适用部位
1	特制红丹酚醛(醇酸)防锈底漆	35	2	70	桥栏杆、扶手、人行道托架、墩台吊篮、围栏和桥梁检查车等桥梁附属钢结构
	灰铝粉石墨或灰云铁醇酸面漆	35	2	70	
2	电弧喷铝层	—	—	200	钢桥明桥面的纵梁、上承板梁、箱形梁上盖板
	环氧类封孔剂	20	1	20	
	棕黄聚氨酯盖板底漆	50	2	100	
	灰聚氨酯盖板面漆	40	4	160	
3	无机富锌防锈防滑涂料	80	1	80	栓焊梁连接部分摩擦面
	电弧喷铝层	—	—	100	
4	环氧沥青涂料	60	4	240	非密封的箱形梁和箱形杆件内表面
	环氧沥青厚浆涂料	120	2	240	
5	特制环氧富锌防锈底漆或水性无机富锌防锈底漆	40	2	80	钢梁主体用于气候干燥、腐蚀环境较轻的地区
	棕红云铁环氧中间漆	40	1	40	
	灰铝粉石墨醇酸面漆	35	2	70	
6	特制环氧富锌防锈底漆或水性无机富锌防锈底漆	40	2	80	钢梁主体用于腐蚀环境较严重的地区
	棕红云铁环氧中间漆	40	1	40	
	灰色丙烯酸脂肪族聚氨酯面漆	35	2	70	

(2)国外重涂装体系

英国钢梁涂料防锈以长期保护为主要目标,在城区也有装饰性涂料涂装的钢梁。采用喷锌、封孔中间漆和云铁面漆涂装体系的钢梁较多。近几十年来,普遍采用锌黄防锈漆或富锌涂料、云铁中间漆和各种面漆的保护涂装方法。

芬兰的桥梁建设高峰期在20世纪70~80年代。芬兰钢桥防腐蚀涂料体系多采用富锌涂料、氯化橡胶涂料、聚氨酯涂料等。20世纪90年代,环氧富锌底漆和MIO(也叫环氧铝粉底漆)在新架设的桥梁上应用得十分普遍。当时,聚氨酯作为面漆的主要材料被广泛使用,水性涂料还处在试验阶段,直到2000年才被推广使用。

日本钢梁注意防护性和装饰性,最早采用红丹防锈漆和醇酸面漆,在20世纪70~80年代采用富锌涂料、氯化橡胶涂料、聚氨酯涂料等,近几年也采用超耐候的氟碳涂料作为钢梁保护用材料。

美国钢梁涂料防锈也是以长期保护为主要目标,也有装饰性保护涂装的钢梁。重涂装体系多采用富锌涂料为底漆,上涂聚乙烯、聚氨酯等涂料,在一般环境下,也采用红丹防锈漆和铬酸锌等防锈底漆。

3. 我国热喷涂防腐标准及推荐涂装体系

为了将热喷涂技术应用于钢铁金属防腐蚀领域,1953年美国焊接学会对热喷涂锌、铝涂层在工业气氛、海水环境(半浸在不流动海水和全浸在流动海水)和海洋性气氛三大类环境进行长达19年的工业挂片试验,投放试片4 248片,并公布了世界著名的热喷涂19年试验报告AWSC2.14-74,试验结果表明喷锌、铝加封闭涂层都能对以上三大类环境的钢结构构件提供长期有效的防腐蚀保护。美国焊接学会的这项研究规模之大、周期之长,可以说是空前绝后的,19年腐蚀试验报告对揭示热喷涂防腐蚀效果和热喷涂在工业防腐蚀中的应用作出重大贡献,世界上所有热喷涂防腐蚀技术标准几乎都以它作为指导依据。

我国在20世纪70年代初引进火焰粉末喷涂技术,70年代末,发展火焰丝材喷涂技术,80年代发展电弧喷涂技术。而电弧喷涂设备关键技术的解决,不仅能喷涂锌,还能喷涂铝,从而使电弧喷涂技术获得新生,电弧喷涂用于大面积长效防腐蚀施工,并且能进行户外现场电弧喷涂。对煤矿、海洋和桥梁钢结构进行现场大面积喷铝施工,都取得成功。20世纪90年代发展高速电弧喷涂枪,使电弧喷涂层质量进一步提高。大功率机械化二次雾化电弧喷涂设备,在大面积防腐蚀施工中克服了手工喷涂不均匀的问题,使喷涂质量和生产效率进一步提高。

热喷涂锌、铝涂层用于桥梁钢结构构件长效防腐蚀,世界各国都有很多成功应用的经验和实例。它是一项非常成熟、可靠的技术,被各国共同接受并已被标准化,对涂层适用环境、设计、材料、施工、检查和验收等都作了详细的规定。桥梁所处腐蚀环境主要为工业大气、乡村大气、海洋大气、盐雾、海水等,一般防腐蚀用热喷涂涂层的设计也主要与待防腐蚀钢结构构件所处腐蚀环境有关。

我国国家标准参见《铁路钢桥保护涂装》(TB/T 1527—2004)铁路行业推荐热喷涂体系、《铁道车辆用耐大气腐蚀钢及不锈钢焊接材料》(TB/T 2374—2008)、机械工业推荐热喷涂体系GB/T 9793国家标准。

四、钢桥的防腐蚀工程实例及其发展

1. 国内钢桥采用的涂装体系

我国桥梁技术的发展是随国民经济的发展而发展的,20世纪50年代桥梁以圬工、混凝土为主,60~80年代以预应力混凝土为主,90年代以后相继修建了特大跨径的钢结构桥梁。1996年我国钢材的总产量已跃居世界第一位,达到10124万t。随着钢产量的增长及我国综合国力的增强,钢桥也有了很大的发展。

我国钢桥涂装防腐蚀技术也是不断发展和完善的。20世纪50年代,钢梁涂料保护寿命仅为2~3年;60年代后期至80年代,先后采用了红丹防锈底漆与灰铝锌醇酸面漆或灰云母氧化铁醇酸面漆配套体系,涂料保护寿命提高到了10年左右;90年代采用环氧富锌防锈底漆或电弧喷涂铝、锌加云铁环氧中间漆、灰铝粉石墨醇酸面漆、氯化橡胶面漆配套系,涂料保护寿命达到了15年以上。目前,正在推广使用环氧富锌防锈底漆或电弧喷涂铝、云铁环氧中间漆、丙烯酸聚氨酯面漆、氟碳面漆、聚硅氧烷面漆等配套体系,以进一步延长钢桥的维修、大修周期,预计该体系使用寿命在30年以上。

根据表6.6-6统计,我国大跨径钢结构桥梁主体结构(如钢箱梁、钢桁梁、钢箱拱、钢塔)采用热喷涂复合涂层体系约占总数的20%,采用重防腐涂装体系的约占总数的80%。

2. 国外钢桥采用的涂装体系及其发展

在欧洲和北美地区钢桥的防腐发展过程是:20世纪40年代为油漆防腐;50~70年代为重防腐涂料防腐、热浸锌防腐、火焰喷涂防腐、电弧喷涂防腐并存;80年代以后,随着电弧喷涂技术的发展,电弧喷涂防腐得到广泛应用。实践证明,喷金属防腐是一种长效、适用的防腐蚀方法。经过90多年的发展,喷金属已不单可喷锌、喷铝,而且可喷锌铝合金、喷铝镁合金以及喷铝稀土合金等;在喷涂工艺上也从火焰喷涂逐步发展为电弧喷涂,甚至高速电弧喷涂等。国外著名大桥的防腐实例,如表6.6-7所示。

英国钢梁涂料防锈以长期保护为主要目标,在城区也有装饰性涂料涂装的钢梁。这些钢梁采用喷锌、封孔中间漆和云铁面漆涂装体系的钢梁较多,防蚀方法和防蚀路线比较保守。近几十年来,采用锌黄防锈漆或富锌涂料、云铁中间漆和各种面漆的保护涂装方法。英国有关技术人员认为:在一般环境下,用普通标准涂料即可,在恶劣环境下,需采用喷锌或富锌涂料,然后涂装保护面漆。在箱形梁内侧,因不易维修,冷凝水又多,采用无溶剂和重防腐涂料保护。在维修方面,采用每6年左右重涂一次,防止原涂层深度老化破坏。

美国钢梁涂料防锈也是以长期保护为主要目标,也有装饰性保护涂装的钢梁。这些钢梁多采用富锌涂料为底漆,上涂聚乙烯、聚氨酯等涂料,在一般环境下,也采用红丹防锈漆和铬酸锌等防锈底漆。

美国非常重视初始涂装,除锈彻底,认为以富锌涂料为底漆,上涂耐久的面漆,多层涂装,使用寿命可达20年以上。美国的经验大致为:在恶劣环境下,钢梁要喷砂除锈,粗糙度要合适;涂层需要的干膜厚度与涂料的性能有关;底漆应避免过多的填料;油性涂料和醇酸防锈漆在一般环境中性能良好;富锌涂料在恶劣的环境下性能很好,但效果随品种和其配套面漆不同而有所差异;底漆和面漆配套很重要,施工中应注意。

日本钢梁注重防护性和装饰性,最早采用红丹防锈漆和醇酸面漆,在20世纪70~80年代采用富锌涂料、氯化橡胶涂料、聚氨酯涂料等,近几年也采用超耐候的氟碳涂料作为钢梁保护用材料。

五、悬索桥的防腐涂装技术

现以钢加劲梁悬索桥为例,对钢桥各部位防腐技术进行介绍。

国内部分钢桥防腐涂装实例 表6.6-6

桥名	结构形式	竣工时间（年）	外防腐体系	表面处理	底层及厚度（μm）	中间层及厚度（μm）	面层及厚度（μm）	总膜厚（μm）	内防腐体系及厚度（μm）	备注
南京长江大桥	钢桁梁桥	1968	油漆		醇酸红丹防锈漆（两遍）	—	云铁醇酸面漆（三遍）	—	—	公铁两用桥
枝城长江大桥	钢桁梁桥	1971	油漆		硼钡酚醛防锈漆	—	灰铝锌醇酸磁漆	—	—	铁路桥
武汉长江大桥	钢桁梁桥	1976	油漆		云铁酚醛底漆	—	云铁醇酸面漆	200~300	—	公铁两用桥
上海南浦大桥	叠合梁斜拉桥	1991	重涂装体系		环氧富锌底漆80	灰云铁环氧中间漆100（两遍）	氯化橡胶面漆45（两遍）	225	—	—
江西九江长江大桥	钢桁梁桥	1993	油漆		红丹酚醛底漆（两遍）	—	云铁醇酸面漆（三遍）	190	—	铁路桥
上海杨浦大桥	叠合梁斜拉桥	1993	重涂装体系		环氧富锌底漆80	灰云铁环氧中间漆100（两遍）	氯化橡胶面漆45（两遍）	225	—	—
上海徐浦大桥	钢箱梁斜拉桥	1996	重涂装体系		水性无机硅酸锌底漆70	环氧云铁中间漆100（两遍）	聚氨酯面漆80（两遍）	250	—	—
香港青马大桥	钢箱梁悬索桥	1996	热喷涂复合涂层		电弧喷锌175±50，磷酸锌底漆40（两遍）	环氧云铁中间漆80（两遍）	聚氨酯面漆40	335	—	公铁两用桥
广东虎门大桥	钢箱梁悬索桥	1997	重涂装体系		无机硅酸富锌底漆75，环氧铁红封闭漆25	环氧云铁中间漆80（两遍）	丙烯酸聚氨酯面漆80（两遍）	260	—	—
汕头礐石大桥	混合梁斜拉桥	1998	重涂装体系		环氧富锌底漆	环氧云铁中间漆	氯化橡胶面漆	—	—	—
厦门海沧大桥	钢箱梁悬索桥	1999	重涂装体系		无机硅酸富锌底漆80，环氧封闭漆25	环氧云铁中间漆80（两遍）	丙烯酸聚氨酯面漆80（两遍）	265	—	—
芜湖长江大桥	钢箱梁斜拉桥	2000	重涂装体系		无机硅酸锌底漆80	环氧云铁中间漆50（两遍）	灰铝粉醇酸面漆80（两遍）	210	—	公铁两用桥
万洲长江大桥	钢桁拱桥	2005	重涂装体系		环氧富锌底漆（两遍）	环氧云铁中间漆	氟碳涂料面漆（两遍）	—	—	铁路桥
武汉军山长江大桥	钢箱梁斜拉桥	2000	热喷铝复合涂层		电弧喷铝≥180，环氧封闭漆20	环氧云铁中间漆60	聚氨酯面漆60（两遍）	320	环氧耐磨漆125	—

续上表

桥名	结构形式	竣工时间(年)	外防腐体系	表面处理	底层及厚度(μm)	中间层及厚度(μm)	面层及厚度(μm)	总膜厚(μm)	内防腐体系及厚度(μm)	备注
重庆鹅公岩长江大桥	钢箱梁悬索桥	2001	重涂装体系		无机硅酸富锌底漆70+环氧封闭漆25	环氧云铁中间漆80	丙烯酸聚氨酯面漆80(两遍)	255	—	—
南京长江二桥	钢箱梁斜拉桥	2001	重涂装体系		无机硅酸富锌底漆80+环氧封闭漆30	环氧云铁中间漆80	丙烯酸聚氨酯面漆80(两遍)	270	环氧云铁防锈漆50+环氧玻璃鳞片涂料50	—
宜昌长江大桥	钢箱梁悬索桥	2001	重涂装体系		无机硅酸富锌底漆80+环氧封闭漆25	环氧云铁中间漆80	丙烯酸聚氨酯面漆80(两遍)	265	—	—
舟山桃夭门大桥	混合梁斜拉桥	2002	热喷涂复合涂层		电弧喷铝200	环氧云铁中间漆60	聚氨酯面漆60(两遍)	320	—	—
湖南长沙洪山大桥	单塔钢箱梁斜拉桥	2003	热喷涂复合涂层		电弧喷铝180	环氧云铁中间漆30	聚氨酯面漆80(两遍)	290	—	—
上海卢浦大桥	钢箱拱桥	2004	重涂装体系	Sa2.5	环氧富锌底漆80	环氧云铁中间漆120	聚氨酯面漆80(两遍)	280	Sa2.5 环氧防锈漆200	—
江阴长江大桥	钢箱梁悬索桥	2004	重涂装体系		无机硅酸富锌底漆70+环氧封闭漆25	环氧云铁中间漆75	丙烯酸聚氨酯面漆80(两遍)	250	—	—
润扬长江大桥	钢箱梁悬索桥	2005	重涂装体系	Sa2.5	无机硅酸富锌底漆75+环氧封闭漆25	环氧云铁中间漆100	丙烯酸聚氨酯面漆80(两遍)	280	Sa2.5 环氧底漆60+面漆60	—
厦门钟宅湾大桥	钢箱拱桥	2005	热喷涂复合涂层	Sa3	电弧喷铝200+环氧封闭漆	环氧云铁中间漆40	丙烯酸聚氨酯面漆80(两遍)	320	—	—
南京长江三桥	钢箱梁斜拉桥	2006	重涂装体系		无机硅酸富锌底漆75+环氧封闭漆25	环氧云铁中间漆200(两遍)	氟碳涂料面漆55(两遍30+25)	355	—	钢桥塔
重庆菜园坝长江大桥	钢箱拱桁梁系杆拱桥	在建	重涂装体系		无机富锌底漆80	环氧云铁中间漆100	聚硅氧烷面漆125(两遍)	305	—	公轨两用桥

表 6.6-7

国外部分钢桥防腐涂装实例

桥名	结构形式	竣工时间（年）	外防腐体系	底层及厚度（μm）	中间层及厚度（μm）	面层及厚度（μm）	总膜厚（μm）
美国金门大桥	钢桁梁悬索桥	1965年以后	重涂装体系	水性无机硅酸锌底漆70，磷化底漆10	—	乙烯面漆150（三遍）	230
挪威 Gvarv 铁路桥	钢桁架拱桥	1999	重涂装体系	环氧铝粉底漆150	环氧底漆150	聚氨酯面漆60	360
泰国 BMA 6 Fly Over 桥	钢桁梁桥	1994	重涂装体系	纯环氧底漆75	纯环氧中间漆100	纯环氧面漆100	275
韩国 Kwang Ahn Grand 桥	钢桁梁桥	1999	重涂装体系	PROSIL ZSP 底漆75	纯环氧中间漆100	FLUORINE 面漆50（两遍）	225
挪威 Drammen 桥	钢桁架拱桥	1999	重涂装体系	环氧连接漆35	环氧底漆200	聚氨酯面漆60	295
挪威 Tromoy 桥	钢箱梁悬索桥	1999	重涂装体系	环氧富锌底漆40	环氧底漆300	聚氨酯面漆50	290
匈牙利 Maria Valeria 桥	钢箱梁	2001	重涂装体系	环氧底漆200	—	聚氨酯面漆50	250
美国加州 San Mateo 大桥	—	—	重涂装体系	无机硅酸锌底漆75，磷化底漆10	乙烯底漆25	乙烯面漆25（两遍）	135
美国汉普郡大桥	钢桁梁桥	—	重涂装体系	环氧富锌底漆80（两遍）	环氧云铁中间漆50	灰铝粉醇酸面漆80（两遍）	210
日本明石海峡大桥	钢箱梁悬索桥	1998	重涂装体系	环氧富锌底漆100	环氧云铁中间漆100（两遍）	氟碳涂料面漆80（两遍）	280
日本关门大桥	—	1970	热喷涂复合涂层	电弧喷锌75，磷化底漆10，酚醛锌黄底漆40	酚醛云铁中间漆80（两遍）	氯化橡胶面漆70（两遍）	275
日本闸门门桥	—	—	热喷涂复合涂层	电弧喷锌75，磷化底漆10，酚醛树脂40	酚醛云铁中间漆120（两遍）	氯化橡胶面漆70（两遍）	315
日本大鸣门大桥	—	—	热喷涂复合涂层	电弧喷锌铝150，磷化底漆10，酚醛树脂40	酚醛云铁中间漆120（两遍）	氯化橡胶面漆70（两遍）	315

对于钢悬索桥,主要的防腐部位有主缆和吊索、钢主梁以及索塔。对于悬索桥而言,主缆以及吊杆、加劲梁是非常重要的受力部分,如果发生腐蚀破坏,后果将非常严重,甚至导致桥的直接恶性破坏。以下主要介绍主缆、吊索及钢箱梁的防腐技术。

(1)主缆的防腐技术

主缆的腐蚀破坏主要有:双金属电化学腐蚀、大气盐雾腐蚀、湿热腐蚀以及振动疲劳腐蚀等。

主缆的防腐技术如下:首先将主缆用的每根高强钢丝和主缆缠绕用钢丝均进行热镀锌防腐,然后再进行涂装。涂装体系按以下方式设计:涂底漆(环氧富锌漆或环氧涂料);采用密封腻子以密封主缆,防止水及有害物质浸入以及使钢丝处于缺氧状态,阻止腐蚀发生;对主缆表面进行缠丝处理,主要是保护主缆钢丝和涂层,均衡内部应力;最后将油漆涂于主缆外表面,涂料本身应防水,抗紫外线老化,耐候性好,漆膜光滑坚硬,保光保色性好等。

目前日本主缆最新防腐体系:在主缆表面用带楔形状钢带或橡胶板材进行密封缠绕,并在主缆丝空隙内进行除湿处理,如目前世界上主跨最长(1 990m)的明石海峡大桥,取得良好的效果。

(2)吊索的防腐体系设计

现代悬索桥吊索的防腐体系与斜拉桥拉索的防腐体系要求基本一样,有效的防腐措施主要有:钢丝镀锌、将钢丝或者钢绞线用塑料材料(油脂、石蜡、弹性环氧产品等)包裹,每根绞线均设置管道等。

①管道。除了封闭式吊(拉)索外,一般吊(拉)索均设置于钢制或塑料管道中,可以在一定程度上防止侵蚀性环境的影响。这是以往斜拉桥拉索常采用的一种方式。

②镀锌。将钢丝浸入镀锌池,自动控制完成。镀锌量取 $250\sim330g/m^2$,形成的防护层厚度在 $25\sim45\mu m$。镀锌时对材料的强度有所降低,但防护效果好。

③锚具防护。管道和锚具之间的连接,必须防止水的流入或汇集。

安庆长江大桥的斜拉索含四层独立防护体系:第1层为光面钢绞线表面静电喷涂环氧树脂层,不降低原钢绞线强度等级;第2层为高溶点建筑油脂包裹;第3层为单根钢绞线热挤高密度PE层;第4层为索体外整圆高密度PE管。

(3)钢箱梁的防腐体系

公路钢桥无论是斜拉桥、悬索桥,还是钢拱桥,钢箱梁都是其主体结构部分。

钢箱梁的桥上涂装在现场进行,内容包括:钢箱梁内、外表面环焊缝的涂装;钢箱梁内、外表面涂层的修补涂装;钢箱梁外表面面漆的涂装;行车道箱梁上表面的涂装;防撞护栏等附属构件的涂装。本节主要介绍钢箱梁外表面防腐技术。钢箱梁外表面涂装体系如图6.6-1所示。

钢箱梁外表面主要指底板、上下斜腹板的外表面,它们直接暴露在大气中,是钢箱梁最容易腐蚀的部位,所以需要可靠的涂装体系。钢箱梁外表面涂装体系通常是由底层(车间底漆除外)、封闭层、中间层和面层组成的综合防腐蚀系统。任何一种涂料都无法保证同时对钢铁具有隔离、抗紫外线和阴极保护等功能,只有通过它们的互相组合,才能组成有效的防腐蚀涂装体系。

①底层。底层对钢铁表面具有阴极保护作用。此外,底层应与钢铁具有优良的涂层结合力。防腐蚀涂装底层对整个涂层的耐腐蚀寿命有举足轻重的作用,常用底层有环氧(无机)富锌底漆和电弧喷铝(锌)。

②封闭层和中间层。封闭涂层对热喷涂层的空隙进行封闭,对富锌底层外露锌颗粒进行遮盖;其次起隔离作用。常用封闭涂料为环氧系封闭漆。中间层主要用环氧云铁漆,承上启下,增加涂层厚度,是防腐体系中的重要部分。

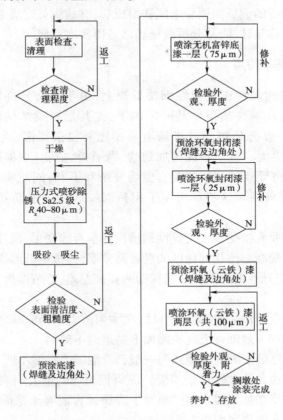

图 6.6-1 钢箱梁外表面涂装体系

③面漆。面漆对底层及中间层具有保护作用,目前普遍使用的有氯化橡胶和聚氨酯两大类。底层采用富锌底漆还是电弧喷铝(锌),防腐效果有明显的差异。在钢箱梁外表面的两种防腐体系中,电弧喷涂涂装体系必将成为主导。钢桥上防腐要求高的其他部位电弧喷涂涂装体系也必将成为主导,在我国钢桥上推广使用电弧喷涂涂装体系必将产生巨大的经济效益和社会效益。

第七节 钢桥的桥面铺装

目前已建和在建的钢桥桥面板,大多采用正交异性钢桥面板。钢桥面铺装是指铺设在正交异性钢桥面板上,保护钢板并提供良好行使性能的薄层构筑物。其铺装材料通常采用热塑性或者热固性沥青混凝土,铺装层通过防水黏结层与钢板紧密贴合,共同承受车辆、温度及风作用等引起的应力与变形。

桥面铺装是桥梁行车道系的重要组成部分,其状况直接影响到行车的安全性、舒适性和桥梁耐久性,以及投资效益和社会效益。钢桥面铺装的行车舒适性、安全性、耐久性等,已成为钢桥综合质量评价的一项重要指标。

我国对钢桥面铺装的应用和研究,始于20世纪80年代。目前国内已建的虎门大桥、江阴大桥、南京二桥、宜昌长江大桥、润扬长江大桥等,均采用了钢箱梁正交异性桥面板形式。但是,正交异性钢桥面铺装技术问题在国内外尚未得到很好的解决,一直受到国际土木工程界的重视。我国许多已建钢桥的钢桥面铺装未能获得成功,有些桥梁建成通车不久,其铺装就发生了大面积推挤、车辙、滑移等破坏,部分桥面铺装已经历多次重修。

一、钢桥面铺装的基本特点

钢桥面铺装层直接铺设在正交异性钢桥面板上,由于正交异性钢桥面板的柔度大,在车辆作用、温度作用、地震等自然条件共同影响下,尤其是桥梁结构的变形影响,使钢桥面铺装的受力和变形与一般公路路面或机场道面相比要复杂得多,尤其是在重载交通作用下,钢桥面板局部变形更大。位于各纵向加劲肋、纵隔板、横肋(或横隔板)与桥面板焊接处出现明显的应力集中,将导致铺装层的受力更为复杂和不利;同时钢桥面板受温度影响大、防水防锈及层间结合要求高。这些都决定了钢桥面铺装较一般沥青混凝土路面相比具有如下特点:

①铺装层工作状态要直接受到正交异性钢桥面板本身的变形、位移、振动等的影响。

②钢桥面铺装的极端高温比相同地区的沥青路面高,而极端低温则更低;钢板的导热系数远大于沥青混凝土,正交异性钢桥面板及钢箱梁的昼夜温差、季节温度变化幅度较相同地区的普通沥青路面基层大。

③钢桥尤其是大跨度钢桥一般都修建在大江、大河或者横跨海峡之上,强风、台风频繁,各种因素产生的振动作用在一般沥青混凝土路面上是遭遇不到的。

④正交异性钢桥面铺装层的受力模式与一般沥青混凝土路面不同。由于加劲肋的加劲支承作用,在车辆作用下,加劲肋、横肋(横隔板)、纵隔板顶部的铺装层表面出现负弯矩,铺装层最大的应力和应变均出现在铺装层表面。而对于普通沥青混凝土路面,沥青混凝土面层的最大拉应力和应变均通常在面层底面。

⑤大跨径钢桥一般都是重要交通枢纽,交通量大,一旦损伤社会影响和危害大,且维修困难。

⑥钢桥面铺装要求致密性好,防止雨水或其他表层有害物质腐蚀钢桥面板。

二、钢桥面铺装的基本性能要求

鉴于以上特点,钢桥面铺装除了要满足普通沥青路面的基本要求外,还必须具有与正交异性钢桥面板的结构特点及使用条件相适应的技术性能。钢桥面铺装的原材料与混合料类型的选择,混合料及复合铺装结构设计,以及铺装层的实施等阶段都必须予以充分考虑。

钢桥面铺装的具体基本性能要求如下:

①足够的强度与适当的刚度。凭此以有效抵抗车辆作用,并有利于分散荷载防止钢桥面板局部过大变形。

②良好的变形追从性。在车辆作用、温度作用效应下,大跨径桥梁的竖向位移较大、局部应力与变形复杂,铺装层应具备较好的柔韧性和变形协调能力,即变形追从性,以适应这种复杂的应力与变形状况。追从性不好,就可能导致铺装层与钢板之间因变形不协调,从而产生相互错动的剪切破坏以及铺装结构的弯曲破坏。

③良好的抗疲劳性能。为抵抗车辆的反复作用,桥梁铺装结构疲劳寿命的要求较普通沥

青混凝土路面更高。

④较高的高温稳定性与抗剪能力。钢桥面铺装的材料高温稳定性和抗剪能力要求高。从我国钢桥面铺装的破坏情况来看,因材料热稳定性和高温抗剪能力不足而导致铺装产生车辙、推挤、壅包等现象较为普遍,必须予以足够重视。

⑤良好的抗裂性能。在车辆作用下,与车辆直接作用区域相邻的加劲肋顶的桥面铺装表面将出现最大横向拉应力,邻近的横隔板顶部的桥面铺装出现最大纵向拉应力,当应力超过材料强度时会造成开裂;当钢板的温度收缩系数与铺装材料的收缩系数相差较大时,也易造成铺装层的开裂。因此,铺装层必须具有良好的抗裂性能。

⑥与钢板粘贴牢固。钢板与防水黏结层、防水黏结层与沥青铺装层之间都必须具有良好的黏结力,使各层能够形成牢固的整体,以保证铺装层与桥面板在各种可变作用效应下能够共同作用;牢固的黏结也是保证铺装层良好追从性的必要条件;黏结材料必须具有高温稳定性和较高的抗剪性能。

⑦良好的防水性能。保护桥面板不受腐蚀是桥面铺装的基本功能之一,因此铺装层的主要材料必须具有水密性和抗水损能力,铺装结构应具有完善的防水、排水体系。

⑧良好的抗油蚀能力和抗除冰化学物质腐蚀能力。

⑨适当的厚度。为尽可能减轻桥梁自重,铺装层应尽可能薄,但是为了保证桥面铺装结构具有足够的刚度、荷载分散能力和抗疲劳能力,铺装层又不宜过薄。此外,还需考虑到施工技术要求以及摊铺、碾压的实际效果。

⑩良好的表面特性。良好的平整性和粗糙性,可以达到减少车辆冲击、提高铺装抗滑能力、提高行车安全性与舒适性的要求。

三、国内外钢桥面铺装现状及示例

德国较早开展钢桥面铺装的研究和实践,继德国之后,英国、法国、日本和美国等国家也相继开展这方面的工作,极大地丰富了钢桥面铺装的内容。目前,已经形成了"三种铺装材料、两类铺装结构组合"的格局。

1. 三种常用的铺装材料

目前用于正交异性钢桥面板铺装的材料有:浇注式沥青混凝土(Gussa asphalt mixture)、改性 SMA 混合料(Stone Matrix Asphalt)、环氧沥青混凝土(Epoxy asphalt mixture)、沥青玛蹄脂混合料(Mastic asphalt)。常用于钢桥面铺装不同层位的材料,如表 6.7-1 所示。

钢桥面铺装不同层位的常用材料　　　　表 6.7-1

钢桥面铺装层位	典 型 材 料
防腐涂装	环氧富锌层、无机富锌层、热喷金属(锌或铝)涂层
防水及黏结层	改性沥青玛蹄脂、环氧树脂胶砂
	橡胶沥青、溶剂型黏结剂、环氧树脂、环氧沥青
铺装上、下层	传统浇注式沥青混凝土、聚合物浇注式沥青混凝土
	改性沥青 SMA、改性密级配沥青混凝土
	橡胶沥青混凝土、环氧沥青混凝土

(1)浇注式沥青混凝土

浇注式沥青混凝土源于德国,在日本得到广泛应用。它是指在高温(220~260℃)下拌和,依靠混合料自身的流动性摊铺成型无需碾压的孔隙率小于 1% 的沥青混合物。传统的浇筑式沥青混合料是由湖沥青(TLA)与石油沥青按照一定比例掺配而成,矿粉含量极高,高细集料含量与高沥青含量、低粗集料含量,使其具有较强的变形协调能力、良好的密水性以及较好的低温性能和耐久性。

(2) SMA(Stone Matrix Asphalt)

SMA 源于德国,是为减少车辙而研制的,还具有较好的抗水损害及低温抗裂性能。SMA 是一种热拌式间断密级配混合料,因粗集料的相互嵌挤作用而具有较好的高温稳定性;因含量较高(>18%)的沥青玛蹄脂(矿粉与纤维、沥青等的均匀拌和物)的胶结作用而获得较好的低温性能。SMA 铺装的沥青用量在 6.0%~6.7% 之间。

(3) 环氧沥青混凝土

环氧沥青的实质是工艺较为特殊的浇注式沥青混合料,是一种由环氧树脂、固化剂与基质沥青经复杂的化学改性所得的沥青混合物。其源于美国,且在美国应用最为广泛。环氧沥青混凝土材料本身性能非常好,但会受其成型时温度、湿度、时间等因素影响而性能降低,施工条件苛刻,质量控制难。

2. 两类常用的铺装结构组合

钢桥面铺装的结构形式有两种:单层铺装体系和双层铺装体系。以双层铺装体系为主。

(1) 单层铺装体系

单层铺装体系,其铺装结构通常厚 40~50mm,适用于高低温交替变化不十分明显的地区,以英国玛蹄脂混合料为代表。单层铺装体系在英、法等国应用较广,江阴长江大桥、中国香港青马大桥也采用这种铺装结构。

(2) 双层铺装体系

双层铺装体系,即双层浇注式沥青混凝土或者环氧沥青混凝土按照不同的铺装层材料分别设计,能充分发挥材料潜力、最大限度地避免同种材料矛盾的双向性能(高温和低温),适应性较强。如日本本四联络桥的典型铺装结构和我国南京长江二桥的双层环氧沥青混凝土铺装等。

3. 国外钢桥面铺装常用结构示例

英国、德国等欧洲国家的钢桥面铺装常用结构方案,如图 6.7-1、图 6.7-2、图 6.7-3 所示。

日本首都机场高速路上的桥梁,以及本四系列联络桥如名港西大桥、贺氏大桥、横滨湾大桥、多多罗桥、明石海峡大桥等的建设,使其近年来在钢桥面铺装技术上积累了丰富的经验。其钢桥铺装结构多采用下层为沥青混凝土、上层为改性密级配沥青混凝土的结构形式,铺装总厚度逐渐降低至 60~70mm。日本钢桥面铺装常用结构,如图 6.7-4 所示。

4. 国内钢桥面铺装实例

目前我国大陆地区基本上形成了:单层浇注式沥青混凝土铺装、双层改性沥青 SMA、双层环氧沥青混凝土三种铺装结构,分别以江阴长江大桥、厦门海沧大桥、南京二桥为代表。从实际使用情况来看,前两种结构的应用都发现存在各种瑕疵,南京长江二桥的环氧沥青混合料铺装使用性能较好。

(1) 改性沥青 SMA 铺装

改性沥青 SMA 铺装在国内的应用起于广东虎门大桥(第二次铺装),后来厦门海沧桥、上海卢浦大桥、安庆长江大桥都采用了类似的铺装体系。SMA 铺装体系如图 6.7-5 所示。

(2) 浇注式沥青混凝土铺装

我国 20 世纪 90 年代才引进浇注式沥青混凝土铺装,即高温拌和式摊铺流淌的沥青混合料,如江阴长江大桥和香港青马大桥就采用了这种浇注式沥青混凝土铺装结构。江阴长江大桥桥面铺装结构如图6.7-6所示。

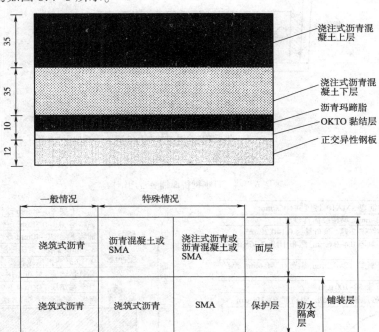

图6.7-1 德国常用钢桥面铺装结构示意图(尺寸单位:mm)

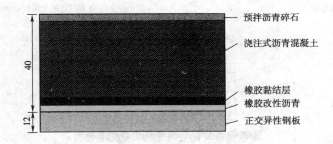

图6.7-2 英国常用钢桥面铺装结构示意图(尺寸单位:mm)

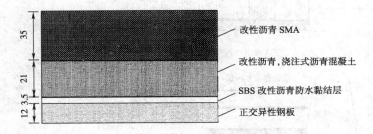

图6.7-3 瑞典(滨海高桥)钢桥面铺装结构示意图(尺寸单位:mm)

(3)环氧沥青混凝土铺装

南京长江二桥是中国首次采用环氧沥青混合料铺装材料,其铺装结构如图6.7-7所示。

367

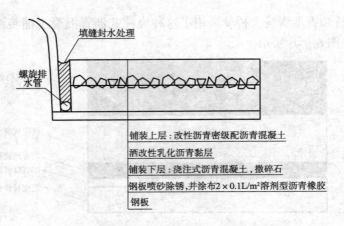

图 6.7-4　日本钢桥面铺装常用结构

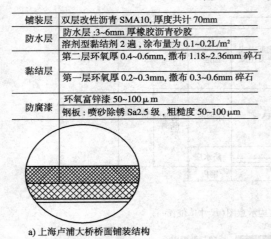

a) 上海卢浦大桥桥面铺装结构

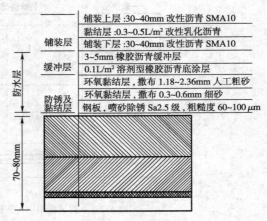

b) 厦门海沧大桥桥面铺装结构

图 6.7-5　SMA 铺装体系

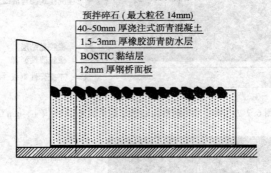

图 6.7-6　江阴长江大桥桥面铺装示意图

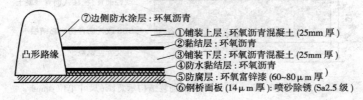

图 6.7-7　南京长江二桥桥面铺装示意图

主要参考文献

[1] 中华人民共和国行业标准.JTG D60—2004 公路桥涵设计通用规范.北京:人民交通出版社,2004.

[2] 中华人民共和国行业标准.JTJ 025—86 公路桥涵钢结构及木结构设计规范.北京:人民交通出版社,1985.

[3] 中华人民共和国行业标准.TB 10002.2—2005 铁路桥梁钢结构设计规范.北京:中国铁道出版社,2000.

[4] 中华人民共和国行业标准.TB 10212—2009 铁路钢桥制造规范.北京:中国铁道出版社,2009.

[5] 周远棣,徐君兰.钢桥.北京:人民交通出版社,1990.

[6] 吉勃施曼 E E.公路钢桥.北京:高等教育出版社,1989.

[7] 项海帆.高等桥梁结构理论.北京:人民交通出版社,2001.

[8] 雷俊卿,郑明珠,等.悬索桥设计.北京:人民交通出版社,2002.

[9] 胡建华.现代自锚式悬索桥设计理论及应用.北京:人民交通出版社,2008.

[10] 佛山市路桥建设有限公司.大跨径自锚式悬索桥.北京:人民交通出版社,2008.

[11] 严国敏.现代悬索桥.北京:人民交通出版社,2002.

[12] 王武勤.大跨度桥梁施工技术.北京:人民交通出版社,2007.

[13] 吴胜东.润扬长江公路大桥建设:第二、三、四、五册.北京:人民交通出版社,2005.

[14] 李国豪.桥梁与结构理论研究.上海:上海科学技术文献出版社,1983.

[15] 李国豪.桥梁结构稳定与振动.北京:中国铁道出版社,1996.

[16] 周孟波.斜拉桥手册.北京:人民交通出版社,2004.

[17] 钱冬生.钢桥疲劳设计.成都:西南交通大学出版社,2006.

[18] 吴冲.现代钢桥(上册).北京:人民交通出版社,2006.

[19] 庄军生.桥梁支座.北京:中国铁道出版社,1994.

[20] 西南交通大学.铁路钢桥.北京:人民铁道出版社,1978.

[21] 小西一郎.钢桥:第三分册.北京:人民铁道出版社,1983.

[22] 李跃.广州新光大桥.北京:人民交通出版社,2009.

[23] 孟乙民,段雪炜.重庆朝天门大桥主桥上部结构设计.水运工程,2008(1).

[24] 刘孝辉.重庆菜园坝长江大桥设计方案研究.公路交通科技,2004(2).

[25] 刘安双,等.重庆菜园坝大桥主拱钢—混凝土接头设计.世界桥梁,2006(4).

[26] 谢肖礼,白光耀,等.南宁大桥空间结构分析.公路与汽运,2005(6).

[27] 唐杰林,等.广西南宁大桥蝶形拱桥施工方案介绍.公路与汽运,2004(4).

[28] 陈才琳,孙会元.建设中的贵州坝凌河大桥.公路,2007(1).

[29] 周念先,周世忠.21世纪特大跨径桥梁的展望//中国公路学会桥梁分会论文集,2000.

[30] 孟凡超.厦门海沧大桥悬索桥设计//公路桥梁学术讨论会论文集,1997.

[31] 徐强,万水,等.波形钢腹板PC组合箱梁桥设计与应用.北京:人民交通出版社,2009.

人民交通出版社股份有限公司公路教育出版中心
土木工程/道路桥梁与渡河工程类本科及以上教材

一、专业基础课
1. 材料力学（郭应征） …………… 25 元
2. 理论力学（周志红） …………… 29 元
3. 理论力学（上册）（李银山） …… 52 元
4. 理论力学（下册）（李银山） …… 50 元
5. 工程力学（郭应征） …………… 29 元
6. 结构力学（肖永刚） …………… 32 元
7. 材料力学（上册）（李银山） …… 49 元
8. 材料力学（下册）（李银山） …… 45 元
9. 材料力学（石 晶） …………… 42 元
10. 材料力学（少学时）（张新占） … 36 元
11. 弹性力学（孔德森） …………… 20 元
12. 水力学（第二版）（王亚玲） …… 25 元
13. 土质学与土力学（第五版）（钱建固） …… 35 元
14. 岩体力学（晏长根） …………… 38 元
15. 土木工程制图（第三版）（林国华） …… 39 元
16. 土木工程制图习题集（第三版）（林国华） …… 22 元
17. 土木工程制图（第二版）（丁建梅） …… 42 元
18. 土木工程制图习题集（第二版）（丁建梅） …… 19 元
19. 土木工程计算机绘图基础（第二版）
    （袁 果） …………………… 45 元
20. ▲道路工程制图（第五版）（谢步瀛） …… 46 元
21. ◆道路工程制图习题集（第五版）（袁 果） … 28 元
22. 交通土建工程制图（第二版）（和丕壮） …… 38 元
23. 交通土建工程制图习题集（第二版）
    （和丕壮） …………………… 17 元
24. 工程制图（龚 伟） …………… 38 元
25. 工程制图习题集（龚 伟） …… 28 元
26. 现代土木工程（第二版）（付宏渊） …… 59 元
27. 土木工程概论（项海帆） ……… 32 元
28. 道路概论（第二版）（孙家驷） … 20 元
29. 桥梁工程概论（第三版）（罗 娜） …… 32 元
30. 道路与桥梁工程概论（第二版）（黄晓明） …… 40 元
31. 道路与桥梁工程概论（第二版）（苏志忠） …… 49 元
32. 公路工程地质（第四版）（窦明健） …… 30 元
33. 工程测量（胡伍生） …………… 25 元
34. 交通土木工程测量（第四版）（张坤宜） …… 48 元
35. ◆测量学（第四版）（许娅娅） …… 45 元
36. 测量学（姬玉华） ……………… 34 元
37. 测量学实验及应用（孙国芳） …… 19 元
38. 现代测量学（王腾军） ………… 55 元
39. ◆道路工程材料（第五版）（李立寒） …… 45 元
40. ◆道路工程材料（第二版）（申爱琴） …… 48 元
41. ◆基础工程（第四版）（王晓谋） …… 37 元
42. 基础工程（丁剑霆） …………… 40 元
43. ◆基础工程设计原理（袁聚云） …… 36 元
44. 桥梁墩台与基础工程（第二版）（盛洪飞） …… 49 元
45. ◆结构设计原理（第四版）（叶见曙） …… 75 元
46. ◆Principle of Structural Design（结构设计原理）
    （第二版）（张建仁） …………… 60 元
47. ◆预应力混凝土结构设计原理（第二版）
    （李国平） …………………… 30 元
48. 专业英语（第三版）（李 嘉） …… 39 元
49. 土木工程材料（孙 凌） ……… 48 元
50. 道路与桥梁设计概论（程国柱） …… 42 元
51. 道路建筑材料（第二版）（黄维蓉） …… 49 元
52. 钢结构设计原理（任青阳） …… 48 元
53. 工程荷载（任青阳） …………… 39 元

二、专业核心课
1. ◆路基路面工程（第五版）（黄晓明） …… 65 元
2. 路基路面工程（何兆益） ……… 45 元
3. ◆▲路基工程（第二版）（凌建明） …… 25 元
4. ◆道路勘测设计（第5版）（许金良） …… 65 元
5. ◆道路勘测设计（第三版）（孙家驷） …… 52 元
6. 道路勘测设计（第二版）（裴玉龙） …… 57 元
7. ◆公路施工组织及概预算（第三版）（王首绪） …… 32 元
8. 公路施工组织与概预算（靳卫东） …… 45 元
9. 公路施工组织与管理（赖少武） …… 36 元
10. 公路工程施工组织学（第二版）（姚玉玲） …… 38 元
11. 公路施工组织与管理（吕国仁） …… 45 元
12. ◆桥梁工程（第二版）（姚玲森） …… 62 元
13. 桥梁工程（土木、交通工程）（第四版）
    （邵旭东） …………………… 65 元
14. ◆桥梁工程（上册）（第三版）（范立础） …… 54 元
15. ◆桥梁工程（下册）（第三版）（顾安邦） …… 49 元
16. ▲桥梁工程（第三版）（陈宝春） …… 49 元
17. 桥梁工程（道路桥梁与渡河工程）
    （刘龄嘉） …………………… 69 元
18. ◆桥涵水文（第五版）（高冬光） …… 35 元
19. 水力学与桥涵水文（第二版）（叶镇国） …… 46 元
20. ◆公路小桥涵勘测设计（第五版）（孙家驷）
    ……………………………… 35 元
21. ◆现代钢桥（上）（吴 冲） …… 34 元
22. ◆钢桥（第二版）（徐君兰） …… 45 元
23. 钢桥（吉伯海） ………………… 53 元
24. 钢桥（赵 秋） ………………… 52 元
25. ▲桥梁施工及组织管理（上）（第三版）
    （魏红一） …………………… 45 元
26. ▲桥梁施工及组织管理（下）（第二版）
    （邬晓光） …………………… 39 元
27. ◆隧道工程（第二版）（上）（王毅才） …… 65 元
28. 公路工程施工技术（第二版）（盛可鉴） …… 38 元
29. 桥梁施工（第二版）（徐 伟） …… 49 元
30. ▲隧道工程（丁文其） ………… 55 元
31. ◆桥梁工程控制（向中富） …… 38 元
32. 桥梁结构电算（周水兴） ……… 35 元
33. 桥梁结构电算（第二版）（石志源） …… 35 元
34. 土木工程施工（王丽荣） ……… 58 元
35. 桥梁墩台与基础工程（盛洪飞） …… 49 元

三、专业选修课
1. 土木规划学（第2版）（石 京） …… 45 元
2. ◆道路工程（第二版）（严作人） …… 46 元
3. 道路工程（第三版）（凌天清） …… 42 元

注：◆教育部普通高等教育"十一五"、"十二五"国家级规划教材
▲建设部土建学科专业"十一五"、"十三五"规划教材

4. ◆高速公路(第三版)(方守恩) …………… 34 元
5. 高速公路设计(赵一飞) ………………… 38 元
6. 城市道路设计(第三版)(吴瑞麟) ……… 38 元
7. 公路施工技术与管理(第二版)(魏建明) … 40 元
8. ◆公路养护与管理(第二版)(侯相琛) …… 45 元
9. 路基支挡工程(陈忠达) ………………… 42 元
10. 路面养护管理与维修技术(刘朝晖) …… 42 元
11. 路面养护管理系统(武建民) ………… 22 元
12. 公路计算机辅助设计(符锌砂) ……… 30 元
13. 测绘工程基础(李芹芳) ……………… 36 元
14. 现代道路交通检测原理及应用(孙朝云) … 38 元
15. 道路与桥梁检测技术(第二版)(胡昌斌) … 40 元
16. 软土环境工程地质学(唐益群) ……… 35 元
17. 地质灾害及其防治(简文彬) ………… 28 元
18. ◆环境经济学(第二版)(董小林) ……… 40 元
19. 桥梁钢—混凝土组合结构设计原理(第二版)
    (黄 侨) ……………………………… 49 元
20. ◆桥梁建筑美学(第二版)(盛洪飞) …… 24 元
21. 桥梁抗震(第三版)(叶爱君) ………… 26 元
22. 钢管混凝土(胡曙光) ………………… 38 元
23. ◆浮桥工程(王建平) ………………… 36 元
24. 隧道结构力学计算(第二版)(夏永旭) … 34 元
25. 公路隧道运营管理(吕康成) ………… 28 元
26. 隧道与地下工程灾害防护(张庆贺) … 45 元
27. 公路隧道机电工程(赵忠杰) ………… 40 元
28. 公路隧道设计 CAD(王亚琼) ………… 40 元
29. 地下空间利用概论(叶 飞) ………… 30 元
30. 建设工程监理概论(张 爽) ………… 35 元
31. 建筑设备工程(刘丽娜) ……………… 39 元
32. 机场规划与设计(谈至明) …………… 35 元
33. 公路工程定额原理与估价(第二版)
    (石勇民) …………………………… 39.5 元
34. Theory and Method for Finite Element Analysis
    of Bridge Structures(刘 扬) ………… 28 元
35. 公路机械化养护技术(丛卓红) ……… 30 元
36. 舟艇原理与强度(程建生) …………… 34 元
37. ◆公路施工机械(第三版)(李自光) …… 55 元
38. 公路 BIM 与设计案例(张 驰) ……… 40 元
39. 渡河工程(王建平) …………………… 60 元

四、实践环节教材及教参教辅
1. 土木工程试验(张建仁) ……………… 38 元
2. 土工试验指导书(袁聚云) …………… 16 元
3. 桥梁结构试验(第二版)(章关永) …… 30 元
4. 桥梁计算示例丛书—桥梁地基与基础(第二版)
   (赵明华) …………………………… 18 元
5. 桥梁计算示例丛书—混凝土简支梁(板)桥
   (第三版)(易建国) ………………… 26 元
6. 桥梁计算示例丛书—连续梁桥(邹毅松) … 20 元
7. 桥梁计算示例丛书—钢管混凝土拱桥
   (孙 潮) …………………………… 32 元
8. 结构设计原理计算示例(叶见曙) …… 40 元
9. 土力学复习与习题(钱建固) ………… 35 元
10. 土力学与基础工程习题集(张 宏) … 20 元
11. 桥梁工程毕业设计指南(向中富) …… 35 元

12. 道路勘测设计实习指导手册(谢晓莉) … 15 元
13. 桥梁工程综合习题精解(汪 莲) …… 30 元
14. 混凝土结构设计原理学习辅导(涂 凌) … 35 元
15. 土质学与土力学试验指导(王 春) …… 20 元

五、研究生教材
1. 路面设计原理与方法(第三版)(黄晓明) … 68 元
2. 道面设计原理(翁兴中) ……………… 45 元
3. 沥青与沥青混合料(郝培文) ………… 35 元
4. 水泥与水泥混凝土(申爱琴) ………… 30 元
5. 现代无机道路工程材料(梁乃兴) …… 42 元
6. 现代加筋土理论与技术(雷胜友) …… 24 元
7. 高等桥梁结构理论(第二版)(项海帆) … 70 元
8. 桥梁概念设计(项海帆) ……………… 68 元
9. 桥梁结构体系(肖汝诚) ……………… 78 元
10. 工程结构数值分析方法(夏永旭) …… 27 元
11. 结构动力学讲义(第二版)(周智辉) … 38 元

六、应用型本科教材
1. 结构力学(第二版)(万德臣) ………… 30 元
2. 结构力学学习指导(于克萍) ………… 22 元
3. 结构设计原理(黄平明) ……………… 47 元
4. 结构设计原理学习指导(安静波) …… 35 元
5. 结构设计原理计算示例(赵志蒙) …… 40 元
6. 工程力学(喻小明) …………………… 55 元
7. 土质学与土力学(赵明阶) …………… 30 元
8. 水力学与桥涵水文(王丽荣) ………… 27 元
9. 道路工程制图(谭海洋) ……………… 28 元
10. 道路工程制图习题集(谭海洋) ……… 24 元
11. 土木工程材料(张爱勤) ……………… 39 元
12. 道路建筑材料(伍必庆) ……………… 37 元
13. 路桥工程专业英语(赵永平) ………… 44 元
14. 测量学(朱爱民) ……………………… 45 元
15. 道路工程(资建民) …………………… 30 元
16. 路基路面工程(陈忠达) ……………… 46 元
17. 道路勘测设计(张维全) ……………… 32 元
18. 基础工程(刘 辉) …………………… 26 元
19. 桥梁工程(第二版)(刘龄嘉) ………… 49 元
20. 工程招投标与合同管理(第二版)
    (刘 燕) …………………………… 39 元
21. 道路工程 CAD(第二版)(杨宏志) …… 35 元
22. 工程项目管理(李佳升) ……………… 32 元
23. 公路施工技术(杨渡军) ……………… 64 元
24. 公路工程试验检测(第二版)(乔志琴) … 55 元
25. 工程结构检测技术(刘培文) ………… 52 元
26. 公路工程经济(周福田) ……………… 22 元
27. 公路工程监理(第二版)(朱爱民) …… 56 元
28. 公路工程机械化施工技术(第二版)
    (徐永杰) …………………………… 32 元
29. 城市道路工程(徐 亮) ……………… 29 元
30. 公路养护技术与管理(武 鹤) ……… 58 元
31. 公路工程预算与工程量清单计价(第二版)
    (雷书华) …………………………… 40 元
32. 基础工程(第二版)(赵 晖) ………… 32 元
33. 测量学(张 龙) ……………………… 39 元

教材详细信息,请查阅"中国交通书城"(www.jtbook.com.cn)
咨询电话:(010) 85285865
道路工程课群教学研讨 QQ 群(教师)   328662128   桥梁工程课群教学研讨 QQ 群(教师)   138253421
交通工程课群教学研讨 QQ 群(教师)   185830343